Die Sterbehilfe im deutsch-polnischen Rechtsvergleich

Europäische Hochschulschriften Recht

European University Studies in Law

Publications Universitaires Européennes de Droit

Band/Volume 6701

Pawel Szlucho

Die Sterbehilfe im deutsch-polnischen Rechtsvergleich

PETER LANG

Bibliografische Information der Deutschen Nationalbibliothek
Die Deutsche Nationalbibliothek verzeichnet diese Publikation in der Deutschen Nationalbibliografie; detaillierte bibliografische Daten sind im Internet über http://dnb.d-nb.de abrufbar.

Zugl.: Frankfurt (Oder), Europa-Univ., Diss., 2022

D 521
ISSN 0531-7312
ISBN 978-3-631-88758-5 (Print)
E-ISBN 978-3-631-88765-3 (E-PDF)
E-ISBN 978-3-631-88766-0 (EPUB)
DOI 10.3726/b20082

Peter Lang – Berlin · Bruxelles · Lausanne · New York · Oxford

Diese Publikation wurde begutachtet.

www.peterlang.com

Vorwort

Diese Arbeit wurde von der Juristischen Fakultät der Europa-Universität Viadrina in Frankfurt (Oder) im Wintersemester 2021/2022 als Dissertation angenommen.

Ich bedanke mich herzlich bei meinem Doktorvater und dem Erstberichterstatter, Herrn Prof. i. R. Dr. Dr. h. c. *Jan C. Joerden*. Er hat die Entstehung dieser Arbeit mit viel Engagement und nach besten Kräften unterstützt und gefördert.

Mein Dank gilt auch dem Zweitberichterstatter, Herrn Prof. Dr. *Maciej Małolepszy* für die schnelle Erstellung des Zweitgutachtens.

Berlin, Juli 2022

Inhaltsverzeichnis

Abkürzungsverzeichnis

a.A.	anderer Ansicht, abweichende Ansicht
a.a.0.	am angegebenen Ort
Abs.	Absatz
a.F.	alte Fassung
Anm.	Anmerkung
Art.	Artikel
Aufl.	Auflage
BayObLG	Bayerisches Oberstes Landesgericht
BGB	Bürgerliches Gesetzbuch
BGH	Bundesgerichtshof
BRK	UN-Behindertenrechtskonvention (Übereinkommen der Vereinten Nationen über die Rechte von Menschen mit Behinderungen)
BSG	Bundessozialgericht
BVerfG	Bundesverfassungsgericht
BVerwG	Bundesverwaltungsgericht
bzw.	beziehungsweise
ca.	circa
ders.	derselbe
d.h.	das heißt
DÖV	Die Öffentliche Verwaltung (zit. nach Jahr und Seite)
EGMR	Europäischer Gerichtshof für Menschenrechte
EMRK	Konvention zum Schutze der Menschenrechte und Grundfreiheiten (Europäische Menschenrechtskonvention)
etc.	et cetera (und so weiter)
et al.	et alii, et aliae, et alia (und andere)
f., ff.	folgende, fortfolgende
FamRZ	Zeitschrift für das gesamte Familienrecht (zit. nach Jahr und Seite)
Fn.	Fußnote
FS	Festschrift

GA	Goltdammer's Archiv für Strafrecht (zit. nach Jahr und Seite)
GG	Grundgesetz
ggf.	gegebenenfalls
GAB	Ustawa o zawodzie lekarza i lekarza dentysty (polnisches Gesetz über Arzt- und Zahnarztberuf)
GPR	Ustawa o prawach pacjenta i rzeczniku praw pacjenta (polnisches Gesetz über Patientenrechte und Beauftragten für Patientenrechte)
h.M.	herrschende Meinung
HRRS	Höchstrichterliche Rechtsprechung zum Strafrecht (zit. nach Jahr und Seite)
Hrsg.	Herausgeber, herausgegeben
i.S.	im Sinne
i.V.m.	in Verbindung mit
JA	Juristische Arbeitsblätter (zit. nach Jahr und Seite)
JK	Juristische Kartei der Jura (zit. nach Jahr und Seite)
JR	Juristische Rundschau (zit. nach Jahr und Seite)
JRE	Jahrbuch für Recht und Ethik (zit. nach Band, Jahr und Seite)
Jura	Juristische Ausbildung (zit. nach Jahr und Seite)
JuS	Juristische Schulung (zit. nach Jahr und Seite)
JW	Juristische Wochenschrift (zit. nach Jahr und Seite)
JZ	Juristenzeitung (zit. nach Jahr und Seite)
Kap.	Kapitel
KEL	Kodeks etyki lekarskiej (polnischer Kodex über die ärztliche Ethik)
KJ	Kritische Justiz (zit. nach Jahr und Seite)
KK	Kodeks karny (polnisches Strafgesetzbuch)
KRP	Konstytucja Rzeczpospolitej Polskiej (Verfassung der Republik Polen)
LG	Landgericht
LK	Leipziger Kommentar
m.a.W.	mit anderen Worten
MDR	Monatsschrift für deutsches Recht (zit. nach Jahr und Seite)
MedR	Medizinrecht (zit. nach Jahr und Seite)
MK	Münchner Kommentar zum Strafgesetzbuch

MüKo	Münchner Kommentar zum Bürgerlichen Gesetzbuch
m.w.N.	mit weiterem/n Nachweis/en
n.F.	neue Fassung, neue Folge
NJW	Neue Juristische Wochenschrift (zit. nach Jahr und Seite)
NStZ	Neue Zeitschrift für Strafrecht (zit. nach Jahr und Seite)
Nr.	Nummer
o.ä.	oder ähnlich
OLG	Oberlandesgericht
Rn.	Randnummer(n)
S.	Satz; Seite(n)
SGB	Sozialgesetzbuch
SK	Systematischer Kommentar zum Strafgesetzbuch
StA	Staatsanwaltschaft
StGB	Strafgesetzbuch
StPO	Strafprozessordnung
u.a.	unter anderem, und andere(n)
usw.	und so weiter
u.U.	unter Umständen
v.	von
vgl.	vergleiche
VuR	Verbraucher und Recht (zit. nach Jahr und Seite)
zit.	zitiert
z.B.	zum Beispiel
Ziff.	Ziffer
ZIS	Zeitschrift für Internationale Strafrechtsdogmatik (zit. nach Jahr und Seite)
ZJS	Zeitschrift für das juristische Studium (zit. nach Jahr und Seite)
ZPO	Zivilprozessordnung
ZRP	Zeitschrift für Rechtspolitik (zit. nach Band, Jahr und Seite)
ZStW	Zeitschrift für die gesamte Strafrechtswissenschaft (zit. nach Band, Jahr und Seite)

Kapitel 1 Vorbemerkungen

1. Einleitung

Die vorliegende Arbeit befasst sich mit den Problemen der Sterbehilfe und den zahlreichen moralischen und rechtliche Fragen, die diese Thematik aufwirft. Diese Fragen ergeben sich vor allem daraus, dass dem menschlichen Leben ein besonders hoher Wert beigemessen wird, was unter anderem in dem Grundsatz des allgemeinen Tötungsverbotes Ausdruck findet. Streng genommen folgt aus diesem Grundsatz, dass das Leben als solches jeglicher Verfügung, auch der seines Inhabers entzogen ist. Es gibt jedoch bestimmte Fälle, in denen Einschränkungen gemacht werden müssen. Dazu zählt auch die Sterbehilfe. Sie wird als „schöner" oder „guter Tod" verstanden, deren völliges Verbot zu vielen rechtlichen und ethischen Ungereimtheiten führen würde. Andererseits darf nicht übersehen werden, welche Auswirkungen eine uneingeschränkte Legalisierung der Sterbehilfe auf die gesellschaftlichen Verhältnisse haben könnte. Im Rahmen der vorliegenden Arbeit soll daher untersucht werden, inwieweit die Sterbehilfe mit den verfassungsrechtlichen Vorgaben vereinbar ist und wie die Gesetzgeber in Deutschland und Polen auf die unterschiedlichen diesbezüglichen Entwicklungen und Ansichten reagiert haben, indem die aktuelle Rechtslage in diesen beiden Ländern vergleichend dargestellt wird. Ferner wird auch auf die Frage eingegangen, wie diese Rechtssysteme die Beachtung der Rechte von todkranken und lebensmüden Personen schützen können. In diesem Zusammenhang wird es wichtig sein zu ermitteln, welche gesetzgeberischen Vorstellungen und juristischen Auffassungen über die Sterbehilfe in Deutschland und Polen einer Regelung dieser Materie zugrunde gelegt und als Begründung herangezogen werden können.

Der Mensch verfügt als einziges Lebewesen über das Bewusstsein seines künftigen und unabwendbaren Todes. Sein ganzes Leben lang nimmt er den Tod seiner Angehörigen oder anderer ihm nahe stehender Personen wahr. Das Denken an den eigenen Tod oder den Tod anderer Personen ist angsterfüllend, was dieses Thema teilweise zu einem Tabu macht. Dennoch besteht ein unabweisbares Bedürfnis danach, sich über den eigenen Tod Gedanken zu machen und sich damit auseinanderzusetzen. Jeder will möglichst lange leben; sollte es jedoch schon soweit sein, wünscht er sich, schnell und schmerzfrei dahinzugehen, indem er im eigenem Bett liegend und von seinen Liebsten umgeben ins Jenseits wechselt, ohne dies sinnlich mitzubekommen. Diese Vorstellung folgt eigentlich aus der in jedem Menschen verwurzelten Sehnsucht nach dem idealen Tod, der in vielen literarischen Werken so dargestellt wird wie ein Sturm, der kommt und alsbald wieder verschwindet. Die Angst vor dem Sterben betrifft grundsätzlich zwei Lebensebenen: einerseits ist es die Furcht vor dem Sterben als solchem, und zwar dass man von dieser Welt Abschied nehmen muss, obwohl man noch nicht alles geschafft hat, was man erreichen wollte. Dann fühlt man sich unerfüllt und wütend, weil man im Vergleich zu anderen zu wenig Zeit für die Erledigung seiner eigenen Mission bekommen hat. Andererseits ist es die Furcht, durch eine tödliche Krankheit lahm gelegt zu werden und körperlicher und psychischer Pein ausgesetzt zu sein.

Daneben tritt noch die Vorstellung von dem medizinischen Auftrag des Arztes, wonach der Arzt alles zu unternehmen hat, was den Prozess des Sterbens aufhalten kann. Der Tod wird damit zum Feind abgestempelt, der bekämpft werden muss, im Namen des Lebens. Das unbedingte Ankämpfen des Arztes gegen den Tod kann wiederum das Gefühl des Einzelnen zur Folge haben, die Kontrolle über die Bestimmung des eigenen Lebensendes zu verlieren. Der unglaublich schnelle Fortschritt der modernen Medizin in den letzten Jahren, der grundsätzlich als positiv zu bewerten ist, bringt indes auch Gefahren mit sich. Mit ihrer Hilfe können die Ärzte besser denn je den tödlichen Ausgang einer Krankheit abwenden oder zumindest hinausschieben. Dank der modernen Medizin können ausgefallene Körperfunktionen durch künstliche Geräte ersetzt werden, die den natürlichen Sterbeprozess allerdings nur verlangsamen und oftmals den Betroffenen dahinvegetieren lassen. Dies stellt die Angemessenheit der den Tod hinausschiebenden Maßnahmen in Frage. Warum sollte die Abwendung des Todes und die Sicherung des Lebens des Patienten, der durch eine solche Lebensverlängerung nicht mehr würdig leben kann, erlaubt sein, insbesondere dann, wenn der Betroffene den Wunsch geäußert hat, nicht mehr am Leben erhalten zu werden, oder wenn die Lebenserhaltung ihm erhebliche Schmerzen bereitet oder anderweitig mehr schadet als nützt oder wenn das Leben nur um wenige Stunden oder Tage verlängert werden kann? Die Abwägung zwischen dem Lebensrecht als besonders wertvolles und schützenswertes Rechtsgut und der hier in Betracht kommenden, mit dem Lebensschutz kollidierenden Interessen fällt nicht leicht.

2. Verfassungsrechtliche Grundlagen

Möglicherweise lassen sich aus den Bestimmungen des deutschen Grundgesetzes und/oder der polnischen Verfassung Maßstäbe und Werte ermitteln, an denen man sich bei der Beantwortung der Frage nach der Zulässigkeit der Lebensverkürzung orientieren könnte. Es sind also Überlegungen anzustellen, welche Pflichten den Staat zum Schutze des menschlichen Lebens treffen und wie diese mit dem Schutz der Menschenwürde, die den Mittelpunkt des deutschen sowie polnischen Wertesystems bildet, zu vereinbaren sind. Folgende verfassungsrechtlichen Vorschriften sind im Zusammenhang mit dieser Untersuchung hervorzuheben: in Deutschland Art. 1 Absatz 1 GG[1] (Menschenwürde), Art. 2 Absatz 2 Satz 1 GG (Lebensschutz), Art. 2 Absatz 1 (allgemeine Handlungsfreiheit) und Art. 4 Absatz 1 GG (Gewissensfreiheit); in Polen Art. 30 KRP[2] (Menschenwürde), Art. 38 KRP (Lebensschutz),

1 Grundgesetz der Bundesrepublik Deutschland vom 23.05.1949.

2 Konstytucja Rzeczpospolitej Polskiej (Verfassung der Republik Polen) vom 02.04.1997.

Art. 40 S. 1 KRP (Verbot der unmenschlichen Behandlung) und Art. 47 KRP (Selbstbestimmungsrecht).

2.1 Zum deutschen Grundgesetz

Das deutsche Grundgesetz beginnt in Art. 1 Absatz 1 GG mit den Worten: „Die Würde des Menschen ist unantastbar. Sie zu achten und zu schützen ist Verpflichtung aller staatlichen Gewalt." Nach allgemeiner Auffassung wird dieser Artikel als Grundrecht angesehen, das die anderen Bestimmungen des Verfassungsrechts durchdringt.[3] Die Bestimmung seines Schutzbereiches ist äußerst schwierig. Ein Eingriff in die Menschenwürde soll nach überwiegender Ansicht[4] dann vorliegen, wenn „der Betroffene einer Behandlung ausgesetzt wird, die prinzipiell seine Subjektqualität in Frage stellt", wobei stets die Umstände des konkreten Falles Berücksichtigung finden müssen. Daraus folgt, dass der Mensch nicht zum bloßen Objekt gemacht werden darf. Ein Eingriff in die Menschenwürde kann jedoch nur bei sehr schwerwiegenden und fundamentalen Verstößen bejaht werden.[5] In der Diskussion über die Sterbehilfe wird in der Literatur ein solcher Verstoß gegen Art. 1 Absatz 1 GG dann angenommen, wenn der Lebensmüde nicht menschenwürdig sterben kann, obwohl er dies bei hinreichender Einwilligungs- und Urteilsfähigkeit verlangt.[6] Daraus ergibt sich zunächst, dass der aktuelle oder mutmaßliche Wille des Betroffenen bei jeder lebensrettenden Maßnahme eine Rolle spielt. Der Wille des Betroffenen darf nicht ohne einen besonders wichtigen Grund übergangen werden. Dies gilt insbesondere für die Fälle einer Behandlungsablehnung. Denn indem das Leben eines Sterbewilligen gegen seinen Willen künstlich aufrechterhalten wird, wird er seiner Entscheidungsfreiheit beraubt.[7] Darin kann ein Verstoß gegen die Menschenwürde gesehen werden, da der Mensch so zum willenlosen Objekt gemacht und nur auf seine äußere Körperlichkeit reduziert wird, ohne dass sein Wunsch, nicht mehr weiter leben zu wollen, beachtet wird. Da die Menschenwürde nur bei besonders gravierenden Eingriffen verletzt werden kann, müssen neben der Missachtung des Willens des Betroffenen noch weitere Umstände hinzutreten, wie etwa die, dass die Fortsetzung der ungewollten medizinischen Behandlung Ausdruck einer Verächtlichmachung ist oder ihr kein „durch Lebensschutz und Menschenwürde gerechtfertigter Sinn abzugewinnen ist".[8]

3 Vgl. *Höfling*, JuS 1995, 857 f.; *Kingreen/Poscher*, Grundrechte, Rn. 374 ff.

4 Vgl. Jarass/Pieroth-*Jarass*, Art. 1, Rn. 11; Hömig/Wolff-*Antoni* Art. 1 Rn. 4; *Hufen*, Staatsrecht II, § 10, Rn. 13 ff.; *Kingreen/Poscher*, Grundrechte, Rn. 389 ff.

5 Vgl. *Ipsen*, Staatsrecht II, Rn. 232; *v. Münch*, JuS 1997, 250.

6 Vgl. Maunz/Dürig-*Herdegen*, Art. 1 Abs. 1, Rn. 85; Jarass/Pieroth-*Jarass*, Art. 1, Rn. 14; *Joerden*, Menschenwürde, S. 231.

7 Vgl. Dreier-*Dreier*, Art. 1 I, Rn. 154; Maunz/Dürig-*Herdegen*, Art. 1 Abs. 1, Rn. 85.

8 Vgl. *Hufen*, NJW 2001, 851.

Der Schutz der Menschenwürde kann andererseits auch die Gewährleistung von Schmerzfreiheit des Sterbevorgangs verlangen, weshalb der Einsatz von Schmerzlinderungsmitteln, um dem Einzelnen einen qualvollen Tod zu ersparen, grundsätzlich verfassungsrechtlich unbedenklich erscheint.[9] Voraussetzung hierfür ist jedoch, dass der Betroffene dieser Behandlung nicht widersprochen hat und der Schmerz so stark ist, dass „er die elementare personale Funktion der Menschenwürde beeinträchtigt".[10] Es wird auch vertreten, dass es eine Menschenwürdeverletzung wäre, dem Patienten gegen seinen Willen das Schmerzmittel vorzuenthalten.[11] Ob dies für jede Lebensverkürzung bei schwerem Leiden und körperlichem oder geistigem Verfall gilt, insbesondere dann, wenn das schwere Leiden nur vorübergehend oder kurzfristig ist, ist offen. Hingewiesen wird hier auf Unsicherheiten bezüglich der Festigkeit des Willensentschlusses zum Sterben, auf Gefährdungen für Dritte und Missbrauchsgefahren.[12] Die Heranziehung der Menschenwürde zur Rechtfertigung einer Lebensverkürzung ist allerdings nicht unproblematisch. Einige nehmen an, dass jede Tötung zugleich eine Menschenwürdeverletzung darstelle, andere meinen hingegen, dass es widersprüchlich sei, die Menschenwürde sowohl zur Begründung der Lebensschutzpflichten als auch zur Rechtfertigung der Lebensverkürzungen heranzuziehen. Die Menschenwürde könne nicht verbieten und zugleich gebieten, das Leben zu verkürzen.[13]

Die Problematik der Sterbehilfe wird oft durch den Begriff „Recht, in Würde zu sterben" zusammengefasst.[14] Dieses Recht wird offenkundig aus der Menschenwürde abgeleitet.[15] Es soll in erster Linie vor Fremdbestimmung schützen. Der Einzelne soll selbst über das Ob und Wie der Lebensgestaltung entscheiden. Damit beeinträchtigt jede unfreiwillige Lebensbeendigung oder Lebensverlängerung das Recht, in Würde zu sterben.[16]

Zu berücksichtigen ist weiterhin Art. 2 Absatz 2 Satz 1 GG, der bestimmt: „Jeder hat das Recht auf Leben und körperliche Unversehrtheit". Geschützt wird durch dieses Grundrecht das Leben, verstanden als körperliches Dasein.[17] Der Tod wird nicht als ein Teil des Lebens angesehen, da Voraussetzung des Artikels 2 Absatz 2 Satz 1 GG stets das Vorliegen einer menschlichen Existenz ist.[18] Die

---

9 Vgl. Maunz/Dürig-*Herdegen*, Art. 1 Abs. 1, Rn. 85; Dreier-*Dreier*, Art. 1 I, Rn. 154.

10 Vgl. *Hufen*, NJW 2001, 851.

11 Vgl. *Joerden*, Menschenwürde, S. 231.

12 Vgl. *Joerden*, Menschenwürde, S. 231.

13 Siehe Kapitel 5, 1.5.3 e).

14 Vgl. BGH, Urteil vom 07.02.2001, 5 StR 474/00; *Cohen-Almagor*, JRE, Band 4 (1996), S. 213 ff.; Dreier-*Dreier*, Art. 1 I, Rn. 154 m.w.N.

15 Vgl. Maunz/Dürig-*Herdegen*, Art. 1 Abs. 1, Rn. 85 m.w.N.

16 Vgl. Dreier-*Dreier*, Art. 1 I, Rn. 154 m.w.N.

17 Vgl. Sachs-*Murswiek/Rixen*, Art. 2, Rn. 141.

18 Vgl. Münch/Kunig-*Kunig*, Art. 2 Rn. 50; *Hufen*, NJW 2001, 849.

Verfügungsbefugnis über das eigene Leben kann auch nicht aus der Gegenüberstellung mit dem Recht auf körperliche Unversehrtheit aus Art. 2 Absatz 2 Satz 1 GG, das zugleich die Befugnis zur Disposition darüber enthält, abgeleitet werden, da ein Eingriff in das Lebensrecht unumkehrbar ist.[19] Zwar könnte man im Verlangen nach Lebensverkürzung eine Nichtausübung (negative Ausübung) des Grundrechts oder einen Grundrechtsverzicht sehen.[20] Diese Sichtweise ist aber abzulehnen, da einerseits die Auslöschung des eigenen Lebens mehr ist als die bloße Nichtausübung des Grundrechts und darin andererseits eine schwerwiegende und unwiderrufliche Aufgabe des Rechts auf Leben liegt.[21] Das Lebensrecht ist ein positives Statusrecht, das auf die Erhaltung der biologischen Existenz abzielt.[22] Dessen negative Ausübung, etwa durch die Möglichkeit, sein eigenes Leben beenden zu dürfen, ist daher eine Negation des auf den Schutz des biologischen Daseins ausgerichteten Schutzbereiches des Lebensrechts. Dieser Schutzbereich würde sich selbst aufheben, wenn vom Lebensrecht sowohl positiv als auch negativ Gebrauch gemacht werden könnte. Dafür spricht auch der Umfang der staatlichen Lebensschutzpflichten. Diese beschränken sich nicht nur auf den Schutz des Einzelnen vor sich selbst, insbesondere vor unüberlegten Entscheidungen bezüglich seines eigenen Lebens, den Schutz der elementaren Grundlagen des gesellschaftlichen Zusammenlebens und der gesellschaftlichen Friedensordnung, den Schutz vor missbräuchlicher Berufung Dritter auf ein ausdrückliches Tötungsverlangen des Getöteten und den Schutz vor immer weiter gehender Relativierung des Lebensschutzes (Dammbruch), sondern sie haben auch zum Ziel, das Leben als abstraktes Rechtsgut zu schützen, das die biologisch-physische Grundlage der Existenz des einzelnen Menschen und seiner Menschenwürde bildet.[23] Daher gewährt Art. 2 Abs. 2 GG kein Recht auf die eigene Lebensbeendigung oder die Lebensbeendigung durch Dritte, da das Leben vor jeder Vernichtung geschützt wird.[24]

Obwohl das Leben unabhängig von dem Willen seines Inhabers geschützt wird, erlaubt das Grundgesetz in Art. 2 Absatz 2 Satz 2 dem Gesetzgeber, aufgrund eines Gesetzes Eingriffe in das Lebensrecht zuzulassen. Die Gewährung eines solchen Eingriffsrechts muss jedoch den Grundsatz der Verhältnismäßigkeit beachten. Das Ziel des Eingriffs und das Mittel zu seiner Erreichung müssen geeignet, erforderlich und angemessen sein.

---

19 Vgl. *Hohenstein*, Sterbehilfe, S. 92; *Beckert*, Suizidbeteiligung und Sterbehilfe, S. 130 ff.

20 Vgl. *Beckert*, Suizidbeteiligung und Sterbehilfe, S. 132; *Kingreen/Poscher*, Grundrechte, Rn. 438 ff.

21 Vgl. *Beckert*, Suizidbeteiligung und Sterbehilfe, S. 132 f.; *Kingreen/Poscher*, Grundrechte, Rn. 152 ff.

22 Vgl. Dreier-*Schulze-Fielitz*, Art. 2 II, Rn. 32.

23 Vgl. *Lindner*, JZ 2006, 378 f.; Dreier-*Schulze-Fielitz*, Art. 2 II, Rn. 32 m.w.N.

24 Vgl. Maunz/Dürig-*Di Fabio*, Art. 2 Abs. 2, Rn. 47.

Der Schutzbereich des Rechts auf körperliche Unversehrtheit im Sinne des Art. 2 Absatz 2 Satz 1 GG erfasst den Schutz der Gesundheit im biologisch-physiologischen Sinne sowie im geistig-seelischen Bereich. Die Unversehrtheit des Menschen gewährleistet zugleich das volle Selbstbestimmungsrecht über seine leiblich-seelische Integrität.[25] Eine Beeinträchtigung dieses Rechts ist auch durch Unterlassen möglich. Zum Beispiel eine unterlassene Schmerztherapie stellt damit einen Eingriff in die körperliche Unversehrtheit und folglich eine Körperverletzung dar.[26]

Als weiterer Anknüpfungspunkt kommt Art. 4 Absatz 1 GG in Betracht, der eine umfassende Gewissensfreiheit gewährleistet: „Die Freiheit des Glaubens, des Gewissens und die Freiheit des religiösen und weltanschaulichen Bekenntnisses sind unverletzlich". Dieses Grundrecht erfasst mit seinem Schutzbereich jede an Kriterien von Gut und Böse orientierte Entscheidung, die der Einzelne in einer bestimmten Situation als für sich bindend und verpflichtend innerlich erfährt.[27] Es gibt eine Vielzahl von Gründen, die jemanden dazu treiben können, sein Leben beenden zu wollen. Nimmt man an, dass der Betroffene die Entscheidung über seinen eigenen Tod als die einzig richtige ansieht und aus seiner Sicht für ihn keine andere Möglichkeit besteht, dann muss davon ausgegangen werden, dass er gerade von seiner Gewissensfreiheit Gebrauch macht, weil er den Entschluss zu sterben für sich als bindend erachtet und sich nicht anders entscheiden kann und sich auch nicht umstimmen lässt. Gegen diese Betrachtungsweise wird eingewendet, dass eine derartige Ausübung dieses Grundrechts zur Folge hätte, dass es zugleich wieder aufgehoben würde, indem die Gewissensfreiheit durch die Lebensbeendigung unwiderruflich und völlig ausgeschlossen würde.[28] Im Hinblick auf die Rechtsprechung zum Behandlungsveto der Zeugen Jehovas bezüglich der Bluttransfusion bzw. Organtransplantation erscheint dieser Einwand jedoch nicht überzeugend. Die Lebensschutzpflicht tritt insbesondere dann hinter die durch Art. 4 Absatz 1 GG geschützte Glaubensüberzeugung zurück, wenn es um die Ablehnung von lebensrettenden Maßnahmen geht.[29] Art. 4 Absatz 1 GG garantiert damit eine dem Gewissen des Einzelnen entsprechende medizinische Behandlung. Eine aus religiösen Gründen motivierte aktive Tötung durch einen Dritten kann hingegen aufgrund anderer Interessen mit Verfassungsrang verhindert werden.

Die Zulässigkeit der Sterbehilfe könnte sich ferner aus Art. 2 Absatz 1 GG (i.V.m. Art. 1 Absatz 1 GG) ergeben, in dem es heißt: „Jeder hat das Recht auf die

25 Vgl. BVerfG, Beschluss vom 25.07.1979, 2 BvR 878/74.

26 Vgl. *Hufen*, NJW 2001, 851; Dreier-*Schulze-Fielitz*, Art. 2 II, Rn. 48; *Kingreen/Poscher*, Grundrechte, Rn. 441.

27 Vgl. BVerfG, Beschluss vom 20.12.1960, 1 BvL 21/60; vgl. Münch/Kunig-*Mager*, Art. 4, Rn. 12 ff.; Jarass/Pieroth-*Jarass*, Art. 4, Rn. 7 ff.

28 Vgl. *Beckert*, Suizidbeteiligung und Sterbehilfe, S. 139.

29 Vgl. *Scheffler*, Medizinethik, S. 79.

freie Entfaltung seiner Persönlichkeit, soweit er nicht die Rechte anderer verletzt und nicht gegen die verfassungsmäßige Ordnung oder das Sittengesetz verstößt". Geschützt wird die freie Entfaltung der Persönlichkeit, verstanden als Gesamtheit aller Betätigungen und Lebensbereiche, soweit sie nicht einem spezielleren Grundrecht unterfallen.[30] Zum Teil wird vertreten, dass die Vernichtung des eigenen Lebens allerdings nicht als Entfaltung der eigenen Persönlichkeit gewertet werden könne, weil eine solche Grundrechtsausübung einen unauflösbaren Widerspruch darstellen würde. Die Vernichtung der Persönlichkeit könne nicht zugleich ihre Entfaltung sein.[31] Sie sei vielmehr ein irreversibler Verzicht auf die Möglichkeit zur allgemeinen Handlungsfreiheit.[32] Dagegen spricht jedoch, dass das Lebensrecht als vitale Grundlage des Art. 2 Absatz 1 GG einschränkbar ist[33] und dass die Beendigung des eigenen Lebens ein Verhalten ist, das Ausdruck der allgemeinen Handlungsfreiheit ist, die gerade negativ ausgeübt wird.[34] Der Schutzbereich der allgemeinen Handlungsfreiheit deckt alle menschlichen Verhaltensweisen unabhängig davon, ob sie lebensgefährdend sind oder nicht, sozialwert oder nicht, Fremdnutzen oder Fremdschaden bringen.[35] Die allgemeine Handlungsfreiheit umfasst daher unter anderem die Art und Weise der Gestaltung des Lebens sowie das Recht auf selbstbestimmtes Sterben.[36] Als besondere Ausprägung des allgemeinen Persönlichkeitsrechts berechtigt sie auch dazu, auf lebensverlängernde Maßnahmen verzichten zu können.[37] Das durch Art. 2 Absatz 1 GG garantierte allgemeine Selbstbestimmungsrecht besagt, dass jeder über die Art und Weise seiner Lebensführung frei entscheiden kann und diese Lebensführung zugleich der eigenen Gesundheit nicht gut bekommen muss.[38] Daher kann der Einzelne jederzeit den Abbruch lebenserhaltender Maßnahmen verlangen, solange er entscheidungsfähig ist.[39] Dabei kann auch sein mutmaßlicher Wille herangezogen werden (z.B.: Patientenverfügungen).[40] Auch eine gezielte Tötung auf Wunsch ist in diesem Rahmen verfassungsrechtlich möglich, wenn dies Ausdruck der freien Entschließung ist.[41] Sie kann aber auch umgekehrt verboten werden, wenn dafür

30 Vgl. *Kingreen/Poscher*, Grundrechte, Rn. 408.
31 Vgl. *Sonnen*, JA 1977, 484.
32 Vgl. *Beckert*, Suizidbeteiligung und Sterbehilfe, S. 136.
33 Vgl. *Hohenstein*, Sterbehilfe, S. 104.
34 Vgl. *Bottke*, JR 1989, 475 f.
35 Vgl. *Bottke*, Probleme am Lebensbeginn und am Lebensende, S. 107.
36 Vgl. BVerfG, Urteil vom 26.02.2020, 2 BvR 2347/15 u.a.; *Lindner*, JZ 2006, 377; Dreier-*Schulze-Fielitz*, Art. 2 II, Rn. 32 m.w.N.
37 Vgl. Jarass/Pieroth-*Jarass*, Art. 2, Rn. 50, 83.
38 Vgl. Dreier-*Schulze-Fielitz*, Art. 2 II, Rn. 84.
39 Vgl. Dreier-*Schulze-Fielitz*, Art. 2 II, Rn. 63 m.w.N.
40 Vgl. Dreier-*Schulze-Fielitz*, Art. 2 II, Rn. 63 m.w.N.
41 Vgl. Dreier-*Schulze-Fielitz*, Art. 2 II, Rn. 65; Jarass/Pieroth-*Jarass*, Art. 2, Rn. 100.

zweckmäßige Erwägungen sprechen, wie zum Beispiel die „Vorbeugung der Missbrauchsgefahr oder Verhinderung von sozialem Druck auf Ärzte und Patienten“[42], was im Rahmen der Verhältnismäßigkeitsprüfung zu berücksichtigen ist.

2.2 Zur polnischen Verfassung

Nachfolgend werden die Bestimmungen der polnischen Verfassung näher erläutert. Zunächst wird Art. 30 KRP dargestellt, der Folgendes besagt: „Die Würde des Menschen ist ihm angeboren und unveräußerlich. Sie bildet die Quelle der Freiheiten und Rechte des Menschen und des Staatsbürgers. Sie ist unverletzlich, ihre Beachtung und ihr Schutz sind Verpflichtung der öffentlichen Gewalt“[43]. Nach der Ansicht des polnischen Verfassungsgerichts kann diese Vorschrift keine eigenständige Entscheidungsgrundlage sein, da sie nur für die Auslegung und Erklärung *anderer* Verfassungsbestimmungen herangezogen werden kann. Sie verstärkt nur den subjektiven Charakter aller anderen Rechte und Freiheiten.[44] Ein Recht auf Lebensverkürzung ist daher aus Art. 30 KRP allein jedenfalls nicht ableitbar.

Weiterhin ist auf Art. 38 KRP zurückzugreifen, der bestimmt: „Die Republik Polen gewährleistet jedem Menschen rechtlichen Schutz des Lebens“[45]. Dieses Grundrecht verpflichtet in erster Linie den Staat zum Schutz des menschlichen Lebens vor Angriffen anderer.[46] Der Lebensschutz wird ausnahmslos jedem Menschen gewährleistet. Unzulässig ist jegliche Differenzierung nach einem vermeintlichen Wert des menschlichen Lebens, gleich aus welchem Grund.[47] Demnach kann ein Recht zu sterben nicht damit begründet werden, dass man sich auf den Gesundheitszustand des Betroffenen oder auf das Fehlen jeglicher Heilungsmöglichkeiten beruft, weil der Wert seines Lebens derselbe ist wie der aller anderen Menschen.[48] Nach Auffassung des polnischen Verfassungsgerichts ist das Lebensrecht nicht nur als ein Abwehrrecht zu verstehen. Es enthält auch „positive Schutzpflichten“.[49] Gegenstand dieser positiven Lebensschutzpflichten ist nicht nur die Gewährleistung der biologischen Existenz, sondern auch die der „psychophysischen Gesundheit“.[50] Dem kann entnommen werden, dass das Lebensrecht

---

42 Vgl. Dreier-*Schulze-Fielitz*, Art. 2 II, Rn. 64 m.w.N.

43 *Misior*, Verfassung der Republik Polen, S. 12.

44 Vgl. *Banaszak*, Art. 30, Rn. 4, 6.

45 *Misior*, Verfassung der Republik Polen, S. 14.

46 Vgl. *Szeroczyńska*, Eutanazja, S. 430.

47 Vgl. *Boć*, Komentarz, S. 79.

48 Vgl. *Krajewski*, Kontrowersje ochrony życia, S. 158.

49 Vgl. Verfassungsgericht, Entscheidung vom 28.05.1997, K 26/96; Urteil vom 30.09.2008, K 44/07; Safjan/Bosek-*Sroka*, Art. 38, Rn. 125 ff.

50 Verfassungsgericht, Entscheidung vom 28.05.1997, K 26/96: „Der Schutz des menschlichen Lebens kann nicht ausschließlich als Mindestschutz der zur Existenz notwendigen biologischen Funktionen verstanden werden, sondern als Gewährleistungen

den polnischen Staat dazu verpflichtet, einen angemessenen Ausgleich zwischen dem Schutz der rein biologischen Existenz und dem Schutz der psychophysischen Gesundheit herzustellen. Von der Gewichtung der beiden Schutzpflichten hängt offenbar der Umfang des Schutzbereiches des Lebensrechts ab, sodass bereits auf der Eingriffsebene eine Abwägung zwischen dem Schutz des biologischen Daseins und dem Schutz der psychophysischen Existenz erfolgt. Vertretbar erscheint auch anzunehmen, dass auf der Eingriffsebene nur geprüft werde, ob ein Eingriff in die biologische Existenz und/oder in die psychophysische Gesundheit vorliegt. Die maßgebliche Abwägung findet jedoch erst auf der Ebene der verfassungsmäßigen Rechtfertigung des Eingriffs statt. Wie dem auch sein mag, es erscheint jedenfalls nicht ausgeschlossen, dass etwa die Befreiung von erheblichen Schmerzen durch eine Tötung nicht als eine Verletzung des Lebensrechts zu werten sein wird, soweit der Schutz der psychophysischen Gesundheit (wozu offensichtlich auch die Gewährleistung der Schmerzfreiheit gehört) gegenüber der qualvollen Erhaltung des rein biologischen Daseins aus welchem Grund auch immer überwiegt.

Nicht eindeutig geklärt ist, ob das Leben auch gegen den Willen seines Inhabers geschützt werden darf. In der strafrechtlichen Literatur wird überwiegend die Ansicht vertreten, dass das Leben einen sozialen Wert für die Gesellschaft habe und damit das Leben nicht disponibel sei und vor der Vernichtung geschützt werden müsse.[51] In der verfassungsrechtlichen Literatur lassen sich aber auch abweichende Meinungen finden, wonach das Lebensrecht nicht gegen den Willen seines Inhabers geschützt werden darf.[52] Insbesondere im Falle eines unheilbar Kranken müsse der Lebensschutz hinter das Interesse an einem selbstbestimmten und würdigen Sterben zurücktreten und damit sei dem Einzelnen unter diesen Umständen zum Schutze seiner Selbstbestimmung (und ggf. seiner Menschenwürde) ein Recht auf den eigenen Tod zu gewähren, das im Rahmen des Lebensrechts zu respektieren ist.[53] Dagegen wird vorgebracht, würde Art. 38 KRP das Recht auf Lebensverkürzung garantieren oder zulassen, könnte der Lebensmüde vom Staat sogar Hilfe zur Eigentötung verlangen. Dann könnte auch ein Konflikt mit den Rechten und

---

der ordnungsgemäßen Entwicklung sowie der Erlangung und Erhaltung der normalen, für das gegebene Entwicklungsalter (Lebensabschnitt) typischen psychophysischen Verfassung. (...) es unterliegt keinem Zweifel, dass er *[der Lebensschutz]* einen im Hinblick auf die Lebensvorgänge optimalen Körperzustand einer Person umfasst sowohl hinsichtlich der physiologischen als auch der psychischen Funktionen. Dieser Zustand kann mit dem Begriff der psychophysischen Gesundheit gleichgesetzt werden".

51 Vgl. *Zoll*, Komentarz, Art. 150, Ziff. 1 f.

52 Vgl. *Gardocka/Kowalski*, Medyczna Wokanda 2018 Nr. 8, S. 12 ff. m.w.N.; a.A. *Zawadka/Balicki*, Przegląd Prawa Konstytucyjnego 2015 Nr. 1, S. 152 f.; *Kuczma*, Prawna ochrona życia, S. 42 f.

53 Vgl. *Gardocka/Kowalski*, Medyczna Wokanda 2018 Nr. 8, S. 12 ff.

Freiheiten Dritter entstehen, die unter Umständen dazu verpflichtet wären, ihm bei der Lebensverkürzung behilflich zu sein, was zu Eingriffen in deren Rechte, insbesondere in deren Gewissenfreiheit führen würde.[54] Dies überzeugt indes nicht. Aus dem Lebensrecht kann nicht per se ein Anspruch hergeleitet werden. Man geht vielmehr davon aus, dass das Lebensrecht ausschließlich als Abwehrrecht konzipiert ist und nur das Verhältnis zwischen dem Staat und dem Individuum betrifft. Dieses enthält keine Anspruchsgrundlage. Der Einzelne hat gegen den Staat keinen Anspruch auf Vornahme von Maßnahmen zum Lebensschutz.[55] Im Übrigen kann die Gewissenfreiheit Dritter grundsätzlich nicht so weit reichen, dass sie ihnen das Recht gibt, aktiv in die Rechte eines Anderen einzugreifen. Dies gilt insbesondere dann, wenn der Patient von seiner Patientenautonomie Gebrauch macht. Die Berufung auf die Gewissensfreiheit berechtigt nicht dazu, den Patienten gegen seinen Willen weiterzubehandeln und dadurch in seine körperliche Unversehrtheit und in sein Selbstbestimmungsrecht einzugreifen, weil das Krankenhauspersonal es nicht zu seinem Tode durch die Nichtfortsetzung der Behandlung kommen lassen will.

In der Literatur wird weiterhin vertreten, dass der Sterbevorgang eine Phase des Lebens sei. Da das Lebensrecht immer im Lichte der Menschenwürde auszulegen ist, sei es notwendig, dem Patienten in der letzten Lebensphase das Recht auf einen würdigen und schmerzfreien Tod zuzusprechen, das es ermöglichen würde, auf die Lebenserhaltung zu verzichten.[56]

Weiterhin ist der Blick auf Art. 40 Satz 1 KRP zu richten, der bestimmt: „Niemand darf der Folter oder einer grausamen, unmenschlichen oder demütigenden Behandlung oder Bestrafung unterworfen werden"[57]. Unmenschlich ist eine Behandlung, wenn sie im Widerspruch zur Menschenwürde steht. Diese ist gem. Art. 30 KRP unverletzlich und ihr Schutz vor Angriffen durch staatliches Handeln oder aber durch private Rechtssubjekte obliegt dem Staat.[58] Es ist nicht auszuschließen, dass eine unheilbare und schmerzhafte Krankheit die Menschenwürde verletzen kann.[59] Der Staat müsste in einem solchen Fall bestimmte Vorkehrungen treffen, um die Bewahrung der Subjektqualität des kranken Menschen sicherzustellen.[60] Daraus lässt sich ein Recht für jedermann auf Linderung seiner Qualen sowie auf einen Tod in Würde und Frieden ableiten.[61]

Als weitere relevante Vorschrift ist Art. 47 KRP zu nennen: „Jedermann hat das Recht auf rechtlichen Schutz des Privat- und Familienlebens, der Ehre und

---

54 Vgl. *Płachta*, Państwo i Prawo 1997, Nr. 3, S. 55.
55 Vgl. *Kuczma*, Prawna ochrona życia, S. 34.
56 Vgl. *Karkowska*, Komentarz, Art. 20, Rn. 3 f.
57 *Misior,* Verfassung der Republik Polen, S. 14.
58 Vgl. *Witkiewicz*, Przegląd Sejmowy 2001, Nr. 6, S. 19 f.
59 Vgl. *Krajewski*, Kontrowersje ochrony życia, S. 159.
60 Vgl. *Krajewski*, Kontrowersje ochrony życia, S. 159.
61 Vgl. *Szeroczyńska*, Eutanazja, S. 423.

des guten Rufes sowie das Recht, über sein persönliches Leben zu entscheiden“[62]. Aus dieser Bestimmung („das Recht (…), über sein persönliches Leben zu entscheiden“) ergibt sich das Selbstbestimmungsrecht des Einzelnen. Darunter ist die freie Entscheidung über das eigene Leben und die eigene Gesundheit zu verstehen, die jedoch nicht auf Kosten Dritter erfolgen darf, was sich unmittelbar aus Art. 31 Absatz 1 und 2 KRP[63] ergibt.[64] Jeder Mensch wird damit vor Fremdbestimmung und rechtswidrigen Eingriffen in seine physische und psychische Existenz geschützt („das Recht, in Ruhe gelassen zu werden“)[65].[66] Unstreitig ist, dass das Recht eine Garantie enthält, wonach jeder über seinen eigenen Körper verfügen und Entscheidungen über die Einleitung oder Fortsetzung einer ärztlichen Behandlung treffen kann.[67] Die Rechtmäßigkeit eines Eingriffs in die körperliche Unversehrtheit hängt von der Einwilligung des Betroffenen ab.[68] Deren Erteilung bedeutet aber nicht, dass der Arzt dann befugt ist, jeden Eingriff vorzunehmen, auf den sich die Einwilligung bezieht. Dieser muss vielmehr im Einklang mit dem geltenden Recht stehen und nach den Regeln der ärztlichen Kunst erfolgen.[69] Damit ist gemeint, dass der Gesetzgeber bestimmte Grenzen für die Ausübung dieses Rechtes schaffen kann.[70] Im Übrigen ist das Selbstbestimmungsrecht ein negatives Recht, was heißt, dass der Einzelne immer einer Behandlung widersprechen kann und der Arzt an diese Entscheidung gebunden bleibt.[71] Dies hat wiederum zur Folge, dass er vom Arzt nur die Nichtdurchführung oder die Nichtfortsetzung einer medizinischen Maßnahme verlangen kann.[72] Umstritten und nicht eindeutig geklärt ist, ob dieses Grundrecht auch ein Recht auf den eigenen Tod bzw. auf selbstbestimmtes Sterben enthält.[73] In der Literatur wird dies oft verneint und damit argumentiert, dass das Selbstbestimmungsrecht dem Einzelnen nur die Befugnis verleihe, sein Leben entsprechend den eigenen Vorstellungen zu führen. Dieses umfasse ferner das Recht,

---

62 *Misior,* Verfassung der Republik Polen, S. 17.

63 Art. 31 KRP: „Abs. 1: Die Freiheit des Menschen steht unter dem Schutz des Rechtes; Abs. 2: Jedermann ist verpflichtet, die Freiheiten und Rechte der anderen zu beachten. Niemand darf zu etwas gezwungen werden, was ihm nicht durch das Recht geboten ist“, nach: Verfassung der Republik Polen, *Misior,* Verfassung der Republik Polen, S. 12.

64 Vgl. *Szeroczyńska,* Eutanazja, S. 401.

65 Vgl. Verfassungsgericht, Urteil vom 11.10.2011, K16/10.

66 Vgl. *Szeroczyńska,* Eutanazja, S. 401.

67 Vgl. *Szeroczyńska,* Eutanazja, S. 401.

68 Vgl. Das Oberste Gericht, Urteil vom 21.12.1971, II CR 481/71.

69 Vgl. *Nesterowicz,* Prawo medyczne, S. 368 ff.

70 Vgl. *Szeroczyńska,* Eutanazja, S. 419.

71 Vgl. *Zielińska,* Odpowiedzialność zawodowa lekarza, S. 377.

72 Vgl. *Zielińska,* Odpowiedzialność zawodowa lekarza, S. 377.

73 Vgl. *Szeroczyńska,* Eutanazja, S. 401 ff.

sich einer medizinischen Behandlung nicht unterziehen zu müssen, sowie auch das Recht auf einen schmerzfreien und würdigen Tod. Das Recht, sich das Leben zu nehmen oder über den eigenen Tod zu entscheiden, sei aus dem Selbstbestimmungsrecht nicht herzuleiten, da durch die Entscheidung, aus dem Leben auszuscheiden, der Einzelne das ihm zustehende Selbstbestimmungsrecht vernichtet und über das Lebensrecht verfügt, wozu er nicht berechtigt ist.[74] Dies erscheint etwas abwegig, wenn man bedenkt, dass die Verweigerung einer lebensnotwendigen medizinischen Behandlung ohne weiteres mit der Entscheidung über den eigenen Tod gleichgesetzt werden kann. Mit der Ablehnung der lebensnotwendigen medizinischen Behandlung entscheidet der Betroffene zugleich über den eigenen Tod und verfügt damit über sein Leben.

2.3 Vergleich der Verfassungsrechtslagen

Zusammenfassend lässt sich sagen, dass es in beiden Rechtsordnungen möglich ist, aus den Grundrechten ein verfassungsrechtlich garantiertes Recht, nach eigenen Wünschen zu sterben und getötet zu werden (Recht auf den eigenen Tod), abzuleiten.[75] Zu beachten ist hier, dass dieses Recht einschränkbar ist. Unstreitig besteht ein sowohl in Deutschland als auch in Polen verfassungsrechtlich garantiertes Recht zur Selbstbestimmung über die Einleitung und die Ablehnung einer ärztlichen Behandlung. Des Weiteren besteht eine staatliche Pflicht, dem Einzelnen ein würdiges Sterben zu ermöglichen und dieses nicht in einer für ihn unzumutbarer Art und Weise hinauszuzögern. Dazu gehört auch die Verabreichung von Schmerzlinderungsmitteln, die den Sterbevorgang beschleunigen können. Verboten und damit verfassungswidrig wäre grundsätzlich nur ein Handeln gegen den ausdrücklichen Willen des Betroffenen, das zur Lebensverkürzung führt. Was die gezielte Tötung auf Verlangen anbelangt, kann ein Anspruch darauf aus den Bestimmungen der beiden Verfassungen nicht abgeleitet werden. Ebenso wenig kann daraus aber auch ein verfassungsrechtliches Verbot der gezielten aktiven Lebensbeendigung hergeleitet werden. Es liegt in der Hand des jeweiligen Gesetzgebers, wie er diese Materie regelt.[76] Bei der Zulassung der aktiven Lebensverkürzung gemäß dem Willen des Sterbewilligen wäre jedoch zu fordern, gewisse formelle und materielle Garantien zu schaffen, die der staatlichen Schutzpflicht für das Rechtsgut Leben gerecht werden können. Denn es geht nicht darum, ob man die Sterbehilfe als gut oder schlecht ansieht, sondern darum, eventuelle Missbrauchsfälle im Voraus auszuschließen und zu unterbinden, um den Schutz der Menschenwürde zu sichern.

---

74 Vgl. *Szeroczyńska*, Eutanazja, S. 420; *Kuczma*, Prawna ochrona życia, S. 42 f. m.w.N.
75 Vgl. *Szeroczyńska*, Eutanazja, S. 429 f.
76 Vgl. Dreier-*Schulze-Fielitz*, Art. 2 II, Rn. 85; *Szeroczyńska*, Eutanazaja, S. 441.

3. Begriffsbestimmungen

Herkömmlicherweise wird sowohl in Deutschland[77] als auch in Polen[78] zwischen aktiver, indirekter und passiver Sterbehilfe differenziert.[79] *Aktive Sterbehilfe* (die auch als positive oder direkte Sterbehilfe bezeichnet wird) ist die gezielte Lebensverkürzung, durch die der Sterbeprozess beschleunigt wird, um dem Betroffenen weitere körperliche oder seelische Leiden zu ersparen.[80] Für den Begriff nicht erforderlich ist, dass der Betroffene bereits im Sterben liegt. Es reicht vielmehr, dass er sein Leben aus irgendeinem bestimmten Grund beenden will.[81] *Indirekte Sterbehilfe* ist die Verabreichung von Schmerzlinderungsmitteln mit der unbeabsichtigten und zugleich unvermeidbaren Nebenfolge einer Lebensverkürzung bei einem Sterbenden.[82] *Passive Sterbehilfe* bedeutet den Verzicht auf die Einleitung oder die Fortsetzung von Maßnahmen, durch die der natürliche Sterbevorgang nur hinausgezögert würde.[83] Darüber hinaus kann hier danach differenziert werden, ob bei dem Betroffenen der Sterbeprozess bereits begonnen hat oder nicht. Dementsprechend spricht man von der *Hilfe im Sterben*, wenn der Betroffene bereits Sterbender ist (passive Sterbehilfe im engeren Sinne). Ein Sterbender ist ein kranker oder verletzter Mensch mit unumkehrbarem Versagen einer oder mehrerer der vitalen Funktionen, bei dem der Todeseintritt in kurzer Zeit zu erwarten ist.[84] Im polnischen Recht wird dieser Begriff in gleicher Weise verstanden wie im deutschen Recht. Ein Sterbender ist ein unheilbar Kranker, bei dem aus medizinischer Sicht feststeht, dass sein unvermeidbarer Tod unmittelbar bevorsteht, da vitale Funktionen seines Körpers versagt haben.[85] Als *Hilfe zum Sterben* ist der Abbruch lebenserhaltender Maßnahmen bei unheilbar erkrankten Patienten zu verstehen,

---

77 Vgl. z.B. *Scheffler*, Sterbehilfe, S. 254 ff.; *Dreier*, JZ 2007, 321.

78 Vgl. z.B. *Krajewski*, Kontrowersje ochrony życia, S. 142 f.

79 Ob diese Unterscheidung angesichts der neuen Entwicklungen zur Sterbehilfe in der deutschen Rechtsprechung und Literatur beibehalten werden kann, siehe Kapitel 4, 1.2.2.

80 Vgl. in Deutschland z.B. BGH, Urteil vom 08.05.1991, 3 StR 467/90; in Polen z.B. *Szkotnicki/Kaczor*, Prokuratura i Prawo 1997, Nr. 2, S. 54.

81 Vgl. *Beckert*, Suizidbeteiligung und Sterbehilfe, S. 24.

82 Vgl. in Deutschland z.B. BGH, Urteil vom 07.02.2001, 5 StR 474/00; *Thiele*, Aktive Sterbehilfe, S. 16; in Polen z.B. *Truszczyński*, Zeszyty Naukowe Ostrołęckiego Towarzystwa Naukowego 27 (2013), S. 514.

83 Vgl. in Deutschland z.B. Sch/Sch-*Eser/Sternberg-Lieben*, vor § 211, Rn. 27; MK-*Schneider*, vor §§ 211 ff., Rn. 101, 114 m.w.N.; in Polen z.B. *Citowicz*, Aspekty ochrony życia, S. 54; *Szkotnicki/Kaczor*, Prokuratura i Prawo 1997, Nr. 2, S. 54.

84 Vgl. Bundesärztekammer, NJW 1998, 3406.

85 Vgl. *Krajewski*, Prokuratura i Prawo 2005 Nr. 2, S. 66; *Marcinkowski*, Medycyna sądowa, S. 148; *Raszeja/Nasiołkowski/Markiewicz*, S. 42 f.

wobei bei ihnen der Sterbeprozess noch nicht begonnen hat.[86] Sie wird auch als passive Sterbehilfe im weiteren Sinne bezeichnet. Unheilbar Kranke sind dabei Menschen, die an ernsthaften und unheilbaren Krankheiten leiden, oder solche, die unumkehrbar bewusstlos sind.[87]

Bei der rechtlichen Beurteilung der Sterbehilfe spielt insbesondere in der polnischen Literatur der Wille des Sterbewilligen eine wichtige Rolle, also ob er mit seiner Lebensverkürzung einverstanden war oder nicht. Davon ausgehend kann folglich zwischen der freiwilligen und der unfreiwilligen Sterbehilfe differenziert werden.[88] Die Sterbehilfe ist danach freiwillig, wenn sie auf Verlangen oder Bitte des Betroffenen hin geleistet wird. Die unfreiwillige Sterbehilfe liegt hingegen vor, wenn sie den Willen des Betroffenen missachtet. Eine besondere Stellung nimmt in diesem Zusammenhang die Früheuthanasie ein. *Früheuthanasie* ist die Tötung von stark körperlich und/oder geistig geschädigten Neugeborenen durch positives Tun oder Unterlassen, weil Chancen dieser Kleinkinder auf ein würdiges Leben kaum bestehen oder aber um Eltern vor unzumutbaren Versorgungspflichten zu schützen.[89] Hier handelt es sich um kommunikationsunfähige Personen, bei denen kein Entscheidungsprozess stattfinden kann. Es werden dabei einerseits objektive Kriterien entwickelt, an denen die Lebensqualität des Neugeborenen gemessen und anschließend entschieden wird, ob dessen Weiterleben objektiv als ein qualvolles Weiterleben anzusehen ist.[90] Andererseits können allein objektive Kriterien nicht ausreichen, da den Eltern oder den gesetzlichen Vertretern des Kindes grundsätzlich eine besondere Rolle bei den Entscheidungen über die Durchführung der medizinischen Maßnahmen zukommt.

86 Vgl. in Deutschland: BGH, Urteil vom 13.09.1994, 1 StR 357/94; *Wessels/Hettinger/Engländer* Besonderer Teil 1, Rn. 39; in Polen z.B.: *Truszczyński*, Zeszyty Naukowe Ostrołęckiego Towarzystwa Naukowego 27 (2013), S. 513.

87 Vgl. *Galewicz*, Decyzje, S. 36; *Scheffler*, Sterbehilfe, S. 267 f.

88 Vgl. *Citowicz*, Aspekty ochrony życia, S. 54: *Zawadka/Balicki*, Przegląd Prawa Konstytucyjnego 2015 Nr. 1, S. 141 f.

89 Vgl. in Deutschland z.B.: *Lackner/Kühl*, vor § 211, Rn. 5 f.; in Polen z.B.: Polskie Towarzystwo Pediatryczne, S. 11 ff.

90 Vgl. *Merkel*, Früheuthanasie, S. 526.

Kapitel 2 Indirekte Sterbehilfe

Ein Fall der indirekten Sterbehilfe liegt nach überwiegender Auffassung vor, wenn der Handelnde sicher weiß oder für möglich hält, dass die Verabreichung schmerzlindernder Medikation bei dem Opfer zum Todeseintritt führen kann, wobei die Todesfolge nach der Vorstellung des Täters eine unbeabsichtigte aber zugleich als eine unvermeidbare Nebenfolge ist und die lebensbedrohliche Medikation das einzige für die Schmerzunterdrückung wirksame Mittel ist.[91] Damit geht der Täter bewusst ein erhöhtes Risiko ein, um den schwerkranken oder sterbenden Patienten von unerträglichen körperlichen Schmerzen zu befreien. Dabei ist das Hauptziel des Täters die Schmerzlinderung und nicht die Herbeiführung des Todes. Die indirekte Sterbehilfe wird fast einhellig sowohl in Deutschland[92] als auch in Polen[93] für straflos gehalten. Das ist grundsätzlich auf die katholische Doppelwirkungslehre zurückzuführen, die davon ausgeht, dass eine Handlung abhängig von der Motivation des Handelnden zwei Wirkungen haben kann: eine sittlich zu billigende und eine sittlich zu missbilligende.[94] Das Letztere ist nur dann anzunehmen, wenn der Handelnde die Tötung bezweckt. In den Fällen der unbeabsichtigten und unvermeidbaren Tötung kann dem Täter aus der Sicht der Doppelwirkungslehre grundsätzlich kein Vorwurf gemacht werden. Diese Unterscheidung, dass die zu billigende Wirkung einer Handlung die zu missbilligende Wirkung derselben Handlung „ausblendet", ist im Bereich des deutschen und polnischen Strafrechts kaum haltbar. Behandelt der Arzt einen lebensgefährlich erkrankten Patienten gegen dessen äußerst unvernünftigen Willen, macht sich der Arzt in Deutschland wegen einer Körperverletzung und in Polen wegen Durchführung einer Heilbehandlung ohne Zustimmung des Patienten (Art. 192 KK) strafbar. Hier wird nicht erwogen, den Arzt deswegen straflos zu lassen, weil er das Leben schützen wollte, was an sich umso mehr sittlich billigend erscheint, weil der Arzt das Leben vor äußerst unvernünftiger Aufgabe schützen wollte. Der sittlich zu billigende Erfolg seiner Handlung schließt die Strafbarkeit der mit dieser Handlung einhergehenden sittlich zu missbilligenden Verletzung der Patientenautonomie nicht aus. Die Doppelwirkungslehre lässt hingegen den Eindruck entstehen, dass der Arzt für den „Nebenerfolg" der Verletzung der Patientenautonomie nicht verantwortlich

---

91 Vgl. MK-*Schneider*, vor §§ 211 ff., Rn. 104; *Kutzer*, Behandlung Schwerstkranker, S. 73 f.; *Tröndle*, ZStW 99 (1987), 28 f.; *Otto*, Jura 1999, 440.

92 Vgl. *Achenbach*, Jura 2002, 547; *Engländer*, JZ 2011, 514.

93 Vgl. *Zoll*, Komentarz, Art. 150, Ziff. 8; *Chyrowicz*, Eutanazja, S. 155; *Pietrzykowski*, Spór o eutanazję, S. 39 ff.

94 Vgl. *Scheffler*, Sterbehilfe, S. 263; *Joerden*, Menschenleben, S. 171 f.; *derselbe*, Sterben am Beginn des Lebens, S. 221.

gemacht werden könnte, weil er das richtige Ziel verfolgt hat. Auf der objektiven Tatbestandsebene können die Unterschiede in der Motivation des Handelnden keine Rolle spielen. Wenn man von dem Nebeneffekt seines Handelns weiß, dann will man auch den Nebeneffekt erreichen. Eine andere Betrachtungsweise würde auf Gesinnungsstrafrecht hinauslaufen. Die Straftatbestände honorieren allerdings „die richtige Gesinnung" grundsätzlich nicht.[95]

1. Die Rechtslage in Deutschland

Als Grundlagen für die mögliche Strafbarkeit der indirekten Sterbehilfe kommen in Deutschland hauptsächlich die Tötungsdelikte des Totschlags (§ 212 StGB), des Mordes (§ 211 StGB) und der Tötung auf Verlangen (§ 216 StGB) in Betracht.

Die indirekte Sterbehilfe wird meistens mit dem Tatbestand einer Tötung auf Verlangen gleichgesetzt. Dies ist jedoch nicht richtig. Wie im Folgenden zu zeigen sein wird, kann die indirekte Sterbehilfe nicht nur auf Verlangen, sondern auch mit bloßer Einwilligung des Betroffenen geleistet werden. Ferner ist auch bei äußerungsunfähigen Patienten die indirekte Sterbehilfe vorstellbar. Festzuhalten ist, dass § 216 StGB nicht alle möglichen Fälle der indirekten Sterbehilfe abdeckt.[96]

1.1 Indirekte Sterbehilfe „auf Verlangen"

Zunächst wird dargestellt, wann die indirekte Sterbehilfe dem Regelungskontext einer Tötung auf Verlangen gemäß § 216 StGB unterliegen kann. Dies ist dann der Fall, wenn ein Verlangen des Opfers nach seinem Tod vorliegt, durch das der Täter zur Tötung bestimmt wird. Ferner wird entgegen dem Wortlaut dieser Norm verlangt, dass die Tötung vom Täter unbeabsichtigt sein muss. Er müsse vielmehr zum Zwecke der Schmerzlinderung handeln.[97] Durch diese (zusätzliche) Voraussetzung soll sich die indirekte Sterbehilfe von der (verbotenen) aktiven (auf die Tötung zielgerichteten) Sterbehilfe unterscheiden.[98] Das Verlangen nach dieser zusätzlichen Voraussetzung kann jedoch nicht überzeugen. Die innere Einstellung des Täters ist kaum überprüfbar und objektivierbar. Es lässt sich nicht verlässlich anhand von objektiven Kriterien feststellen, was in seinem Kopf vor sich geht, ob das Ziel seines Handelns die Schmerzlinderung oder die Tötung ist. Eine objektiv feststellbare Tötung kann nicht dadurch entfallen, dass jemand mit „guten Absichten" tötet. Umgekehrt können allein „böse Absichten" eine objektiv rechtmäßige Handlung nicht strafwürdig machen.[99]

---

95 Vgl. *Merkel*, Aufklärung und Kritik 1995, 53; *derselbe*, FS Schroeder, S. 317 ff.; *Scheffler*, Aktive Sterbehilfe, S. 50 ff.

96 Vgl. *Merkel*, FS Schroeder, S. 297 ff.

97 Vgl. *Schöch*/*Verrel*, GA 2005, 573 ff. m.w.N.

98 Ebenda.

99 Vgl. *Merkel*, FS Schroeder, S. 314 ff.; *Scheffler*, Aktive Sterbehilfe, S. 50 ff.

Im Folgenden wird kurz auf die tatbestandlichen Voraussetzungen des § 216 StGB eingegangen. Im Unterschied zu §§ 211 f. StGB mindert hier das Verlangen des Opfers das Unrecht der Tat und die Bestimmung zur Tötung durch das Opfer die Schuld des Täters.[100]

Das Verlangen ist nach seinem Wortsinn nicht mit einer bloßen Einwilligung oder mit einem Einverständnis des Getöteten gleich zu stellen, so dass es nicht ausreicht, dass der Getötete die Tötung nur über sich ergehen lässt.[101] Erforderlich ist vielmehr eine Einwirkung auf den Willen des Täters.[102] Das Handeln des Getöteten muss einen Willensimpuls für den Täter darstellen, wobei unerheblich sein kann, von wem der Vorschlag zur Tötung ausgegangen ist.[103] Das Verlangen kann die Gestalt einer Frage annehmen, es kann auch mit Bedingungen verknüpft werden.[104] Es muss an einen anderen gerichtet werden. Das kann eine konkrete Einzelperson oder eine konkret bestimmte Personengruppe sein. Der Täter muss zu diesem Personenkreis gehören.[105] Des Weiteren muss der Täter die von dem zu Tötenden aufgestellte Tötungsmodalitäten beachten.[106] Anderenfalls macht er sich wegen §§ 211, 212 StGB strafbar. Der Todeswunsch muss ausdrücklich erfolgen. Das ist dann der Fall, wenn er eindeutig und unmissverständlich zum Ausdruck gebracht wurde.[107] Das kann in Worten oder durch Gesten erfolgen.[108] Bloße Vermutungen oder Schlussfolgerungen des Täters sind nicht ausreichend. Ebenso ist es unzulänglich, den Todeswunsch allein aus den Umständen zu entnehmen.[109] Das Verlangen des Opfers muss darüber hinaus ernstlich sein. Die Ernstlichkeit liegt vor, wenn das Verlangen auf einem freiverantwortlichen Willensentschluss und einer fehlerfreien Willensbildung beruht.[110] Das Opfer muss demnach einsichts- und urteilsfähig sein. Diese Fähigkeit kann bei alters- und krankheitsbedingten Mängeln fehlen. Das kann auch der Fall sein, wenn die Tötung wegen einer Augenblicksstimmung, einer vorübergehenden Depression, einem Anfall starker Schmerzen oder unter Alkohol- oder Drogeneinfluss verlangt wird.[111] Die Ernstlichkeit kann bei Kindern oder Personen mit seelischen Störungen im Sinne des

100 Vgl. *Fischer*, § 216, Rn. 3.

101 Vgl. *Sch/Sch-Eser/Sternberg-Lieben*, § 216, Rn. 5.

102 Vgl. *Fischer*, § 216, Rn. 7a.

103 Vgl. BGH, Urteil vom 14.08.1963, 2 StR 181/63; *Sch/Sch-Eser/Sternberg-Lieben*, § 216, Rn. 5.

104 Vgl. BGH, Beschluss vom 25.11.1986, 1 StR 613/86.

105 Vgl. LK-*Rissing-van Saan*, § 216, Rn. 18.

106 Vgl. LK-*Rissing-van Saan*, § 216, Rn. 18.

107 Vgl. *Sch/Sch-Eser/Sternberg-Lieben*, § 216, Rn. 7.

108 Vgl. *Fischer*, § 216, Rn. 8.

109 Vgl. LK-*Rissing-van Saan*, § 216, Rn. 19.

110 Vgl. LK-*Rissing-van Saan*, § 216, Rn. 21 ff.

111 Vgl. BGH, Urteil vom 07.10.2010, 3 StR 168/10.

§ 20 StGB ausgeschlossen sein, wobei die Krankheitssymptome des § 20 StGB nur eine Indizwirkung für das Fehlen der Einsichtsfähigkeit haben.[112] Bei Jugendlichen ist die Urteilsfähigkeit in jedem Einzelfall gesondert zu prüfen.[113] Die Ernstlichkeit muss zudem das Merkmal der Fehlerfreiheit besitzen, weil der Sterbewillige in seine Tötung einwilligen will und die Beachtlichkeit dieser Zustimmung sich nach den Grundsätzen der Einwilligung richtet.[114] Diese ist zu verneinen, wenn der Todeswunsch auf Zwang oder arglistiger Täuschung beruht.[115]

Der Täter des § 216 StGB muss durch das Verlangen des Opfers zur Tötung bestimmt worden sein. Hierzu muss das Verlangen für die Tötung kausal sein und zugleich den Tatantrieb des Täters darstellen.[116] Aufseiten des Täters kann auch ein Motivbündel vorliegen, wobei das Verlangen für den Tötungsentschluss des Täters wenigstens „handlungsleitend", also bestimmend sein muss.[117] Ist das Verlangen das bestimmende Handlungsmotiv, so ist § 216 StGB selbst dann nicht ausgeschlossen, wenn Nebenmotive des Täters als verwerflich anzusehen sind (z.B.: Loswerden einer familiären Belastung oder Erbschaftsaussichten).[118]

Der Todeserfolg muss bei § 216 StGB durch die Handlung des Täters eingetreten sein. Das wird angenommen, wenn der zum Tod führende Akt vom Täter vorgenommen wurde oder wenn er die Tat und deren Ablauf wesentlich beherrscht hat. „Wer lediglich eine Selbstgefährdung veranlasst, ermöglicht oder fördert, macht sich nicht wegen eines Körperverletzungs- oder Tötungsdelikts strafbar".[119]

Verlangt der Patient vom Arzt, ihm Schmerzlinderungsmedikamente zu verabreichen, obwohl er weiß, dass diese sein Leben unter Umständen verkürzen können, so ist darin grundsätzlich ein Sterbewunsch, also ein Verlangen im Sinne des § 216 StGB zu sehen. Denn der Sterbewunsch kann vom Sterbewilligen auch von Bedingungen abhängig gemacht werden.[120] Hält er also die Todesfolge zumindest für möglich und verlangt trotzdem eine derart riskante Schmerztherapie, so äußert er einen bedingten Sterbewunsch, womit der Tatbestand einer Tötung auf Verlangen gemäß § 216 StGB einschlägig ist. Würde man in einer solchen Fallkonstellation die Annahme des Sterbewunsches des Opfers verneinen, so wäre der Tatbestand des Totschlags gemäß § 212 oder des Mordes nach § 211 StGB anzuwenden.

---

112 Vgl. *Sch/Sch-Eser/Sternberg-Lieben*, § 216, Rn. 8.

113 Vgl. LK-*Rissing-van Saan*, § 216, Rn. 22.

114 Vgl. LK-*Rissing-van Saan*, § 216, Rn. 21.

115 Vgl. *Fischer*, § 216, Rn. 9.

116 Vgl. LK-*Rissing-van Saan*, § 216, Rn. 23 f.

117 Vgl. BGH, Urteil vom 22.04.2005, 2 StR 310/04 m.w.N.

118 Vgl. Sch/Sch-*Eser/Sternberg-Lieben*, § 216, Rn. 9.

119 Vgl. BGH, Urteil vom 14.02.1984, 1 StR 808/83.

120 Vgl. BGH, Beschluss vom 25.11.1986, 1 StR 613/86.

1.2 Ausschluss des objektiven Tatbestandes

Mit der Todesherbeiführung ist grundsätzlich zugleich der objektive Tatbestand des Tötungsdelikts erfüllt. Dennoch gibt es Stimmen in der Literatur, die im Falle der indirekten Sterbehilfe eine Ausnahme machen wollen. Einige wollen die Handlung des Täters mangels Tötungsrelevanz aus dem Schutzbereich des Tötungsverbots herausnehmen oder den Tatbestand des § 216 StGB teleologisch reduzieren, andere verneinen hingegen die objektive Zurechnung der der indirekten Sterbehilfe zugrunde liegenden Handlung für den Todeserfolg.[121]

1.2.1 Teleologische Reduktion des § 216 StGB

In der Literatur[122] wird vorgeschlagen, den Schutzzweck des § 216 StGB unter dem Blickwinkel des paternalistischen Schutzes[123] einzuschränken. Danach sei zwischen vernünftigen und unvernünftigen Tötungsverlangen zu unterscheiden. Die Vernünftigkeit soll nach den „in der sozialen, medizinischen und rechtlichen Praxis geltenden Maßstäben" beurteilt werden. Kann die Schmerzfreiheit nicht gewährleistet werden, entspräche der Wunsch nach einer lebensbedrohlichen oder tödlichen Schmerzmedikation diesen Grundsätzen. Da bei solch einem vernünftigen Tötungsverlangen die Gefahr einer voreiligen Selbstaufgabe ausgeschlossen ist, sei der paternalistische Schutz des § 216 StGB nicht verletzt.[124] Es wird auch damit argumentiert, dass der Sinn und Zweck des § 216 StGB die Unsicherheiten vermeiden wolle, ob der Tötung durch einen Dritten tatsächlich ein wirksames Verlangen des Opfers zugrunde gelegen hat oder nicht. Dessen Strafbarkeit beziehe sich damit auf den bloßen Verdacht, dass keine wirksame Einwilligung in die Fremdtötung

121 Vgl. MK-*Schneider*, vor §§ 211, Rn. 104 ff. m.w.N.

122 Vgl. *Dreier*, JZ 2007, 320; *Schroth*, GA 2006, 563; *Kubiciel*, Ad Legendum 2011, 366 m.w.N.

123 Der Paternalismus befürwortet Eingriffe in die Rechte und Freiheiten des Einzelnen zum Schutze seiner Güter vor sich selbst oder Gefahren seitens anderer, obwohl dieser (der Einzelne) dies womöglich nicht will und das geschützte Gut nicht als Gut oder als nicht gefährdet ansieht. Dieser Ansicht zufolge kann der Todeswunsch des Sterbewilligen das Ergebnis einer überstürzten und unüberlegten Entscheidung sein, die durch eine persönliche depressive Stimmungslage bedingt und beeinflusst werden kann. Da das Leben ein sehr wertvolles Gut ist, dessen Verzicht unumkehrbar ist, so dass es nicht wiederhergestellt werden kann, sei es nicht auszuschließen, dass der Todeswunsch bei hypothetischer Betrachtungsweise später bereut werden könnte. Um den Sterbewilligen vor den weit reichenden Konsequenzen seines Todeswunsches zu schützen, weil seine Entscheidung nicht widerruflich wäre und sie sich später als falsch erweisen könnte, dürfe er über sein Leben nicht verfügen, vgl. *Beckert*, Strafrechtliche Probleme um Suizidbeteiligung und Sterbehilfe, S. 218 ff.

124 Vgl. *Kubiciel*, Ad Legendum 2011, 366.

vorgelegen habe. Dies erkläre sich aus Beweisschwierigkeiten, da die Behauptung eines Tötungsverlangens des Opfers kaum widerlegt werden kann (Schutz vor Missbrauchsgefahren).[125] Bei der indirekten Sterbehilfe wäre solch eine Missbrauchsgefahr wohl dann zu verneinen, wenn Schmerzen nicht anders als durch die lebensgefährliche Schmerztherapie gedämpft werden könnten. *Scheffler* schlägt eine teleologische Reduktion entsprechend der Rechtsprechung des Bundesgerichtshofes zu § 306 Nr. 2 StGB a.F. (schwere Brandstiftung; § 306a Abs. 1 StGB n.F.) vor. Danach entfällt der Strafvorwurf, wenn „nach der objektiven Sachlage im Zeitpunkt des Inbrandsetzens eine Gefährdung des Menschenlebens absolut ausgeschlossen war und der Täter sich vor der Tat davon in einer jeden Zweifel behebenden Weise Gewissheit verschafft hatte, was regelmäßig nur bei kleineren, auf einen Blick überschaubaren Objekten, insbesondere bei einräumigen Hütten oder Häuschen möglich war".[126] Der dahinter stehende Gedanke kann nach Ansicht *Schefflers* auf § 216 StGB übertragbar sein, sofern feststünde, dass eine Gefährdung des Lebens des Sterbewilligen vor überschneller Preisgabe ausgeschlossen ist.[127] Zu beachten seien bei dieser Übertragung jedoch folgende Beschränkungen, die dem so verstandenen Schutzzweck des § 216 StGB Genüge tun sollen: die Bewirkung des Todes müsse danach im „wohlverstandenen Interesse des Sterbewilligen liegen", indem sie „unabwendbares und qualvolles Sterben abkürz[t]". Der Tatbestandsausschluss solle aber nicht eingreifen, wenn der Todeswunsch nicht auf die Vermeidung von Schmerzen im obigen Sinne gerichtet sei, sondern auf anderen Erwägungen oder Ursachen beruhe.[128]

Der Haupteinwand gegen eine wie auch immer geartete teleologische Reduktion des § 216 StGB ist, dass sie nicht geeignet ist, das Problem der indirekten Sterbehilfe umfassend zu lösen. Zum einen kann die indirekte Sterbehilfe nicht vollumfänglich mit dem Regelungsgehalt des § 216 StGB gleichgesetzt werden. Eine tödlich wirkende Schmerzmedikation ist auch ohne Verlangen denkbar, insbesondere bei äußerungsunfähigen Patienten oder bei schwerstgeschädigten Neugeborenen.[129] Damit kann es bei der indirekten Sterbehilfe auch um eine Strafbarkeit nach § 212 StGB gehen, da das Verlangen im Sinne des § 216 StGB nicht mit einer tatsächlichen oder mutmaßlichen Einwilligung gleichgesetzt werden kann.[130] Damit hilft die theologische Reduktion des § 216 StGB hier nicht weiter. Zum anderen greifen zumindest aus der Sicht des Bundesgerichtshofes beim Wegfall des § 216 StGB die Tatbestände der §§ 211 f. StGB ein. Denn § 216 StGB sei ein selbstständiger Tatbestand, bei dessen Vorliegen die §§ 211, 212 StGB ausgeschlossen sind.[131] Dies führt

125 Vgl. *Dreier*, JZ 2007, 320 m.w.N.
126 Vgl. BGH, Urteil vom 24.04.1975, 4 StR 120/75.
127 Vgl. *Scheffler*, Sterbehilfe, S. 258.
128 Vgl. *Scheffler*, Sterbehilfe, S. 259 f.
129 Vgl. *Merkel*, FS Schroeder, S. 299 Fußnote 7.
130 Siehe oben 1.1.
131 Vgl. BGH, Urteil vom 07.02.1952, 3 StR 1095/51.

dazu, dass die Problematik der in § 216 StGB verankerten Einwilligungssperre (Zustimmung zur konkreten Lebensgefährdung im Bereich der indirekten Sterbehilfe) und die Problematik, warum die Schmerzlinderung einer Tötung vorgezogen werden sollte, gänzlich auf das Gebiet der §§ 211, 212 StGB verlagert wird.[132]

Die teleologische Reduktion des § 216 StGB führt zwar zum Ausschluss des Tatbestandes und zum Enfallen der Strafbarkeit, macht allerdings die indirekte Sterbehilfe nicht rechtlich erlaubt. Denn durch den Tatbestandsausschluss wird nur die Strafbarkeit der Tötung auf „vernünftiges" Sterbeverlangen beseitigt, ohne zu sagen, ob die Tötung auf „vernünftiges" Sterbeverlangen rechtlich erlaubt ist.[133] Was nützt das Entfallen des strafrechtlichen Verbotes, wenn in anderen Rechtsgebieten die Tötung auf „vernünftiges" Sterbeverlangen zwar für straflos aber nicht unbedingt für rechtlich erlaubt (gerechtfertigt) gehalten wird? So könnte der Arzt zwar strafrechtlich die riskante Schmerzmedikation anwenden und straflos bleiben. Nach den zivilrechtlichen Vorschriften könnte er aber womöglich auf Schmerzensgeld oder Schadensersatz wegen der Todesherbeiführung aus dem Behandlungsvertrag oder dem Deliktsrecht haften. Sozialrechtlich könnte er wegen der angewandten Schmerzmittel zur Kostenerstattung durch die Krankenkasse herangezogen werden. Daneben bestünde die Gefahr einer standesrechtlichen und disziplinarrechtlichen Verantwortung.

Die theologische Reduktion des § 216 StGB auf ein „unvernüftiges" Tötungsverlangen führt dazu, dass sein Anwendungsbereich ausgeweitet wird. Abstrakte Gefährdungsdelikte sind schlichte Tätigkeitsdelikte. Neben der generellen Gefährdung des geschützten Rechtsgutes sind keine weiteren nachteiligen Wirkungen notwendig.[134] Nimmt man dementsprechend an, dass § 216 StGB bereits mit dem Aussprechen eines „unvernünftigen" Todeswunsches durch den Sterbewilligen und mit dem Hervorrufen des Tötungsentschlusses bei dem Täter vollendet wäre, was bei einem abstrakten Gefährdungsdelikt nicht fern läge, würde damit der Anwendungsbereich dieser Norm im Vergleich zu deren Verständnis als Erfolgsdelikt erheblich ausgeweitet. Das bisherige Vorbereitungs- und Versuchsstadium würde zum Volldelikt gemacht. Die generelle Möglichkeit der Ausführung einer Tötung aufgrund eines „unvernünftigen" Verlangens wäre der alleinige Strafbarkeitsgrund. Damit wäre das Lebensrecht im Falle des § 216 StGB stärker strafrechtlich geschützt als im Falle der §§ 211, 212 StGB, wo eine konkrete Verletzungshandlung vorausgesetzt wird. Es ist daher unverständlich, warum im Rahmen des § 216 StGB eine bloße Veranlassung zu einer Tötung und das sich dem anschließende Sich-Bereit-Erklären dazu infolge eines Todeswunsches, die die Schwelle einer Vorbereitung nicht überschreitet, im Hinblick auf die Strafandrohung mit einer

---

132 Vgl. *Engländer*, JZ 2011, 518.

133 Vgl. BVerfG, Urteil vom 28.05.1993, 2 BvF 2/90 u.a.

134 Vgl. *Wessels/Beulke/Satzger*, Allgemeiner Teil, Rn. 42; *Baroke*, Gefährdungsdelikte, S. 251.

vollendeten Tötung auf Verlangen im Sinne eines Erfolgsdelikts gleichgesetzt werden sollte. Es trifft zwar zu, dass das Sich-Bereit-Erklären zu einer Fremdtötung im Sinne der §§ 211, 212 StGB gemäß § 30 Absatz 2 StGB strafbar ist. Es ist hier aber zu beachten, dass das Sich-Bereit-Erklären zur Tötung gemäß §§ 211, 212 StGB gegenüber der versuchten und vollendeten Tötung gemäß §§ 211, 212 StGB milder bestraft wird, weil eine obligatorische Strafmilderung nach § 49 Abs. 1 StGB vorgesehen ist. Darüber hinaus besteht die Möglichkeit des strafbefreienden Rücktritts vom Sich-Bereit-Erklären zur Fremdtötung nach §§ 211 f. StGB durch die bloße Untätigkeit.

Der Schutzzweck des § 216 StGB besteht außerdem nicht (allein) darin, den Einzelnen vor seinen unüberlegten Entscheidung zu schützen oder das „Tötungstabu" aufrechtzuerhalten oder die Missbrauchsgefahren zu unterbinden, sondern auch darin, das Leben als abstrakten Wert zu schützen. Dieser abstrakte Wert schlägt sich in der bloßen biologischen Existenz des Menschen nieder, die zugleich die vitale Grundlage seiner Menschenwürde bildet.[135] Dies wird durch die Entstehungsgeschichte des Art. 2 Abs. 2 GG belegt. Die Väter des Grundgesetzes wollten mit der Einführung des Lebensrechts in das Grundgesetz die Möglichkeit der missbräuchlichen Beurteilung des menschlichen Lebens als „lebenswert" oder „lebensunwert" und der qualitativen und quantitativen Bewertung des Lebens einzelner Menschen oder Menschengruppen (wie dies in der NS-Zeit der Fall war) verhindern. Damit beabsichtigten sie, dass der Staat sich stets und jederzeit schützend vor das Leben zu stellen und es als biologische Grundlage des Menschenseins aufrechtzuerhalten hat.[136] Begreift man damit den Schutzbereich des Lebensrechts als den Schutz des rein biologischen Daseins, dann muss man davon ausgehen, dass das Lebensrecht ein positives Statusrecht ist.[137] Dessen negative Ausübung, etwa durch die Möglichkeit, sein eigenes Leben beenden zu können, ist eine Negation des auf den Schutz des biologischen Daseins ausgerichteten Schutzbereiches des Lebensrechts. Anderenfalls würde dessen Schutzbereich sich selbst aufheben, wenn vom Lebensrecht sowohl positiv als auch negativ Gebrauch gemacht werden könnte. Dies bestätigt auch die Rechtsprechung des Bundesverfassungsgerichts und dessen Verständnis des Lebensrechts.[138] Das Lebensrecht ist nicht nur ein subjektives Abwehrrecht des Einzelnen gegen den Staat, sondern es hat zugleich einen objektiven Gehalt, der den Gesetzgeber zum Schutz des Lebens als solches verpflichtet, da das Leben unabdingbare Voraussetzung für das Funktionieren einer freiheitlichen Rechtsordnung im Sinne des Grundgesetzes ist. Ohne biologische Existenz des Einzelnen ist eine freiheitliche Rechtsordnung kaum denkbar, da keine Freiheitsbetätigung des Einzelnen mehr möglich ist (denn der Tod schließt jegliche Freiheitsbetätigung

135 Vgl. *Lindner*, JZ 2006, 378 f.

136 Vgl. *Hohenstein*, Sterbehilfe, S. 96 ff.

137 Vgl. Dreier-*Schulze-Fielitz*, Art. 2 II, Rn. 32.

138 Vgl. BVerfG, Urteil vom 25.02.1975, 1 BvF 1/74.

aus). Die Gewährleistung des Lebensrechts im Grundgesetz ist also Ausdruck einer grundgesetzlichen Wertentscheidung zugunsten des Lebensrechts und des Lebensschutzes, die erlaubt, zum Zwecke der Herstellung einer funktionsfähigen und freiheitlichen Rechtsordnung die Freiheitsbetätigung des Einzelnen durch Eingriffe in diese einzuschränken. Dies umfasst auch den „Schutz vor sich selbst". Daraus ergibt sich, dass auf den strafrechtlichen Schutz des Lebens nur in außergewöhnlichen Fällen verzichtet werden darf. Das Bundesverfassungsgericht verlangt hierfür, dass besonders gewichtige Umstände vorliegen müssen, die dem Betroffenen das Festhalten am eigenen Lebensrecht außergewöhnlich erschweren, so dass von ihm dies billigerweise nicht erwartet werden kann.[139] Verzicht auf den Lebensschutz ist daher möglich, insbesondere dann, wenn dem Sterbeverlangen als Ausdruck der persönlichen Entscheidungsfreiheit außergewöhnliche Umstände zugrunde liegen, die die Lebenserhaltung als unzumutbar erscheinen lassen. Solch eine Unzumutbarkeit der Lebenserhaltung kann grundsätzlich bei außergewöhnlichen und dauerhaften Vernichtungsschmerzen der tödlich bedrohten Patienten angenommen werden, da die unbedingte Lebenserhaltung durch Verzicht auf die riskante Schmerzmedikation schwere Konflikte und Spannungen sowohl bei dem Patienten als auch beim Arzt und im Verhältnis zwischen ihnen beiden erzeugen. Der Einsatz der Mittel des Strafrechts und die damit einhergehende Bestrafung der indirekten Sterbehilfe erscheinen dann nicht angemessen.[140] Ob die Lebenserhaltung bei einem „vernünftigen" Sterbewunsch[141] *per se* für den Patienten und den Arzt unzumutbar erscheint, mag bezweifelt werden. Der vernünftige Sterbewunsch kann, muss aber nicht ein Umstand sein, der den zur Lebenserhaltung Pflichtigen so belastet, dass von ihm die Erfüllung der Lebensschutzpflichten nicht erwartet werden kann. Eine Schwerstbehinderung oder Alzheimererkrankung können nachvollziehbare Sterbewünsche hervorrufen. Sie sind jedoch Umstände, mit denen jeder fertig werden soll, solange keine weiteren besonderen Umstände hinzutreten wie etwa besonders starke psychische oder physische Belastung, die es dem Einzelnen unmöglich macht, sich mit der Situation zu arrangieren. Erst dann könnte angenommen werden, dass die Erzwingung der Lebenserhaltungspflicht mit den Mitteln des Strafrechts unzumutbar wäre.

1.2.2 Ausschluss der tatbestandlichen Tötungshandlung wegen ihres sozialen Handlungssinns

Zur Begründung der Ansicht, dass die indirekte Sterbehilfe keine Tötungshandlung im Sinne der §§ 211 f. und 216 StGB sei, wird vorgetragen, dass der Unterschied zu

139 Vgl. BVerfG, Urteil vom 25.02.1975, 1 BvF 1/74 u.a.

140 Ebenda.

141 Hier ist auch fraglich, wie die Vernünftigkeit zu bestimmen ist und aus wessen Perspektive: objektiv oder subjektiv?

der aktiven Sterbehilfe „in der objektiven Zwecksetzung des ärztlichen Handelns" zu suchen sei, weil dessen Gegenstand und Zweck bei der indirekten Sterbehilfe die Schmerzbeseitigung und nicht die Todesherbeiführung ist.[142] Ist die Lebenserhaltung nicht mehr möglich, so treffe den Arzt die Pflicht, dem Patienten durch Minderung seines Leidens einen würdigen und schmerzfreien Lebensabend zu ermöglichen.[143] Ist die Schmerzlinderung aufgrund der medizinischen Indikation angezeigt und bestehen keine anderen Behandlungsmöglichkeiten, so müsse der Arzt seiner Leidminderungspflicht nachgehen. Dieses Handeln, das zugleich die Befolgung des ärztlichen Auftrages darstellt, könne das Tötungsverbot nicht verletzen, da eben der ärztliche Auftrag zur Heilung in einer solchen Situation nicht mehr ausführbar sei.[144] Die unvermeidliche Nebenfolge der Lebensverkürzung sei dann wegen ihres sozialen Sinngehalts etwas anderes als eine Tötungshandlung, weil „sie sich nicht gegen das Leben richtet" und „die einzige und letzte Möglichkeit ist, dem ohnehin verlöschenden Leben noch zu dienen".[145]

Das Abstellen auf den sozialen Handlungssinn (Sinngehalt) der indirekten Sterbehilfe, der ausschließlich in der Schmerzlinderung bestehen soll, überzeugt nicht. Dies wird deutlich, wenn man den Fall, in dem das tödlich wirkende Schmerzmittel einem leidenden, aber nur vorübergehend stark leidenden Erkrankten gegeben wird, mit demjenigen, in dem der Leidende tödlich erkrankt ist und dauernd besonders stark leidet, vergleicht. In den beiden Fällen dient das ärztliche Handeln der Schmerzlinderung. Der wesentliche Unterschied besteht jedoch darin, dass bei dem nicht tödlich erkrankten Patienten die unerträglichen Schmerzen vorübergehender Natur sind, d.h. die Schmerzen klingen bei ihm nach einiger Zeit ab und er kann danach schmerzlos weiterleben, bei dem tödlich Erkrankten kann hingegen keine schmerzfreie Lebensspanne erreicht werden.[146] Daraus ergibt sich, dass die Absicht der Schmerzlinderung und damit der so verstandene soziale Handlungssinn der indirekten Sterbehilfe für die Beurteilung der indirekten Sterbehilfe nicht allein ausschlaggebend sein kann.[147]

Darüber hinaus ist die Begründung über den sozialen Handlungssinn nicht mit dem verfassungsrechtlichen Verständnis des Lebensschutzes vereinbar. Der soziale Handlungssinn besagt zumindest mittelbar, dass ein durch Schmerz geplagtes Leben im Gegensatz zu einem anders beschaffenen Leben grundsätzlich der Disposition des Betroffenen unterliegt. Das Leben ist aber unabhängig von dem Willen

---

142 Vgl. LK-*Rosenau*, vor §§ 211, Rn. 45; *Tröndle*, ZStW 99 (1987), 32.

143 Vgl. *Wessels/Hettinger/Engländer*, Besonderer Teil 1, Rn. 37 m.w.N.; LK-*Rosenau*, vor §§ 211, Rn. 45.

144 Vgl. LK-*Rosenau*, vor §§ 211, Rn. 45 f.

145 Vgl. *Tröndle*, ZStW 99 (1987), 30; *Bottke*, Probleme am Lebensbeginn und am Lebensende, S. 116 f.; *Wessels/Hettinger/Engländer*, Besonderer Teil 1, Rn. 37.

146 Vgl. *Merkel*, FS Schroeder, S. 302 ff.; *Rosenau*, FS Roxin, S. 583.

147 Vgl. *Pelzl*, KJ 1994, 188 ff.

des Betroffenen, seiner persönlichen Situation, seinem körperlichen Befinden und seiner geistigen Befindlichkeit geschützt.[148] Wenn man annimmt, dass ein durch Schmerz geplagtes Leben durch eine tödliche Schmerzmittelgabe auf Wunsch des Leidenden ausgelöscht werden darf, so wird der so verstandene Lebensschutz durchbrochen, indem eine Vorabwertung getroffen wird, dass so ein Leben nicht mehr oder nur eingeschränkt geschützt sein soll.[149]

Gegen diese Auffassung ist weiter vorzubringen, dass die Behauptung, wonach die Lebensschutzpflichten nicht mehr bestehen, wenn die Heilungspflicht nicht mehr ausführbar ist, von einer falschen Voraussetzung ausgeht. Sie übersieht den mit der durchgeführten Medikation einhergehenden Tod.[150] Die Unmöglichkeit der Heilung, die etwa bei Terminalkranken vorliegt, bedeutet nicht, dass das Leben ohne weiteres verkürzt werden darf.[151] Denn die Lebenserhaltung ist dann, wenn auch unter erheblichen Schmerzen tatsächlich möglich. Vielmehr soll der Arzt im Hinblick auf den Schutzzweck der Tötungsdelikte, nämlich Lebensschutz, in diesem Falle eine solche Dosis wählen, die für das Überleben des Patienten medizinisch unbedenklich ist. Eine andere Frage ist allerdings, ob die gewählte Dosis für die Schmerzlinderung ausreichend ist. Denn hier geht es um die Linderung der Beschwerden. Einerseits ist das Leben zu erhalten, andererseits ist es ethisch nicht vertretbar, jemanden bis zum Beginn des natürlichen Sterbevorgangs leiden zu lassen.[152] Die Schmerzlinderungspflicht und die Lebensschutzpflicht müssen daher differenziert betrachtet werden. Der objektive Tatbestand ist entsprechend der Kritik *Merkels*[153] wegen seiner Schutzfunktion jedoch kein geeigneter Ort für eine Abwägung zwischen dem Lebensschutz und der Schmerzlinderung. Die Tatbestandsebene der Tötungsdelikte ist ausschließlich auf den Schutz des Rechtsgutes Leben fixiert. Aus dem Tatbestand dürfen nur solche Verhaltensweisen ausgeklammert werden, die bei typisierend-generalisierender Betrachtungsweise von vornherein nicht dem Tatbestandstypus unterfallen, ohne dass es einer umfassenden Abwägung verschiedener Gesichtspunkte im Einzelfall bedarf.[154] Die Ebene der Rechtswidrigkeit ermöglicht dagegen ein viel weiteres Blickfeld, wodurch auch andere Interessen mitberücksichtigt werden können. Daher ist sie für die Beurteilung der indirekten Euthanasie viel besser geeignet, weil feste Voraussetzungen bestehen, anhand derer die Rechtswidrigkeit überprüft werden kann. So verfügt jeder Rechtfertigungsgrund auch über subjektive Elemente, die im objektiven

---

148 Vgl. BVerfG, Urteil vom 25.021975, 1 BvF 1/74.

149 Vgl. *Merkel*, JZ 1996, 1149 f.; *derselbe*, FS Schroeder, S. 303 f.; *Otto*, Jura 1999, 440; *Pelzl*, KJ 1994, 188 f.

150 Vgl. *Merkel*, FS Schroeder, S. 301 f.

151 Vgl. *Otto*, Jura 1999, 440; *Engländer*, JZ 2011, 514.

152 Vgl. MK-*Schneider*, vor §§ 211 ff., Rn. 105 ff.

153 Vgl. *Merkel*, JZ 1996, 1149 f.

154 Vgl. *Dölling*, MedR 1987, 7.

Tatbestand keine Berücksichtigung finden können. Damit können auch die mit der Medikation verbundenen Motive des Arztes zur Geltung kommen. Auf diese Weise können auch unbillige Ergebnisse vermieden werden, wie zum Beispiel die Verneinung einer Tötung (bzw. eines Mordes) wenn ein Arzt eine zwar medizinisch indizierte Dosis dem Patienten und entsprechend seinem Willen gibt, dabei aber nicht zum Zwecke der Schmerzlinderung handelt, sondern allein aus eigennützigen und verwerflichen Gründen (z.B.: Habgier).[155]

Schließlich verlangt die „Handlungssinn"-Ansicht, dass die Lebensverkürzung von dem handelnden Arzt nicht beabsichtigt werden dürfe. Er könne diese höchstens für sicher im Sinne von *dolus directus* zweiten Grades halten. Das heißt aber, dass bereits im objektiven Tatbestand die subjektive Seite geprüft werden muss. Das hat zur Folge, dass die einzelnen Elemente des Verbrechensaufbaus aus einem Grunde vermischt werden, der nicht erklärt wird.[156]

1.2.3 Ausschluss aufgrund der ärztlichen lex artis

In der Literatur wird darauf hingewiesen, dass die lebensgefährliche Schmerztherapie den Regeln der ärztlichen Kunst entspreche, weil der Arzt angehalten ist, alles zur Schmerzlinderung zu unternehmen, was medizinisch indiziert ist (Argument der ärztlichen *lex artis*).[157] Der Maßstab der medizinischen Indikation wird zwar durch die medizinische Wissenschaft bestimmt, dieser werde jedoch stets durch die ordnende Funktion der Rechtsordnung fortlaufend überwacht.[158]

Die Ansicht übersieht, dass die medizinisch indizierte Schmerzmittelgabe, auch wenn sie mit der Einwilligung des Patienten erfolgt, seinen Tod herbeiführt, was offensichtlich gegen den Schutzzweck der Tötungsdelikte (Schutz des Lebens) verstößt. Es ist daher unerklärlich, warum die Regeln der medizinischen Kunst den eingetretenen Todeserfolg unbeachtlich machen sollten. Denn auch wenn die Schmerzlinderung von der *lex artis* gedeckt sein kann, ist es schwerlich anzunehmen, dass die (mit ihr verbundene) Todesbeschleunigung *per se* auch der *lex artis* entspricht.[159] Gegen die Konstruktion der ärztlichen *lex artis* ist ferner einzuwenden, dass die Entscheidung über die Straffreiheit der indirekten Sterbehilfe in die Hände derjenigen gelegt werde, die diese selbst vornehmen, was zu einer „prinzipiell unbeschränkten Selbstlegitimation" der Ärzte führen kann. Die Regeln der *lege artis* dürfen nicht der alleinige Maßstab dafür sein, dass die indirekte Sterbehilfe

155 Auch beim Ausschluss des Tatbestandes kann man immerhin an die Strafbarkeit wegen eines Versuchs denken, da das Erfolgsunrecht zwar zu verneinen, aber das Handlungsunrecht (verwerfliche Motivation) zu bejahen ist. Diese Situation ähnelt der eines Versuches.

156 Vgl. *Merkel*, FS Schroeder, S. 314.

157 Vgl. *Rissing-van Saan*, ZIS 2011, 551.

158 Vgl. LK-*Rosenau*, vor §§ 211, Rn. 45; *Tröndle*, ZStW 99 (1987), 47.

159 Vgl. *Merkel*, FS Schroeder, S. 301.

erlaubt ist.[160] Sie wurden nicht vom Gesetzgeber aufgestellt. Die Medizin allein kann nicht den Umfang des Grundrechts auf Leben bestimmten. Eine medizinisch indizierte Schmerzmitteldosis kann unter Umständen mit absoluter Sicherheit zum Tode des Patienten führen.[161] Deren Zulässigkeit muss daher durch die grundgesetzlichen Grenzen der Lebensschutz- und Schmerzlinderungspflichten bestimmt werden, insbesondere durch die Einwilligungssperre des § 216 StGB, und nicht durch die Ärzte.[162]

1.2.4 *Schaffung des erlaubten Risikos, Sozialadäquanz*

Es wird teilweise die Ansicht vertreten, die objektive Zurechenbarkeit der Tötung bei gleichzeitiger Schmerzlinderung sei zu verneinen, weil jene als sozialadäquat einzustufen sei. So stelle die medizinisch indizierte Verabreichung starker Schmerzlinderungsmittel in hoher Dosis ein sozialadäquates Verhalten bzw. ein erlaubtes Risiko dar, denn der Arzt setze diese zu einem rechtlich gebotenen Zweck ein, zu dem er auch rechtlich verpflichtet sei, und zwar der Schmerzlinderung.[163] Solange jemand eine rechtlich erlaubte, aber riskante Handlung vornimmt, die am Maßstab der geltenden ärztlichen Sorgfaltspflichten gemessen nicht als sorgfaltspflichtwidrig erscheint, könne er nicht wegen der Todesherbeiführung zur Verantwortung gezogen werden, weil die gesetzte Gefahr sozialadäquat sei.[164]

Nach *Herzberg* entfällt der Tatbestand wegen der Sozialadäquanz, wenn die Schmerzmittelgabe dem Willen des Betroffenen entspricht und keine anderen Mittel zur Schmerzbekämpfung vorhanden sind. Das Verhalten des Arztes falle aus dem Tatbestand auch dann heraus, wenn er die Nebenfolge „seiner sozialadäquaten Schmerzbekämpfung beabsichtigt hat", weil das Handeln des Arztes sich im Rahmen des erlaubten Risikos bewege. Er begründet dies damit, dass ein durch erhebliche Schmerzen geplagter Mensch ein Interesse an der Schmerzlinderung und nicht mehr am weiteren qualvollen Leben hat.[165]

Gegen die erstere Ansicht spricht, dass die Sozialadäquanz ein ausfüllungsbedürftiger Begriff ist. Ein erlaubtes Risiko ist nur dann anzunehmen, wenn die Wahrscheinlichkeit eines Schadens nicht ins Gewicht fällt und eine bestimmte Risikoschaffung gesellschaftlich akzeptiert ist.[166] Bei der indirekten Sterbehilfe verhält sich der Sachverhalt so, dass der Arzt lebensgefährliche Schmerzmittel verabreicht

---

160 Vgl. *Merkel*, JZ 1996, 1148.

161 Vgl. *Chatzikostas*, Suizid und Euthanasie, S. 74.

162 Vgl. *Merkel*, JZ 1996 1148; *derselbe*, FS Schroeder, S. 302; *Rosenau*, FS Roxin, S. 582 f.

163 Vgl. *Herzberg*, NJW 1996, 3048 f.

164 Vgl. *Herzberg*, NJW 1996, 3048 f.

165 Vgl. *Herzberg*, NJW 1996, 3048 f.; *Ingelfinger*, JZ 2006, 824.

166 Vgl. *Jakobs*, Allgemeiner Teil, S. 200 ff.; *Roxin/Greco*, Allgemeiner Teil 1, § 11 Rn. 55 ff., 65 ff.; Maurach/Gössel/Zipf-*Gössel*, Allgemeiner Teil Teilband 2, § 43 Rn. 74 ff.

und er sicher weiß bzw. für möglich hält, dass dadurch der Tod eintreten kann, etwa weil der Patient wegen seiner angeschlagenen körperlicher Verfassung diese Schmerzmittelgabe nicht überleben kann. Ob bei einer solchen Handlung, die zum Tod führen kann, noch von einer sozialadäquaten Handlung gesprochen werden kann, ist sehr zweifelhaft. Schließlich geht es hier um ein Menschenleben. Man kann von jemandem, der ein erlaubtes Risiko schafft, nicht zwangsläufig sagen, dass er etwas Erlaubtes gemacht hat. So ist das Autofahren generell riskant und zugleich wegen der Sozialadäquanz erlaubt. Verdichtet sich aber das damit verbundene Risiko zu einer konkreten Gefahr oder einem Beinahe-Unfall, so treffen den Autofahrer Vermeidungspflichten. Kann der Autofahrer die selbst geschaffene Gefahr nicht mehr abwenden, so denkt keiner daran, ihm den Schuldvorwurf dadurch zu ersparen, dass er den Todeserfolg erlaubterweise herbeigeführt hat, sondern höchstens dadurch, dass er ihn nicht mehr verhindern konnte. Ist es absehbar, dass aufgrund der Schmerzlinderung der Tod eintreten kann, muss man von der riskanten Handlung Abstand nehmen, da nicht mehr eine abstrakte Gefahr, sondern eine konkrete Gefahr des Todeseintritts droht. Sonst wird das bloße Risiko einer Verletzung mit dem Verletzungserfolg selbst gleichgesetzt.[167]

Herzbergs Ansicht geht richtigerweise davon aus, dass die indirekte Sterbehilfe zwei Sphären berührt: die eine betrifft die Pflicht zur Beschwerdelinderung und die andere das Verbot der Lebensverkürzung. Er ignoriert allerdings, dass das Lebensrecht nicht der Disposition seines Inhabers unterliegt. Selbst wenn der Betroffene kein Interesse am Weiterleben hat, ist sein Leben nach wie vor zu schützen. Dies ergibt sich aus den objektiven Lebensschutzpflichten, die gebieten, dass der Staat sich jederzeit schützend und fördernd vor das Lebensrecht stellt. Damit besteht eine Kollision zwischen der Pflicht zur Schmerzlinderung und der Pflicht zum Lebensschutz. Für die Abwägung dieser Pflichten ist der Standort der objektiven Zurechenbarkeit nicht geeignet, da deren Voraussetzungen alles andere als geklärt und geordnet sind.

Merkel weist weiter zu Recht darauf hin, dass die Straflosigkeit der indirekten Sterbehilfe nur ein Ergebnis einer umfassenden Abwägung sein könne, wofür der objektive Tatbestand nicht geeignet ist. Das Kriterium der objektiven Zurechnung enthalte zwar eine situationsbedingte Abwägung, diese ist jedoch zu grob, nicht hinreichend geklärt, gesichert, geordnet und im Prinzip an keine greifbaren Voraussetzungen gebunden. Die Lösung über die Verneinung der objektiven Zurechenbarkeit beantworte ausschließlich die Frage, ob die indirekte Sterbehilfe strafbar ist, liefere aber keine Antwort auf die Frage, warum die lebensbedrohliche Schmerzmittelgabe ein erlaubtes Risiko darstellt. Dass die riskante

167 Vgl. *Merkel*, JZ 1996, 1150; *derselbe*, FS Schroeder, S. 299 f.; MK-*Schneider*, vor §§ 211 ff., Rn. 107; *Kutzer*, FS Rissing-van Saan, S. 341; *Chatzikostas*, Suizid und Euthanasie, S. 76 f.; *Schreiber*, NStZ 1986, 340.

Schmerzmedikation an sich ethisch geboten und damit rechtlich erlaubt erscheine, enthalte keine Begründung, sondern das Resultat einer Begründung.[168]

1.2.5 Ausschluss aufgrund zulässiger Fremdgefährdung

Scheffler macht die Verneinung einer Sorgfaltspflichtverletzung bzw. den Ausschluss der objektiven Zurechenbarkeit davon abhängig, ob die Todesfolge vom Arzt für sicher oder nur für möglich erachtet wurde, wobei er nur im letzteren Fall zum Tatbestandsausschluss gelangt. In einer solchen Situation liege insoweit ein Fall einer einverständlichen Fremdgefährdung vor, als der Arzt gemäß dem Willen des Patienten mit der Verabreichung des Schmerzlinderungsmittels dessen Leben gefährdet. Das folge daraus, dass das Opfer sich freiverantwortlich und in voller Kenntnis des Risikos auf eine Gefährdung einlasse und der Erfolg die Folge des eingegangenen Risikos sei.[169]

Diese Ansicht ignoriert, dass bei der indirekten Sterbehilfe zwischen der Tathandlung (Schmerzlinderung) und dem Erfolg (Todeseintritt) differenziert werden muss. Auch wenn die Schmerzlinderung als Tathandlung nicht sorgfaltspflichtwidrig ist, entspricht die mit ihr verbundene Todesherbeiführung bzw. Todesbeschleunigung nicht den Regeln der ärztlichen Kunst, da dem Arzt verboten ist, das Leben des Patienten zu verkürzen. Der eingetretene Todeserfolg ist damit pflichtwidrig. Problematisch an dieser Ansicht ist weiterhin, dass nach der (wohl) herrschenden Meinung die Abgrenzung zwischen der Selbstgefährdung und der Fremdgefährdung nach den Grundsätzen der Tatherrschaft erfolgt. Der Ausschluss des Tatbestandes mangels der objektiven Zurechenbarkeit des Erfolges kommt also nur dann in Betracht, wenn der Gefährdete die Tatherrschaft über die Gefährdungshandlung hatte.[170] Indem der Arzt die gefährliche Schmerzmittelspritze gibt, liegt die Tatherrschaft bei ihm, da er den letzten Akt in den Händen hält. Insbesondere *Roxin* schlägt zwar vor, eine einverständliche Fremdgefährdung der Beteiligung an einer eigenverantwortlichen Selbstgefährdung gleichzustellen, sofern sie ihr „unter allen relevanten Aspekten gleichstehe".[171] Dies kann allerdings nicht überzeugen. Denn es macht wenig Sinn, zunächst die Selbstgefährdung von der Fremdgefährdung nach den Regeln der Tatherrschaft abzugrenzen, um letztendlich festzustellen, dass beide unter allen relevanten Aspekten gleich seien. Wenn es also relevant ist, wer den letzten Akt in den Händen hält, dann können die Selbstgefährdung und die Fremdgefährdung sich nicht unter *allen* relevanten Aspekten gleich stehen.

---

168 Vgl. *Merkel*, JZ 1996, 1149; *derselbe*, FS Schroeder, S. 299.

169 Vgl. *Scheffler*, Sterbehilfe, S. 264.

170 Vgl. BGH Urteil vom 20.11.2008, 4 StR 328/08; *Lasson*, ZJS 2009, 363.

171 Vgl. *Roxin/Greco*, Allgemeiner Teil 1, § 11 Rn. 121 ff.

1.3 Ausschluss des subjektiven Tatbestandes

Der subjektive Tatbestand des § 216 StGB verlangt, dass sich der Tätervorsatz auf den Tod, den Todeswunsch und das Bestimmenlassen beziehen muss. Ein bedingter Vorsatz ist ausreichend.[172] Anderenfalls ist die Strafbarkeit wegen Totschlags oder Mordes gegeben. Geht der Täter irrtümlicherweise vom Vorliegen eines ausdrücklichen, ernsthaften und auf ihn bezogenen Verlangens aus, so macht er sich aus § 216 StGB über § 16 Absatz 2 StGB strafbar, weil er nach seiner Vorstellung den Tatbestand des milderen Delikts (gegenüber dem Totschlag oder Mord) verwirklicht hat.[173] Daneben besteht die Möglichkeit der Bestrafung wegen fahrlässiger Tötung gemäß § 222 StGB, wenn der Irrtum dem Täter zum Vorwurf gemacht werden kann. Möglich ist auch, dass der Täter das objektiv gegebene Verlangen nach dem Tod verkannt hat. Da sein Vorsatz das Verlangen nicht mit umfasst hat, muss § 216 StGB ausscheiden. Im Rahmen der anschließenden Prüfung der §§ 211, 212 StGB ist die Frage zu klären, ob der Täter die Gefährdungsherrschaft über das zum Tode führende Geschehen hatte oder aber er als Werkzeug des Suizidenten handelte. Letzteres ist anzunehmen, wenn „der Lebensmüde den Täter über das zum Tode führende Geschehen getäuscht und ihn mit Hilfe des hervorgerufenen Irrtums zum Werkzeug gegen sich selbst gemacht hatte“.[174] Ist die Werkzeugstellung zu bejahen, so ist weiter zu fragen, ob der Täter den Irrtum hätte erkennen können, was gegebenenfalls zur Strafbarkeit aus § 222 StGB führt.

In der Literatur wird versucht, den subjektiven Tatbestand des § 216 StGB im Hinblick auf die Doppelwirkungslehre auszuschließen. Die Doppelwirkungslehre ist eine Ansicht, die den Unterschied zur verbotenen aktiven Sterbehilfe in der subjektiven Motivation des Täters verortet. Einige Literaturmeinungen greifen diesen Grundgedanken auf und lassen die Strafbarkeit der indirekten Euthanasie an der subjektiven Tatbestandsseite scheitern.[175] Diese Meinung bestreitet, dass die Todesherbeiführung gewollt war, wenn der Arzt zum Zwecke der Schmerzlinderung und nicht der Lebensverkürzung gehandelt hat. Voraussetzung hierfür ist, dass der Arzt hinsichtlich des Todeserfolges mit *dolus directus 2. Grades* (also ihn nur vorausgesehen) oder mit *dolus eventualis* (also ihn nur billigend in Kauf genommen) gehandelt hat.[176] Dieser Ansicht ist jedoch nicht zu

172 Vgl. MK-*Schneider*, § 216, Rn. 54; *Fischer*, § 216, Rn. 11.

173 Vgl. Sch/Sch-*Eser/Sternberg-Lieben*, § 216, Rn. 14.

174 Vgl. BGH NStZ 2003, 538; MK-*Schneider*, § 216, Rn. 55.

175 Vgl. *Joerden*, Sterben am Beginn des Lebens, S. 221; *Schmitt*, JZ 1979, 465.

176 Vgl. Sch/Sch-*Eser/Sternberg-Lieben*, vor § 211, Rn. 26 f. m.w.N.; diese Argumentation wird auch zur Abgrenzung zwischen aktiver und indirekter Sterbehilfe benutzt vgl. *Uhlig/Joerden*, Ad Legendum 2011, 371; *Joerden*, Menschenleben, S. 172; *Chatzikostas*, Suizid und Euthanasie, S. 80; zur Ablehnung dieses Abgrenzungskriterium siehe Kapitel 3, 1.2.2.

folgen.[177] Eine Tötung kann sowohl mit direktem als auch mit bedingtem Vorsatz begangen werden, weil weder § 211 StGB (abgesehen von den gesetzlich geregelten subjektiven Mordmerkmalen) noch § 212 und § 216 StGB eine Begrenzung vorsehen. Wenn das Gesetz keine besonderen Anforderungen an die Vorsatzform stellt, sind alle Vorsatzformen strafrechtlich gleich zu behandeln.[178]

1.4 Ausschluss der Rechtswidrigkeit

a) Zahlreiche Stimmen versuchen, eine Grundlage für die Straffreiheit der indirekten Sterbehilfe auf der Rechtfertigungsebene zu finden. Dazu werden unterschiedliche Ansätze vertreten.

Eser greift im Falle der indirekten Sterbehilfe auf den Rechtfertigungsgrund des erlaubten (unverbotenen) Risikos zurück, wenn der Arzt mit seiner Handlung die Grenzen des erlaubten Risikos nicht überschritten hat. Die Einhaltung dieser Grenzen sei anzunehmen, wenn die Medikation zur Schmerzlinderung unter Beachtung der erforderlichen Sorgfalt erfolgt und die Todesherbeiführung nur eine unbeabsichtigte Nebenfolge ist. Im Rahmen der Rechtfertigung sei auch eine Abwägung der kollidierenden Interessen vorzunehmen und der Wille des Opfers zu berücksichtigen.[179] Der Grund für die Straflosigkeit und die Akzeptierung des Todesrisikos sei darin zu sehen, dass der Arzt mangels Heilungschancen nicht mehr verpflichtet sei, das vom Schmerz geplagte Leben des Patienten um jeden Preis zu erhalten.[180] Gegen das Entfallen der Rechtswidrigkeit aufgrund eines erlaubten Risikos spricht aber, dass die Unmöglichkeit der Heilung nicht *per se* die Verkürzung des Lebens erlaubt. Es ist auch zweifelhaft, ob eine sehr gefährliche medizinische Behandlung mit hoher Wahrscheinlichkeit des Todeseintritts als sozialadäquat angesehen werden kann.[181]

Vereinzelt wird auch vertreten, dass die indirekte Sterbehilfe aufgrund einer rechtfertigenden Pflichtenkollision zu rechtfertigen sei. Denn den Arzt träfen in einer solchen Situation zwei sich gegenseitig ausschließende Pflichten: die Pflicht, den Patienten nicht zu töten einerseits und die Pflicht, seine Schmerzen zu lindern andererseits. Von beiden Pflichten könne er die eine nur auf Kosten der anderen erfüllen.[182] Die rechtfertigende Pflichtenkollision passt jedoch nach ihrem Anwendungsbereich nicht auf die Fälle der indirekten Sterbehilfe. Der Täter kann nur

---

177 Zur Kritik der Doppelwirkungslehre und zur Ablehnung der Beschränkung der indirekten Sterbehilfe auf den direkten Vorsatz 2. Grades und den Eventualvorsatz siehe oben Einleitung zum Kapitel 2 und 1.1.

178 Vgl. *Schreiber*, NStZ 1986, 340; *Merkel*, FS Schroeder, S. 314.

179 Vgl. Sch/Sch-*Eser/Sternberg-Lieben*, vor § 211, Rn. 26; *derselbe*, Sterbehilfe und Euthanasie, S. 62.

180 Vgl. Sch/Sch-*Eser/Sternberg-Lieben*, vor § 211, Rn. 25, 26 f.

181 Siehe oben 1.2.4.

182 Vgl. *Detering*, JuS 1983, 418 ff.

dann aus rechtfertigender Pflichtenkollision gerechtfertigt sein, wenn er zwei gleichrangige Pflichten zu erfüllen hat und nur eine Pflicht auf Kosten der anderen erfüllen kann.[183] Dies setzt demnach die Kollision zweier Handlungspflichten voraus. Bei der indirekten Sterbehilfe kollidieren aber eine Handlungspflicht (Pflicht zur Schmerzlinderung gemäß dem erklärten Patientenwillen) und eine Unterlassungspflicht (Pflicht zum Nichttöten) miteinander.[184] Kann der Täter in einer derartigen Konstellation die Rettungshandlung nur durch aktiven Eingriff in das Rechtsgut Leben vornehmen, so ist die rechtfertigende Pflichtenkollision nicht anwendbar und es verbleibt nur eine Rechtfertigung nach § 34 StGB.[185]

Nach der neuesten Rechtsprechung des Bundesgerichtshofes[186] soll die indirekte Sterbehilfe aufgrund der vom BGH entwickelten Rechtskonstruktion des „Behandlungsabbruchs" gerechtfertigt werden. Dieses Rechtskonstrukt wird offensichtlich als eine rechtfertigende Einwilligung aufgefasst.[187] Es erfasst das Unterlassen einer lebenserhaltenden Behandlung oder ihren Abbruch sowie Handlungen in der Form der indirekten Sterbehilfe.

Gegen diesen Lösungsansatz spricht zunächst, dass die Patientenautonomie keine tragfähige Grundlage für die Zulässigkeit der indirekten Sterbehilfe sein kann. Es stimmt zwar, dass die Verabreichung einer lebensbedrohlichen schmerzlindernden Spritze die Zustimmung des Patienten voraussetzt. Abweichend von den Fällen der passiven Sterbehilfe durch Unterlassen oder des tätigen Abbruchs wird hier aber nicht von der Patientenautonomie als Abwehrrecht (Verweigerung oder Widerruf der Zustimmung), sondern vom Recht auf körperliche Unversehrtheit und vom allgemeinen Selbstbestimmungsrecht als Leistungsrecht (Einwilligung in einen Eingriff, d.h. in die Verabreichung eines Schmerzmittels) Gebrauch gemacht.[188] Für die Verweigerung der Zustimmung in einen medizinischen Eingriff spielt es keine Rolle, aus welchen Gründen dies erfolgt.[189] Dies gilt selbst dann, wenn die verweigerte medizinische Maßnahme für die Lebenserhaltung zwingend notwendig ist. Für die Vornahme eines ärztlichen Eingriffs gelten indes andere Maßstäbe. Hier darf unter anderem der Nutzen einer Maßnahme nicht außer Verhältnis zu deren Risiken stehen.[190] Verlangt jemand eine medizinisch indizierte Schmerzmittelgabe, die tödlich wirken kann, wobei der unzumutbare Schmerzzustand in wenigen Tagen erheblich nachlassen wird, muss aufgrund einer Nutzen-Risiko-Abwägung die an sich gebotene Schmerzmittelgabe unterbleiben.[191] Daran

183 Vgl. *Fischer*, Vor § 32, Rn. 11 ff.
184 Vgl. Sch/Sch-*Perron*, § 34, Rn. 4.
185 Vgl. *Fischer*, Vor § 32, Rn. 11 ff.
186 Vgl. BGH, NJW 2010, 2967.
187 Vgl. *Rissing-van Saan*, ZIS 2011, 551.
188 Vgl. MK-*Schneider*, vor §§ 211 ff., Rn. 123; siehe Kapitel 4, 1.2.2.
189 Vgl. *Engländer*, JZ 2011, 514.
190 Vgl. BGH, Urteil vom 04.07.1984, 3 StR 96/84.
191 Siehe oben 1.2.2.

wird deutlich, dass das Bestehen des Behandlungsanspruchs des Einzelnen nicht allein von dessen Willen abhängig ist.[192] Sonst könnte man generell jede aktive Lebensverkürzung mit dem Hinweis auf den Willen des Betroffenen für erlaubt halten, was aber generell mit der Einwilligungssperre des § 216 StGB unvereinbar ist.

Seit der Anerkennung des Rechts auf selbstbestimmtes Sterben durch das Bundesverfassungsgericht erscheint es möglich, die Straffreiheit der indirekten Sterbehilfe allein auf dieses Recht (bzw. auf das allgemeine Selbstbestimmungsrecht) zu stützen. Es gewährleistet die Freiheit, selbstbestimmt die Entscheidung zu treffen, sein Leben bewusst und gewollt zu beenden.[193] Der Entscheidung kann entnommen werden, dass der Lebensschutz durch die persönlichen Vorstellungen des Einzelnen beschränkt werden kann, zumindest im Bereich der Selbsttötung. Ob das Recht auf selbstbestimmtes Sterben auch für die Beschränkung des Lebensschutzes bei Fremdtötungen verwendet werden kann, ist wegen der wertungsmäßigen Unterschiede zwischen der Selbsttötung und der Fremdtötung unklar. Es spricht schon einiges dafür, dass der hohe verfassungsmäßige Rang persönlicher Autonomie auch die Strafbarkeit der Fremdtötung ausschließen kann, dies erfordert allerdings eine Begründung, warum das Recht auf selbstbestimmtes Sterben den Lebensschutz im Rahmen der Sterbehilfe beschränkt und warum dieses Recht, das entsprechend seinem Schutzbereich jegliche (verobjektivierte) Fremdbestimmung ausschließt, im Bereich der indirekten Sterbehilfe nur unter dem Vorbehalt der Erfüllung bestimmter Bedingungen (schweres Leiden am Lebensende ohne Möglichkeit, es zu lindern, und Motivation des Handelnden) gewährleistet wird und wie der Ausgleich zwischen dem Lebensschutz und dem Schutz des Rechts auf selbstbestimmtes Sterben vorzunehmen ist. Zudem muss erklärt werden, warum das Recht bei der indirekten Sterbehilfe nur beschränkt wird, während es bei der aktiven Sterbehilfe völlig ausgeschlossen ist.

Die vom Bundesgerichtshof gelieferte Begründung, wonach sich dies aus dem Begriff der Sterbehilfe und aus dem Begriff der „Behandlungsbezogenheit“ kombiniert mit dem Willen des Betroffenen ergebe, ist in diesem Zusammenhang wenig aussagekräftig.[194] Es ist ein Zirkelschluss: Die indirekte Sterbehilfe ist zulässig, wenn es sich bei ihr um die behandlungsbezogene zulässige Sterbehilfe handelt, die dem Willen des Betroffenen entspricht. Aber auch wenn der Bundesgerichtshof diese Frage überzeugend erklärt hätte, ergibt sich die Frage, ob die rechtfertigende Einwilligung, unabhängig davon, ob bei der indirekten Sterbehilfe in den Taterfolg (Todeserfolg) oder nur in die Tathandlung (Schmerzmedikation bzw. Lebensgefährdung) eingewilligt wird, eine Prüfung zulässt und, wenn ja, unter welchen Voraussetzungen der Lebensschutz im Hinblick auf das Recht auf selbstbestimmtes Sterben unter Umständen der Disposition des Einzelnen unterliegen kann. Soweit

192 Vgl. *Schroth*, GA 2006, 564.

193 Vgl. BVerfG, Urteil vom 26.02.2020, 2 BvR 2347/15 u.a.

194 Vgl. BGH, NJW 2010, 2967.

es um die Einwilligung in eine Lebensgefährdung geht, stellt zumindest die Rechtsprechung des Bundesgerichtshofes auf die Nähe der Gefahr ab.[195] Das führt hier jedoch nicht weiter, da die indirekte Sterbehilfe stets mit einer konkreten Gefahr einhergeht. Bei der Einwilligung in den Todeserfolg ist hingegen nicht geklärt, ob überhaupt und, wenn ja, welche Grenzen hier gelten sollten und warum.

Es wird auch vertreten, dass die Rechtfertigung aus § 34 StGB in Kombination mit der Einwilligung erfolgen solle, weil nur so dem Willenselement des Patienten am besten Rechnung getragen werden könne.[196] Diese Ansicht ist aber abzulehnen, da das Willenselement auch bei § 34 StGB Berücksichtigung findet. Denn es gibt keine Nothilfe gegen den Willen des Betroffenen.

Zahlreiche Stimmen in der Literatur sowie der Bundesgerichtshof (zumindest nach seiner alten Rechtsprechung) greifen zur Begründung der rechtlichen Zulässigkeit der indirekten Sterbehilfe auf den Rechtfertigungsgrund des rechtfertigenden Notstandes gemäß § 34 StGB zurück, wobei die Begründungen variieren.[197] *Scheffler* sieht den Unterschied zwischen der indirekten und der aktiven Sterbehilfe darin, dass bei der ersteren der Tod infolge „der mehraktigen Schmerzmittelgabe" erfolgt. Der Rechtfertigung aus § 34 StGB soll seiner Ansicht nach nur der Fall der „sicher erwarteten Lebensverkürzung" zugänglich sein. „Die Abwägung eines kürzeren, aber schmerzfreieren Lebens gegen ein langes, aber qualvolles Leben" sei zulässig, wobei „das Überwiegen des ersteren durch den Willen des Todkranken belegt" werde.[198] Im Falle der Untätigkeit des Arztes drohe dem Patienten sonst „ein unnötig grausamer Tod".[199] *Otto* sieht eine Legitimation der indirekten Sterbehilfe in der Achtung der Menschenwürde, die die lebensverkürzende Medikation gebietet, soweit der Arzt nur „die zur Schmerzlinderung erforderlichen Maßnahmen trifft".[200] Eine unterlassene Schmerzbehandlung sei eine besondere Form der durch die Menschenwürde verbotenen Erniedrigung.[201] Die Lebenserhaltungspflicht tritt bei der Güterabwägung hinter die Menschenwürde zurück, weil durch die schmerzlindernde und zugleich lebensverkürzende Maßnahme dem Patienten

195 Vgl. BGH, Urteil vom 20.11.2008, 4 StR 328/08.

196 Vgl. *Dölling*, MedR 1987, 6 f.; MK-*Schneider*, vor §§ 211 ff., Rn. 108 m.w.N. Gegen eine Kombination des rechtfertigenden Notstandes und der rechtfertigenden Einwilligung spricht, dass der Wille des Betroffenen eine Voraussetzung des rechtfertigenden Notstandes (bzw. der rechtfertigenden Nothilfe) ist. Die Notstandshandlung des Dritten (hier: Schmerzlinderung) darf dem Betroffenen nicht aufgezwungen werden (vgl. *Fischer*, § 34, Rn. 27 m.w.N.).

197 Vgl. *Lackner/Kühl*, vor § 211, Rn. 5 ff.; *Hirsch*, JR 2011, 38; *Uhlig/Joerden*, Ad Legendum 2011, 372.

198 Vgl. *Scheffler*, Sterbehilfe, S. 264.

199 Vgl. *Scheffler*, Sterbehilfe, S. 265.

200 Vgl. *Otto*, Jura 1999, 440 f.

201 Vgl. *Hufen*, NJW 2001, 851.

ermöglicht wird, „als Person zu sterben, nicht aber als ein nur noch vom Schmerz beherrschtes Wesen, das sich seiner selbst nicht mehr bewusst werden kann".[202] Gegen die Begründungsansätze, die mit dem „Menschenwürdeargument" operieren, spricht, dass es problematisch ist, die Menschenwürde einerseits zur Begründung des Tötungsverbots (siehe Kapitel 1, 2.1 zu Art. 1 GG) und andererseits zur Begründung der indirekten Sterbehilfe, die auf eine Tötung gerichtet ist, zu verwenden, zumal das Leben die vitale Basis der Menschenwürde[203] ist. *Kutzer* geht ebenfalls vom wesentlichen Überwiegen der Schmerzlinderung gegenüber dem Lebensschutz im Rahmen der Güterabwägung des § 34 StGB aus. Er begründet dies ähnlich wie *Otto* damit, dass die Statuierung einer Pflicht des schwerstleidenden Patienten sein Leiden anzunehmen, ihn in seiner Menschenwürde erniedrigen und „seine Persönlichkeit zerstören" würde. Danach ist der „Tod in Würde und Schmerzfreiheit" höher einzustufen, als ein qualvolles Leben, wobei jedoch stets der Wille des betroffenen Patienten zu beachten sei.[204]

Den gleichen Weg hat früher bis zu seiner Entscheidung vom 25.06.2010[205] der Bundesgerichtshof beschritten, indem er entschieden hat, dass „die Ermöglichung eines Todes in Würde und Schmerzfreiheit gemäß dem erklärten oder mutmaßlichen Patientenwillen ein höherwertiges Rechtsgut ist, als die Aussicht unter schwersten, insbesondere sogenannten Vernichtungsschmerzen noch kurze Zeit länger leben zu müssen".[206] Dabei hat sich der Bundesgerichtshof ausdrücklich zur Rechtfertigungsmöglichkeit aus § 34 StGB bekannt.[207]

Merkel wägt im Rahmen der innerhalb des rechtfertigenden Notstands erfolgenden Güterabwägung „das individuelle Interesse am Weiterleben", das etwas anderes als das Recht auf Leben ist, und das Leidvermeidungsinteresse des Betroffenen ab und gelangt zum Ergebnis, dass das letztere das erstere „qualitativ" wesentlich überwiegt. Wenn die Schmerzlinderung mit dem Risiko der Lebensverkürzung die einzige Alternative ist, sei das subjektive Lebensinteresse nicht mehr vom Schutzbereich des Lebensrechts gemäß Art. 2 Absatz 2 GG geschützt, da dessen Schutz dort endet, wo die Tötung bzw. das Sterben nicht mehr „im wohlverstandenen Interesse" des Patienten liegt und keine Gemeinschaftsinteressen gefährdet werden. Daher stehe dem Patienten im Falle der tödlichen Schmerztherapie sein Leben zur Disposition und könne folglich auch im Rahmen der Güterabwägung des § 34 StGB abgewogen werden. Hat der Patient noch Interesse am Weiterleben, so sei

---

202 Vgl. *Otto*, Jura 1999, 441.

203 Vgl. BVerfG Urteil vom 15.02.2006, 1 BvR 357/05.

204 Vgl. *Kutzer*, NStZ 1994, 115; *derselbe*, FS Rissing-van Saan, S. 341; vgl. *Kühl* Jura 2009, 884.

205 Vgl. BGH Urteil vom 25.06.2010, 2 StR 454/09 („Fall *Putz*").

206 Vgl. BGH, Urteil vom 15.11.1996, 3 StR 79/96; Urteil vom 07.02.2001, 5 StR 474/00.

207 Vgl. BGH, Urteil vom 07.02.2001, 5 StR 474/00; NStZ 2001, 324, 326.

dies zu respektieren; ist ein solches Interesse zu verneinen, dann sei der schmerzfreie Tod als höherwertiges Rechtsgut anzusehen.[208]

b) Der Unrechtsausschluss aufgrund des rechtfertigenden Notstandes gem. § 34 StGB erscheint als eine vertretbare Begründung für die Straflosigkeit der indirekten Sterbehilfe.[209] Es ist einzuräumen, dass § 34 StGB keine Ideallösung ist.[210] Es ist insbesondere streitig, ob das Schmerzlinderungsinteresse gegenüber dem Lebensrecht überwiegen kann, ob es wesentlich überwiegt[211] und ob § 34 StGB Konflikte innerhalb ein und desselben Rechtsgutsträgers schlichten kann[212]. Daran schließt sich die umstrittene Frage an, ob nicht das Lebensabwägungsverbot[213] und die Einwilligungssperre des § 216 StGB[214] verletzt werden.

§ 34 StGB setzt eine umfassende Abwägung aller in Betracht kommender Interessen voraus. Dabei sind der Grad und das Ausmaß der den kollidierenden Interessen drohenden Gefahren zu berücksichtigen.

Die indirekte Sterbehilfe zeichnet sich dadurch aus, dass zum Zwecke der Schmerzlinderung des Patienten sein Leben aufs Spiel gesetzt wird. Ihre Besonderheit besteht darin, dass sie eine Tötung nur bei körperlichen Schmerzzuständen des tödlich kranken Patienten erlauben will, die nicht zu lindern sind und nicht anders als durch eine lebensbedrohliche bzw. tödliche Schmerzmitteldosis ausgeschlossen werden können und die den Patienten bis zum natürlichen Tode begleiten werden.[215] Damit tangiert die indirekte Sterbehilfe den Schutzbereich zweier Rechtsgüter. Das sind das Lebensrecht und das Interesse des Einzelnen an der Schmerzlinderung. Dieses letztere Interesse ist aus dem Grundrecht auf den Schutz körperlicher Unversehrtheit gemäß Art. 2 Absatz 2 GG abzuleiten.[216] Denn dieses Grundrecht ist auf den Schutz der biologisch-physiologischen und geistig-seelischen Gesundheit ausgerichtet und will unter anderem die Zufügung und Empfindung von körperlichem und psychischem Schmerz verhindern.[217] Am Lebensende wandelt es sich in ein Recht auf würdiges Sterben um, das vor Schmerz am Lebensende schützt.[218]

---

208 Vgl. *Merkel*, JZ 1996, 1151.

209 Vgl. MK-*Schneider*, vor §§ 211 ff., Rn. 111 m.w.N.

210 Ebenda.

211 Siehe unten 1.4 d).

212 Siehe unten 1.4 g).

213 Siehe unten 1.4 e).

214 Siehe unten 1.4 f).

215 Vgl. *Merkel*, FS Schroeder, S. 302 f.

216 Vgl. Dreier-*Schulze-Fielitz*, Art. 2 II, Rn. 48.

217 Vgl. Münch/Kunig-*Kunig*, Art. 2, Rn. 55; Maunz/Dürig-*Di Fabio*, Art. 2 Abs. 2, Rn. 29 f.; *Kingreen/Poscher*, Grundrechte, Rn. 441.

218 Vgl. *Czerner*, MedR 2001, 357.

Bezogen auf den absoluten Wert der beteiligten Rechtsgüter hat der Lebensschutz höheren Wert als das Schmerzlinderungsinteresse des Einzelnen. Der absolute Wert ist aber nicht allein entscheidend, sondern auch die Bewertung von Eingriffs- und Erhaltungsgut in der konkreten Situation.[219] Bei der Lösung des Konflikts zwischen dem Lebensschutz und dem Interesse an der Schmerzfreiheit am Lebensende ist Folgendes zu beachten: Die Verpflichtung des Staates zum Schutz des (schmerzvollen oder sonst irgendwie gearteten) Lebens besteht auch gegenüber dem Inhaber dieses Lebens. Das Lebensrecht wird jedoch nicht absolut geschützt. Die Aufgabe des Lebensschutzes ist durchaus möglich, insbesondere dann, wenn Umstände erheblichen Gewichts vorliegen, die den Betroffenen so schwerwiegend belasten, dass das Festhalten am eigenen Leben von ihm billigerweise nicht erwartet werden kann und der Einsatz der Mittel des Strafrechts zur Erzwingung des Lebensschutzes nicht als angemessen erscheint.[220]

Beim Eingriff in das Lebensrecht durch die lebensbedrohlich wirkende Schmerzmedikation im Rahmen der indirekten Sterbehilfe wird das Leben konkret gefährdet. Diese konkrete Gefahr kann sich schnell in dem Tod des Betroffenen niederschlagen. Die rechtliche Durchsetzung des Lebensschutzes im Rahmen der indirekten Sterbehilfe führt aber zu besonderen Problemen, die sich aus der einzelfallbezogenen Lage des tödlich erkrankten und schwer leidenden Patienten ergeben. Die Wirkungen einer tödlich verlaufenden und schmerzvollen Erkrankung beeinträchtigen schwerwiegend den gesamten Gesundheitszustand des Betroffenen in psychischer und physischer Hinsicht. Sie durchdringen alle Lebensbereiche des Betroffenen und berauben ihn jeglicher Lebensfreude. Diese Belastung kann nicht dadurch ausgeglichen werden, dass der Patient einer nicht lebensgefährlich wirkenden Schmerzlinderung unterzogen, im Krankenhaus sorgfältig betreut und gepflegt wird und dass er innere Kraft in der Familie, Gott oder menschlicher Wärme findet. Dadurch wird sein Leidenszustand nicht verbessert. Ebenso kann der Betroffene nicht auf die Möglichkeit der Selbsttötung oder der Hilfe zur Selbsttötung[221] verwiesen werden, da er im Einzelfall außerstande sein kann, die Selbsttötung durchzuführen. Dem schwer Leidenden verbleibt oft keine Option zur tödlich wirkenden Schmerzmedikation. Das Versagen einer tödlichen Schmerzlinderung trotz des Verlangens des Betroffenen danach führt daher zu einem kaum nachvollziehbaren Leidenlassen bis zum Eintritt des natürlichen Todes. Hier droht die Berührung des Schutzbereiches der Menschenwürde, da der Betroffene bloß auf seine Körperlichkeit reduziert und nicht mehr als geistiges Wesen angesehen wird.[222] Der Lebensschutz verursacht, dass der Betroffene keiner wirksamen

219 Vgl. *Fischer*, § 34, Rn. 12.

220 Vgl. BVerfG Urteil vom 25.02.1975, 1 BvF 1/74 u.a.; Beschluss vom 19.10.1971, 1 BvR 387/65.

221 Zur Zulässigkeit der ärztlich assistierten Suizidbeihilfe vgl. BVerfG, Urteil vom 26.02.2020, 2 BvR 2347/15 u.a.

222 Vgl. *Joerden*, Menschenwürde, S. 231; *Hufen*, NJW 2001, 851.

Schmerzmittelbehandlung unterzogen werden kann. Sie wird ihm gänzlich versagt. Sein Schmerzlinderungsinteresse kann keine Wirksamkeit mehr entfalten. Damit liegt ein gravierender Eingriff in den Kernbereich des Grundrechts auf körperliche Integrität vor. Daraus ergibt sich zugleich, dass besonders intensive und unstillbare Schmerzen am Lebensende eine schwerwiegende Belastung für den Betroffenen darstellen, die über das hinausgehen, was normalerweise mit einer tödlich verlaufenden Erkrankung verbunden ist und von dem Betroffenen abverlangt werden kann. Damit besteht ein Wertüberhang des Schmerzlinderungsinteresses.

Die indirekte Sterbehilfe führt zudem für den Betroffenen im Einzelfall zu schweren und existenziellen (d.h. den Sinn und Zweck seines Lebens betreffenden) Konfliktsituationen. Die Lebensschutzpflicht zwingt den Inhaber des dem Lebensschutz unterstehenden Lebens zur Aufopferung seiner körperlichen Unversehrtheit am Lebensende im Interesse der Respektierung dieser Lebensschutzpflicht.[223] Angesichts der Vernichtungsschmerzen und der Alternativlosigkeit ihrer Linderung kann aber von dem Betroffenen nicht erwartet werden, dass er stets auf den grundgesetzlich garantierten Anspruch auf Schmerzmedikation zugunsten des Lebensschutzes verzichtet und dieses Recht zugunsten des Lebensschutzes aufopfert, zumal die Vernichtungsschmerzen alle Lebensbereiche des Betroffenen durchdringen und jegliche Lebensaktivität und Freiheitsbetätigung verhindern. Das Leidenlassen im Interesse der Respektierung des Lebensrechts ist ethisch und rechtlich[224] ebenso vertretbar wie die Aufopferung des Lebensschutzes im Interesse der Schmerzlinderung. Die Entscheidung des Betroffenen für die tödliche Schmerzlinderung ist damit ebenso achtenswert wie die Entscheidung dagegen und zur Respektierung des Lebensrechts. Wenn die Entscheidung des Betroffenen für oder gegen den Lebensschutz keine eindeutige ethische Bewertung zulässt, ist es grundsätzlich nicht die Aufgabe des Strafrechts, eine solche ethische Konfliktsituation zu lösen. Der Einsatz des Strafrechts zum Schutz des Lebensrechts ist hier nicht legitim. Er missachtet vollständig die Persönlichkeitssphäre des Betroffenen und zwingt ihn zu einer Entscheidung, die nicht eindeutig als richtig oder falsch eingestuft werden kann. Hier muss der Betroffene daher die volle innere Entscheidungsfreiheit haben und der strafrechtliche Zwang darf nur mit Zurückhaltung angewendet werden.[225]

c) *Herzberg*[226] weist darauf hin, dass § 34 StGB deswegen keine geeignete Norm für die Lösung der Fälle der indirekten Sterbehilfe sei, weil es im Rahmen der indirekten Sterbehilfe an einer Rechtsgüterkollision fehle. Er vertritt die Auffassung,

---

223 Vgl. BVerfG Urteil vom 25.02.1975, 1 BvF 1/74 u.a.; Beschluss vom 19.10.1971, 1 BvR 387/65.

224 Rechtlich wird die indirekte Sterbehilfe fast ausnahmslos für zulässig und sogar geboten gehalten, vgl. LK-*Rosenau*, vor §§ 211 ff, Rn. 42.

225 Vgl. BVerfG, Urteil vom 25.02.1975, 1 BvF 1/74 u.a.

226 Vgl. *Herzberg*, NJW 1996, 3046 ff.

dass die Tötungsverbote dreierlei Interessen schützen, nämlich den aktuellen Lebenswillen, der in dem Wunsch des Weiterlebens besteht, sowie den potentiellen Lebenswillen, der grundsätzlich mit dem paternalistischen Lebensschutz gleichzusetzen ist. Es geht dabei um den Schutz vor sich selbst und eigenen unverantwortlichen Entscheidungen. Das dritte Interesse ist das Interesse an der Respektierung eines Tabus, das in der Aufrechterhaltung des Tötungsverbotes zu sehen ist. Unter Beachtung dieser Schutzinteressen zeichnet sich aus der Sicht *Herzbergs* folgende Situation für die indirekte Euthanasie ab: Wegen unerträglicher Schmerzen hat das Opfer kein Interesse am Weiterleben, sodass der aktuelle Lebenswille nicht gegeben ist. Auch der potentielle Wille ist zu verneinen, weil die Schmerzlinderung die einzige wirkliche Lösung ist und andere Mittel nicht in Frage kommen. Auch das Tabuinteresse besteht nicht, weil die Medikation „den direkten Tötungsakt vermeidet und das Sterbegeschehen nur so beeinflusst, dass ihm der Charakter eines natürlichen Verlöschens nicht genommen wird“. Damit werde kein Schutzgut verletzt, weswegen auf der Eingriffsseite auch nichts vorgefunden werde.[227]

Herzberg übersieht jedoch, dass die Zulässigkeit der indirekten Sterbehilfe ein Ergebnis der Abwägung von kollidierenden Interessen ist. Erst eine Abwägung aller in Betracht kommender Interessen kann ergeben, dass eines der Interessen auf Null reduziert sei.[228] Dass der Betroffene aufgrund der unerträglichen Schmerzen kein Interesse an der weiteren Lebenserhaltung hat, spielt im Rahmen der Abwägung insoweit eine Rolle, als er mit der Schmerzmedikation einverstanden ist. Sein Wille kann sich damit nur auf die Einwilligung in die Schmerzmittelgabe und deren Nebenwirkungen beziehen. Nur in diesen Grenzen kann er berücksichtigt werden. Der Lebensschutz beinhaltet neben seiner subjektiven Gewährleistung auch eine objektive Schutzpflicht, die von dem Willen des Rechtsgutträgers unabhängig ist. Daraus wird ersichtlich, dass zumindest auf den ersten Blick das Interesse des Betroffenen an der Schmerzmedikation mit der objektiven Lebensschutzpflicht und dem Verbot der Fremdtötung kollidiert.[229]

d) Die Gegner der Rechtfertigung aus rechtfertigendem Notstand meinen, dass nicht nachweisbar sei, dass die Schmerzlinderung gegenüber dem Lebensschutz wesentlich überwiegt.[230] Dieser Einwand greift jedoch nicht durch. Nimmt man an, dass das Lebensrecht nur in außergewöhnlichen Situationen und aus gewichtigen Gründen verletzt werden darf und dass die unstillbaren Vernichtungsschmerzen des tödlich erkrankten Patienten diesen schwerwiegend und außergewöhnlich belasten, dann ergibt sich bereits aus dieser außergewöhnlichen und schwerwiegenden Belastung ein wesentliches Überwiegen gegenüber dem Lebensrecht.[231]

---

227 Vgl. *Herzberg*, NJW 1996, 3046 f.

228 Vgl. *Merkel*, FS Schroeder, S. 313.

229 Siehe oben, 1.2.1.

230 Vgl. *Tröndle*, ZStW 99 (1987), 30; *Dreier*, JZ 2007, 322.

231 Siehe oben 1.4 b).

Diese Belastung geht wesentlich darüber hinaus, was normalerweise von einem Patienten im Krankheitsfall abverlangt werden kann. In dieser Situation zu sagen, dass die schwerwiegende und außergewöhnliche Belastung den Patienten nicht wesentlich schwerwiegend und außergewöhnlich belastet, ist widersprüchlich, zumal das Lebensrecht nur in außergewöhnlichen Fällen zugunsten eines anderen Verfassungsgutes aufgeopfert werden darf. Deswegen muss bereits diese Außergewöhnlichkeit der Belastung für den Betroffenen und die Unzumutbarkeit eines anderen Verhaltens durch den Betroffenen das wesentliche Überwiegen des Schmerzlinderungsinteresses gegenüber dem Lebensrecht implizieren.

e) Die Rechtfertigungslösung verstößt auch nicht gegen das allgemeine Lebensabwägungsverbot. Das Lebensabwägungsverbot besagt, dass ein Leben nicht zur Rettung eines anderen Lebens aufgeopfert werden darf und deshalb keiner irgendwie gearteten unterschiedlichen Bewertung oder gar zahlenmäßigen Abwägung unterworfen werden kann.[232] Im Rahmen der indirekten Sterbehilfe wird weder ein Leben gegen ein anderes Leben aufgeopfert noch das Leben in unzulässiger Weise bewertet oder abgewogen.

Dies folgt bereits daraus, dass hier nicht das Leben gegen das Leben in qualitativer und quantitativer Hinsicht abgewogen wird, sondern primär das Lebensrecht gegen das Schmerzlinderungsinteresse. Das Recht auf Schmerzlinderung ist ein gegenüber dem Lebensrecht selbständiges Recht, das aus dem Grundrecht auf die körperliche Unversehrtheit abgeleitet wird. Aus diesem Recht ergibt sich ein unmittelbarer Leistungsanspruch gegen die Krankenversicherung auf Schmerzlinderung. Da diese Linderung bei der indirekten Sterbehilfe stets eine Lebensgefährdung darstellt, muss das Leben desjenigen in Gefahr gebracht werden, der vom Schmerz betroffen ist und der von diesem Schmerz erlöst werden will. Die Abwägung erfolgt daher „innerhalb" ein und desselben Rechtsgutsträgers.[233] Bei dieser intrapersonalen Abwägung stehen sich nur ein Lebensrecht und nur ein Recht auf die Schmerzlinderung ein und derselben Person gegenüber.[234] Sollte etwa jemand zu dem Zwecke getötet werden, um ein erhebliches Leiden eines Dritten zu beenden[235], so wird nicht nur das Linderungsinteresse („Lebensqualität") des einen gegen das Lebensinteresse des anderen abgewogen, sondern

---

232 Vgl. BVerfG, Urteil vom 25.02.1975, 1 BvF 1/74 u.a.; BGH, Urteil vom 15.09.1988, 4 StR 352/88; *Rengier*, Allgemeiner Teil, § 19, Rn. 26 ff.; *Roxin*, ZIS 2011, 553 ff.

233 Ob eine intrapersonale Abwägung beim Notstand möglich ist, ist in der Literatur umstritten. „Wortlaut und Systematik lassen eine Subsumtion derartiger Sachverhalte unter § 34 (StGB) zu", vgl. MK-*Schneider*, vor §§ 211 ff., Rn. 110 m.w.N.

234 Wenn überhaupt, wird das Leben ein und desselben Menschen bewertet und nicht ein Leben gegen ein anderes Leben.

235 Den Fall kann man sich so vorstellen, dass die bloße Existenz eines Menschen dem anderen ein erhebliches, lebenslanges Leiden bereitet. Nur durch seine Tötung kann das Leiden des anderen beendet werden.

das Linderungsinteresse des einen und die Lebensinteressen der beiden.[236] Die

236 Es wird hier noch kurz auf die Frage eingegangen, ob die Grundsätze der indirekten Sterbehilfe auf siamesische Zwillinge Anwendung finden könnten. Siamesische Zwillinge sind, vereinfacht gesagt, eineiige Zwillinge, die wegen einer Fehlentwicklung während der Schwangerschaft körperlich miteinander verwachsen sind. Gedacht wird hier insbesondere an den Fall, in dem die Beendigung des Leidens eines siamesischen Zwillings nur durch die Trennung der Zwillinge möglich ist und diese nur dadurch möglich ist, dass der andere siamesische Zwilling getötet wird. Die Antwort auf die Frage hängt davon ab, ob siamesische Zwillinge als ein Mensch oder als zwei Menschen anzusehen sind. Denn nach der hier vertretenen Auffassung kann die indirekte Sterbehilfe nur innerhalb *ein und desselben* Menschen angewendet werden. Wären die zusammengewachsenen Zwillinge ein Mensch, stünde der Anwendung der indirekten Sterbehilfe nichts im Wege. Wären sie zwei Menschen, würde die Anwendung der indirekten Sterbehilfe demgegenüber ausscheiden. In der einschlägigen Literatur werden siamesische Zwillinge ohne weiteres als zwei Menschen behandelt (vgl. etwa *Merkel*, Trennung siamesischer Zwillinge, S. 175 ff.; *Joerden*, Menschenleben, S. 119 ff.). Auch wenn dies im Ergebnis richtig ist, beantwortet es nicht, warum das so ist. Offensichtlich widmet sich nur *Joerden* dem Problem (vgl. *Joerden*, Menschenleben, S. 121 ff.). Nach seiner Meinung sind siamesische Zwillinge zwei separate menschliche Wesen mit zwei separaten Lebensrechten, obwohl sie einen gemeinsamen Körper haben, weil sie zwei separate, funktionsfähige menschliche Gehirne herausgebildet haben. Das Vorhandensein eines Gehirns ist konstitutiv für einen Menschen, das Vorhandensein von zwei Gehirnen sei konstitutiv für zwei Menschen. *Joerden* zufolge steht ein Gehirn für einen Menschen. Zwei Gehirne stünden hingegen für zwei Menschen, die äußere Gestalt spiele dabei keine Rolle. Wie aber „der seltsame Fall des Dr. Jekyll und Mr. Hyde" zeigt, ist zumindest gedanklich und selbstverständlich mit der Unterstellung, dass es sich hier nicht um eine krankhafte Persönlichkeitsstörung handelt, möglich, dass in einem Gehirn zwei (oder sogar mehrere) Menschen (bzw. Personen) leben können. Dementsprechend können zwei Gehirne (in einem Körper) nicht nur für zwei Menschen stehen, sondern für drei, vier Menschen oder noch mehr. Umgekehrt kann es vorkommen, dass ein Mensch ohne Gehirn geboren wird. Wäre das Gehirn konstitutiv für das Menschensein, wäre der hirnlose Mensch eben kein Mensch. Und wäre er kein Mensch, was wäre er dann? Dürfte dann mit ihm etwa wie mit einem Insekt umgegangen werden? Aus diesem Grunde muss eine andere Begründung geliefert werden, warum siamesische Zwillinge zwei Menschen sind. Das Problem, ob man mit einem oder zwei Menschen in ein und demselben Körper zu tun hat, stellt sich bereits am Anfang des Lebens. So nistet sich die befruchtete menschliche Eizelle in der Gebärmutter ein und wird mit dem Körper der schwangeren Frau verbunden. Trotz der Verbindung zwischen dem Embryo und der schwangeren Frau in ein und demselben Körper wird allgemein angenommen, dass man es hier trotz dieser körperlichen Verbindung und Abhängigkeit mit zwei Menschen zu tun

Auslöschung des Lebens des einen ist eine notwendige und unmittelbare Voraussetzung für die Herstellung der körperlichen Unversehrtheit („Lebensqualität") des anderen, aber zugleich wird das Leben des ersteren mittelbar als „aufopferungswürdiger" gegenüber dem Lebensrecht des anderen und damit als immerhin geringwertiger bewertet.[237] Weiterhin ist die Schmerzlinderung medizinisch nicht notwendig, da derjenige, in dessen Rechte eingegriffen wird, keiner bedarf. Der Schmerzlinderungsbedürftige ist nur derjenige, der auf Kosten desjenigen gerettet werden sollte, in dessen Rechte der Eingriff erfolgen soll. Die Person des Leidenden und die Person des durch die tödliche Schmerzmedikation Gefährdeten fallen auseinander. Damit handelt es sich hier definitorisch nicht einmal um einen Fall der indirekten Sterbehilfe.

---

hat. Dies lässt sich dadurch erklären, dass nach der Ansicht des BVerfG (Urteil vom 25.02.1975, 1 BvF 1/74 u.a.) und des EuGH (Urteil vom 18.12.2014, C-364/13) bereits die mit der Befruchtung einhergehende Möglichkeit, sich zu einem Menschen zu entwickeln, darüber entscheidet, ob und wie man zu einem Menschen wird. Da die schwangere Frau und das ungeborene Kind aus zwei befruchteten Eizellen hervorgegangen sind und diese Eizellen für sich nur die Entwicklung jeweils eines Menschen ermöglicht haben, sind die Schwangere und das ungeborene Kind trotz der körperlichen Verbindung während der Schwangerschaft zwei getrennte Menschen. Das Entwicklungspotenzial der befruchteten Eizelle bestimmt damit einerseits über das Menschsein und andererseits (u.a.) darüber, wieviele Menschen potentiell aus dieser Eizelle hervorgehen können. Wenn die Befruchtung geeignet ist, den Prozess zur Entwicklung nur eines einzigen Menschen in Gang zu setzen, dann haben wir es mit nur einem einzigen Menschen zu tun. Wenn die Befruchtung zumindest für einen Sekundenbruchteil das Potenzial hatte, sich zu zwei getrennten eineiigen Zwillingen zu entwickeln, dann sind folgerichtig zwei Menschen gegeben. Allein das Potenzial der befruchteten Eizelle, sich zu einem oder zu zwei Menschen zu entwickeln, entscheidet über die Frage, ob siamesische Zwillinge ein oder zwei Menschen sind. Da siamesische Zwillinge bereits im Zeitpunkt der Befruchtung sich potentiell zu zwei getrennten menschlichen Wesen hätten entwickeln können, gebietet es daher, sie als zwei Menschen zu behandeln, unabhängig davon, ob sich das Potenzial später nicht realisiert hat und sie gleichsam in einem Körper gefangengehalten werden. Die einmal erworbene Eigenschaft, ein Mensch zu sein, geht später nicht verloren. Diese Sichtweise operiert offensichtlich mit dem Potentialitäts- und dem Kontinuumsargument, gegen die in ethischer Hinsicht viele Einwände erhoben werden (vgl. *Merkel*, Früheuthanasie, 464 ff., 473 ff.; *Joerden*, Menschenleben, 47). Diese Einwände sind allerdings unschädlich und machen die hier vorgeschlagene Sichtweise nicht untauglich, da es sich bei ihr um eine normative Wertung handelt.

237 Hier wird das Lebensrecht des „Urhebers" des Leidens durch einen anderen „nach außen hin" angetastet. Anders ist das bei der indirekten Sterbehilfe; vgl. MK-*Schneider*, vor §§ 211 ff., Rn. 110 m.w.N.

Die indirekte Sterbehilfe stellt demgegenüber keine unzulässige Bewertung des Lebens dar. Geht man davon aus, dass mit der Vorrangeinräumung der Schmerzlinderung (bzw. des „schmerzfreien Lebens") gegenüber dem („schmerzvollen") Lebensrecht zumindest mittelbar eine Aussage darüber getroffen wird, dass das schmerzvolle Leben geringwertiger oder weniger schutzwürdig ist als das schmerzfreie Leben, ist dem zu entgegnen, dass im Lichte der Verfassung eine Relativierung und Bewertung des Lebens durchaus möglich und zulässig ist. Solch eine qualitative und quantitative Bewertung wird z.B. im Rahmen der Notwehr gemäß § 32 StGB oder des rechtfertigenden (Defensiv-) Notstands gemäß § 228 BGB (analog)[238] ausdrücklich anerkannt. So darf etwa der Angegriffene den oder die Angreifer zum Schutze des eigenen Lebens, der eigenen körperlichen Unversehrtheit oder sogar von materiellen Werten töten. Entsprechendes gilt für den Schwangerschaftsabbruch gemäß § 218a StGB.[239] So ist etwa bei Lebenserfahrung der Schwangeren durch das ungeborene Kind die Schwangere berechtigt, das ungeborene Kind zu töten bzw. töten zu lassen. Damit wird zumindest mittelbar zum Ausdruck gebracht, dass das Leben des Angreifers oder des ungeborenen Kindes (wobei den beiden das Lebensrecht an sich in keiner Weise abgesprochen wird) qualitativ und/oder quantitativ weniger schutzwürdig ist als andere generell weniger wertvolle oder gleichwertige Rechtsgüter. Trotzdem wird hier nach überwiegender Ansicht kein Konflikt mit dem Lebensabwägungsverbot gesehen.[240] §§ 32, 218a StGB und § 228 BGB (analog) lassen mithin unter bestimmten Bedingungen eine verfassungskonforme Lebensbewertung zu. Der allgemeine Rechtsgedanke des § 228 BGB (analog), wonach die Rechtsgüter des sich gegen eine Gefahr Verteidigenden gegenüber den Rechtsgütern des Gefährders schützwürdiger sind (solange sie nicht wesentlich weniger wertvoll sind),[241] und der § 218a StGB nach Auffassung des Bundesverfassungsgerichts zugrundeliegende Rechtsgedanke, dass der Lebensschutz nicht zu einer für die Schwangere unzumutbaren Belastung führen darf[242], können bei § 34 StGB Berücksichtigung finden, mit dem Ergebnis, das Leben im Rahmen des § 34 StGB zu bewerten. Nach Maßgabe des Vorstehenden lässt sich für die indirekte Sterbehilfe daher Folgendes formulieren: Die im Rahmen der indirekten Sterbehilfe stattfindende Lebensbewertung ist zulässig, weil die unerträglichen Vernichtungsschmerzen ihre Ursache im körperlichen Dasein haben. Um sie abzuwenden, muss in das körperliche Dasein eingegriffen werden. Das körperliche Dasein ist also quasi „Angreifer" und die auf die Schmerzlinderung gerichtete Handlung stellt eine „Verteidigung" dar.[243] Die im Rahmen der

238 *Wessels/Beulke/Satzger*, Allgemeiner Teil, Rn. 472.

239 Vgl. *Fischer*, FS Roxin, S. 559 ff.; *Kubiciel*, JZ 2009, 603.

240 Vgl. *Ladiges*, ZIS 2008, 135 m.w.N.

241 Vgl. *Ladiges*, ZIS 2008, 131 ff. m.w.N.

242 Vgl. BVerfG, Urteil vom 25.02.1975, 1 BvF 1/74 u.a.

243 Es lässt sich aber auch vertreten, dass allein die Schmerzen „Angreifer" sind und die Schmerzmedikation sie abzuwenden versucht, im Verhältnis zum Lebensrecht die

indirekten Sterbehilfe stattfindende Lebensbewertung ist auch deshalb zulässig, weil das Leben nur in außergewöhnlichen und aus gewichtigen Gründen verletzt werden darf. Dies ist bei der indirekten Sterbehilfe der Fall. Das Unterbleiben der lebensbedrohlichen Schmerzmedikation würde den Betroffenen außergewöhnlich und schwerwiegend belasten.[244] Zudem ist die Wahl des Betroffenen, sich für die lebensbedrohliche Schmerzmedikation zu entscheiden, ethisch ebenso achtenswert wie die Wahl, sich gegen die lebensbedrohliche Schmerzmedikation zu entscheiden. Es ist seine ethisch vertretbare Entscheidung, wie er das Leben am Lebensende erleben will. Diese Entscheidung erfordert seine volle Entscheidungsfreiheit und sie darf nicht durch den Zwang des Strafrechts vorbestimmt werden.[245]

Bei der indirekten Sterbehilfe findet auch keine unzulässige Lebensabwägung statt. Auch dann nicht, wenn man davon ausgeht, dass hier das „schmerzfreie Leben" gegen das „schmerzvolle Leben" abgewogen und das Erstere zulasten des Letzteren geopfert wird. Das verfassungs- und strafrechtliche Verbot der Lebensabwägung besagt vom Grundsatz her, dass ein Mensch zur eigenen Rettung nicht einen anderen Menschen opfern darf. Dieses Verbot ist jedoch im Lichte der Rechtsprechung des Bundesverfassungsgerichts und insbesondere der gesetzlichen Regelungen nicht absolut bzw. lässt Ausnahmen zu. Die Ausnahme lautet, dass niemand sein Leben oder seine hochwertigen Rechtsgüter zugunsten eines anderen aufopfern muss, da grundsätzlich keine allgemeine Selbstaufopferungspflicht besteht.[246] Dies gilt insbesondere dann, wenn die Respektierung der fremden Rechtsgüter dem Betroffenen unzumutbar ist.[247] Es sei hier an die Tötung des Angreifers in der Notwehr oder die Tötung des ungeborenen Kindes zur Rettung des Lebens der Kindesmutter erinnert. Diese Tötungen sind verfassungs- und strafrechtlich gerechtfertigt. Sie stellen also einen zulässigen Eingriff in das Lebensrecht eines anderen Menschen zur Rettung eines anderen Menschen dar. Was ist aber so besonders an diesen Fällen? Unterstellt man, dass die durch die Schwangerschaft in ihrem Leben bedrohte Schwangere sich nicht auf Kosten des Lebens ihres ungeborenen Kindes retten dürfte, würde sie sterben, während das Kind überleben würde. Wäre ihr verboten, sich zu retten, müsste sie sich selbst und damit ihr Leben zugunsten des Kindes aufopfern, welches auf ihre Kosten sein Leben bewahren könnte. Im Schwangerschaftsabbruchsfall kann also entweder die Mutter auf Kosten des ungeborenen Kindes oder das Kind auf Kosten der Mutter gerettet werden. Entweder wird das Kind zur Rettung der Mutter oder die Mutter

---

Schmerzmedikation jedoch als „Angreifer" anzusehen ist. In dieser Hinsicht müsste der Rückgriff auf § 228 BGB (analog) ausscheiden.

244 Vgl. oben 1.4b).

245 Vgl. BVerfG Urteil vom 25.02.1975, 1 BvF 1/74 u.a.; Beschluss vom 19.10.1971, 1 BvR 387/65; vgl. oben 1.4b).

246 Vgl. BVerfG, Urteil vom 15.02.2006, 1 BvR 357/05.

247 Vgl. BVerfG, Urteil vom 25.02.1975, 1 BvF 1/74 u.a.

zur Rettung des Kindes aufgeopfert. Entweder überlebt die Mutter oder das Kind. Dies kann als „Entweder-Oder-Situtation“ bezeichnet werden.

Ähnlich verhält es sich auch mit der Notwehrtötung.[248] Die Rechtsordnung billigt dem Angegriffenen das Recht zu, zur Abwehr eines rechtswidrigen Angriffs das zur sofortigen Gefahrabwendung wirksamste (mildeste) Mittel zu wählen und einzusetzen. Er darf den Angreifer töten, wenn nur so die Gefahr beendet werden kann. Der Angegriffene darf den Angreifer also, falls erforderlich, zur Rettung seines eigenen Lebens opfern. Dürfte der Angegriffene aber nicht alles zur sofortigen Abwendung der Gefahr unternehmen und müsste stets Rücksicht auf die Rechtsgüter des Angreifers, insbesondere dessen Leben nehmen, würde dies bedeuten, dass er eine Einbuße an eigenen Rechtsgütern hinnehmen und unter Umständen sein Leben wegen der Respektierung des Angreiferlebens aufopfern müsste, obwohl er den Angriff nicht verschuldet oder sonst wie herausgefordert hat. Hier liegt damit auch eine „Entweder-Oder-Situation“ vor. Entweder wird der Angegriffenen auf Kosten des Angreifers oder der Angreifer auf Kosten des Angegriffenen gerettet. Entweder wird der Angegriffene zur Rettung des Angreifers oder der Angreifer zur Rettung des Angegriffenen aufgeopfert. Entweder überlebt der Angegriffene oder der Angreifer.

Das Verbot der Rettung des eigenen Lebens zulasten des Lebens des anderen in den vorstehenden Fällen würde faktisch in eine Selbstaufopferungspflicht umschlagen. Einerseits dürften sich der Angegriffene bzw. die Schwangere nicht auf Kosten des Angreifers bzw. des ungeborenen Kindes retten, andererseits wären sie bei der Befolgung dieses Verbotes faktisch verpflichtet, ihr Leben zugunsten eines anderen zu opfern, obwohl solch eine Aufopferungspflicht an sich nicht besteht[249]. Das Verbot würde zudem für den Verpflichteten zu einer erheblichen Belastung und zu einer lebensbedrohlichen Situation führen. Deswegen kann von ihm nicht erwartet werden, sein Leben aufzugeben, um das Leben eines anderen zu erhalten. Es ist seine ethisch vertretbare Entscheidung, ob er leben will oder den anderen auf seine Kosten leben lässt.[250]

Aus den vorstehenden Beispielen kann damit die Schlussfolgerung gezogen werden, dass das Lebensabwägungsverbot nicht verletzt wird, wenn eine „Entweder-Oder-Situation“ vorliegt, d. h., wenn die Beachtung des Lebensrechts des einen zwangsläufig zur Aufopferung des Lebens des anderen führt und von

248 Im Rahmen des § 32 StGB findet zwar keine Abwägung statt. Die Vorschrift enthält jedoch eine gesetzliche Wertung, wonach die Interessen des Angreifers gegenüber den Interessen des Angegriffenen stets nachrangig sind. Das heißt u. U., dass § 32 StGB das Leben des Angreifers als weniger schützwürdig bewertet und seine Aufopferung zugunsten des Lebens des Angegriffenen zulässt. Der Rechtsgedanke findet sich auch bei § 34 StGB i.V.m. § 228 BGB analog (Defensivnotstand) wieder.

249 Vgl. BVerfG, Urteil vom 15.02.2006, 1 BvR 357/05.

250 Vgl. BVerfG, Urteil vom 25.02.1975, 1 BvF 1/74 u.a.

dem Betroffenen nicht erwartet werden kann, sein Leben aufzuopfern (wie dies etwa bei der schwangeren Frau bei ihrer Lebensgefährdung durch das ungeborene Kind oder bei dem Angegriffenen bei seiner Lebensgefährdung durch den Angreifer der Fall ist).

Diese Überlegung wird von zwei typischen Fällen zum Lebensabwägungsverbot verdeutlich. In dem viel diskutierten Bergsteigerfall stürzen zwei Bergsteiger (A und B) beim Klettern. Beide hängen nach dem Sturz an einem Seil. Das Seil droht zu reißen, da es nur einen der Bergsteiger (A oder B) halten kann. Hier wird das Lebensabwägungsverbot verletzt, wenn A den B (oder B den A) durch das Durchschneiden des Seils abstürzen lässt. Dabei liegt keine „Entweder-Oder-Situation" vor. Zwar kann A auf Kosten des B oder B auf Kosten des A gerettet und B zur Rettung des A oder A zur Rettung des B geopfert werden. Jedoch kann es sein, dass A oder B überlebt, *oder auch dass keiner von beiden* überlebt. Denn würde A den B (oder B den A) nicht abstürzen lassen, dann würden beide, A und B, sterben. Anders als in den obigen Schwangerschaftsabbruchs- und Notwehrfällen muss die Untätigkeit des A nicht zur Rettung des B und die Untätigkeit des B nicht zur Rettung des A führen. Das Leben des B kann der A durch die Beachtung des Lebensrechts von B (also durch das Unterlassen des Eingriffs in sein Lebensrecht zur eigenen Rettung) also nicht retten. Umgekehrt ist dies ebenfalls unmöglich. Eine Selbstaufopferung des A zugunsten des Lebens des B allein durch seine Untätigkeit oder eine Selbstaufopferung des B zugunsten des A allein durch seine Untätigkeit ist damit ausgeschlossen. Allein die Untätigkeit des A zugunsten des B führt nicht zur Rettung des Lebens des B. Allein die Untätigkeit des B zugunsten des A führt ebenfalls nicht zur Rettung des Lebens des A. Die Untätigkeit führt vielmehr zum Tode der beiden. A oder B können zwar das Seil selbst loslassen und so das Leben des jeweils anderen retten. Dies stellt aber eine freiwillige (mehr oder weniger heldenhafte) Selbstaufopferung dar, die gerade wegen ihrer Freiwilligkeit keine außergewöhnliche Belastung für den einen oder den anderen darstellt.

In dem bekannten Flugzeugabschussfall soll ein von Terroristen entführtes und vollbesetztes Passagierflugzeug abgeschossen werden, das auf ein Hochhaus voller Menschen zusteuert. Auch hier wird ebenfalls das Lebensabwägungsverbot verletzt. Wird auf den Flugzeugabschuss verzichtet, dann sterben sowohl die Flugzeugpassagiere als auch die auf dem Boden befindlichen Menschen. Wird es jedoch abgeschossen, dann werden die Menschen im Hochhaus verschont. Daraus ergibt sich, dass hier entweder die auf dem Boden befindlichen Menschen gerettet werden und überleben können oder *niemand*. Sie können nicht zur Rettung der Flugzeugpassagiere aufgeopfert werden. Die Flugzeugpassagiere können überhaupt nicht gerettet werden oder überleben. Sie können nur geopfert werden. Es fehlt damit an einer „Entweder-Oder-Situation".

Bei der indirekten Sterbehilfe kann demnach eine Verletzung des Lebensabwägungsverbotes nicht angenommen werden. Hier stehen sich das Schmerzlinderungsinteresse (bzw. das „schmerzfreie kurze Leben") und das „schmerzvolle lange Leben" gegenüber. Entweder wird das Leben auf Kosten der Schmerzfreiheit verlängert oder die Schmerzfreiheit auf Kosten des verkürzten Lebens erreicht.

Entweder wird das Leben zur Erreichung der Schmerzfreiheit oder die Schmerzfreiheit zur Erhaltung des Lebens geopfert. Da die Schmerzfreiheit nur durch die Verkürzung des Lebens und das Leben nur durch Verzicht auf die das Leben verkürzende Schmerzmedikation erhalten werden kann, und zwar in dem Sinne, dass das Lebensrecht das Recht auf Schmerzfreiheit und das Recht auf Schmerzfreiheit das Lebensrecht aufhebt, liegt die mit dem Schwangerschaftsabbruchs- und Notwehrfall vergleichbare „Entweder-Oder-Situation" vor. Wird die gefährliche Schmerzmedikation verweigert und wird damit das Lebensrecht respektiert, wird es gerettet und das Schmerzlinderungsinteresse faktisch zugunsten des Lebensrechts aufgeopfert. Wird sie durchgeführt und stirbt der Betroffene, dann wird das Schmerzlinderungsinteresse gewahrt und das Lebensrecht zugunsten des Schmerzlinderungsinteresses aufgeopfert. Das Unterlassen des Eingriffs in das Lebensrecht zieht die vollständige Aufhebung des Rechts auf Schmerzfreiheit nach sich (ohne Eingriff in das Lebensrecht kann die Schmerzmedikation nicht wirksam werden). Der Eingriff in das Lebensrecht führt zu seiner vollständigen Aufhebung (also zum Tod) bzw. zu seiner konkreten Gefährdung. Zwar ist hier grundsätzlich rechtlich geboten, sich für die Unterlassung zu entscheiden, der Betroffene kann hier aber, vergleichbar zu den Schwangerschafts- und Notwehrfällen nicht verpflichtet werden, sich passiv zu verhalten. Besonders intensive und unstillbare Schmerzen belasten den Betroffenen schwerwiegend. Sie gehen weit über das hinaus, was normalerweise mit einer tödlich verlaufenden Erkrankung verbunden ist und von dem tödlich erkrankten Patienten abverlangt werden kann. Sie beeinträchtigen schwerwiegend den gesamten Gesundheitszustand, weil sie alle Lebensbereiche des Betroffenen durchdringen und jegliche Lebensaktivität und Freiheitsbetätigung verhindern. Zudem ist es ethisch vertretbar, sich entweder für ein langes und schmerzvolles Leben oder für ein kurzes und schmerzfreies Leben zu entscheiden. Vor diesem Hintergrund ist die Erzwingung des Unterlassensgebotes mit den Mitteln des Strafrechts unangemessen. Hier muss – wie etwa beim Schwangerschaftsabbruch – dem Betroffenen freigestellt werden, ob er sich für oder gegen sein Leben entscheiden will. Ansonsten würde dies zu einer für den Betroffenen besonders belastenden Konfliktsituation führen.[251]

f) Der Rechtfertigungslösung aus § 34 StGB wird entgegengesetzt, dass niemand in die eigene Tötung einwilligen könne. Trotzdem werde dies zum alleinigen Kriterium für die Rechtfertigung der indirekten Sterbehilfe, was Konsequenzen für die Behandlung der aktiven Sterbehilfe und der einverständlichen Fremdgefährdung haben könne.[252] Dieses Argument greift jedoch nicht durch. Die Einwilligungssperre des § 216 StGB wird nicht umgangen. Zum einen ist es schon fraglich, ob sie im Rahmen des § 34 StGB irgendeine Bedeutung erlangen kann, weil sie offensichtlich nur eine Rechtfertigung der Tötung auf Verlangen verhindern will, d.h. das

251 Vgl. oben 1.4 b).
252 Vgl. LK-*Rosenau*, vor §§ 211, Rn. 47.

Tötungsverlangen kann die Tötung nicht rechtmäßig machen. Sie besagt nicht, ob § 34 StGB auf die Tötung auf Verlangen angewendet werden kann.[253] Zum anderen wird hier, wenn überhaupt, nur in die das Leben gefährdende Schmerzmedikation, also in die Tathandlung eingewilligt, da jede medizinische Behandlung einer Einwilligung bedarf. Nach der Rechtsprechung des Bundesgerichtshofes entfaltet die Einwilligung in ein riskantes Verhalten grundsätzlich ihre rechtfertigende Wirkung auch gegenüber dem nicht einwilligungsfähigen Erfolg, soweit die Grenze zur Sittenwidrigkeit nicht überschritten ist. Die Überschreitung dieser Grenze sei aufgrund der aus § 216 StGB abzuleitenden gesetzgeberischen Wertung bei konkreter Todesgefahr anzunehmen.[254] Zwar führt die indirekte Sterbehilfe zur konkreten Todesgefahr. Zu beachten ist hier allerdings, dass nach den vorstehenden Ausführungen die Schmerzlinderung gegenüber dem qualvollen Leben wesentlich überwiegt, da das Leidenlassen einen gravierenden Eingriff in die Menschenwürde und das Grundrecht auf die körperliche Integrität darstellt.[255] Das wesentliche Überwiegen der Schmerzlinderung gegenüber dem Lebensschutz führt dazu, dass der mit ihr einhergehende Todeserfolg auch gerechtfertigt ist. Sie hebt damit die objektive Lebensschutzpflicht des Staates und die staatliche Pflicht zum Schutz des Rechtsgutsinhabers (vor sich selbst) auf[256], so dass die Wertung des § 216 StGB (Einwilligungssperre) hier unbeachtlich sein muss. Da die zur Tötung führende erlaubte Schmerzmedikation den mit ihr einhergehenden Todeserfolg erlaubt macht, muss auch die Verletzung der Einwilligungssperre erlaubt sein. Wenn keine objektive Lebensschutzpflicht besteht, in der die Einwilligungssperre ihre Grundlage hat, dann besteht auch die Einwilligungssperre des § 216 StGB nicht mehr. Zudem kann die an sich erlaubte, das Leben konkret gefährdende Schmerzmedikation nicht zugleich ihre Sittenwidrigkeit begründen. Wenn die das Leben konkret gefährdende Schmerzmedikation und der dadurch eintretende Todeserfolg erlaubt sind, kann weder die riskante Handlung noch der eintretende Erfolg zugleich sittenwidrig sein und gegen die Einwilligungssperre verstoßen. Außerdem setzt jede Nothilfe voraus, dass sie dem Willen des Betroffenen entsprechen muss.[257]

g) Der Einwand, dass § 34 StGB auf „intrapersonale Interessenkollisionen" nicht anwendbar sei, weil sonst die Abgrenzung zu einer rechtfertigenden Einwilligung verwischt wird[258], hindert nicht daran, diese Norm auf die indirekte Sterbehilfe anzuwenden. Bei dieser geht es um die Abwägung zweier Rechtsgüter, und zwar des Lebensschutzes einerseits und des Schmerzlinderungsrechts andererseits.

253 Vgl. *Merkel*, FS Schroeder, S. 309; *ders.*, Früheuthanasie, S. 419 ff.; MK-*Schneider*, § 216, Rn. 57 ff.

254 Vgl. BGH, Urteil vom 20.11.2008, 4 StR 328/08.

255 Siehe oben 1.4 b).

256 Ebenda.

257 Vgl. BGH, Urteil vom 02.10.1953, 3 StR 151/53; *Dölling*, MedR 1987, 7.

258 Vgl. BGH, NJW 2010, 2965; *Engländer*, GA 2010, 15 ff.

Bereits dies legt zumindest eine analoge Anwendung des § 34 StGB nahe.[259] Dafür spricht auch das Argument, dass § 34 StGB stets dann eingreifen soll, wenn die Einwilligung keine rechtfertigende Wirkung entfalten kann, insbesondere wenn über das verletzte Rechtsgut nicht verfügt werden darf.[260]

1.5 Schuldausschluss

Im Rahmen der Schuldprüfung ist stets der Schuldvorsatz dahingehend zu prüfen, ob der Täter subjektiv das Handlungs- und Erfolgsunrecht seines Verhaltens erkennen konnte. Die billigenswerte Motivation des Täters, auf die die katholische Doppelwirkungslehre abstellt, könnte auf der Ebene der Schuld zu berücksichtigen sein, weil moralisch gute oder schlechte Beweggründe für die Beurteilung der persönlichen Schuld von Bedeutung sein können.[261] Daher schlagen einige Autoren[262] vor, die indirekte Sterbehilfe einer Entschuldigungsmöglichkeit zuzuführen, wobei diese Argumentation derjenigen zur Entschuldigung einiger Ausnahmefälle der aktiven Sterbehilfe ähnelt.[263]

Dieser Ansicht ist kritisch entgegenzusetzen, dass durch die Verneinung der Schuld immerhin eine teilnahmefähige rechtswidrige Tat bestehen bleibt, wodurch das Pflegepersonal dem Vorwurf der Beihilfe ausgesetzt werden könnte.[264] Das Bestehenbleiben der Rechtswidrigkeit der Tat verleiht Dritten ein Eingriffsrecht aufgrund von Notwehr oder Notstand, sodass sie unter Umständen den Arzt an der Schmerzlinderung hindern könnten.[265] Darüber hinaus besteht die Gefahr, dass Außenstehende dem Handeln der Ärzte im Rahmen der indirekten Sterbehilfe skeptisch gegenüber stehen, weil diesem Tun der Stempel „des objektiv Falschen und Rechtswidrigen" anhaften könnte.[266] Andererseits kann das Unterlassen der Schmerzlinderung den Arzt der Strafbarkeit wegen Körperverletzung durch Unterlassen (§§ 223, 13 StGB) oder wegen unterlassener Hilfeleistung (§ 323c StGB) aussetzen.

---

259 Vgl. *Merkel*, FS Schroeder, S. 310; *Rosenau*, FS Roxin, S. 584 m.w.N.

260 Vgl. *Chatzikostas*, Suizid und Euthanasie, S. 65.

261 Vgl. *Merkel*, JZ 1996, 1148, der jedenfalls zur Doppelwirkungslehre kritisch eingestellt ist.

262 Vgl. Sch/Sch-*Eser/Sternberg-Lieben*, vor § 211, Rn. 26 m.w.N.; *Eser*, Sterbehilfe und Euthanasie, S. 62 m.w.N.

263 Siehe Kapitel 3, 1.3.

264 Vgl. *Merkel*, JZ 1996, 1148.

265 Vgl. *Merkel*, JZ 1996, 1148; *Joerden*, Sterben am Beginn des Lebens, S. 222.

266 Vgl. *Merkel*, JZ 1996, 1148.

1.6 Indirekte Sterbehilfe bei äußerungsunfähigen Personen

Patienten, die aufgrund ihres Zustandes als nicht einwilligungsfähig anzusehen sind, können ebenso wie einwilligungsfähige Patienten unerträglichen und nicht zu unterdrückenden Schmerzen ausgesetzt sein. In solchen Fällen ist auf den früher erklärten oder mutmaßlichen Willen des Betroffenen abzustellen.[267] Sollte die Medikation seinem früher erklärten Willen[268] oder seinem mutmaßlichen Willen, der zunächst anhand der vorhandenen Indizien für den ureigenen Willen des Betroffenen[269] und in deren Ermangelung anhand objektiver Kriterien zu ermitteln ist, entsprechen, so ist die schmerzlindernde Maßnahme vorzunehmen.[270] Beim Rückgriff auf objektive Umstände ist entsprechend der Rechtsprechung des Bundesgerichtshofes[271] danach zu fragen, was hier gemeinhin als vernünftig und normal angesehen wird. Dabei ist davon auszugehen, dass mangels entgegenstehender Anhaltspunkte der (objektiv bestimmte mutmaßliche) Wille des Betroffenen auf die Ermöglichung des Todes in Schmerzfreiheit gerichtet ist, also auf Ausschöpfung aller Verfahren zur Schmerzreduzierung, da das unerträgliche und ausweglose Leiden grundsätzlich niemandem zuzumuten ist.[272] Voraussetzung hierfür ist allerdings, dass sich der einwilligungsunfähige Betroffene objektiv in einem Zustand von dauernden, nicht zu lindernden Qualen befindet, eine leidensfreie Lebenszeitspanne oder die Schmerzreduzierung auf ein erträgliches Maß bis zum Eintritt des natürlichen Todes nicht zu erreichen ist und die lebensgefährliche

---

267 Vgl. BGH, Urteil vom 08.05.1991, 3 StR 467/90; Urteil vom 15.11.1996, 3 StR 79/96.

268 Damit sind vor allem Patientenverfügungen im Sinne des § 1901a Abs. 1 BGB gemeint; vgl. Kapitel 4, 1.4.1.

269 Das sind insbesondere die in § 1901a Absatz 2 Satz 3 BGB genannten Kriterien: frühere mündliche oder schriftliche Äußerungen, ethische oder religiöse Überzeugungen und sonstige persönliche Wertvorstellungen des Patienten; vgl. Kapitel 4, 1.4.1.

270 Vgl. MK-*Schneider*, vor §§ 211 ff., Rn. 113; *Kutzer*, NStZ 1994, 115.

271 Vgl. BGH, Urteil vom 25.03.1988, 2 StR 93/88.

272 Vgl. *Kutzer*, Behandlung Schwerstkranker, S. 73; *derselbe*, NStZ 1994, 115; *Joerden*, Menschenwürde, S. 232; dagegen *Chatzikostas*, Suizid und Euthanasie, S. 75, der meint, dass viele bewusstlose Patienten lieber auf eine risikoreiche Schmerzbehandlung verzichten und mit allen Kräften trotz erheblicher Schmerzen für ihr Leben kämpfen würden. Dagegen spricht jedoch, dass die lebensbedrohliche Schmerzmedikation im Rahmen der indirekten Sterbehilfe dazu dient, den Tod der Betroffenen zu erleichtern. „Ein Kampf für das Leben" ist ausgeschlossen, da die Rechtfertigung der indirekten Sterbehilfe einen Zustand voraussetzt, bei dem der Tod unmittelbar bevorsteht und eine leidensfreie Lebenszeitspanne bis zu dessen natürlichem Eintritt nicht erreicht werden kann. Eine Ausnahme könnten wohl nur Masochisten bilden. Bei ihnen ist freilich nicht auf den objektiv bestimmten mutmaßlichen Willen zurückzugreifen, sondern allein auf den individuellen mutmaßlichen Willen abzustellen.

Schmerzmedikation mangels Handlungsalternativen dazu dient, das Leiden zu beenden. Dies kann etwa anhand der Schmerzmessung festgemacht werden. Zwar gibt es zurzeit keine sichere objektive Methode zur Schmerzmessung (man ist dabei stets auf die Mitwirkung des Patienten angewiesen), dies sollte aber kein Hindernis für die Anwendung der indirekten Sterbehilfe in diesem Falle sein. Hier muss der Arzt pflichtgemäß prüfen, ob objektiv unerträgliche und nicht anders als durch die riskante Schmerzmedikation abwendbare Schmerzen vorliegen. Dabei ist er auf Indizien angewiesen. Dadurch besteht für ihn ein mit der Ermittlung des mutmaßlichen Willens stets einhergehendes Risiko einer Fehlentscheidung. Das Bestehen dieses Risikos bei einwilligungsunfähigen Patienten darf allerdings nicht dazu führen, dass der Arzt aus Angst vor der Strafbarkeit oder sonstiger Verantwortlichkeit in jedem Falle die lebensgefährliche Schmerzmedikation unterlässt. Sollte sich die Entscheidung des Arztes im Nachhinein als falsch erweisen, so macht er sich nur dann strafbar, wenn er die gegen das Unterlassen der Schmerzmedikation oder gegen das Vornehmen der Schmerzmedikation[273] sprechenden Umstände bei pflichtgemäßer Prüfung hätte erkennen können.[274] Daraus ergibt sich, dass erst wenn eine unerträgliche und ausweglose Notsituation festgestellt ist, was etwa ggf. durch Sachverständigengutachten geklärt werden kann, die indirekte Sterbehilfe gemäß dem objektiv zu bestimmenden mutmaßlichen Patientenwillen möglich sein soll. Bei Missachtung des früher erklärten Willens oder des mutmaßlichen Willens kommt eine Strafbarkeit wegen Körperverletzung durch Unterlassen (§§ 223, 13 StGB) oder wegen unterlassener Hilfeleistung (§ 323c StGB) in Betracht.[275]

1.7 Indirekte Sterbehilfe ohne oder gegen den Willen des Betroffenen

Die Todesherbeiführung ohne oder gegen den Willen[276] des Betroffenen ist nicht erlaubt und stellt auch keine indirekte Sterbehilfe dar.[277] Das folgt schon daraus,

---

273 Liegt die riskante Schmerzmedikation nicht im wohlverstandenen Interesse des Betroffenen, wird der Tatbestand des § 212 oder § 211 StGB (Mitleidstötung) verwirklicht, vgl. BGH, Urteil vom 08.05.1991, 3 StR 467/90; Urteil vom 18.10.2007, 3 StR 226/07.

274 Vgl. Ulsenheimer/Gaede, Arztstrafrecht, Rn. 742.

275 Vgl. *Beckert*, Suizidbeteiligung und Sterbehilfe, 325 f.

276 Die Tötung erfolgt gegen den Willen des Betroffenen, wenn sie dem ausdrücklichen oder dem mutmaßlichen Willen des Betroffenen widerspricht. Ohne seinen Willen erfolgt sie, wenn sie weder seinem ausdrücklichen noch mutmaßlichen Willen entspricht.

277 Vgl. BGH, Urteil vom 08.05.1991, 3 StR 467/90; Urteil vom 18.10.2007, 3 StR 226/07; *Fischer*, vor §§ 211–217, Rn. 38.

dass der Patient Patientenautonomie besitzt. Bei deren Ausübung kann er die ihm angebotene medizinische Leistung (hier: die riskante Schmerzmittelgabe) ablehnen.[278] Der Handelnde kann sich auch nicht auf den rechtfertigenden Notstand aus § 34 StGB berufen, weil er zum vermeintlichen Besten des Betroffenen handeln wollte. Denn für das Selbstbestimmungsrecht des Patienten besteht im Rahmen der Güterabwägung ein Abwägungsverbot.[279] Darüber hinaus muss jede Notstandshilfe dem ausdrücklichen oder mutmaßlichen Willen des Betroffenen entsprechen. Damit darf die Notstandshandlung in Form der Schmerzlinderung dem Bedrohten nicht aufgezwungen werden.[280] Handelt der Täter gegen oder ohne den Willen des Opfers, so macht er sich gemäß § 212 oder § 211 StGB strafbar.

2. Die polnische Rechtslage

Die indirekte Sterbehilfe, die ausschließlich die Schmerzlinderung unter Inkaufnahme des Todeseintritts zum Ziel hat, kann in Polen den Tatbestand einer Mitleidstötung auf Verlangen gemäß Art. 150 § 1 KK erfüllen. Dies setzt allerdings voraus, dass der Täter auf Verlangen des Opfers und mit Mitleid für das Opfer handelt. Sind diese Voraussetzungen kumulativ erfüllt, greift der Tatbestand des Art. 150 KK ein. Das Problem der indirekten Sterbehilfe beschränkt sich jedoch nicht nur auf den Tatbestand des Art. 150 KK. Dies aus dem Grunde, dass dieser das kumulative Vorliegen des Verlangens und des Mitleids aufseiten des Täters voraussetzt. Es lässt sich schwerlich vertreten, dass der Arzt, der eine gefährliche aber medizinisch angezeigte Schmerzmitteldosis gibt oder durch das Krankenhauspersonal geben lässt, stets aus Mitleid mit dem Opfer handelt, oder dass medizinisch nicht vorgebildete Personen nach tödlich wirkender Medikation verlangen, statt ihr auf Vorschlag des Arztes nur zuzustimmen. Daher kann der Arzt sich nicht nur wegen Art. 150 KK, sondern auch (wenn nicht vor allem) wegen einer Tötung gemäß Art. 148 KK strafbar machen. Da die indirekte Sterbehilfe ethisch unbedenklich erscheint, bemüht man sich in der Literatur, die indirekte Sterbehilfe für straflos zu erklären. Hierzu werden unterschiedliche Ansätze vertreten.

2.1 Schmerzlinderung auf Verlangen und aus Mitleid

2.1.1 Die herrschende Meinung

Im Folgenden wird das in der Literatur und der Rechtsprechung herrschende Verständnis des Art. 150 KK näher dargestellt, bevor eine inhaltliche Auseinandersetzung mit ihm erfolgt.

---

278 Vgl. *Fischer*, vor §§ 211–217, Rn. 40 mit Hinweis auf BGH 37, 378.

279 Vgl. Sch/Sch-*Perron*, § 34, Rn. 41e.

280 Vgl. *Merkel*, FS Schroeder, S. 309.

2.1.1.1 Verlangen als objektives Deliktsmerkmal

Das Verlangen ist ein Ausdruck eines eindeutigen, bestimmten und mangelfreien Willens des Opfers, das einsichts- und urteilsfähig sein muss.[281] Es ist mehr als eine Bitte oder Zustimmung.[282] Denn jedes Verlangen setzt die Ausübung eines gewissen psychischen Drucks des Opfers auf den Täter voraus. Das Opfer soll den Tod als Wohltat und Erlösung vom Schmerz ansehen. Es muss damit den Täter zur Tötung quasi bestimmen.[283] Daher ist es nicht ausreichend, dass das Opfer sich über seinen Gesundheitszustand oder seine Lebenslage nur beklagt und erklärt, es wolle nicht mehr leben.[284] Die Initiative muss vom Opfer in dem Sinne ausgehen, dass es als der Verlangende anzusehen ist.[285]

Die Eindeutigkeit und Bestimmtheit des Verlangens setzt voraus, dass dieses eine ernsthafte und endgültige Entscheidung des Opfers ist und dass es unmissverständlich zum Ausdruck gebracht wurde.[286] Die Äußerung des Verlangens kann auch in Form einer Frage oder einer Geste erfolgen.[287] Ein mutmaßliches Verlangen, etwa eines Bewusstlosen, oder ein sich ausschließlich aus den Umständen ergebendes Verlangen ist nicht ausreichend.[288] Die Bestimmtheit kann verschiedene Formen haben. Diese ist zum einen dann anzunehmen, wenn das Opfer auf der Tötung besteht und darauf verschiedentlich drängt.[289] Zum anderen kann das Verlangen auch nur einmal ausgesprochen werden, wenn feststeht, dass das Opfer sich nicht mehr umstimmen lässt oder umentscheiden wird.[290]

Darüber hinaus wird gefordert, dass das Opfer seinen sofortigen Tod verlangt. Daraus folgt, dass es seine Entscheidung nicht von Bedingungen, Vorbehalten oder künftigen Ereignissen abhängig machen darf. Sonst ist das Verlangen unwirksam.[291] Dies wird damit begründet, dass das Verlangen ein Druckelement enthält. Eine schriftlich verfasste Erklärung mit dem Todeswunsch als Gegenstand ist bloß

---

281 Vgl. *Janiszewski*, Sterbehilfe, S. 73; *Krajewski*, Kontrowersje ochrony życia, S. 154.

282 Vgl. *Gardocki*, Prawo karne, Rn. 425; *Kozielewicz*, Zabójstwo eutanatyczne, S. 116 f.

283 Vgl. Appellationsgericht Wrocław (Breslau), Urteil vom 19.12.2014, II AKa 267/14; *Szkotnicki/Kaczor*, Prokuratura i Prawo 1997 Nr. 2t, S. 61.

284 Vgl. Appellationsgericht Kraków (Krakau), Urteil vom 13.05.2014, II AKa 72/14.

285 Vgl. *Zoll*, Komentarz, Art. 150, Ziff. 12.; Konarska-Wrzosek/*Konarska-Wrzosek*, Komentarz, Art. 150, Rn. 3.

286 Vgl. Wąsek/Zawłocki-*Michalski*, Art. 150, Rn. 11 f.; *Kozielewicz*, Zabójstwo eutanatyczne, S. 117 ff.

287 Vgl. Grześkowiak/Wiak-*Wiak*, Art. 150, Rn. 5; *Krajewski*, Kontrowersje ochrony życia, S. 154.

288 Vgl. *Szkotnicki/Kaczor*, Prokuratura i Prawo 1997 Nr 2, S. 61.

289 Vgl. Wąsek/Zawłocki-*Michalski*, Art. 150, Rn. 13.

290 Vgl. Grześkowiak/Wiak-*Wiak*, Art. 150, Rn. 5; *Krajewski*, Kontrowersje ochrony życia, S. 154.

291 Vgl. *Zoll*, Komentarz, Art. 150, Ziff. 14.

als eine Bitte aufzufassen, da es keine Selbstdetermination des Opfers mehr beinhaltet.[292] Es ist ein kommunikativer Vorgang in der Weise erforderlich, dass das Opfer sein Todesverlangen mehrfach und überzeugend äußert und auf die Erfüllung des Verlangens drängt.[293] Der Täter muss die Tötung aufgrund der Ausübung des Drucks durch das Opfer in unmittelbarer Zeitnähe vollziehen (Unmittelbarkeit zwischen dem Verlangen und der Tötung).[294] Eine schriftliche Erklärung leistet auch keine Gewähr dafür, dass der darin enthaltene Wunsch tatsächlich im Zeitpunkt der Tat dem Willen des Opfers entsprochen hat und freiverantwortlich erfolgt ist.[295]

Das Verlangen ist nicht als eine zivilrechtliche Willenserklärung zu verstehen. Nicht erforderlich ist daher, dass das Opfer voll geschäftsfähig ist.[296] Es genügt vielmehr eine ausreichende Einsichts- und Urteilsfähigkeit. Diese ist bei Geisteskranken oder Personen, deren Bewusstsein (auch nur vorübergehend) beeinträchtigt ist, zu verneinen.[297] Personen unter 16 Jahren können ein wirksames Verlangen äußern, wenn sie in ihrer Reife weit genug entwickelt sind, um die Bedeutung des Verlangens erkennen zu können.[298] Dazu muss das Verlangen frei von Willensmängeln sein und das Ergebnis einer umfassenden Abwägung des Für und Wider sein.[299] Das bedeutet, dass es auf fehlerfreier Willensbildung beruhen muss. Das ist bei Zwang, Drohung, Täuschung oder Hervorrufen eines Irrtums zu verneinen.[300] Das Erfordernis einer umfassenden Abwägung setzt voraus, dass der Grund für das Verlangen des Todes zum einen nachvollziehbar ist und zum anderen nicht auf vorübergehenden Krisensituationen (Liebeskummer, wirtschaftliche Pleite) beruht.[301] Das heißt, dass die unmittelbare Ursache des Todeswunsches ein schweres körperliches Leiden in einer ausweglosen Extremsituation sein muss. Ein psychisches Leiden ist grundsätzlich nicht ausreichend, außer wenn mit ihm zugleich ein körperliches Krankheitsleiden im obigen Sinne einhergeht.[302]

---

292 Vgl. *Janiszewski*, Sterbehilfe, S. 73.

293 Vgl. *Szeroczyńska*, Eutanazja, S. 199.

294 Vgl. *Janiszewski*, Sterbehilfe, S. 73.

295 Vgl. *Szeroczyńska*, Eutanazja, S. 199.

296 Vgl. *Zoll*, Komentarz, Art. 150, Ziff. 11.

297 Vgl. Wąsek/Zawłocki-*Michalski*, Art. 150, Rn. 14.

298 Vgl. *Krajewski*, Kontrowersje ochrony życia, S. 155; *Filar*, Lekarskie prawo karne, S. 323.

299 Vgl. *Zoll*, Komentarz, Art. 150, Ziff. 13; Konarska-Wrzosek/*Konarska-Wrzosek*, Komentarz, Art. 150, Rn. 3.

300 Vgl. Wąsek/Zawłocki-*Michalski*, Art. 150, Rn. 15.

301 Vgl. Appellationsgericht Łódz, Urteil vom 06.08.2013, II AKa 118/13; *Zoll*, Komentarz,, Art. 150, Ziff. 13.

302 Vgl. Appellationsgericht Łódz, Urteil vom 06.08.2013, II AKa 118/13; Wąsek/Zawłocki-*Michalski*, Art. 150, Rn. 16; *Krajewski*, Kontrowersje ochrony życia, S. 154; Konarska-Wrzosek/*Konarska-Wrzosek*, Komentarz, Art. 150, Rn. 1

Das Verlangen muss kausal für den Willensentschluss des Täters und die Tötungshandlung sein.[303]

Missversteht der Täter die Äußerung des Opfers in dem Sinne, dass er von einem wirksamen Todeswunsch ausgeht, so ist der objektive Tatbestand nicht verwirklicht. Es bleibt daher bei der Strafbarkeit aus Art. 148 KK. Dem Täter kommt jedoch die Regelung des Art. 28 § 2 KK zugute. Diese Norm bestimmt, dass wenn der Täter irrtümlicherweise Umstände annahm, die die Strafbarkeit aus einem privilegierten Tatbestand begründen würden, er nach diesem zu bestrafen ist, soweit sein Irrtum entschuldbar war. Ist sein Irrtum nicht entschuldbar, so ist er aus dem objektiv verwirklichten Tatbestand zu bestrafen. Die Entschuldbarkeit des Irrtums ist anzunehmen, wenn der Täter aufgrund der objektiven Sachlage berechtigt war, die falsche Schlussfolgerung zu ziehen.[304]

2.1.1.2 Subjektive Seite der Tat

Subjektiv muss der Täter mit Vorsatz handeln und zugleich muss er sich bei der Tat durch Mitleidsgefühle leiten lassen. Das Erfordernis des Mitleids mit dem Opfer lässt sich aus der Formulierung des Art. 150 § 1 KK „aus Mitleid" ableiten, sodass dieses für die Tötung auch kausal sein muss.[305]

Die herrschende Lehre geht davon aus, dass das Merkmal des Mitleides wegen seines subjektiven Bezuges erhebliche Interpretationsschwierigkeiten bereitet. Einigkeit besteht darin, dass die Mitleidstötung zum Zwecke der Erlösung von Schmerzen erfolgen soll.[306] Umstritten ist, was die Ursache für die Entstehung des Mitleids sein kann. Der überwiegende Teil der Lehre ist der Meinung, dass ausschließlich das körperliche Schwerstleiden eines unheilbar Kranken oder eines bereits Sterbenden Gegenstand des Mitleids sein kann.[307] Einige Meinungen lassen eine Erweiterung zu und vertreten, dass das Opfer unter erheblichen Schmerzen leiden muss und zugleich keine Chancen auf die Rettung seines Lebens bestehen. Ausschließlich psychische Schmerzen des Opfers sind für die Begründung der Mitleidsmotivation auf der Seite des Täters nicht ausreichend.[308]

Die herrschende Lehre ist weiter der Ansicht, dass bei der Bestimmung des Mitleids auch die Intensität der Schmerzen des Opfers, das emotionale Verhältnis

---

303 Vgl. *Krajewski*, Kontrowersje ochrony życia, S. 155.

304 Vgl. *Gardocki*, Prawo karne, Rn. 258.

305 Vgl. *Krajewski*, Kontrowersje ochrony życia, S. 155.

306 Vgl. Wąsek/Zawłocki-*Michalski*, Art. 150, Rn. 21.

307 Vgl. *Gardocki*, Prawo karne, Rn. 425; *Kowalska*, Prokuratura i Prawo 2002 Nr. 1, S. 86.

308 Vgl. Appellationsgericht Łódz, Urteil vom 06.08.2013, II AKa 118/13; *Krajewski*, Kontrowersje ochrony życia, S. 155 mit der „Begründung", dass eine gegensätzliche Sichtweise unakzeptabel ist (!).

zwischen dem Opfer und dem Täter und die Persönlichkeit des Täters[309] zu berücksichtigen sind.[310] Das Gericht muss jedes Mal zur Auslegung des Tatbestandsmerkmals des Mitleids die Umstände des Einzelfalls heranziehen, weil die Aufstellung verobjektivierter Auslegungskriterien hier nicht möglich ist.[311]

Zwischen der Tötung und dem Mitleid muss ferner ein Kausalzusammenhang bestehen.[312] Darüber hinaus wird eine Einschränkung dieses Zusammenhangs in der Weise vertreten, dass der Beweggrund des Täters nur das Mitleid mit dem Opfer sein darf,[313] nicht hingegen das Mitleid mit der Familie des Opfers oder Schwierigkeiten mit dessen Pflege.[314] Ein Zusammenhang zwischen dem Verlangen und dem Mitleid ist nicht erforderlich.[315]

Innerhalb der herrschenden Lehre ist umstritten, mit welcher Vorsatzform die Tötung erfolgen muss. Das polnische Strafrecht unterscheidet zwischen zwei

---

309 Vgl. Appellationsgericht Wrocław (Breslau), Urteil vom 19.12.2014, II AKa 267/14 hat das Merkmal des Mitleids mit dem Hinweis auf die geringe Empathie des Täters laut einem medizinischen Gutachten verneint.

310 Vgl. *Krajewski*, Kontrowersje ochrony życia, S. 156.

311 Vgl. Grześkowiak/Wiak-*Wiak*, Art. 150, Rn. 6; *Zoll*, Komentarz, Art. 150, Ziff. 18.

312 Vgl. *Zoll*, Komentarz, Art. 150, Ziff. 16.

313 Vgl. *Wojciechowski*, Komentarz, S. 259; *Krajewski*, Kontrowersje ochrony życia, S. 156; hier ist anzumerken, dass von der polnischen Strafrechtslehre ein Fall des sog. Motivbündels ausdrücklich gar nicht angesprochen wird, sodass unklar ist, wie solche Fälle gelöst werden sollen. Möglicherweise ist die Einschränkung des Kausalzusammenhangs zwischen dem Mitleid und der Tötung so zu verstehen, dass das Mitleid der bestimmende Beweggrund sein sollte. Das kann man daraus ableiten, dass nach h.M. das Ziel der Tötung die Schmerzlinderung sein muss. Dem Täter muss es also darauf ankommen, dem Leiden ein Ende zu setzen. Solange dies das vorrangige Ziel des Täters ist, sollen andere Beweggründe zurücktreten. Erlangen hingegen andere Motive denselben Stellenwert wie das Mitleid, sind sie also vom Täter ebenfalls beabsichtigt, dann ist zu entscheiden, welches Motiv für die Bestimmung zur Tat ausschlaggebend war. Überwiegen andere Beweggründe gegenüber dem Mitleid mit dem Opfer, dann dürfte Art. 150 § 1 KK ausscheiden. Aufgrund einer besonders restriktiven Auslegung des Art. 150 § 1 KK kann man auch zu dem Schluss kommen, dass wenn neben dem Mitleid auch andere Gründe für die Tötung vorliegen, das Merkmal des Mitleides gänzlich zu verneinen ist. Eine solche Auffassung ist aber abzulehnen, da es unrealistisch und lebensfremd ist, zu fordern, dass der Täter, der auch eine Abwägung vornehmen muss, ob er dem Verlangen des Opfers nachkommt, keinesfalls quasi nebenbei an sich selbst, andere und „günstige" Folgen der Tötung denken darf.

314 Vgl. *Kowalska*, Prokuratura i Prawo, 2002 Nr. 1, S. 95; *Krajewski*, Kontrowersje ochrony życia, S. 156.

315 Vgl. *Zoll*, Komentarz, Art. 150, Ziff. 16.

Vorsatzformen, nämlich dem direkten und dem bedingten Vorsatz (*dolus directus* und *dolus eventualis*).[316] Die erste Vorsatzform liegt vor, wenn es dem Täter darauf ankommt, einen bestimmten Erfolg herbeizuführen oder wenn er den Eintritt dieses Erfolges als sicher voraussieht.[317] Der polnische direkte Vorsatz umfasst also alle die Fälle, die in Deutschland als *dolus directus* des ersten und zweiten Grades angesehen werden. Der Eventualvorsatz ist gegeben, wenn der Täter den Erfolg in Kauf nimmt und dessen Eintritt billigt.[318] Zur Frage der Vorsatzform, mit der der Täter Art. 150 § 1 KK verwirklichen muss, ist umstritten, ob die Mitleidstötung auf Verlangen auch mit *dolus eventualis* begangen werden kann. Einige bejahen dies mit dem Hinweis, dass der Tatbestand des Art. 150 KK keine Beschränkung hinsichtlich der Vorsatzform enthalte.[319] *Krajewski* meint, dass die Beschränkung des Vorsatzes nur auf den direkten Vorsatz die Abschwächung des Lebensschutzes zur Folge habe, weil der Täter, der nur mit *dolus eventualis* handelt, straffrei bleibe.[320] Nach der Ansicht *Zolls*[321] ist die Begehung der Mitleidstötung auf Verlangen nur in Form des direkten Vorsatzes möglich. Das ergebe sich aus dem spezifischen Beweggrund des Täters, nämlich des Mitleidsgefühls. Das Ziel der Tötung sei die Verkürzung des Leidens des Opfers.

2.1.1.3 Strafmilderung und Absehen von der Strafe

Art. 150 § 2 KK lautet: „in Ausnahmefällen kann das Gericht die Strafe außerordentlich mildern oder von ihr absehen". Diese Regelung wird überwiegend in der Literatur begrüßt. Wann ein besonderer Fall im Sinne dieses Artikels vorliegt, wird unterschiedlich beantwortet. Einigkeit besteht insoweit, als davon ausgegangen wird, dass weder das Verlangen noch das Mitleid selbst Anknüpfungspunkte für die Bestimmung eines besonderen Falles sein dürfen.[322] Nach *Zoll* soll ein besonderer Fall gegeben sein, wenn das Opfer einen besonders starken Motivationsdruck auf den Täter ausübt, wodurch ein fundiertes Mitleid des Täters mit dem Opfer feststellbar ist. Das ist also dann anzunehmen, wenn außergewöhnliche

---

316 Art. 9 § 1 KK: „Eine verbotene Tat ist vorsätzlich begangen, wenn der Täter in der Absicht handelt, diese zu begehen, das heißt, (dass) er den Willen hat, die Tat zu begehen oder aber die Möglichkeit der Tatbegehung voraussieht und sich damit einverstanden erklärt", *Chudzik et al.*, Strafgesetzbuch und Übertretungsgesetzbuch, S. 11.

317 Vgl. *Wróbel/Zoll*, Część ogólna, S. 211 ff.

318 Vgl. *Wróbel/Zoll*, Część ogólna, S. 213 ff.

319 Vgl. *Daszkiewicz*, Komentarz, S. 245; Konarska-Wrzosek/*Konarska-Wrzosek*, Komentarz, Art. 150, Rn. 5.

320 Vgl. *Krajewski*, Kontrowersje ochrony życia, S. 156.

321 Vgl. *Zoll*, Komentarz, Art. 150, Ziff. 16; Mozgawa/*Budyn-Kulik*, Komentarz, Art. 150, Rn. 5; Grześko-wiak/Wiak-*Wiak*, Art. 150, Rn. 8.

322 Vgl. *Zoll*, Komentarz, Art. 150, Ziff. 22; *Szkotnicki*, Palestra 1997, Nr. 5–6, S. 18 f.

nachvollziehbare Mitleidsgründe vorliegen.[323] *Szkotnicki* stellt besondere Voraussetzungen auf, von deren Erfüllung das Eingreifen des § 2 des Art. 150 KK abhängig gemacht werden sollte. Für ihn müsse es sich um eine unheilbar kranke Person handeln, deren Leiden unerträglich ist. Zudem muss diese Person ihren Todeswunsch, der zuvor mit dem Arzt besprochen wurde, geäußert haben. Auch muss der Sterbeprozess bei dieser Person begonnen haben oder unmittelbar bevorstehen.[324] *Krajewski* nimmt seinerseits einen besonderen Fall bei besonderer qualitativer Intensität der Tatbestandsmerkmale des Art. 150 § 1 KK an. Das soll vor allem dann der Fall sein, wenn der Täter nicht nur aus Mitleid, sondern auch aus großer Liebe zu dem Opfer gehandelt hat.[325] *Michalski* ist der Meinung, dass die Außergewöhnlichkeit einer Mitleidstötung auf Verlangen durch folgende Elemente bedingt sein sollte: besonders starkes Leiden, lange Dauer des Leidens, die den körperlichen und psychischen Verfall des Opfers verursacht und eine besondere emotionale Beziehung des Täters zum Opfer.[326] *Szeroczyńska* ist der Meinung, dass folgende situationsbedingte Elemente bei der Bestimmung eines Ausnahmefalles Berücksichtigung finden sollten: der Gesundheitszustand des Kranken (eine lange und unheilbare Krankheit, unerträgliche Schmerzen, Übelkeit, Erstickungsgefahr), psychisches Leiden des Opfers, das mit dem Gefühl des Verlustes der Würde verknüpft ist, vollkommene Abhängigkeit von anderen und Verlust der Kontrolle über den eigenen Körper oder besondere Umstände aufseiten des Täters (emotionale Verbundenheit mit dem Opfer aufgrund des Angehörigkeitsverhältnisses, Müdigkeit und Ratlosigkeit des Täters wegen ständig geäußerten Todesverlangens durch das Opfer).[327]

2.1.2 Kritik der herrschenden Meinung

Die vorstehend dargestellte Auffassung der herrschenden Lehre ist insgesamt abzulehnen, denn sie engt in unzulässiger Weise den Anwendungsbereich des Art. 150 § 1 KKein.

Der erste Kritikpunkt richtet sich gegen die Auslegung des Merkmals des Verlangens. Es ist unverständlich, warum nur ein durch schweres Leiden heimgesuchter und in hoffnungsloser Situation befindlicher Mensch ein wirksames Tötungsverlangen äußern kann. Eine solche Einschränkung ist weder in dem Wortlaut des Art. 150 § 1 KK zu finden, noch erscheint sie aus anderen Gründen geboten.[328] Es ist vielmehr davon auszugehen, dass jeder einen Todeswunsch äußern kann, wenn er des Lebens überdrüssig geworden ist, gleich aus welchen Gründen. Dafür

---

323 Vgl. *Zoll*, Komentarz, Art. 150, Ziff. 22.

324 Vgl. *Szkotnicki*, Palestra 1997, Nr. 5–6, S. 18 f.

325 Vgl. *Krajewski*, Kontrowersje ochrony życia, S. 157 f.

326 Vgl. Wąsek/Zawłocki-*Michalski*, Art. 150, Rn. 52.

327 Vgl. *Szeroczyńska*, Eutanazja, S. 198 f.

328 Vgl. *Michalska-Warias*, Ustawowe znamiona, S. 134 ff.

spricht zunächst die grammatikalische Auslegung. Der Begriff „Verlangen" ist als „ein in kategorischer Weise geäußerter Wunsch"[329] zu verstehen. Daraus folgt, dass schon der sprachliche Bedeutungsumfang des Verlangens sich nicht nur auf besonders schmerzhafte Krankheitszustände und ausweglose Situationen bezieht. Auch die systematische Auslegung spricht gegen ein eingeschränktes Verständnis des Verlangens. Verlangt etwa ein schwer leidender unheilbar Kranker die Herbeiführung seines Todes, dann geht die herrschende Meinung von einem wirksamen Verlangen aus und gelangt zur Anwendbarkeit des Art. 150 § 1 KK. Äußert ein Nichtkranker denselben Todeswunsch, dann ist sein Verlangen unbeachtlich, so dass der Tatbestand des Art. 148 KK (einfache oder qualifizierte Tötung) eingreift. Das führt zur Ungleichbehandlung zweier Sachverhalte, die gleich gelagert sind, weil in beiden obigen Situationen ein bewusster, bestimmter und ernsthafter Verzicht auf das eigene Leben vorliegt und dies in einer Willensäußerung seinen Niederschlag gefunden hat. Der grundlegende Unterschied zwischen einer Tötung gemäß Art. 148 KK und einer Mitleidstötung auf Verlangen nach Art. 150 § 1 KK liegt darin, dass in ersterem Fall die Todesherbeiführung gegen den Willen des Opfers erfolgt und dass das Opfer keinen Mitwirkungsakt an der Tötung vorgenommen hat. Im Falle des Art. 150 KK wird der Tod entsprechend dem Wunsch des Opfers und aufgrund seiner Bestimmung des Täters zur Tat herbeigeführt.[330]

Des Weiteren ist eine teleologische Reduktion des Verlangens nur auf Fälle schwerster körperlicher Leiden verbunden mit der Ausweglosigkeit der Situation des Opfers eine zweifelhafte Konstruktion, die im Ergebnis zulasten des Schutzgutes des Art. 150 KK geht. Nach allgemeiner Ansicht bezweckt Art. 150 § 1 KK den Schutz des menschlichen Lebens.[331] Sein Ziel und Zweck ist es also, die Verletzung des Lebens zu verhindern.[332] Daraus ergeben sich zwei Konsequenzen: Zum einen will Art. 150 KK die Differenzierung nach dem Wert menschlichen Lebens verbieten und zum anderen will er dem Einzelnen die Befugnis zur Verfügung über das eigene Leben entziehen.[333] Durch die enge Auslegung des Verlangens durch die herrschende Meinung wird aber gerade das Gegenteil erzielt. Beruht der Todeswunsch auf einer schweren und unheilbaren Krankheit, dann ist Art. 150 § 1 KK mit seiner Strafandrohung zwischen 3 Monaten und 5 Jahren anwendbar. Fußt der Wunsch auf anderen Umständen, so ist der Tatbestand einer Tötung gemäß Art. 148 § 1 KK mit seiner Mindeststrafe von nicht unter 8 Jahren oder einer qualifizierten Tötung nach Art. 148 § 2 KK mit der Mindeststrafe von nicht unter 12 Jahren einschlägig. Das legt den Schluss nahe, dass das Leben eines Schwerst- und

329 Vgl. *Dubisz*, Słownik języka polskiego, S. 1118; *Droszewski*, Słownik języka polskiego, Band X, S. 1407: „życzenie wyrażone w kategorycznej formie".

330 Vgl. Wąsek/Zawłocki-*Michalski*, Art. 150, Rn. 7.

331 Vgl. Wąsek/Zawłocki-*Michalski*, Art. 150, Rn. 3; *Zoll*, Komentarz, Art. 150, Ziff. 1.

332 Vgl. Królikowski/Zawłocki-*Królikowski*, Art. 150, Rn. 2.

333 Vgl. Konarska-Wrzosek/*Konarska-Wrzosek*, Komentarz, Art. 150, Rn. 1.

Unheilbarkranken strafrechtlich schwächer geschützt wird als das Leben anderer Menschen und dass der Gesetzgeber bei der Strafbarkeitsfrage neben dem Todesverlangen auch auf den Gesundheitszustand des Opfers abstellt. Dazu räumt er stillschweigend ausschließlich diesen Menschen eine gewisse Dispositionsbefugnis über ihr eigenes Leben ein.

Will ein Unheilbarkranker nicht mehr leben, kann er durch seinen Todeswunsch den Täter in den Genuss der Privilegierung des Art. 150 KK gelangen lassen, was einem Nichtunheilbarkranken überhaupt nicht möglich und geradezu verboten ist. Zugleich werden die Unheilbarkranken in der Richtigkeit ihres Verlangens bestätigt, obwohl ihr Verlangen übereilt sein kann oder auf einem unzureichend überdachten Bilanz-Tötungsverlangen beruhen kann. Wenn dem rein körperlichen Leiden eines unheilbar Kranken eine besondere Bedeutung beigemessen wird, ist das ein Versuch der Objektivierung der Vernünftigkeit des Verlangens. Diese Objektivierung ist aber unmöglich und undurchführbar. Zu sagen, dass ein Unheilbarkranker physisch schwerer leidet als ein psychisch angeschlagener Mensch, erscheint folglich als willkürlich und im Ergebnis auch als unseriös. So sind in der Medizin genügend Fälle bekannt, in denen psychisch Leidende sich selbst körperliche Schmerzen zufügen, etwa um die psychische Pein zu betäuben.

Auch das Abstellen auf die Nachvollziehbarkeit des Todeswunsches kann die teleologische Reduktion nicht wirklich begründen. Das Verlangen muss bestimmt und unzweifelhaft sein. Auch ein nur psychisch Leidender oder jemand, der sich objektiv nicht in einer ausweglosen Situation befindet, kann einen bestimmten und unzweifelhaften Todeswunsch äußern. Würde man sagen, dass in einer solchen Situation sein Verlangen zwar unzweifelhaft und bestimmt, aber wegen der fehlenden Nachvollziehbarkeit nicht so bestimmt und unzweifelhaft ist, dann geraten wir in einen Widerspruch. Lassen sich im Übrigen Todeswünsche wirklich einer Vernünftigkeitskontrolle unterziehen? Denken wir hier an die passive Sterbehilfe. Will der Patient in eine lebenserhaltende medizinische Behandlung aus einem objektiv gesehen „irrationalen" Grund nicht einwilligen und verlangt, sie nicht durchzuführen, soll dann sein Verlangen im Rahmen des Art. 150 KK missachtet werden? Im Lichte der Auslegung der herrschenden Lehre zu Art. 150 KK wäre dies wohl zu bejahen. Dass dies nicht haltbar ist, zeigt bereits, dass der Patient die Nichtdurchführung einer lebenserhaltenden medizinischen Behandlung jederzeit verlangen kann (vgl. Art. 16 des Gesetzes über Patientenrechte und den Beauftragten für Patientenrechte[334]).

Der zweite Kritikpunkt richtet sich gegen das Merkmal der Zeitnähe zwischen dem Tötungsverlangen und der Tötungshandlung. Ein solches Erfordernis der Zeitnähe und der Bedingungsfreiheit des Verlangens ist aus dem Gesetzeswortlaut nicht zu entnehmen. Zum einen kann der Aufgeforderte nicht immer sofort

---

334 Ustawa o prawach pacjenta i Rzeczniku Praw Pacjenta, nachfolgend als Gesetz über Patientenrechte oder GPR zitiert.

den Sterbewunsch erfüllen. Er kann sich überfallen fühlen und etwas Zeit zur Überlegung brauchen. Zum anderen ist im Falle eines bedingten Verlangens der Sterbewillige ohnehin schon fest entschlossen zum Sterben. Denn er macht sein Verlangen von Umständen abhängig, auf deren Eintritt er keinen Einfluss hat, und hält den Eintritt dieser Umstände für möglich. Für die Bejahung des Tatentschlusses beim Versuch einer Straftat ist dies ausreichend.[335] Warum bei Art. 150 § 1 KK etwas anderes gelten soll, ist nicht nachvollziehbar. Dementsprechend ist es anzunehmen, dass die Norm des Art. 150 § 1 KK auch bedingtes Verlangen erfassen soll, solange nicht nachgewiesen werden kann, dass es nicht mehr fortbesteht, oder Umstände, an die die Bedingungen des Verlangens geknüpft waren, nicht eingetreten sind. Ebenso unverständlich ist, warum das Verlangen nur verbal und nicht auch etwa in schriftlicher Form geäußert werden kann. Als Begründung hierfür wird genannt, dass das Verlangen ein Druckelement enthalten müsse, was bei einem schriftlichen Verlangen nicht der Fall sei, und dass wegen des zeitlichen Abstandes zwischen der Errichtung des schriftlichen Verlangens und seiner Aktualisierung dessen Fortbestehen zweifelhaft werden kann. Dies kann nicht überzeugen. Etwa stumme oder taubstumme Personen könnten demnach niemals ein wirksames Tötungsverlangen äußern, obwohl auch sie gute Gründe für dessen Äußerung haben könnten. Behinderte Personen werden schlechter behandelt als gesunde Personen bzw. es werden an ihr Tötungsverlangen für sie unerfüllbare Anforderungen gestellt. Die Differenzierung zwischen verbalem und schriftlichem Verlangen führt demnach zu einer ungerechtfertigten Ungleichbehandlung. Hier kann nicht als sachliche Rechtfertigung angeführt werden, dass ein schriftliches Verlangen niemals dessen Adressaten zur Tötung motivieren könne, während bei einem verbalen Verlangen dies stets und ausnahmslos anzunehmen ist. Im Rahmen der passiven Sterbehilfe hat das Oberste Gericht ausgeurteilt, dass die Patienten schriftliche Vorausverfügungen bezüglich ihrer Behandlungswünsche treffen können und diese Vorausverfügungen zu beachten sind.[336]

Der dritte Kritikpunkt ist auf die sehr enge Auslegung des Merkmals „Mitleid" bezogen. Nach der herrschenden Meinung kann nur ein körperliches schweres Leiden einer Person in einer ausweglosen Situation Gegenstand des Mitleids sein. Diese Einschränkung findet keine Stütze im ausdrücklichen Wortlaut der Vorschrift des Art. 150 § 1 KK, weil der Gesetzgeber die Wörter „Schwerstkrankheit" oder „Agonie" darin nicht aufgenommen hat. Auch die sprachliche Bedeutung des Wortes „Mitleid" lässt eine entsprechende Auslegung nicht zu. Mitleid bedeutet: „emotionale Solidarität mit einem Leidenden, Erbarmen, Mitgefühl, das einem Unglücklichen entgegengebracht wird".[337] Folglich muss das Mitleid nicht

335 Vgl. *Wróbel/Zoll*, Część ogólna, S. 228 ff.

336 Vgl. das Oberste Gericht, Beschluss vom 27.10.2005, III CK 155/05.

337 *Dubisz*, Słownik języka polskiego, S. 534; *Droszewski*, Słownik języka polskiego, Band IX, S. 1323: „uczuciowa solidarność z osoba cierpiącą, litość, ubolewanie okazywane komuś nieszczęśliwemu".

zwangsläufig nur mit einem pathologischen gesundheitlichen Zustand des Unheilbarkranken oder des Sterbenden verbunden sein. Ausreichend ist vielmehr, dass sich der Täter mit dem Leiden des Opfers, das dem Todeswunsch zugrunde liegt, solidarisiert und das Leiden des Opfers beseitigen will. Eine oberflächlich vorhandene sowie nicht handlungsleitende Mitleidsmotivation des Täters sollte damit die Anwendbarkeit des Art. 150 KK ausschließen.[338] Schon 1933 hat das polnische Oberste Gericht entschieden, dass das Mitleid des Täters mit dem Opfer vorliegt, „wenn der Täter davon überzeugt ist, dass der den Tod Verlangende so stark leidet, dass im Hinblick auf dieses Leiden der Tod für ihn eher eine Wohltat darstellt und dass der Tod ihn von den Schmerzen erlösen kann".[339] Dabei hat sich das Gericht dafür ausgesprochen, dass das Mitleid des Täters und das Verlangen des Opfers sich auch aus Liebeskummer ergeben können.[340] Auch andere Argumente sprechen gegen die enge Auslegung der herrschenden Lehre. Nimmt man mit der herrschenden Lehre an, dass nur ein bestimmter Gesundheitszustand Mitleid aufseiten des Täters auslösen könne, so wird damit mittelbar gesagt, dass das Leben dieser Menschen strafrechtlich schwächer geschützt wird und dass diese Menschen sich in ihrem Todesverlangen bestätigt sehen können.[341]

Ein weiterer Kritikpunkt bezieht sich darauf, dass bei einem so engen Verständnis der Deliktsmerkmale des Art. 150 § 1 KK dessen Anwendungsbereich sich ausschließlich nur auf Fälle der Tötung von Personen mit starken physischen Schmerzen, die sich in einer ausweglosen Situation befinden[342], auf deren unmittelbar vor der Tötung verbal geäußertes Verlangen hin erstrecken kann, in denen der Täter mit dem Ziel der Linderung dieser Leiden handelt.[343] Alle anderen „Mitleidstötungen auf Verlangen" wären bei einer so engen Auslegung, wie sie in der polnischen Lehre verlangt wird, fast stets eine Tötung im Sinne des § 148 KK. Dies verwundert vor dem Hintergrund, dass in der polnischen Literatur betont wird, dass die Einfügung des § 2 in den Art. 150 KK mit dessen Möglichkeit des Absehens

338 Wie es scheint, kann das Merkmal des Mitleids nur bei einer gewissen emotionalen Verbundenheit zwischen dem Opfer und dem Täter erfüllt sein, da der Mensch grundsätzlich Mitleid und Empathie nur gegenüber denjenigen verspüren kann, die ihm nahe stehen oder zu denen er eine emotionale Beziehung entwickelt hat, vgl. *Sobczak*, Znamię współczucia, S. 158.

339 Vgl. *Kozielewicz*, Zabójstwo eutanatyczne, S. 119 ff.

340 Vgl. *Kozielewicz*, Zabójstwo eutanatyczne, S. 119 ff.; *Kowalska*, Prokuratura i Prawo, 2001, Nr. 1, S. 86 f.: eine weite Auslegung des Verlangens und des Mitleids war vor dem 2. Weltkrieg relativ gängig.

341 Siehe oben Kritik der Auslegung des Merkmals Verlangen.

342 Hinzuweisen ist hier, dass die herrschende Lehre nicht näher erläutert, worin die „ausweglose Situation" bestehen sollte.

343 Vgl. *Scheffler/Matthies*, Tötungsdelikte, S. 269.

und der Milderung der Strafe ein Ausdruck der Liberalisierung und der gesetzgeberischen Tendenz zur Entkriminalisierung der Sterbehilfe ist.[344]

Daher ist aufgrund des oben Gesagten anzunehmen, dass Art. 150 § 1 KK eine Mitleidstötung auf Verlangen allgemein regelt. Danach kann jeder Sterbewillige ein wirksames Tötungsverlangen unabhängig von seinen Beweggründen (also ob sie vernünftig und nachvollziehbar sind oder nicht) äußern, indem er ausdrücklich und ernsthaft einen anderen dazu veranlasst, ihn zu töten. Das Merkmal des Mitleids ist so zu verstehen, dass das Verlangen des Opfers für den Täter handlungsbestimmend ist. Der Täter muss also im Interesse des Opfers handeln. Sein Ziel ist es, das Tötungsverlangen des Opfers zu verwirklichen. Das ist nicht der Fall, wenn der Täter mit der Tötung eigene Ziele oder Interessen erreichen will und das Verlangen damit nur „ein gefundenes Fressen" für ihn ist. Art. 150 § 2 KK ist dann als Ausschluss der Strafbarkeit bzw. die Möglichkeit zur Strafmilderung insbesondere für die Fälle der aktiven Sterbehilfe aufzufassen. Er soll insbesondere dann angewandt werden, wenn der unheilbar kranke Sterbewillige unter unerträglichen Schmerzen leidet, die Möglichkeit, diese Schmerzen ausreichend zu lindern, gerade nicht besteht und keine andere zumutbare Möglichkeit zur Schmerzlinderung als die aktive zielgerichtete Tötung vorhanden ist. Gerade dann erscheint die zielgerichtete Tötung als ethisch vertretbare rettende Lösung aus einer extrem schwierigen Notsituation, der das Opfer hilflos ausgeliefert ist und aus der es sich selbst nicht heraushelfen kann. Das Opfer soll in einer solchen Situation nicht sich selbst überlassen werden. Die Bestrafung einer solchen Tötung erscheint dann unangemessen. Die Beschränkung des Art. 150 § 2 KK auf die Fälle besonders hoher Intensität des Verlangens oder des Mitleids in der Auslegung der herrschenden Lehre führt hingegen dazu, dass die Vorschrift kaum zur Anwendung kommen kann.[345] Zudem ist die „hohe Intensität" kein greifbares Kriterium und kann einerseits zu zufälligen Ergebnissen und andererseits zur uneinheitlichen Rechtsanwendung führen. Als erwägenswert ist schließlich auch eine Idee anzusehen, nach der Art. 150 § 2 KK auch in den Fällen in Betracht kommen sollte, in denen der Täter sich durch die Tat schon selbst bestraft hat und entsprechend dem deutschen § 60 StGB die Verhängung der Strafe offensichtlich verfehlt wäre. Das wäre etwa bei einer durch die Tötungshandlung und das Mitleid beim Täter hervorgerufenen schweren Depression oder bei einer durch die Tat verursachten tiefen Trauer des Täters anzunehmen.[346]

2.2 Ausschluss der Tatbestandsmäßigkeit

a) In der polnischen Lehre wird teilweise vertreten, dass die Schmerzlinderung durch den Arzt, die den Tod des Patienten verursachen kann oder verursacht hat,

---

344 Vgl. *Poklewski-Koziełł*, Prawo i Medycyna 1999 Nr. 1, S. 108.

345 Vgl. *Scheffler/Matthies*, Tötungsdelikte, S. 269 f.

346 Vgl. *Scheffler/Matthies*, Tötungsdelikte, S. 270.

lege artis erfolge.[347] Dies folge zum einen daraus, dass der Arzt die Pflicht hat, die Schmerzen des Patienten zu lindern. Gemäß Art. 2 des Kodexes über die ärztliche Ethik (KEL) ist der Arzt dazu berufen, das Leben und die Gesundheit der Menschen zu schützen und deren Leiden zu lindern, wobei sein höchstes Handlungsziel das Wohl des Patienten sein sollte. Art. 30 des Kodexes über die ärztliche Ethik bestimmt: „Der Arzt soll sich alle Mühe geben, dem Kranken die humanitäre Terminalpflege und würdige Sterbebedingungen zu sichern; der Arzt soll bis zum Ende die Schmerzen der Kranken im Terminalzustand lindern und nach Möglichkeit die Qualität des verlöschenden Lebens erhalten".[348] Zum anderen ergebe sich dies auch daraus, dass nach dem polnischen Recht jeder Heileingriff in die körperliche Integrität eine tatbestandslose Handlung im Sinne der Körperverletzungsdelikte ist, wenn sie unter Einhaltung der ärztlichen Kunst erfolgt.[349] Demnach könne eine solche Handlung auch nicht als eine Tötungshandlung angesehen werden, da jede Tötung in der Regel zugleich eine Körperverletzung darstellt.

Dieser Auffassung kann nicht gefolgt werden. Eine Herausnahme der indirekten Sterbehilfe aus dem Schutzbereich der Art. 148 und 150 KK erscheint nicht möglich zu sein. Der Schutzgegenstand dieser Normen ist das Leben, verstanden als die rein biologische und zugleich die psychophysische Existenz. Für dieses Verständnis des Schutzgutes dieser Normen spricht die Auslegung des Lebensrechts durch das polnische Verfassungsgericht. In seiner Entscheidung zum Schwangerschaftsabbruch hat es ausgeführt: „Der Schutz des menschlichen Lebens kann nicht ausschließlich als Mindestschutz der zur Existenz notwendigen biologischen Funktionen verstanden werden, sondern ist als die Gewährleistung der ordnungsgemäßen Entwicklung sowie die Erlangung und Bewahrung der normalen, für das gegebene Lebensalter (Lebensabschnitt) typischen psychophysischen Verfassung zu interpretieren. (...) es unterliegt keinem Zweifel, dass er [der Lebensschutz][350] einen im Hinblick auf die Lebensvorgänge optimalen Körperzustand einer Person umfasst, sowohl hinsichtlich der physiologischen als auch der psychischen Funktionen. Dieser Zustand kann mit dem Begriff der psychophysischen Gesundheit gleichgesetzt werden".[351] Nach der Auffassung des Verfassungsgerichts umfasst die staatliche Pflicht zum Lebensschutz nicht nur die Abwehr von rechtswidrigen Eingriffen seitens des Staates und Dritter (sogenannte negative Lebensschutzpflicht), sondern auch eine positive Pflicht, die sich darin ausdrückt, dass der Staat unter

---

347 Vgl. *Kędziora*, Odpowiedzialność karna lekarza, Kapitel 1, Pkt. 2.2.

348 Vgl. *Zielińska*, Prawo i Medycyna 2000 Nr. 5, S. 88; *Rusznica/Kieca/Kleska*, Eutanazja i samobójstwo, S. 108 f.

349 Vgl. *Zoll*, Komentarz, Art. 192, Ziff. 4.

350 Klarstellung des Verfassers.

351 Vgl. Verfassungsgericht, Entscheidung vom 28.05.1997, K 26/96; bestätigt im Urteil vom 30.09.2008, K44/07.

anderem auch die psychophysische Existenz zu schützen hat.[352] Daraus lässt sich entnehmen, dass der Staat bei dem Schutz des rein biologischen Daseins auch „die psychophysische Gesundheit" berücksichtigen muss. Deswegen liegt der Schluss nahe, dass die Schmerzlinderung entsprechend den Regeln der ärztlichen Kunst den Tatbestand der Tötungsdelikte beschränken könnte. Dagegen spricht jedoch, dass es keine einheitlichen Standards zur Schmerzmedikation gibt. Selbst wenn es sie gäbe, müsste man sich fragen, ob sich der Staat in Fragen des Lebensschutzes allein auf die Meinung der Mediziner stützen dürfte. Es ist eher die Aufgabe des Staates, wirksame Mechanismen des Lebensschutzes zu entwickeln und auf den Lebensschutz nur dort zu verzichten, wo dies aus äußerst wichtigen Gründen dringend geboten ist. Ein solcher Grund kann nicht schlicht darin gesehen werden, dass die Ärzte eine bestimmte medizinische Praxis als kunstgerecht ansehen. Dass die Regeln der ärztlichen Kunst hier nicht ausschlaggebend sein können, wird an folgendem Beispiel deutlich. Nehmen wir an, dass die Mehrheit aller Ärzte in Polen oder in der Welt den Schwangerschaftsabbruch aus sozialer Indikation befürwortet. Selbst wenn dem so wäre, ändert dies allerdings nichts daran, dass der Schwangerschaftsabbruch aus sozialer Indikation in Polen verboten bleibt.

Ferner ist zu beachten, dass ein Ausgleich zwischen dem Schutz der biologischen Existenz und dem Schutz der psychophysischen Existenz eine Frage der Abwägung ist. Solch eine Abwägung ist im Rahmen des Tatbestandes nicht durchführbar. Besser ist hierfür die Ebene der Rechtswidrigkeit geeignet. Denn allein die Einhaltung der medizinischen Standards zur Schmerzmedikation kann nicht darüber entscheiden, ob der Staat seiner Verpflichtung zum Schutz des psychophysischen Daseins ordnungsgemäß nachgekommen ist und vor allem dass dieser Schutz dem Schutz des rein biologischen Daseins vorgeht. Soll eine medizinisch angezeigte, aber immerhin gefährliche Dosis verabreicht werden, obwohl der unerträgliche und nicht anders als eben durch diese gefährliche Schmerzmitteldosis abwendbare Schmerz nur vorübergehender Natur ist und gute Heilungschancen bestehen? Darf in dieser Situation das rein biologische Leben aufs Spiel gesetzt werden? Eher nicht. Soll die gefährliche Medikation zur Linderung der rein psychischen Schmerzen angewandt werden? Warum soll die psychophysische Existenz nur mit den Mitteln der Medizin geschützt werden? Worin soll der Unterschied zur aktiven Sterbehilfe liegen? Alle diese Fragen lassen sich nicht einfach beantworten. Es ist eine umfassende Abwägung erforderlich, für die die Tatbestände der Art. 148, 150 KK, die nur Merkmale des strafwürdigen Verhaltens in typisierender Art und Weise beschreiben, keinen Raum geben.

b) Es wird vereinzelt auch vertreten, dass für die rechtliche Qualifikation der Schmerzlinderung als Tötungshandlung oder straffreie Handlung das Ziel des Handelns und „das Verhalten des Arztes im Rahmen der Regeln der Kunst" entscheidend

352 Vgl. Verfassungsgericht, Urteil vom 30.09.2008, K 44/07; Safjan/Bosek-*Sroka*, Art. 38, Rn. 125 ff.

sein sollen. Handelt der Arzt bei der Schmerzlinderung mit der Absicht, „das schmerzlose Überleben des letzten Lebensabschnittes“ zu ermöglichen, so sei die Wahrscheinlichkeit des Todeseintritts aufgrund der riskanten Medikation gleich der Wahrscheinlichkeit des Misslingens einer riskanten Operation zum Zweck der Lebensrettung zu beurteilen. Damit bewege sich die Medikation im Rahmen des zulässigen Risikos. Zudem könne bei Neubildungskrankheiten, bei denen die Medikation jahrelang andauern kann, nicht eindeutig gesagt werden, was tatsächlich den Tod beschleunigt: die Schmerzlinderung oder der Schmerz selbst.[353]

Auch diese Auffassung ist abzulehnen. Es ist zunächst zweifelhaft, ob die Schmerzlinderung tatsächlich zu Heilzwecken erfolgt. Im Falle einer riskanten Operation erhofft man sich die Rettung des Lebens und die Wiederherstellung der ursprünglichen körperlichen Verfassung. In den Fällen der indirekten Sterbehilfe ist dies nicht der Fall, weil die tödliche Schmerzmedikation gerade nicht zum Zwecke der Heilung erfolgt. Bei sterbenden und unheilbar kranken Patienten ist die Möglichkeit der Heilung schon begrifflich ausgeschlossen. Die Schmerzmittelgabe erfolgt vielmehr zum Zwecke der Herstellung einer schmerzfreien Existenz und der Aufwertung der Würde des Patienten, also zur Linderung der Krankheitsbeschwerden. Dies lässt sich nicht einfach mit Heileingriffen in die körperliche Unversehrtheit vergleichen, auch dann, wenn sie mit einem gewissen Risiko einhergehen. Es ist auch schwerlich zu vertreten, dass die tödliche Schmerzmedikation sich im Rahmen eines rechtlich erlaubten Risikos bewegt, wie dies unter Umständen bei einer riskanten medizinischen Operation der Fall sein kann. Zwar trägt die Schmerzmedikation zur erheblichen Schmerzlinderung (auf die der Patient gemäß Art. 20a Abs. 1 des Gesetztes über Patientenrechte und den Beauftragten für Patientenrechte hat) und zur Ermöglichung des Sterbens in Frieden und Würde gemäß Art. 20 Absatz 2 des Gesetzes über Patientenrechte bei, sie schafft allerdings eine neue erhebliche Gefahr für das Schutzgut der Art. 148, 150 KK, also für das Leben, da sie die Chancen auf den Eintritt der Todesfolge deutlich erhöht oder den Todeseintritt wesentlich beschleunigt. Sie dient also nicht der Risikoverringerung wie bei einer riskanten medizinischen Operation, wo versucht wird, das Leben doch noch zu retten oder zu verlängern, sondern der Schaffung einer neuen nicht unerheblichen Gefahr für das Leben.

Darüber hinaus versucht diese Auffassung, bei der Bestimmung des zulässigen Risikos objektive und subjektive Elemente in den objektiven Tatbestand hineinzupressen, indem bei der Prüfung der objektiven Tatmerkmale auch die Motivation des Arztes berücksichtigt wird. Dies stellt einen dogmatischen Fehler dar. Des Weiteren dürfte es in der Praxis schwer fallen festzustellen, zu welchem Zweck der Arzt gehandelt hat. Dies gilt vor allem dann, wenn die Schmerzmittelgabe ein sehr hohes Lebensgefährdungspotential hatte. Diese Auffassung missachtet auch den Willen des Opfers. Dies wird besonders in solchen Fällen deutlich, in denen die

353 Vgl. *Janiszewski*, Sterbehilfe, S. 64 f.

Medikation zwar objektiv erforderlich, jedoch vom Patienten unerwünscht war. Sollte auch dann eine Tötungshandlung verneint werden? Dann bliebe nur die Möglichkeit der Bestrafung aus Art. 192 KK, weil der Arzt das Selbstbestimmungsrecht des Betroffenen nicht beachtet hat. Die höchste Strafrahmenandrohung dieser Norm beträgt gerade einmal zwei Jahre Freiheitsstrafe. Die einfache Tötung aus Art. 148 § 1 KK sieht hingegen eine Strafe von nicht unter acht Jahren vor. Im Ergebnis käme man also nach dieser Auffassung zu einer Privilegierung der Ärzte, für die es keinen sachlichen Grund gibt, denn eine Tötung gegen den Willen des Patienten kann nicht als eine tatbestandslose Tötung betrachtet werden. Anderenfalls würde dies darauf hinauslaufen, dass das Leben der schwerstleidenden unheilbar kranken Patienten faktisch nicht mehr geschützt wird. Letztlich müsste man dann einen erheblichen Vertrauensschwund der Patienten im Verhältnis zu ihren Ärzten befürchten.

Auch das Argument, dass unklar sei, was tatsächlich zum Tode führe: die Medikation oder der unerträgliche Schmerz allein, ist nicht überzeugend. Zwar kann nicht geleugnet werden, dass bei jahrelanger Medikation möglicherweise das Leben des Patienten dank der Medikamente verlängert wird. Das gilt jedoch nicht für alle Fälle der indirekten Sterbehilfe. Vor allem dann nicht, wenn die Todesursache eindeutig auf die Schmerzmittelvergabe zurückgeht. Nach der *conditio-sine-qua-non*-Formel sind alle hypothetischen Ursachen außer Betracht zu lassen.[354] Die unmittelbare Todesursache ist dann die zu hohe Schmerzmitteldosis. Ohne diese hätte der Patient länger leben können.

c) *Zoll* schlägt vor, das Schutzgut des Tatbestandes der Art. 148, 150 KK[355] aufgrund der sog. primären Legalität zu beschränken. Die „primäre Legalität" einer Handlung bedeutet, dass eine Handlung legal und damit straflos ist, wenn sie nicht von dem Verbot oder Gebot einer Strafnorm erfasst ist. Dies ist der Fall, wenn die fragliche Handlung nicht auf die Verletzung des geschützten Rechtsguts ausgerichtet ist oder sie nicht die Regeln des Umgangs mit dem von einer Strafnorm geschützten Guts verletzt.[356] Dann ist sie nicht „primär" rechtswidrig, wenngleich sie den objektiven und subjektiven Tatbestand erfüllt.[357] Kein Angriff auf das strafrechtlich geschützte Gut liegt vor, wenn die Handlung des Täters rechtlich als positiv oder neutral gewertet werden kann, weil „sie sich im Bereich der allgemeinen Menschenfreiheiten bewegt".[358] Danach kann eine Handlung, die dem

---

354 Vgl. *Gardocki*, Prawo karne, Rn. 136.

355 Das Schutzgut des Art. 150 KK ist das menschliche Leben, verstanden auch als sozialer Wert, vgl. *Zoll*, Komentarz, Art. 150, Ziff. 5; Konarska-Wrzosek/*Konarska-Wrzosek*, Komentarz, Art. 150, Rn. 1.

356 Vgl. *Wróbel/Zoll*, Prawo karne, S. 171 ff.; vgl. *Królikowski*, Czasopismo Prawa Karnego i Nauk Penalnych 2010 Nr. 2, S. 16 ff.; Królikowski/Zawłocki-*Królikowski*, Art. 150, Rn. 23.

357 Vgl. *Zoll*, Fragen des Verbrechensaufbaus, S. 30.

358 Vgl. *Wróbel/Zoll*, Prawo karne, S. 172 ff.

Schutz des Gutes förderlich ist, nicht zugleich einen Angriff darauf darstellen. Das gleiche gilt grundsätzlich auch für Güter, über die der Rechtsgutsträger verfügen darf.[359] Die Regeln des Umgangs mit dem geschützten Rechtsgut bezwecken einerseits dessen Schutz und andererseits die Möglichkeit seiner bestimmungsgemäßen Nutzung. Ist der Täter befugtermaßen mit dem Rechtsgut in Berührung gekommen, hat er die im Umgang mit dem Gut erforderliche Sorgfalt beachtet und hat er es bestimmungsgemäß benutzt, so liegt sein Handeln im Bereich des allgemeinen Lebensrisikos.[360]

Im Rahmen der indirekten Sterbehilfe sieht sich der Arzt zwei Pflichten gegenübergestellt. Zum einen hat er die Schmerzen des Patienten zu lindern. Zum anderen hat er alles zu unterlassen, was dessen Tod herbeiführen könnte. Entscheidet sich der Arzt für die Erfüllung der ersteren, so soll nach der hier behandelten Ansicht seine Schmerzlinderungshandlung primär legal sein. Dies folge vor allem daraus, dass der Patient ein Recht auf Schmerzlinderung gemäß Art. 20a Abs. 1 GPR und auf Sterben in Frieden und Würde hat (Art. 20 Absatz 2 des GPR). Liegt der Patient im Sterben oder ist er unheilbar krank, so sei schwer anzunehmen, dass die Medikation das Leben des Patienten gefährde, denn dieses befindet sich ohnehin in einer akuten und unabwendbaren Gefahr. In der Palliativmedizin wird auch davon ausgegangen, dass nicht die Medikation den Tod beschleunige, sondern dass der Organismus des Kranken nicht imstande ist, die Heilung mit dem Ziel der Sicherung eines erträglichen und würdigen Restlebens zu überstehen.[361]

Diese Auffassung ist abzulehnen. Dass der Patient einen Anspruch auf die Schmerzlinderung und ein Recht auf Sterben in Frieden und Würde hat, besagt noch nicht, in welchem Verhältnis diese Rechte zum Lebensschutz stehen und dass der Lebensschutz ihnen gegenüber nachrangig ist, soweit der Betroffenen unheilbar krank ist. Zwar beinhaltet die staatliche Lebensschutzpflicht neben dem Schutz der bloß biologischen Existenz auch den Schutz der „psychophysischen Gesundheit".[362] Weder dem einen noch dem anderen ist aber ein klarer Vorrang eingeräumt. Der Vorrang kann erst durch eine Abwägung hergestellt werden. Die durch diese Ansicht für den Vorrang der Schmerzlinderung gegenüber dem Lebensschutz gelieferte Begründung kann daher nicht überzeugen. Es ist zwar zutreffend, dass eine medizinisch indizierte Schmerzmittelvergabe nicht sorgfaltswidrig ist und sie der psychophysischen Verfassung des Patienten zuträglich ist. Es ist auch richtig, dass das rein biologische Leben des unheilbar Kranken sich in einer unabwendbaren Gefahr befindet. Die Schmerzmedikation dient jedoch nicht der Erhaltung des rein biologischen Lebens, sondern sie beschleunigt den Todeseintritt. Sie verfolgt

---

359 Vgl. *Wróbel/Zoll*, Prawo karne, S. 173.

360 Vgl. *Wróbel/Zoll*, Prawo karne, S. 174 ff.

361 Vgl. *Szeroczyńska*, Eutanazja, S. 231 f.

362 Vgl. Verfassungsgericht, Entscheidung vom 28.05.1997, K 26/96; Urteil vom 30.09.2008, K 44/07.

eher das Ziel, dem Patienten eine gewisse, vom Schmerz befreite Lebensfreude zukommen zu lassen. Dieses Ziel wird gegenüber der Lebenserhaltung als vorrangig angesehen. Die lebensgefährdende Schmerzlinderung enthält folglich positive Aspekte (Befreiung von Schmerzen) und zugleich negative (Herbeiführung des Todes). Deswegen kann nicht gesagt werden, dass sie in Bezug auf den Lebensschutz eindeutig positiv oder gar neutral ist oder im Bereich des alltäglichen Risikos liegt. Sie ist in dieser Beziehung eher negativ zu bewerten, da eben durch sie das rein biologische Leben als Grundlage aller Grundrechte und Freiheiten verkürzt wird.[363] Zum anderen kann nicht behauptet werden, dass die riskante Schmerzmedikation das Lebensrecht nicht gefährde. Ganz im Gegenteil. Die riskante Schmerzlinderung verstärkt vielmehr die Todesgefahr. Wird die Schmerzmedikation unter Inkaufnahme des Todeseintritts angewendet und realisiert sich diese Gefahr, so liegt die Todesursache in der gefährlichen Schmerzlinderung. Damit ist sie für den Tod kausal. Wäre sie unterblieben, hätte das Opfer länger leben können. Der Hinweis auf die Ungefährlichkeit der Medikation ist damit nicht tragfähig.

2.3 Ausschluss der subjektiven Seite der Tat

In der polnischen Literatur werden auch Ansichten vertreten, die anscheinend ihren Ausgangspunkt in der katholischen Doppelwirkungslehre[364] finden. Danach soll für die Straffreiheit der indirekten Sterbehilfe das Ziel des Täterhandelns ausschlaggebend sein. Die Vertreter dieser Auffassung versuchen, Art. 150 § 1 KK so auszulegen, dass diese Norm nur dann erfüllt werden kann, wenn der Täter mit *dolus directus* hinsichtlich der Tötung gehandelt hat.[365] Das Handeln mit *dolus*

---

363 Sollte eine Lebensgefährdung durch die riskante Schmerzmedikation primär legal und damit gerechtfertigt sein, so müsste wohl auch der Abschuss eines zu terroristischen Zwecken entführten Flugzeugs voller Passagiere ebenfalls primär legal und gerechtfertigt sein, wenn das Flugzeug zur Tötung der am Boden oder in einem Gebäude befindlichen Personen eingesetzt werden sollte. Denn das Leben der im Flugzeug befindlichen unschuldigen Passagiere wäre ähnlich dem Fall der indirekten Sterbehilfe auch „in einer akuten und unabwendbaren Gefahr" (die Passagiere kommen ohnehin ums Leben entweder durch den Flugzeugabschuss oder durch den Aufprall auf dem Boden oder gegen das Gebäude). Dass dies nicht richtig sein kann, zeigt das Urteil des Verfassungsgerichts zur Verfassungswidrigkeit des polnischen „Luftsicherheitsgesetzes", vgl. Verfassungsgericht, Urteil vom 30.09.2008, K 44/07, wonach die Tötung weniger zur Rettung vieler im Widerspruch zur Rechtsordnung steht.

364 Vgl. *Joerden*, Sterben am Beginn des Lebens, S. 221.

365 Fraglich ist, ob diese Einschränkung auch etwa im Rahmen des Art. 148 KK (Tötung) gelten soll. Man muss sich bewusst werden, dass die Strafbarkeit der indirekten Sterbehilfe sowohl dem Art. 150 KK als auch dem Art. 148 KK unterliegen kann. Dies kann etwa dann der Fall sein, wenn der Arzt einem todgeweihten schwer

eventualis sei nicht ausreichend. Ist das Ziel des Täters, das Leiden des Opfers zu verkürzen, obwohl er damit rechnet, dass durch die Schmerzlinderung dessen Tod eintreten kann, sei damit Art. 150 KK nicht einschlägig. Die Strafbarkeit sei also nur dann möglich, wenn das Ziel des Täterhandelns primär die Lebensverkürzung ist. Dies wird damit begründet, dass der Täter nach dem Gesetzeswortlaut „unter dem Einfluss von Mitleid“[366] töten müsse.[367] Dagegen wird eingewendet, dass die Beschränkung des Art. 150 § 1 KK nur auf die Vorsatzform des *dolus directus* keine Stütze im Wortlaut dieser Vorschrift findet. Diese Norm verlangt nur, dass die Tötungshandlung des Täters vom Mitleid getragen wird.[368]

Der letztgenannten Ansicht ist zuzustimmen. Art. 150 § 1 KK setzt objektiv voraus, dass der Täter das Opfer auf dessen Verlangen hin getötet hat. Dem muss die subjektive Seite der Tat entsprechen. Danach muss der Täter vom Verlangen wissen und die Tötung wollen. Das Wissenselement bezüglich der Möglichkeit des Todeseintritts und des Verlangens erfasst also sowohl den unbedingten als auch den bedingten Vorsatz, da Art. 150 § 1 KK keine Beschränkung enthält. Die subjektive Seite wird ferner um ein zusätzliches Element erweitert: das Mitleid. Das Mitleid ist ein privilegierendes Merkmal dieser Vorschrift. Bereits aus diesem Grunde kann es nicht weitergehende Bedeutung haben: einmal die Tötung privilegieren und einmal die Strafbarkeit ausschließen. Darüber hinaus kann es im Einzelfall schwer fallen, ob es dem Täter darauf ankommt, das Leiden des Opfers unter Inkaufnahme einer Tötung zu verkürzen oder das Opfer mit dem Ziel der Leidensverkürzung zu töten. Spricht eine grenzwertige Dosierung für oder gegen *dolus eventualis* hinsichtlich der Tötung? In den Grenzfällen kann kaum möglich sein, eine klare Linie zwischen der Tötungsabsicht und der bloßen Schmerzlinderungsabsicht zu ziehen, insbesondere dann, wenn nicht eindeutig festgestellt werden kann, ob die verabreichte Schmerzmitteldosis medizinisch noch indiziert war. Auch wenn man die Formulierung „unter Einfluss von Mitleid“ dahingehend auslegt, dass der Täter zum Ziele der Leidensverkürzung handeln müsse, besagt dies nur, dass der Täter, der zu diesem Ziel handelt, in den Genuss der Privilegierung

---

leidenden Patienten eine riskante Schmerzmittelmedikation anbietet und dieser dem zustimmt. Art. 150 KK ist hier nach h.M. schon deswegen nicht erfüllt, weil kein Verlangen des Patienten vorliegt, sondern bloß eine Zustimmung. Problematisch kann auch das Vorliegen des Merkmals Mitleid sein, insbesondere dann, wenn die gefährliche Medikation etwa ein Tagesgeschäft für den Arzt darstellt und damit eine „oberflächliche Mitleidsmotivation“ vorliegen könnte.

366 Polnisch: „pod wpływem współczucia“.

367 Vgl. Grześkowiak/Wiak-*Wiak*, Art. 150, Rn. 8; *Zoll*, Komentarz, Art. 150, Ziff. 16; Giezek-*Giezek*; Kodeks karny, Art. 150, Rn. 16.; *Filar*, Lekarskie prawo karne, S. 324; System Prawa Karnego-*Budyn-Kulik*, § 3, Rn. 219.

368 Vgl. *Szeroczyńska*, Eutanazja, S. 231; *Daszkiewicz*, Komentarz, S. 245; *Krajewski*, Prokuratura i Prawo 2005 Nr. 2, S. 69 f.

des Art. 150 KK kommt, und der Täter, dem diese Einstellung fehlt, aus dem Grundtatbestand des Art. 148 KK bestraft wird.

Es ist noch darauf hinzuweisen, dass, sollte die Strafbarkeit aus Art. 150 KK und womöglich die aus Art. 148 KK ausscheiden, wenn der Handelnde eindeutig und ausschließlich zum Zwecke der Leidenslinderung getötet hat, dadurch weitere Probleme produziert werden: Soll die Strafbarkeit auch dann entfallen, wenn die Krankheit zwar mit gravierenden schweren Leiden verbunden ist, welche unerträglich sind und nicht gelindert werden können, aber nur vorübergehender Natur sind, nur aus dem Grunde, weil der Handelnde eindeutig und ausschließlich zum Zwecke der Leidenslinderung getötet hat? Soll der Täter auch dann straflos bleiben, wenn das schwerstleidende unheilbar kranke und sich in auswegloser Situation befindende Opfer vor der Tötung durch ihn die Möglichkeit hatte, einen ärztlich assistierten Suizid zu begehen?

2.4 Ausschluss der Rechtswidrigkeit

In der polnischen Lehre sind auch Stimmen zu finden, die die Problematik der indirekten Sterbehilfe auf der Rechtswidrigkeitsebene zu lösen versuchen.

2.4.1 Rechtfertigungsgrund des Art. 30 KEL

Teilweise wird vertreten, dass die Fälle der indirekten Sterbehilfe aufgrund eines außergesetzlichen und unbenannten Rechtfertigungsgrundes gerechtfertigt sein sollen. Die Vertreter dieser Ansicht verweisen dabei auf Art. 30 des Kodex der ärztlichen Ethik (KEL)[369]. Dieser bestimmt, dass der Arzt bis zum Ende die Schmerzen des Kranken im Terminalzustand lindern und die Qualität des endenden Lebens erhalten soll. Daraus lässt sich nach dieser Ansicht eine Rechtfertigung der riskanten Medikation ableiten.[370]

Zunächst stellt sich die Frage, ob der Annahme eines Rechtfertigungsgrundes aus Art. 30 KEL nicht von vornherein der Grundsatz der Bestimmtheit von Rechtfertigungsgründen entgegensteht. Rechtfertigungsgründe werden im polnischen Recht als „*Konträrtypen*“ (pol.: kontratyp) bezeichnet. Damit soll zum Ausdruck gebracht werden, dass die Rechtfertigungsgründe typisierte Verhaltensweisen beschreiben, die generell-abstrakter Natur sind. Sie bezeichnen stets generell-abstrakt einen Kollisionsfall und die Modalitäten der Vorrangseinräumung für

---

369 Art. 30 KEL: „Der Arzt soll bemüht sein, dem Kranken eine humanitäre Terminalpflege und würdige Sterbeverhältnisse zu ermöglichen. Der Arzt soll bis zum Ende das Leiden des Kranken im Terminalzustand lindern und die Qualität des sich dem Ende zuneigenden Lebens erhalten“.

370 Vgl. *Zielińska*, Prawo i Medycyna 2000, Nr. 5, S. 89; *Rusznica/Kieca/Kleska*, Eutanazja i samobójstwo, S. 110.

eines der kollidierenden Güter.[371] Dieser Grundsatz besagt zudem, dass ein Rechtfertigungsgrund nicht unbedingt einer gesetzlichen Grundlage bedarf.[372] Gegen die unbeschränkte Zulässigkeit der Annahme von unbenannten und außergesetzlichen Rechtfertigungsgründen wird eingewandt, dass dies gegen den Grundsatz der Gewaltenteilung und das Rechtsstaatsprinzip verstoße (Art. 10 und 7 der polnischen Verfassung), weil das Gericht dann in die Kompetenzen der Legislative eingreife. Zudem würden dadurch Rechte des Opfers beschnitten, im ungünstigsten Falle werde ihm sogar ein Rechtfertigungsgrund versagt, weil die Handlung des Angreifers als nicht rechtswidrig qualifiziert wird.[373]

Außergesetzliche Rechtfertigungsgründe dürften grundsätzlich zuzulassen sein, wenn dies erforderlich ist, um Rechtslücken zu schließen. Dabei müssen die Interessen des Täters und des Opfers abgewogen werden. Auf diese Weise kann der Verletzung des Rechtsstaatsprinzips vorgebeugt werden. Das Argument der Verletzung des Gewaltenteilungsprinzips ist unberechtigt. Gerichte sind dazu berufen, das geltende Recht anzuwenden und auszulegen. Unter diesem Blickwinkel sind sie berechtigt, den gesetzgeberischen Willen aufgrund der bestehenden Rechtslage zu erforschen und bestimmte gesetzgeberische Grundgedanken zu generalisieren. Dem Gesetzgeber ist es nicht möglich, alle erdenklichen Materien gesetzlich zu regeln. Er ist auch nicht im Stande, sofort auf jede negative gesellschaftliche Entwicklung zu reagieren. Die Auslegung des Rechts ist nicht gleichbedeutend mit der Rechtssetzung.

Trotz der grundsätzlichen Zulässigkeit der Annahme von außergesetzlichen Rechtfertigungsgründen genügt Art. 30 KEL allein nicht den Anforderungen, die an die Konträrtypen gestellt werden. Die Vorschrift beschreibt zunächst keine Kollisionssituation. Sie stellt auch keine Abwägungsgrundsätze auf und ordnet ausdrücklich den Vorrang der Schmerzlinderung nicht an. Ebenso gut könnte man ihr entnehmen, dass die Schmerzlinderung solange zulässig ist, wie sie nicht lebensgefährlich ist. Sie enthält eher eine Pflichtenbeschreibung, ohne das Verhältnis der Schmerzlinderungspflicht zu anderen Arztpflichten zu bestimmen. Um diese Vorschrift als einen Konträrtyp qualifizieren zu können, müsste sie durch zusätzliche Elemente wie Beschreibung der Kollisionssituation und der Kollisionslösung ergänzt werden. Daher ist die Annahme eines Rechtfertigungsgrundes aus Art. 30 KEL nicht notwendig, weil der Notstand des Art. 26 § 1 KK sehr weit gefasst ist.[374] Mit dessen Hilfe kann man auch die Fälle der indirekten Sterbehilfe lösen und rechtfertigen.[375]

---

371 Vgl. *Weigend*, Das neue polnische StGB, S. 5; *Wróbel/Zoll*, Prawo karne, S. 344 ff.; *Kulesza*, Czasopismo Prawa Karnego i Nauk Penalnych 2009 Nr. 3, S. 16 f.

372 Vgl. *Wróbel/Zoll*, Prawo karne, S. 344 ff.

373 Ebenda.

374 Ebenda.

375 Siehe unten, 2.4.2.

Ausdrücklich enthält Art. 30 KEL die Worte: „der Arzt soll (...)“. Daher handelt es sich um einen Soll-Satz. Solche Sätze besagen, dass der Arzt grundsätzlich der Soll-Pflicht folgen muss und ihm grundsätzlich kein Ermessensspielraum hinsichtlich der Erfüllung der Pflicht zusteht. In atypischen Situationen räumt ihm der Soll-Satz jedoch die Befugnis ein, sich entgegen der Soll-Pflicht zu verhalten, wenn besondere Umstände dies erfordern. Deswegen kann aus Art. 30 KEL auch nicht hergeleitet werden, dass die Schmerzlinderung stets gegenüber dem Lebensschutz überwiegt. Ein solches Ergebnis muss vielmehr im Einzelfall aufgrund einer Würdigung der konkreten Umstände gewonnen werden.

Ferner ist zu bezweifeln, dass diese Vorschrift den Lebensschutz zu beschränken vermag. Bei ihr handelt es sich nur um eine standesrechtliche, rein ethische Verhaltensregel. Sie ist kein Parlamentsgesetz. Sie wurde von der Ärztekammer aufgrund einer im Gesetz über Ärztekammern enthaltenen Ermächtigung erlassen, welche sich in der Berechtigung der Ärztekammer erschöpft hat, ethische Verhaltensregeln für diesen Berufsstand aufzustellen. Vor diesem Hintergrund erscheint das Lebensrecht zu wertvoll, damit es durch untergesetzliche Vorschriften eingeschränkt wird, die nicht einmal Rechtsnormen sind, sondern nur Moralnormen.

2.4.2 Rechtfertigender Notstand

Zu untersuchen ist im Folgenden, ob die indirekte Sterbehilfe aufgrund eines rechtfertigenden Notstandes gemäß Art. 26 § 1 KK gerechtfertigt werden kann. Nach dieser Norm ist eine Tat nicht rechtswidrig, wenn der Täter zum Ziele der Abwendung einer gegenwärtigen Gefahr ein Rechtsgut verletzt, das weniger wertvoll ist als das gerettete Rechtsgut.

Die indirekte Sterbehilfe findet vor dem Hintergrund einer Kollision zweier Rechtsgüter statt. Der Arzt ist einerseits verpflichtet, das Leben zu schützen und nicht zu gefährden, und andererseits, die Schmerzen des Patienten zu lindern (Art. 20a Abs. 1 des Gesetzes über Patientenrechte) sowie in der Krankheit, insbesondere am Lebensende, seine Würde zu bewahren (Art. 20 Absatz 1 und 2 des Gesetzes über Patientenrechte). Kann das Leiden des Patienten ausschließlich durch die Gabe eines möglicherweise tödlichen Schmerzmittels beendet oder auf ein erträgliches Maß reduziert werden, so stellt sich die Frage, welchem Rechtsgut und welcher Pflicht der Vorrang einzuräumen ist. Die Schmerzmittelgabe ist dabei eine erforderliche Handlung, um eine Gefahr, qualvoll zu leben, abzuwenden.

Fraglich ist, ob das Schmerzlinderungsinteresse am Lebensende wertvoller als das Leben selbst sein kann. In der Literatur wird angezweifelt, dass das Leben als eines der höchsten Rechtsgüter weniger wertvoll sein kann als ein anderes Rechtsgut.[376] Die Frage muss hier allerdings nicht beantwortet werden. Denn bei der indirekten Sterbehilfe wird nicht das Leben gegen ein anderes Rechtsgut abgewogen. Es werden vielmehr zwei Aspekte des Lebensrechts miteinander abgewogen. Die

376 Vgl. *Kulesza*, Czasopismo Prawa Karnego i Nauk Penalnych 2009 Nr. 3, S. 23.

Abwägung findet damit zwischen dem biologischem Dasein und dem psychophysischen Wohlbefinden innerhalb ein und desselben Lebensrechts statt.

Das biologische Dasein und das psychophysische Wohlbefinden sind zwei Aspekte des Lebensrechts. Nach der Rechtsprechung des Verfassungsgerichts hat der Staat bei der Erfüllung seiner Lebensschutzpflichten sich nicht nur um das biologische Dasein, sondern auch um die „psychophysische Gesundheit" zu sorgen[377] und muss die Rechtsordnung so ausgestalten, dass sie die beiden Gesichtspunkte innerhalb ein und desselben Lebensrechts hinreichend berücksichtigt und in einem unlösbaren Konflikt einem von ihnen den Vorrang vor dem anderen einräumt. Das polnische Verfassungsgericht unterscheidet im Rahmen des Lebensrechts nach dessen negativer und positiver Seite. Das Lebensrecht kann neben seiner Abwehrfunktion auch eine staatliche Schutzpflicht enthalten (Grundrechte können subjektive [Abwehr-] Rechte und zugleich objektive Schutzpflichten im Sinne des „Schutzes durch Eingriff" enthalten).[378] Der positive Lebensschutz, der den Staat verpflichtet, gewisse Maßnahmen zum Schutze des Lebens zu unternehmen, hat also auch den Schutz des psychophysischen Zustandes des Patienten am Lebensende zum Ziel. Gerade dieser Gesichtspunkt (die psychophysische Gesundheit) ist nach der Rechtsprechung des Verfassungsgerichts bei der Bestimmung der staatlichen Lebensschutzpflichten zu berücksichtigen. Damit ist der Staat nicht nur dazu verpflichtet, Eingriffe in das Lebensrecht als rein biologische Existenz abzuwehren, sondern auch in das Lebensrecht als rein biologische Existenz sogar einzugreifen, um einen angemessenen Ausgleich zwischen der körperlichen Existenz und der psychophysischen Gesundheit herzustellen. Da die positiven Lebensschutzpflichten auch auf die Herstellung einer der Lebensphase entsprechenden und angemessenen Schutzintensität abzielen[379], erlaubt dies, den Schutz des Lebens so auszugestalten, dass der Erhaltung der rein körperlichen Funktionen ein geringeres Gewicht und dem psychophysischen Wohlbefinden demgegenüber ein größeres Gewicht beizumessen ist, insbesondere dann, wenn die körperliche

377 Vgl. Verfassungsgericht, Entscheidung vom 28.05.1997, K 26/96; Urteil vom 30.09.2008, K 44/07; offensichtlich ist so die folgende These des Verfassungsgerichts zu verstehen: „Der Schutz des menschlichen Lebens kann nicht ausschließlich als Mindestschutz der zur Existenz notwendigen biologischen Funktionen verstanden werden, sondern muss als die Gewährleistung der ordnungsgemäßen Entwicklung sowie die Erlangung und Bewahrung der normalen, für das gegebene Lebensalter (Lebensabschnitt) typischen psychophysischen Verfassung interpretiert werden. (...) es unterliegt keinem Zweifel, dass er einen im Hinblick auf die Lebensvorgänge optimalen Körperzustand einer Person umfasst, sowohl hinsichtlich der physiologischen als auch der psychischen Funktionen. Dieser Zustand kann mit dem Begriff der psychophysischen Gesundheit gleichgesetzt werden".

378 Ebenda.

379 Ebenda.

Existenz sich dem Ende zuneigt und keine angemessene Schmerzfreiheit sichergestellt werden kann. Die Abwägung zwischen dem biologischem Dasein und dem psychophysischen Wohlbefinden findet damit innerhalb ein und desselben Rechts(guts) statt.

Vor diesem Hintergrund wird klar, dass der Schutz vor unerträglichen Schmerzen wegen einer unheilbaren Erkrankung als ein Aspekt der „psychophysischen Gesundheit" anzusehen ist, welcher als Bestandteil des Lebensschutzes diesen beeinflusst. Der so verstandene Schutz vor unerträglichen Schmerzen ist dann mit dem Schutz des rein biologischen Daseins innerhalb ein und desselben Lebensrechts abzuwägen.

Auf der abstrakten Ebene sind das biologische Dasein und die psychophysische Gesundheit als Bestandteile der positiven (objektiven) Lebensschutzpflicht zumindest gleichwertig. Dies ergibt sich daraus, dass das „optimale" Leben im gleichen Maße sowohl den „guten" körperlichen Zustand als auch den „guten" psychophysischen Zustand voraussetzt. Geht man jedoch davon aus, dass im Einzelfall die schwere und unheilbare Erkrankung mit unerträglichen Leiden verbunden ist und dieses Leiden nicht anders als durch die konkrete Gefährdung oder die Verkürzung des rein körperlichen Daseins gelindert werden kann, so kann ein „optimales" Leben nur dadurch gewährleistet werden, dass dem Betroffenen die gefährliche Schmerzlinderung gewährt wird. Mit der Schmerzlinderung wird ein „guter" psychophysischer Zustand hergestellt. Das rein biologische Leben wird dabei zwar entweder gefährdet oder gar verkürzt. Dabei muss aber auf Art. 20 Abs. 2, 20a Abs. 1 des Gesetzes über Patientenrechte hingewiesen werden, wonach jeder ein Recht auf Sterben in Frieden und Würde und ein Recht auf ausreichende Schmerzlinderung in der Terminalphase hat. Daraus ergibt sich eine gesetzliche Wertung, die besagt, dass der Gesetzgeber der Schmerzlinderung am Lebensende größeren Wert beimisst als dem Schutz des rein biologischen Lebens. Die Verabreichung einer tödlich wirkenden Schmerzmitteldosis ist hier zudem die einzige zumutbare Möglichkeit zur Schmerzlinderung. Wegen der starken Leiden kann dem Betroffenen nicht zugemutet werden, auf diese Schmerzmedikation zu verzichten und seine starken Schmerzen zu erdulden. In dieser hilflosen Lage kann er nicht sich selbst überlassen werden. Würde dem Betroffenen die Möglichkeit zur tödlich wirkenden Schmerzmedikation verweigert, würde er faktisch gezwungen, unter unerträglichen Schmerzen und ohne Aussicht auf eine Besserung weiterzuleben. Dies würde allerdings das Wesen der „psychophysischen Gesundheit" unzumutbar verletzen, die der Gesetzgeber in Art. 20 Abs. 2, 20a Abs. 1 des Gesetzes über Patientenrechte als ein Recht auf Sterben in Frieden und Würde verankert hat.[380]

In der Literatur geht man davon aus, dass der personelle Anwendungsbereich des Rechts auf Sterben in Frieden und Würde sich auf Terminalkranke bezieht

380 Das Recht auf Sterben in Frieden und Würde wird aus dem Lebensrecht und der Menschenwürde hergeleitet, vgl. *Karkowska*, Komentarz, Art. 20, Rn. 3 f.

und sein sachlicher Anwendungsbereich Schmerzlinderung und Verbesserung der Lebensqualität am Lebensende umfasst.[381] Im Falle der Verweigerung der indirekten Sterbehilfe würden das Recht auf Sterben in Frieden und Würde und das Recht auf Schmerzlinderung am Lebensende in erheblicher, der Menschenwürde widersprechender Weise beeinträchtigt. Es wäre dann unmöglich, schmerzlos, d. h. in Würde zu sterben. Der Betroffene hätte keine Option zum schmerzfreien Sterben. Wenn man dem rein biologischen Leben den Vorrang vor dem Schmerzlinderungsinteresse des Betroffenen geben würde, so bestünde die Gefahr, dass der Kranke zum Gegenstand der staatlichen Gewalt wird, die ihm zum Zwecke der zwangsweisen Durchsetzung seines biologischen Daseins Schmerzen auferlegt, die einer Folter gleichkommen. Angesichts der nicht unterdrückbaren Schmerzen kann von dem Betroffenen nicht verlangt werden, dass er sich gegen eine ausreichende, wenn auch lebensgefährliche Medikation entscheidet. Damit muss hier der Schutz des rein biologischen Lebens hinter den Schutz der „psychophysischen Gesundheit" zurücktreten. Dabei überwiegt das Schmerzlinderungsinteresse gegenüber dem Schutz des biologischen Daseins.

Die riskante Medikation muss dem Willen des Opfers entsprechen, da ihm die Hilfe eines Dritten nicht aufgedrängt werden darf und die Schmerzmedikation als Eingriff in die körperliche Unversehrtheit eine Einwilligung (Zustimmung) des Betroffenen erfordert.

2.4.3 *Rechtfertigende Pflichtenkollision*

Weiterhin ist noch eine rechtfertigende Pflichtenkollision gem. Art. 26 § 5 KK in Betracht zu ziehen. Dieser Artikel setzt eine Kollision zweier Pflichten voraus, die nicht gleichzeitig erfüllt werden können. Die Nichterfüllung einer Pflicht lässt eigentlich die Strafbarkeit wegen eines Unterlassens befürchten. Um vom Täter nichts Unmögliches zu verlangen, greift der Rechtfertigungsgrund einer Pflichtenkollision ein. Eine Rechtfertigung ist jedoch nur dann anzunehmen, wenn das geschützte Rechtsgut gegenüber dem geopferten überwiegt oder diesem gleichwertig ist.[382]

Fraglich ist, ob im Falle der indirekten Sterbehilfe eine Pflichtenkollision angenommen werden kann. Das ist im Ergebnis zu verneinen. Der Arzt steht zwar zwei Pflichten gegenüber: der Pflicht zur Schmerzlinderung einerseits und der Pflicht der Lebenserhaltung andererseits. Die erste kann er nur durch eine positive Handlung erfüllen. Die Erfüllung der zweiten Pflicht bedarf eines Unterlassens der Erfüllung der ersten Pflicht. Eine solche Kollisionssituation entspricht der des Notstandes aus Art. 26 § 1 KK, denn es stehen sich eine Handlungspflicht und eine Unterlassungspflicht gegenüber. Die Abwehrhandlung, die zugleich eine Handlungspflicht

---

381 Vgl. *Karkowska*, Komentarz, Art. 20, Rn. 4; *Jacek/Ożóg*, Hygeia Public Health 2012 Nr. 3, S. 268.

382 Vgl. *Wróbel/Zoll*, Prawo karne, S. 370 f.

darstellt, verursacht in solchen Fällen die Verletzung der Unterlassungspflicht. Die Erfüllung der Unterlassungspflicht bewirkt hingegen die Verletzung der Handlungspflicht. Im ersten Falle macht sich der Täter wegen einer Aktivität strafbar. Im zweiten wegen eines Unterlassungsdelikts. Es ist jedoch davon auszugehen, dass die rechtfertigende Pflichtenkollision eigentlich zwei Handlungspflichten verlangt, von denen eine nur auf Kosten der anderen erfüllt werden kann.[383] Sonst droht die Verwischung der Grenzen zwischen Art. 26 § 1 und Art. 26 § 5 KK. Denn die rechtfertigende Pflichtenkollision ist auf Fälle zugeschnitten, in denen auf dem Täter zwei gleichwertige Pflichten lasten und er nur eine von ihnen erfüllen kann. In solchen Situationen soll dem Täter der Vorwurf erspart werden, etwas objektiv Falsches gemacht zu haben. Ansonsten würde die Rechtsordnung in Selbstwiderspruch geraten, indem sie vom Täter etwas objektiv Unmögliches verlangt. Im Rahmen der indirekten Sterbehilfe stehen sich aber zwei nicht gleichwertige Pflichten gegenüber. Wie es scheint, muss das Unterlassen einer (verbotenen) Handlung als höherwertige Pflicht der Vornahme der kollidierenden Handlungspflicht vorgehen.[384]

2.4.4 Andere Rechtfertigungsmöglichkeiten

Als andere Rechtfertigungsmöglichkeiten der indirekten Sterbehilfe kommen die Einwilligung und die Notwehr in Betracht. Die Einwilligung ist hier jedoch ein untauglicher Rechtfertigungsgrund, weil das Leben nicht der Disposition seines Inhabers unterliegt.[385] Darüber hinaus scheidet eine Notwehr gem. Art. 25 § 1 KK aus. Sie setzt einen rechtswidrigen Angriff voraus. Unter diesem ist ein menschliches Handeln zu verstehen, woran es bei der indirekten Sterbehilfe mangelt.[386]

---

383 Vgl. Filar-*Berent/Bojarski*, Komentarz, Art. 26, Rn. 18; a.A. Mozgawa/*Kulik*, Komentarz, Art. 26, Rn. 28 ff.

384 Dies wird daran deutlich, dass, sollte die Pflichtenkollision auch auf die Kollision einer Handlungspflicht mit einer Unterlassungspflicht anwendbar sein, es möglich wäre, die Aufopferung weniger zur Rettung vieler zu rechtfertigen (gleichwertige Pflichten heben die Rechtswidrigkeit auf, vgl. Mozgawa/*Kulik*, Komentarz, Art. 26, Rn. 31 ff.). Denn das Leben einer Person ist nach überwiegender Auffassung (vgl. *Kulesza*, Czasopismo Prawa Karnego i Nauk Penalnych 2009 Nr. 3, S. 22 f. m.w.N.; Filar-*Berent/Bojarski*, Komentarz, Art. 26, Rn. 11) gleichwertig mit dem Leben von 10 oder 1.000 Personen. Es wäre sogar möglich, ein fremdes Kind zur Rettung des eigenen Sohnes zu töten. Beide Leben wären einerseits gleichwertig und andererseits bestünde zum eigenen Sohn eine viel engere und stärkere Beziehung als zum fremden Kind, so dass die Rettung des eigenen Kindes als höherwertige Pflicht erscheinen könnte.

385 Vgl. *Warylewski*, Część ogólna, Rn. 482; Konarska-Wrzosek/*Konarska-Wrzosek*, Komentarz, Art. 150, Rn. 1.

386 Vgl. Filar-*Berent/Bojarski*, Komentarz, Art. 25, Rn. 4.

2.5 Schuldausschluss

Zu erwägen ist hier, ob die indirekte Sterbehilfe auch auf der Ebene der persönlichen Vorwerfbarkeit für straffrei gehalten werden kann, sofern man der vorangehend favorisierten Ansicht nicht folgt, dass Art. 26 § 1 KK bereits zu einer Rechtfertigung führt.

2.5.1 Entschuldigender Notstand

In der Literatur gibt es Stimmen, die die indirekte Sterbehilfe durch den entschuldigenden Notstand des Art. 26 § 2 KK zu entschuldigen versuchen. Nach dieser Norm muss der Täter zur Abwendung einer Gefahr für ein Rechtsgut handeln, das nicht offensichtlich weniger wertvoll ist als das verletzte Rechtsgut. Der Ausgangspunkt dieser Ansicht ist, dass den Arzt zwei Pflichten treffen. Das ist zum einen die Pflicht, das Leben des Patienten nicht zu gefährden, und zum anderen die Pflicht zur Schmerzlinderung. Wenn der Arzt in bestimmten Situationen nicht im Stande ist, beide Pflichten gleichzeitig zu erfüllen, dann solle er die Option haben, die Medikation als geringeres Übel vorzuziehen. Denn der Lebensschutz und das Recht auf Schmerzfreiheit seien als gleichwertig anzusehen.[387]

Diese Auffassung wird überwiegend kritisiert, und zwar mit der Begründung, dass sie der uneingeschränkten Zulässigkeit der aktiven Sterbehilfe den Weg bahne. Die Gleichwertigkeit des Rechts auf Schmerzfreiheit und des Lebensschutzes würde bedeuten, dass man auf den Lebensschutz gänzlich verzichten könnte.[388]

Die genannte Kritik ist als unberechtigt zurückzuweisen. Denn Art. 26 § 2 KK setzt eine gegenwärtige Gefahr für ein Rechtsgut voraus, die nicht anders abgewendet werden kann, als durch die Beeinträchtigung eines anderen Rechtsgutes. Das Eingreifen dieser Norm beruht auf dem Grundsatz der Subsidiarität. Die Entschuldigung kommt daher erst in Betracht, wenn die Verletzungshandlung die *ultima ratio* ist, weil in der konkreten Situation kein anderer Schutz des bedrohten Erhaltungsgutes gewährleistet werden konnte. Schon aus diesem Erfordernis folgt, dass eine willkürliche und generelle Zulassung der aktiven Sterbehilfe nicht droht. Die abstrakte Gleichwertigkeit des Lebensschutzes und „der psychophysischen Gesundheit" einerseits und des Rechts auf Sterben in Frieden und Würde gem. Art. 20 Absatz 2 des Gesetzes über Patientenrechte andererseits[389] bedeutet nicht, dass auf den Lebensschutz gänzlich und in jeder denkbaren Situation verzichtet werden kann. Beide Rechtsgüter sind stets auch konkret abzuwägen. Es ist nicht einzusehen, woraus sich im Einzelfall das absolute Überwiegen des (rein biologischen) Lebensschutzes gegenüber dem Schutz der „psychophysischen Gesundheit" und des Rechts auf Sterben in Frieden und Würde ergeben sollte. Jedenfalls sind keine

---

387 Vgl. *Sobolewski*, Palestra 1974, Nr. 7, S. 79 f.

388 Vgl. *Janiszewski*, Sterbehilfe, S. 64.

389 Siehe oben 2.4.2.

Gründe ersichtlich, die für einen offensichtlichen überragenden Wert des rein biologischen Lebensschutzes gegenüber dem Schutz der „psychophysischen Gesundheit" im Rahmen des Lebensrechts sprechen könnten, da beides vom Schutz des Lebensrechts umfasst ist.[390] Das Festhalten am absoluten Schutz des rein biologischen Lebens im Einzelfall ist zum einen nicht möglich (etwa bei der Notwehr oder dem Schwangerschaftsabbruch) und zum anderen erscheint dies in den Fällen der indirekten Sterbehilfe (und auch in außergewöhnlichen Fällen der aktiven Sterbehilfe)[391] unbarmherzig und in gewisser Weise auch unmenschlich. Ist demnach die riskante Medikation das letzte verfügbare Mittel zur Schmerlinderung bei tödlich kranken Patienten, so muss das Recht auf Sterben in Frieden und Würde, das Ausfluss der durch das Lebensrecht geschützten „psychophysischen Gesundheit" ist, dem (rein biologischen) Lebensschutz im Einzelfall vorgehen.[392] Bei zusätzlicher Erfüllung der subjektiven Seite des Art. 26 § 2 KK, also wenn der Täter zum Zwecke der Gefahrenabwehr handelt, sollte er aus Notstand entschuldigt sein.

Die Lösung über den entschuldigenden Notstand ist im Ergebnis jedoch nicht unbedenklich. Sie lässt zwar die Schuld entfallen, die Rechtswidrigkeit der Schmerzlinderung bleibt jedoch bestehen.[393] Damit wird indes eine wichtige Aussage getroffen, nämlich, dass sich der Täter in Widerspruch zur Rechtsordnung gesetzt und etwas objektiv Falsches getan hat. Er hätte sich also anders verhalten sollen, etwa indem er den Patienten leiden lassen und die gefährliche Medikation unterlassen hätte. Ob dies aber eine korrekte Entscheidung wäre, ist sehr zweifelhaft.

Ferner ist auf Art. 26 § 4 KK zu verweisen. Danach ist eine Entschuldigung aus Art. 26 § 2 KK ausgeschlossen, wenn der Täter ein Rechtsgut aufopfert, für das er eine besondere Schutzpflicht trägt. Wenn gesagt wird, dass die indirekte Sterbehilfe rechtswidrig ist, dann hat der Arzt aufgrund seiner beruflichen Tätigkeit, das Leben zu schützen, die besondere Pflicht, sich stets vor das Leben zu stellen. Ihm wäre dann rechtlich verwehrt, sich für die Schmerzlinderung auf Kosten des Lebensschutzes zu entscheiden. Die Schmerzmedikation wird meistens, wenn nicht ausschließlich, durch Ärzte und Krankenhauspersonal geleistet. Wird dieser Personenkreis aus dem Anwendungsbereich des entschuldigenden Notstandes ausgeschlossen, wird die Möglichkeit zur indirekten Sterbehilfe praktisch leerlaufen.

In der Literatur wird zudem vereinzelt die Meinung vertreten, dass Art. 26 § 2 KK eingeschränkt werden müsse. Im Gegensatz zum deutschen § 35 StGB enthält er keine Beschränkung in sachlicher und personeller Hinsicht. Aus der Sicht einiger Vertreter der Literatur ermöglicht dies, an sich strafwürdige Handlungen zu entschuldigen. Gedacht wird hier etwa an die Fälle, in denen der Täter sich in

390 Ebenda.

391 Siehe Kapitel 3, 2.2.

392 Siehe oben 2.4.2.

393 Vgl. Filar-*Berent/Bojarski*, Komentarz, Art. 26, Rn. 13.

keiner subjektiven Zwangslage befindet und ohne weiteres das rechtliche Verbot oder Gebot befolgen kann oder in denen der Täter die Gefahr von einem Dritten auf einen anderen Dritten verlagert.[394] Berücksichtigt man diese Tendenzen in der Literatur, erscheint es möglich, dem Arzt die Entschuldigung zu versagen, weil er meistens zu schwerleidenden Patienten in keinem Näheverhältnis steht und ihn das Leiden eines fremden Menschen in keine sonstige Zwangslage treiben kann, wodurch ihm möglich ist, sich an das Verbot der Lebensverkürzung zu halten.

2.5.2 Entschuldigende Pflichtenkollision

Nach Art. 26 § 5 KK kann eine strafbare Handlung entschuldigt werden, wenn der Täter zwei ungleichwertige Handlungspflichten zu erfüllen hat, wobei er die eine nur auf Kosten der anderen erfüllen kann, und er sich für die Erfüllung der weniger wichtigen Pflicht entschieden hat. Nach der hier vertretenen Auffassung sind die Schmerzfreiheit und das Recht auf Sterben in Frieden und Würde im Bereich der indirekten Euthanasie als wertvoller als der rein biologische Lebensschutz bzw. als zumindest gleichwertig anzusehen.[395] Allerdings ist die Pflichtenkollision nicht auf Situationen anwendbar, in denen eine Handlungspflicht mit einer Unterlassungspflicht kollidiert. Demnach scheidet eine entschuldigende Pflichtenkollision aus.[396]

2.5.3 Unzumutbarkeit

Möglicherweise könnte die Straffreiheit der indirekten Sterbehilfe durch die Berücksichtigung der Unzumutbarkeit für den Täter, sich normgemäß zu verhalten, begründet werden. Hier stellt sich zunächst die Frage, ob überhaupt ein solcher Entschuldigungsgrund anerkannt werden kann. Art. 1 § 3 KK bestimmt, dass der Täter zum Zeitpunkt der Tatbegehung schuldhaft handeln muss. Der streitige Punkt in der Rechtsprechung und der Lehre ist, ob die im KK genannten Entschuldigungsgründe einen abschließenden oder einen offenen Katalog darstellen und ob Art. 1 § 3 KK eine tragfähige Grundlage für die Schaffung neuer Entschuldigungsgründe sein kann. Nach einer Meinung ist Art. 1 § 3 KK zu allgemein gefasst, um eine Grundlage hierfür bilden zu können. Der mehrdeutige Begriff der Schuld dieses Artikels berge die Gefahr der uneinheitlichen Rechtsanwendung in sich und räume den Gerichten allzu viel Ermessensspielraum ein. Für die Gewährung der Straffreiheit in besonderen Ausnahmesituationen sei das Merkmal der fehlenden Sozialschädlichkeit ausreichend. Zudem bestehe eine Missbrauchsgefahr.[397] Nach einer anderen Ansicht lässt Art. 1 § 3 KK die Erweiterung des gesetzlichen Kataloges der Entschuldigungsgründe zu. Für die Schaffung eines neuen

394 Vgl. *Kulesza*, Czasopismo Prawa Karnego i Nauk Penalnych, 2009 Nr. 3, S. 26 ff.

395 Siehe oben 2.4.2, 2.5.1.

396 Siehe oben 2.4.3.

397 Vgl. *Gardocki*, Prawo karne, Rn. 97.

Entschuldigungsgrundes sollen folgende Kriterien entscheidend sein, die aus dem Begriff der Schuld in Art. 1 § 3 KK und anderen Bestimmungen des KK herzuleiten sind: Nichterkennbarkeit des Unrechts, Nichtsteuerbarkeit des eigenen Verhaltens oder anormale Motivationslage des Täters. Zudem begünstigt die Erweiterung der Entschuldigungsgründe den Täter, ohne das Opfer der Tat zu benachteiligen, weil die Tat nach wie vor rechtswidrig bleibt.[398]

Grundsätzlich ist davon auszugehen, dass der Katalog der Entschuldigungsgründe im Wege vorsichtiger Analogie erweitert werden kann. Insbesondere persönliche Eigenschaften und Verhältnisse des Täters werden bei anderen Entschuldigungsgründen und auch bei der Bestimmung der Sozialschädlichkeit einer Straftat nicht berücksichtigt.[399] Bei der Unzumutbarkeit geht es gerade um die besondere Situation des Täters. Daher ist von der grundsätzlichen Erweiterbarkeit der Entschuldigungsgründe auszugehen. Dabei ist jedoch zu beachten, dass eine übereilte Annahme der Unzumutbarkeit normgemäßen Verhaltens unter Umständen zu einer sehr starken Subjektivierung des Strafrechts führen kann. Daher dürften an die subjektive Unzumutbarkeit strenge Anforderungen zu stellen sein. Es sollten solche Situationen erfasst werden, in denen gewisse Rechts- und Gerechtigkeitslücken auftauchen. Hierzu sind durchaus Fälle denkbar, in denen die (ausdrücklichen) Entschuldigungsgründe des KK nicht eingreifen und in denen es gleichwohl unbillig wäre, dem Täter einen persönlichen Vorwurf wegen einer Straftat zu machen. Dies wäre der Fall, wenn das Unrecht der Tat und die Schuld des Täters besonders geringfügig erscheinen. Andererseits ist zu bedenken, dass Zumutbarkeitsgesichtspunkte bei der Auslegung der Tatbestandsmerkmale, Rechtfertigungs- und Entschuldigungsgründe berücksichtigt werden können. Auch der Gesetzgeber richtet sich in manchen Situationen nach Zumutbarkeitsgrundsätzen, indem er zum Beispiel persönliche Strafaufhebungsgründe eingeführt hat.[400]

Im Rahmen des Art. 150 KK wäre nach dem Vorstehenden davon auszugehen, dass die Berufung auf Unzumutbarkeit ausscheiden müsste. Der Gesetzgeber selbst hat in § 2 des Art. 150 KK ein Absehen von Strafe und eine Strafmilderung vorgesehen. Dieser Paragraph ist ein Ausfluss des Zumutbarkeitsgedankens. Er soll der besonderen persönlichen Lage des Täters Rechnung tragen. Überdies kann die Problematik der indirekten Sterbehilfe plausibel auf der Rechtswidrigkeits- oder Entschuldigungsebene gelöst werden, sodass gerade dort Gesichtspunkte der Zumutbarkeit Berücksichtigung finden können.

2.6 Absehen von der Strafe aus Art. 150 § 2 KK

Nach Art. 150 § 2 KK kann das Gericht in den Fällen des Art. 150 § 1 KK die Strafe ausnahmsweise mildern oder von deren Verhängung absehen. Der herrschenden

---

398 Vgl. das Oberste Gericht, Entscheidung vom 07.02.2007, V KK 413/06.

399 Vgl. *Wróbel/Zoll*, Prawo karne, S. 316.

400 Vgl. Sch/Sch-*Sternberg-Lieben*, vor §§ 32 ff., Rn. 124.

Lehre zufolge ist diese Vorschrift insbesondere dann anzuwenden, wenn das Verlangen des Opfers oder das Mitleid des Täters mit dem Opfer besonders intensiv ist.[401] Sind Ärzte oder Pflegepersonal Täter der indirekten Sterbehilfe, so kann grundsätzlich nur die erste Möglichkeit eingreifen (besonders intensives Verlangen), weil es etwas zweifelhaft erscheint, ob der Arzt oder das Pflegepersonal ein besonders intensives Mitleid mit dem Kranken haben können. Die diesbezüglichen Bedenken beruhen darauf, dass diese Personen täglich mit dem Leid der Kranken und dem Tod konfrontiert werden, sodass sie durch ihre berufliche Routine eine gewisse emotionale Widerstandsfähigkeit gegen diese schwierigen Umstände entwickeln.

Die Strafbefreiung der indirekten Sterbehilfe erst auf der Ebene des Art. 150 § 2 KK erscheint außerdem unbillig. Die vorschnelle Bestätigung der Rechtswidrigkeit und Schuld würde bedeuten, dass der Täter sich objektiv und subjektiv falsch entschieden hat. Dies würde wiederum den Anschein vermitteln, dass er die riskante Medikation hätte unterlassen und den Patienten leiden lassen sollen. Dieses Ergebnis kann jedoch nicht zufriedenstellen.

2.7 Ausschluss der Sozialschädlichkeit

Nach dem polnischen Recht schließt eine geringe Sozialschädlichkeit die Bestrafung wegen einer Straftat aus. Zugleich wird mit dem Ausschluss der Sozialschädlichkeit einer grundsätzlich strafbaren Handlung deren Eigenschaft als Straftat verneint (Art. 1 § 2 KK[402]). Die Sozialschädlichkeit ist trotz ihrer materiell-rechtlichen Natur einigermaßen vergleichbar mit dem deutschen prozessualen Opportunitätsgrundsatz. Sie besagt, dass trotz der Verwirklichung einer Straftat deren Strafverfolgung unzweckmäßig ist.[403] Nach Art. 115 § 2 KK sind bei der Bestimmung der Sozialschädlichkeit folgende Umstände zu berücksichtigen: „die Art und der Charakter des verletzten Gutes, das Ausmaß des angerichteten oder drohenden Schadens, die Art und Weise und die Umstände der Tatbegehung, die Bedeutung der durch den Täter verletzten Verpflichtungen sowie auch die Form des Vorsatzes, die Motivation des Täters, die Art der verletzten Sorgfaltspflichten und der Grad ihrer Verletzung“[404]. Über den Grad der Sozialschädlichkeit einer konkreten Tat sollen danach ausschließlich die mit der Tatbegehung zusammenhängenden objektiven oder subjektiven Umstände der Tat entscheiden. Umstände, welche individuelle Eigenschaften, persönliche Verhältnisse des Täters, sein Verhalten vor und nach

---

401 Ausführlicher dazu oben 2.1.1.3.

402 „Eine verbotene Tat ist keine Straftat, wenn ihre soziale Schädlichkeit gering ist“, *Chudzik et al.*, Strafgesetzbuch und Übertretungsgesetzbuch, S. 9.

403 Vgl. Filar-*Kulig/Wąsek*, Komentarz, Art. 1, Rn. 11 f.; *Wróbel/Zoll*, Prawo karne, S. 312.

404 *Chudzik et al.*, Strafgesetzbuch und Übertretungsgesetzbuch, S. 93.

der Tat und Gesichtspunkte der Generalprävention betreffen, sollen hingegen unberücksichtigt bleiben.[405]

Hinsichtlich der Sozialschädlichkeit als materiell-rechtliches Merkmal einer Straftat sind einige Bedenken zu äußern. Die Funktion der Sozialschädlichkeit besteht darin, die Strafbarkeit und den Missbrauch des Strafrechts durch den Staat zu begrenzen.[406] Man wird indessen den Eindruck nicht los, dass dieses Ziel teilweise auf Kosten des Verletzten erreicht wird. Hat jemand in zehn selbständigen Fällen eine leichte Körperverletzung begangen, dann kann man durchaus in jedem von diesen zehn Fällen die Sozialschädlichkeit verneinen, weil die Verletzung der körperlichen Unversehrtheit relativ gering war und nicht der individuelle Täter, sondern ausschließlich die konkrete Tat beurteilt werden muss.[407] Die Staatsanwaltschaft ist dann berechtigt, die Strafverfolgung in allen zehn Fällen einzustellen, weil man bei der Feststellung der Sozialschädlichkeit jeden Fall einzeln und getrennt von allen anderen beurteilen muss. Die Einstellung wird damit begründet, dass keine Straftat vorliege, wodurch sich der Verletzte ins Unrecht gesetzt fühlen und zugleich die Überzeugung gewinnen kann, dass leichte Körperverletzungen stets straffreie Taten sind. Auch wenn jemand eine regelrechte Vorliebe für Bagatelldelikte entwickelt hat, dann scheint es zulässig zu sein, stets eine Straftat zu verneinen und ggf. nur eine Übertretung (Ordnungswidrigkeit) anzunehmen.

Verwunderlich ist hier auch, dass wenn das Strafgericht die Strafbarkeit mangels der Sozialschädlichkeit verneinen möchte, eine Einstellung erfolgt und nicht ein Freispruch (Art. 414 § 1 Satz 1 der polnischen StPO), obwohl strikt gesehen keine Straftat vorliegt.[408] Die Sozialschädlichkeit stellt des Weiteren einen vorweggenommenen Prüfungspunkt der allgemeinen Strafzumessung dar, weil sie nach Art. 53 § 1 KK auch bei der Strafbemessung berücksichtigt werden muss. Wenn also die Sozialschädlichkeit vorab festgestellt wurde, warum soll sie noch irgendeine Bedeutung auf der Rechtsfolgenseite haben? Man kann auch andersherum fragen: Erlangt dann die Sozialschädlichkeit nicht eine herausgehobene und alle anderen Strafzumessungsgesichtspunkte überlagernde Funktion? Zudem birgt die Sozialschädlichkeit als materielles Straftatmerkmal einige Gefahren in sich. Da sie ein unbestimmter und wertender Begriff ist, besteht die Gefahr, dass dadurch Straftatstatistiken zu politischen Zwecken manipuliert werden, indem die Zahl der begangenen Straftaten nach unten gedrückt würde, zumal der polnische

---

405 Vgl. *Wróbel/Zoll*, Prawo karne, S. 315 (sog. komplexe Theorie).

406 Vgl. *Wróbel/Zoll*, Prawo karne, S. 303 ff.

407 Vgl. Mozgawa/*Kozłowska-Kalisz*, Komentarz, Art. 1, Rn. 11 f. m.w.N.; *Wróbel/Zoll*, Prawo karne, S. 308 ff., 315 f.

408 Vgl. Filar-*Kulig/Wąsek*, Komentarz, Art. 1, Rn. 15 mit Berufung auf das Oberste Gericht, Urteil vom 25.01.2000, WKN 45/99, wonach aufgrund der geringen Sozialschädlichkeit keine Straftat vorliegt.

Justizminister zugleich der oberste Staatsanwalt ist und die polnische Staatsanwaltschaft hierarchisch organisiert ist.[409]

Abgesehen von diesen grundsätzlichen Bedenken stellt sich die Frage, ob die Bestrafung der indirekten Sterbehilfe mangels Sozialschädlichkeit ausgeschlossen werden kann. Gemäß Art. 115 § 2 KK sind im Rahmen der Beurteilung der Sozialschädlichkeit einer Straftat unter anderem die Motivation des Täters und die Verletzung von Sorgfaltspflichten zu berücksichtigen. Da der Arzt im Rahmen der indirekten Sterbehilfe zum Zwecke der Schmerzlinderung handelt und im Hinblick auf die Gewährleistung der psychophysischen Gesundheit sowie das Recht auf Sterben in Frieden und Würde die Schmerzlinderung auch als sorgfaltsgemäß anzusehen ist, kann man trotz des Vorliegens einer tatbestandlichen Tötungshandlung in Erwägung ziehen, die soziale Schädlichkeit der Tötung als gering einzustufen. Dem widerspricht jedoch der § 2 des Art. 150 KK. Denn diese Norm soll ihrem Anwendungsbereich nach besondere Ausnahmesituationen erfassen, so dass ein Rückgriff auf die mangelnde Sozialschädlichkeit der indirekten Euthanasie grundsätzlich unterbleiben muss. Etwas anderes könnte eventuell im Rahmen der indirekten Sterbehilfe im Falle äußerungsunfähiger Personen gelten, weil gerade dann Art. 150 KK nicht eingreift. Allerdings erscheint dieses Ergebnis ungerecht, selbst wenn der Täter straflos bliebe und eine Straftat verneint würde. Denn dem Täter würde eine rechtswidrige und schuldhafte Handlung zur Last gelegt. Damit würde zum Ausdruck gebracht, dass er auf die gefahrbringende Medikation hätte verzichten und das Opfer leiden lassen sollen.

2.8 Rechtsfolgenseite

Zu erwägen ist auch eine Einstellungsmöglichkeit des Art. 66 § 3 KK. Danach kann die Strafverfolgung eingestellt werden, wenn die obere Strafrahmengrenze unter fünf Jahren liegt, der Täter sich mit dem Verletzten versöhnt hat und er den Schaden wieder gutgemacht hat oder er und der Verletzte die Art und Weise der Schadenswiedergutmachung vereinbart haben. Da im Falle der Vollendung des Art. 150 KK das Opfer tot ist, kann Art. 66 § 3 KK nicht eingreifen. Etwas anderes könne nach einer Ansicht gelten, wenn Art. 150 KK nur versucht worden ist und das Opfer überlebt hat.[410] Allerdings scheint es auch in einem Versuchsfall etwas zweifelhaft, ob Art. 66 § 3 KK zur Anwendung kommen kann. Denn wenn die Tötung aufgrund des Verlangens und des Mitleids erfolgt ist, kann von einer Versöhnung keine Rede sein, weil der Tötungsakt vom Opfer gewollt war. Der Täter hat nichts gemacht, was dem Willen des Opfers zuwiderlaufen würde. Das Opfer kann dem Täter nur böse sein, dass er so unbeholfen gehandelt hat, dass es überlebt hat. Eine Schadenswiedergutmachung kann auch nicht angenommen werden, weil kein Schaden gegeben ist. Ein Schaden ist eine unfreiwillige Einbuße an

---

409 Vgl. *Grzegorczyk/Tylman*, Postępowanie Karne, Rn. 585, 593.

410 Vgl. Wąsek/Zawłocki-*Michalski*, Art. 150 Rn. 41.

eigenen Rechtsgütern und in den Fällen der Mitleidstötung auf Verlangen ist das gerade nicht der Fall. Die indirekte Sterbehilfe war eine freiwillige Entscheidung des Opfers, so dass es die Folgen des Misslingens zu tragen hat.

2.9 Schmerzlinderung auf Verlangen ohne Mitleid

Handelt der Täter ohne Mitleid mit dem Opfer, so ist der subjektive Tatbestand des Art. 150 § 1 KK nicht erfüllt. Ihm droht dann die Strafbarkeit wegen einer Tötung gemäß Art. 148 §§ 1 und 2 KK. Aber auch in diesem Falle kann dem Täter der Rechtfertigungsgrund des Art. 26 § 1 KK zur Seite stehen. Die nach § 148 KK begangene Tötung kann objektiv der Wahrung der Schmerzlinderungsinteressen dienen und zumindest von der Zustimmung des Opfers (Einwilligung) getragen werden. Jeder Rechtfertigungsgrund hat auch eine subjektive Seite.[411] Insofern muss der Täter also zum Zwecke der Gefahrenabwehr und der Rettung des Schutzgutes handeln.[412] Damit muss er im Rahmen der indirekten Sterbehilfe die unerträglichen und lebenslangen Schmerzen des Betroffenen beseitigen wollen. Geht man mit der herrschenden Lehre davon aus, dass das Mitleid in der Weise auszulegen ist, dass der Täter mit dem Ziel der Linderung der starken physischen Leiden wegen einer unheilbaren Erkrankung in einer ausweglosen Situation handeln muss[413], dann ist offenbar die subjektive Voraussetzung des Rechtfertigungsgrundes nicht erfüllt, wenn aufseiten des Täters Mitleid in dem vorstehenden Sinne fehlt. Denn das Verständnis des Mitleids und die subjektive Voraussetzung des Art. 26 § 1 KK sind inhaltlich deckungsgleich: Handeln mit dem Ziel der Leidenslinderung. Nach der hier vertretenen Ansicht liegt das Mitleid vor, wenn das Verlangen des Opfers für den Täter handlungsbestimmend ist und der Täter nicht aus einer oberflächlichen Mitleidsmotivation handelt.[414] Diese Definition des Mitleids ist enger als der Inhalt der subjektiven Voraussetzung des rechtfertigenden Notstandes. Für die Rechtfertigung ist ausreichend, dass der Täter im Interesse des Opfers handelt und dessen Leiden beenden will. Ein handlungsbestimmendes Verlangen des Opfers wird nicht vorausgesetzt. Damit ist es möglich, die indirekte Sterbehilfe auch dann straflos zu stellen, wenn der Betroffene die Schmerzmedikation nicht verlangt, sondern ihr nur zugestimmt oder sonst mit ihr einverstanden ist, und der Handelnde ohne Mitleid in dem hier vorgeschlagenen Sinne gehandelt hat, aber im Interesse des Betroffenen, um dessen Leiden zu beenden.

---

411 Vgl. *Wróbel/Zoll*, Część ogólna, S. 340 f.; Mozgawa/*Kulik*, Komentarz, Art. 26, Rn. 24 m.w.N.

412 Ebenda.

413 Siehe oben 2.1.1.2.

414 Siehe oben unter 2.1.2.

2.10 Indirekte Sterbehilfe bei Äußerungsunfähigen

Kann der Patient nicht befragt werden, ob er sich die gefährliche Medikation zum Zwecke der Beseitigung von Schmerzen wünscht, so kann sich der Arzt wegen einer Tötung nach Art. 148 KK strafbar machen. Art. 150 § 1 KK scheitert daran, dass kein Verlangen des Betroffenen vorliegt. Nach der hier vertretenen Ansicht wird in einer solchen Situation zwar der objektive und der subjektive Tatbestand des Tötungsdelikts erfüllt. Die Handlung des Täters kann allerdings aufgrund des Art. 26 § 1 KK gerechtfertigt werden. Im Rahmen des Notstandsrechts ist jedoch statt auf den ausdrücklichen Willen des Betroffenen, auf dessen mutmaßlichen Willen abzustellen, der sich aus Patientenverfügungen, Behandlungswünschen, früheren Äußerungen oder Weltanschauungen des Betroffenen ergeben können[415]. Mangels entgegenstehender Hinweise auf seinen individuellen mutmaßlichen Willen ist eine Abwägung vorzunehmen, um festzustellen, was für einen Durchschnittsmenschen an Stelle des Betroffenen günstiger wäre: die Einleitung der gefährlichen Medikation oder das Abstandnehmen davon. Leidet der unheilbar kranke Äußerungsunfähige ersichtlich in ganz erheblichem Maße[416] und kann sein Leiden bis zum Eintritt seines natürlichen Todes nicht anders als durch eine riskante Schmerzbehandlung auf ein erträgliches Maß reduziert werden, so ist davon auszugehen, dass er ein Interesse an der lebensbedrohlichen Schmerzmittelgabe hat, soweit diese medizinisch indiziert ist. Dies entspricht dem, wofür sich der Durchschnittsmensch in einer entsprechenden Situation entscheiden würde.[417] In

---

415 Zur Berücksichtigungsfähigkeit des früher erklärten Patientenwillen und des mutmaßlichen Patientenwillen siehe Kapitel 4, 2.4.2.

416 Schmerzen werden ganz individuell und von jedem Menschen etwas anders empfunden. Sie lassen sich jedoch messen, wobei hier grundsätzlich Mithilfe des Betroffenen notwendig ist. Aus diesem Grunde dürfte die indirekte Sterbehilfe bei den Äußerungsunfähigen zurückhaltend angewendet werden. Sie ist aber nicht gänzlich ausgeschlossen, sobald eine unerträgliche Schmerzstärke festgestellt werden kann. Im Zweifel ist dem Schutz des biologischen Daseins Vorrang zu geben.

417 Dies ist auch im polnischen Recht wohl nichts Außergewöhnliches. Laut dem Gesetz über den Arzt- und Zahnarztberuf (Art. 34 Abs. 7 und Art. 32 Abs. 9) ist der Arzt in Notfällen und bei dringenden Operationserweiterungen ohne Einwilligung des Patienten berechtigt, medizinische Maßnahmen zu ergreifen, wenn deren Nichtdurchführung die Gefahr für Leben oder Gesundheit des Patienten begründet. Daraus ist zu entnehmen, dass der Gesetzgeber hier den Patientenwillen rationalisieren, also ihm eine objektiv vernünftige Gestalt verleihen will, wenn dieser unbekannt ist (vgl. *Janiszewska*, Zgoda, S. 541 ff.). Sollte der äußerungsunfähige Patient unerträglichen Schmerzen ausgesetzt werden, so besteht eine akute Gefahr für seine Gesundheit. In diesem Falle verlangt der Schutz der „psychophysischen Gesundheit“ und des Rechts auf Sterben in Frieden und Würde eine ausreichende Schmerzmedikation, auch wenn sie tödlich wirken kann, da dies die einzige objektiv

diesem Falle kann die Mitleidstötung ohne ausdrückliches Verlangen gerechtfertigt werden, soweit der Täter zu dem Ziel handelt, dem Betroffenen das weitere Leiden zu ersparen. Die Berücksichtigung der rein objektiven Kriterien rechtfertigt sich dadurch, dass auch die äußerungsunfähigen Personen, deren individueller mutmaßlicher Wille nicht bekannt ist, ebenso wie alle anderen Personen die Möglichkeit haben müssen, ihr unerträgliches Leiden zu beenden, auch dann, wenn die einzige zumutbare Möglichkeit dazu eine aktive Tötung ist. Sonst werden sie gegenüber äußerungsfähigen Personen diskriminiert.

Ob andere Auffassungen in der Literatur zu demselben Ergebnis kommen, ist offen, weil sie zur Frage der Mitleidstötungen der äußerungsunfähigen Patienten im Rahmen der indirekten Sterbehilfe schweigen.

2.11 Indirekte Sterbehilfe ohne oder gegen den Willen des Betroffenen

Handelt der Arzt ohne oder gegen den ausdrücklichen oder mutmaßlichen Willen des Betroffenen, so scheidet Art. 150 § 1 KK aus. Heranzuziehen ist dann ausschließlich der Art. 148 KK. Nach der hier vertretenen Auffassung wäre dieser Artikel erfüllt. Denn jede lebensgefährliche Medikation mit Todesfolge ist eine tatbestandsmäßige Tötungshandlung. Der Arzt kann sich auch nicht auf die Rechtfertigung aus Notstand gemäß Art. 26 § 1 KK berufen, weil er seine Hilfe dem Patienten eigenmächtig aufgedrängt hat. Bei der Nothilfehandlung geht es um den Schutz der Interessen des Patienten und nicht darum, ob dem Arzt Eingriffsrechte in den Interessenkreis eines anderen zustehen. Der Arzt kann sich auch nicht darauf berufen, dass objektiv das Recht des Patienten auf Sterben in Frieden und Würde gemäß Art. 20 Absatz 2 des Gesetzes über Patientenrechte in akuter Gefahr war. Denn sonst würde der Schutz der Patientenautonomie leer laufen.[418] Die Schmerztherapie als medizinische Behandlung bedarf stets einer Zustimmung des Betroffenen. Deren Durchführung ohne die erforderliche Einwilligung des Patienten führt dazu, dass dem Arzt zusätzlich die Strafbarkeit aus Art. 192 KK droht, weil er das Selbstbestimmungsrecht des Patienten missachtet hat.[419]

Nach der Ansicht, die die Schmerzlinderung als eine tatbestandslose Handlung sehen möchte[420], wäre der Arzt wohl auch in diesem Falle nicht wegen einer Tötung strafrechtlich zu belangen, da der Patientenwille anscheinend keine Rolle spielt. In Betracht käme nur die Strafbarkeit aus Art. 192 KK. Das Gleiche gilt für

---

vernünftige Möglichkeit zur Gewährleistung einer ausreichenden Schmerzfreiheit ist, sofern sie die einzige zumutbare Möglichkeit zur Schmerzlinderung ist und der äußerungsunfähige und unheilbar kranke Betroffene unerträglich leidet.

418 Vgl. Mozgawa/*Kulik*, Komentarz, Art. 26, Rn. 18 m.w.N.

419 Zur Reichweite und Beachtlichkeit der Patientenautonomie siehe Kapitel 4, 2.4.1.

420 Siehe oben 2.2 a) und b).

die Meinung, die die indirekte Sterbehilfe bereits im subjektiven Tatbestand ausschließen will[421]. Diejenigen, die von der primären Legalität der Schmerzlinderung ausgehen[422], können entweder zur Strafbarkeit aus Art. 148 KK und Art. 192 KK oder nur zur Strafbarkeit aus Art. 192 KK kommen. Dies hängt davon ab, ob der Wille des Betroffenen bei der Bestimmung der Rechtsgutverletzung berücksichtigt werden kann. Sollte dies zu bejahen sein, so ergibt sich die Frage, wie dies rechtsdogmatisch einzuordnen ist, da der objektive Tatbestand keinen Raum für die Prüfung der subjektiven Seite zulässt. Zur Strafbarkeit aus Art. 148 und 192 KK kommt wohl auch die Auffassung, die in Art. 30 KEL einen speziellen außergesetzlichen Rechtfertigungsgrund sieht[423], voraussetzt, dass die Rettungshandlung im Rahmen des Art. 30 KEL dem Willen des Geretteten entsprechen muss. Dann kann eine Nothilfehandlung dem Bedrohten nicht aufgezwungen werden. Geht man von der Gleichwertigkeit des Lebensrechts einerseits und der psychophysischen Gesundheit sowie des Rechts auf Sterben in Frieden und Würde gemäß Art. 20 Absatz 2 des Gesetzes über Patientenrechte andererseits in einem Kollisionsfall aus[424], so kann das Handeln des Arztes nach Art. 26 § 2 KK nicht entschuldigt werden, weil er dem Opfer seine Hilfe gegen dessen Willen geleistet hat.[425] Er macht sich dann sowohl nach Art. 148 KK als auch nach Art. 192 KK strafbar.

3. Rechtsvergleich

Zunächst wird ein kurzer Vergleich zwischen § 216 StGB und Art. 150 KK angestellt. Ihre Reichweite ist nicht deckungsgleich. § 216 StGB ist weiter gefasst als Art. 150 KK. Dies ergibt sich zuerst aus der Fassung der beiden Normen. Für das Eingreifen des § 216 StGB ist ein ausdrückliches und ernsthaftes Verlangen des Opfers ausreichend, wobei das Opfer jedermann sein kann. Das Opferverlangen muss weiter für den Täter handlungsbestimmend sein. Art. 150 KK setzt nach seinem Wortlaut neben dem Verlangen auch das Mitleid mit dem Opfer aufseiten des Täters voraus. Nach der deutschen Rechtslage ist das Mitleid des Täters mit dem Opfer für § 216 StGB irrelevant. Im Unterschied zum deutschen Verständnis des Verlangens wird in Polen für das Verlangen vorausgesetzt, dass nur ein unheilbar Schwerstkranker oder ein Sterbender ein wirksames Verlangen äußern kann. Gegenstand des Verlangens können dementsprechend nur körperliche Leidenszustände eines unheilbar kranken oder todgeweihten Opfers sein. Ein solches Verständnis engt offensichtlich den Art. 150 KK grundsätzlich auf die Fälle der

---

421 Siehe oben 2.3.

422 Siehe oben 2.2 c).

423 Siehe oben 2.4.1.

424 Siehe oben 2.5.1.

425 Vgl. Konarska-Wrzosek/*Lachowski*, Komentarz, Art. 26, Rn. 7; Mozgawa/*Kulik*, Komentarz, Art. 26, Rn. 24.

indirekten und aktiven Sterbehilfe ein. Eine Mitleidstötung auf Verlangen in allen anderen Fällen ist somit als eine einfache oder qualifizierte Tötung nach Art. 148 §§ 1 und 2 KK zu beurteilen. Ferner wird im polnischen Schrifttum gefordert, dass zwischen dem Sterbeverlangen und der Tötung ein unmittelbarer zeitlicher Zusammenhang in der Weise bestehen muss, dass der Täter dem Verlangen quasi sofort Folge leisten muss. Deswegen sind in Polen die unter einer Bedingung gemachten Sterbewünsche, die erst mit dem Bedingungseintritt vollzogen werden sollen, für ein Eingreifen des Art. 150 KK nicht ausreichend. Anders werden auch schriftliche Sterbewünsche behandelt. In Polen geht man davon aus, dass nur ein mündlich geäußertes Verlangen das notwendige Druckelement beinhaltet. Damit sind jegliche schriftlich abgefassten Verlangen im Rahmen des Art. 150 KK unbeachtlich. In Deutschland spielt die Form des Verlangens, sei es mündlich, sei es schriftlich, keine Rolle. Ein weiterer Unterschied besteht darin, dass Art. 150 § 2 KK im Gegensatz zu § 216 StGB die Möglichkeit der Strafmilderung oder des Absehens von Strafe vorsieht. Diese Regelung wird jedoch von der polnischen herrschenden Lehre sehr einschränkend ausgelegt. Anknüpfungspunkte sollen vor allem solche konturlosen Kriterien sein wie die Intensität des Verlangens des Opfers und/oder des Mitleids des Täters.

Was die Strafbarkeit der indirekten Sterbehilfe angeht, sind sowohl das deutsche als auch das polnische Strafrecht darum bemüht, sie für straffrei zu erklären. In beiden Rechtsordnungen sind drei grundsätzliche Straflosigkeitsbegründungen rechtlich vertretbar und möglich: Tatbestands-, Rechtfertigungs- und Entschuldigungslösungen. Gemeinsam für alle diese Lösungen ist, dass sie der unter Umständen tödlich wirkenden, aber medizinisch indizierten Schmerzmedikation wegen einer unheilbaren Krankheit verbunden mit unerträglichen Leiden, die anders nicht ausreichend gelindert werden können, aus welchem Grund auch immer ein größeres Gewicht beimessen als dem Schutz des als rein körperliches Dasein verstandenen Lebens.

In Deutschland geht die überwiegende Auffassung von der Rechtfertigung der indirekten Sterbehilfe aufgrund des rechtfertigenden Notstandes gemäß § 34 StGB aus. Die Schmerzfreiheit wird gegenüber dem Lebensrecht als wertvolleres Rechtsgut angesehen, soweit der todgeweihte Betroffene unter erheblichen Vernichtungsschmerzen leidet und sich diese nicht anders als durch die riskante Schmerzmedikation abwenden lassen.[426] Anzumerken ist hier, dass § 34 StGB keine Ideallösung ist. In der Literatur werden viele gewichtige dogmatische Einwände gegen diese Konstruktion erhoben. Die Tatbestandslösungen werden überwiegend mit der Begründung verworfen, dass die Tatbestandsfunktion der Tötungsdelikte darin besteht, das Leben umfassend zu schützen[427]. Die Berücksichtigung der Doppelwirkungslehre im Rahmen des subjektiven Tatbestandes

426 Siehe oben 1.4 a).
427 Siehe oben 1.2 ff.

wird mit dem Argument abgelehnt, dass die Unterscheidung zwischen der Absicht und dem Eventualvorsatz in der Praxis erhebliche Schwierigkeiten bereitet.[428] Die Entschuldigungslösung wird als nicht zufrieden stellend erachtet, da sie ein Eingriffsrecht zur Rettung des Lebensrechts zulässt und das Verhalten des Täters, der zur Leidminderung handelt, als rechtswidrig einstuft.[429]

In Polen versuchen die überwiegenden Literaturstimmen, die indirekte Sterbehilfe als nicht tatbestandsmäßige Tötungshandlung anzusehen. Das geschieht entweder durch die Verneinung einer auf die Tötung gerichteten Handlung, da der Arzt zum Zwecke der Schmerzlinderung *lege artis* handelt oder weil sein Handeln sich im Bereich des erlaubten Risikos bewegt. Es wird auch vertreten, dass die indirekte Sterbehilfe nicht vom Schutzbereich der Tötungsdelikte umfasst wird, da keine oder keine relevante Rechtsgutsverletzung vorliegt.[430] Teilweise wird versucht, die indirekte Sterbehilfe aufgrund einer deontologischen Vorschrift des Kodex der ärztlichen Ethik zu rechtfertigen.[431] Eine Entschuldigungslösung wird im Rahmen der Diskussion über die indirekte Sterbehilfe in Polen auch vorgeschlagen, aber mit dem Argument abgelehnt, dass dadurch der Wert des menschlichen Lebens in Frage gestellt und Raum für die aktive Sterbehilfe gelassen werde.[432]

Einigkeit besteht in Deutschland und in Polen, dass sich die indirekte Sterbehilfe in personeller Hinsicht nicht nur auf Sterbende, sondern auf alle tödlich bzw. unheilbar kranken Personen erstreckt. In sachlicher Hinsicht setzt sie unerträgliches Leiden voraus, wobei in Polen, wie es scheint, damit nur physische Leiden gemeint werden[433], während in Deutschland allgemein von allen möglichen Leidenszuständen gesprochen wird. Dies lässt darauf schließen, dass auch rein psychische Leiden Bezugspunkt der indirekten Sterbehilfe sein können, was in Polen eher nicht möglich wäre.

In beiden Ländern ist die Vorsatzform von zentraler Bedeutung für die Beurteilung der Zulässigkeit der indirekten Sterbehilfe. Der Tod muss eine nur in Kauf genommene Nebenfolge sein. Der Handelnde muss mit *dolus eventualis* handeln. Ein Unterschied ist darin zu sehen, dass die herrschende Meinung in Deutschland auch den Fall zulässt, dass eine Lebensverkürzung infolge der Schmerzbehandlung sicher ist.[434] Die indirekte Sterbehilfe kann also auch ein Handeln mit *dolus directus* 2. Grades einbeziehen. In Polen wird dies teilweise abgelehnt und als „aktive Sterbehilfe" gewertet.[435] Beide Länder sind sich jedoch darin einig, dass die

428 Siehe oben 1.3.
429 Siehe oben 1.5.
430 Siehe oben 2.2.
431 Siehe oben 2.4.
432 Siehe oben 2.5.
433 Siehe oben 2.1.1.
434 Siehe oben 1.1, 1.4 a).
435 Siehe oben 2.1.1.2, 2.3.

Todesfolge nicht beabsichtigt werden darf. Das heißt, dass die Sterbehilfe strafbar ist, wenn deren Ziel die Tötung und nicht die Leidensminderung ist.

Sowohl in Deutschland als auch in Polen hängt die Zulässigkeit der indirekten Sterbehilfe vom Willen des Betroffenen ab. Zu diesem Schluss scheint es deswegen zu kommen, weil viele Meinungen in Deutschland und in Polen den Tatbestand einer (Mitleids-) Tötung auf Verlangen als Hauptanwendungstatbestand für die indirekte Sterbehilfe ansehen. Bereits begrifflich wird also das Verlangen des Betroffenen vorausgesetzt, also eine Mitwirkung in dem Sinne, dass der Betroffene mit der riskanten Schmerzmedikation einverstanden ist und sie zusätzlich fordert. In Deutschland ist zumindest in der Rechtsprechung geklärt, dass auf den mutmaßlichen Willen des Betroffenen abzustellen ist, wenn ein aktuell erklärter Sterbewunsch nicht vorliegt.[436] In Polen wird das Problem nicht näher behandelt und es bleibt offen, wie dies im Rahmen der indirekten Sterbehilfe zu beurteilen ist. Eines ist dabei allerdings sicher. Die meisten Literaturmeinungen verneinen beim Fehlen eines aktuellen Sterbeverlangens den Tatbestand einer Mitleidstötung auf Verlangen.[437] Dann entsteht das Problem, ob die indirekte Sterbehilfe auch im Rahmen einer (einfachen) Tötung gemäß § 148 KK überhaupt zulässig sein kann. Der Frage wird in der Literatur gar nicht nachgegangen. Beide Rechtsordnungen tun sich schwer, wenn der Wille des Betroffenen völlig unbekannt ist. Hier lässt sich vertreten, dass man auf rein objektive Umstände wie unerträgliche Schmerzen abstellen kann. Man gelangt aber dann zu dem Problem, ob und wann die Leiden des Betroffenen objektiv unerträglich sind und wie rechtlich zu begründen ist, dass die Entscheidung für die riskante Schmerzlinderung der Entscheidung dagegen vorzuziehen ist. In der Praxis sollte diese Streitfrage eher von geringer Bedeutung sein, da die heutige Schmerztherapie nur sehr selten zur Lebensverkürzung führt.[438]

Wie es scheint, umfasst nach der Rechtsprechung des polnischen Verfassungsgerichts der Lebensschutz auch den Schutz der „psychophysischen Gesundheit", was eine gewisse Konsequenz für die Zulässigkeit der indirekten Sterbehilfe haben kann. Daraus kann entnommen werden, dass zwar eine qualitative und quantitative Abwägung des Lebensrechts (als Abwehrrecht) unzulässig ist, aber eine qualitative Abwägung im Rahmen der staatlichen objektiven Lebensschutzpflichten (als objektive Gewährleistung des Lebensrechts) doch zulässig sein kann. Demnach schützt das Lebensrecht nicht nur das reine biologische Dasein, sondern auch das qualitativ und quantitativ angemessene biologische Dasein. Beim Schutz des biologischen Lebens muss also stets das psychophysische Wohlbefinden berücksichtigt werden und dazwischen ein angemessener Ausgleich hergestellt werden.[439]

---

436 Siehe oben 1.4 a).

437 Siehe oben 2.1.1.

438 Vgl. *Schöch*, NStZ 1997, 410 f.

439 Siehe oben 2.4.2.

Dies ist in Deutschland völlig anders, wo das Leben ausschließlich als das rein biologische Dasein verstanden und geschützt wird. Eine nach der Qualität oder Quantität differenzierende Abwägung innerhalb des Lebensrechts selbst ist in Deutschland zumindest nach der Rechtsprechung des Bundesverfassungsgerichts kaum vorstellbar.

Viele Meinungen in Deutschland und in Polen sehen die (Mitleids-) Tötung auf Verlangen als den Hauptanwendungsfall für die indirekte (und auch aktive) Sterbehilfe. Dies mag auf den ersten Blick einleuchtend sein. Der Schein trügt allerdings. Es trifft zwar zu, dass die indirekte Sterbehilfe grundsätzlich eine Opfermitwirkung voraussetzt. Diese Mitwirkung muss jedoch nicht die Qualität eines Verlangens haben. Ferner muss die Schmerzbehandlung an sich nicht durch Mitleid getragen werden, wie dies aber der polnische Art. 150 KK voraussetzt. Damit ist die Definition der indirekten Sterbehilfe eigentlich weiter als der Anwendungsbereich des § 216 StGB und des Art. 150 KK. Diese Strafnormen erfassen also nur einen Ausschnitt der Problematik. Die indirekte Sterbehilfe streift damit auch die Regelungsbereiche der §§ 211 ff. StGB und des Art. 148 KK.

Kapitel 3 Aktive Sterbehilfe

Die (direkte) aktive Sterbehilfe ist eine aktive und gezielte Tötung eines schwerst-, todkranken oder sterbenden Menschen, um diesem unerträgliche Schmerzen zu ersparen.[440] Sie kann mit dem ausdrücklichen oder mutmaßlichen Willen des Betroffenen erfolgen. Sie wird einhellig für unzulässig gehalten.[441] Je nachdem, ob das Opfer die Tötung verlangt hat oder nicht, können unterschiedliche Tötungsdelikte einschlägig sein.

1. Die deutsche Rechtslage

Die aktive und vorsätzliche Lebensverkürzung kann nach dem deutschen Recht dem Regelungsbereich des Totschlags oder des Mordes gem. §§ 212, 211 StGB oder der Tötung auf Verlangen nach § 216 StGB unterliegen.

1.1 Tatbestandsausschluss

In der Literatur wird unter dem Gesichtspunkt des paternalistischen Schutzes erwogen, den Tatbestand des § 216 StGB teleologisch dahingehend zu reduzieren, dass dessen Schutzzweck „vernünftige" Todeswünsche nicht erfassen sollte.[442] Danach wäre Verlangen nach aktiver Sterbehilfe straflos, wenn eine Gefährdung der Lebensinteressen des Verlangenden ausgeschlossen würde.

Diese Sichtweise überzeugt nicht. Zum einen wird die Schutzfunktion des Tatbestandes umgangen und zum anderen wird der Anwendungsbereich des § 216 StGB als Gefährdungsdelikt im Vergleich zu dessen Verständnis als Erfolgsdelikt erheblich ausgeweitet. Des Weiteren finden beim Ausschluss des § 216 StGB die Tatbestände der §§ 212, 211 StGB Anwendung.[443]

Von *Herzberg* wird vertreten, dass die Tötungsdelikte unter anderem ein Tötungstabu schützen. Dieses Tabu besteht darin, dass eine aktive Tötung in der Gesellschaft als etwas verwerfliches angesehen und die Tötung eines Menschen abgelehnt werde. Das Tötungstabu könne aber nicht verletzt werden, wenn ein Mensch aus für jedermann verständlichen und nachvollziehbaren Gründen getötet wird.[444] *Herzberg* weist darauf hin, dass der Tod (genauer: „Erlösung im Tod"[445]) ein wertvolleres Rechtsgut im Vergleich zu der Lebensverlängerung darstellt,

---

440 Vgl. *Lackner/Kühl*, vor § 211, Rn. 5 ff.; *Tröndle*, ZStW 99 (1987), 31 f.

441 Vgl. *Ingelfinger*, JZ 2006, 824.

442 Siehe Kapitel 2, 1.2.1.

443 Ebenda.

444 Vgl. *Herzberg*, NJW 1996, 3046 f.; siehe Kapitel 2, 1.4.

445 Vgl. *Herzberg*, NJW 1996, 3043.

wenn der Sterbewillige selbst auf sein Leben verzichten möchte und er das Leben wegen seines Leidens als lästige Angelegenheit verabscheut. Daraus leitet er ab, dass dadurch nicht in das Rechtsgut Leben eingegriffen werde. Auf der Eingriffsseite stehe vielmehr das Interesse an der Respektierung eines Tabus, das in dem allgemeinen Tötungsverbot zu sehen sei, weil die überwiegende Mehrheit der Bevölkerung gegen die uneingeschränkte Legalisierung der aktiven Tötungen eintrete. Das Interesse sei aber ausnahmsweise bei Mitleidstötungen aufgrund des schweren Leidens des Opfers nachrangig, wenn eine wirksame Schmerzdämpfung nicht möglich ist und die aktive Tötung die einzige Hilfe darstellt.[446]

Diesem Ansatz ist entgegenzuhalten[447], dass das Lebensrecht aufgrund der Wertentscheidung des Grundgesetzes nur in äußersten Ausnahmefällen verletzt werden darf. Hierfür ist grundsätzlich nicht ausreichend, dass sein Träger oder die Gesellschaft es für nicht (mehr) schützenswert ansehen.[448] Ferner besagt der Ausschluss des Tatbestandes nicht, ob die aus dessen Schutzbereich herausgenommene Verletzungshandlung in anderen Bereichen der Rechtsordnung an sich erlaubt (gerechtfertigt) ist.[449]

1.2 Ausschluss der Rechtswidrigkeit

Ob die aktive Sterbehilfe gerechtfertigt werden kann, ist in der Literatur umstritten.[450]

1.2.1 Rechtfertigung der aktiven Sterbehilfe

Diejenigen, die das Unrecht der (direkten) aktiven Sterbehilfe ausschließen wollen, ziehen hierfür § 34 StGB heran. Problematisch gestaltet sich hier insbesondere die Begründung des wesentlichen Überwiegens der Schmerzlinderungsinteressen gegenüber dem Lebensrecht. Hierzu werden unterschiedliche Begründungsansätze vertreten. Eine starke Meinungsgruppe beruft sich auf das Menschenwürdeargument. Die jetzige Gesetzeslage solle insbesondere dann der Rechtfertigung nicht entgegenstehen, wenn eine weitere wirksame Schmerzlinderung nicht möglich ist, die Tötung dazu dient, das Leiden endgültig zu beenden und der Tod des Betroffenen unmittelbar bevorsteht.[451] Gerade dann gehe die Achtung der Menschenwürde

---

446 Vgl. *Herzberg*, NJW 1996, 3047 f.

447 Siehe Kapitel 2, 1.2.1.

448 Vgl. BVerfG, Urteil vom 25.02.1975, 1 BvF 1/74 u.a.; Beschluss vom 19.10.1971, 1 BvR 387/65; siehe Kapitel 2, 1.4 b).

449 Vgl. BVerfG, Urteil vom 28.05.1993, 2 BvF 2/90, 2 BvF 4/90, 2 BvF 5/92 („Schwangerschaftsabbruch II").

450 Vgl. *Achenbach*, Jura 2002, 548; *Dreier*, JZ 2007, 321; *Scheffler*, Sterbehilfe, S. 261 m.w.N.

451 Vgl. *Otto*, Jura 1999, 441; *Merkel*, FS Schroeder, S. 298; *Kutzer* ZRP 2003, 211 f.; *Kühl*, Jura 2009, 884; *Uhlig/Joerden*, Ad Legendum 2011, 371; MK-*Schneider*, § 216, Rn. 57 ff.

dem Leben vor. In einem solchem Fall solle eine Abwägung zwischen dem Interesse an der Schmerzverlängerung und dem Interesse an der Tötung nicht völlig ausgeschlossen sein.[452] Insbesondere dann nicht, wenn „die Möglichkeiten der Schmerztherapie und der ärztlichen Kunst einmal nicht ausrechen sollten, einen entwürdigenden Todeskampf zu verhindern". Als „entwürdigend" wird insbesondere von *Kutzer* die medizinische Unmöglichkeit der Verhinderung der schweren Schmerzen, Atemnot und Todesangst bezeichnet. Durch die Bezugnahme auf den „Todeskampf" bringt er zum Ausdruck, dass die gezielte Lebensverkürzung nur nach dem Beginn des Sterbeprozesses zulässig sein soll. In allen anderen Fällen erachtet er den Rückgriff auf die Palliativmedizin für ausreichend.[453] Zur Rechtfertigungsmöglichkeit der aktiven Sterbehilfe wird weiter vorgebracht, dass das Leben zwar ein hochwertiges Rechtsgut ist, es jedoch nicht absolut geschützt ist.[454] Es steht unter dem einfachen Einschränkungsvorbehalt des Art. 2 Absatz 2 GG. Außerdem werde die Aufopferung des Lebens zum Schutze anderer Rechtsgüter in Ausnahmefällen akzeptiert und vom Gesetzgeber zugelassen, wie es die Existenz der Notwehr und Nothilfe gem. § 32 StGB zeigen.[455]

Einen etwas anderen Begründungsweg beschreitet *Merkel*, der, wie es scheint, mit den freiheitlichen Aspekten der Grundrechte und der menschlichen Existenz argumentiert. Er nimmt eine Abwägung zwischen dem Leidvermeidungsinteresse und den Lebensinteressen des Betroffenen, die etwas anderes als das Recht auf Leben sind, vor. Bei der Verneinung des Vorrangs des Leidvermeidungsinteresses bei Schwerstleidenden in einer Situation der objektiv unerträglichen und nicht zu lindernden Schmerzen würde dies nach seiner Ansicht bedeuten, dass der Lebensschutz gegen den Willen des Sterbewilligen durchgesetzt werde, was dazu führt, dass der garantierte Lebensschutz faktisch in eine Lebenspflicht umschlage. Dies widerspreche der Natur und dem Wesen eines subjektiven Rechts, denn dieses kann nur im Rahmen seines Schutzbereiches gegen den Willen seines Inhabers geschützt und garantiert werden. Der Schutzbereich des Lebensrechts erschöpfe sich darin, die „wohlverstandenen Interessen" des Inhabers des Lebensrechts gemäß dem paternalistischen Schutzzweck des § 216 StGB und die Gemeinschaftsinteressen zu schützen. Ist der Todeswunsch des Opfers vernünftig, so entfalle die subjektive (und wie es scheint auch die objektive) Garantie des Lebensschutzes aus Art. 2 Absatzes 2 GG und die Erzwingung der Lebenspflicht sei dann illegitim. Der Sterbewillige wolle dann auf seine individuelle Existenz und nicht auf sein subjektives und abstraktes Recht auf Leben verzichten, da dessen Schutzbereich beim schwersten Leiden in der Regel nicht tangiert werde. Daher könne nicht angenommen werden, dass das Rechtsgut Leben in jeder denkbaren Situation den

---

452 Vgl. SK-*Sinn*, § 212, Rn. 55 m.w.N.; *Otto*, Jura 1999, 441.

453 Vgl. *Kutzer*, ZRP 2003, 212.

454 Vgl. BVerfG, Urteil vom 15.02.2006, 1 BvR 357/05.

455 Vgl. *Scheffler*, Sterbehilfe, S. 257.

absoluten Vorrang genieße.[456] Bei Schwerstleidenden seien folglich das Leidvermeidungsinteresse und das individuelle Interesse am (Weiter-)Leben gegeneinander abzuwägen. Entspricht der Todeswunsch dem (objektiv) wohlverstandenen Interesse des Sterbewilligen, so überwiege das Leidvermeidungsinteresse das Lebensinteresse wesentlich.[457]. Eine gleiche Auffassung vertritt *Hufen*, dem zufolge das Lebensrecht nicht nur auf das biologische Dasein reduziert werden darf. Es umfasse auch die Befugnis seines Trägers über die Art und die Schwerpunkte des Lebens- und Gesundheitsschutzes zu verfügen.[458] Nach *Scheffler* ergibt sich das wesentliche Überwiegen der tödlich wirkenden Schmerzlinderung gegenüber dem Lebensrecht aus der (alten) Rechtsprechung des Bundesgerichtshofes zur indirekten Sterbehilfe[459], wonach „die Ermöglichung des Todes in Schmerzfreiheit gemäß dem erklärten oder mutmaßlichen Willen" wesentlich schwerer wiege als das kurzfristige Leben unter Vernichtungsschmerzen. Dieses Ergebnis lasse sich aus seiner Sicht auch auf die aktive Sterbehilfe übertragen, wenn der Betroffene unter Vernichtungsschmerzen leidet. Dem stehe das Lebensabwägungsverbot nicht entgegen, da hier nicht Leben gegen Leben abgewogen und bewertet, sondern eine („in normalen Lebenssituationen völlig selbstverständliche") Wertung im Bereich des Lebensschutzes ein und desselben Lebens vorgenommen wird.[460]

1.2.2 Kritik in der Literatur

Ein Teil der Literatur kritisiert die Möglichkeit der Rechtfertigung der aktiven Sterbehilfe. Es wird argumentiert, dass einer Rechtfertigung der aktiven Sterbehilfe die Einwilligungssperre des § 216 StGB entgegenstehe. Das Verlangen des Getöteten hat im Rahmen des § 216 StGB eine strafmildernde Wirkung, was dafür spricht, dass die Einwilligung in die eigene Tötung nicht mehr als Rechtfertigung der Tat fungieren kann.[461] Daraus wird eine „für die gesamte Rechtsordnung verbindliche Einwilligungssperre" in eine aktive Tötung der eigenen Person hergeleitet.[462] Darüber hinaus könne dem schweren Leiden (gegebenenfalls in Todesnähe) nicht ein solches Gewicht zugemessen werden, dass es das Rechtsgut Leben wesentlich überwiege. Das Lebensrecht sei ein besonders hochwertiges Rechtsgut, welches der Disposition im Rahmen des Notstandes entzogen ist. Anderenfalls liefe man Gefahr, den Lebensschutz wesentlich abzuschwächen.[463] So seien die passive und indirekte Sterbehilfe als „ein Sich-fügen in ein unabänderliches Geschehen"

---

456 Vgl. *Merkel*, JZ 1996, 1150 f.
457 Vgl. *Merkel*, JZ 1996, 1151.
458 Vgl. *Hufen*, NJW 2001, 851 f.
459 Vgl. BGH, Urteil vom 08.05.1991, 3 StR 467/90; Urteil vom 15.11.1996, 3 StR 79/96.
460 Vgl. *Scheffler*, Sterbehilfe, S. 261.
461 Vgl. *Fischer*, § 216, Rn. 13.
462 Vgl. Sch/Sch-*Eser/Sternberg-Lieben*, § 216, Rn. 15.
463 Vgl. *Tröndle*, ZStW 99 (1987), 30.

zu werten, die aktive Sterbehilfe sei hingegen ein Eingriff in das Geschehen in Form des Verfügens über fremdes Leben[464] und stelle daher kein „Sichergeben in den Lauf der Dinge" dar.[465] Aufgrund der Patientenautonomie habe jeder Patient ein Recht auf Unterlassung einer Behandlung, nicht aber ein Recht oder gar einen Anspruch auf Vornahme einer lebensverkürzenden Maßnahme.[466] Die aktive Sterbehilfe sei insoweit mit der indirekten Sterbehilfe nicht vergleichbar, als der Täter der aktiven Sterbehilfe mit dem Ziel handelt, den Tod herbeizuführen. Sie grenze sich von der indirekten Sterbehilfe also durch die subjektive Einstellung des Handelnden ab.[467] *Verrel* greift zur Abgrenzung hingegen den von dem Bundesgerichtshof entwickelten Begriff des „Behandlungsabbruchs"[468] auf und meint, dass er eine sichere Abgrenzung etwa zwischen der indizierten Schmerzlinderung und der tödlichen Überdosierung biete. Denn nach der Auffassung des Bundesgerichtshofes muss jeder gezielte Eingriff in das Leben in einem Zusammenhang mit dem Abbruch einer medizinischen Behandlung stehen, um gerechtfertigt zu werden. An diesem Behandlungszusammenhang fehlt es aus *Verrels* Sicht bei Verabreichung einer Giftspritze oder bei Überdosierung des Schmerzmittels.[469] Es wird weiterhin darauf hingewiesen, dass lebensverkürzende Maßnahmen zur Krankenhausroutine werden und damit zum Vertrauensschwund führen könnten[470]. Insbesondere könne der Todeswunsch künstlich herbeigeführt werden und es bestehe die Gefahr „des Todes im Gewande der Wohltat": „[D]ann werden bald die Wohltäter das Sagen darüber haben, wem zum Gnadentod zu verhelfen ist".[471] Es könnten dadurch Tendenzen entstehen, die zulässige aktive Sterbehilfe immer extensiver auszulegen, so dass die Gesellschaft irgendwann einen Punkt erreicht, wo Forderungen gestellt werden, auch moralisch verwerfliche Verhaltensweisen zu legalisieren.[472] Der Gedankengang verläuft folgendermaßen: wenn die aktive Sterbehilfe in bestimmten Fällen zugelassen wird, dann sinkt der Respekt gegenüber dem Leben und in der Folgezeit gegenüber der Individualität des Einzelnen und seinem

464 Vgl. *Tröndle*, ZStW 99 (1987), 32.

465 Vgl. *Beckert*, Suizidbeteiligung und Sterbehilfe, S. 187.

466 Vgl. Ulsenheimer/Gaede, Arztstrafrecht, Rn. 715 ff., 743 f.

467 Siehe Kapitel 2, 1.3.

468 Vgl. BGH, Urteil vom 25.06.2010, 2 StR 454/09.

469 Vgl. *Verrel*, NStZ 2010, 673; dieses Kriterium erscheint abwegig. Wird einem behandelten Patienten auf seinen Wunsch eine medizinisch nicht indizierte Überdosis eines Schmerzmittels gegeben, dann führt sie zum Abbruch der medizinischen Behandlung (da der Patient gestorben ist). Insoweit steht die Überdosis offenbar in einem Zusammenhang mit dem Abbruch einer medizinischen Behandlung, was den Raum für die Rechtfertigung durch Einwilligung offenbar eröffnet.

470 Vgl. *Opderbecke/Weißauer*, MedR 1998, 398; *Schreiber*, NStZ 1986, 340.

471 *Tröndle*, ZStW 99 (1987), 38 f.; vgl. *Kutzer*, ZRP 2003, 212.

472 Vgl. *Schreiber*, NStZ 1986, 339.

Selbstbestimmungsrecht, so dass letztlich auch die Tötung gegen den Willen des Betroffenen rechtlich zugelassen wird, weil ein neues Wertsystem geschaffen wird, das dies zulässt. Wenn A zugelassen wird, besteht kein nachvollziehbarer Grund, A + b zu verbieten. Eine Ausnahme vom grundsätzlichen Tötungsverbot kann sich folglich zu einem Regelfall verkehren. Es könnte demnach zumindest eine psychologische Pflicht der Kranken und Behinderten entstehen, auf ihre eigene Existenz zu verzichten. Dieses Argument wird auch „Dammbruchargumentation (schiefe Bahn)" genannt. Zudem sei es praktisch unmöglich, Missbrauchsgefahren wirksam zu kontrollieren. Eine effektive Kontrolle würde einen erheblichen Ausbau des staatlichen Verwaltungsapparates bedingen, obwohl schon jetzt der Staat in der Regel mit der Erfüllung seiner Pflichten teilweise überfordert ist oder ihm hierfür die erforderlichen Sachmittel fehlen. In den Ländern, in denen die aktive Sterbehilfe legalisiert wurde, vermute man eine „hohe Dunkelziffer" an Missbrauchsfällen und es bestehe dort fast keine Palliativmedizin. Selbst wenn staatliche Kontrolleinrichtungen errichtet würden, sei nicht auszuschließen, dass es in Einzelfällen zu Beweisschwierigkeiten kommen könnte.[473]

Besteht keine Aussicht auf eine wirksame Schmerzlinderung, so solle von strafordnungsrechtlichen Möglichkeiten (§ 153 StPO) Gebrauch gemacht werden, andere fordern die Schaffung einer Möglichkeit des Absehens von der Strafe (*de lege ferenda*).[474] Weitere sehen den Ausweg darin, dem Sterbewilligen eine Gelegenheit zum Selbstmord oder zum Behandlungsabbruch zu verschaffen, da dies rechtlich unbedenklich und straflos ist.[475]

1.2.3 Stellungnahme

In Ermangelung anderer zumutbarer Möglichkeiten, unerträgliche Schmerzen in Todesnähe zu lindern, als durch die indirekte Sterbehilfe[476], sollte in engen Grenzen dem Handelnden ein Rechtfertigungsgrund des rechtfertigenden Notstandes gemäß § 34 StGB zur Seite gestellt werden.[477] Die Berufung auf den Notstand

---

473 Vgl. *Beckert*, Suizidbeteiligung und Sterbehilfe, S. 255 ff.; *Achenbach*, Jura 2002, 548; *Wernstedt*, Ad Legendum 2011, 376 f.

474 Vgl. *Sch/Sch-Eser*/Sternberg-Lieben, vor §§ 211, Rn. 25; § 216, Rn. 15a m.w.N.

475 Vgl. *Lackner/Kühl*, vor § 211, Rn. 6.; *Dölling*, MedR 1987, 8; MK-*Schneider*, § 216, Rn. 57 ff.

476 Als andere zumutbare Möglichkeiten zur Schmerzlinderung in Todesnähe sind die indirekte Sterbehilfe und die passive oder aktive Behandlungseinstellung im Rahmen der passiven Sterbehilfe anzusehen, soweit sie zum baldigen Tod führt, sowie die ärztliche Suizidbeihilfe (zu ihrer Zulässigkeit vgl. BVerfG, Urteil vom 26.02.2020, 2 BvR 2347/15 u.a.; BVerwG, Urteil vom 02.03.2017, 3 C 19/15).

477 Eine Rechtfertigung aufgrund einer rechtfertigenden Einwilligung des Opfers scheidet wegen der Einwilligungssperre des § 216 StGB aus (vgl. *Wessels/Hettinger/Engländer*, Besonderer Teil 1, Rn. 28; Sch/Sch-*Eser/Sternberg-Lieben*, § 216, Rn. 15; hier

nach § 34 StGB sollte nur bei schwersten und nicht anders als durch eine direkte Tötung zu lindernden Leidenszuständen (vorrangig sind die indirekte Sterbehilfe, die passive Sterbehilfe und die ärztliche Suizidbeihilfe anzuwenden) möglich sein, was den Anwendungsbereich der aktiven Sterbehilfe stark einschränkt. Als weitere Einschränkung ist zu verlangen, dass der nicht zu lindernde Zustand ohne Tötungshandlung bis zum natürlichen Tode andauern wird. Die Tötungshandlung ist hier damit die einzige, notwendige und objektiv bestehende Rettungsmöglichkeit, wie dies bei der indirekten Sterbehilfe der Fall ist.

Der entscheidende Gesichtspunkt für die Rechtfertigung der aktiven Sterbehilfe aus § 34 StGB ist, dass das absolute Tötungsverbot in Fällen „nicht mehr unterdrückbaren Vernichtungsschmerzes dogmatisch fragil und rechtspolitisch zweifelhaft" ist.[478] In Grenzfällen kann oft eine Unterscheidung zwischen der indirekten

---

ist Folgendes anzumerken: nach der Rechtsprechung des Bundesverfassungsgerichts [BVerfG, a.a.O.] und des Bundesverwaltungsgerichts [BVerwG, a.a.O.] sowie des Europäischen Gerichtshofes für Menschenrechte [EGMR, Urteil vom 29.04.2002, Nr. 2346/02, Pretty/Vereinigtes Königreich] hat jedermann ein Recht auf ein selbstbestimmtes Ende des Lebens, das die Hilfe Dritter zur Selbst- oder Fremdtötung umfasst, soweit er schwerkrank ist, unerträglich und ausweglos leidet und im Falle der Fremdtötung zusätzlich nicht in der Lage ist, Selbsttötung zu begehen [vgl. *Lindner*, NJW 2013, 136]. Gegen die Berücksichtigung dieses Rechts im Rahmen einer rechtfertigenden Einwilligung spricht, dass sie keine allgemeinen Vernünftigkeitserwägungen zulässt. Sie stellt stets auf das subjektive Interesse des Betroffenen ab [*Fischer*, vor § 32, Rn. 4, § 228, Rn. 5]. Die Möglichkeit, von dem Recht auf Selbstbestimmung über die eigene Lebensbeendigung in dem vorstehenden Sinne Gebrauch zu machen, beruht aber gerade auf objektiven Vernünftigkeitserwägungen und zwar darauf, dass dem schwerkranken Menschen das Leben mit schweren Schmerzen, die palliativ-medizinisch nicht gelindert werden können, nicht zumutbar ist). Die Wahrnehmung berechtigter Interessen gem. § 193 StGB findet ausschließlich im Bereich der Delikte zum Schutz der Ehre Anwendung. Außerhalb dieses Regelungsbereiches ist sie weder direkt noch analog anwendbar, weil sonst die Grenzen des § 34 StGB leicht umgangen werden könnten (vgl. OLG Stuttgart, NStZ 1987, 122). Eine Rechtfertigung aufgrund einer Notwehrhandlung gem. § 32 StGB ist kaum vorstellbar (vgl. LK-*Rissing-Van Saan*, § 216, Rn. 46.). Der Grund für einen Sterbewunsch stammt regelmäßig nicht aus der Sphäre eines anderen Menschen, sondern liegt üblicherweise in den körperlichen Schmerzen oder der psychischen Pein jeglicher Art, die das Opfer erleidet. Nach der Rechtsprechung des Bundesgerichtshofes kommt eine Rechtfertigung aus § 32 StGB deswegen nicht in Betracht, weil kein Angriff eines Menschen vorliegt oder weil die Verteidigungshandlung sich sowohl gegen die Rechtsgüter des Angreifers als auch des Angegriffenen richtet (vgl. BGH, Urteil vom 25.06.2010, 2 StR 454/09; NJW 2010, 2965).

478 Vgl. *Fischer*, vor §§ 211–217, Rn. 72.

und der aktiven Sterbehilfe schwer fallen.[479] In der Literatur wird häufig die Motivation des Täters[480] als Abgrenzungskriterium der aktiven Sterbehilfe zur indirekten Sterbehilfe genannt, das es ermöglichen soll, die beiden Formen der Sterbehilfe auseinander zu halten. Dieses Kriterium ist dazu jedoch untauglich. Zum einen gehören subjektive Vorstellungen des Täters nicht in den objektiven Tatbestand und eine Tötung auf Verlangen kann auch in allen Vorsatzformen begangen werden.[481] Zum anderen kann der Täter einer aktiven Sterbehilfe primär zum Zwecke der Schmerzerlösung handeln. Es kann also in der Praxis schwer fallen, festzustellen, ob der Handelnde den Tod beabsichtigt oder nur vorausgesehen hat.[482] Auch im Rahmen der indirekten Sterbehilfe ist schwer feststellbar, was im Kopf des Arztes stattfindet und ob er die Todesfolge beabsichtigt oder nicht, selbst dann, wenn er die Schmerzmedikation sorgfaltsgemäß und *lege artis* ausführt.[483] Auch das Kriterium, dass die indirekte Sterbehilfe ein mehraktiges Handeln voraussetze, während die aktive Sterbehilfe einaktig sei,[484] hilft bei der Abgrenzung nicht weiter. Es mag zwar richtig sein, dass die indirekte Sterbehilfe in der Regel eine schrittweise Steigerung der Schmerzmitteldosis verlangt. Es ist jedoch möglich, dass bereits am Anfang eine relativ hohe Einzeldosis verabreicht werden muss, die anschließend den Tod herbeiführt. Um eine Abgrenzung zu ermöglichen, wird noch darauf verwiesen, dass die indirekte Sterbehilfe dann vorliegt, wenn die Medikation entsprechend den anerkannten medizinischen Grundsätzen erfolge.[485] Auch dieser Umstand erleichtert die Abgrenzung aber nicht. Zwar ist jede Schmerztherapie auf ihre medizinische Richtigkeit überprüfbar. Die medizinischen Standards können jedoch variieren, mit der Folge, dass es zu Gutachterprozessen kommen wird.[486]

Die allgemein für verboten gehaltene aktive Sterbehilfe weist in bestimmten Fällen eine frappierende Ähnlichkeit zu der an sich erlaubten indirekten Sterbehilfe auf. Sowohl bei der aktiven als auch bei der indirekten Sterbehilfe wird durch eine aktive Handlung der Tod des Opfers verursacht. Bei der letzteren wird jedoch angenommen, dass die Herstellung der Schmerzfreiheit bei erheblichen, nicht anders als durch die Gefährdung des Lebens abwendbaren Schmerzen (wesentlich)

---

479 Vgl. *Kühl*, Jura 2009, 885; *Fischer*, FS Roxin, S. 573 f.; *Rosenau*, FS Roxin, S. 585.

480 Vgl. *Rosenau*, FS Roxin, S. 578; *Schöch*, NStZ 1997, 410; *Verrel*, MedR 1997, 249, wonach der Handelnde die Tötung nur für möglich halten oder sie nur voraussehen darf. Er darf sie keinesfalls beabsichtigen. Wenn das letztere der Fall ist, dann liegt die aktive Sterbehilfe vor.

481 Siehe Kapitel 2, 1.3.

482 Vgl. *Fischer*, vor §§ 211–217, Rn. 64.

483 Vgl. *Merkel*, FS Schroeder, S. 315 f.

484 Vgl. *Chatzikostas*, Suizid und Euthanasie, S. 80; *Scheffler*, Sterbehilfe, S. 264.

485 Vgl. *Schöch/Verrel*, GA 2005, 577.

486 Vgl. widersprüchliche Gutachterstellungnahmen im Kemptener Fall: BGH, Urteil vom 15.11.1996, 3 StR 79/96; darauf weist insbesondere *Verrel*, MedR 1997, 249 hin.

höher einzustufen ist als die Lebenserhaltung unter den Vernichtungsschmerzen.[487] Gerade dieser Umstand (aktive Lebensgefährdung wegen schwerer, nicht anders als durch Lebensverkürzung zu lindernder Schmerzen in Todesnähe) ist nämlich der Anknüpfungspunkt für die Zulässigkeit der indirekten Sterbehilfe. Sie verlangt, dass alles, sogar auf Kosten der Lebensverkürzung, zur Linderung des unerträglichen Leides objektiv Erforderliche unternommen werden muss. Eine ähnliche Situation kann aber auch im Falle der aktiven Sterbehilfe vorliegen.[488] Allgemein gesagt, ist dies dann anzunehmen, wenn der Sterbewillige an unerträglichen Schmerzen leidet, denen nur durch seine Tötung ein Ende gesetzt werden kann, da andere Möglichkeiten objektiv nicht vorhanden sind oder angesichts außergewöhnlicher Umstände nicht rechtzeitig zu erlangen sind. Auch hier muss alles zur Leidunterdrückung objektive Erforderliche unternommen werden.[489] Sonst wird von dem Betroffenen verlangt, nicht unterdrückbare Schmerzen zu dulden, deren Hinnahme von niemandem erwartet werden kann, da sie über das Maß hinausgehen, das mit der Erkrankung normalerweise verbunden ist. Sollte hier die Unzumutbarkeit, Vernichtungsschmerzen hinzunehmen, negiert werden, so müsste aufgrund der großen tatsächlichen Vergleichbarkeit auch die indirekte Sterbehilfe verboten werden. Dadurch würde eine rechtliche und faktische Situation geschaffen werden, in der der Betroffene unmenschlich leiden müsste, bis der natürliche Tod eintreten würde. Der Lebensschutz, der auf die Erhaltung des biologischen Daseins gerichtet ist, verbietet zwar jede Lebensverkürzung, auch dann, wenn der Betroffenen unter erheblichen Vernichtungsschmerzen leidet, die seine subjektive Lebensfreude ruinieren.

Das bedeutet jedoch noch nicht, dass dem Lebensschutz in jeder denkbaren Kollisionssituation mit einem anderen Rechtsgut stets der Vorrang gewährt werden muss.[490] Als Kollisionsgut kommt hier das Recht auf Schmerzlinderung entsprechend den Ausführungen zur indirekten Sterbehilfe in Betracht.[491] Das Ziel des Lebensschutzes, das schmerzvolle Leben bis zum Ende zu durchleben, kommt einem bewussten Quälen des Betroffenen gleich, um faktisch seine Lebenspflicht zu

487 Siehe Kapitel 2, 1.4.

488 Als Beispiel ist folgender Fall zu nennen: „Ein Autofahrer geriet in einer südafrikanischen Großstadt in einen schweren Unfall und wurde ausweglos eingeklemmt. Der Wagen fing Feuer und der Mann begann zu brennen. Keiner der hilfswilligen Zeugen hatte ein Löschgerät bei sich, Versuche, die Flammen anders zu ersticken, misslangen, an ein rechtzeitiges Herbeiholen der Feuerwehr war nicht zu denken. Einer der hilfsbereiten Zeugen zog schließlich eine Pistole und erschoss den verbrennenden Mann", *Merkel*, JZ 1996, 1150.

489 Vgl. *Merkel*, FS Schroeder, S. 320 f.; *Ingelfinger*, JZ 2006, 824 f.

490 Es kommt stets darauf an, welches Rechtsgut in der konkreten Situation schutzwürdiger ist, vgl. Sch/Sch-*Perron*, § 34, Rn. 25.

491 Siehe Kapitel 2, 1.4.

erzwingen. Durch ein umfassendes Verbot jeder aktiven Sterbehilfe kann der Einzelne zum Gegenstand der staatlichen Gewalt gemacht werden, da von ihm etwas verlangt wird, was ihm nicht zugemutet werden kann: nicht ausstehbare Schmerzen auszustehen. Die strikte Beachtung des Verbotes von Fremdtötungen würde hier dazu führen, dass die Rechtsordnung nicht zum gebotenen Schutze des Individuums, sondern nur noch zum Schutze des Gemeinwohls etwa der gesellschaftlichen Befürchtung eines „Dammbruchs" verwendet würde. Dem gesellschaftlichen Interesse würde so eine große Bedeutung beigemessen, der sich das Individuum unterordnen müsste, obwohl keine Chance bestünde, sein Leiden anders als durch Sterbehilfe zu verkürzen. Das wesentliche Überwiegen des Schmerzlinderungsinteresses gegenüber dem Lebensinteresse ergibt sich daraus, dass die Duldung der besonders intensiven Schmerzen durch den Betroffenen diesem nicht zugemutet werden kann. Diese Unzumutbarkeit der Schmerzduldung impliziert zugleich ein wesentliches Überwiegen des Rechts auf Schmerzlinderung. Anderenfalls wäre es widersprüchlich, dass die Schmerzduldung zwar unzumutbar ist, aber nicht so unzumutbar, um § 34 StGB eingreifen zu lassen.[492]

Gegen die Möglichkeit der Abwägung des Schmerzlinderungsinteresses gegen das Lebensrecht wird das Argument erhoben, dass durch die Tötung, die als Schmerzlinderung gedacht ist, der Betroffene vernichtet werde. Er erlebe damit die Schmerzerlösung nicht und habe dadurch kein Interesse an ihr.[493] Dies ist nicht überzeugend. Bereits bei der an sich zulässigen indirekten Sterbehilfe ist es möglich, dass etwa bei schwer nierengeschädigten Kranken der Tod zeitgleich mit der Leidminderung eintritt.[494] Gleiches gilt für die Fälle der passiven Sterbehilfe durch Unterlassen oder Abbruch der Weiterbehandlung. Will der Sterbenskranke eine lebenserhaltende Maßnahme beenden lassen, weil er etwa den Erstickungstod fürchtet, wird er nicht weiter zwangsbehandelt mit dem Argument, mit der Behandlungsbeendigung werde er die Erlösung von dem gefürchteten Erstickungstod nicht erleben.[495] Es wird übersehen, dass im Rahmen der aktiven Sterbehilfe die Schmerzlinderung nur durch die Tötung möglich ist.[496] Die Tötung ist das Mittel, mit dem das Ziel der Schmerzbekämpfung erreicht werden soll. Nimmt man an, dass der Betroffene stets etwas von der Wohltat der Schmerzlinderung haben muss, dann muss dies ebenfalls für den umgekehrten Fall gelten, und zwar in dem Sinne, dass der Betroffene bei Übeltaten deren nachteilige Wirkung erleben muss. Dies wird jedoch von niemandem gefordert. Wird jemand im Schlaf getötet, ohne dies zu erleben, wird nicht behauptet, er habe kein Interesse an der Verhinderung der Tötung, weil er diese Tötung subjektiv nicht erlebt hat.[497]

---

492 Siehe Kapitel 2, 1.4.

493 Vgl. *Möllering*, Schutz des Lebens, S. 40.

494 Vgl. *Merkel*, FS Schroeder, S. 311.

495 Vgl. *Merkel*, FS Schroeder, S. 312.

496 Vgl. *Chatzikostas*, Suizid und Euthanasie, S. 66.

497 Vgl. *Merkel*, FS Schroeder, S. 311.

Ferner wird nicht die Einwilligungssperre des § 216 StGB beeinträchtigt. Das Verlangen nach Schmerzerlösung ist kein von der Einwilligungssperre des § 216 StGB erfasstes Tötungsverlangen, da die Einwilligungssperre nur einer Rechtfertigung aufgrund einer Einwilligung in eine Fremdtötung entgegensteht. Dies berührt die Anwendbarkeit des § 34 StGB nicht. Dies wird daran deutlich, dass die Zustimmung zur Schmerztherapie erst dann erforderlich ist, wenn die Schmerzerlösung durch Tötung aufgrund der vom Willen des Betroffenen unabhängigen Kriterien als objektiv erlaubt erscheint. Diese Zustimmung des Betroffenen ist Ausdruck des allgemeinen Gedankens der Nothilfe, dass die Nothilfehandlung, die hier in der Schmerzlinderung besteht, dem Betroffenen nicht aufgedrängt werden darf.[498]

Ein weiteres Argument, das gegen die Lösung unter Anwendung des § 34 StGB sprechen kann, ist das allgemeine Lebensabwägungsverbot. Durch die Schmerzlinderung wird zwar mittelbar ein Werturteil über die Qualität des Lebens und die Quantität des leidvollen Lebens gefällt. Man soll dabei aber beachten, dass hier nicht das Leben des einen gegen das Leben des anderen abgewogen wird, sondern das Leben gegen das Schmerzlinderungsinteresse ein und derselben Person. Dadurch wird die Bewertung des einen Lebens als schutzwürdiger gegenüber dem anderen Leben vermieden. Darüber hinaus ist hier fraglich, ob solch eine mittelbare Bewertung des Lebens vom Lebensabwägungsverbot überhaupt erfasst ist. Etwa durch die Anwendung des § 228 BGB im Rahmen des Notstandes gemäß § 34 StGB ist es möglich, die Tötung eines anderen zum Schutze anderer an sich dem Lebensrecht gegenüber nicht wesentlich überwiegenden Rechtsgüter zu rechtfertigen. Hier wird aber nicht der Einwand erhoben, dass dadurch der Wert des Lebens des Angreifers mittelbar oder unmittelbar abgewogen und bewertet wird.[499]

In all anderen Fällen, in denen der Betroffene nicht an unerträglichen, nicht anders als durch eine Tötung abwendbaren, lebenslangen Schmerzen leidet, soll die aktive Sterbehilfe weiter verboten und strafbar bleiben. Ein Grund für deren weiter gehende Straflosigkeit besteht nach dem geltenden Recht nicht. Die Gesichtspunkte der Menschenwürde können nur in Extremsituationen eingreifen, bei denen die Verletzung der Menschenwürde zumindest ernsthaft zu befürchten ist. Es sind daran besonders hohe Anforderungen zu stellen.[500] Die Patientenautonomie hilft auch nicht weiter, da sie keinen Anspruch auf eine bestimmte Maßnahme beinhaltet. Sie ist vielmehr als Abwehrrecht ausgestaltet.[501] Das allgemeine Selbstbestimmungsrecht berechtigt zwar dazu, entsprechend eigenen Vorstellungen und Weltanschauungen zu leben. Würde die aktive Sterbehilfe auf dieses Recht gestützt, müsste sie auf jedes Verlangen hin geleistet werden. Die

498 Siehe Kapitel 2, 1.4.
499 Siehe Kapitel 2, 1.4.
500 Vgl. *Ipsen*, Staatsrecht II, Rn. 232
501 Vgl. *Bottke*, Probleme am Lebensbeginn und Lebensende, S. 95.

Gewährung eines Rechts oder gar eines Anspruchs auf die aktive Sterbehilfe in jeder denkbaren Situation[502] würde aber zu einer erheblichen Abschwächung des Lebensschutzes führen. Dies ist nicht mit den objektiven staatlichen Schutzpflichten vereinbar, da dadurch der Schutzbereich des Lebensrechts in die Disposition seines Inhabers gestellt wird, was mit der grundgesetzlichen objektiven Wertentscheidung kaum zu vereinbaren ist.[503]

Die „Dammbruchargumentation" vermag nicht zu überzeugen. Aufgrund der umfangreichen palliativen Möglichkeiten der Schmerzlinderung ist die Gefahr einer Krankenhausroutine im Grunde ausgeschlossen.[504] Auch ein Dammbruch ist nicht wirklich zu befürchten. Anstiftung oder Beihilfe zum Selbstmord sind weitgehend straffrei und trotzdem ist es nicht dazu gekommen, dass Ärzte oder Dritte den Schwerstkranken zur Selbsttötung raten oder überreden.[505] Unverständlich ist hier, warum eine abstrakte Gefahr, die nicht hinreichend wissenschaftlich belegt ist[506], bewirken soll, dass die Erlösung durch eine aktive Tötung von einem individuell-konkreten Extremleiden einer Person verboten sein soll[507], zumal abstrakte Missbrauchsgefahren bei der indirekten Sterbehilfe oder bei der Bestimmung des mutmaßlichen Willens des Betroffenen anhand seiner Behandlungswünsche im Rahmen der passiven Sterbehilfe überwiegend als ein nicht ins Gewicht fallendes Argument angesehen werden.[508]

Die Vorschläge seitens der Gegner der Rechtfertigung aus Notstand für Straffreiheit überzeugen zudem nicht. – Fernliegend ist die Forderung der Einführung eines Absehens von der Strafe. Die Erfüllung dieser Forderung liegt allein im Ermessen des Gesetzgebers. Die Rechtsprechung kann sie aus eigener Kraft nicht erfüllen. – Ebenso wenig vertretbar ist der Vorschlag, dem Sterbewilligen die Möglichkeit des Selbstmordes zu verschaffen. Ein ehemaliger Richter am Bundesgerichtshof, *Kutzer*, tendiert dazu, Unterstützungshandlungen der Ärzte zum Selbstmord ihrer Patienten mit dem Anwendungsbereich des § 216 StGB zu erfassen.[509] Unter Umständen könnte darin ferner eine Dammbruchgefahr gesehen werden, denn die Patienten könnten sich gedrängt fühlen, die Selbsttötung zu begehen. – Die Möglichkeiten der Einstellung des Verfahrens nach der StPO gehen

502 Dies erscheint unmöglich, da eine Pflicht zur Teilnahme an der aktiven Sterbehilfe in erheblicher Weise in die Grundrechte des zur Leistung der aktiven Sterbehilfe Verpflichteten eingreifen würde, siehe *Linke*, Spannungslagen am Lebensende, S. 125.

503 Vgl. BVerfG, Urteil vom 25.02.1975, 1 BvF 1/74 u.a.

504 Vgl. *Scheffler*, Sterbehilfe, S. 260; *Tröndle*, ZStW 99 (1987), 41.

505 Vgl. *Herzberg*, NJW 1996, 3046; *Fischer*, vor §§ 211–217, Rn. 66.

506 Vgl. *Rosenau*, FS Roxin, S. 589.

507 Vgl. *Merkel*, FS Schroeder, S. 321.

508 Vgl. *Fischer*, FS Roxin, S. 574 f.; *Rosenau*, FS Roxin, S. 589; *Neumann/Saliger*, HRRS 2006, 285.

509 Vgl. *Kutzer*, NStZ 1994, 112.

zwar in die richtige Richtung, sind aber nicht ausreichend. Staatsanwälte sind beim Vorliegen eines hinreichenden Tatverdachts grundsätzlich verpflichtet, die öffentliche Klage zu erheben. Ob sie ein Verfahren einstellen, liegt in ihrem pflichtgemäßen Ermessen (ggf. mit Zustimmung des Strafgerichts), so dass ihnen keine verbindlichen Vorgaben gemacht werden können. Fraglich ist auch, ob die Schuld im Falle einer rechtswidrigen und schuldhaften Tötung auf Verlangen noch als „gering" im Sinne des § 153 StPO angesehen werden kann. Im Falle des § 153a StPO hat der Täter trotz der Einstellung mit Auflagen und Weisungen zu rechnen. Mit der Einreichung der öffentlichen Klage beim Strafgericht beginnt das Zwischenverfahren, das für den Täter mit einer erheblichen Rufschädigung und mit einer großen psychischen Belastung verbunden sein kann. Selbst wenn eine Einstellung erfolgt, wird dem Täter eine objektive und subjektive Verfehlung zur Last gelegt.

1.3 Schuldausschluss

Es gibt Stimmen in der Literatur, die die aktive Sterbehilfe einer Entschuldigung zuführen möchten.

1.3.1 Entschuldigender Notstand gemäß § 35 StGB

§ 35 Absatz 1 StGB setzt eine gegenwärtige, nicht anders abwendbare Gefahr für Leben, Leib oder Freiheit voraus, die einem Angehörigen oder einer anderen nahe stehenden Person droht. Folglich muss zunächst für den Sterbewilligen eine Notstandslage bestehen. Notstandsfähig sind ausschließlich die zuvor genannten Rechtsgüter.[510] Im Falle der aktiven Sterbehilfe kommt der Leib als das bedrohte Rechtsgut in Betracht. Darunter ist die Bedrohung der körperlichen Unversehrtheit zu verstehen, wobei eine schwere Beeinträchtigung zu befürchten sein muss.[511] Bei schweren, unerträglichen und nicht zu lindernden Vernichtungsschmerzen ist das jedenfalls anzunehmen, weil zumindest eine Gefahr für das körperliche Wohlbefinden des Opfers besteht. Damit können sowohl körperliche als auch psychische Schmerzen gemeint sein, wobei bei den letzteren ein Krankheitswert erreicht werden muss, weil nur dann von der Möglichkeit der Verletzung des Rechtsguts des Leibes gesprochen werden kann.[512] Die Bedrohung des schmerzfreien Zustandes des Betroffenen muss des Weiteren nicht anders abwendbar sein als durch die Bedrohung des Lebensrechts, also durch die Herbeiführung des Todes. Bestehen (mildere) Handlungsalternativen, so sind diese in Anspruch zu nehmen.[513] Sind unerträgliche Schmerzen des Opfers nicht anders als durch die Beendigung seines Lebens zu lindern, dann ist diese Voraussetzung unproblematisch erfüllt. Darüber

510 Vgl. *Rengier*, Allgemeiner Teil, § 26, Rn. 5.

511 Vgl. *Fischer*, § 35, Rn. 4.

512 Vgl. *Fischer*, § 223, Rn. 6.

513 Vgl. SK-*Rogall*, § 35, Rn. 22 ff.; *Wessels/Beulke/Satzger*, Allgemeiner Teil, Rn. 689 f.

hinaus muss der Getötete ein Angehöriger des Täters oder eine andere ihm nahestehende Person sein. Der Begriff des Angehörigen ist in § 11 Absatz 1 Nr. 1a StGB legal definiert. Durch den Begriff der dem Täter nahe stehenden Person sollen persönliche Verhältnisse erfasst werden, die an Intensität des Zusammengehörigkeitsgefühls der Beziehung zwischen Angehörigen vergleichbar sind.[514] Gemeint sind damit dauerhafte und enge persönliche Beziehungen, welche regelmäßig bei eheähnlichen Lebensgemeinschaften oder bei engen Freundschaften gegeben sind.[515] Personen, zu denen man nur alltägliche bzw. übliche Sozialkontakte unterhält (wie etwa Nachbarn, Berufskollegen), unterfallen dem Begriff nicht.[516] Demnach ist diese Voraussetzung bei behandelnden Ärzten oder Krankenhauspersonal in der Regel nicht erfüllt.[517]

Besteht eine Gefahr für die Gesundheit eines Angehörigen oder einer nahe stehenden Person, so findet grundsätzlich keine Güterabwägung statt. Ausnahmen sind gemäß § 35 StGB zu machen, wenn der Täter die Gefahr verschuldet hat, wenn er eine Garantenstellung bezüglich des zu verletzenden Rechtsgutes hat oder wenn der drohende Schaden außer Verhältnis zu den Folgen der Tat steht.[518] Daher muss hier keine Abwägung zwischen der Schmerzbekämpfung und dem Leben vorgenommen werden. Irrelevant ist auch, ob die Schmerzlinderung das Rechtsgut Leben wesentlich überwiegt. Damit ist eine Entschuldigungsmöglichkeit aufgrund (zumindest analoger Anwendung)[519] des § 35 StGB eröffnet. Subjektiv muss der Täter in Kenntnis der Notstandslage und mit Gefahrabwendungswillen handeln. Die Rechtsprechung verlangt darüber hinaus noch eine gewissenhafte Prüfung der Abwendungsmöglichkeiten der Notstandssituation, es sei denn, dass der Täter keine Zeit dazu hat oder sofortiges Handeln angezeigt ist.[520]

Dieser Lösungsansatz ist dogmatisch sauber und konsequent und führt zu der Straflosigkeit des Täters, der tötet, um dem Opfer nicht zu ertragende und nicht anders abwendbare Qualen zu ersparen. Es werden dabei jedoch gewisse Umstände vernachlässigt, die die Entschuldigung als unangemessen erscheinen lassen. Zum einen bedeutet die Entschuldigung, dass eine teilnahmefähige Haupttat vorliegt, wodurch Anstifter- und Unterstützungshandlungen anderer aus §§ 216, 211, 212 bestraft werden können.[521] Zudem kann der Täter an der Schmerzlinderung durch einen Dritten gehindert werden, obwohl der Tod die einzige und durch die

---

514 Vgl. OLG Koblenz, Urteil vom 16.04.1987, 1 Ss 125/87; *Fischer*, § 35, Rn. 7; *Roxin/Greco*, Allgemeiner Teil 1, § 22 Rn. 30 f.

515 Vgl. *Roxin*, JA 1990, 102.

516 Vgl. *Roxin*, JA 1990, 102.

517 Vgl. *Chatzikostas*, Suizid und Euthanasie, S. 68; *Tröndle*, ZStW 99 (1987), 41 f.

518 Vgl. Sch/Sch-*Perron*, § 35, Rn. 18 ff.

519 Vgl. *Pelzl*, KJ, 1994, 194.

520 Vgl. BGH, Entscheidung vom 21.05.1992, 4 StR 140/92.

521 Vgl. *Merkel*, JZ 1996, 1148.

menschliche Barmherzigkeit gebotene Handlung ist. Aufgrund der Verneinung eines Rechtfertigungsgrundes bleibt die Schmerzlinderungshandlung des Täters rechtswidrig und steht deswegen im Widerspruch zur Rechtsordnung. Damit liegt zugleich ein rechtswidriger Angriff auf das Leben des Opfers vor, der Dritten ein Nothilfe- oder Notstandsrecht aus §§ 32, 34 StGB geben kann.[522] Zum anderen könnte die Bejahung der Rechtswidrigkeit zu Rufschädigungen unter den Ärzten führen und „den offenen Verdacht der Unehrlichkeit auf sich ziehen". Jedenfalls wird mit der Bejahung der Rechtswidrigkeit direkt zum Ausdruck gebracht, dass der Täter etwas objektiv Falsches gemacht hat und er das Opfer lieber hätte leiden lassen sollen.[523]

1.3.2 Übergesetzlicher Notstand

Man versucht, einige Fälle der aktiven Sterbehilfe unter dem Gesichtspunkt eines übergesetzlichen Notstandes zu entschuldigen.[524] Ein übergesetzlicher entschuldigender Notstand ist in der Literatur grundsätzlich anerkannt.[525] Für dessen Annahme wird vorausgesetzt, dass die Handlung des Täters weder gerechtfertigt noch sonst entschuldigt werden kann und dass das von ihm angerichtete Übel beim ethischen Vergleich mit dem Übel, das der Täter zu verhindern versucht, das wesentlich geringere Übel darstellt.[526] Der übergesetzliche Notstand erfasst also u. a. die Fälle der Rettung vieler auf Kosten weniger (quantitativer Notstand). Des Weiteren muss es entsprechend § 35 Abs. 1 Satz 2 StGB dem Täter unzumutbar gewesen sein, die Gefahr hinzunehmen.[527] Im Falle von unerträglichen, nicht anders als durch die Todesherbeiführung zu lindernden Schmerzen handelt der Täter, der weder Angehöriger des Opfers noch eine ihm nahe stehende Person im Sinne des § 35 StGB ist, zum Schutze des Opfers vor seinen Qualen, wenn dadurch die Schmerzbeseitigung zumindest für kurze Zeit erreicht wird.[528] Damit sind das Handlungs- und Erfolgsunrecht der Tat als herabgesetzt anzusehen.[529] Subjektiv muss der Täter in Kenntnis der Notstandslage und mit Gefahrabwendungswillen

---

522 Vgl. *Merkel*, JZ 1996, 1148; *Joerden*, Sterben am Beginn des Lebens, S. 222; *Chatzikostas*, Suizid und Euthanasie, S. 69.

523 Vgl. *Merkel*, JZ 1996, 1148.

524 Vgl. Heintschel-Heinegg-*Eschelbach*, § 216, Rn. 4; LK-*Rönnau*, vor §§ 32, Rn. 353 ff.

525 Vgl. LK-*Rönnau*, vor §§ 32, Rn. 342 ff.

526 Vgl. *Roxin/Greco*, Allgemeiner Teil, § 22, Rn. 146 ff.; LK-*Rönnau*, vor §§ 32, Rn. 355 f.; *Rengier*, Allgemeiner Teil, § 26, Rn. 43; *Wessels/Beulke/Satzger*, Allgemeiner Teil, Rn. 714 ff.

527 Vgl. LK-*Rönnau*, vor §§ 32, Rn. 357; Sch/Sch-*Sternberg-Lieben*, vor §§ 32 ff.; Rn. 117 ff.

528 Vgl. *Lackner/Kühl*, vor § 211, Rn. 5 ff.; *Eser*, Sterbehilfe und Euthanasie, S. 63 m.w.N.

529 Vgl. *Tröndle*, ZStW 99 (1987), 41 f.; *Schreiber*, NStZ 1986, 339 m.w.N.

handeln. Auch gegen diese Lösung sind allerdings die gegen die Entschuldigung aus § 35 StGB geäußerten Bedenken vorzubringen.[530]

1.3.3 Unzumutbarkeit normgemäßen Verhaltens

Die Unzumutbarkeit normgemäßen Verhaltens bezieht sich auf Situationen, in denen zwar von dem Täter die Befolgung der rechtlich gebotenen Handlung zu erwarten wäre und die Einhaltung dieses Gebotes ihm auch individuell möglich wäre, ihm durch die Erfüllung dieser gebotenen Handlung aber erhebliche Nachteile entstehen könnten.[531] Die Unzumutbarkeit stellt demnach einen außergesetzlichen, über Rechtfertigungs- und Entschuldigungsgründe hinausgehenden Haftungsausschluss dar, der die Schuld des Täters entfallen lässt.[532] Der Grund für die Anerkennung dieses Entschuldigungsgrundes liegt darin, dass bei Fahrlässigkeits- und Unterlassungstaten das Unrecht der Täterhandlung im Vergleich zu einer Vorsatztat geringer wiegt, da der Täter „nur" die von der Rechtsordnung in ihn gesetzte Verhaltenserwartung enttäuscht hat. Die Unzumutbarkeit setzt eine Abwägung voraus. Danach sind die Schwere der drohenden Rechtsgutsverletzung, die Erfolgsaussichten der Vornahme der gebotenen Handlung und die Schwere der Gefahren für Interessen des Täters einander gegenüberzustellen.[533]

Unter Beachtung dieser Grundsätze ergibt sich, dass die Tötung auf Verlangen eine Vorsatztat darstellt, so dass die Unzumutbarkeit normgemäßen Verhaltens als Entschuldigungsgrund schon begrifflich ausscheidet, weil dieser ausschließlich für Fahrlässigkeits- und Unterlassungstaten entwickelt wurde.[534] Dessen Anwendung auch auf Vorsatztaten würde wegen der extremen Individualisierung zur Auflösung des Strafrechts führen.[535] Damit kommt eine Entschuldigung der Tötung auf Verlangen unter dem Blickwinkel der Unzumutbarkeit nicht in Betracht. Darüber hinaus kann der strafrechtliche Vorwurf bei dem so genannten „Überzeugungstäter" grundsätzlich nicht entfallen. Die persönlichen Anschauungen können nicht dazu führen, dass der Schutzbereich des Lebensrechts und die Grenzen

---

530 Siehe oben 1.3.1.

531 Vgl. BGH, Urteil vom 22.01.1953, 4 StR 417/52; Sch/Sch-*Sternberg-Lieben*, vor §§ 32 ff., Rn. 122 ff.

532 Vgl. BGH, Beschluss vom 17.02.1954, GSSt 3/53; es gibt daneben auch Meinungen in der Literatur, die davon ausgehen, dass die Unzumutbarkeit normgemäßen Verhaltens entweder zum Tatbestandsausschluss führt oder einen Rechtfertigungsgrund darstellt. Es gibt auch Stimmen, die die Unzumutbarkeit überhaupt nicht anerkennen wollen (vgl. Sch/Sch-*Bosch*, vor § 13 ff., Rn. 155).

533 Vgl. Sch/Sch-*Bosch*, vor §§ 13 ff., Rn. 156.

534 Vgl. *Wessel/Beulke/Satzger*, Allgemeiner Teil, Rn. 710 m.w.N.

535 Vgl. Sch/Sch- *Sternberg-Lieben*, vor §§ 32, Rn. 124; *Chatzikostas*, Suizid und Euthanasie, S. 71.

der allgemeinen Handlungsfreiheit und damit das allgemeinverbindliche Recht umgangen werden.[536]

1.4 Rechtsfolgenseite

Vorgeschlagen wird, die aktive Sterbehilfe durch Rückgriff auf §§ 59 und 60 StGB straflos zu stellen.[537] Diese Normen sehen die Möglichkeit vor, die Rechtsfolgen der Tat zu mindern oder zu verhindern. § 59 StGB hat eine Verwarnung mit Strafvorbehalt zum Gegenstand. Diese Norm erscheint jedoch auf die Fälle der aktiven Sterbehilfe grundsätzlich nicht anwendbar zu sein, denn sie soll nach ihrem Zweck nur Straftaten von geringem Gewicht erfassen, deren Bestrafung die Gründe der General- und Spezialprävention nicht erfordern.[538] Nach § 60 StGB kann von der Bestrafung abgesehen werden, wenn die Folgen der Tat den Täter schwer getroffen haben. Diese Norm kann bei § 216 StGB Anwendung finden, insbesondere dann, wenn die Tötung das weitere Leben des Täters erheblich belasten wird und das Opfer sein ganzer Lebensinhalt war, oder wenn der Täter einen ihm wertvollen und nahe stehenden Menschen getötet hat und die Bilder seiner Tat jeden Tag vor sich sieht.[539]

1.5 Aktive Sterbehilfe gemäß dem mutmaßlichen Willen des Betroffenen

Die aktive Sterbehilfe setzt stets voraus, dass der Betroffene mit der Leidenslinderung durch gezieltes Töten einverstanden ist. Der Betroffene muss genauer damit einverstanden sein, dass ein Dritter sein unerträgliches Leiden mangels Handlungsalternativen sofort durch eine aktive Tötung beendet. Obwohl § 216 StGB eine Einwilligungssperre in die eigene Tötung aufstellt, wird in der Literatur gleichwohl erwogen, ein gezieltes Töten in den Fällen straflos zu stellen, in denen der schwer leidende Betroffene kurz vor dem Tod steht und (zumindest) mutmaßlich mit der aktiven Tötung einverstanden ist.[540]

Dem ist zuzustimmen. Der schwer leidende, kurz vor dem Tod stehende Mensch kann in einer extremen Notsituation sein, aus der er sich selbst nicht befreien kann und die keinen anderen Ausweg als gezielte Tötung zulässt. Der dem Schicksal hilflos ausgelieferte Mensch darf nicht sich selbst überlassen werden. Es sei hier etwa an den im Fahrzeug eingeklemmten, verbrennenden Autofahrer[541] zu denken, der

536 Vgl. *Wessel/Beulke/Satzger*, Allgemeiner Teil, Rn. 711.

537 Vgl. *Pelzl*, KJ 1994, 195; *Schreiber*, NStZ 1986,339.

538 Vgl. *Beckert*, Suizidbeteiligung und Sterbehilfe, S. 279.

539 Vgl. AG Tiergarten, Urteil vom 13.09.2005, (237) 1 Kap Js 2655/04 Ls (19/05); AG Köln, Urteil vom 27.02.2015, 613 Ls 19/15; LK-*Rissing-van Saan*, § 216, Rn. 56.

540 Vgl. *Uhlig/Joerden*, Ad Legendum 2011,371.

541 „Ein Autofahrer geriet in einer südafrikanischen Großstadt in einen schweren Unfall und wurde ausweglos eingeklemmt. Der Wagen fing Feuer und der Mann begann

aus dem brennenden Fahrzeug lebend nicht geborgen werden kann.[542] Er befindet sich in einer extremen Notlage, in der ihm entweder der Verbrennungstod durch eine gezielte Tötung erspart wird oder man ihn qualvoll verbrennen lässt. Sollte man hier dem Sterben seinen natürlichen Verlauf lassen? Die Intuition sagt: nein. Denn die aktive Tötung erscheint menschenwürdegerechter als das Sterbenlassen, sprich: Verbrennenlassen. Die aktive Tötung mit dem Ziel, das unerträgliche Leiden ohne Handlungsalternativen sofort zu beenden, ist in dieser Extremsituation gegenüber dem qualvollen Weiterleben und Sterben als schützenswerter anzusehen. Die Schutzwürdigkeit des schnellen und schmerzfreien Todes hebt in dieser Extremsituation, die mit der der indirekten Sterbehilfe vergleichbar ist[543], die objektive Lebensschutzpflicht des Staates auf, so dass die Wertung des § 216 StGB (Einwilligungssperre) hier unbeachtlich ist und keine Sitten- bzw. Rechtswidrigkeit der das Leben konkret gefährdenden Leidenslinderung begründen kann.[544]

Scheffler weist dabei darauf hin, dass nach der Rechtsprechung des Bundesgerichtshofes „ein Tierarzt berechtigt und verpflichtet ist, das Tier zu töten, wenn weitere Behandlungsmaßnahmen keinen Erfolg versprechen und dem Tier längere Qualen erspart werden sollen", denn „das ist ein sittliches Gebot richtig verstandenen Tierschutzes".[545] Der Autor meint, dass ein qualvolles Sterben von der Rechtsordnung nicht dem Tier, wohl aber dem Menschen zugemutet werde.[546] Er betont, dass zwischen dem Menschen und dem Tier erhebliche Unterschiede bestehen, etwa dass der Mensch in der Lage ist, eine bewusste Entscheidung zu treffen. Gleichwohl stellt er die Frage, ob diese Unterschiede bei einem Schwerstgeschädigten, der nicht mehr fähig ist, Entscheidungen zu treffen, nicht verschwimmen. Seine Auffassung untermauert er damit, dass Mitleidstötungen in der Gesellschaft auf eine hohe Akzeptanz stoßen.[547]

Damit niemand auch in einer ausweglosen und unerträglichen Notsituation gegen seinen Willen aktiv getötet wird, ist zu verlangen, dass die aktive Tötung zur Erlösung vom unerträglichen und nicht anders als durch gezieltes Töten abwendbaren Leiden entweder dem aktuellen Willen oder den früheren Erklärungen in Gestalt von Patientenverfügungen gemäß § 1901a Abs. 1 BGB oder dem gemäß § 1901a Abs. 2 Satz 3 BGB zu ermittelnden individuellen mutmaßlichen

---

zu brennen. Keiner der hilfswilligen Zeugen hatte ein Löschgerät bei sich, Versuche, die Flammen anders zu ersticken, misslangen, an ein rechtzeitiges Herbeiholen der Feuerwehr war nicht zu denken. Einer der hilfsbereiten Zeugen zog schließlich eine Pistole und erschoss den verbrennenden Mann", *Merkel*, JZ 1996, 1150.

542 Vgl. *Merkel*, JZ 1996, 1150; *Scheffler*, Aktive Sterbehilfe, S. 45 ff.

543 Siehe oben, 1.2.2.

544 Siehe Kapitel 2, 1.4 f).

545 Vgl. *Scheffler*, Medizinethik, S. 68 mit Berufung auf BGH, NJW 1982, 1327.

546 Vgl. *Scheffler*, Medizinethik, S. 68.

547 Vgl. *Scheffler*, Sterbehilfe, S. 255.

Willen oder dem objektiv bestimmten mutmaßlichen Willen des Betroffenen[548] entsprechen muss.

Bei der Ermittlung des objektiv bestimmten mutmaßlichen Willens ist zu prüfen, was gemeinhin als vernünftig und normal gilt und damit im wohlverstandenen Interesse des Betroffenen liegt.[549] Da generell die Gewährleistung der Schmerzfreiheit in unerträglichen und ausweglosen Notsituationen den Vorrang gegenüber der Lebenserhaltung verdient[550], ist davon auszugehen, dass der vernünftige Dritte die schnelle Leidenslinderung bevorzugt. Dies setzt voraus, dass sich der Betroffene aus objektiver Sicht in einem Zustand von dauernden, nicht zu lindernden Qualen befindet, eine weitere Schmerzlinderung oder eine Schmerzbeseitigung nicht möglich ist, die Tötung mangels Handlungsalternativen dazu dient, das Leiden endgültig zu beenden, und eine leidensfreie Lebenszeitspanne oder die Schmerzreduzierung auf ein erträgliches Maß bis zum Eintritt des natürlichen Todes nicht zu erreichen ist.

Bei äußerungsunfähigen Personen bereiten die objektive Schmerzerfassung und die objektive Bestimmung der individuell zumutbaren Schmerzgrenzen gewisse Schwierigkeiten, da der Patient bei der Schmerzmessung grundsätzlich aktiv mitwirken muss. Hier ist man deswegen darauf angewiesen, das Verhalten des Betroffenen während und außerhalb der Pflege und bei den sonstigen Aktivitäten zu beobachten und aus diesen Beobachtungen Rückschlüsse auf das Schmerzempfinden und die Wirksamkeit der Schmerztherapie zu ziehen.[551] Dabei können erforderlichenfalls sachkundige Dritte hinzugezogen werden.[552]

Es ist einzuräumen, dass es im Einzelfall äußerst schwer fallen kann, sowohl den individuellen als auch den objektiven mutmaßlichen Willen verlässlich festzustellen. Dies kann die aktive Sterbehilfe aber nicht generell unzulässig machen, da das generelle Verbot der aktiven Sterbehilfe gemäß dem mutmaßlichen Willen in ausweglosen und (extrem) unerträglichen Notlagen gegen die Menschenwürde sowie das allgemeine Persönlichkeits- und Selbstbestimmungsrecht verstoßen kann. Die Problematik der zuverlässigen Willensfeststellung ist etwa auch der passiven Sterbehilfe immanent, insbesondere dann, wenn der Patient keine verbindliche Patientenverfügung hinterlassen hat. In diesem Falle hat der Betreuer den mutmaßlichen Willen zu ermitteln und eine Entscheidung über Durchführung oder Nichtdurchführung lebenserhaltender Maßnahmen zu treffen. Dabei ist die Willensfeststellung nicht viel leichter als bei der Entscheidung über die aktive Tötung in einer extremen Notsituation, aus der es keinen Ausweg gibt.

548 Vgl. BGH, Urteil vom 25.03.1988, 2 StR 93/88.
549 Vgl. BGH, Urteil vom 25.03.1988, 2 StR 93/88.
550 Siehe oben, 1.2 und Kapitel 2, 1.4 b).
551 Vgl. *Wilkening/Kunz*, Sterben im Pflegeheim, S. 98 f.
552 Siehe Kapitel 2, 1.6.

Die aktive Tötung muss die einzige zumutbare Möglichkeit sein, das schwere Leiden des Betroffenen zu beenden. Dies setzt voraus, dass die starken Schmerzen nicht anders als durch die aktive Lebensverkürzung gelindert werden können. Eine anderweitige zumutbare Möglichkeit zur Leidenslinderung kann insbesondere dann vorliegen, wenn die Schmerzen durch eine riskante Schmerzmedikation auf ein erträgliches Maß reduziert werden können oder wenn durch Behandlungsabbruch das Leiden beendet wird und bald der Tod eintritt oder wenn eine ärztlich assistierte Suizidbeihilfe[553] möglich ist.

1.6 Aktive Tötung aus Mitleid (Mitleidstötung)

Sind die Voraussetzungen der zulässigen aktiven Sterbehilfe nicht erfüllt (keine unerträglichen Schmerzen oder das Bestehen von Handlungsalternativen)[554], kann eine so genannte Mitleidstötung vorliegen, wenn der Täter aus Mitleid mit dem (todkranken) Opfer diesem weiteres Leiden durch aktive Tötung ersparen will. Die Mitleidstötung erfüllt stets den Tatbestand eines Tötungsdelikts.[555] Ist das Opfer äußerungsunfähig, kann insbesondere das Mordmerkmal der Heimtücke erfüllt sein. Dieses ist nur dann ausgeschlossen, wenn der Täter nicht aus einer feindseligen Haltung heraus, sondern zu dem vermeintlichen Besten des Opfers diesem gegenüber gehandelt hat. Hierfür ist erforderlich, dass die Motivation des Täters sich aus einer objektiv nachvollziehbaren Wertung ableitet, die der Beendigung schwersten Leidens den Vorrang gibt. Heimtücke ist dagegen anzunehmen, wenn der Täter seine Opfer nach eigenen, nicht näher überprüfbaren Wertmaßstäben wählt und selbstherrlich deren Leben verkürzt.[556] Bei einer Mitleidstötung ist auch die Annahme eines minder schweren Falles des Totschlags gemäß § 213 StGB nahe liegend.[557] In der Literatur wird dies davon abhängig gemacht, ob der Täter überwiegend aus altruistischen oder aus egoistischen Gründen gehandelt hat. Wurde er durch das Leiden des Opfers zur Tötung bewogen, so soll ein minder schwerer Fall angenommen werden. Konnte er subjektiv das Leiden nicht mehr ertragen, ohne dass er innerlich das Leiden des Opfers beenden wollte, dann soll es beim „normalen“ Totschlag verbleiben.[558]

---

553 Zur Zulässigkeit der ärztlich assistierten Suizidbeihilfe vgl. BVerfG, Urteil vom 26.02.2020, 2 BvR 2347/15 u.a.; BVerwG, Urteil vom 02.03.2017, 3 C 19/15.

554 Vgl. oben unter 1.2.2 und 1.5.

555 Vgl. BGH, Urteil vom 08.05.1991, 3 StR 467/90; Urteil vom 31.07.1996, 1 StR 247/96.

556 Vgl. BGH, Urteil vom 08.05.1991, 3 StR 467/90; Urteil vom 31.07.1996, 1 StR 247/96; Urteil vom 18.10.2007, 3 StR 226/07.

557 Vgl. BGH, Urteil vom 23.11.1977, 3 StR 397/77; Urt. v. 14.09.2011, 2 StR 145/11.

558 Vgl. *Kutzer*, NStZ, 1994, 111.

1.7 Aktive Tötung ohne oder gegen den Opferwillen

Eine Tötungshandlung ohne den Willen des Betroffenen (also wenn die Tötung weder dem ausdrücklichen noch dem mutmaßlichen Willen entspricht) ist ein Totschlag oder ein Mord nach §§ 211, 212 StGB.[559] Ebenso ist eine Tötungshandlung gegen den Willen des Betroffenen (also wenn die Tötung dem ausdrücklichen oder dem mutmaßlichen Willen widerspricht) als Mord oder Totschlag zu qualifizieren („aufgedrängte Sterbehilfe"), selbst wenn sie durch Mitleid motiviert ist.[560]

2. Die polnische Rechtslage

Die aktive Sterbehilfe unterliegt im polnischen Recht dem Regelungskontext der Tötungsdelikte. In Art. 148 § 1 KK wird eine einfache Tötung, in Art. 148 § 2 KK hingegen eine qualifizierte Tötung (vergleichbar mit dem deutschen „Mord") und in Art. 150 KK eine Tötung auf Verlangen und aus Mitleid (in der Literatur oft als „Euthanasietötung" bezeichnet) geregelt.

2.1 Aktive Sterbehilfe auf Verlangen und aus Mitleid

Art. 150 § 1 KK regelt eine Mitleidstötung auf Verlangen und lautet: „wer einen Menschen auf dessen Verlangen und aus Mitleid mit diesem tötet, wird mit Freiheitsstrafe von 3 Monaten bis 5 Jahren bestraft"[561]. § 2 dieses Artikels besagt, dass in besonderen Fällen das Gericht die Strafe außerordentlich mildern oder von deren Verhängung absehen kann. Art. 150 KK stellt auch eine Privilegierung gegenüber einer Tötung (Art. 148 § 1 KK) und einer qualifizierten Tötung („Mord", Art. 148 § 2 KK) dar.[562] Leidet ein Patient unter unerträglichen Schmerzen und fordert er eine Leidensminderung, so ist darin grundsätzlich ein Verlangen im Sinne des Art. 150 § 1 KK zu sehen. Die Vornahme der Schmerzlinderung sollte nach der herrschenden Lehre unmittelbar im Anschluss an das Verlangen erfolgen. Bei den Schmerzen muss es sich ferner um körperliche Schmerzen handeln, deren Ursache in einer schweren und unheilbaren Krankheit liegt. Der Täter muss auch Mitleid mit dem Opfer haben. Sind diese Voraussetzungen erfüllt, so ist nach der herrschenden Lehre und nach der Rechtsprechung grundsätzlich der objektive und subjektive Tatbestand des Art. 150 § 1 KK verwirklicht.[563]

559 Vgl. *Kutzer*, NStZ 1994, 113.

560 Vgl. *Fischer*, vor §§ 211–217, Rn. 38.

561 *Chudzik et al.*, Strafgesetzbuch und Übertretungsgesetzbuch, S. 123.

562 Vgl. Wąsek/Zawłocki-*Michalski*, Art. 150, Rn. 37.

563 Vgl. *Zoll*, Komentarz, Art. 150, Ziff. 10 ff.; *Góralski*, Prawne i społeczne aspekty eutanazji, S. 203 ff.; siehe Kapitel 2, 2.1.1.1.

Die aktive Sterbehilfe wird in Polen fast einhellig für strafbar gehalten.[564] Bei besonders starker Intensität des Verlangens oder des Mitleids und ggf. beim Vorliegen weiterer Umstände wie unerträgliches Leiden, Beginn des Sterbeprozesses, erheblicher körperlicher und geistiger Verfall wollen einige Literaturstimmen gemäß Art. 150 § 2 KK von der Bestrafung der aktiven Sterbehilfe absehen oder das Strafmaß außergewöhnlich mildern.[565] Nach der hier vertretenen Auffassung soll Art. 150 § 2 KK bei der aktiven Sterbehilfe zur Anwendung kommen und die Strafbarkeit insbesondere dann ausschließen, wenn das todgeweihte Opfer ihr unerträgliches und nicht anders als durch die Tötung abwendbares Leiden verkürzen will.[566]

2.2 Rechtfertigung der aktiven Sterbehilfe

Man kann aber auch einen Schritt weiter gehen und versuchen, die Fälle der aktiven Sterbehilfe, in denen das todgeweihte Opfer unerträgliche Schmerzen leidet und keine Schmerzlinderungsmöglichkeit besteht, zu rechtfertigen. Als Beispiel für so einen außergewöhnlichen Fall ist folgender Sachverhalt zu nennen. „Ein Autofahrer geriet in einer südafrikanischen Großstadt in einen schweren Unfall und wurde ausweglos eingeklemmt. Der Wagen fing Feuer und der Mann begann zu brennen. Keiner der hilfswilligen Zeugen hatte ein Löschgerät bei sich, Versuche, die Flammen anders zu ersticken, misslangen, an ein rechtzeitiges Herbeiholen der Feuerwehr war nicht zu denken. Einer der hilfsbereiten Zeugen zog schließlich eine Pistole und erschoss den verbrennenden Mann".[567] Aus Vereinfachungsgründen ist das Beispiel noch um den Umstand zu ergänzen, dass der verbrennende Mann wegen der unerträglichen Leiden nach der Tötung gefleht hat. In diesem Falle gelangt selbst die wohl herrschende Ansicht in der Lehre zu dem Ergebnis, dass der Täter hier sowohl den objektiven als auch den subjektiven Tatbestand des Art. 150 § 1 KK erfüllt hat.[568] Seine Strafe könnte auch gemildert oder es könnte von ihr gem. Art. 150 § 2 KK abgesehen werden, wenn man annehmen würde, dass der Verbrennungstod besonders grausam ist oder das Mitleid des Täters besonders intensiv war. Allerdings ist selbst bei Bejahung der Straflosigkeit des Täters infolge des Art. 150 § 2 KK das Ergebnis nicht ganz zufrieden stellend. Denn trotz der Straffreiheit wird dem Täter zum einen etwas objektiv Falsches und Rechtswidriges zur Last gelegt und zum anderen wird damit auch zum Ausdruck gebracht, dass er sich in der Situation anders verhalten sollte, obwohl er gar keine zumutbare Alternative hatte. Was sonst hätte er denn tun sollen? Den

564 Vgl. *Saskowicz*, Prawnokarne gwarancje prywatności, Kapitel III 6.
565 Siehe Kapitel 2, 2.1.1.3.
566 Siehe Kapitel 2, 2.1.2; vgl. *Krajewski*, Prokuratura i Prawo, 2005 Nr. 2, S. 70 f.
567 *Merkel*, JZ 1996, 1150.
568 Siehe Kapitel 2, 2.1.1.1, 2.1.1.2.

verunglückten Mann sehenden Auges verbrennen und leiden lassen? Leben- und Leidenlassen als Selbstzweck?

Um diese Ungereimtheiten aufzulösen, könnte man zuerst an eine Rechtfertigung aufgrund eines rechtfertigenden Notstandes gemäß Art. 26 § 1 KK denken. Diese Norm bestimmt, dass keine Straftat vorliegt, wenn jemand zum Zwecke der Abwehr einer unmittelbaren und einem durch die Rechtsordnung geschützten Gut drohenden Gefahr handelt, die Gefahr für das Gut nicht anders abgewendet werden kann und das geopferte Gut einen niedrigeren Wert darstellt als das gerettete Gut. Diese Vorschrift geht von einem Kollisionsfall zweier Rechtsgüter aus.[569] Überträgt man diese Grundsätze auf den Fall der aktiven Sterbehilfe, bedeutet dies, dass die Verletzung des Lebensrechts gerechtfertigt werden kann, soweit das Leben im konkreten Einzelfall nach einer umfassenden Abwägung hinter ein mit ihm kollidierendes Gut zurücktreten muss.[570]

Eine unmittelbare Gefahr für ein Rechtsgut liegt gemäß Art. 26 § 1 KK vor, wenn objektiv eine hohe Wahrscheinlichkeit der Schmälerung oder der Vernichtung eines Rechtsgutes besteht und dessen Bedrohung ein sofortiges Handeln erfordert.[571] In dem obigen Beispiel bestand ohne Zweifel eine unmittelbare und nicht anders abwendbare Gefahr für den verbrennenden Autofahrer, qualvoll in den Flammen zu sterben. Fraglich ist hier, ob der Schutz davor, nicht qualvoll sterben zu müssen, ein durch die Rechtsordnung geschütztes Rechtsgut ist. Das wird nach einer Auffassung unter Berufung auf die individuelle Freiheit des Einzelnen, sein Selbstbestimmungsrecht sowie das Argument der Menschlichkeit bejaht.[572] Andere meinen, dass die Anerkennung des Rechtsgutes eines menschenwürdigen Sterbens bzw. Lebens zur Verneinung und Vernichtung der individuellen Freiheiten des Einzelnen führe und die Realisierung des Schutzes dieses Rechts durch Dritte erfolge, was Art. 150 KK verhindern will. Es sei der normale Gang der Dinge, dass der eine plötzlich und schmerzlos sterbe und der andere nicht in so einer glücklichen Lage sei. Sie fragen daher, warum die Gesetzgebung dem Einzelnen ein Recht auf menschenwürdiges Sterben zubilligen solle, wenn „die Natur selbst keine bessere Lösung finden konnte".[573] Diese Auffassung kann jedoch nicht überzeugen. Gegen sie spricht, dass der Gesetzgeber dem Terminalkranken ein Recht auf Sterben in Frieden und Würde (Art. 20 Absatz 2 des Gesetzes über Patientenrechte) eingeräumt hat. Dieses Recht umfasst insbesondere die Schmerzlinderung am Lebensende.[574] Da die Menschen nicht nur in Krankenhäusern sterben, muss

569 Vgl. *Wróbel/Zoll*, Część ogólna, S. 363 ff.

570 Vgl. Mozgawa/*Kulik*, Komentarz, Art. 26, Rn. 16; *Wróbel/Zoll*, Część ogólna, S. 339 (allgemein zur Funktion der Rechtfertigungsgründe).

571 Vgl. *Gardocki*, Prawo karne, Rn. 222.

572 Vgl. *Janiszewski*, Sterbehilfe, S. 71; *Kowalska*, Prokuratura i Prawo 2002 Nr. 1, S. 86.

573 Vgl. *Janiszewski*, Sterbehilfe, S. 72.

574 Vgl. *Karkowska*, Komentarz, Art. 20, Rn. 4.

dieses Recht allen und ohne Rücksicht auf die Eigenschaft des Patienten zustehen. Sonst könnte dies zu einer Ungleichbehandlung führen, weil der Tod überall auf den Menschen lauert. Es kann damit nicht argumentiert werden, dass nach dem gesetzgeberischen Willen der todgeweihte Leidende leiden soll, weil er sich nicht im Krankenhaus befindet. Dies bestätigt auch die Rechtsprechung des Verfassungsgerichts, wonach die psychophysische Gesundheit des Menschen zu den schutzbedürftigen Gütern gehört und im Rahmen des Lebensschutzes zu berücksichtigen ist.[575]

Art. 26 § 1 KK setzt weiter voraus, dass das geschützte Gut gegenüber dem Eingriffsgut überwiegen muss. Ob ein Rechtsgut wertvoller als das Lebensrecht sein kann, ist umstritten. Man verweist darauf, dass Art. 38 der polnischen Verfassung (Lebensrecht) verbiete, dass das Lebensrecht gegenüber irgendeinem Rechtsgut Nachrang habe.[576] Dass das Lebensrecht einschränkbar ist, erlaube nicht, auf den Wert dieses Rechtsgutes zu schließen.[577] Diese Auffassung widerspricht offenbar dem Verständnis des Rechts auf Sterben in Frieden und Würde, welches die Schmerzlinderung in der Terminalphase garantieren soll[578] (Art. 20 Abs. 2, 20a Abs. 1 des Gesetztes über Patientenrechte), und dem Verständnis des Lebensschutzes durch das Verfassungsgericht, wonach neben dem Schutz des biologischen Daseins auch der Schutz der psychophysischen Gesundheit Berücksichtigung finden soll. Da die Gewährleistung der angemessenen psychophysischen Gesundheit zu den objektiven Pflichten des Staates gehört[579], die diesen zur Vornahme positiver Maßnahmen und sogar der Eingriffe in andere Rechtsgüter, hier in die rein biologische Existenz verpflichten, um einen angemessenen Ausgleich zwischen der körperlichen Existenz, und der psychophysischen Gesundheit herzustellen, ist diese Situation mit der der indirekten Sterbehilfe[580] vergleichbar. Denn sowohl die aktive Sterbehilfe als auch die indirekte Sterbehilfe haben die Schmerzlinderung in ausweglosen Lebenslagen und Schutz vor unvermeidbaren Leidenszuständen am Lebensende zum Gegenstand. Gerade dieser Umstand ist nämlich der Anknüpfungspunkt für die Zulässigkeit der indirekten Sterbehilfe. Dagegen kann eingewendet werden, dass der wesentliche Unterschied zwischen der aktiven und indirekten Sterbehilfe im Vorsatz des Täters liege, und zwar, dass bei der

---

575 Vgl. Verfassungsgericht Entscheidung vom 28.05.1997, K 26/96; Urteil vom 30.09.2008, K 44/07; siehe auch Kapitel 2, 2.4.2.

576 Vgl. *Krajewski*, Kontrowersje ochrony życia, S. 158 f.; *Janiszewski*, Sterbehilfe, S. 61 f., 71.

577 Vgl. *Janiszewski*, Sterbehilfe, S. 62.

578 Vgl. *Karkowska*, Komentarz, Art. 20, Rn. 4.

579 Vgl. Verfassungsgericht Entscheidung vom 28.05.1997, K 26/96; Urteil vom 30.09.2008, K 44/07.

580 Siehe Kapitel 2, 2.4.2.

indirekten Sterbehilfe die Todesfolge unbeabsichtigt sei.[581] In der Praxis kann es aber sehr schwer fallen, festzustellen, ob der Täter den Tod des Opfers beabsichtigt oder sicher vorausgesehen oder nur für möglich gehalten hat.[582] Auch im Rahmen der aktiven Sterbehilfe kann der Betroffene primär mit dem Ziel handeln, den anderen vom Leiden zu befreien, eben durch die Tötung. Das Handlungsmotiv kann dabei die Leidensminderung sein und der Todeseintritt nur eine als sicher vorausgesehene Nebenfolge und kein „Selbstzweck". Das Handlungsziel der aktiven Sterbehilfe und der indirekten Sterbehilfe können also gleich sein (Schmerzlinderung) und damit ebenso „billigenswert". Damit ist die Unterscheidung zwischen *dolus directus* und *dolus eventualis* für die Abgrenzung der indirekten Sterbehilfe von der aktiven Sterbehilfe nicht geeignet. Aus diesen Gründen erscheint auch bei der aktiven Sterbehilfe ein Überwiegen des Schutzes der psychophysischen Gesundheit gegenüber dem Schutze des biologischen Daseins insoweit berechtigt, als das unerträgliche Leiden eines tödlich kranken Menschen nur durch die Todesherbeiführung gelindert werden kann und diese Tötungshandlung dem (aktuellen oder mutmaßlichen) Willen des Opfers entspricht. Die aktive Sterbehilfe soll jedoch nur als *ultima ratio* zum Einsatz kommen. Sie muss die einzige zumutbare Möglichkeit zur Leidensminderung sein. Es dürfen also keine milderen Mittel zur Verfügung stehen, um das unerträgliche und lebenslange Leiden des unheilbar kranken Menschen zu beseitigen, was im Rahmen der Erforderlichkeit der Notstandshandlung zu berücksichtigen ist. Als milderes Mittel zur Leidensminderung kommt vor allem die indirekte Sterbehilfe in Betracht. Die riskante Schmerzbehandlung ist in der Regel einer direkten Tötung vorzuziehen, sofern sie das Leiden ausreichend mindern kann. Ebenso ist die passive Sterbehilfe in der Regel der direkten Tötung vorzuziehen, sofern die Nichtdurchführung oder der Abbruch einer medizinischen Behandlung voraussichtlich bald zum Todeseintritt führen wird, also das unerträgliche Leiden in kurzer Zeit beenden lässt und kein erhebliches zusätzliches Leiden verursacht.

Dem kann entgegen gehalten werden, was einige Literaturmeinungen auch tun[583], dass durch den Verzicht auf das Verbot der aktiven Sterbehilfe die Gefahr von Missbräuchen und der „Erweiterung des Ausmaßes" der gerechtfertigten aktiven Sterbehilfe „über eine streng abgegrenzte Notwendigkeit" hinaus bestehe (Argument der schiefen Bahn). Die Argumente der Missbrauchsgefahr und der Gefahr der Erweiterung der gerechtfertigten Fälle der aktiven Euthanasie ist jedoch nicht überzeugend. Der polnische Gesetzgeber hat in § 2 des Art. 150 KK die Möglichkeit eingeführt, von der Bestrafung der aktiven Sterbehilfe auf Verlangen des Opfers

581 Vgl. Giezek-*Giezek*; Kodeks karny, Art. 150, Rn. 5.; *Chyrowicz*, Eutanazja, S. 155; *Pietrzykowski*, Spór o eutanazję, S. 39 ff.

582 Vgl. *Pawelczyk*, Medyczna Wokanda 2015 Nr. 7, S. 76.

583 Vgl. *Janiszewski*, Sterbehilfe, S. 71; *Pietrzykowski*, Spór o eutanazję, S. 116 ff.; *Wichrowski*, Etyka 1994 Nr. 27, S. 122 f.

abzusehen, was ein Ausdruck seines Legalisierungsbestrebens war. Der Gesetzgeber wollte also das strafrechtliche Tötungsverbot lockern. Es ist jedoch nicht erkennbar, dass dies dazu geführt hat, dass jede Tötung als Verlangen als straflos behandelt wird oder dass die Vorschrift dazu missbraucht wird, weitere ethisch bedenkliche Ausnahmen von der grundsätzlichen Strafbarkeit zuzulassen.

2.3 Entschuldigung der aktiven Sterbehilfe

Als weiterer Lösungsweg kommt eine Entschuldigung aufgrund eines entschuldigenden Notstandes gem. Art. 26 § 2 KK in Betracht. Diese Norm bestimmt, „es begeht keine Straftat auch derjenige, der, indem er ein durch die Rechtsordnung geschütztes Gut unter den Voraussetzungen des (Art. 26) § 1 (KK) rettet, ein Gut opfert, das keinen offensichtlich höheren Wert darstellt als das gerettete Gut". Danach kann das geopferte Gut einen gleichrangigen Wert wie das gerettete Gut haben oder einen höheren Wert als dieses, der jedoch nicht offensichtlich höher sein darf.[584] Aufgrund des zu Art. 26 § 1 KK Gesagten[585] dürfte im Rahmen der gebotenen Abwägung anzunehmen sein, dass der Schutz der psychophysischen Gesundheit sowie das Recht auf Sterben in Frieden und Würde gem. Art. 20 Absatz 2 des Gesetzes über Patientenrechte zumindest unerheblich weniger wertvoll sind als der Schutz der rein biologischen Existenz. Der Nachteil dieser Lösung liegt allerdings darin, dass dem Handeln des Täters der Stempel des objektiv Falschen und Rechtswidrigen aufgedrückt wird[586], obwohl das unerträgliche und lebenslange Leiden des Opfers nicht anders als durch eine aktive Tötung abwendbar und damit eine *ultima ratio* ist. Mit der Bejahung der Rechtswidrigkeit wird mittelbar ausgesprochen, dass die Rechtsordnung von ihm das untätige Zusehen beim Leiden des Opfers verlangt hat und dass dies die einzig richtige und vertretbare Verhaltensweise war.

2.4 Ausschluss der Sozialschädlichkeit

Es stellt sich die Frage, ob die Strafbarkeit der aktiven Sterbehilfe mangels Sozialschädlichkeit[587] ausgeschlossen werden kann. Dies erscheint unmöglich. Das verletzte Rechtsgut (Leben) hat einen besonderen und hohen Stellenwert. Die Folgen seiner Verletzung sind unumkehrbar. Die Tötung wird mit *dolus directus* begangen. Zwar kann der Täter einer aktiven Tötung auf Verlangen des Opfers und mit Mitleid für dieses handeln, die besondere Motivation und die besonderen Beweggründe des Täters sind jedoch bereits Gegenstand der §§ 1 und 2 des Art. 150 KK. Somit können diese Umstände dem Täter nicht erneut zugutekommen. Dasselbe

---

584 Vgl. *Wróbel/Zoll*, Część ogólna, S. 366.

585 Siehe oben unter 2.2.

586 Vgl. Filar-*Berent/Bojarski*, Komentarz, Art. 26, Rn. 13.

587 Siehe Kapitel 2, 2.7.

gilt im Grunde auch für die hier vertretene Auffassung.[588] Es wurde vorgeschlagen, Fälle des unerträglichen und lebenslangen Leidens eines unheilbar kranken Menschen ohne zumutbare Möglichkeit, dieses Leiden anders als durch eine gezielte Tötung zu lindern, zumindest aufgrund des Art. 150 § 2 KK straffrei zu lassen.[589] Die Motivation des Täters und die besondere Situation des Opfers sind demnach spätestens im Rahmen des Art. 150 § 2 KK zu berücksichtigen, sodass für deren Prüfung auf der Ebene der Sozialschädlichkeit kein Raum verbleibt. Alle anderen Fälle der Sterbehilfe, in denen der Täter nicht mit dem Ziel der Leidensminderung handelt, obwohl er den Todeseintritt für sicher hält, erscheinen demnach als sozialschädlich. Selbst wenn die vorherrschenden Moralvorstellungen in der Gesellschaft einen Wandel erfahren sollten, dann sind sie spätestens mit § 2 des Art. 150 KK zu berücksichtigen. Denn gerade diese Norm soll „extreme Ausnahmesituationen" erfassen.

2.5 Aktive Sterbehilfe auf Verlangen ohne Mitleid

Verlangt das Opfer die eigene Tötung und handelt der Täter ohne Mitleid für ihn, so entfällt die Strafbarkeit aus Art. 150 KK. Heranzuziehen sind dann die Normen des Art. 148 §§ 1 und 2 KK (einfache oder qualifizierte Tötung[590]). Nach der herrschenden Meinung handelt der Täter mit Mitleid dann, wenn er das Opfer von seinem Leiden befreien will.[591] Handelt er nicht zu diesem Zweck, so macht er sich damit wegen einer Tötung strafbar, wenn das Opfer die Tötung verlangt hat. Nach der hier vertretenen Auffassung ist „Mitleid" in der Weise auszulegen, dass das Verlangen des Opfers für den Täter handlungsbestimmend sein muss.[592] Fraglich ist dabei, ob das Verhalten des Täters nach der hier vertretenen Auffassung aus einem Notstand gem. Art. 26 § 1 KK gerechtfertigt werden kann. Für sich genommen, liegen die objektiven Voraussetzungen des Notstandes vor. Gleichwohl beinhaltet jeder Rechtfertigungsgrund im polnischen Recht auch eine subjektive Seite.[593] Das geht auch aus dem Wortlaut des Art. 26 § 1 KK hervor, in dem normiert ist, dass der Täter „zwecks der Gefahrenabwehr" handeln muss. Im polnischen Schrifttum wird davon ausgegangen, dass die Wendung „zwecks" darauf hinweist, dass der Täter mit *dolus directus* gehandelt haben muss. Ein *dolus eventualis* ist dann nicht ausreichend.[594] Da der *dolus directus* nach polnischem Recht sowohl den direkten

588 Siehe Kapitel 2, 2.1.2.

589 Siehe Kapitel 2, 2.1.2.

590 Eine einfache Tötung kann mit dem Totschlagstatbestand und eine qualifizierte Tötung hingegen mit dem Mordtatbestand verglichen werden.

591 Siehe Kapitel 2, 2.1.1.2.

592 Siehe Kapitel 2, 2.1.2.

593 Vgl. *Wróbel/Zoll*, Część ogólna, S. 367.

594 Vgl. *Zoll*, Komentarz, Art. 150, Ziff. 16.

Vorsatz ersten Grades als auch zweiten Grades umfasst[595], muss es dem Täter einer Tötung nur auf Verlangen in einer Notstandssituation darauf ankommen, das tödlich erkrankte Opfer vom unerträglichen Leiden zu befreien oder aber er muss dies als sichere Folge seines Handelns voraussehen. Er muss also im Interesse des Opfers handeln. Das gleiche gilt auch für die Möglichkeit der Entschuldigung aus Art. 26 § 2 KK. Das Mitleid in dem hier vertretenen Verständnis ist demnach keine zwingende Voraussetzung für die Rechtfertigung oder Entschuldigung aus Art. 26 KK, da der Täter auch ohne Mitleid im ausschließlichen oder überwiegenden Interesse des unheilbar kranken Opfers zur Beseitigung der unerträglichen Leidenszustände, für die keine andere zumutbare Möglichkeit zur Leidensminderung als die Tötung vorhanden ist, handeln darf.[596]

2.6 Aktive Sterbehilfe bei Äußerungsunfähigen

Ist der unheilbar kranke Betroffene nicht äußerungsfähig und damit nicht einwilligungsfähig, so stellt sich die Frage, ob trotzdem ein Fall einer straffreien aktiven Sterbehilfe vorliegen kann, sofern sein Leidenszustand unerträglich und die aktive Tötung die einzige zumutbare Möglichkeit zur Leidenslinderung ist. Wegen der Äußerungsunfähigkeit fehlt es nach der herrschenden Meinung an der Erfüllung des Merkmals des Verlangens des Art. 150 § 1 KK, da der Betroffene das Verlangen nur verbal bei vollem Bewusstsein und nur im unmittelbaren zeitlichen Zusammenhang mit der Tötung äußern kann. Ein schriftliches Verlangen oder ein nicht unmittelbar vor der Tötung geäußertes Verlangen ist kein wirksames Verlangen im Sinne des Art. 150 KK.[597] In Betracht kommt folglich bloß die Strafbarkeit wegen einfacher oder qualifizierter Tötung nach Art. 148 KK. Trotz der Verwirklichung des objektiven Tatbestands dieser Normen scheint es aber möglich zu sein, die Tötung aufgrund des Art. 26 § 1 KK zu rechtfertigen. Die Nothilfe des Art. 26 § 1 KK setzt ein Handeln voraus, das dem Willen des Betroffenen entsprechen muss.

Damit kann nicht nur der aktuelle Wille des Opfers, sondern auch sein mutmaßlicher Wille gemeint sein. Eine Tötung mit dem Ziel, den unheilbar kranken Betroffenen von unerträglichen Leidenszuständen zu befreien, darf ihm keinesfalls aufgezwungen werden. Beim Nichtvorliegen eines aktuellen Willens ist daher auf den individuellen mutmaßlichen Willen[598]

---

595 Siehe Kapitel 2, 2.1.1.2.

596 Siehe Kapitel 2, 2.9.

597 Siehe Kapitel 2, 2.1.1.1.

598 Die sogenannte mutmaßliche Einwilligung ist in dem polnischen StGB nicht ausdrücklich geregelt. Sie wird in der Lehre teilweise anerkannt (vgl. *Warylewski*, Część ogólna, Rn. 479 ff., der darauf hinweist, dass die mutmaßliche Einwilligung auch eine Art einer wirksamen Einwilligung sein kann). *Zoll* und *Wróbel* lehnen hingegen das Institut einer rechtfertigenden Einwilligung gänzlich ab (vgl. *Wróbel/Zoll*, Część ogólna, S. 172 ff.). Auf diese Streitfrage kommt es jedoch vorliegend nicht an. Nach

abzustellen.[599] Problematischer gestaltet sich die Frage, ob bei Nichtfeststellbarkeit des individuellen mutmaßlichen Willens des Betroffenen auf rein objektive Kriterien zurückzugreifen ist. Jegliche Leiden werden ganz individuell und von jedem Menschen etwas anders empfunden. Sie lassen sich bei Äußerungsunfähigkeit des Betroffenen objektiv nur schwer messen, weil man dabei auf die Mithilfe des Betroffenen angewiesen ist. Aus diesem Grunde dürfte die aktive Sterbehilfe bei den äußerungsunfähigen Patienten nur zurückhaltend angewendet werden. Sie ist aber nicht gänzlich ausgeschlossen, sobald eine unerträgliche Schmerzintensität wegen einer unheilbaren Erkrankung sicher feststeht und die Tötung die einzige zumutbare Möglichkeit zur Leidensminderung ist. Die äußerungsunfähigen Personen, deren individueller mutmaßlicher Wille nicht bekannt ist, müssen ebenso wie alle anderen Personen die Möglichkeit haben, ihr unerträgliches Leiden zu beenden, auch dann, wenn die einzige zumutbare Möglichkeit dazu eine aktive Tötung ist. Sonst werden sie gegenüber anderen Patientengruppen diskriminiert. Entsprechend den Ausführungen zur indirekten Sterbehilfe ist hier eine Abwägung vorzunehmen und eine Entscheidung für die tödliche Leidensminderung durch die aktive Tötung zu treffen, sofern der unheilbar kranke Betroffene unerträglich leidet und die Tötung die einzige zumutbare Möglichkeit zur Beendigung dieses Leidens ist.[600] Die Tötung ist die einzige zumutbare Möglichkeit zur Leidensminderung, wenn das Leiden nicht durch die Leistung einer indirekten oder passiven Sterbehilfe möglich ist.[601]

Bei einer Mitleidstötung ohne Verlangen kann man noch an die Privilegierung durch Art. 148 § 3 KK denken. Er bestimmt: „Wer einen Menschen unter Einfluss starker, durch Umstände entschuldbare Erregung tötet, wird mit Freiheitsstrafe von einem Jahr bis zu zehn Jahren bestraft". Art. 148 § 4 KK erfasst demnach Fälle der Tötung im Affekt. In der polnischen Rechtsprechung wird vertreten, dass eine entschuldbare Erregung dann vorliegt, wenn die Tötung eine Reaktion des Täters auf ein Tun des Opfers ist, weil dieses dem Täter Unrecht angetan oder sich ihm gegenüber tadelnswert verhalten hat.[602] Bei einem solchem Verständnis

---

den Vorschriften des Gesetzes über Patientenrechte bedarf es für jeden Eingriff in die körperliche Unversehrtheit einer Patienteneinwilligung (vgl. Art. 16 GPR). Ist der Patient nicht einwilligungsfähig, tritt an seine Stelle der gesetzliche Vertreter, der dann nach den Vorschriften des polnischen Familiengesetzbuches eine den wohlverstandenen Interessen des Vertretenen entsprechende Entscheidung treffen muss (Art. 95 § 3, 154, 155 § 2, 178 § 2 des Familiengesetzbuches: Entscheidungen des gesetzlichen Vertreters müssen dem Wohl des Kindes oder des Betreuten entsprechen). Insoweit muss der früher erklärte oder mutmaßliche Wille des Patienten spätestens bei der Entscheidung des gesetzlichen Vertreters berücksichtigt werden.

599 Siehe Kapitel 4, 2.4.2.

600 Siehe Kapitel 2, 2.4.2, 2.10 und oben 2.2.

601 Siehe oben 2.2.

602 Vgl. *Gardocki*, Prawo karne, Rn. 423.

kann darunter eine Mitleidstötung nicht subsumiert werden. Es ist auch aus einer sprachlichen Perspektive problematisch, ob unter einer Erregung auch Mitleid verstanden werden kann.

2.7 Aktive Sterbehilfe ohne oder gegen den Opferwillen

Tötet der Täter das Opfer ohne oder gegen dessen ausdrücklichen oder mutmaßlichen Willen, auch wenn er Mitleidsgefühle mit dem Opfer hat, so macht er sich wegen Art. 148 KK strafbar. Art. 150 § 1 KK greift nicht ein, weil kein Verlangen gegeben ist. Eine Rechtfertigung des Totschlags bzw. des Mordes scheidet aus, weil die Nothilfe des Art. 26 § 1 KK dem Betroffenen aufgedrängt wird. Darüber hinaus fehlt es an subjektiven Elementen des Art. 26 § 1 KK aufseiten des Handelnden, und zwar das Handeln im Interesse und entsprechend dem Willen des Betroffenen.

3. Rechtsvergleich

Sowohl in Deutschland als auch in Polen ist die aktive Sterbehilfe verboten. Begründet wird dies mit dem Lebensschutz und den Gefahren vor einem Dammbruch. Es wird jedoch dem deutschen und dem polnischen Strafrecht durchaus bewusst, dass es wenige seltene Extremfälle geben kann, die nicht strafwürdig erscheinen. Das deutsche Strafrecht versucht die aktive Sterbehilfe in den Situationen, in denen das tödlich bedrohte Opfer grauenhaft leidet und die einzige Möglichkeit der Schmerzlinderung in einer aktiven Lebensverkürzung besteht, durch Tatbestandseinschränkung, Rechtfertigung oder Entschuldigung für straflos zu erklären. Obwohl diese Tendenzen in Deutschland eher von der Mindermeinung vertreten werden, sind sie dem polnischen Strafrecht völlig fremd, da dies weder in der Literatur noch in der Rechtsprechung angesprochen wird. Dies hängt wohl damit zusammen, dass nahezu alle Meinungen in Polen ihren Fokus auf Art. 150 § 2 KK richten. In dieser Vorschrift wird geregelt, dass in besonderen Situationen (bzw. Ausnahmesituationen)[603] die Strafe wegen einer Mitleidstötung auf Verlangen gemildert oder von ihr abgesehen werden kann. Diese Regelung gibt ihrem Wortlaut nach auch in Polen die Möglichkeit, die aktive Sterbehilfe in bestimmten Fällen straflos zu stellen. Um welche Fälle es sich hierbei handeln soll, wird in der polnischen Literatur allerdings nicht eindeutig beantwortet. Als Umstände, die zur Straffreiheit oder zumindest zur außergewöhnlichen Strafmilderung führen sollen, werden in der Literatur genannt: wenn der Betroffene wegen seines körperlichen und geistigen Verfalls unerträglich leidet, todkrank ist, der Sterbeprozess bereits begonnen hat, das Verlangen oder das Mitleid besonders intensiv sind.[604] Es werden hierzu also unterschiedliche Auffassungen vertreten, bei deren

603 Art. 150 § 2: W wyjątkowych wypadkach sąd może zastosować nadzwyczajne złagodzenie kary, a nawet odstąpić od jej wymierzenia.

604 Siehe Kapitel 2, 2.1.1.3.

Zugrundelegung unterschiedliche Ergebnisse erzielt werden können. Anzumerken ist hier, dass in Deutschland einige Literaturvertreter postulieren, auch eine entsprechende Straffreistellung durch Absehen von der Strafe für Extremfälle einzuführen.[605] Gleichwohl ist festzuhalten, dass man sowohl in Deutschland als auch in Polen am grundsätzlichen Verbot der aktiven Sterbehilfe festhält, aber trotzdem bemüht ist, die aktive Sterbehilfe in bestimmten Fällen straflos zu stellen, obwohl dies auf unterschiedlichen Wegen erfolgt: in Deutschland grundsätzlich im Rahmen des rechtfertigenden Notstands und in Polen im Rahmen des Art. 150 § 2 KK also auf der Rechtsfolgenseite.

Die vorstehenden Straffreistellungsversuche beziehen sich auf solche Fälle der aktiven Sterbehilfe, die vom ausdrücklichen Willen des Betroffenen getragen sind. Ungeklärt in beiden Ländern ist, ob die aktive Sterbehilfe auch dann straflos bleiben kann, wenn der Betroffene zum Zeitpunkt der Leidensminderung sich hierzu nicht äußern kann bzw. nicht geäußert hat. Man kann hier auf den mutmaßlichen Willen abstellen. In Ermangelung des mutmaßlichen Willens kann man auf objektive Kriterien zurückgreifen. Problematisch ist daran allerdings, dass Schmerzen objektiv nur schwer messbar sind. Trotz dieser Bedenken kann die aktive Sterbehilfe „auf individuell mutmaßlichen oder objektiv mutmaßlichen Wunsch" in Deutschland insoweit in dem Extremfall unbestraft bleiben, als der Betroffene objektiv unerträglich leidet und die Tötung die einzige zumutbare Möglichkeit der Leidensminderung ist. In Polen scheint es so zu sein, dass dieser Fall als eine einfache, wenn auch nicht qualifizierte Tötung angesehen werden muss, da Art. 150 § 2 KK nur bei einem „zum Zeitpunkt der Tathandlung aktuellen" Verlangen eingreifen kann.

Ein Unterschied zwischen Deutschland und Polen liegt offenbar darin, dass die mit *dolus directus* 2. Grades erfolgende tödlich wirkende Schmerzbehandlung, die in Deutschland überwiegend als ein Fall der indirekten Sterbehilfe angesehen wird, von vielen Literaturvertretern in Polen hingegen als ein Fall der aktiven Sterbehilfe behandelt wird.[606] Es ist jedoch nicht auszuschließen, dass dieser Fall dem Regelungskontext des Art. 150 § 2 KK unterfallen könnte, mit der Folge, dass er auch in Polen straflos bleiben würde.

605 Vgl. *Schöch/Verrel*, GA 2005, 553 ff.

606 Siehe Kapitel 2, 2.3.

Kapitel 4 Passive Sterbehilfe

Der Begriff der passiven Sterbehilfe bezeichnet die Nichtdurchführung oder die Einstellung einer medizinischen Behandlung, die für die Lebenserhaltung eines Sterbenden oder eines (lebensbedrohlich oder tödlich erkrankten) Schwerstkranken notwendig ist.[607] Sie unterteilt sich in Hilfe im Sterben und in Hilfe zum Sterben. Die Hilfe im Sterben liegt vor, wenn der Sterbeprozess bereits begonnen hat. Das ist dann der Fall, wenn ein unumkehrbares Versagen einer oder mehrerer vitaler Funktionen eingetreten ist, das trotz Behandlung zum Tod des Betroffenen in kurzer Zeit führen wird.[608] Die Hilfe beim Sterben bezieht sich hingegen auf die Phase des Sterbebeginns, sofern die Krankheit einen irreversiblen tödlichen Verlauf genommen hat und sich der schwerstkranke Patient keine ärztliche Behandlung wünscht.[609] Im Rahmen der Hilfe zum Sterben wird insbesondere die Situation solcher Patienten problematisiert, welche irreversibel bewusstlos geworden sind oder schwere irreversible Hirnschädigungen haben, die sie unfähig machen, zu kommunizieren sowie sich selbst und die Außenwelt wahrzunehmen,[610] sogenannte PVS-Patienten oder Appaliker (Patienten im fortdauernd vegetativen Zustand). Sie liegen meistens in einem Wachkoma. In diesem Zustand können sie jahrelang leben[611], ein Wiedererwachen ist aber praktisch ausgeschlossen.[612] Es gibt jedoch medizinisch dokumentierte Fälle, in denen Patienten aus dieser Gruppe hin und wieder innerhalb von sechs Monaten nach dem Bewusstseinsverlust aus dem Koma erwacht sind. Nach einem Jahr verfestigt sich in der Regel der vegetative Zustand und die Chancen auf das Wiedererwachen stehen schlecht.[613] Diesen Patienten ist gemeinsam, dass sie zwar leben, aber nicht mehr erleben.[614] Der Fortschritt der modernen Intensivmedizin ermöglicht es, irreversibel bewusstlose Patienten über Jahre hinweg am Leben zu erhalten. Medizinische

---

607 Vgl. Sch/Sch-*Eser/Sternberg-Lieben*, vor §§ 211 ff., Rn. 27; *Lackner/Kühl*, vor §§ 211 ff., Rn. 5 ff.; MK-*Schneider*, vor §§ 211 ff., Rn. 114 f.

608 Vgl. Bundesärztekammer, NJW 1998, 3406.

609 Vgl. BGH, Urteil vom 13.09.1994, 1 StR 357/94; MK-*Schneider*, vor §§ 211 ff., Rn. 116; *Rosenau*, FS Rissing van Saan, S. 550; *Tröndle*, ZStW 99 (1987), 30.

610 Vgl. MK-*Schneider*, vor §§ 211 ff., Rn. 124.

611 Die durchschnittliche Lebenserwartung von Apallikern soll zweieinhalb Jahre betragen, vgl. *Kutzer*, FS Rissing-van Saan, S. 343, Fn. 22.

612 Vgl. *Scheffler*, Sterbehilfe, S. 267; *Szewczyk*, Bioetyka, S. 291; *Merkel*, ZStW 107 (1995), 557; *Gałęska-Sliwka/Sliwka*, Panstwo i Prawo 2009, Heft 11, S. 18 f.

613 Vgl. *Szewczyk*, Bioetyka, S. 291.

614 Vgl. *Scheffler*, Sterbehilfe, S. 267; *Beckert*, Suizidbeteiligung und Sterbehilfe, S. 364 f.; *Janiszewski*, Sterbehilfe, S. 67.

Apparate übernehmen dabei die Funktionen der ausgefallenen Organe. Das Krankenhauspersonal kann verschiedene pflegetechnische Maßnahmen ergreifen, die der Verschlechterung des Zustandes des Bewusstlosen und der Entstehung von Folgekrankheiten verbeugen. Der Beginn der Sterbephase wird auf diese Weise immer weiter aufgeschoben. Infolge der medizinischen Möglichkeiten ist daher ein schneller Tod kaum möglich.[615]

Der Ausgangpunkt für die Zulassung der passiven Sterbehilfe im oben genannten Sinne wird überwiegend im Selbstbestimmungsrecht des Einzelnen in Gestalt der Patientenautonomie gesehen.[616] Dies gilt unstreitig bei ausdrücklichen, aktuellen Willensäußerungen des Betroffenen. Aus der Patientenautonomie folgt, dass der Patient selbst entscheiden kann, ob er sich einer für die Wiederherstellung seiner Gesundheit notwendigen medizinischen Behandlung unterziehen will oder nicht.[617] Das Gebot der Respektierung der Patientenautonomie findet seine Grundlage sowohl im deutschen als auch im polnischen Strafrecht. Nach § 223 StGB und Art. 192 KK ist die Vornahme eines ärztlichen Heileingriffs ohne Einwilligung des Betroffenen unter Strafe gestellt. Umstritten ist, ob die passive Sterbehilfe nur durch Unterlassen oder auch durch aktives Tun geleistet werden kann.

1. Die deutsche Rechtslage

Die passive Sterbehilfe kann dadurch begangen werden, dass eine medizinische Behandlung gemäß dem ausdrücklichen oder mutmaßlichen Willen des Betroffenen nicht durchgeführt oder abgebrochen wird. Die Nichtdurchführung einer medizinischen Maßnahme besteht darin, dass der Arzt oder ein Dritter auf ärztliche Maßnahmen verzichtet, durch die nicht nur die Lebensverlängerung, sondern auch die Verlängerung des Sterbeprozesses erreicht werden kann. Der Abbruch einer medizinischen Maßnahme liegt vor, wenn gegenüber dem Betroffenen lebensverlängernde Maßnahmen vorgenommen worden sind und nun von denen abgesehen wird (z.B.: das Abstellen von Geräten zur Aufrechterhaltung von Kreislauf- und Atemtätigkeit), weil er sich dies wünscht. In diesem Zusammenhang kommt die Frage auf, ob der Abbruch einer ärztlichen Maßnahme als Unterlassen eingestuft werden kann und ob die aktive Behandlungsbeendigung von der passiven Sterbehilfe umfasst wird. Unterlässt der Täter die erforderliche medizinische Behandlung oder bricht er sie ab, so kann er sich aus § 216 oder §§ 211, 212 StGB strafbar machen.

---

615 Vgl. *Coeppicus*, NJW 1998, 3382.

616 Vgl. BGH, Urteil vom 08.05.1991, 3 StR 467/90; Urteil vom 13.09.1994, 1 StR 357/94; *Wessels/Hettinger/Engländer*, Besonderer Teil 1, Rn. 40.

617 Vgl. BGH, Urteil vom 25.06.2010, 2 StR 454/09; *Lanzrath/Große Deters*, HRRS 2011, 161; MK-*Schneider*, vor §§ 211 ff., Rn. 115.

1.1 Tatbestandslosigkeit der passiven Sterbehilfe

Geschieht die Nichtdurchführung oder die Beendigung einer medizinisch notwendigen Maßnahme aufgrund eines entsprechenden ausdrücklichen Wunsches des Betroffenen, der darauf gerichtet ist, die Behandlung zu beendigen und damit (zumindest mittelbar) seinen Tod nicht zu verhindern, so ist grundsätzlich der Tatbestand einer Tötung auf Verlangen gemäß § 216 StGB einschlägig.[618] Sobald sich die Nichtdurchführung einer medizinischen Behandlung als ein Unterlassen darstellt, müssen des Weiteren die Voraussetzungen des § 13 Abs. 1 StGB erfüllt sein. Diese Norm setzt das Vorliegen einer Garantenstellung aufseiten des Täters, die Zumutbarkeit der Vornahme der gebotenen Handlung und die Erfüllung der Entsprechungsklausel voraus. Soweit die Unterlassung oder die Beendigung einer medizinischen Behandlung aufgrund eines individuellen mutmaßlichen Willen des Betroffenen, etwa aufgrund einer Patientenverfügung erfolgt, so liegt grundsätzlich ein Verlangen im Sinne des § 216 StGB vor.[619] §§ 211 f. StGB können einschlägig sein, sobald auf den rein „objektiven Willen" (etwa in Ermangelung der Anhaltspunkte für den individuellen Patientenwillen) zurückgegriffen werden soll und dadurch kein Verlangen im Sinne des § 216 StGB vorliegt.

1.1.1 Begehung des § 216 StGB durch Unterlassen

Zunächst stellt sich die Frage, ob § 216 StGB überhaupt durch Unterlassen begangen werden kann. In der Literatur gibt es Stimmen[620], die die Möglichkeit der Verwirklichung der Tötung auf Verlangen durch Unterlassen bestreiten. Dies begründen sie damit, dass die Einwilligungssperre des § 216 StGB sich ausschließlich gegen eine aktive Fremdtötung durch einen anderen richte. Bleibt der Täter aufgrund des Verlangens des Opfers untätig, so unterstütze er nur in einer straflosen Weise eine fremde Selbsttötung. Der untätige Garant ordne sich dem Willen des Opfers unter, für welches bloß ein strafloser Suizid gegeben sei. Verhält sich der Täter passiv, so könne er das Tatgeschehen nicht beherrschen.[621] Nach *Roxin*, der in der Erfolgsabwendungspflicht das täterschaftsbegründende Element sieht, fehlt es in den Fällen des ausdrücklichen Verlangens nach Hilfe beim Sterben oder zum Sterben an dieser Voraussetzung.[622] Denn das Verlangen des Sterbewilligen entbinde den Garanten von seinen Schutzpflichten. Die Rettung eines Sterbewilligen gegen seinen

---

618 Vgl. BGH, Urteil vom 15.05.1959, 4 StR 475/58.

619 Vgl. BGH, Beschluss vom 10.11.2010, 2 StR 320/10; Urteil vom 25.06.2010, 2 StR 454/09.

620 Vgl. *Sch/Sch-Eser/Sternberg-Lieben*, § 216, Rn. 10, vor §§ 211, Rn. 28; *Fischer*, § 216, Rn. 6; LK-*Rissing-van Saan*, § 216, Rn. 25 ff.; *Rudolphi*, Jura 1979, 42; Heintschel-Heinegg-*Eschelbach*, § 216, Rn. 5; *Joecks/Jäger*, vor § 211, Rn. 37.

621 Ebenda.

622 Vgl. *Roxin*, Täterschaft, S. 512 ff.; *derselbe* NStZ 1987, 346.

Willen sei daher nicht erlaubt. Das verbiete sein Selbstbestimmungsrecht. Wäre eine Tötung auf Verlangen möglich, so würde der Arzt zu einer Zwangsbehandlung gezwungen werden, um sich nicht wegen einer Tötung strafbar zu machen. Dies hätte zur Folge, dass das Selbstbestimmungsrecht erheblich eingeschränkt werden würde.[623] Nach einer anderen Auffassung ist ein Beschützergarant stets als Täter anzusehen. Dafür spreche die Eigenheit des Beschützergaranten. Denn es sei seine Pflicht und Aufgabe, den zu Schützenden jederzeit und vor jeglichen Gefahren zu bewahren.[624]

Die Meinung derjenigen, die davon ausgehen, es gebe keine Tötung auf Verlangen durch Unterlassen, da dies stets nur eine Beihilfe zur Selbsttötung darstelle, erscheint indes fragwürdig. Bereits in der Rechtsprechung des Bundesgerichtshofes und teilweise in der Literatur[625] wird zwischen „bewusstlosen Normalpatienten" und „bewusstlosen Suizidpatienten" unterschieden. Den ersteren steht die volle Patientenautonomie zu, während die letzteren nur in einem eingeschränkten Umfang davon Gebrauch machen dürfen. Ob man sich dem anschließen will oder nicht, ist hier nicht relevant. Denn gegen die Qualifizierung jeder Behandlungsverweigerung als Suizid spricht, dass jeder, der seine Patientenrechte in Anspruch nimmt, durch das Strafrecht zwangsläufig als Suizident bezeichnet würde. Die Patientenrechte würden zu den Suizidentenrechten werden. Die Ausübung der Patientenautonomie würde mit der Begehung des Selbstmordes gleichgesetzt.[626] Weigert sich etwa ein Zeuge Jehovas, sich einer Bluttransfusion zu unterziehen, kann nicht behauptet werden, dass sein Gott von ihm eine unter der „Strafe der ewigen Verdammung" stehende Selbsttötung verlangt. Es kann nicht angehen, dass ein gläubiger Katholik, der auf außergewöhnliche medizinische Maßnahmen verzichtet, dadurch eine von der katholischen Kirche an sich verbotene Selbsttötung begeht. Deswegen wird vertreten, dass religiös begründete Behandlungsverweigerungen den Suizidwillen des Patienten ausschließen.[627] Art. 4 Abs. 1 GG, der die Glaubensfreiheit garantiert, schützt daneben auch das weltanschauliche Bekenntnis. Diese weltanschaulichen Anschauungen bilden in der Regel das Motiv des Einzelnen für dessen ablehnende Haltung zu der Durchführung oder der Fortsetzung der Behandlung. Da sie, wie auch die religiösen Anschauungen, für einen objektiven Beobachter irrational sein können, muss man annehmen, dass bei durch die Patientenautonomie begründeten Behandlungsverweigerungen der Wille des

---

623 Vgl. *Roxin*, NStZ 1987, 346; *Sch/Sch-Eser/Sternberg-Lieben*, vor §§ 211, Rn. 28.

624 Vgl. *Herzberg*, JA 1985, 180.

625 Vgl. BGH, Urteil vom 08.05.1991, 3 StR 467/90; OLG München, Beschluss vom 31.07.1987, 1 Ws 23/87 m.w.N.; *Kutzer*, NStZ 1994, 114; *derselbe*, FS Rissing-van Saan, S. 347.

626 Vgl. *Becker*, Suizidbeteiligung und Sterbehilfe, S. 16 f.

627 Vgl. Sch/Sch-*Eser/Sternberg-Lieben*, vor §§ 211, Rn. 36.

Patienten zum Selbstmord fehlt, sofern der eigene Tod nur mittelbare Folge der eigenen Anschauungen darstellt und somit nicht beabsichtigt ist.

Die Tatherrschaft im Sinne der Tatherrschaftslehre ist im Übrigen bei Unterlassungstaten kein geeignetes Abgrenzungskriterium. Zum einen ist der Begriff der Tatherrschaft offen und zum anderen ist selbst bei der Annahme, dass die Tatherrschaft „das In-den-Händen-Halten des Geschehensablaufs" zur Voraussetzung hat, der Garant stets als Gehilfe einzustufen, da er die Tat lediglich geschehen lässt.[628] Darüber hinaus gelangen selbst die Vertreter der Tatherrschaftslehre zur Täterschaft des unterlassenden Garanten etwa dann, wenn der Handelnde seine Tat nicht mehr beherrschen kann.[629] Auch die Erfolgsabwendungspflicht kann bei der Bestimmung der Abgrenzung zwischen dem Täter und dem Gehilfen einer Unterlassungstat nicht weiterhelfen. Sieht man in der Pflicht zur Erfolgsabwendung das Kriterium für die Bestimmung der Tatherrschaft, so ist sie die Voraussetzung der Unterlassungstat.[630] Es erscheint widersprüchlich, dass das ausdrückliche Verlangen als Tatbestandsmerkmal des § 216 StGB zu einer milderen Bestrafung gegenüber den §§ 211, 212 StGB führt und zugleich die Tätereigenschaft bestimmen soll. Zudem kann nach der Rechtsprechung des Bundesgerichtshofes die Erfolgsabwendungspflicht sowohl den Täter als auch den Gehilfen treffen.[631] Gegen die Ansicht, die jeden Beschützergaranten als Täter ansieht, ist einzuwenden, dass die Unterscheidung zwischen dem Beschützergaranten und dem Überwachungsgaranten bei Unterlassungstaten oft schwer vorzunehmen ist.[632] Darüber hinaus erscheint fragwürdig, dass etwa das bloße Zuschauen beim fremden Freitod strenger bestraft wird als eine aktive Hilfeleistung zu diesem.[633]

1.1.2 *Teleologische Reduktion des § 216 StGB*

Walter schlägt vor[634], § 216 StGB im Rahmen der passiven Sterbehilfe teleologisch zu reduzieren. Diese Norm verfolge drei Zwecke. Sie hat eine Tabufunktion, wonach „[d]as Töten fremden Lebens ein Tabu sein [soll]", eine Schutzfunktion, wonach ein Suizident „bis zuletzt selbst Herr des Geschehens bleiben" soll, und eine Beweisfunktion, wonach „sich niemand, der einen anderen tötet, auf dessen Willen berufen können [soll], weil der *ex post* oft schwer zu ermitteln ist und dann

---

628 Vgl. BGH, Beschluss vom 14.02.2012, 3 StR 446/11; *Haas*, ZIS 2011, 393 f. m.w.N.; *Becker*, HRRS 2009, 245 m.w.N.

629 Vgl. *Haas*, ZIS 2011, 393 m.w.N.

630 Vgl. BGH, Urteil vom 04.07.1984, 3 StR 96/84.

631 Vgl. BGH, Urteil vom 12.02.2009, 4 StR 488/08 m.w.N.

632 Vgl. *Haas*, ZIS 2011, 395 f.; *Becker*, HRRS 2009, 248.

633 Es wird die Rechtslage nach der Entscheidung des BVerfG vom 26.02.2020, 2 BvR 2347/15 u.a. zur Verfassungswidrigkeit des § 217 a.F. StGB (Geschäftsmäßige Förderung der Selbsttötung) vorausgesetzt.

634 Vgl. *Walter*, ZIS 2011, 81.

in *dubio pro reo* auch Täter freizusprechen wären, zu deren Gunsten sich die Aufforderung des Opfers lediglich nicht ausschließen lässt". Die passive Sterbehilfe verletze weder die Schutzfunktion, weil der Betroffene keine Möglichkeit hat, sich selbst zu töten, noch die Beweisfunktion, weil §§ 1901a ff. BGB verfahrensrechtlich den Lebensschutz absichern. Allein die Tabufunktion könne verletzt werden. Diese Verletzung falle angesichts der Neuregelung des Betreuungsrechts aber nicht ins Gewicht.

Lässt man die Strafbarkeit der passiven Sterbehilfe gemäß § 216 StGB aufgrund einer teleologischen Reduktion aus dessen Schutzbereich herausnehmen, so entfällt zwar dieser Tatbestand, es greift aber die Strafbarkeit der passiven Sterbehilfe nach §§ 211 f. StGB ein.[635] Daraus ergibt sich, dass der Wegfall des § 216 StGB die strafrechtliche Problematik der passiven Sterbehilfe nicht umfassend lösen kann. Darüber hinaus kommt diese Norm ohnehin nur dann in Betracht, wenn ein Verlangen vorliegt. Damit werden durch sie nicht die Fälle erfasst, in denen der Wille des Betroffenen unbekannt oder unsicher ist. Zudem ist es umstritten, ob das Verlangen mit einer ausdrücklichen oder mutmaßlichen Einwilligung gleichgesetzt werden darf.[636] Man könnte hier mit Hinweis auf die Entwurfsbegründung des Dritten Betreuungsrechtsänderungsgesetzes eine teleologische Reduktion der Tötungsdelikte insgesamt in Erwägung ziehen.[637] Dort wird ausgeführt, dass die zum Tode führende Beendigung einer Behandlung entsprechend dem Willen des Betroffenen „weder verboten noch ethisch zu missbilligen" und dies strikt von einer Tötung auf Verlangen (bzw. aktiver Sterbehilfe, die mit der Tötung auf Verlangen in der Entwurfsbegründung gleichgesetzt wird) abzugrenzen sei.[638] Es ist aber zweifelhaft, daraus den Willen des Gesetzgebers zu entnehmen, dass mit der Neuregelung des Betreuungsrechts zugleich der Schutzbereich der Tötungsdelikte neu definiert werden sollte.[639] Die Aussage des Gesetzgebers in der Entwurfsbegründung kann man auf zwei verschiedene Weisen verstehen. Zum einen kann er Vorgaben für die Abgrenzung von aktiver und passiver Sterbehilfe machen wollen, indem diese nicht mehr von der Einstufung der Handlungsform als Unterlassen abhängig gemacht werden sollte. Zum anderen kann er gemeint haben, dass die Ausübung der Patientenrechte die Strafbarkeit wegen eines Tötungsdelikts entfallen lässt. Er besagt aber nicht, dass die Patientenautonomieausübung den Tatbestand ausschließt oder gar von diesem nicht erfasst wird.[640] Darüber hinaus nimmt

635 Nur beim Vorliegen des § 216 StGB sind die §§ 211, 212 StGB ausgeschlossen (Sperrwirkung des § 216 StGB), vgl. BGH, Urteil vom 07.02.1952, 3 StR 1095/51; *Engländer*, JZ 2011, 518; *Fateh-Moghadam/Kohake*, ZJS 2012, 102.

636 Vgl. *Rissing-van Saan*, ZIS 2011, 547.

637 Vgl. *Rissing-van Saan*, ZIS 2011, 549.

638 Vgl. Bundestag-Drucksache 16/8442, S. 9.

639 Vgl. *Rissing-van Saan*, ZIS 2011, 549.

640 Vgl. *Joerden*, FS Roxin, S. 596.

der Gesetzgeber nur auf solche Fälle Bezug, in denen eine ausdrückliche oder mutmaßliche Versagung der Einwilligung in eine Behandlung vorliegt. Zu den Fällen, in denen der Patientenwille nicht feststellbar ist, trifft er keine Aussage.

1.1.3 Sinnlosigkeit (fehlende medizinische Indikation)

Teilweise wird die Ansicht vertreten, dass die passive Sterbehilfe wegen der Unmöglichkeit (Sinnlosigkeit oder Aussichtslosigkeit) der Erfüllung der ärztlichen Behandlungspflicht keine Tötungshandlung sei. Die Sinnlosigkeit ist anzunehmen, wenn eine Heilmaßnahme dem Patienten nach objektiven medizinischen Kriterien keine (bzw. nur geringe) Hilfe mehr bringen kann und der Arzt sie deshalb nicht mehr „anbietet". In diesem Falle sei sie nicht mehr medizinisch indiziert.[641] Der Sinn und Zweck der lebensaufrechterhaltenden Intensivbehandlung ist, historisch gesehen, die Überbrückung der lebensbedrohlichen Phasen, um Zeit für eine kausale Behandlung des Grundleidens zu gewinnen. Durch die Möglichkeit der heutigen Intensivmedizin, gestörte Vitalfunktionen dauerhaft aufrechtzuerhalten, löste sich die Intensivbehandlung von ihrer eigentlichen Zweckbestimmung.[642] Ist dementsprechend das Aufhalten des Todes nicht möglich, so solle der Arzt keine lebenserhaltenden Maßnahmen einleiten und nicht in den natürlichen Gang der Dinge eingreifen.[643] Eine künstliche Lebenserhaltung müsse unterbleiben, wenn sie keine oder nahezu keine Aussicht auf Erfolg habe.[644] Dabei sei der Wille des Patienten unerheblich.[645]

Eine solche Einschränkung des Tatbestandes ist jedoch abzulehnen. Jede medizinische Behandlung steht unter dem Arztvorbehalt und muss von dem Arzt im Einzelfall konkretisiert werden.[646] Sie darf nur dann geleistet werden, wenn sie notwendig ist. Die Notwendigkeit ist ein unbestimmter Rechtsbegriff, der gerichtlich voll überprüfbar ist und besagt, dass die Qualität und Wirksamkeit der Leistungen dem anerkannten Stand der medizinischen Erkenntnis entsprechen müssen.[647] Daraus ergibt sich Folgendes: um sich auf die fehlende oder geringe Wirksamkeit einer Behandlung (fehlende medizinische Indikation) berufen zu können, müssen zunächst bestimmte medizinische Standards bestehen. Wie mit der passiven Sterbehilfe umgegangen werden soll, ist in der Medizin nicht eindeutig geklärt. Selbst wenn es eindeutige medizinische Richtlinien gäbe, müssten sie juristisch überprüft

---

641 Vgl. OLG Sachsen-Anhalt, Urteil vom 22.08.2013, 1 U 118/11; OLG München, Beschluss vom 25.01.2007, 33 Wx 6/07; LG Berlin, Beschluss vom 03.03.2006, 83 T 595/05.

642 Vgl. *Opderbecke/Weißauer*, MedR 1998, 397.

643 Vgl. LK-*Rosenau*, vor §§ 211, Rn. 45 m.w.N; *Tröndle*, ZStW 99 (1987), 30 f.

644 Vgl. *Roxin*, FS Engisch, S. 398 f.

645 Vgl. *Opderbecke/Weissauer*, MedR 1998, 397.

646 Vgl. BSG Urteil vom 19.12.1993, 4 KR 5/92.

647 Vgl. Jahn-*Sommer*, SGB V, § 27, Rn. 14.

und legitimiert werden. Denn die Medizin kann nicht die rechtlichen Grenzen des Lebensschutzes abstecken. Anderenfalls könnten Ärzte ihr Handeln selbst legitimieren.[648] Aus der medizinischen Sinnlosigkeit oder der fehlenden medizinischen Indikation, die unbestimmte Rechtsbegriffe sind, können keine direkten Rückschlüsse auf den Umfang des Lebensschutzes oder die Straflosigkeit der passiven Sterbehilfe gezogen werden. Denn die medizinische Sinnlosigkeit oder die fehlende medizinische Indikation können nur dann zur Straflosigkeit führen, wenn sie ihrerseits rechtmäßig sind. Ihre Rechtmäßigkeit kann nicht allein daraus abgeleitet werden, dass sie den Regeln der ärztlichen Kunst entsprechen, da diese rechtlich nicht legitimiert sind.[649]

Hinzu kommt, dass ohne rechtliche Legitimation bestimmter medizinischen Vorgehensweisen deren willkürliche Anwendung durch verschiedene Ärzte droht. Gerade im Grenzbereich von Leben und Tod kann nicht rechtlich haltbar sein, dass der eine Arzt die Leistungsgewährung ablehnt und der andere sie genehmigt. Dieser Umstand darf nicht ignoriert oder durch die ärztliche *lex artis* überspielt werden, da die Regeln der ärztlichen Kunst weder den Lebensschutz bestimmen noch über ihn verfügen können.

Zudem ist zu beachten, dass der tatbestandliche Sinn und Zweck der §§ 216, 211 f. StGB darin besteht, das Lebensrecht zu schützen, unabhängig von der aktuellen Lebensphase. Zudem geht es auf der Tatbestandsebene ausschließlich darum, ob ein Eingriff in das Rechtsgut Leben stattgefunden hat.[650] Es spielt daher keine Rolle, dass das Leben des Patienten aufgrund seiner weit fortgeschrittenen Erkrankung, wie dies etwa bei den Sterbenden der Fall ist, verloren ist bzw. so erscheint. Dafür spricht, dass die Grenze des Schutzbereiches des Lebensrechts nicht der unmittelbar bevorstehende oder bereits begonnene Sterbeprozess bestimmt, sondern erst der Tod.[651] Obwohl das Sterben bereits eingesetzt hat, ist der Sterbende noch am Leben. Mit dem Unterlassen jeglicher lebenserhaltender Maßnahmen in dieser Lebensphase liegt damit ein Eingriff in das Lebensrecht vor.

Darüber hinaus ist die Unmöglichkeit oder Sinnlosigkeit (Aussichtslosigkeit) der Weiterbehandlung ein sehr dehnbarer Begriff.[652] Er lässt sich auch nicht dadurch ausfüllen, dass damit die medizinische Indikation gemeint ist, da keine Grundsätze feststellbar sind, die besagen, wann eine ärztliche Maßnahme im Bereich der passiven Sterbehilfe nicht mehr indiziert ist. Gegen den Begriff der Sinnlosigkeit (Aussichtslosigkeit) spricht auch, dass dann, wenn das Leben noch mit Hilfe der Intensivmedizin um einiges verlängert und der Todesprozess verlangsamt werden

---

648 Vgl. Vgl. *Merkel*, FS Schroeder, S. 301 f.

649 Ebenda.

650 Vgl. *Merkel*, ZStW 107 (1995), 570.

651 Vgl. BVerfG, Urteil vom 25.02.1975, 1 BvF 1/74 u.a.

652 Was unter der Sinnlosigkeit verstanden werden kann: vgl. *Merkel*, Früheuthanasie, S. 296.

kann, die Behandlung als faktisch möglich und damit wohl als sinnvoll bzw. medizinisch angezeigt anzusehen ist.[653] Dieses Ergebnis wird auch durch die Tatsache belegt, dass bei einer Unmöglichkeit der Lebensverlängerung eine faktische Unmöglichkeit gegeben wäre, die ohnehin zum Ausschluss des Tatbestandes führen würde. Es gäbe dann kein strafrechtliches Problem und die Diskussion darüber wäre „sinnlos".[654]

1.1.4 Ausschluss der objektiven Zurechenbarkeit

Jedes Begehungsdelikt setzt eine Verknüpfung zwischen dem Verhalten des Täters und dem eingetretenen Erfolg voraus. Bei den Tötungsdelikten muss danach der Tod als Erfolg des Täterhandelns dem Täter objektiv zurechenbar sein. Im Rahmen der passiven Sterbehilfe wird die Meinung vertreten, dass die Nichtdurchführung oder die Beendigung einer medizinischen Behandlung gemäß dem Patientenwillen ein pflichtgemäßes und damit rechtmäßiges Verhalten sei. Soll die Durchführung oder die Fortführung der Behandlung dem Willen des Patienten nicht entsprechen, so ist deren Durchführung oder die Fortsetzung rechtswidrig. Verweigert der Betroffene seine Einwilligung in eine lebenserhaltende Maßnahme, so fehlt dem Handelnden die rechtliche Möglichkeit, den Todeserfolg zu verhindern. Der Tod könne ihm damit nicht objektiv zugerechnet werden.[655]

Diese Auffassung überzeugt nicht. Ein Ausschluss des Zurechnungszusammenhangs ist grundsätzlich bei einer eigenverantwortlichen Selbstgefährdung möglich, wenn sich das mit der Selbstgefährdung bewusst eingegangene Risiko realisiert hat.[656] Dadurch, dass der Arzt auf Wunsch des Patienten eine lebensnotwendige Behandlung nicht durchführt oder beendet, wozu der Patient aufgrund seiner Patientenautonomie berechtigt ist[657], liegt auf den ersten Blick eine Selbstgefährdung vor. Problematisch wird zunächst, was passieren soll, wenn der Patient bewusstlos wird. Geht in diesem Moment die Tatherrschaft auf ihn über[658] mit der Folge, dass die ursprüngliche Selbstgefährdung sich in eine einvernehmliche Fremdgefährdung umwandelt, so dass der eingetretene Todeserfolg nur dem Handelnden zugerechnet werden kann? Der Patientenwille kann hier unter Umständen Auswirkungen auf die Garantenstellung (bzw. Erfolgsabwendungspflicht) haben, aber nicht auf den Übergang der Tatherrschaft, da die (Unterlassens-) Täterschaft neben

---

653 Vgl. *Merkel*, Früheuthanasie, S. 295.

654 Vgl. *Merkel*, Früheuthanasie, S. 299.

655 Vgl. *Rissing-van Saan*, ZIS 2011, 549 f.; *Fateh-Moghdam/Kohake*, ZJS 2012, 102; *Engländer*, JZ 2011, 518; *Sternberg-Lieben*, FS Roxin, S. 547 f.; *Gaede*, NJW 2010, 2927.

656 Vgl. BGH Urteil vom 14.02.1984, 1 StR 808/83.

657 Vgl. *Engländer*, JZ 2011, 514, 517: die Patientenrechte können sowohl im negativen Sinne (Verweigerung oder Widerspruch) als auch im positiven Sinne (Zustimmung) ausgeübt werden.

658 Vgl. BGH Urteil vom 04.07.1987, 3 StR 96/84 (Wittng-Fall).

der Garantenstellung auch Tatherrschaft voraussetzt.[659] Nach dem Bewusstseinsverlust des Patienten hängt der Todeseintritt nur noch vom Verhalten des Arztes ab, der faktisch das weitere Geschehen beeinflussen kann. Ferner fragt es sich, ob eine Selbstgefährdung auch dann angenommen werden soll, wenn ein tätiger Behandlungsabbruch vorliegt, also wenn der Arzt aktiv etwa das Beatmungsgerät ausschaltet. In diesem Fall scheint es so zu sein, dass er den zum Deliktserfolg führenden letzten Akt in den Händen hält, was für eine Fremdgefährdung spricht, welche unter Umständen nur aufgrund einer Einwilligung gerechtfertigt sein könnte. Weiterhin stellt sich die Frage, was gelten soll, wenn der Patient sich vor der Behandlungsablehnung nicht aufklären lässt. Soll hier auch eine Selbstgefährdung vorliegen, obwohl dem Patienten das volle Risiko seiner Entscheidung nicht bekannt ist? Kann bei fehlender Aufklärung noch von einer ernst gemeinten Selbstgefährdung gesprochen werden?

1.1.5 Ausschluss der Garantenstellung

Die Bestrafung wegen passiver Sterbehilfe durch Unterlassen kommt gemäß § 13 Abs. 1 StGB nur in Betracht, wenn dem Täter eine Erfolgsabwendungspflicht oblag. Diese Pflicht ist nach den Regeln der Kausalität nur dann anzunehmen, wenn durch die Vornahme einer lebensnotwendigen Maßnahme der Tod hinausgezögert und damit das Leben tatsächlich um einen, wenn auch nur kurzfristigen, Zeitraum hätte verlängert werden können.[660] Eine Pflicht zum Herbeirufen von Hilfe oder zur Leistung der Hilfe kann sich aus besonderen Rechtssätzen ergeben, z.B. §§ 1353, 1626 oder 1901a ff. BGB.[661] Solche Pflichten können auch aufgrund einer engen Lebensgemeinschaft entstehen. Das ist bei Familienangehörigen (vor allem bei Ehegatten, Verwandten gerader Linie, Geschwistern) anzunehmen.[662] Der Grund für die Begründung dieser Pflichten kann sich auch aus einem engen Vertrauensverhältnis und aus tatsächlicher Schutzpflichtübernahme ergeben. Auch kann eine solche Garantenpflicht aufgrund eines bestimmten Vorverhaltens (z.B.: Unfall) entstehen.[663]

Nach einer Ansicht[664] ist der Lebensrettungsauftrag des Arztes vom Willen des Patienten abhängig. Wenn dieser nicht behandelt werden will, so sei dies Ausdruck der ihm zustehenden Patientenautonomie. Da der Arzt den Patienten gegen

659 Ebenda.

660 Vgl. Sch/Sch-*Eser/Sternberg-Lieben*, vor §§ 211, Rn. 27; *derselbe*, § 212, Rn. 3.

661 Vgl. *Walter*, ZIS 2011, 80; *Brüning*, ZJS 2012, 693.

662 Vgl. LK-*Weigend*, § 13, Rn. 25 ff.

663 Vgl. Sch/Sch-*Bosch*, § 13, Rn. 17 ff.

664 Vgl. OLG München, Beschluss vom 31.07.1987, 1 Ws 23/87; *Herzberg*, NJW 1996, 3049; MK-*Schneider*, vor §§ 211 ff., Rn. 115; *Sternberg-Lieben*, FS Roxin, S. 555, Fn. 102; *Dreier*, JZ 2007, 323; *Engländer*, JZ 2011, 518; StA München I, Verfügung vom 30.07.2010, 125 Js 11736/09, NStZ 2011, 346; *Uhlig/Joerden*, Ad Legendum 2011, 375.

dessen Willen nicht behandeln darf, entstehe für den Arzt keine solche Pflicht. Die Patientenautonomie beseitige damit die Lebensrettungspflicht des Arztes. Nach *Roxin* erlöscht die Garantenpflicht des Arztes und anderer möglicher Garanten, wenn die Vornahme der gebotenen Handlung dem ausdrücklichen Willen des Sterbewilligen entgegensteht.[665] Der Sterbewillige schaffe freiverantwortlich eine Gefahr für seine Rechtsgüter und trage daher allein die Verantwortung für das weitere Geschehen. Das gelte auch dann, wenn das gefährdete Rechtsgut seiner Verfügungsmacht entzogen ist.[666] Nach einer anderen Auffassung kann ein ausdrückliches und freiverantwortliches Verlangen auf die Nichtvornahme einer medizinischen Behandlung keinesfalls dem Arzt das Behandlungsrecht entziehen. Der Entzug dieses Rechts hat nur Bedeutung im Rahmen der Körperverletzungsdelikte, die zugleich das Selbstbestimmungsrecht des Patienten schützen sollen. Eine Disposition über das eigene Leben sei wegen der Einwilligungssperre des § 216 StGB nicht möglich. Die ärztliche Lebenserhaltungspflicht bestehe auch dann fort, wenn feststeht, dass nur eine Verzögerung des Todeseintritts möglich sei. Daher könne von der Entbindung des Arztes von seiner Lebenserhaltungspflicht keine Rede sein.[667] Die Behandlungsverweigerung des Patienten könne nicht auf der Tatbestandsebene berücksichtigt werden, da sie kein tatbestandsausschließendes Einverständnis ist.[668]

Die erstgenannte Auffassung erscheint im Ergebnis vorzugswürdig.[669] Der Behandlungsvertrag verpflichtet zwar den Arzt zur Behandlung. Die Durchführung der Behandlung ist jedoch von der Einwilligung des Patienten abhängig. Die Einwilligung ist in der Regel nicht bereits in dem geschlossenen Behandlungsvertrag enthalten. Sie muss gesondert eingeholt werden.[670] Erteilt der Patient die Einwilligung nicht, so ist der Arzt gehindert, die Behandlung vorzunehmen. Führt er sie dennoch durch, verletzt er seine vertraglichen Pflichten und macht sich dazu wegen einer Körperverletzung strafbar. Daraus folgt, dass sich der Arzt einerseits durch die Nichtdurchführung oder die Beendigung einer Behandlung mangels einer wirksamen Einwilligung pflichtgemäß, andererseits wegen der Nichtabwendung der Todesgefahr pflichtwidrig verhält. Die Abwendung der Todesgefahr ist ihm allerdings rechtlich unmöglich, da er auf die Einwilligung des Patienten angewiesen ist. Erst die erteilte Einwilligung aktiviert die Behandlungspflicht.[671] Damit

665 Vgl. *Roxin*, NStZ 1987, 346; *Eser*, Sterbehilfe und Euthanasie, S. 55; *Kühl*, Jura 2009, 885.

666 Vgl. Sch/Sch-*Bosch*, vor § 13, Rn. 154; *Eser*, Sterbehilfe und Euthanasie, S. 55.

667 Vgl. *Glöckner*, Ärztliche Handlungen, S. 158 f.; *Otto*, Jura 1999, 437; *Kutzer*, NStZ 1994, 112.

668 Vgl. *Verrel*, NStZ 2010, 674.

669 Dies gilt nur dann, wenn wir mit einem Unterlassungsfall zu tun haben. Bei einem Abbruchfall spielt der Gesichtspunkt der fehlenden Garantenstellung keine Rolle.

670 Vgl. Grüneberg-*Weidenkaff*, § 630d, Rn. 1 f.

671 Vgl. BGH Urteil vom 07.11.2006, VI ZR 206/05.

kann der Arzt gegen den Patientenwillen nicht zur Lebensrettung tätig werden. Eine Erfolgsabwendungspflicht des garantenpflichtigen Arztes oder eines garantenpflichtigen Dritten muss also ausscheiden.[672]

Die Einwilligungssperre des § 216 StGB steht dieser Tatbestandslösung nicht entgegen. Sie besagt zwar, dass eine Einwilligung in eine Fremdtötung rechtlich ausgeschlossen ist. Hier ist jedoch zu beachten, dass die zum Tode führende Behandlungsablehnung ihre Grundlage in der Patientenautonomie hat. Die Patientenautonomie ist der Ausdruck freier Entfaltung der Persönlichkeit, die dem Menschen garantiert, frei über Eingriffe in seine körperliche Integrität zu entscheiden und mit seiner Gesundheit nach eigenem Gutdünken zu verfahren. Sie umfasst auch die „Freiheit zur Krankheit" und das Recht, medizinisch dringend angezeigte, lebensnotwendige Heileingriffe abzulehnen. Eine staatliche Pflicht, den Menschen „vor sich selbst zu schützen", berechtigt nicht dazu, den Willen des einsichts- und urteilsfähigen Betroffenen für unbeachtlich zu erklären, weil er aus der Außensicht unvernünftig erscheint. Der Staat besitzt insoweit keine „Vernunfthoheit". Daher ist es allein die Sache des Patienten, ob er sich einer zur Lebenserhaltung notwendigen Behandlung unterzieht, sofern er voll einsichts- und urteilsfähig ist und damit keine Schutz- und Hilfsbedürftigkeit besteht. In diesem Falle tritt die staatliche Lebensschutzpflicht hinter die Patientenautonomie zurück.[673] Daraus ergibt sich, dass die Einwilligungssperre keine Anwendung finden kann, wenn sich der Patient mit freiem Willen gegen medizinische Behandlung entscheidet, da der Staat gehalten ist, die Entscheidung des einsichts- und urteilsfähigen Patienten zu respektieren.[674] Angesichts dessen erscheint die Bestrafung des Arztes oder eines Dritten, welche aus Achtung vor der durch die freie Selbstbestimmung geschützten Patientenentscheidung handeln, als nicht angemessen.

Gegen die Verneinung der Garantenpflicht spricht auch nicht der Umstand, dass der Patient den garantenpflichtigen Arzt durch die Behandlungsablehnung von dieser freistelle, was der Grund für das Eingreifen des § 216 StGB und für eine mildere Bestrafung gegenüber §§ 211, 212 StGB ist.[675] So könne das ausdrückliche und ernsthafte Verlangen dem Garanten auf der Tatbestandsebene zweimal zugutekommen. Zum einen würde es zur Anwendbarkeit des § 216 StGB führen und zum anderen über das Vorliegen einer Garantenstellung zum Lebensschutz entscheiden. Dabei wird aber übersehen, dass das Verlangen nicht mit der Behandlungsablehnung gleichgesetzt werden kann. Denn das Verlangen ist etwas mehr

---

672 Diese Tatbestandslösung versagt allerdings in den Fällen des aktiven Behandlungsabbruchs. Im Folgenden wird nach weiteren Lösungen gesucht.

673 Vgl. BVerfG Beschluss vom 26.07.2016, 1 BvL 8/15 m.w.N.

674 Ebenda.

675 Vgl. *Herzberg*, JZ 1988, 186.

als nur die Ablehnung einer Behandlung, es setzt vielmehr eine Einwirkung auf den Willen des Täters voraus.[676]

1.1.6 Unzumutbarkeit[677]

Einige Stimmen in der Literatur meinen, dass dem Arzt wegen des Gebotes der Achtung des Selbstbestimmungsrechts des Patienten die Vornahme der gebotenen Handlung unzumutbar sei, weil ihm diese als ungewollt aufgedrängte Hilfe erscheinen könnte.[678] Hiergegen ist einzuwenden, dass die Tatsache, dass der Arzt von der Sinnlosigkeit der Weiterbehandlung überzeugt ist, noch nicht bedeutet, dass ihm deren Durchführung unzumutbar ist. Die Unzumutbarkeit setzt eine erhebliche Beeinträchtigung der Interessen des Unterlassenden voraus.[679] Davon kann man bei der passiven Sterbehilfe nicht ausgehen. Die Missachtung des Patientenwillens bei medizinischer Behandlung führt zwar zur Beeinträchtigung der Interessen des Arztes, da er sich sowohl strafbar als auch schadensersatzpflichtig machen kann. Es ist jedoch nicht ersichtlich, worin die besondere Interessenbeeinträchtigung liegen soll, da die drohenden Nachteile nicht über das Maß hinausgehen, das mit der Missachtung einer freien Entscheidung eines anderen normalerweise einhergeht.[680]

1.1.7 Ausschluss der Entsprechungsklausel

Wegen der Notwendigkeit der Respektierung des Selbstbestimmungsrechts soll nach einer Literaturmeinung die Gleichwertigkeit der passiven Sterbehilfe mit der aktiven Tötungshandlung (bzw. Sterbehilfe) zu verneinen sein.[681] Die Entsprechungsklausel des § 13 Abs. 1 StGB setzt voraus, dass die Tatbestandsverwirklichung durch Unterlassen der durch aktives Tun entsprechen muss. Das ist der Fall, wenn das Unterlassen in gleichwertiger Weise die besonderen Handlungsmodalitäten verwirklicht.[682] Die Prüfung der Entsprechungsklausel ist bei reinen Erfolgsdelikten, die nicht an eine besondere Art und Weise der Tatbegehung anknüpfen, nicht notwendig, weil schon die Nichtabwendung der Gefahr mit dem aktiven Tun

---

676 Vgl. MK-*Schneider*, vor §§ 211 ff., Rn. 115; *Fischer*, § 216, Rn. 7; *Joerden*, FS Roxin, S. 594, Fn. 2.

677 Umstritten ist, ob die Zumutbarkeit auf der Tatbestands- oder Schuldebene zu behandeln ist, vgl. *Everschor*, Neugeboreneneuthanasie, S. 254 ff.

678 Vgl. Sch/Sch-*Eser/Sternberg-Lieben*, § 216, Rn. 10; *derselbe*, vor §§ 211, Rn. 28; *derselbe*, Sterbehilfe und Euthanasie, S. 55; Heintschel-Heinegg-*Eschelbach*, § 216, Rn. 4.2; *Joecks/Jäger*, vor § 211, Rn. 37; *Detering*, JuS 1983, 419.

679 Siehe Kapitel 3, 1.5.

680 Vgl. Sch/Sch-*Eser/Sternberg-Lieben*, vor §§ 211 ff., Rn. 29d.

681 Vgl. Sch/Sch-*Eser/Sternberg-Lieben*, § 216, Rn. 10; *Scheffler*, Sterbehilfe, S. 267.

682 Vgl. Sch/Sch-*Bosch*, § 13, Rn. 4.

vergleichbar ist.[683] Dementsprechend wäre im Rahmen der passiven Sterbehilfe die Entsprechungsklausel stets zu bejahen, weil § 216 StGB und ebenso die §§ 211 f. Erfolgsdelikte sind und durch jede (subsumierbare) Handlung begangen werden können. Nach einer anderen Meinung ist die Entsprechungsklausel zu bejahen, wenn die unterlassene Handlung des Garanten eine Gefahr erst schafft. Zu verneinen sei sie, wenn eine Gefahr bereits besteht.[684] Danach wäre bei der Hilfe im Sterben die Gleichwertigkeit wohl zu verneinen, weil bereits eine Todesgefahr gegeben ist. Im Rahmen der Hilfe zum Sterben würde die Untätigkeit hingegen die bereits bestehende Gefahr intensivieren, was aber nichts an der Tatsache ändert, dass diese Gefahr fortbesteht.

1.2 Behandlungsabbruch

Nach allgemeiner Ansicht in der Rechtsprechung[685] und in der Literatur[686] werden die aktiven, direkt auf Lebensbeendigung gerichteten Handlungen (die nicht mit dem Behandlungsabbruch im Zusammenhang stehen – zumindest entsprechend der Rechtsprechung seit 25.06.2010) als verbotene aktive Sterbehilfe qualifiziert. Nur passive Handlungen im Sinne einer Nichtdurchführung oder Nichtfortsetzung einer medizinischen Behandlung (Unterlassung) werden in der Rechtsprechung und Literatur unstreitig der passiven Sterbehilfe zugeordnet.[687] Anders verhält sich dies hinsichtlich der aktiven Behandlungseinstellung (der sogenannte Behandlungsabbruch). Während die neue Rechtsprechung seit 25.06.2010 jegliche Unterscheidung zwischen Unterlassen und aktivem Tun im Rahmen eines medizinischen Behandlungsabbruchs ablehnt, hängt nach wohl überwiegender Literaturansicht die Abgrenzung von verbotener aktiver Sterbehilfe und erlaubter passiver Sterbehilfe von der Qualifizierung der Verhaltensform als aktives Tun oder Unterlassen ab.[688]

1.2.1 Ansichten in der Rechtsprechung und Literatur

Zu der Frage, ob ein Abbruch ein aktives Tun oder ein Unterlassen darstellt, werden in der Literatur unterschiedliche Theorien vertreten.[689] Ein Behandlungsabbruch

683 Vgl. *Wessels/Beulke/Satzger*, Allgemeiner Teil, Rn. 1204; Sch/Sch-*Bosch*, § 13, Rn. 4.

684 Vgl. *Ingelfinger*, GA 1997, 586 ff. (zu Körperverletzungen mit Todesfolge).

685 Vgl. BGH, Urteil vom 25.06.2010, 2 StR 454/09 m.w.N.

686 *Dreier*, JZ 2007, 321; *Rissing-van Saan*, ZIS 2011, 545; *Kutzer*, FS Rissing van Saan, S. 339.

687 Vgl. BGH, Urteil vom 13.09.1994, 1 StR 357/94; *Hirsch*, JR 2011, 37; *Wessel/Hettinger/Engländer*, Besonder Teil 1, Rn. 42.

688 Vgl. *Rissing-van Saan*, ZIS 2011, 545.

689 Zur Übersicht über die in der Literatur vertretenen Konstruktionen vgl. *Stoffers*, MDR 1992, 623 m.w.N.; MK-*Schneider*, vor §§ 211 ff., Rn. 114 m.w.N.

liegt vor, wenn der Arzt oder ein Dritter lebenserhaltende Geräte, etwa ein Atemgerät, abstellt und dieses Abstellen den Todeseintritt beschleunigt.[690] Nach einer Ansicht ist maßgebend, ob der Täter irgendeine Aktivität in Bezug auf die Verletzung eines Rechtsgutes entfaltet hat. Ist eine positive Kraftentfaltung oder körperliche Aktivität des Täters feststellbar, die für den Erfolg kausal ist, so liegt ein aktives Tun vor. Beim Abschalten eines mechanischen Rettungsmittels ist nach dieser Ansicht eine Energieentfaltung seitens des Täters gegeben, so dass ein aktives Tun anzunehmen ist.[691]

Eine andere Ansicht bestimmt das Vorliegen einer Begehungs- oder Unterlassungstat nach dem sozialen Sinngehalt des Verhaltens oder dem Schwerpunkt der Vorwerfbarkeit. Will der Täter eine eigene Rettungshandlung abbrechen, so liege darin einerseits eine Aktivität, andererseits könne die Kausalität des Abbruchs für den Erfolg nur durch das Hinzudenken hypothetischen Weiterhandelns hergestellt werden. Daher wird im Rahmen dieser Ansicht unterschieden, ob eine sichere Rettungsmöglichkeit zum Zeitpunkt des Abbruchs vorgelegen hat oder nicht. Hat demnach die Handlung des Täters das Opfer nicht erreicht oder hat der Täter noch nicht alles zur Rettung Erforderliche unternommen, so sei in dem Abbruch ein Unterlassen zu sehen. Besteht zum Zeitpunkt des Abbruchs eine sichere Rettungsmöglichkeit und bricht der Täter dann seine Bemühungen ab, so sei ein aktives Tun gegeben.[692] Der Abbruch der Weiterbehandlung mittels eines mechanischen Gerätes ist nach dieser Ansicht mit dem Abbruch einer manuellen Rettungshandlung gleichzustellen. Die Beendigung oder die Nichtfortführung einer medizinischen Behandlung könne auch den Abbruch mitumfassen, der sich im Abschalten einer lebenserhaltenden Maschine erschöpft. Hier liege zwar eine Einwirkung auf den Kausalverlauf vor, indem der Täter die an sich mögliche Lebensverlängerung oder -erhaltung durch einen positiven Energieeinsatz zunichtemacht. Dieses Verhalten begründe grundsätzlich seine Begehungstäterschaft. Hier wird aber eine Ausnahme gemacht, die die Ärzteschaft betrifft. Der Abbruch durch einen Arzt solle stets nur ein Unterlassen darstellen.[693] Dementsprechend gehen die Vertreter dieser Ansicht davon aus, dass die Abschaltung durch den behandelnden Arzt oder eine behandlungskompetente Person ein Unterlassen darstellt, weil aus seiner Sicht noch keine gesicherte Rettung gegeben ist. Der Abbruch erscheine zudem als Nichtfortsetzung unerwünschter Behandlung.[694] Ein aktives Tun werde hingegen bei außenstehenden (behandlungsfremden) Dritten angenommen, weil sie durch

---

690 Vgl. MK-*Schneider*, vor §§ 211 ff., Rn. 118.

691 Vgl. *Walter*, ZIS 2011, 76, 80; *Hirsch*, JZ 2011, 37; *Wessels/Hettinger/Engländer*, Besonderer Teil 1, Rn. 37; *Otto* Jura 1999, 438; *Uhlig/Joerden*, Ad Legendum 2011, 373.

692 Vgl. *Wessels/Beulke/Satzger*, Allgemeiner Teil, Rn. 1162.

693 Vgl. *Wessels/Beulke/Satzger*, Allgemeiner Teil, Rn. 1163 f.

694 Vgl. *Dreier*, JZ 2007, 323; *Eser*, Sterbehilfe und Euthanasie, S. 60 f.; *Kühl*, Jura 2009, 886.

die Zerstörung des Rettungsmittels die Tatherrschaft erlangen.[695] Nach einer dritten Auffassung liegt im Falle des technischen Behandlungsabbruchs ein „Unterlassen durch Begehen“ vor. Diese Ansicht untersucht die Handlung des Täters auf ihren Unrechtsgehalt hin.[696] Hat der Täter (Arzt oder Dritter) im Rahmen der zulässigen passiven Sterbehilfe keine Rettungsmaßnahmen eingeleitet, so liege ein Unterlassen vor. Hat er welche eingeleitet und will er jetzt von ihnen zulässigerweise Abstand nehmen, so sei darin zwar eine positive Handlung zu sehen. Da sie allerdings denselben Unrechtsgehalt wie die Nichtvornahme einer entsprechenden abgebrochenen Handlung habe, sei sie wie ein Unterlassen zu behandeln. Ist man danach aufgrund des Behandlungsvetos des Patienten zur Fortsetzung einer Handlung nicht verpflichtet, so erscheine der Abbruch als Nichtfortsetzung der Behandlung, also als Unterlassen. Eine Rechtspflicht, „ein verlöschendes Leben gegen den wirklichen oder mutmaßlichen Willen des Patienten durch künstliche Mittel zu verlängern“, bestehe nicht.[697] Noch andere Literaturstimmen leugnen zwar nicht, dass der Abbruch ein aktives Tun darstellt. Sie sehen die Straflosigkeit des Abbruchs jedoch darin, dass keine Pflicht bestehe, den dem Tode Geweihten um jeden Preis am Leben zu erhalten oder darin, dass, soweit der Arzt von der Behandlungsaufnahme Abstand nehmen dürfe, er sie auch müsse beenden dürfen.[698] Deswegen könne der Abbruch einer medizinischen Maßnahme nicht als ein Angriff auf das Rechtsgut Leben angesehen werden.

In der alten Rechtsprechung hat der Bundesgerichtshof die Auffassung vertreten, dass die passive Sterbehilfe im Gegensatz zur aktiven Sterbehilfe dadurch gekennzeichnet ist, dass sie durch eine nicht direkt auf die Lebensbeendigung abzielende Maßnahme begangen werde.[699] Das Entscheidende für die Abgrenzung zwischen der aktiven und passiven Euthanasie sollte die Unterscheidung zwischen dem aktiven Tun und dem Unterlassen entsprechend dem Gedanken des § 13 StGB gewesen sein. In erster Linie kann man für die scheinbare Richtigkeit dieser Auffassung als Begründung anführen, dass ein Unterlassen grundsätzlich weniger schwer wiegt als eine Aktivität und damit einen geringeren Unrechtsgehalt aufweist. Kollidieren eine Unterlassungs- und eine Handlungspflicht miteinander, so ist – jedenfalls bei Gleichwertigkeit der betroffenen Rechtsgüter – die Unterlassungspflicht vorrangig.[700] Die Abgrenzung gegenüber der aktiven Sterbehilfe

---

695 Vgl. *Herzberg*, JZ 1988, 186 f.; *Wessels/Beulke/Satzger*, Allgemeiner Teil, Rn. 1161 f., 704; *Lackner/Kühl*, vor § 211, Rn. 5 ff.; *Beckert*, Suizidbeteiligung und Sterbehilfe, S. 331 ff., 340; MK-*Schneider*, vor §§ 211 ff., Rn. 121.

696 Vgl. Roxin/Schroth-*Roxin*, S. 94 ff.

697 Vgl. *Roxin*, FS Engisch, S. 395 ff.; *Roxin*, NStZ 1987, 349 f.; MK-*Schneider*, vor §§ 211 ff., Rn. 119 (in Bezug auf den Abbruch durch den Arzt); im Ergebnis so auch *Stoffers*, MDR 1992, 625 ff.

698 Vgl. Sch/Sch-*Eser/Sternberg-Lieben*, vor § 211, Rn. 31 f.

699 Vgl. BGH Urteil vom 13.09.1994, 1 StR 357/94.

700 Vgl. *Jäger*, ZStW 115 (2003), 767 ff.

richtete sich nach der (nunmehr wohl aufgegebenen) Auffassung des Bundesgerichtshofes grundsätzlich nach dem äußeren Erscheinungsbild einer konkreten Handlung, wobei bei deren Beurteilung auch Rechtswertungen Berücksichtigung finden sollten. Im ersten Schritt wurde geprüft, ob sich der Täter in Bezug auf den konkreten Erfolg aktiv oder inaktiv verhalten hat. Bei mehrdeutigen Sachverhalten wurde ein weiterer Schritt vorgenommen, der die richtige Zuordnung von einer rein normativen Qualifizierung abhängig gemacht und nach dem Schwerpunkt der Vorwerfbarkeit entsprechend dem sozialen Sinngehalt der Handlung gefragt hat.[701] Daher hat der Bundesgerichtshof etwa das Einstellen einer medizinischen Behandlung durch deren Nichtvornahme oder deren Nichtfortführung aufgrund einer ärztlichen Anordnung als Unterlassen gewertet. Diese Rechtsprechung war nicht bedenkenfrei. In einem mehraktigen Verhalten des Täters konnte die Qualifizierung als zulässiges Einstellen der Behandlung einerseits oder „böser" Abbruch andererseits äußerst schwer fallen, da diese sich an den einzelfallbezogenen Feinheiten orientiert haben. Es stellte sich auch hier die Frage, warum der Betroffene die Einleitung einer Maßnahme problemlos ablehnen darf, während er die bereits eingeleitete Maßnahme nicht ohne weiteres beenden lassen darf.

Der Bundesgerichtshof unterscheidet seit seiner Entscheidung vom 25.06.2010 nunmehr danach, ob sich die Täterhandlung auf eine medizinische, der Lebenserhaltung oder -verlängerung dienende Behandlung einer lebensbedrohlich erkrankten Person bezieht. Er leitet die Notwendigkeit dieses Abgrenzungskriteriums gegenüber der aktiven Sterbehilfe aus den Begriffen der Sterbehilfe und des Behandlungsabbruchs her.[702] Auch wenn die Auffassung des Bundesgerichtshofs im Ergebnis als begrüßenswert zu bezeichnen ist, kann seine Begründung nicht überzeugen. Dies schon deshalb, weil die Begriffe der Sterbehilfe und des Behandlungsabbruchs keine einheitliche Definition erfahren haben. Aus der Unklarheit der Begriffe können keine so weitgehenden Schlussfolgerungen gezogen werden, die eine Grenzziehung zu den Fällen der aktiven Sterbehilfe erlauben könnten.[703] Bereits der Begriff der Sterbehilfe kann in sich sowohl die passive als auch die aktive Sterbehilfe einschließen. Zudem ist die Definierung der Begriffe nicht schon aufgrund einer sinnlichen Wahrnehmung, sondern erst aufgrund einer Bewertung der erfolgten Wahrnehmungen möglich. Dies ist auch dem Bundesgerichtshof offenbar klar, da er sich bei der Ausfüllung des Begriffs der „Sterbehilfe durch Behandlungsunterlassung, -begrenzung oder -abbruch" auf den „systematischen und strafrechtlichen Sinn" des Begriffs beruft.[704] Darüber hinaus soll sich die passive Sterbehilfe nach Ansicht des Bundesgerichtshofes dadurch auszeichnen, dass sie im Zusammenhang mit einer medizinischen Behandlung einer Erkrankung

701 Vgl. BGH Urteil vom 13.09.1994, 1 StR 357/94.

702 Vgl. BGH, Urteil vom 25.06.2010, 2 StR 454/09; NJW 2010, 2967 f.

703 Vgl. *Walter*, ZIS 2011, 78 f.; *Engländer*, JZ 2011, 517.

704 Vgl. BGH, Urteil vom 25.06.2010, 2 StR 454/09; NJW 2010, 2967.

stehen muss. Danach setzen Behandlungsunterlassung, -begrenzung oder -abbruch voraus, dass „die betroffene Person lebensbedrohlich erkrankt ist und die betreffende Maßnahme medizinisch zur Erhaltung oder Verlängerung des Lebens geeignet ist".[705] Ein Schuss mit einer Pistole auf einen an ein Atmungsgerät angeschlossenen, lebensbedrohlich erkrankten Patienten scheint auf den ersten Blick in dem erforderlichen Zusammenhang zu stehen, da dadurch die medizinische Behandlung abgebrochen wird. Sollte dies richtig sein, hat der Bundesgerichtshof die Grenzen des bis dahin strafrechtlich Zulässigen erheblich ausgeweitet. Weiter wird davon gesprochen, dass die „Behandlungsbezogenheit" einen lebensbedrohlich erkrankten Patienten voraussetze. § 1901a Abs. 3 BGB regelt aber, dass es bei der passiven Sterbehilfe auf die Art und das Stadium der Erkrankung nicht ankommen kann.[706] Die Leitsätze des Bundesgerichtshofes sind daher unpräzise und lassen nicht deutlich genug erkennen, was der richtige Grund für die Straffreiheit der passiven Sterbehilfe ist, obwohl der Bundesgerichtshof ihn in seiner Entscheidung oft anspricht, ohne auf den Gedanken zu kommen, ihn zur alleinigen Grundlage der Entscheidung zu machen. Stattdessen zieht er die wenig aussagekräftigen und eher konfusen Begriffe der Sterbehilfe und des Behandlungsabbruchs heran.[707]

1.2.2 Lösungsansatz

Der Grund für die Straffreiheit der passiven Sterbehilfe ist in der Patientenautonomie[708] zu suchen, die eine Konkretisierung des allgemeinen Selbstbestimmungsrechts darstellt.[709] Die Patientenautonomie verleiht jedem Einzelnen ein subjektives Recht, darüber zu entscheiden, ob er sich einer medizinischen Behandlung unterziehen will. Dieses Recht ist als ein Abwehrrecht konzipiert, was bedeutet, dass sich der Betroffene gegen eine unerwünschte ärztliche Maßnahme zur Wehr setzen darf.[710] Daraus ergibt sich zum einen, dass jede medizinische Behandlung vom Willen des Betroffenen getragen werden muss. Eine Zwangsbehandlung ist ausgeschlossen.[711] Die Vornahme einer ärztlichen Maßnahme ist demnach einwilligungsbedürftig. Aus dem Abwehrrecht folgt zum anderen ein Anspruch

---

705 Ebenda.

706 Vgl. *Rosenau*, FS Rissing-van Saan, S. 557; *Kutzer*, FS Rissing-van Saan, S. 355 f.

707 Vgl. *Hirsch*, JR 2011, 38.

708 Die Patientenautonomie darf nicht mit dem Verlangen im Sinne des § 216 StGB gleichgesetzt werden und daraus die Schlussfolgerung gezogen werden, dass sie bereits im Tatbestand der Tötung auf Verlangen Berücksichtigung gefunden hat, denn das Verlangen ist etwas mehr als nur eine Ablehnung einer Behandlung, es setzt vielmehr eine Einwirkung auf den Willen des Täters voraus (vgl. MK-*Schneider*, vor §§ 211 ff., Rn. 115; *Joerden*, FS Roxin, S. 594, Fn. 2).

709 Vgl. *Otto*, Jura 1999, 438.

710 Vgl. *Dölling*, ZIS 2011, 347; *Otto*, Jura 1999, 435.

711 Vgl. BGH, Urteil vom 04.07.1984, 3 StR 96/84; *Kutzer*, MedR 2001, 77.

auf Beseitigung und Unterlassung der bereits eingeleiteten und noch andauernden medizinischen Maßnahmen.[712] Dieser ergibt sich aus der Abwehrfunktion der Patientenautonomie. Eine unwiderrufliche Einwilligung in eine Maßnahme würde einen erheblichen Eingriff in den Menschenwürdeschutz darstellen, da der Betroffene gegen seinen nunmehr geänderten, der Weiterbehandlung entgegenstehenden Willen zum Objekt des ärztlichen Handelns gemacht werden würde. Im Rahmen dieses Beseitigungs- und Unterlassungsanspruchs ist die Störquelle für die Zukunft abzustellen, wenn die zu unterlassende oder abzubrechende Maßnahme noch bis zur Erklärung des Widerrufs der Einwilligung geleistet wird, also noch fortdauert und damit die Patientenautonomie beeinträchtigt. Deswegen kommt es bei der passiven Sterbehilfe nicht darauf an, ob die Beendigung der Behandlung ein Unterlassen oder ein aktives Tun darstellt. Sie kann die beiden Begehungsformen umfassen. Denn im Rahmen eines aus der Patientenautonomie als Abwehrrecht abgeleiteten Unterlassungs- und Beseitigungsanspruchs wird nicht nur eine Untätigkeit geschuldet, sondern auch ein aktives Verhalten, das die Ursache für die Beeinträchtigung oder die Verletzung der Patientenautonomie beseitigt.[713] Ausschlaggebend ist daher hier, ob die Nichtdurchführung oder die Beendigung einer Behandlung der Respektierung des behandlungsbezogenen Patientenwillens dient.[714]

Den Beseitigungs- und Unterlassungsanspruch kann der Patient solange in Anspruch nehmen, wie eine Beeinträchtigung seiner Patientenautonomie gegenwärtig oder künftig droht. Dies liegt dann vor, wenn eine konkrete medizinische Maßnahme noch andauert. Ist sie abgeschlossen, können unter Umständen Schadensersatzansprüche in Betracht kommen. Nach den Regelungen der gesetzlichen Krankenversicherung, die eine verfassungsmäßige Konkretisierung des Lebensrechts und des Rechts auf Gesundheit und der damit verbundenen staatlichen Lebens- und Gesundheitsschutzpflichten darstellen, hat jeder Patient einen Behandlungsanspruch. Dieser Anspruch kann die Leistung einer Vielzahl einzelner medizinischer Maßnahmen umfassen, die zusammen einen Behandlungskomplex bilden. Mit der Durchführung aller medizinischen Einzelmaßnahmen (des Behandlungskomplexes) geht der Behandlungsanspruch hinsichtlich dieser (Gesamt-) Maßnahme unter, da eine „Erfüllung" des Behandlungsanspruchs eingetreten ist. Mit der teilweisen Erfüllung des Behandlungsanspruchs bezüglich der konkreten Einzelmaßnahmen erlischt ebenfalls die Dispositionsbefugnis des Patienten über diese konkreten Einzelmaßnahmen. Dies ergibt sich daraus, dass die Patientenautonomie an die konkret durchzuführende medizinische Maßnahme gekoppelt

---

712 Den Anspruch kann man hier zum öffentlich-rechtlichen bzw. privatrechtlichen Unterlassungs- und Beseitigungsanspruch aus § 1004 BGB (hier i.V.m. § 823 BGB, da es sich bei der Patientenautonomie um ein absolutes Recht handelt) vergleichen.

713 Vgl. Grüneberg-*Herrler*, § 1004, Rn. 28, 33.

714 Vgl. *Dölling*, ZIS 2011, 347.

ist, die vom gesetzlichen Behandlungsanspruch gedeckt ist. Wird dem Patienten ein Herz transplantiert oder eine künstliche Niere eingepflanzt, so endet diese konkrete medizinische Maßnahme mit dem Abschluss der Transplantation. Mit der Einfügung in den Körper des Patienten geht die Sachqualität des Herzens oder der Niere gemäß §§ 947 f. BGB (analog) verloren und sie werden ein Teil des menschlichen Körpers und damit Teil des Persönlichkeitsrechts des Betroffenen.[715] Es ist daher entsprechend der durch einen Teil der zivilrechtlichen Literatur im Rahmen der Eigentumsstörungen vertretenen „Usurpationstheorie“[716] davon auszugehen, dass die gegenwärtige oder künftige Beeinträchtigung der Patientenautonomie im Rahmen der Intensivmedizin mit dem Verlust jeglicher rechtlichen Selbstständigkeit der zur Durchführung einer konkreten medizinischen Maßnahme eingesetzten Sachen und Mittel endet, weil diese vollständig im Körper des Patient gemäß § 947 Abs. 2 BGB analog aufgehen und Teil des dem Patienten zustehenden Achtungsanspruchs werden. Die zivilrechtliche Rechtsprechung des Bundesgerichtshofes wendet gegen die Usurpationstheorie ein, dass die bloße Anwesenheit der störenden Gegenstände oder Stoffe eine Quelle fortdauernder (Eigentums-) Störungen sei. Anderenfalls werde das gestörte Rechtsgut (Eigentum, hier: Patientenautonomie) nicht mehr in umfassender Weise geschützt.[717] Überträgt man dies auf unser Beispiel, heißt es, dass das eingepflanzte Herz oder die eingepflanzte Niere auch mit dem Abschluss ihrer Transplantation eine fortwährende Verletzung der Patientenautonomie begründen könnte. Daran ändere nichts, dass das Herz und die Niere durch Verbindung mit dem Körper ihre Eigenständigkeit verloren haben.

Diese Betrachtungsweise erscheint nicht sachgerecht und berücksichtigt ungenügend die Besonderheiten der Patientenautonomie und des gesetzlichen Behandlungsanspruchs. Das gesetzliche Krankenversicherungsrecht erlaubt grundsätzlich keine medizinischen Eingriffe in gesunde Körpersubstanz und verleiht diesbezüglich keinen (Behandlungs-) Anspruch auf Herbeiführung eines pathologischen Gesundheitszustandes.[718] Wird ein medizinischer Gegenstand mit dem Körper des Patienten fest verbunden, erfordert dessen Entfernung eine gezielte Verletzung gesunder Körpersubstanz. Die Folge des Eingriffs ist dann eine (erhebliche) Verschlechterung der körperlichen Verfassung des Patienten oder gar sein Tod. Die Herbeiführung eines pathologischen oder regelwidrigen Körperzustandes gehört jedoch nicht zu dem gesetzlichen Leistungskatalog und begründet dementsprechend keinen Behandlungsanspruch darauf.[719] Auch die Patientenautonomie

---

715 Vgl. *Deutsch/Spickhoff*, Medizinrecht, S. 815; so auch im Krankenversicherungsrecht vgl. BGS, Urteil vom 19.10.2004, B 1 KR 28/02 R.

716 Vgl. BGH, Urteil vom 04.02.2005, V ZR 142/04 m.w.N.; Grüneberg-*Herrler*, § 1004, Rn. 28.

717 Vgl. BGH, Urteil vom 04.02.2005, V ZR 142/04 m.w.N.

718 Vgl. BSG, Urteil vom 06.10.1999, B1 KR 13/97 R.

719 Vgl. BSG, Urteil vom 28.09.2010, B 1 KR 5/10 R.

schafft keinen Anspruch darauf, da sie nur im Rahmen eines tatsächlich bestehenden Behandlungsanspruchs ausgeübt werden kann. Der Arzt darf eine medizinische Behandlung nur dann durchführen, wenn die krankenversicherungsrechtlichen Voraussetzungen erfüllt sind. Sind sie erfüllt, dann ist er verpflichtet, die Einwilligung des Patienten einzuholen. Der Patient kann der Behandlung zustimmen oder sie ablehnen. Liegen die krankenversicherungsrechtlichen Voraussetzungen für die Durchführung einer medizinischen Maßnahme nicht vor, so darf der Arzt sie nicht durchführen. Es entfällt die Pflicht zur Einholung einer Patienteneinwilligung. Es fehlt dann an einem einwilligungsbedürftigen Gegenstand.

Nach dieser Maßgabe hat der Patient keinen durch die Patientenautonomie (die als Abwehrrecht konzipiert ist) begründbaren Beseitigungs- und Unterlassungsanspruch auf Entfernung der mit dem Körper fest verbundenen Organe oder Implantate, da sie mit der Verbindung jegliche rechtliche Selbständigkeit verlieren. Etwas anderes gilt für das Weiterlaufen einer angeschlossenen künstlichen Niere, Lunge etc. außerhalb des Körpers. In diesem Falle besteht beim Widerruf der Einwilligung darin eine gegenwärtige und künftige Beeinträchtigung der Patientenautonomie, da keine untrennbare Verbindung mit dem Körper besteht. Nur lose mit dem Körper verbundene Gegenstände behalten ihre Sachqualität und ihre rechtliche Selbständigkeit.[720] Eine differenzierte Betrachtung ist etwa bei einer Medikation oder einer Bluttransfusion geboten. Mit der Einnahme einer einzelnen Tablette, deren anschließende Auflösung im Körper und Aufnahme durch den Körper tritt eine zwischen dem menschlichen Körper und der aufgelösten Tablette nicht abgrenzbare Vermischung ein, so dass der Patient die Beseitigung der aufgenommenen Substanzen nicht mehr verlangen darf, da die aufgelöste Tablette vollständig im menschlichen Körper aufgeht. Da aber die Medikation eine sich in regelmäßigen Abständen wiederholende Maßnahme ist, kann bei Verweigerung der Einwilligung auf die nächste, übernächste usw. Tablette verzichtet werden. Etwa bei der Bluttransfusion beschränkt sich das Verweigerungsrecht des Patienten auf das Blut, das noch nicht übertragen und mit dem eigenen Blut vermischt wurde.

Von diesem Unterlassungs- und Beseitigungsanspruch ist der Anspruch auf die Vornahme bestimmter medizinischer Maßnahmen abzugrenzen. Hierbei geht es um einen Leistungsanspruch, der allerdings aus der Patientenautonomie nicht herzuleiten ist, sondern aus den staatlichen Lebens- und Gesundheitsschutzpflichten.[721] Die Patientenautonomie verpflichtet daher nur dazu, die Entscheidungsfreiheit des Einzelnen in Bezug auf medizinische Maßnahmen zu respektieren. Die Patientenautonomie erlaubt also, einer ärztlichen Maßnahme zuzustimmen oder sie abzulehnen. Solange der Betroffene von seiner Patientenautonomie in dem negativ beschriebenen Sinne (Behandlungsablehnung und -widerruf) Gebrauch macht, liegt ein Fall der passiven Sterbehilfe vor. Diese setzt also eine

---

720 Vgl. OLG Bamberg, Urteil vom 29.01.2008, 2 Ss 125/07.

721 Vgl. *Verrel*, JZ 1996, 226; *Uhlig/Joerden*, Ad Legendum 2011, 371.

behandlungsbezogene Handlung[722] voraus, die der Verwirklichung des Willens des Patienten in Bezug auf die Nichteinleitung oder Beendigung einer medizinischen Maßnahme dient. Damit kann auf jede medizinische Maßnahme aufgrund der Patientenautonomie verzichtet werden, auch auf die sogenannte Basisversorgung, Reanimation oder „außergewöhnliche" Maßnahmen, da diese Maßnahmen als Eingriffe in die Patientenautonomie stets einwilligungsbedürftig sind.[723] Dabei ist unerheblich, ob der Patient tödlich erkrankt ist oder nicht, weil die Patientenautonomie jedem, unabhängig von seinem Gesundheitszustand, zusteht.

Der Anknüpfungspunkt der Patientenautonomie zur Unterscheidung zwischen der passiven und aktiven Sterbehilfe ist nach den vorstehenden Überlegungen von der Differenzierung zwischen aktivem Tun und Unterlassen im Rahmen der Abgrenzung zwischen den beiden Formen der Sterbehilfe vollkommen unabhängig.[724] Die Ausübung der Patientenautonomie umfasst sowohl aktive als auch passive Handlungen. Die Differenzierung zwischen aktivem Tun und Unterlassen ist daher für die Abgrenzung zwischen der passiven Sterbehilfe und der aktiven Sterbehilfe nicht mehr von Bedeutung[725], da sie zu keinen sachgerechten Ergebnissen führt. Entweder sieht man die Nichtdurchführung oder die Nichtfortführung einer medizinischen Behandlung stets als straflos und deren Abbruch oder Beendigung stets als strafbar an, obwohl die beiden Handlungen nach dem allgemeinen Rechtsempfinden eine vergleichbare Bewertung verdienen, oder man bedient sich unklaren Kunstgriffen, um eine Ergebniskorrektur vorzunehmen. Die bisher in der Literatur herrschenden Differenzierungskriterien zwischen der

722 Vgl. BGH, Urteil vom 25.06.2010, 2 StR 454/09; NJW 2010, 2967 f.

723 Vgl. *Sternberg-Lieben*, FS Roxin, S. 540 Fn. 18; hier wird in der Literatur vor allem problematisiert, ob auf eine Behandlung verzichtet werden darf, die zum Verhungern oder Verdursten führt. Hingewiesen wird hier auf die symbolische Natur des Essens und des Trinkens. Etwa *Tolmein*, KJ 1996, 517 f., meint, dass die künstliche Ernährung keine Behandlung darstelle, deswegen dürfe sie nicht vom Arzt abgebrochen werden. Dagegen spricht jedoch das Wesen der Patientenautonomie und des Selbstbestimmungsrechts, die verlangen, dass jede Behandlungsmethode von einer Einwilligung des Betroffenen getragen werden muss; vgl. *Kubiciel*, ZJS 2010, 658; *Engländer*, JZ 2011, 517; *Otto*, Jura 1999, 437 f.; *Hufen*, NJW 2001, 853.

724 Vgl. *Otto*, Jura 1999, 438.

725 Die Differenzierung zwischen aktivem Tun und Unterlassen behält jedoch Bedeutung für die rechtliche Qualifikation der Handlung auf der Tatbestandsebene der §§ 211, 212 und 216 StGB. Das Vorliegen der Voraussetzungen der passiven Sterbehilfe (Gebrauchmachen von der Patientenautonomie) ist Grund für den Ausschluss der Strafbarkeit und nicht das Abgrenzungskriterium für die Verhaltensform (passives oder aktives Verhalten), da es nur zwei Arten tatbestandsmäßigen Verhaltens geben kann, *Gaede*, NJW 2010, 2926; *Verrel*, NStZ 2010, 674.

passiven Sterbehilfe und der aktiven Sterbehilfe sind somit aufzugeben.[726] Ebenso das „neue“ Kriterium des Bundesgerichtshofes („behandlungsbezogene Lebensverkürzung“).[727] Zwar hat der Bundesgerichtshof das Problem der Anwendung der herkömmlichen Abgrenzungskriterien auf die Fälle der passiven Sterbehilfe erkannt, abgelehnt und sich auf die (nicht gelungene, womöglich von Anfang an zum Scheitern verurteilte) Suche nach neuen aus den Begriffen der Sterbehilfe und des Behandlungsabbruchs hergeleiteten Abgrenzungskriterien begeben.[728] Doch seine Abgrenzungsregeln zwischen der passiven und der aktiven Sterbehilfe entsprechend dem normativ verstandenen Begriff der Sterbehilfe und des Behandlungsabbruchs erfahren einen neuen normativen Sinn, welcher dem Ziel des Bundesgerichtshofs, der „Umdeutung der erlebten Wirklichkeit in eine dieser widersprechende normative Wertung“[729] zu begegnen, krass zuwiderläuft. Um den Unzulänglichkeiten der normativen Wertung zu entkommen, schafft der Bundesgerichtshof neue normative Kriterien, die im Ergebnis auf eine neue Art der „Quadratur des Kreises“ hinführen. Eine alte problematische normative Wertung wird durch eine neue problematische Wertung ersetzt. Unklar ist auch, wann eine „Behandlungsbezogenheit“[730] vorliegen soll, insbesondere wann sie beginnt und wann sie endet.[731] Mit seiner Entscheidung hat der Bundesgerichtshof vielleicht auch ein neues Problem erzeugt, auf das in der Literatur[732] hingewiesen wird: es droht die Auflösung der einheitlichen Differenzierungsgrundsätze zwischen Handeln und Unterlassen im gesamten Strafrecht, da der Bundesgerichtshof die

---

726 Vgl. *Verrel*, NStZ 2010, 673; die geforderte Aufgabe hat auch Einfluss auf die herkömmliche Begriffsbestimmung. Die Begriffe der passiven und der aktiven Sterbehilfe müssten grundsätzlich eine neue Bezeichnung erfahren, die dem Wesen des Abgrenzungskriteriums entsprechen und es zur Geltung bringen würden. Andererseits kann man sie als eine Art Relikt beibehalten, um nicht eine begriffsmäßige Verwirrung zu stiften. Man kann auch der Ansicht *Hirschs* folgen, der meint, dass sich das Wort „passiv“ hier auf „das Unterbleiben der Fortsetzung lebenserhaltender Maßnahmen“ nicht aber auf „die Form (schlichte Untätigkeit oder Tätigwerden)“ beziehen sollte, vgl. *Hirsch*, JR 2011, 28. Für die Aufgabe der Begriffstrias von aktiver, indirekter und passiver Sterbehilfe auch der Alternativentwurf Sterbebegleitung aus dem Jahr 2006, vgl. *Neumann/Saliger*, HRRS 2006, 281.

727 Siehe oben 1.2.1.

728 Vgl. BGH, Urteil vom 25.06.2010, 2 StR 454/09; NJW 2010, 2967: „Da eine Differenzierung nach aktivem und passiven Handeln nach äußerlichen Kriterien nicht geeignet ist, sachgerecht (...) die Grenzen zu bestimmen, (...) müssen andere Kriterien gelten, anhand derer diese Unterscheidung vorgenommen werden kann“.

729 Vgl. BGH, Urteil vom 25.06.2010, 2 StR 454/09; NJW 2010, 2966.

730 Siehe oben 1.2.1.

731 Vgl. *Uhlig/Joerden*, Ad Legendum 2011, 375.

732 Vgl. *Joerden*, FS-Roxin, S. 598; *Dölling* ZIS 2011, 346; *Walter*, ZIS 2011, 76.

Unterscheidung zwischen aktivem Tun und Unterlassen ausdrücklich für gegenstandslos erklärt hat.[733]

Zusammenfassend kommt die Straffreiheit der passiven Sterbehilfe (Unterlassen und Abbruch medizinischer Behandlung) in Betracht, wenn sich der Patient die Einleitung einer ärztlichen Behandlung nicht wünscht. Das ist auch dann anzunehmen, wenn er möchte, dass eine bereits eingeleitete und andauernde Behandlung abgebrochen wird. Denn er hat einen verfassungsrechtlich gesicherten Anspruch etwa auf die Abschaltung eines Beatmungsgerätes, weil diese Behandlung noch andauert und noch nicht abgeschlossen ist. Er hat hingegen keinen Anspruch auf Entfernung einer bereits fest eingepflanzten künstlichen Niere, weil der Eingriff, mit dem diese in den Körper eingefügt wurde, bereits abgeschlossen ist. Zum einen hat er keinen aus der Patientenautonomie ableitbaren Anspruch auf die Durchführung einer bestimmten medizinischen Behandlung. Denn in diesem Falle begehrt er eine Leistung, die von der als reines Abwehrrecht konzipierten Patientenautonomie nicht gedeckt ist. Zum anderen sind keine sonstigen Leistungsansprüche ersichtlich, da die Rückgängigmachung einer bereits abgeschlossenen medizinischen Behandlung die Herstellung eines pathologischen Zustandes zur Folge hat.

1.3 Rechtfertigung

In der Rechtsprechung und einem Teil der Literatur wird die passive Sterbehilfe als gerechtfertigte Tötung behandelt. Als Rechtfertigungsgrund wird eine rechtfertigende Einwilligung des Betroffenen[734] oder ein rechtfertigender Notstand gemäß § 34 StGB[735] herangezogen.

a) Der Bundesgerichtshof, der den Weg über eine rechtfertigende Einwilligung beschreitet, führt hierzu aus, dass für die Rechtfertigung einer passiven Sterbehilfe

---

733 Der in der Literatur erhobene Einwand erscheint nicht unproblematisch, da der BGH allem Anschein nach aussagen wollte, dass die passive Sterbehilfe nicht nur auf ein Unterlassen beschränkt sei, sondern auch ein aktives Tun mit umfasst, dass also für sie, nicht jedoch für die Qualifizierung der Verhaltensform die Unterscheidung zwischen Unterlassen und Tun keine Rolle spielt. Die Unterscheidung von aktiver und passiver Sterbehilfe hängt damit nicht von der Handlungsform ab; vgl. *Rissing-van Saan*, ZIS 2011, 547; MK-*Schneider*, vor §§ 211 ff., Rn. 171.

734 Vgl. BGH, Urteil vom 25.06.2010, 2 StR 454/09, NJW 2010, 2965 ff.; in der Literatur wird teilweise vertreten, dass die vom BGH gewählte Bezeichnung der Einwilligung nicht im Sinne des gewohnheitsrechtlich anerkannten Rechtfertigungsgrundes der rechtfertigenden Einwilligung zu verstehen sei, sondern als ein Rechtfertigungsgrund *sui generis* oder als ein Tatbestandsausschlussgrund (Ausschluss der objektiven Zurechnung), vgl. *Engländer*, JZ 2011, 518; *Fateh-Moghadam/Kohake*, ZJS 2012, 102.

735 Vgl. *Merkel*, ZStW 107 (1995), 570 f.; *Rosenau*, FS Rissing-van Saan, S. 559 f.; MK-*Schneider*, vor §§ 211 ff., Rn. 122.

der Wille des Betroffenen, also dessen Einwilligung, die Behandlung abzubrechen oder deren Fortsetzung zu unterlassen, entscheidend sei.[736] Für die Einwilligungslösung könnte insbesondere sprechen, dass in deren Rahmen der Verzicht auf den Rechtsschutz gerade durch das Selbstbestimmungsrecht des Betroffenen legitimiert wird.[737] Die rechtliche Konstruktion der rechtfertigenden Einwilligung erlaubt die Klärung des erklärten und mutmaßlichen Patientenwillens.[738]

Nach der Auffassung des Bundesgerichtshofes ist im Rahmen der passiven Sterbehilfe zu prüfen, ob der Betroffene entsprechend seinem ausdrücklichen oder mutmaßlichen Willen darin einwilligen würde, die Behandlung abzubrechen oder ihre Fortsetzung oder Wiederaufnahme zu unterlassen. Dem wird in der Literatur entgegengesetzt, dass hier der rechtliche Anknüpfungspunkt nicht der Umstand sein soll, ob das Unterlassen oder der Abbruch einer medizinischen Maßnahme gewollt ist, sondern ob deren Vornahme dem Willen des Patienten entspricht. Erklärt wird dies damit, dass bereits die Vornahme des Eingriffs in körperliche Unversehrtheit von dem Patientenwillen legitimiert sein müsse und nicht die Nichtdurchführung oder die Beendigung dieses Eingriffs. Gerade die Vornahme eines ärztlichen Eingriffs in die körperliche Integrität sei einwilligungsbedürftig und nicht dessen Beendigung oder Unterlassung. Es müsse also stets ermittelt werden, ob eine Einwilligung in eine noch nicht vorgenommene, aber vom Handelnden beabsichtigte Behandlung vorliegt, und nicht, ob eine Einwilligung in das Unterlassen oder den Abbruch einer bereits begonnenen Behandlung gegeben ist. Das Nichtvorliegen einer solchen Einwilligung in die Durchführung medizinischer Maßnahmen werde aufgrund des Selbstbestimmungsrechts gerade bei einem *non liquet* quasi vermutet.[739] Diese Kritik ist berechtigt. Die Einwilligung in die medizinische Behandlung beseitigt nach herrschender Meinung die Rechtswidrigkeit des Eingriffs in die körperliche Unversehrtheit. Ohne sie darf der Eingriff nicht erfolgen. Sie kann nur dessen Vornahme und ggf. dessen Fortsetzung legitimieren.[740] Es geht hier also rein dogmatisch nicht darum, ob der Betroffene in Nichtdurchführung oder Beendigung einer ärztlichen Behandlung einwilligen will, sondern darum, ob er sie vornehmen lassen möchte.[741] Daraus ergibt sich, dass nicht danach gefragt werden muss, ob der Patient in die Unterlassung bzw. die Beendigung einer medizinischen Maßnahme einwilligt, sondern ob die Einwilligung des Patienten in die

---

736 Vgl. BGH, Urteil vom 13.09.1994, 1 StR 357/94; Urteil vom 25.06.2010, 2 StR 454/09.

737 Vgl. *Wessels/Beulke/Satzger*, Allgemeiner Teil, Rn. 563; *Schöch*, NStZ 1995, 155.

738 Vgl. BGH, Urteil vom 25.03.1988, 2 StR 93/88.

739 Vgl. *Merkel*, ZStW 107 (1995), 559 f.; MK-*Schneider*, vor §§ 211 ff., Rn. 134; *Schöch*, FS Hirsch, S. 703; *Kubiciel*, ZJS 2010, 660; *Sternberg-Lieben*, FS Roxin, S. 538 f.; *derselbe*, JRE, Band 15 (2007), S. 311 f.; *Engländer*, JZ 2011, 517; so auch der BGH zur Vornahme ärztlicher Heileingriffe bei §§ 223 ff. StGB: NStZ 1996, 34.

740 Vgl. *Duttge*, MedR 2011, 36.

741 Vgl. *Merkel*, ZStW 107 (1995), 559 f.

medizinische Maßnahme erteilt und nicht weggefallen ist. Denn die Einwilligung entfaltet nur ihre rechtfertigende Wirkung, wenn sie erteilt wurde, und solange, wie sie fortbesteht und nicht widerrufen wurde. Damit ist der Ausgangspunkt des Bundesgerichtshofes, dass die Nichtdurchführung und die Beendigung medizinischer Behandlung einer Einwilligung bedürften, grundverkehrt und missachtet das Wesen der Patientenautonomie. Einwilligungsbedürftig kann entweder die Vornahme oder ggf. die Fortsetzung einer Behandlung sein und nicht die Unterlassung einer noch nicht eingeleiteten Behandlung oder der Abbruch einer bereits eingeleiteten Behandlung. Daraus folgt, dass die Beendigung einer Behandlung keiner Zustimmung des Betroffenen bedarf. Vielmehr ist es entscheidend, ob die Einwilligung in die Behandlung nicht erteilt oder in Wegfall gekommen oder widerrufen worden ist.[742] Zu beachten ist weiter, dass die passive Sterbehilfe die fehlende Einwilligung des Patienten in einen ärztlichen Eingriff ausmacht. Die Lebensrettung scheitert an der fehlenden Zustimmung zur lebensrettenden Maßnahme. Die Patientenautonomie wird hier, offenbar anders als dies der Bundesgerichtshof sieht, negativ ausgeübt, da sie ausschließlich ein Abwehrrecht ist, das zur Behandlungsablehnung berechtigt.[743] Rechtfertigend kann hier also nur das Vorliegen einer „Nichteinwilligung" (verstanden als Ablehnung oder Widerruf einer Einwilligung) wirken.[744] Der strafrechtliche Anknüpfungspunkt für die Zulässigkeit der passiven Sterbehilfe ist damit die Ablehnung oder der Widerruf einer Einwilligung in die medizinische Behandlung. Diese Behandlung wird nur deswegen unterlassen oder abgebrochen, weil der Patient in die Behandlung nicht eingewilligt oder seine Einwilligung widerrufen hat. Dem Handelnden fehlt also eine Legitimationsgrundlage für den für die Todesabwendung notwendigen Eingriff in die körperliche Unversehrtheit. Deren Fehlen ist der Grund für das Sterbenlassen des Patienten. Darauf

---

742 Vgl. *Engländer*, JZ 2011, 517; *Merkel*, ZStW 107 (1995), 559.

743 Vgl. *Dreier*, JZ 2007, 321.

744 Vgl. *Engländer*, JZ 2011, 518, der hier von einem Rechtfertigungsgrund *sui generis* spricht. Er kann unmittelbar aus der Patientenautonomie gemäß Art. 2 Abs. 1, 1 Abs. 1 GG hergeleitet werden. Hierbei handelt es sich zwar um eine „außergesetzliche" Rechtsfortbildung, sie ist jedoch zulässig, weil sie der Umsetzung der verfassungsrechtlichen Wertordnung dient. Der Schutz der Patientenautonomie genießt wegen Art. 1 Abs. 1, 2 Abs. 1 GG einen hohen Stellenwert in der Rechtsordnung. Nach der Rechtsprechung des BVerfG, Urteil vom 19.10.1971, 1 BvR 387/65 (Gesundbeter) darf die Beachtung der Patientenautonomie, auch wenn sie zum Tode des Patienten führt, nicht strafrechtlich sanktioniert werden. Der Gesetzgeber wollte zwar mit dem dritten Betreuungsrechtsänderungsgesetz die Grenzen des strafrechtlichen Lebensschutzes nicht regeln, er wollte aber die Patientenrechte stärken und verfolgte dabei das Ziel, Rechtsklarheit und -sicherheit zu schaffen. Dies spricht dafür, dass die Patientenautonomie ihre Wirkung auch im Bereich der Tötungsdelikte entfalten sollte, vgl. BGH, Urteil vom 25.06.2010, 2 StR 454/09.

muss sich die Rechtfertigung beziehen, und zwar auf das Nichtvorhandensein einer Einwilligung in eine lebensnotwendige Behandlung.

b) Die rechtfertigende Einwilligung wird vom Bundesgerichtshof[745] und einigen Literaturstimmen[746] nicht nur dann angewandt, wenn der auf die Nichteinleitung oder die Beendigung einer medizinischen Maßnahme aktuell gerichtete Patientenwille vorliegt, sondern auch dann, wenn der Patient unmittelbar vor der geplanten Behandlungsdurchführung sich zu dieser mangels der Einwilligungsfähigkeit nicht äußern kann. Hier soll der mutmaßliche Patientenwille maßgebend sein, der im Rahmen der rechtfertigenden mutmaßlichen Einwilligung Berücksichtigung finden soll. Bei der Feststellung des individuellen mutmaßlichen Willens des Patienten in Bezug auf die Nichtdurchführung oder die Beendigung medizinischer Behandlung sollen nach der Ansicht des Bundesgerichtshofes folgende Umstände von entscheidender Bedeutung sein: mündliche oder schriftliche Äußerungen des Betroffenen (Patientenverfügungen), religiöse Überzeugungen und Wertvorstellungen, seine altersbedingte Lebenserwartung, das Erleiden von Schmerzen, die Aussichtslosigkeit der ärztlichen Prognose, die Nähe des Todes und die Chancen der Wiederherstellung eines menschenwürdigen Lebens.[747] Zu berücksichtigen sind nach dieser Auffassung damit grundsätzlich nur subjektive Umstände, die in der Person des konkreten Kranken liegen. Es können aber auch objektive Umstände herangezogen werden, sie haben jedoch lediglich Indizcharakter für die Ermittlung des „individuellen hypothetischen" Willens. Zu den objektiven Umständen gehöre „insbesondere die Beurteilung einer Maßnahme als gemeinhin ‚vernünftig' oder ‚normal' sowie den Interessen eines verständigen Patienten üblicherweise entsprechend".[748] Das Abstellen auf den mutmaßlichen Willen bei einwilligungsunfähigen Patienten erscheint richtig (allerdings nicht im Rahmen einer mutmaßlichen rechtfertigenden Einwilligung, sondern im Rahmen einer „rechtfertigenden mutmaßlichen Nichteinwilligung"[749]).[750] Die Ansicht des Bundesgerichtshofes korrespondiert mit dem vom Bundesverfassungsgericht vertretenen Verständnis der Patientenautonomie, wonach für deren Ausübung nicht nur der freie Wille,

745 Vgl. BGH, Urteil vom 13.09.1994, 1 StR 357/94.

746 Vgl. *Otto*, Jura 1999, 438 m.w.N.; *Kutzer*, NStZ 1994, 114.

747 Vgl. BGH, Urteil vom 13.09.1994, 1 StR 357/94; Urteil vom 25.03.1988, 2 StR 93/88; *Kühl*, Jura 2009, 885.

748 Vgl. BGH, Urteil vom 13.09.1994, 1 StR 357/94; *Otto*, Jura 1999, 435; *Coeppicus*, NJW 1998, 3383: „das sind die in den Richtlinien der Bundesärztekammer genannten Kriterien: die Bewußtlosigkeit (!), die Unumkehrbarkeit der Erkrankung, die infauste Prognose und die nicht zumutbare Verlängerung des Leidens".

749 Zur Ablehnung der Anwendbarkeit einer rechtfertigenden Einwilligung zur Begründung der Straflosigkeit der passiven Sterbehilfe siehe oben 1.3 a).

750 Nunmehr enthalten §§ 1901a BGB Regelungen zur Ermittlung des individuellen mutmaßlichen Patientenwillen. Siehe dazu unten 1.4.1.

sondern auch der natürliche Wille[751] wie auch der nicht unmittelbar vor der medizinischen Behandlung erklärte Wille[752] ausreichend ist. Denn es ist grundsätzlich verboten, gegen den Willen des Betroffenen sein Selbstbestimmungsrecht, seine „Freiheit zur Krankheit"[753] sowie seine körperliche Unversehrtheit zu verletzen. Eine Zwangsbehandlung ist nur ausnahmsweise zulässig.[754]

In der Literatur wird dem Rückgriff auf den individuellen mutmaßlichen Patientenwillen entgegengehalten, dass sie zwar erheblich Patientenrechte stärke, sie versage aber in den Fällen, in denen der Patient ausdrücklich den Wunsch nach unbedingter Lebenserhaltung für den Fall unwiderruflicher Einsichts- und Urteilsunfähigkeit geäußert hat.[755] Dagegen lässt sich ausführen, dass jedem Patienten zwar ein Behandlungsanspruch gemäß § 27 Abs. 1 Satz 1 SGB V zusteht, der Staat aber nicht verpflichtet ist, alles zur Lebenserhaltung zu unternehmen. Das Problem wird an einer anderen Stelle näher beleuchtet.[756] Es sei hier nur angemerkt, dass den Umfang des Behandlungsanspruchs der Staat festlegt, in Erfüllung seiner Lebens- und Gesundheitsschutzpflichten. Er kann ihn beschränken und seine Grenzen ziehen, soweit dies mit dem Lebens- und Gesundheitsschutz vereinbar ist. Nimmt man an, dass die Leistungsbeschränkungen des Behandlungsanspruchs und damit die Beschränkungen der staatlichen Lebensschutzpflichten in bestimmten Situationen möglich sind, wofür etwa spricht, dass der Staat nicht dazu verpflichtet ist, experimentelle Behandlungsmethoden oder solche, bei denen jede Möglichkeit kurativer Behandlung aussichtslos ist, anzuwenden und zu finanzieren[757], dann kann der Wille des Betroffenen, behandelt zu werden grundsätzlich keine Rolle spielen, sofern der Betroffene keinen Anspruch auf eine aus staatlichen Mitteln finanzierte und auf die Heilung der Krankheit oder die Verhütung ihrer Verschlimmerung gerichtete Behandlung hat. Der Behandlungsanspruch beschränkt sich dann ausschließlich auf die Linderung von Krankheitsbeschwerden.

c) Neben dem aktuellen und dem individuellen mutmaßlichen Willen kann die passive Sterbehilfe auch den sogenannten einseitigen Behandlungsabbruch erfassen. Als einseitiger Behandlungsabbruch oder einseitige Behandlungsbeendigung wird die Situation bezeichnet, in der trotz Ausschöpfung aller verfügbaren Erkenntnisquellen weder der aktuelle Wille noch individuelle Anhaltspunkte für den

---

751 Vgl. BVerfG, Beschluss vom 26.07. 2016,1 BvL 8/15.

752 Vgl. BVerfG, Beschluss vom 02.08.2001, 1 BvR 618/93.

753 Vgl. BVerfG Beschluss vom 26.07.2016, 1 BvL 8/15 m.w.N.

754 Ebenda.

755 Vgl. MK-*Schneider*, vor §§ 211 ff., Rn. 130; *Merkel*, ZStW 107 (1995), 574; dem Einwand versucht *Merkel* dadurch zu entgehen, dass er auf ökonomische Aspekte zurückgreift, und zwar die Kosten der Behandlung, vgl. *derselbe*, ZStW 107 (1995), 568, Fn. 58.

756 Siehe unten 1.5.1 c), c) cc).

757 Vgl. BVerfG, Beschluss vom 26.02.2013, 1 BvR 2045/12.

mutmaßlichen Willen des Patienten ermittelt und festgestellt werden können.[758] Erwogen wird hier, („patientenunabhängige“) objektive Kriterien heranzuziehen.

Gegen den Rückgriff auf diese objektiven Kriterien wird vorgebracht, dass dies eine „integritätsgefährdende Fremdbestimmung“ erlaube, die in unzulässiger Weise den Lebensschutz ausspielt. Dadurch werde der Patient nur instrumentalisiert. Es wird weiter darauf hingewiesen, dass dieses Problem vom Gesetzgeber erkannt und in der Weise gelöst worden sei, dass aufgrund des § 1901a Abs. 2 Satz 2 und 3 BGB bei der Willensermittlung nur auf konkrete individuelle Kriterien zurückgegriffen werden dürfe. Damit sei der Ausschluss der Heranziehung von objektiven Kriterien gesetzlich festgelegt[759] Dies kann jedoch nicht überzeugen. § 1901a Abs. 2 Satz 2 und 3 BGB regelt die Grundsätze der Ermittlung des mutmaßlichen Willens, wenn der Patient keine Patientenverfügung errichtet und keine Behandlungswünsche hinterlassen hat. Der Patientenwille muss dann anhand konkreter Anhaltspunkte erforscht werden. Zu berücksichtigen sind insbesondere frühere mündliche oder schriftliche Äußerungen, ethische oder religiöse Überzeugungen und sonstige persönlichen Wertvorstellungen. Daraus ergibt sich, dass in erster Linie zwar auf die individuellen Kriterien zurückgegriffen werden soll. Das Wort: „insbesondere“ zeigt jedoch, dass es sich hier nur um beispielhafte Kriterien handelt. Damit ist der Rückgriff auf objektive Kriterien nicht *per se* ausgeschlossen.[760] Ohne Rückgriff auf objektive Kriterien wird die Patientenautonomie in unzulässiger Weise beschnitten. Sie würde dann ausschließlich Personen zustehen, die Hinweise auf ihren individuellen Willen hinterlassen haben. Dies würde wiederrum heißen, dass etwa schwer behinderte einsichts- und urteilsunfähige Patienten, die nicht imstande sind, Patientenanordnungen zu treffen oder ihr eigenes Wertsystem zu entwickeln (ethische Überzeugungen, Wertvorstellungen o.ä.), stets zwangsbehandelt werden müssten. Gegen diese Ansicht spricht ferner die Krankenhauspraxis. Wird ein bewusstloser Patient ins Krankenhaus eingeliefert und steht der Arzt vor der Entscheidung, ob er den Patienten behandeln soll, so wird zur Rechtfertigung des medizinischen Eingriffs auf den objektiv bestimmten mutmaßlichen Willen nach der Abwägung verschiedener (objektiver) Interessen zurückgegriffen.[761] Wenn zur Begründung der Lebensrettungspflicht auf die objektiv, ggf. aus der Sicht eines vernünftigen Dritten, bestimmte Patientenautonomie abgestellt wird, ist es unverständlich, warum der objektiv bestimmte (hypothetische) Wille nicht ebenfalls zur Behandlungsbeendigung herangezogen werden darf. Wenn diese an objektiven Kriterien ausgerichtete Abwägung ein Übergewicht der Argumente gegen die Behandlungseinleitung aufweist, darf die medizinische Behandlung nicht durchgeführt werden. Dem kann nicht entgegengehalten

758 Vgl. Sch/Sch-*Eser/Sternberg-Lieben*, vor §§ 211, Rn. 29; *Hirsch*, FS Lackner, S. 601.

759 Vgl. *Höfling*, NJW 2009, 2851; vgl. *Schöch/Verrel*, GA 2005. 568 f.

760 Vgl. *Rosenau*, FS Rissing-van Saan, S. 552.

761 Vgl. *Otto*, Jura 1999, 436.

werden, dass das Leben ein sehr wertvolles Rechtsgut ist, das besonders geschützt werden muss.[762] Der einsichts- und urteilsunfähige Patient, dessen individueller Wille nicht feststellbar ist, ist zwar besonders schutz- und hilfsbedürftig. Dies erfordert bei Gefahr schwerwiegender Gesundheitsbeeinträchtigungen ein sich aus der objektiven Lebensschutzpflicht ergebendes medizinisches Tätigwerden. Diese Lebensschutzpflicht kann aber mit gegenläufigen Interessen des Patienten oder gar Dritter kollidieren und in außergewöhnlichen Situationen in Nachrang kommen.[763] Es können also gewichtige gegenläufige Gründe für das Entfallen der Lebensschutzpflicht sprechen. Diese Gründe können u.a. auf objektiven Erwägungen fußen.[764]

Der 12. Zivilsenat des Bundesgerichtshofes will bei nicht feststellbarem (individuellem) mutmaßlichen Patientenwillen entsprechend dem Wohl des Betroffenen entscheiden und im Zweifel dabei dem Schutz seines Lebens Vorrang einräumen.[765] Der 1. Strafsenat des Bundesgerichtshofes hat hingegen entschieden, dass in den Fällen des fehlenden individuellen Sterbewunsches zurückhaltend auf die allgemeinen Wertvorstellungen zurückzugreifen sei und im Zweifel der Grundsatz *pro vita* gelten solle.[766] Er führt weiter aus, dass die Entscheidung über die Nichtdurchführung neben der Berücksichtigung der allgemeinen Wertvorstellungen auch davon abhänge, „wie aussichtlos die ärztliche Prognose und wie nahe der Patient dem Tode ist: je weniger die Wiederherstellung eines menschenwürdigen Lebens zu erwarten ist und je kürzer der Tod bevorsteht, umso eher wird ein Behandlungsabbruch vertretbar erscheinen".[767] Was das im Einzelnen bedeuten soll, hat der Strafsenat des Bundesgerichtshofes jedoch offen gelassen.[768] Die konfusen Begriffe der allgemeinen Wertvorstellungen, der aussichtslosen Prognose

---

762 Vgl. *Tolmein*, KJ 1996, 516.

763 Vgl. BVerfG, Urteil vom 25.02.1975, 1 BvF 1/74 u.a.; Urteil vom 28.05.1993, 2 BvF 2/90 u.a.

764 Ebenda.

765 Vgl. BGH, Beschluss vom 06.07.2016, XII ZB 61/16; Grüneberg-*Götz*, § 1901a, Rn. 28.

766 Vgl. BGH, Urteil vom 13.09.1994, 1 StR 357/94; wie es scheint, sollten sich daraus keine größeren Unterschiede zur Rechtsprechung des 12. Zivilsenats ergeben, da offensichtlich beide Senate beim nicht feststellbaren Willen des Patienten auf objektive Kriterien zurückgreifen wollen, wobei der 1. Strafsenat dies mit den allgemeinen Wertvorstellungen begründet, während der 12. Zivilsenat dies mit dem Rückgriff auf das Patientenwohl tut.

767 Vgl. BGH, Urteil vom 13.09.1994, 1 StR 357/94.

768 Der Entscheidung des Landgerichts Kempten zufolge soll die Behandlungsbeendigung dann mit den allgemeinen Wertvorstellungen vereinbar sein, wenn „aufgrund der infausten Prognose und des irreversiblen Zustands Aussicht auf Besserung nicht (besteht)", LG Kempten, Urteil vom 17.05.1995, 2 Ks 13 Js 13155/93 (unveröffentlicht), zitiert nach *Schöch*, FS Hirsch, S. 697.

und der Todesnähe erscheinen in der Praxis völlig untauglich, um einigermaßen sicher zu sagen, wann eine einseitige Behandlungsbeendigung zulässig ist.[769] Wo die Schwelle des (rechtlich oder medizinisch) vertretbaren Behandlungsabbruchs beginnt und endet, bleibt ebenso in der Schwebe wie der wegen der Prognoseunsicherheiten zu fordernde Wahrscheinlichkeitsgrad für den Eintritt der zum einseitigen Behandlungsabbruch berechtigenden Umstände. Hinzu kommt die Unklarheit darüber, auf welche oder wessen sittliche oder moralische Wertvorstellung zurückgegriffen werden soll. Heutzutage gibt es keine einheitliche und eindeutige Moralordnung mehr.[770]

Auch die Ansicht *Ottos* ist nicht weiterführend und leidet sogar an noch größerer Unschärfe als die des Bundesgerichtshofes. *Otto* meint, dass bei der Ermittlung des (objektiven) hypothetischen Patientenwillens „man auf die Entscheidung eines verständigen Rechtsgenossen verwiesen" ist. Dabei sei zu fragen, ob die Vornahme einer medizinischen Entscheidung objektiv „dem Entscheidungsmaßstab eines vernünftigen Patienten entsprechen würde" und ob objektiv zu erwarten wäre, dass der Betroffene in die Vornahme einwilligen würde. Der Arzt habe demnach eine umfassende Interessenabwägung vorzunehmen und einer der zur Beurteilung stehenden Interessen den Vorrang einzuräumen.[771] Was in einer konkreten Behandlungssituation vernünftig ist, beantwortet *Otto* allerdings nicht.

Die nicht auf dem individuellen Willen des Patienten beruhende Nichtdurchführung oder Beendigung einer medizinischen Maßnahme soll hingegen nach Ansicht *Merkels* zulässig sein, wenn „man die Beschaffenheit, die Qualität des erwartbaren Lebens als etwas beurteilt, was für den Patienten selbst ohne Sinn und Wert und nicht mehr wünschbar ist".[772] Es seien „vergangene persönliche Präferenzen, gegenwärtige und zukünftige Interessen" gegeneinander abzuwägen.[773] Fehle eine frühere Erklärung des in der aktuellen Behandlungssituation einsichts- und urteilsunfähigen Patienten und lägen keine besonderen Umstände des Einzelfalles vor, bestehe „eine starke objektive Vermutung (...) pro Abbruch". Denn der Lebensschutz solle sich auf den Schutz des Lebens als ein „personales Subjekt" und nicht auf den Schutz des rein biologischen, „empfindungslosen Körpers" beziehen. Überträgt man diese Sichtweise auf die im Zusammenhang mit der einseitigen Behandlungsbeendigung diskutierten Apalliker-Fälle[774], so ergibt sich, dass die aktuellen Interessen des einwilligungsunfähigen Betroffenen, bei dem weder ein aktueller noch ein mutmaßlicher Wille feststellbar ist, durch Nichtdurchführung bzw. Beendigung der Behandlung nicht berührt würden, weil der

769 Vgl. *Scheffler*, Sterbehilfe, S. 270.
770 Vgl. *Sprenger*, Allgemeine Wertvorstellungen, S. 24 ff.
771 Vgl. *Otto*, Jura 1999, 435 f.
772 Vgl. *Merkel*, Früheuthanasie, S. 343.
773 Vgl. *Merkel*, ZStW 107 (1995), 568, 573.
774 Siehe dazu unten, 1.5.2.

Betroffene subjektiv nicht mehr irgendetwas erleben kann und die vergangenen Interessen fehlen. Damit bestünde aufseiten des Wachkomapatienten kein subjektives Lebensinteresse mehr.[775] Denn das Recht auf das rein biologische Leben ende grundsätzlich dort, wo keine Chance auf die Weiterentwicklung des eigenen Ich und auf die Wahrnehmungsfähigkeit bestehe.[776] *Merkels* Ansicht lässt vermissen, dass neben den subjektiven Lebensinteressen des Einzelnen, also Umständen, die das Ob und Wie der eigenen Existenz bestimmen, auch objektive staatliche Lebensschutzpflichten („sich schützend und fördernd vor das Leben zu stellen“[777]) zu berücksichtigen sind. Folgt man dabei der Ansicht des Bundesverfassungsgerichts, wonach das Lebensrecht ein besonders hohes Rechtsgut ist und an dessen rechtlich erlaubte Verletzung besonders hohe Anforderungen zu stellen sind,[778] ist es nicht ohne weiteres erkennbar, warum das „personelle“ Leben so ein gewichtiger Grund sein soll, der generell einen Eingriff in das „rein biologische“ Leben erlaubt und diesem gegenüber generell überwiegt.

Nach *Dölling* ist beim nicht feststellbaren individuellen Patientenwillen zu fragen, was bei vernünftiger Interessenabwägung dem objektiven hypothetischen Willen des Patienten entsprechen würde. In die Abwägung sind folgende Kriterien einzustellen: „ ... wie hoch die Aussichten für eine Lebenserhaltung durch die in Betracht kommenden Behandlungsmaßnahmen sind, welche Nebenfolgen und Risiken mit diesen Maßnahmen verknüpft sind und mit welchen Schmerzen und Belastungen für den Patienten eine Lebensverlängerung verbunden wäre“. Kann das Leben des Betroffenen gerettet werden, so seien die Behandlungsmaßnahmen einzuleiten. Kann der Therapieerfolg nicht eingeschätzt werden, so sei zu therapieren, bis der Erfolg als unwahrscheinlich gilt. Die qualitativen und quantitativen Aspekte des Lebens sollen grundsätzlich außer Acht bleiben.[779] Die Auffassung *Döllings* erscheint allerdings inkonsequent, da er einerseits auf die Wahrscheinlichkeit der Lebensverlängerung, das Ausmaß der Behandlungsbelastung und Nutzen-Risiko-Erwägungen abstellt, um eine Behandlungsbeendigung zu begründen, was an sich richtig erscheint. Andererseits lehnt er aber jegliche qualitativen und quantitativen Lebensaspekte als relevant für die Beurteilung ab.

Die Richtlinien der Bundesärztekammer zur ärztlichen Sterbebegleitung vom 11.09.1998 ließen den einseitigen Behandlungsabbruch zu, wenn der Patient

---

775 Vgl. *Merkel*, ZStW 107 (1995), 573 f.: gleiches gilt nach *Merkel* auch für Kleinkinder oder geistig Schwerbehinderte. *Merkels* Ansicht versagt aber in den Fällen, in denen etwa der apallische Patient vor dem Bewusstseinsverlust seine unbedingte Lebenserhaltung verlangt hat. Da durch den Abbruch die vergangenen Interessen des Betroffenen berührt werden, kann dieser grundsätzlich nicht erfolgen.

776 Vgl. *Merkel*, JZ 1996, 1154 f.; *derselbe*, ZStW 107 (1995), 573.

777 Vgl. BVerfG, Urteil vom 25.02.1975, 1 BvF 1/74 u.a.

778 Ebenda

779 Vgl. *Dölling*, MedR 1987, 9.

bewusstlos, die Erkrankung unumkehrbar war, eine ungünstige Prognose bestand und die Lebensverlängerung unzumutbares Leiden verursachte.[780] Aufbauend darauf, gibt es Stimmen in der Literatur, die an den objektiven Zustand des dauerhaft Bewusstlosen oder an den Nutzen einer Behandlungstherapie anknüpfen wollen. Verwendet werden hier die Begriffe der Sinnlosigkeit, der Aussichtslosigkeit oder der fehlenden ärztlichen Indikation[781], um eine einseitige Behandlungsbeendigung zu begründen. Die Sinnlosigkeit einer ärztlichen Maßnahme liege vor, wenn keine Verbesserung des Patientenzustandes erreicht werden kann, weil die Fähigkeit zur personalen Selbstverwirklichung unwiderruflich verloren gegangen ist und damit das Ergreifen von lebensverlängernden Methoden keine Hilfe mehr darstellt.[782] Fehlt dem Patienten also dauerhaft die Fähigkeit, mit der Außenwelt zu kommunizieren, sei der Abbruch geboten.[783] Es wird darauf hingewiesen, dass durch die intensivmedizinischen Maßnahmen der dauerhaft Bewusstlose nur von einem würdigen Tod abgehalten werde, weil keine Aussicht auf Besserung bestehe und dessen Lebenserhaltung deshalb keinen Sinn habe. Den Zustand des Angeschlossenseins an medizinische Apparate bezeichnen sie als hilflos und demütigend. Das wünsche sich niemand, weil der Körper des Bewusstlosen wegen Verlustes der Selbstverwirklichungsmöglichkeit und der Kommunikationsfähigkeit leer sei.[784] Fehlt es am „bewussten, wahrnehmungsfähigen und kognitiven Leben", so „bestehe weder objektiv noch subjektiv ein Wunsch an künstlicher Aufrechterhaltung eines nur vegetativen Zustandes". „Ein Lebensziel und ein Lebensinteresse" bestünden nicht, weil das Leben nicht auf das Dahinvegetieren oder -siechen ausgerichtet sei. Ohne den Abbruch der Behandlung werde nur noch die Hinauszögerung des „Verelendungsprozesses" erreicht.[785] Daher müsse der Abbruch „in den Fällen von hohem Alter, Multimorbidität, unumkehrbarer Bewusstlosigkeit, Kommunikationsunfähigkeit, Bewegungs-, Sitz- und Schluckunfähigkeit, Kontrakturen an Armen und Beinen, Inkontinenz und Katheterisierung ein Behandlungsabbruch" erlaubt sein.[786] Eine Aussichtslosigkeit der ärztlichen Bemühungen wird durch einen Vergleich der medizinisch indizierten Maßnahmen mit dem konkreten Zustand des Patienten bestimmt.[787] Eine Behandlung sei danach aussichtslos, wenn nur noch das rein biologische Leben erhalten werden soll.[788] Das sei vornehmlich dann der

780 Vgl. Bundesärztekammer, NJW 1998, 3407.

781 Vgl. Sch/Sch-*Eser/Sternberg-Lieben*, vor §§ 211 ff., Rn. 29f.

782 Vgl. *Kühl*, Jura 2009, 885.

783 Vgl. *Opderbecke/ Weissauer*, MedR 1998, 397; *Kühl*, Jura 2009, 885.

784 Vgl. *Coeppicus* NJW 1998, 3385 f.; *Hirsch*, FS Lackner, S. 602 f.

785 Vgl. *Coeppicus* NJW 1998, 3386; *Otto*, Jura 1999, 439; *Schöch*, NStZ 1995, 155; *Opderbecke/Weißauer*, MedR 1998, 397; *Herzberg*, NJW 1996, 3048.

786 Vgl. *Coeppicus* NJW 1998, 3386.

787 Vgl. *Everschor*, Neugeboreneneuthanasie, S. 282 f.

788 Vgl. *Everschor*, Neugeboreneneuthanasie, S. 283.

Fall, wenn keine „Chance zur Bewusstwerdung" bestehe.[789] Darüber hinaus könne eine an sich sinnvolle Behandlung aussichtslos sein, wenn „die statistische Chance des Therapieerfolges gering ist und die Risiken und Belastungen für den Kranken hoch sind".[790] Die fehlende ärztliche Indikation, die von der medizinischen Indikation zu unterscheiden ist, welche nur auf das Behandlungsziel, also die Lebenserhaltung, bzw. -verlängerung gerichtet ist, stellt hingegen auf die Angemessenheit der medizinischen Behandlung ab und geht davon aus, dass aus der Kombination unterschiedlicher Kriterien wie etwa Verlust der Kommunikationsfähigkeit, hohes Alter, Komorbidität, Gesundheitsrisiken, geringe Lebensqualität, deren Beurteilung ins nur auf Sachfremde und Willkür überprüfbare Ermessen des Arztes gestellt wird, auf die Pflicht zur Weiterbehandlung geschlossen werden kann.[791] *Jähnke* ist der Ansicht, dass die Einstellung der medizinischen Versorgung stets unzulässig sein sollte, wenn der Patient noch „Bewusstseinsreste" aufweist, indem er nur noch auf äußere Reize reagieren kann. Darüber hinaus stellt er auf das Kriterium der Sinnlosigkeit der Weiterbehandlung ab. Eine einseitige Behandlungsbeendigung lässt er zu, wenn der Patient auf ständige medizinische Unterstützung der Ärzte und des Pflegepersonals angewiesen ist und deren Bemühungen „nicht zum Erfolg führen können". „Kann der Patient [hingegen] in ein Pflegeheim entlassen werden, scheidet dieser Gesichtspunkt aus".[792] Sonst lehnt *Jähnke* jegliche Lebensverkürzung ab.[793]

Gegen das vorstehende Verständnis der Sinnlosigkeits-, bzw. Aussichtslosigkeitsbegriffe oder der fehlenden ärztlichen Indikation spricht, dass es zu abstrakt ist. Die den Begriffen zugrunde liegenden Beurteilungskriterien (Unvermögen der Selbstverwirklichung, Kommunikationsunfähigkeit, Behandlungserfolgslosigkeit usw.) sind unscharf und unklar.[794] Diese Ansicht übersieht, dass nicht nur die Heilung der Krankheit (die zur „dauerhaften Bewusstlosigkeit" führt), sondern auch die Verhütung von Verschlimmerungen der bereits bestehenden Krankheit grundsätzlich zu dem gesetzlich festgelegten Behandlungsanspruch gehört. Der Anspruch auf medizinische Behandlung setzt bloß einen krankhaften Zustand voraus, welcher sich in der Behandlungsbedürftigkeit oder der Arbeitsunfähigkeit äußern muss.[795] Die Möglichkeit der Wiedererlangung des Bewusstseins ist für die Entstehung des Behandlungsanspruchs hingegen keine Voraussetzung; ebenso wenig die Heilung der Erkrankung und die damit ggf. verbundene (Wieder-) Erlangung der Möglichkeit zur „personellen" Selbstverwirklichung. Auch einem

789 Vgl. *Everschor*, Neugeboreneneuthanasie, S. 313.
790 Vgl. *Everschor*, Neugeboreneneuthanasie, S. 283.
791 Vgl. Sch/Sch-*Eser/Sternber-Lieben*, vor §§ 211 ff., Rn. 29f.
792 Vgl. *Jähnke*, vor § 211, Rn. 20a.
793 Vgl. *Jähnke*, vor § 211, Rn. 20c.
794 Vgl. *Chatzikostas*, Suizid und Euthanasie, S. 104 f.; *Merkel*, Früheuthanasie, S. 301 f.
795 Vgl. Jahn-*Sommer*, SGB V, § 27, Rn. 21.

dauerhaft Bewusstlosen steht ein voller Behandlungsanspruch zu, der zumindest darauf gerichtet ist, die Verschlimmerung seines Zustandes zu verhindern. Interessant und diskussionswürdig ist aber der Ansatz, wonach der Therapieerfolg gegen die Risiken der Behandlung abzuwägen ist (Behandlungsziel vs. Lebensqualität). Im Hinblick auf den gesundheitssozialrechtlichen Grundsatz der Notwendigkeit und Wirtschaftlichkeit der medizinischen Behandlung gemäß § 11 SGB V dürfte auf solche Maßnahmen verzichtet werden, die mehr schaden als nützen, da ihr diagnostischer und therapeutischer Nutzen, medizinische Notwendigkeit und Wirtschaftlichkeit äußerst fraglich erscheinen.[796] Wie aber diese Abwägung vorgenommen werden soll, lässt dieser Ansatz leider offen. Er überträgt die Entscheidung darüber eher ins ärztliche Ermessen, was im Hinblick auf die hervorragende Bedeutung des Lebensrechts unzulässig erscheint. Die Rechtsordnung muss zunächst Grundsätze aufstellen, wie dieses Ermessen ausgeübt werden soll. Sonst droht die Gefahr, dass die Medizin über die Reichweite des Lebensrechts bestimmt.

Eser[797] sucht die Grundlage für den einseitigen Behandlungsabbruch in den objektiven Grenzen der Medizin. Er macht die Frage der objektiven Grenzen der medizinischen Behandlung vom Vorliegen der faktischen Unmöglichkeit und der Zielsetzung des ärztlichen Heilauftrags abhängig. Unmöglichkeit liege vor, wenn die zur Lebenserhaltung notwendigen Mittel oder das notwendige Personal fehlen.[798] Die Zielsetzung des ärztlichen Heilauftrags erstrecke sich auf „die Erhaltung und Ermöglichung menschlicher Selbstverwirklichung“, und erschöpfe sich nicht allein in der physisch-biologischen Lebenserhaltung[799]. Dieses Ziel sei erreicht, wenn alle sinnlichen Mitteilungsmöglichkeiten des betroffenen Menschen ausgeschlossen sind, was spätestens bei einem irreversiblen Bewusstseinsverlust der Fall sei. Die Pflicht des Arztes zur Lebenserhaltung ende also mit dem irreversiblen Ausfall der Reaktions- und Kommunikationsfähigkeit des Patienten.[800] Gegen *Esers* Ansicht, wonach die Zielsetzung des ärztlichen Auftrages für den einseitigen Behandlungsabbruch entscheidend sein solle, spricht, dass es schwer fällt, die Frage zu beantworten, ob und wann eine Behandlung mit den Zielen der Medizin nicht mehr vereinbar ist. Warum soll die Kommunikationsfähigkeit so essentiell für das Menschensein sein und deren Fehlen zur Behandlungsbeendigung berechtigen? Selbst wenn man sagt, eine Erkrankung, die zum unwiderruflichen Bewusstseinsverlust führt, solle medizinisch nicht behandelt werden, kommt man zu dem Widerspruch, dass deren Behandlung doch medizinisch möglich und zumutbar ist.[801] *Eser* unterstellt ein Ergebnis, ohne dessen Grundlagen offenzulegen und

796 Siehe unten 1.5.1 c), c) cc).
797 Vgl. Sch/Sch-*Eser/Sternberg-Lieben*, vor § 211, Rn. 29e f.
798 Vgl. *Eser*, Sterbehilfe und Euthanasie, S. 57.
799 Vgl. Sch/Sch-*Eser/Sternberg-Lieben*, vor § 211, Rn. 29e.
800 Vgl. *Eser*, Sterbehilfe und Euthanasie, S. 59 f.; *Joecks/Jäger*, vor § 211, Rn. 41.
801 Vgl. *Merkel*, Früheuthanasie, S. 304.

ohne zu sagen, warum die fehlende Reaktions- und Kommunikationsfähigkeit dem rein biologischen Leben vorgehen soll.[802] Außerdem tritt nicht klar hervor, warum die Kommunikations- und Wahrnehmungsfähigkeit die Ziele der Medizin bestimmen sollen. Daran schließt sich eine weitere Frage an, und zwar, warum die Ziele der Medizin den Umfang des Lebensschutzes determinieren sollen. Es ist eher davon auszugehen, dass gerade der Umfang des Lebensrechts die Grenzen des medizinisch Machbaren beeinflussen soll und nicht umgekehrt. Sonst wird der Arzt darüber entscheiden, ob, wie und wann das Leben geschützt wird.[803]

Die Sinnlosigkeit der medizinischen Behandlung wird zuweilen dann angenommen, wenn die Behandlung ärztlicherseits nicht angeboten wird, weil sie medizinisch nicht indiziert ist.[804] Die medizinische Indikation fehle, wenn aus Sicht des behandelnden Arztes aufgrund seiner Sachkunde und im Rahmen seines Berufsethos keine sinnvolle Behandlungsmaßnahme[805] verfügbar oder kein sinnvolles Behandlungsziel[806] erreichbar ist. Dieses Verständnis des Sinnlosigkeitskriteriums läuft auf eine Selbstrechtfertigung der Ärzte hinaus, da die Sinnlosigkeit allein aus der Sicht der behandelten Ärzte bestimmt wird. Die Medizin setzt dann die Grenzen des Lebensschutzes und nicht der Lebensschutz die der Medizin. Im Übrigen ist die inhaltliche Ausfüllung dieses Sinnlosigkeitskriteriums nichtssagend: medizinische Behandlung ist sinnlos, wenn sie medizinisch kontraindiziert ist, was der Fall ist, wenn sie oder ihr Ziel sinnlos ist.

Es wird auch vertreten, dass zur Bestimmung der Sinnlosigkeit auf Aspekte der Menschenwürde abzustellen sei. Ist der medizinischen Behandlung kein durch Lebensschutz und Menschenwürde gerechtfertigter Sinn abzugewinnen, werde der Patient zum willenlosen, passiven Objekt der Intensivmedizin gemacht. Dadurch werde seine Würde verletzt.[807] Die Heranziehung der Gesichtspunkte der Menschenwürde zur Bestimmung des objektiven hypothetischen Willens des Patienten erscheint fragwürdig. Das Problem ist, deren objektiven Grenzen herauszufinden. Eine Verletzung der Menschenwürde ist zwar auch durch ein Verhalten von Privatpersonen möglich.[808] Es muss sich dabei allerdings um besonders schwerwiegende Verstöße handeln. Man könnte sich die Verletzung der Menschenwürde etwa bei unerträglichen folterähnlichen behandlungs- oder krankheitsbedingten Qualen und Schmerzen vorstellen. Doch Personen, die sich etwa in einem

802 Ebenda.

803 Vgl. *Merkel*, Früheuthanasie, S. 304.

804 Vgl. *Coeppicus*, NJW 2011, 2088; Sch/Sch-*Eser/Sternberg-Lieben*, vor §§ 211 ff., Rn. 29 f. m.w.N.

805 Vgl. LG Berlin, Beschluss vom 03.03.2006, 83 T 595/05.

806 Vgl. OLG München, Beschluss vom 25.01.2007, 33 Wx 6/07.

807 Vgl. *Hufen*, NJW 2001, 851; *Detering*, JuS 1983, 419; *Sprenger*, Allgemeine Wertvorstellungen, S. 35 ff.; Sch/Sch-*Eser/Sternberg-Lieben*, vor §§ 211 ff., Rn. 29g.

808 Vgl. *v. Münch*, JuS 1997, 250.

fortdauernden bewusstlosen Zustand befinden (Apalliker), sind empfindungsunfähig[809], so dass hier diese Vorstellung nicht eingreifen könnte. Ob aber die vollständige Bewusstlosigkeit, das Fehlen der Weltwahrnehmungsfähigkeit und der Selbstverwirklichungsmöglichkeit mit der Würde des Menschen nicht vereinbar sind, ist problematisch. Diese Frage ist in der Literatur und Rechtsprechung nicht geklärt und an sich umstritten.[810] Es ist kein Grund ersichtlich, der die Verlängerung des Lebens eines wahrnehmungsunfähigen Patienten als außerordentliche Härte für ihn selbst erscheinen lassen würde, zumal die Behandlung zur Lebenserhaltung und Lebensverlängerung erfolgt.[811] Wenn man davon ausgeht, dass das Lebensrecht, das sich auf den Schutz des biologischen Daseins erstreckt, die vitale Grundlage der Menschenwürde ist[812], dann wäre es widersprüchlich anzunehmen, dass die fehlende Kommunikationsfähigkeit generell eine menschwürdewidrige Eigenschaft darstellen soll.

Es wird auch vertreten, dass das Unterlassen und der Abbruch einer Behandlung der Lebensverlängerung vorzuziehen sei, wenn zur Sicherung der störungsfreien Arbeit der lebenserhaltenden Apparatur die Hände der Schwerstkranken festgebunden werden müssen, weil die Kranken durch noch mögliche, jedoch unkontrollierbare Handbewegungen vollführen, etwa die PGE-Sonde immer wieder herausziehen.[813] Auch dieser pauschale Ansatz ist aber nicht unproblematisch. Gewaltanwendung gegenüber dem Patienten, um Therapienutzen zu erzwingen, ist grundsätzlich verboten. Dient aber etwa eine Zwangsbehandlung der Widerherstellung der Urteils- und Einsichtsfähigkeit des Patienten, wird sie vom Bundesverfassungsgericht als gerechtfertigt angesehen.[814] Auch in anderen Fällen des sogenannten „immobilen“ Patienten ist es durchaus möglich und im Hinblick auf die objektiven Lebensschutzpflichten geboten, den Patientenwillen, insbesondere seinen natürlichen Willen zu überwinden und zwangszubehandeln.[815]

Entsprechend der Lehre der katholischen Kirche wird eine Unterscheidung zwischen „gewöhnlichen und außergewöhnlichen Mitteln“ vorgeschlagen. Die ersteren stellten eine Basisversorgung dar und sollten jedem Kranken geleistet werden. Auf die letzteren könne dagegen verzichtet werden.[816] Die Unterscheidung zwischen gewöhnlichen und außergewöhnlichen Maßnahmen ist jedoch nicht überzeugend. Der ständige Fortschritt der Medizin macht eine klare Zuordnung kaum

---

809 Vgl. *Merkel,* Früheuthanasie, S. 338 f.

810 Vgl. Sch/Sch-*Eser/Sternberg-Lieben,* vor §§ 211 ff., Rn. 29e f.

811 Vgl. *Fischer,* FS Roxin, S. 561 ff.; Chatzikostas, Suizid und Euthanasie, S. 106 f.

812 Vgl. BVerfG, Urteil vom 25.02.1975, 1 BvF 1/74 u.a.

813 Vgl. *Coeppicus* NJW 1998, 3386.

814 Vgl. BVerfG, Beschluss vom 23.03.2011, 2 BvR 882/09.

815 Vgl. BVerfG, Beschluss vom 26.07.2016, 1 BvL 8/15.

816 Vgl. *Everschor,* Neugeboreneneuthanasie, S. 263 ff.; *Opderbecke/Weißauer,* MedR 1998, 399.

möglich. Es ist durchaus vorstellbar, dass Mittel, die etwa vor wenigen Jahren als außergewöhnlich galten, heutzutage als gewöhnlich eingestuft werden können.[817]

Darüber hinaus gibt es Ansichten, die die Antwort auf die Frage, wann eine einseitige Behandlungsbeendigung, insbesondere in den Apalliker-Fällen, zulässig sein soll, in der öffentlichen Meinung suchen. Sie argumentieren damit, dass viele Befragte sich den Tod wünschen würden, wenn sie sich in einem vegetativen Zustand befänden.[818] Dass diese Auffassung in der Gesellschaft stark verbreitet sei, sei daran festzumachen, dass viele Menschen besondere und eindeutige Dispositionen für den Fall der irreversiblen Bewusstlosigkeit treffen. Auch das Entstehen von Gesellschaften für humanes Sterben sei ein Ausdruck für diese Tendenz.[819] Viele Hochaltrige wünschten sich den Tod für den Fall, dass nur noch die Verschlechterung ihres Gesundheitszustandes zu erwarten sein sollte, mit der Schmerzen, Unannehmlichkeiten, Behinderung und Einschränkungen verbunden sind.[820] Die öffentliche Meinung zur Frage der Hilfe zum Sterben als Grundlage für die Bestimmung der objektiven Kriterien der Behandlungsbeendigung erscheint jedoch nicht ausreichend. Denn es gibt viele Meinungen dazu, die sehr differenziert sind und von der Zulässigkeit in jedem Falle, über eine beschränkte, einzelfallbedingte Zulässigkeit bis hin zur generellen Ablehnung reichen.[821] Es verbietet sich daher, von der Meinung der Mehrheit auf die Meinung des Einzelnen zu schließen.[822]

Eine weitere Ansicht stellt auf ökonomische Grundsätze ab. Ist die Behandlung unverhältnismäßig zu dem erwarteten Erfolg, so dürfe sie unterbleiben. Einen Patienten, der sich in irreversiblem Koma befindet, solle der Arzt sterben lassen.[823] Dabei handle es sich um mittelbare Interessen Dritter an der „Vermeidung extrem hoher Kosten im Gesundheitswesen“ und „an der gerechten Verteilung knapper lebenserhaltenden Ressourcen“. Diese mittelbaren ökonomischen Interessen seien sozialpolitischer Natur, und die Entscheidung, ob sie im Rahmen der passiven Sterbehilfe Berücksichtigung finden sollten, stehe ausschließlich dem Gesetzgeber zu.[824] Ökonomische Aspekte der Weiterbehandlung sind ein diskutabler Gesichtspunkt.[825] Ihre Berücksichtigung

---

817 Vgl. *Eser*, Sterbehilfe und Euthanasie, S. 58; *Everschor*, Neugeboreneneuthanasie, S. 270; Sch/Sch-*Eser/Sternberg-Lieben*, vor §§ 211 ff., Rn. 29d m.w.N.

818 Vgl. *Merkel*, ZStW 107 (1995), 559.

819 Vgl. *Coeppicus*, NJW 1998, 3385.

820 Vgl. *Merkel*, ZStW 107 (1995), 559; *Coeppicus*, NJW 1998, 3385.

821 Vgl. *Beckert*, Suizidbeteiligung und Sterbehilfe, S. 110 ff.

822 Vgl. BGH, Beschluss vom 17.09.2014, XII ZB 202/13.

823 Vgl. *Merkel* ZStW 107 (1995), 569 f.; *Oderbecke/Weißauer*, MedR 1998, 397; dagegen *Joecks/Jäger*, vor § 211, Rn. 45; Sch/Sch-*Eser/Sternberg-Lieben*, vor §§ 211 ff, Rn. 29e, 30.

824 Vgl. *Merkel* JZ 1996, 1152 (Fn. 37).

825 Siehe unten 1.5.1 c), c) cc).

erscheint durch die ständige Unterfinanzierung des Gesundheitswesens bedingt.[826]

d) *Merkel* hält die Anwendung der vom Bundesgerichtshof bevorzugten rechtfertigenden mutmaßlichen Einwilligung sowie allgemein das Abstellen auf den objektiv bestimmten mutmaßlichen Willen (Patientenautonomie) insbesondere auf die Fälle des einseitigen Behandlungsabbruchs für verfehlt, da der Wille etwa des apallischen Patienten, anders als in den Fällen, in denen durch die Behandlung das Bewusstsein des Betroffenen wieder hergestellt wird, nachträglich niemals erforscht werden kann. Die Ermittlung des Willens anhand der objektiven Kriterien wie etwa „allgemeine Wertvorstellungen“ sei ein Entscheidungskriterium des rechtfertigenden Notstandes und nicht der rechtfertigenden Einwilligung.[827] Dagegen spricht jedoch, dass auch bei einem Apalliker eine Erlaubnis zum Eingriff in die körperliche Integrität notwendig ist. Diese Erlaubnis kann sich nur aus seiner Patientenautonomie ergeben, die seine Entscheidungsfreiheit schützt.[828] Dass der Wille des Apallikers aufgrund objektiver Kriterien und nicht seiner ureigenen individuellen Präferenzen bestimmt wird, hindert weder die Berufung auf den objektiv bestimmten Patientenwillen noch die Anwendbarkeit der rechtfertigenden (mutmaßlichen) Einwilligung. Die Patientenautonomie steht jedem zu, auch Personen, die bewusstlos sind oder niemals die Fähigkeit erlangen, von ihr Gebrauch zu machen. Etwa bei einwilligungsunfähigen Kindern wird anhand des objektiv bestimmten Wohls des Kindes über den ärztlichen Eingriff entschieden. Dessen Patientenautonomie wird stellvertretend durch seinen gesetzlichen Vertreter ausgeübt. Dies erlaubt die Patientenautonomie sowie die herkömmliche Konstruktion der mutmaßlichen Einwilligung.[829]

e) Gegen die Einwilligungslösung und das Abstellen auf den Willen des Betroffenen im Rahmen der passiven Sterbehilfe wird oft das Argument vorgebracht, dass dies kaum mit der Einwilligungssperre des § 216 StGB vereinbar sei.[830] Es sei unverständlich, „dass es eine Tötung geben soll, die nach dem Gesetz ausdrücklich tatbestandsmäßig ist, obwohl das Opfer sie ernstlich verlangt, die aber gerechtfertigt wird, weil das Opfer mutmaßlich zustimmt“.[831] Der Wunsch eines Menschen nach Tötung erlaube dem Dritten nicht, diesen Menschen zu töten.[832] Dem wird

826 Vgl. MK-*Schneider*, vor §§ 211 ff., Rn. 130.

827 Vgl. *Merkel*, ZStW 107 (1995), 563 f.; *derselbe*, Früheuthanasie, S. 530 f.

828 Vgl. *Schöch*, FS Hirsch, S. 702.

829 Vgl. *Engländer*, GA 2010, 24.

830 Vgl. *Walter*, ZIS 2011, 78; *Rosenau*, FS Rissing-van Saan, S. 558; *Joerden*, FS Roxin, S. 594; *Engländer*, JZ 2011, 517; *Fateh-Moghadam/Kohake*, ZJS 2012, 102; *Rönnau*, JA 1996, 111; *Eser*, Sterbehilfe und Euthanasie, S. 51; MK-*Schneider*, vor §§ 211 ff., Rn. 172.

831 Vgl. *Walter*, ZIS 2011, 78; *Tolmein*, KJ 1996, 516.

832 Vgl. *Rissing-van Saan*, ZIS 2011, 544.

entgegen gehalten, dass der Anwendungsbereich des § 216 StGB negativ zu definieren sei. Er erfasse nur solche vom Einzelnen gewünschten Tötungen, die weder aus der Beachtung seines Rechts auf Behandlungsfreiheit resultieren noch Nebenfolge einer Behandlung seiner Leiden seien.[833] Es wird auch vertreten, dass der Patientenwille deswegen zur Rechtfertigung einer Tötung auf Verlangen herangezogen werden dürfe, weil hier „das dem Patientenwillen entsprechende Recht auf ein menschenwürdiges Sterben“ höher zu bewerten sei als das Recht auf Leben.[834] Die Ausübung der Patientenautonomie wird als mittelbarer Eingriff in das Lebensrecht angesehen. Solche mittelbaren Eingriffe seien zulässig. Dies zeige etwa die allgemein akzeptierte Einwilligung in eine Gefährdung seines Lebens bei der Teilnahme an Extremsportwettkämpfen.[835] Der Bundesgerichtshof argumentiert in unklarer Art und Weise wohl damit, dass die Einwilligungssperre mit Rücksicht auf § 1901a BGB zu begrenzen ist.[836]

Nach einhelliger Auffassung besteht das Wesen der Patientenautonomie darin, dass jeder ärztliche Eingriff vom Patienten verweigert werden darf. Für die Rettungshandlung ist stets eine Zustimmung des Rechtsgutsinhabers zu dem lebensrettenden Eingriff in die körperliche Unversehrtheit notwendig. Erst diese Zustimmung schaffe eine Berechtigung zur Lebensrettung. Fehle sie, sei der willige Lebensretter von Rechts wegen verpflichtet, jegliche Rettungsmaßnahmen zu unterlassen.[837] Auf die Vernünftigkeit dieser Verweigerung kommt es nicht an. Ebenso wenig spielt hier eine Rolle, dass die ärztliche Maßnahme zur Aufrechterhaltung des Lebens zwingend notwendig ist.[838] Der Arzt darf sich in diesem Falle nicht auf § 34 StGB berufen.[839] Wenn also ohne Zustimmung des Betroffenen keine medizinische Maßnahme zum Schutze des Lebens vorgenommen werden darf, muss dessen Ablehnung einer medizinischen Behandlung im Rahmen der Tötungsdelikte Berücksichtigung finden. Anderenfalls müsste der Arzt durch eine aktive Handlung die Verletzung der Patientenautonomie zum Zwecke der Lebensrettung bewirken. Er wäre damit verpflichtet, einen rechtlich nicht erlaubten Eingriff in das Selbstbestimmungsrecht des Patienten vorzunehmen. Die fehlende Einwilligung in eine Behandlung führt zwar zwangsweise zu einer (mittelbaren) Verfügung über das Leben[840], die die Einwilligungssperre des § 216 StGB beeinträchtigen

833 Vgl. *Verrel*, NStZ 2010, 673 f.; i.E. so auch: *derselbe*, JZ 1996, 227; *Uhlig/Joerden*, Ad Legendum 2011, 371, 374; *Brunhöber*, JuS 2011, 405.

834 Vgl. *Bosch*, JA 2010, 911.

835 Vgl. *Fröschle*, JZ 2000, 73.

836 Vgl. BGH, Urteil vom 25.06.2010, 2 StR 454/09.

837 Vgl. MK-*Schneider*, vor §§ 211 ff., Rn. 131.

838 Vgl. MK-*Schneider*, vor §§ 211 ff., Rn. 115 m.w.N.

839 Vgl. *Neumann*, FS Herzberg, 583.

840 Vgl. *Fröschle*, JZ 2000, 73: Eine Disposition über das Leben bei der Verweigerung einer Behandlung sei eine mittelbare Folge der unmittelbaren Ausübung der Patientenautonomie.

mag. Wenn aber lebensnotwendige Behandlungen abgelehnt werden dürfen, deren Nichtdurchführung oder Beendigung den sicheren Tod des Patienten zur Folge haben, und wegen der Behandlungsablehnung keine lebensrettenden Handlungen erlaubt sind, dann muss man davon ausgehen, dass die Einwilligungssperre des § 216 StGB durch die Ausübung der Patientenautonomie nicht berührt wird oder zumindest seit der Einführung der auf die Stärkung der Patientenautonomie ausgerichteten §§ 1901a ff. BGB in dem die Patientenautonomie berührenden Bereich durchbrochen wurde. Das Behandlungsveto des Patienten lässt die in den §§ 216, 212, 211 StGB verankerten Lebensschutzpflichten wegfallen[841], so dass das Verbot der Einwilligung in eine Fremdtötung nicht verletzt werden kann. Eine Zwangsbehandlung zur Lebenserhaltung ist (grundsätzlich)[842] unzulässig.

f) Beizupflichten ist dem Bundesgerichtshof in der Frage, dass in Zweifelfällen an das Behandlungsverbot hohe Anforderungen zu stellen sind und dass im Zweifel eine Entscheidung *pro vita* zu treffen ist[843]. Dies gilt unumstritten für die Fälle der unaufschiebbaren ärztlichen Maßnahmen oder der Akutreanimation, bei denen der individuelle Wille des Betroffenen unbekannt oder zweifelhaft ist.[844] Soweit keine konkreten gegenteiligen Anhaltspunkte für den individuell erklärten oder mutmaßlichen Willen vorliegen[845], ist aufgrund der hervorragenden Bedeutung des Lebensrechts davon auszugehen, dass die Behandlungsvornahme dem Patientenwillen entspricht.[846] Entgegen der insbesondere von *Merkel* vertretenen Ansicht muss dies auch in allen anderen Fällen gelten. *Merkel* meint, dass es keine abstrakten Vorentscheidungen zugunsten des Lebensschutzes geben könne, da in echten Zweifelsfällen die Lebenserhaltung ebenso das größte Übel sein kann wie das Sterbenlassen. Es gebe keine „moralisch ‚sichere' Seite, zu der hin man sich problemlos irren dürfte als zur anderen".[847] Er ignoriert dabei, dass einsichts- und urteilsunfähige Patienten, deren Wille trotz Ausschöpfung aller verfügbaren Erkenntnisquellen nicht feststellbar ist, bei Gefährdungen von Leib und Leben schutzlos und daher besonders hilfsbedürftig sind. Sie können für ihren Schutz

---

841 Vgl. BVerfG, Beschluss vom 26.07.2016, 1 BvL 8/15.

842 Vgl. BVerfG, Beschluss vom 19.07.2017, 2 BvR 2003/14 m.w.N.

843 Vgl. BGH, Urteil vom 13.09.1994, 1 StR 357/94; NJW 2010, 2967; Beschluss vom 17.09.2014, XII ZB 202/13; Beschluss vom 06.07.2016, XII ZB 61/16; *Otto*, Jura 1999, 436; so auch *Schöch*, FS Hirsch, S. 703: es müsse eine überwiegende Wahrscheinlichkeit für die Beendigung als für die Vornahme sprechen, da meistens erst die Durchführung der Behandlung zeigen kann, wie groß die Erfolgschancen sind.

844 Vgl. MK-*Schneider*, vor §§ 211 ff., Rn. 137.

845 Gemeint ist hier, dass weder Patientenverfügungen noch Behandlungswünsche noch Anhaltspunkte für den mutmaßlichen Willen wie frühere Äußerungen, ethische oder religiöse Überzeugungen oder persönliche Wertvorstellungen vorliegen.

846 Vgl. *Opderbecke/Weißauer*, MedR 1998, 396.

847 Vgl. *Merkel*, Früheuthanasie, S. 540 f.

nicht selbst sorgen. Darum dürfen sie nicht einfach sich selbst überlassen werden. Bereits aus dieser Hilfsbedürftigkeit ergibt sich eine konkrete Pflicht des Staates zum Lebensschutz, die zum medizinischen Tätigwerden verpflichtet.[848] Diese Lebensschutzpflicht kollidiert bei der Notwendigkeit medizinischer Behandlungsmaßnahmen einerseits mit dem Recht auf körperliche Unversehrtheit und andererseits mit der Patientenautonomie. Ist der Patientenwille unbekannt und sind die Vorteile und Nachteile der Durchführung medizinischer Behandlung unklar, so muss dem Grundsatz *pro vita* gefolgt werden, da zum einen auf generell-abstrakter Ebene das Lebensrecht überwiegt und zum anderen konkret-individuell eine konkrete staatliche Pflicht, das Leben zu schützen und zu fördern besteht, die nur entfallen kann, soweit besonders gewichtige objektive Gründe gegen die Durchführung medizinischer Behandlung und damit für die Verletzung des Lebensrechts sprechen. Denn nur beim Vorliegen von Umständen erheblichen Gewichts kann ein Eingriff in das Lebensrecht gerechtfertigt werden.[849] Sind sie zweifelhaft, so können sie die konkrete Pflicht zum medizinischen Tätigwerden aus Art. 2 Abs. 2 Satz 1 GG nicht ausschließen oder dieser Pflicht gegenüber überwiegen. Dafür sprechen auch praktische Erwägungen. Wird in einem echten Zweifelsfall die medizinische Behandlung durchgeführt, so kann sie jederzeit abgebrochen werden, wenn sich herausstellt, dass sie die Patienteninteressen in unzumutbarer Weise beeinträchtigt. Der Risikofehler kann noch behoben werden. Lässt man hingegen den Patienten in einem echten Zweifelsfall sterben, so ist der Risikofehler nicht mehr reparabel.

g) Insbesondere *Merkel* zieht zur Beurteilung der Fälle einer passiven Sterbehilfe den rechtfertigenden Notstand gemäß § 34 StGB heran. Er begründet dies damit, dass das Problem nur durch die Abwägung unterschiedlicher Faktoren, wie dies beim Notstand der Fall ist, gelöst werden könne. Ihm zufolge sollen die Nichtdurchführung medizinischer Behandlung und der Behandlungsabbruch dort möglich sein, wo „die weitere Lebenserhaltung definitiv und zweifellos den fundamentalen Interessen des Betroffenen zuwiderläuft". Danach soll „das Interesse am Weiterleben" für die Ermittlung der Lebensinteressen des Patienten entscheidend sein. Unter dem Interesse am Weiterleben seien ausschließlich eigene mittelbare und unmittelbare Interessen des Betroffenen und niemals unmittelbare Interessen Dritter zu verstehen.[850] Das seien zum einen die vergangenen Präferenzen und zum anderen potentielle gegenwärtige Entwicklungschancen und künftige Präferenzen der konkreten Person.[851] Gegen die Anwendung des § 34 StGB wird vielfach vorgebracht, dass er nach seinem Sinn und Zweck nicht zur Lösung von

848 Vgl. BVerfG, Beschluss vom 26.07.2016, 1 BvL 8/15 m.w.N.

849 Vgl. BVerfG, Urteil vom 25.02.1975, 1 BvF 1/74 u.a.

850 Vgl. *Merkel*, JZ 1996, 1151 f.; *Hufen*, NJW 2001, 852.

851 Vgl. *Merkel*, JZ 1996, 1152 f.

intrapersonalen Interessenkollisionen geeignet sei.[852] Dagegen spricht jedoch, dass zumindest seine analoge Anwendung in Betracht kommt.[853]

Der rechtfertigende Notstand gemäß § 34 StGB erscheint jedoch für die Lösung der Fälle der passiven Sterbehilfe von seiner Struktur her nicht sachgerecht. § 34 StGB ist eine Norm, die auf Abwägung kollidierender Interessen ausgerichtet ist. Bei der passiven Sterbehilfe geht es zwar grundsätzlich darum, welchem Interesse der Vorrang einzuräumen ist, und zwar entweder dem Lebensschutz oder der Patientenautonomie. Der individuelle Wille des Betroffenen ist aber grundsätzlich alleiniger Maßstab für die Entscheidung über die Nichtdurchführung oder den Abbruch medizinischer Maßnahmen. Ist der individuelle Wille feststellbar, so hindert er jegliche Abwägung gegen sonstige Interessen, insbesondere die Lebensschutzpflichten, und ist allein maßgeblich.[854] Dadurch sind Ärzte und Dritte an den individuellen Willen des Patienten gebunden. Will der Patient nicht behandelt werden, so ist dies zu respektieren, auch dann, wenn die Patientenentscheidung irrational ist.[855] Das Behandlungsverbot muss für Dritte nicht nachvollziehbar sein.[856] Auf die Art und das Stadium der Erkrankung und die Vernünftigkeit des Wunsches kommt es nicht an. Ebenso wenig darauf, dass die Vornahme einer abgelehnten Maßnahme zur Lebensrettung notwendig ist.[857] „Denn ein selbst lebensgefährlich Kranker kann triftige und sowohl menschlich wie sittlich achtenswerte Gründe haben, eine Operation abzulehnen, auch wenn er durch sie und nur durch sie von seinem Leiden befreit werden kann".[858] Im Rahmen des § 34 StGB wird hingegen jeder Interessenkonflikt „objektiv" geschlichtet. Der individuelle Wille des Patienten ist aber aufgrund des Wesens der Patientenautonomie kein messbares Rechtsgut oder Interesse, das einer objektiven Kontrolle unterzogen werden kann.[859] Die objektiven Interessen können unter Umständen erst bei der Ermittlung des objektiven mutmaßlichen (hypothetischen) Willens eine Bedeutung erlangen. Der rechtfertigende Notstand erlaubt hingegen deren Heranziehung schon im Rahmen der Ermittlung des individuellen Patientenwillens, wodurch eine Abwertung der

852 Vgl. BGH, NJW 2010, 2965; *Engländer*, JZ 2011, 517.

853 Vgl. *Merkel*, ZStW 107 (1995), 569; MK-*Schneider*, vor §§ 211 ff., Rn. 110 m.w.N.

854 Vgl. BVerfG Beschluss vom 26.07.2016, 1 BvL 8/15 m.w.N.

855 Vgl. LG Ravensburg NStZ 1987, 229; MK-*Schneider*, vor §§ 211 ff, RN. 115; *Schroth*, GA 2006, 551; *Otto*, Jura 1999, 435; *Dreier*, JZ 2007, 323.

856 Vgl. *Fischer*, FS Roxin, S. 568 f.; *Wessels/Hettinger/Engländer*, Besonderer Teil 1, Rn. 40.

857 Vgl. *Fischer*, vor §§ 211–217, Rn. 42; *Dreier*, JZ 2007, 323; *Hufen*, NJW 2001, 851; *Achenbach*, Jura 2002, 545; *Lackner/Kühl*, vor § 211, Rn. 8.

858 Vgl. BGH, Urteil vom 28.11.1957, 4 StR 525/57; Urteil vom 06.07.2016, XII ZB 61/16.

859 Vgl. BGH, Urteil vom 13.09.1994, 1 StR 357/94, Beschluss vom 17.09.2014, XII ZB 202/13; *Schroth*, JuS 1992, 478.

Patientenautonomie eintreten kann.[860] Es kann dann eine Entscheidung über die Vernünftigkeit des individuellen Willens des Patienten getroffen werden, was im Hinblick auf das Selbstbestimmungsrecht über die eigene körperliche Unversehrtheit und die „Freiheit zur Krankheit"[861] unzulässig erscheint.[862]

Der rechtfertigende Notstand könnte zur Lösung der passiven Sterbehilfe nur dort geeignet sein, wo man bei der Interessenabwägung mangels der Anhaltspunkte für den individuellen Willen auf objektive Kriterien abstellen muss. Hier bestehen Berührungspunkte zwischen dem rechtfertigenden Notstand, der vom Bundesgerichtshof bevorzugten rechtfertigenden mutmaßlichen Einwilligung[863] und der hier vorgeschlagenen „rechtfertigenden Nichteinwilligung". Sie alle setzen hier eine objektive Abwägung aller relevanten Umstände voraus, wobei das für den Patienten objektiv Interessengerechte maßgeblich ist. Der Vorteil der mutmaßlichen (Nicht-) Einwilligung liegt jedoch darin, dass sie es ermöglicht, eine klare Grenze zwischen der passiven und der aktiven Sterbehilfe zu ziehen. Das Rechtsinstitut der Einwilligung bezweckt hier den Schutz der Patientenautonomie. Darin ist der Grund für die Straflosigkeit der passiven Sterbehilfe zu sehen.[864] Das heißt, dass der Patient auf eine ärztliche Maßnahme jederzeit verzichten darf und ein Dritter dies zu respektieren hat. Dem Dritten darf dann kein Strafvorwurf gemacht werden, dass er aus Respekt vor dem Patientenwillen lebensnotwendige Maßnahmen unterlassen oder abgebrochen hat. Die aktive Sterbehilfe ist hingegen eine auf eine unmittelbare Tötung ausgerichtete Handlung, die ihren Grund nicht in der Patientenautonomie hat. Sie ist nicht behandlungsbezogen und hat nicht zum Ziel, eine ärztliche Maßnahme nicht durchzuführen oder zu beendigen.[865] Die Lösung über den Notstand verwischt diesen fühlbaren Unterschied. Sie lässt mehr Raum für die Abwägung und kann damit Möglichkeiten für eine allzu freizügige Behandlung von Sterbehilfefällen bieten.[866] Zudem können bei der Abwägung nicht nur Gründe der Patientenautonomie, sondern auch etwa das allgemeine Selbstbestimmungsrecht, die allgemeine Handlungsfreiheit oder die Interessen Dritter berücksichtigt werden.

Im Rahmen des § 34 StGB ist es weiter notwendig, dass das geschützte Interesse gegenüber dem zu opfernden Interesse wesentlich überwiegt. Nach *Merkels*

---

860 So nimmt etwa *Merkel* im Rahmen des § 34 StGB eine Abwägung „zwischen vergangenen persönlichen *Präferenzen* und gegenwärtigen bzw. zukünftigen (von diesen Präferenzen gänzlich unabhängigen) *Interessen*" vor, vgl. *Merkel*, ZStW 107 (1995), 568.

861 Vgl. BVerfG Beschluss vom 26.07.2016, 1 BvL 8/15 m.w.N.

862 Vgl. BGH, Urteil vom 28.11.1957, 4 StR 525/57.

863 Zur Ablehnung der rechtfertigenden Einwilligung siehe oben 1.3. a).

864 Siehe oben 1.2.

865 Ebenda.

866 Vgl. MK-*Schneider*, vor §§ 211 ff., Rn. 123.

Auffassung ist für das wesentliche Überwiegen des Sterbeinteresses allein maßgeblich, ob die Entscheidung über die Beendigung einer Behandlung richtig oder falsch ist. Er meint, dass das Richtige stets wesentlich besser als das Falsche sei. Umgekehrt, sei das Falsche wesentlich schlechter als das Richtige. Der Gegensatz zwischen „richtig" und „falsch" begründet aus seiner Sicht das wesentliche Überwiegen des Richtigen gegenüber dem Falschen oder umgekehrt. Wenn etwa A 1.000 Euro des B opfert, um 1.010 Euro des B zu retten, ist aus *Merkels* Sicht diese Handlung richtig. Das wesentliche Überwiegen ergebe sich daraus, dass diese Alternative „wesentlich" besser als die falsche sei.[867] Dies erscheint jedoch problematisch, da das Merkmal der Wesentlichkeit dadurch für gegenstandslos erklärt wird.[868] Ferner ist nicht ganz nachvollziehbar, warum das Richtige wesentlich besser sein soll als das Falsche. Das Richtige ist besser als das Falsche, aber warum „wesentlich" besser? Neben „richtigen" und „falschen" Entscheidungen kann es auch „weniger richtige" oder „weniger falsche" Entscheidungen geben. In *Merkels* Beispiel mag die Rettung von 1.010 Euro durch die Aufopferung von 1.000 Euro (im Ergebnis werden 10 Euro gerettet) an sich richtig sein. Sie mag auch die bessere Alternative sein. Berücksichtigt man in dem Beispiel etwa die Risikohöhe, wie dies derzeit die herrschende Meinung bei der Bestimmung des wesentlichen Überwiegens tut, und modifiziert man das Beispiel *Merkels* dahingehend, dass die Rettungswahrscheinlichkeit der 1.010 Euro des B bei circa 60 % liegt (gerade Prognoseunsicherheiten sind den Sterbehilfefällen immanent) scheint die Opferung von 1.000 Euro des B wohl noch richtig. Setzen wir die Rettungswahrscheinlichkeit aber bei 40 % an, kommt man schon ins Grübeln. Mit etwas gutem Willen kann man sagen, dass auch in diesem Falle die Aufopferung dieses Geldbetrages gerade noch richtig ist. Ist aber dieses „Noch-Richtig" oder „Gerade-Noch-Richtig" dem vollen „Richtig" gleichzusetzen? Wenn ja, wo verläuft dann die genaue Grenze zwischen Richtig und Falsch? Wenn nein, ist das „Gerade-Noch-Richtig" wesentlich besser als „Gerade-Noch-Richtig an der Grenze zu Fast-Falsch"? Durch die Nuancierung wird die Grenze immer verschwommener, was dann auf den Begriff der Wesentlichkeit durchschlägt. Die Wesentlichkeit verliert dann ihre Schärfe.

h) Sowohl die Einwilligungs- als auch die Notstandslösung verlangen, dass der Handelnde subjektiv entsprechend dem aktuellen, individuellen oder objektiven mutmaßlichen Willen des Patienten eine Behandlung einstellen oder beenden und damit in seinem Interesse und entsprechend seinem Willen handelt. Als Täter kommt dabei grundsätzlich jedermann in Frage. Das können etwa der Arzt, das Pflegepersonal oder ein Angehöriger sein. Für die Rechtfertigung des Täters ist entscheidend, ob er mit der Nichtdurchführung oder der Beendigung medizinischer Behandlung die Patientenautonomie des Betroffenen nach sorgfältiger Prüfung der medizinischen Grundlagen und des Patientenwillens zu respektieren

867 Vgl. *Merkel*, Früheuthanasie, S. 533.

868 Vgl. *Engländer*, GA 2010, 18.

beabsichtigt.[869] Die Nichtdurchführung oder Beendigung der medizinischen Behandlung dient dann der Verwirklichung des Selbstbestimmungsrechts des Patienten.[870]

1.4 Patientenanordnungen

Seit der Novellierung des Betreuungsrechts enthalten die zivilrechtlichen Vorschriften der §§ 1901a ff. BGB eine Regelung zur Ermittlung des Willens einwilligungsunfähiger Patienten.[871] Diese Vorschriften beantworten nach dem gesetzgeberischen Willen die Fragen „der Feststellung, Verbindlichkeit und Umsetzung des Patientenwillens". Sie sehen eine abgestufte Prüfungsreihenfolge des mutmaßlichen Willens vor und unterscheiden zwischen Patientenverfügungen, Behandlungswünschen und individuellen Anhaltspunkten für die Ermittlung des nicht anhand der Patientenverfügung und der Behandlungswünsche feststellbaren mutmaßlichen Willens. Sie finden auf den unmittelbar vor der Behandlung erklärten Willen des einwilligungsfähigen Patienten hingegen keine Anwendung.[872]

1.4.1 Regelungen des BGB

a) In § 1901a Abs. 1 Satz 1 BGB ist der Begriff der Patientenverfügung geregelt. Eine Patientenverfügung ist danach eine schriftliche[873] Festlegung eines

---

869 Vgl. LG Ravensburg NStZ 1987, 229; *Verrel*, NStZ 2010, 674 f.; *Engländer*, JZ 2011, 519; *Rissing-van Saan*, ZIS 2011, 550; a.A. BGH, Beschluss vom 10.11.2010, 2 StR 320/10, wonach nur Betreuer oder Bevollmächtigter zur Ermittlung und Durchsetzung des Patientenwillens befugt sein soll und dass bei der Unterlassung oder der Beendigung einer medizinischen Behandlung das in §§ 1901a ff. BGB vorgesehene Verfahren stets zu beachten ist; so auch *Walter*, ZIS 2011, 79 f. Die Ansicht des BGH widerspricht dem Grundsatz der materiellen Gerechtigkeit. Es kann im Einzelfall für die Strafbarkeit nicht darauf ankommen, ob bestimmte Formalitäten eingehalten wurden, sondern nur darauf, ob der Handelnde den wahren Willen des Betroffenen durchsetzen wollte.

870 Vgl. *Roxin*, NStZ 1987, 350.

871 Vgl. Sch/Sch-*Eser/Sternberg-Lieben*, vor § 211, Rn. 28e ff.; *Fischer*, vor §§ 211–217, Rn. 45 ff; *Höfling*, NJW 2009, 2850 ff.; zur Rechtslage vor Novellierung vgl. MK-*Schneider*, vor §§ 211 ff., Rn. 140–142; *Ingelfinger*, JZ 2006, 827 ff.; *Schöch*, FS Hirsch, S. 705 ff.; *Dreier*, JZ 2007, 323 ff.; *Kubiciel*, ZJS 2010, 658.

872 Vgl. *Höfling*, NJW 2009, 2850; MK-*Schneider*, vor §§ 211, Rn. 136; Grüneberg-*Götz*, § 1901a, Rn. 27.

873 Ist die Patientenverfügung nicht schriftlich fixiert, ist sie wie ein Behandlungswunsch gemäß § 1901a Abs. 2 BGB zu behandeln, vgl. *Spickhoff*, FamRZ 2009, 1951.

einwilligungsfähigen Volljährigen[874] darüber, dass „er für den Fall seiner Einwilligungsunfähigkeit in bestimmte, zum Zeitpunkt der Festlegung noch nicht unmittelbar bevorstehende Untersuchungen[875] seines Gesundheitszustands, Heilbehandlungen oder ärztliche Eingriffe einwilligt oder sie untersagt". Die Patientenverfügung unterscheidet sich von einer aktuellen Behandlungsverweigerung durch das Merkmal der „Unmittelbarkeit" der bevorstehenden Behandlung.[876] Die Wirksamkeit der Patientenverfügung hängt von deren Situationsbezogenheit ab. Die Bestimmungen der Patientenverfügung müssen konkret gehalten werden und der konkreten Behandlungslage entsprechen. Hier werden möglichst genaue Angaben der Behandlungssituationen oder der ausreichend spezifizierten Krankheiten verlangt, bei denen bestimmte Behandlungsmethoden unterbleiben sollen. Notwendig sind Angaben, in welcher Lebens- und Behandlungssituation welche ärztlichen Maßnahmen unterbleiben oder durchgeführt werden sollen.[877] Der Patient muss dabei seinen künftigen Gesundheitszustand nicht vorausahnen und die

---

874 Im Umkehrschluss ergibt sich aus dem Wortlaut des § 1901a Abs. 1 BGB, dass ein Minderjähriger nicht befugt ist, eine Patientenverfügung zu errichten. Diese Deutung widerspricht jedoch dem Wesen der Patientenautonomie, wonach es bei ihr nicht auf die Geschäftsfähigkeit, sondern grundsätzlich auf die Einsichts- und Urteilsfähigkeit ankommt (vgl. *Spickhoff*, FamRZ 2009, 1950; Grüneberg-*Götz*, § 1901a, Rn. 10). Nach *Götz* soll die Patientenverfügung eines Minderjährigen in analoger Anwendung des § 1901a Abs. 2 BGB zumindest als ein Behandlungswunsch Geltung erlangen (vgl. Grüneberg-*Götz*, § 1901a, Rn. 10; so auch *Spickhoff*, FamRZ 2009, 1951). *Sternberg-Lieben* schlägt vor, dass der Minderjährige statt einer Patientenverfügung eine Einwilligungsvollmacht für einen Bevollmächtigten nach § 1904 Abs. 5 BGB errichten könne, da diese nur Einwilligungsfähigkeit voraussetzt (vgl. *Sternberg-Lieben*, FS Roxin, S. 543, Fn. 37).

875 Die Anwendbarkeit der §§ 1901a ff. BGB setzt eine „noch nicht unmittelbar bevorstehende Maßnahme" voraus. Eine Zustimmung oder eine Zustimmungsverweigerung zu einer unmittelbar bevorstehenden Maßnahme stellt hingegen eine rechtfertigende Einwilligung gemäß dem aktuellen Willen dar, vgl. *Höfling*, NJW 2009, 2850. Sollte der Einwilligende nach der Erteilung der Einwilligung in eine „unmittelbar bevorstehende Maßnahme" einwilligungsunfähig werden, so kann die Fortführung der Behandlung durch die Fortwirkung dieser Einwilligung gedeckt sein (vgl. *Sternberg-Lieben*, FS Roxin, S. 542, Fn. 31) oder die erteilte Einwilligung wird in eine Patientenverfügung umgedeutet (vgl. Grüneberg-*Götz*, § 1901a Rn. 19). Jedenfalls müssen im Rahmen der fortwirkenden Einwilligung oder der umgedeuteten Patientenverfügung die tatsächlichen Patientenanordnungen, die in der tatsächlichen Patientenverfügung enthalten sind oder als Behandlungswünsche geäußert wurden, beachtet werden, vgl. *Spickhoff*, FamRZ 2009, 1951.

876 Vgl. *Spickhoff*, FamRZ 2009, 1951.

877 Vgl. BGH, Beschluss vom 06.07.2016, XII ZB 61/16.

zukünftigen Fortschritte in der Medizin vorwegnehmend berücksichtigen.[878] Nicht ausreichend sind allerdings allgemeine Anweisungen wie die Aufforderung, ein würdevolles Sterben zu ermöglichen oder zuzulassen, wenn ein Therapieerfolg nicht mehr zu erwarten ist.[879] Der Wirksamkeit der Anordnungen des Patienten steht nicht entgegen, dass der Abfassung der Patientenverfügung keine ärztliche Aufklärung vorangegangen ist.[880] Es spielt auch keine Rolle, welcher Zeitraum zwischen der Errichtung der Patientenverfügung und dem Behandlungszeitpunkt liegt.[881] Die Beachtlichkeit der Patientenverfügung setzt auch nicht voraus, dass ein irreversibler tödlicher Krankheitsverlauf begonnen haben muss.[882] Um dem individuellen und gesellschaftlichen Druck zur Errichtung bestimmter Patientenverfügungen entgegenzuwirken, hat der Gesetzgeber in § 1901a Abs. 4 BGB vorgesehen, dass niemand zur Errichtung einer Patientenverfügung verpflichtet ist oder deren Errichtung zur Bedingung eines Vertragsschlusses gemacht werden darf.[883]

aa) Ist die Patientenverfügung wirksam und finden ihre Bestimmungen auf die konkrete Lebens- und Behandlungssituation Anwendung und ist kein Widerruf der Patientenverfügung gemäß § 1901a Abs. 1 Satz 3 BGB feststellbar, so sind die Anordnungen der Patientenverfügung zu beachten und umzusetzen, selbst dann, wenn die Anordnungen unvernünftig erscheinen oder nicht dem objektiven Wohl des Patienten entsprechen. Die Unvernünftigkeit des in der Patientenverfügung niedergelegten Willens kann nicht durch den Rückgriff auf den mutmaßlichen Patientenwillen durchbrochen oder korrigiert werden.[884]

---

878 Vgl. BGH, Beschluss vom 08.02.2017, XII ZB 604/15.

879 Ganz allgemein gehaltene Anordnungen wie „keine lebensverlängernden Maßnahmen" oder „keine intensivmedizinischen Maßnahmen" sollen ebenfalls dem Bestimmtheitsgebot von Patientenverfügungen nicht genügen, vgl. *Spickhoff*, FamRZ 2009, 1951; Grüneberg-*Götz*, § 1901a, Rn. 18; MK-*Schneider*, vor §§ 211 ff., Rn. 146; *Sternberg-Lieben*, FS Roxin, S. 542, Fn. 32; a.A. BGH, Beschluss vom 08.02.2017, XII ZB 604/15: der Wunsch, dass lebensverlängernde Maßnahmen unterbleiben sollen, sei hinreichend konkret, wenn er Bezug zu einer konkreten Behandlungssituation aufweist (in dem Fall hat die Betroffene angeordnet, keine lebensverlängernden Maßnahmen zu wollen, wenn keine Aussicht auf Wiedererlangung des Bewusstseins besteht).

880 Vgl. Grüneberg-*Götz*, § 1901a, Rn. 13.

881 Vgl. Grüneberg-*Götz*, § 1901a, Rn. 14.

882 Vgl. *Spickhoff*, FamRZ 2009, 1951; Grüneberg-*Götz*, § 1901a, Rn. 29.

883 Problematisch ist hier, ob sich das Verbot auch etwa auf Vorgaben einer Religionsgemeinschaft wie die der Zeugen Jehovas bezieht. Es wird argumentiert, dass die Zugehörigkeit zu dieser Glaubensgemeinschaft auf Freiwilligkeit beruhe und dass die Errichtung der Patientenverfügungen entsprechend der Religionsvorgaben durch Art. 4 GG geschützt werde, vgl. *Spickhoff*, FamRZ 2009, 1954; *Sternberg-Lieben*, FS Roxin, S. 543, Fn. 35.

884 Vgl. MK-*Schneider*, vor §§ 211 ff., Rn. 139; Grüneberg-*Götz*, § 1901a, Rn. 18.

Wirksame Patientenverfügungen sind für den Arzt, den Betreuer (bzw. den Vorsorgebevollmächtigten), das Pflegepersonal und alle anderen bindend. Gemäß § 1901a Abs. 1 Satz 2 BGB hat der Betreuer (bzw. der Vorsorgebevollmächtigte) dem in der Patientenverfügung enthaltenen ureigenen Willen des Betroffenen Ausdruck und Geltung zu verschaffen.[885] Die Aufgabe des Betreuers ist nur noch, die schriftliche Entscheidung des einwilligungsunfähigen Patienten durchzusetzen.[886] Sie unterliegt daher grundsätzlich keiner Kontrolle seitens des Betreuers oder des Betreuungsgerichts, da sie die ureigene Entscheidung des Patienten wiedergibt. Die Prüfungsbefugnisse des Betreuers erstrecken sich nur darauf, ob der in der Patientenverfügung niedergelegte Wille auf die aktuelle Lebenssituation zutrifft und ob das aktuelle Verhalten des Patienten konkrete Anhaltspunkte dafür liefert, dass er die früheren Willensäußerungen nicht mehr gelten lassen will.[887] Anschließend hat der Betreuer gemäß § 1901b BGB die Behandlungsmaßnahme und den Patientenwillen mit dem behandelnden Arzt zu erörtern[888] und soll den nahen Angehörigen und sonstigen Vertrauenspersonen des Patienten Gelegenheit zur Äußerung geben.[889] Der Arzt oder das Pflegepersonal können die Umsetzung der Patientenverfügung nicht mit dem Hinweis ablehnen, dass die Nichtdurchführung oder die Beendigung medizinischer Maßnahmen ihre Gewissensfreiheit verletzt. Die Gewissensfreiheit verleiht kein Recht, sich über die Patientenautonomie hinwegzusetzen und in das Recht des Patienten auf körperliche Unversehrtheit einzugreifen.[890]

bb) Die Patientenverfügung ist jederzeit widerrufbar, § 1901a Abs. 1 Satz 3 BGB. Hierfür genügt jede ausdrückliche oder konkludente Willensäußerung, die erkennen lässt, dass die frühere Anordnung nicht gelten soll. Auf die Form der Widerrufsbekundung kommt es nicht an.[891] In der Literatur ist es umstritten, wann ein wirksamer Widerruf der Patientenverfügung vorliegt. Viele Literaturstimmen verlangen hierfür die Einwilligungsfähigkeit des Betroffenen, da der Widerruf *actus contarius* zur Patientenverfügung ist.[892] Der Betroffene muss damit über die volle

885 Vgl. BGH Beschluss vom 06.07.2016, XII ZB 61/16; MK-*Schneider*, vor §§ 211 ff, Rn. 139, 143; *Höfling*, JuS 2000, 115; *Hufen*, NJW 2001, 851.

886 Vgl. BGH Beschluss vom 08.02.2017, XII ZB 604/15.

887 Vgl. BGH Beschluss vom 06.07.2016, XII ZB 61/16; *Spickhoff*, FamRZ 2009, 1951.

888 Umstritten ist, ob die Erörterung zwischen dem Arzt und dem Betreuer (und ggf. den nahen Angehörigen) unterbleiben kann, wenn die lebensnotwendigen Maßnahmen medizinisch kontraindiziert sind. Siehe dazu unten 1.5.4.

889 Die Nichtbeteiligung der nahen Angehörigen bei der Erörterung und Entscheidungsfindung führt nicht zur Rechtswidrigkeit der (Nicht-) Einwilligung des Betreuers, vgl. BGH, Beschluss vom 06.07.2016, XII ZB 61/16.

890 BGH, Beschluss vom 08.06.2005, XII ZR 177/03.

891 Vgl. *Spickhoff*, FamRZ 2009, 1955.

892 Vgl. *Steenbreker*, NJW 2012, 3210 f; Grüneberg-*Götz*, § 1901a, Rn. 25; MüKo-*Schwab/Schneider*, § 1901a, Rn. 37 ff.

Einsichts- und Urteilsfähigkeit hinsichtlich der Art, Notwendigkeit, Bedeutung, Folgen und Risiken verfügen.[893] Ist er im Zeitpunkt des Widerrufs einwilligungsunfähig, so sei der Widerruf unbeachtlich. Nur so könne verhindert werden, dass der verfügte Wille nachträglich durch ein spontanes nonverbales Verhalten des Betroffenen entwertet werde.[894] Es wird aber auch vertreten, dass für den Widerruf allein der natürliche Wille[895] ausreichend ist. Der entgegenstehende natürliche Wille führe dazu, dass die früheren Anordnungen nicht mehr mit der aktuellen Lebens- und Behandlungssituation übereinstimmen.[896]

Für die Berücksichtigung des natürlichen (tatsächlichen) Willens in der aktuellen Behandlungssituation spricht der Umstand, dass nach der Rechtsprechung des Bundesverfassungsgerichts für die Ausübung der Patientenautonomie nicht die natürliche Einsichts- und Urteilsfähigkeit des Betroffenen notwendig ist. Das Bundesverfassungsgericht vertritt die Auffassung, dass eine medizinische Behandlung bereits dann zu unterbleiben hat, wenn ihr der natürliche Wille des Betroffenen entgegensteht.[897] Der natürliche Wille des Patienten entscheidet also darüber, ob eine medizinische Behandlung durchgeführt werden soll.[898] Wenn für das Gebrauchmachen von der Patientenautonomie der natürliche Wille ausreichend ist, dann muss dies erst recht für das Gebrauchmachen von der allgemeinen Handlungsfreiheit gelten, die das allgemeine Selbstbestimmungsrecht und die Entscheidungsfreiheit zur Behandlung schützt. Des Weitern besteht nach Art. 12 Abs. 4 Satz 4 der UN-Behindertenrechtskonvention (BRK), die auf Stärkung der Autonomie behinderter Menschen gerichtet ist, eine staatliche Verpflichtung, Menschen mit Behinderungen in allen Lebensbereichen mit Menschen ohne Behinderung gleichzusetzen und deren Rechte, Willen und Präferenzen zu achten.[899] Daraus ergibt sich, dass der Wille der Menschen mit Behinderung in einer aktuellen Behandlungssituation zu beachten ist, weil der Wille der Menschen ohne Behinderung in der aktuellen Behandlungssituation zu beachten ist. Da der Wille der

893 Vgl. Grüneberg-*Weidenkaff*, § 630d, Rn. 3.

894 Vgl. *Spickhoff*, FamRZ 2009, 1955; Grüneberg-*Götz*, § 1901a, Rn. 25.

895 Für die Annahme des entgegenstehenden natürlichen Willens genügt jede Art der Willensäußerung, z.B. Verlangen mit Worten oder Gesten. Auf einen irgendwie gearteten Grad an Einsichts- und Steuerungsfähigkeit kommt es nicht an, vgl. OLG Hamm, Beschluss vom 28.02.2000, 15 W 50/00 zur Beachtlichkeit des natürlichen Willens bei Sterilisation gemäß § 1905 BGB.

896 Vgl. LG Waldshut-Tiengen, Beschluss vom 20.02.2006, 1 T 161/05; *Coeppicus*, NJW 2011, 2089 f. m.w.N.; Höfling, NJW 2009, 2850 f.; *Kutzer*, ZRP 2005, 278.

897 Vgl. BVerfG, Beschluss vom 23.03.2011, 2 BvR 882/09.

898 Vgl. BVerfG, Beschluss vom 23.03.2011, 2 BvR 882/09; Beschluss vom 12.10.2011, 2 BvR 633/11; BGH Beschluss vom 20.06.2012, XII ZB 130/12; Beschluss vom 20.06.2012, XII ZB 99/12.

899 Vgl. BVerfG, Beschluss vom 23.03.2011, 2 BvR 882/09.

Menschen ohne Behinderung sich sowohl in der Behandlungsablehnung als auch in der Einwilligung in die Behandlung ausdrücken kann, muss dies folgerichtig auch für Willensäußerungen der Menschen mit Behinderung gelten. Der Wille der Menschen mit Behinderung kann damit gebieten, nicht nur eine medizinische Behandlung zu unterlassen, sondern auch sie durchzuführen. Anderenfalls wird das (allgemeine) Selbstbestimmungsrecht der behinderten Patienten gegenüber den voll einwilligungsfähigen Patienten entgegen den Vorgaben der BRK in unzulässiger Weise eingeschränkt.

Für die Berücksichtigung des natürlichen Willens bei der Ermittlung, ob die Patientenverfügungen abgeändert oder widerrufen wurden, spricht auch, dass das Betreuungsrecht auf die Wahrung der Interessen des Betreuten zugeschnitten ist. Bei den Entscheidungen, die den Betreuten betreffen, muss nach Möglichkeit auch sein (natürlicher) Wille berücksichtigt werden.[900] Insbesondere nach § 1901a Abs. 2 Satz 3 BGB sind (aktuelle) Wünsche des Betreuten zu ermitteln und zu beachten. Wünsche sind dabei „Willensäußerungen aller Art, gleichgültig, ob sie konkret oder eher allgemein sind und ohne Rücksicht darauf, ob sie dem freien Willen des Betreuten entsprechen oder entscheidend durch seine Krankheit oder Behinderung beeinflußt sind".[901] Auch der Gesetzgeber hat sich bei der Novellierung des Betreuungsrechts dafür ausgesprochen, den natürlichen Willen des Betreuten während der Behandlung zu beachten.[902]

In der Literatur wird erwogen, ob die Unbeachtlichkeit des natürlichen Willens von dem Betroffenen vorausverfügt werden kann. Hierzu wird vertreten, dass der Betroffene in seinen im Zustand der Einwilligungsfähigkeit getroffenen Patientenverfügungen den Rückgriff auf den natürlichen Willen ausdrücklich oder konkludent ausschließen könne. Wenn der Betroffene eine Vorausverfügung in der Kenntnis der Tatsache trifft, dass er beim Eintritt der Einwilligungsunfähigkeit einen natürlichen Lebenswillen äußern kann, dann habe er zugleich festgelegt, dass sein späterer natürlicher Wille unbeachtlich sein solle. Wird der Betroffene später schwer dement, dann werde der natürliche Wille keine Berücksichtigung finden können, da eben die Behandlungssituation eingetreten ist, für die medizinische Maßnahmen abgelehnt wurden. Es solle dann ausschließlich der frühere freie Wille maßgeblich sein.[903] Diese Ansicht ignoriert, dass die UN-Behindertenkonvention verlangt, die Rechte der Menschen mit Behinderung und die der Menschen ohne Behinderung gleichzusetzen. Da Menschen ohne Behinderung die Möglichkeit

900 Vgl. *Fröschle*, JZ 2000, 75.

901 Ebenda.

902 Vgl. BT-Drucksache 16/8442, S. 15.

903 Vgl. *Coeppicus*, NJW 2011, 2090; *Jox*, Der natürliche Wille als Entscheidungskriterium, S. 84, der darauf hinweist, dass der Betroffenen auch durch seine antizipierten Entscheidungen festlegen kann, der natürliche Wille sei vorrangig oder mit den früheren Festlegungen gleichrangig.

haben, ihren früheren Willen in jeder Behandlungslage zu ändern, muss dies auch für Menschen mit Behinderung gelten, insbesondere dann, wenn eine eindeutige Willensänderung feststellbar ist. Damit muss es möglich sein, die festgelegten Vorausverfügungen, darunter auch den Ausschluss des Rückgriffs auf den natürlichen Willen, in jeder Behandlungsphase zu widerrufen oder zu ändern. Es verbietet sich daher, dem einwilligungsunfähigen Patienten aufgrund seiner antizipierten Entscheidungen die Möglichkeit des Widerrufs generell abzusprechen.

Insbesondere von *Merkel* wird gegen den in Patientenverfügungen festgelegten Ausschluss der Beachtlichkeit des natürlichen Willens eingewendet, dass es zwischen dem Urheber der Vorausverfügung und dem Adressaten ihrer Wirkung keine hinreichende psychische Identität bestehe, um dem letzteren Verfügung und Folgen einfach zurechnen zu können.[904] Dieser Einwand überzeugt nicht. Abgesehen davon, welche Anforderungen an eine „hinreichende psychische Identität" zu stellen sind, ist es durchaus rechtlich möglich, zukunftsbezogene Bindungen und Pflichten zu erzeugen auch dann, wenn eine wie auch immer geartete psychische (personelle) Diskontinuität ein- und desselben Menschen vorliegt. Wenn ich heute einen Kreditvertrag mit einer Laufzeit von 30 Jahren abschließe, dann verpflichte ich mich für die Zukunft. Das heißt: verpflichtet wird sowohl das „Ich von heute" als auch etwa das „Ich in 25 Jahren", obwohl nur das „Ich von heute" den Kreditvertrag unterschrieben hat und damit die Verpflichtung eingegangen ist. Rechtlich wird diese Verpflichtung des „Ich von heute" auf jedes künftiges Ich erstreckt. Den Kredit wird also das „Ich von heute", das „Ich von morgen", das „Ich von übermorgen" usw. bis hin zu dem „Ich in 30 Jahren" abzahlen müssen. Diese (vertragliche) Verpflichtung wird nicht dadurch beseitigt, dass mein „Ich in 25 Jahren" ohne Einkommen und geisteskrank oder unzurechnungsfähig ist und das „Ich von heute" und das „Ich in 25 Jahren" charakterlich, äußerlich und intellektuell völlig verschieden sein werden. Gegen die Annahme einer personellen Diskontinuität in einer schweren Erkrankung kann ferner angeführt werden, dass, wäre der Verfügende tatsächlich von dem Adressaten der Verfügung personenverschieden mit der Folge, dass der Verfügende dem Adressaten nichts vorschreiben darf, tatsächlich ein vom Verfügenden weiter stehender Dritter über die Präferenzen des Adressaten der Verfügung entscheiden würde.[905] Dies laufe auf eine Fremdbestimmung hinaus.

Als Argument für die Beachtung des natürlichen Willens in der aktuellen Behandlungssituation, der im Widerspruch zum antizipierten Willen steht, wird das Beispiel des „lebensfrohen Demenzkranken" angeführt. Es geht hier um schwer demente Personen, die einen Lebenswillen an den Tag legen, indem sie gerne essen und trinken, gerne spazieren gehen, gerne spielen, singen, sich über „Kleinigkeiten des Alltags" freuen und „positive Emotionen" zeigen. In dieser „ersichtlichen

904 Vgl. *Merkel*, ZStW 107 (1995), 566 ff.

905 Vgl. *Rosenau*, FS Rissing van Saan, S. 553; *Dreier*, JZ 2007, 324.

Lebensfreude" versucht etwa *Merkel* die Änderung des früheren Willens zu sehen. Er meint, dass dem Gebot der Durchsetzung der früheren Äußerungen das gegenwärtige und künftige Wohlergehen des Patienten vorgehen muss.[906] Die Konstruktion der „ersichtlichen Lebensfreude" wird kritisiert, da sie die Patientenautonomie erheblich abschwächen und ihre Gewährleistung in ihr Gegenteil verkehren würde. Ihr wird entgegengehalten[907], dass die autonome Selbstbestimmung durch fremdbestimmte Deutung der Äußerungen und des Verhaltens eines Dementen seitens Dritter ersetzt werde, dass der Begriff der „Lebensfreude" zu unbestimmt sei und dass es keinen greifbaren Anhaltspunkt für deren Bestimmung gebe. Die „Lebensfreude" sei ein wertender Begriff, der einen breiten Beurteilungsspielraum überlässt. Es sei kaum vorstellbar, wie er normativ ausgefüllt werden könnte. Die ersichtliche „Lebensfreude" wie ein beiläufiges Lächeln sei insbesondere bei den Dementen im Endstadium ein bloß instinkthaftes Verhalten, da sie gänzlich nicht mehr einwilligungsfähig sind.[908]

Dieser Kritik ist insoweit beizupflichten, als die Patientenautonomie und die autonomen Patientenfestlegungen nicht durch persönliche Eindrücke und Spekulationen Dritter ausgehebelt und entwertet werden dürfen. Andererseits darf, wie vorstehend gezeigt, der natürliche Wille nicht völlig unbeachtlich sein. Zunächst muss man sich fragen, wie der natürliche Wille, insbesondere durch Demenzkranke zum Ausdruck gebracht wird und wie sicher die Erkenntnisse sind, die er liefern kann. Aus der Pflegepraxis wird berichtet[909]:

- von singulären Verhaltensweisen, die in bestimmten Situationen auftreten (z.B. Wegdrehen des Kopfes beim Essen, Herausziehen von Magensonden oder Verschlucken von Medikamenten) und abweisend (z.B. Herausziehen von Magensonden, Medikamentenverweigerung oder körperliche Gegenwehr gegen Pflegemaßnahmen) oder zustimmend (z.B. Nahrungsaufnahme auf natürliche Weise, Sich-Anschmiegen an Pflegekraft, Rufen nach Pflegekraft oder Suche nach Gegenständen) sein können,
- von Verhaltensmustern, die sich in vielen verschiedenen Situationen in gleicher Weise oder in gleicher Abfolge wiederholen und auch abweisend (z.B. wenn der Demenzkranke morgens nicht aufsteht, kaum mehr isst und trinkt oder auf Fragen nicht reagiert) und zustimmend (z.B. wenn der Demenzkranke viel lacht, versunken mit Gegenständen spielt oder Körperpflege genießt) sein können sowie

---

906 Vgl. *Merkel*, JZ 1999, 506 ff.; *derselbe*, ZStW 107 (1995), 567 ff.

907 Vgl. *Sternberg-Lieben*, FS Roxin, S. 539, Fn. 15; MK-*Schneider*, vor §§ 211 ff., Rn. 148.

908 Vgl. MK-*Schneider*, vor §§ 211 ff., Rn. 148.

909 Vgl. *Jox*, Der natürliche Wille als Entscheidungskriterium, S. 76 ff.; *derselbe*, Deutsche Ärzteblatt 2014, 111 (10): A 395 f.

- von verbalen Äußerungen (z.B. „das ist schön!", „bitte nicht totmachen!"[910], Ausstoßen von Schimpfwörter) und nonverbalen Äußerungen (z.B. Festhalten an der Hand der Pflegekraft, Essensverweigerung).

Abweisende Handlungsweisen werden von Dritten in der Regel als Ausdruck eines Sterbewillens (bzw. Lebensunwillen) interpretiert, während zustimmende Verhaltensweisen in der Regel als Lebenswille gedeutet werden. Jede der Handlungsweisen, sei es eine abweisende sei es eine zustimmende, sind jedoch in Wirklichkeit mehrdeutig und interpretationsoffen.[911] Eine verbale Äußerung: „Hilfe!" kann einerseits als Hilfe gegen Behandlungsbeendigung und andererseits als Hilfe dazu gemeint sein, den als unerträglich empfundenen Zustand zu beenden.[912] Bei jeder verbalen Äußerung stellt sich die Frage, ob der schwerdemente Kranke überhaupt imstande ist, Worte entsprechend ihrer herkömmlichen Bedeutung zu benutzen. Hinzukommen können auch Wahnvorstellungen oder Halluzinationen. Das häufige Wiederholen bestimmter Wörter kann auch auf eine Sprachstörung hindeuten. Verweigerung der Nahrungsaufnahme kann einen Sterbewunsch enthalten. Sie kann aber auch bedeuten, dass dem Dementen das Essen nicht schmeckt oder dass er seine Pflegekraft nicht gerne hat. Herausziehen der Magensonde kann ein Hinweis darauf sein, dass die Magensonde Juckreiz oder Schmerzen verursacht. Dass der Demente gerne trinkt, kann auf den Saugreflex zurückzuführen sein. Das häufige Lachen oder Weinen kann emotionsunabhängig aktiviert werden. Daraus wird ersichtlich, dass das Verhalten des Demenzkranken nicht mit dessen herkömmlicher Bedeutung und üblichem Verständnis übereinstimmen muss, da zwischen der Außenwahrnehmung und dem subjektiven Empfinden des Betroffenen eine Kluft liegen kann.[913] Das Verhalten des Betroffenen muss daher sorgfältig unter Berücksichtigung seines Kontextes und der alltagspraktischen Kompetenz des Betroffenen, dessen kognitiven Störung und dessen nicht-kognitiver Einschränkung (etwa Depression, Wahrnehmungsstörungen, Erregung, Apathie) beobachtet und aus diesen objektiven Beobachtungen auf einen Willen des Betroffenen zurückgeschlossen werden.[914] Dabei ist zu verlangen, wie bei sonstigen formlosen Willensänderungen, dass der Wille zum Widerruf der früheren Anordnungen hinreichend deutlich zum Ausdruck kommen muss.[915] Allein die „ersichtliche Lebensfreude"

---

910 Dies soll der einst vehement für die Legalisierung der aktiven Sterbehilfe eintretende Rhetorikprofessor Walter Jens im Zustand der schweren Demenz gesagt haben.

911 Vgl. *Jox*, Der natürliche Wille als Entscheidungskriterium, S. 76 ff.; *derselbe*, Deutsche Ärzteblatt 2014, 111 (10): A 395 f.; *Sternberg-Lieben*, JRE, Band 15 (2007), S. 322.

912 Vgl. LG Waldshut-Tiengen, Beschluss vom 20.02.2006, 1 T 161/05.

913 Vgl. *Jox*, Der natürliche Wille als Entscheidungskriterium, S. 76 ff.

914 Vgl. LG Waldshut-Tiengen, Beschluss vom 20.02.2006, 1 T 161/05; HILDE, Abschlussbericht 2006, S. 60 ff., in dem versucht wird, ein Instrument zur Erfassung der Lebensqualität Demenzkranker zu entwickeln.

915 Vgl. Grüneberg-*Götz*, § 1901a, Rn. 25.

erscheint hierfür nicht ausreichend, da einwilligungsfähige Patienten, denen es den Umständen entsprechend gut geht, lebenserhaltende Maßnahmen dennoch ablehnen können.[916] Die „Lebensfreude" kann damit nicht *per se* mit dem Widerruf der Patientenverfügungen und der Einwilligung in medizinische Behandlung gleichgesetzt werden. Es ist vielmehr stets zu prüfen und zu untersuchen, ob in der beobachteten „Lebensfreude" zugleich ein Wunsch nach Durchführung medizinischer Behandlung entgegen der früheren Festlegungen enthalten ist.

b) Hat der Patient keine Patientenverfügung verfasst oder hat er eine verfasst, aber treffen ihre Festlegungen nicht auf die aktuelle Lebens- und Behandlungssituation zu, so hat der Betreuer die Behandlungswünsche, oder wenn diese nicht feststellbar sind, den mutmaßlichen Willen des Patienten festzustellen.[917] Behandlungswünsche sind alle Äußerungen des Patienten, die Festlegungen für eine konkrete Lebens- und Behandlungssituation enthalten, aber den Anforderungen an eine Patientenverfügung nicht genügen, etwa weil sie nicht schriftlich abgefasst wurden, keine antizipierenden Entscheidungen treffen oder von einem minderjährigen oder nicht einwilligungsfähigen Betroffenen verfasst wurden.[918] Sie können sich demnach aus der unwirksamen oder der nicht sicher auf die aktuelle Lebens- und Behandlungssituation passenden (inkongruenten) Patientenverfügung, aus dem früheren Verhalten oder aus früheren Gesprächen mit den nahen Angehörigen oder Vertrauenspersonen ergeben, die Bezug zur aktuellen Lebens- und Behandlungssituation aufweisen müssen.[919] Darunter können auch unkonkretisierte Richtlinien für künftige Lebenslagen und Willensbekundungen zu konkreten bevorstehenden Maßnahmen fallen, soweit sie zumindest Zielvorstellungen des Betroffenen hinsichtlich der aktuellen Behandlungssituation erkennen lassen.[920] Behandlungswünsche müssen das gleiche Maß an Bestimmtheit aufweisen wie Patientenverfügungen, sie müssen also erkennen lassen, in welcher Behandlungssituation welche ärztlichen Maßnahmen durchgeführt werden oder unterbleiben sollen.[921] Liegen keine Behandlungswünsche vor, ist auf den mutmaßlichen Willen des Patienten zurückzugreifen. Zu berücksichtigen sind gemäß § 1901a Abs. 2 Satz 3 BGB insbesondere frühere mündliche oder schriftliche Äußerungen (die jedoch keinen Bezug zur aktuellen Behandlungs- und Lebenssituation aufweisen), ethische oder religiöse Überzeugungen und sonstige persönliche Wertvorstellungen des Betroffenen. Im Zweifel soll der Grundsatz *in dubio pro vita* gelten.[922]

---

916 Vgl. *Jox*, Der natürliche Wille bei Kindern und Demenzkranken, S. 335.

917 Vgl. Grüneberg-*Götz*, § 1901a, Rn. 28; *Höfling*, NJW 2009, 2850.

918 Vgl. BGH, Beschluss vom 08.02.2017, XII ZB 604/15.

919 Vgl. BGH, Beschluss vom 08.02.2017, XII ZB 604/15; Grüneberg-*Götz*, § 1901a, Rn. 28.

920 Vgl. *Fischer*, vor §§ 211–217, Rn. 51.

921 Vgl. BGH, Beschluss vom 06.07.2016, XII ZB 61/16.

922 Vgl. *Spickhoff*, FamRZ 2009, 1950; siehe oben 1.3 f.).

c) Für die Durchsetzung der Patientenverfügungen und Ermittlung des Patientenwillens sowie dessen Umsetzung ist grundsätzlich der Betreuer zuständig (siehe § 1901a Abs. 1 und 2 BGB).[923] An seine Stelle kann aber ein Bevollmächtigter treten, wenn der Patient einen solchen bestellt hat (§ 1901a Abs. 5 BGB). Der Arzt ist hierzu nicht befugt. Er hat jedoch zu prüfen, ob die Nichtvornahme oder der Abbruch der Behandlung medizinisch indiziert sind.[924] Nach der Erörterung der medizinischen Indikation trifft der Betreuer entsprechend dem festgestellten Willen des Betreuten eine Entscheidung.[925] In den Prozess der Willensermittlung sollen nahe Angehörige und sonstige Vertraute des Betreuten eingebunden werden, vgl. § 1901b BGB.[926] Der Betreuer bedarf zur Nichteinwilligung in die Vornahme einer medizinischen Maßnahme und zum Widerruf der Einwilligung in die Fortführung einer Behandlung grundsätzlich einer betreuungsgerichtlichen Genehmigung, § 1904 Abs. 2 BGB. Nach § 1904 Abs. 4 BGB ist eine solche Genehmigung nicht erforderlich, wenn der Betreuer und der Arzt sich einig sind[927], dass die Nichteinwilligung oder der Widerruf der Einwilligung dem festgestellten Willen des Betreuten entspricht.[928] Eine gerichtliche Überprüfung kann jedoch auch in diesem Falle jederzeit durch jedermann in Gang gesetzt werden.[929]

d) Umstritten ist, ob der Arzt das in § 1901b BGB vorgeschriebene Verfahren stets einzuhalten hat. Gedacht wird hier an die Situation, in der kein Betreuer bestellt oder er nicht erreichbar ist und eine Entscheidung getroffen werden muss, ob der Betroffene medizinisch behandelt werden soll oder nicht. Nach *Spickhoff* sind Patientenanordnungen für den behandelnden Arzt stets beachtlich, wobei zur Willensfeststellung primär der Betreuer berufen ist. Ist der Betreuer noch nicht bestellt oder nicht erreichbar und muss aus Zeitgründen sofort eine Entscheidung getroffen werden, dann darf der Arzt eigenständig den Patientenwillen feststellen, wobei eine besondere Vorsicht geboten ist (entsprechend dem Grundsatz: „Gründlichkeit vor Schnelligkeit"). Der Arzt dürfe danach die Patientenverfügung berücksichtigen, wenn sie ihm genau bekannt ist, weil sie mit ihm etwa im Vorfeld der

---

923 Vgl. MK-*Schneider*, vor §§ 211 ff.; Rn. 149 f.; Grüneberg-*Götz*, § 1901a, Rn. 22.

924 Vgl. BGH, Beschluss vom 10.11.2010, 2 StR 320/10; *Fischer*, vor §§ 211–217, Rn. 52.

925 Vgl. Grüneberg-*Götz*, § 1901b, Rn. 1.

926 Vgl. MK-*Schneider*, vor §§ 211 ff., Rn. 151.

927 Hier stellt sich die Frage, wie sich der Betreuer und der Arzt bei eventuellen Fehlinterpretationen strafbar machen. Hier wird von einer Fahrlässigkeitshaftung ausgegangen, vgl. *Spickhoff*, FamRZ 2009, 1953; *Sternberg-Lieben*, FS Roxin, S. 541, Fn. 28. Daran schließt sich die Frage der strafrechtlichen Verantwortlichkeit des Arztes im Falle des zwischen ihm und dem Betreuer bestehenden Dissenses an, der vom Betreuungsgericht zugunsten des abbruchswilligen Betreuers fälschlich entschieden wird.

928 Vgl. *Höfling*, NJW 2009, 2851.

929 Vgl. *Spickhoff*, FamRZ 2009, 1957.

noch nicht unmittelbar bevorstehenden Behandlung besprochen worden ist.[930] Eine andere Auffassung orientiert sich strikt am Wortlaut des § 1901b BGB. Danach dürfe der Arzt nur prüfen, ob die Behandlungsbeendigung medizinisch indiziert ist. Der Entscheidungsträger über das Ob sei aber stets der Betreuer. Auch in eindeutigen Fällen ist dessen Bestellung zu veranlassen, damit er den Willen des Patienten ermitteln und feststellen kann.[931] Diese Ansicht erscheint zu formalistisch. In Notfallsituationen, in denen es keine Zeit gibt, einen Betreuer bestellen zu lassen, zu kontaktieren oder dieser nicht erreichbar ist, muss der Arzt befugt sein, nicht nur die medizinische Indikation zu prüfen, sondern auch den Patientenwillen. Sofern in der Eilsituation der Patientenwille sicher bekannt ist und der Betreuer nicht vorhanden oder nicht erreichbar ist, erscheint der Verzicht auf die Betreuerbestellung oder auf das Abwarten seiner Entscheidung zulässig. Denn liegt eine eindeutige Patientenverfügung vor, ist sie für jedermann bindend. Sie wirkt unmittelbar und ist kein bloßes Indiz für den Patientenwillen. Die Aufgabe des Betreuers liegt dann nur darin, die eindeutige Patientenverfügung durchzusetzen. Der Betreuer darf sich über sie nicht hinwegsetzen. Es ist ihm verboten, anstelle der ureigenen Patientenfestlegungen eigenständige Entscheidung hinsichtlich des Ob der medizinischen Behandlung zu treffen oder den eindeutigen Patientenwillen zu ändern oder durch eigene Entscheidung zu ersetzen.

1.4.2 Verhältnis zum Strafrecht

Des Weiteren stellt sich die Frage nach dem Verhältnis der §§ 1901a ff. BGB zum Strafrecht. Das gesetzgeberische Ziel der Neuregelung des Betreuungsrechts war es, Rechtssicherheit zu schaffen. Der Gesetzgeber hat damit das Verhältnis zwischen dem Selbstbestimmungsrecht des Patienten (Patientenautonomie) und dem Schutz des menschlichen Lebens gesetzlich festlegen wollen.[932]

Die Regelungen im BGB sollen sich nach einer Literaturmeinung wegen des Grundsatzes der Einheit der Rechtsordnung auch auf das Strafrecht auswirken und für dieses bindend sein.[933] Der Bundesgerichtshof hat dazu ausgeführt, dass die Vorschriften des BGB bei der Bestimmung der Grenzen des „rechtfertigenden Behandlungsabbruchs" einzuhalten seien. Sie hätten die Funktion, nicht nur die Verwirklichung des Patientenwillens, sondern auch das Lebensrecht verfahrensrechtlich abzusichern. Sie dienten zugleich der Schaffung von Rechts- und Verhaltenssicherheit.[934] Der Bundesgerichtshof verneinte jedoch ausdrücklich die

930 Vgl. *Spickhoff*, FamRZ 2009, 1953 f.; Grüneberg-*Götz*, § 1901a, Rn. 24.
931 Vgl. MK-*Schneider*, vor §§ 211 ff., Rn. 155.
932 Vgl. *Gaede*, NJW 2010, 2927 f.
933 Vgl. *Fischer*, vor §§ 211–217, Rn. 49; *Walter*, ZIS 2011, 79 f., 81; *Gaede*, NJW 2010, 2927.
934 Vgl. BGH, Beschluss vom 10.11.2010, 2 StR 320/10.

Akzessorietät des Strafrechts.[935] Die Tötungsdelikte würden eigenständige Delikte bilden, deren Reichweite nicht durch das neu geregelte Betreuungsrecht modifiziert werden solle. Auch sei der Wille des Gesetzgebers dahingehend zu verstehen, dass die strafrechtliche Abgrenzung zwischen der erlaubten und unerlaubten Sterbehilfe nicht beeinflusst werden solle. Denn gerade dieses Problem wie auch das Problem der Rechtfertigung der Sterbehilfe seien eine „strafrecht-spezifische Frage". Die Problematik der Sterbehilfe müsse allerdings stets „im Lichte der Verfassungsordnung und mit Blick auf die Regelungen anderer Rechtsbereiche, jedoch im Grundsatz autonom nach materiell strafrechtlichen Kriterien" beurteilt werden. Daher müsse die betreuungsrechtliche Ausgestaltung des Selbstbestimmungsrechts von Einwilligungsunfähigen wegen der vom Gesetzgeber beabsichtigten Rechtssicherheit im Strafrecht Berücksichtigung finden. Dies werde dadurch belegt, dass die §§ 1901a ff. BGB der prozessualen Absicherung der strafrechtlichen Grundsätze zur Behandlung der Sterbehilfe dienen.[936] Der Bundesgerichtshof hat auch entschieden, dass die jetzige Rechtslage wegen der Änderung des materiellen Rechts auch auf „Altfälle" anzuwenden sei, § 2 Abs. 3 StGB und § 354a StPO.[937] Dies unterstreicht noch einmal, dass die zivilrechtlichen Vorschriften keine akzessorische Wirkung haben.[938]

Die Auffassung des Bundesgerichtshofes ist wohl so zu verstehen, dass die zivilrechtliche Aufwertung des Selbstbestimmungsrechts sich auch auf das Strafrecht auswirken soll. Damit müssen die gleichen Maßstäbe zur Ermittlung und Feststellung sowohl des ureigenen Willens als auch des mutmaßlichen Willens eines schwerkranken Patienten sowohl für das Zivil- als auch für das Strafrecht gelten, was bedingt, dass die verfahrensrechtlichen Vorschriften der §§ 1901a BGB eine materielle Voraussetzung des rechtfertigenden „Behandlungsabbruchs" bilden. Sonst kann das gesetzgeberische Ziel der Schaffung der Rechtssicherheit „im Umgang mit letalen Krankheiten" nicht erreicht werden.[939] Der Bundesgerichtshof behält sich jedoch die Befugnis vor, selbständig und unabhängig von den Zivilgerichten über das Vorliegen der Voraussetzungen der erlaubten Sterbehilfe und der Voraussetzungen der §§ 1901a BGB zu befinden.[940]

---

935 Die Verneinung der Akzessorietät wirkt widersprüchlich zu der Aussage des BGH, dass das betreuungsrechtliche Verfahren des § 1901a ff. BGB zu beachten ist.

936 Vgl. BGH, Urteil vom 25.06.2010, 2 StR 454/09; NJW 2010, 2966.

937 Vgl. BGH, Urteil vom 25.06.2010, 2 StR 454/09; NJW 2010, 2968.

938 Vgl. *Gaede*, NJW 2010, 2927.

939 Vgl. *Gaede*, NJW 2010, 2927.

940 Fraglich ist hier, wie es sich der Fall verhält, in dem das Betreuungsgericht eine Abbruchsgenehmigung zu Unrecht erteilt hat. Nach einer Meinung wird der betreuungsgerichtlichen Genehmigung eine rechtfertigende Wirkung zugeschrieben, vgl. Grüneberg-*Götz*, § 1904, Rn. 25 (dagegen spricht, dass die Legitimation der passiven Sterbehilfe im Patientenwillen liegt und nicht in der gerichtlichen Genehmigung. Die rechtfertigende Wirkung kann nur der wirkliche oder mutmaßliche

Diesem Verständnis der Bedeutung der betreuungsrechtlichen Vorschriften für die Beurteilung der Voraussetzungen der passiven Sterbehilfe im Strafrecht wird zu Recht entgegengehalten, dass die Missachtung des betreuungsrechtlichen Verfahrens allein keine Tötung darstellen kann.[941] Für die Strafbarkeit nach §§ 212 f., 216 StGB kommt es ausschließlich darauf an, ob die Beendigung medizinischer Behandlung materiell dem Patientenwillen entsprochen hat. Die Missachtung der betreuungsrechtlichen Verfahrensregeln birgt zwar in sich die Gefahr der Verfehlung des Patientenwillens und damit die Gefahr der unzulässigen Abschwächung des Lebensschutzes. Werden diese Verfahrensregeln aber zur Voraussetzung der Strafbarkeit wegen eines Tötungsdelikts gemacht, wird das Erfolgsdelikt des § 212 oder des § 216 StGB in ein Gefährdungsdelikt umgedeutet. Darüber hinaus muss im Hinblick auf den Grundsatz *nulla poena sine lege* jede Einhaltung bestimmter Verfahrensregeln im Wege eines Strafgesetzes umgesetzt werden, wie dies etwa § 218b StGB tut.[942] Es ist daher davon auszugehen, dass man wegen der Nichteinhaltung der Verfahrensregeln des BGB nicht stets zur Rechtswidrigkeit der passiven Sterbehilfe gelangen muss.[943] Denn für die Rechtfertigung der passiven Sterbehilfe ist allein die Beachtung der Patientenautonomie entscheidend und nicht die Einhaltung des zu dessen Absicherung ins BGB eingeführten Verfahrens. Die Nichteinhaltung dieses Verfahrens besagt noch nichts darüber, ob der Patientenwille missachtet und das Lebensrecht verletzt wurde. Die Bindung des Strafrechts an das im BGB vorgesehenen Verfahren zur Feststellung des Patientenwillens rechtfertigt sich auch nicht durch das Argument der Einheit der Rechtsordnung. Denn die Tötungsdelikte schützen das Leben vor Eingriffen und nicht die Einhaltung der auf den Lebensschutz abzielenden Prozeduralien.

Das Strafgericht hat also stets von sich aus zu prüfen, ob der Behandlungsabbruch dem mutmaßlichen Willen des Opfers entsprochen hat. Die Einhaltung der betreuungsrechtlichen Regeln kann ein Indiz dafür sein, entscheidet aber nicht

---

Wille des Patienten entfalten). Nach einer anderen Ansicht sind hier der Arzt und der Betreuer zumindest wegen eines Erlaubnistatbestandsirrtums straflos. Eine Strafbarkeit wegen der Fahrlässigkeitstat kommt nur in Betracht, wenn diesen Personen aufgrund der verfügbaren Informationen bekannt sein musste, dass der Abbruch dem Patientenwillen widersprochen hat, vgl. *Sternberg-Lieben*, FS Roxin, S. 545, Fn. 45.

941 Vgl. *Hirsch*, JR 2011, 39; *Sternberg-Lieben*, FS Roxin, S. 548 ff.; *Fatheh-Moghdam/Kohake*, ZJS 2012, 105; *Rosenau*, FS Rissing-van Saan, S. 563 f.; nach *Rissing-van Saan*, ZIS 2011, 548 sind in diesem Sinne die oben dargestellten Ausführungen des BGH zu verstehen.

942 Vgl. *Fatheh-Moghadam/Kohake*, ZJS 2012, 105; *Verrel*, NStZ 2010, 675; *Engländer*, JZ 2011, 519; *Hirsch*, JZ 2011, 39; *Kubiciel*, ZJS 2010, 661; *Sternberg-Lieben*, FS Roxin, S. 550 ff.; MK-*Schneider*, vor §§ 211 ff., Rn. 178.

943 A.A. BGH, Beschluss vom 10.11.2010, 2 StR 320/10.

über die Verletzung eines Tötungsverbotes. Selbst wenn das Betreuungsgericht die Genehmigung erteilt hat, ist das Strafgericht gehalten, eigene Feststellungen zu treffen und nicht nur von der Richtigkeit der Entscheidung des Zivilgerichts auszugehen.[944]

1.5 Einseitiger Behandlungsabbruch

Umstritten ist, wie die Zulässigkeit des sogenannten einseitigen Behandlungsabbruchs zu begründen ist[945] und wann dieser zulässig sein sollte.[946] Die Diskussion dreht sich grundsätzlich um zwei Fallgruppen: Sterbende und Personen mit irreversiblem Bewusstseinsverlust (vor allem Apalliker). Überwiegend wird vertreten[947], dass bei diesen Patientengruppen von jeglichen lebenserhaltenden Behandlungsmaßnahmen Abstand genommen werden sollte. Im Folgenden wird ein Versuch unternommen, für dieses Ergebnis eine tragfähige Begründung herauszuarbeiten.

1.5.1 Sterbende

a) Bei der Beurteilung der strafrechtlichen Zulässigkeit der passiven Hilfe beim Sterben wird vom Bundesgerichtshof[948] danach differenziert, ob der Sterbeprozess bereits begonnen hat oder nicht. Steht der Tod des einwilligungsunfähig

---

944 So anscheinend auch BGH zur alten Rechtslage, vgl. BGH, Urteil vom 13.09.1994, 1 StR 357/94.

945 Der Grund für die Straffreiheit des einseitigen Behandlungsabbruchs liegt in der Patientenautonomie. Er wird aufgrund einer objektiv bestimmten mutmaßlichen „Nichteinwilligung“ gerechtfertigt, siehe oben 1.3 a), c). Die Patientenautonomie steht jedem zu, auch Personen, die bewusstlos sind oder niemals die Fähigkeit erlangen, von ihr Gebrauch zu machen. Etwa bei einwilligungsunfähigen Kindern wird anhand des objektiv bestimmten Wohls des Kindes über den ärztlichen Eingriff entschieden. Auch beim unbekannten Patientenwillen wird bei der ärztlichen Entscheidung über die Vornahme medizinischer Maßnahmen auf das objektiv bestimmte Wohl des Patienten abgestellt. Wenn die objektiven Kriterien zur Legitimation des ärztlichen Eingriffs herangezogen werden, muss das Gleiche für den umgekehrten Fall, und zwar für die Legitimation des Unterbleibens des ärztlichen Eingriffs, gelten. Denn die objektiven Kriterien können sowohl für als auch gegen die Vornahme medizinischer Behandlung sprechen.

946 Zu sogenannten einseitigen Handlungen siehe oben unter 1.3 c). Bei ihnen geht es um die Frage der Behandlungseinstellung in den Situationen, in denen der auf die Durchführung, die Nichteinleitung oder die Beendigung einer medizinischen Behandlung gerichtete Patientenwille nach Ausschöpfung aller verfügbaren Erkenntnisquellen nicht festgestellt werden kann.

947 Siehe oben 1.3 c).

948 Vgl. BGH, Urteil vom 13.09.1994, 1 StR 357/94.

gewordenen Patienten nahe bevor und kann er nicht umgekehrt werden, so dürfe eine lebensverlängernde Behandlung unterbleiben, ohne dass auf den Willen des Patienten zurückgegriffen werden müsse. Begründet wird dies damit, dass es keine Rechtspflicht zur Erhaltung eines erlöschenden Lebens um jeden Preis gebe.[949] In der Literatur wird dem grundsätzlich zugestimmt. Hierzu wird ausgeführt, dass das Unterlassen medizinischer Maßnahmen bei den Sterbenden auch dann zulässig sein sollte, wenn dies dem ausdrücklichen Willen des Sterbenden widerspricht.[950] Das Sterbenlassen des Sterbenden sei „schwerlich als Verletzung des grundgesetzlichen Rechts auf Leben" anzusehen.[951] Die Weiterbehandlung des Sterbenden würde ihm als Individuum nichts nützen. Sonst drohe eine Degradierung des Sterbenden zu einem Objekt und Opfer des absoluten Lebensschutzes sowie die Reduzierung seiner Person auf ihre bloße Körperlichkeit. Durch die Vornahme der lebensverlängernden Behandlung werde dem Sterbenden der friedliche Tod verweigert.[952] Denn es werde nicht das Leben, sondern das Sterben verlängert.[953]

Einige Vertreter der Literatur nehmen hingegen eine Differenzierung vor, ob der Sterbende noch bei Bewusstsein ist oder ob der unumkehrbare Bewusstseinsverlust beim Sterbenden bereits eingetreten ist. Ist er noch bei Bewusstsein, so solle die Beendigung einer Behandlung von seinem Willen abhängen. Will er trotz des bald eintretenden Todes am Leben erhalten werden, so sei dies zu respektieren und lebensverlängernde Maßnahmen dürften nicht eingestellt werden. Diese Sichtweise ändert sich jedoch mit dem irreversiblen Bewusstseinsverlust. Die Behandlungseinstellung sei von diesem Zeitpunkt an willensunabhängig.[954] Dieser Sichtweise ist teilweise zuzustimmen. Man muss hier jedoch zwischen Ärzten und Nichtärzten differenzieren. Mangels entsprechender Fachkenntnisse sollten Nichtärzte an den Willen des bewussten Sterbenden gebunden sein. Wünscht sich dieser die Herbeiholung medizinischer Hilfe, so ist dies zu respektieren. Dies gebietet das Selbstbestimmungsrecht des Betroffenen. Sonst besteht die Gefahr der Umgehung seiner Patientenrechte, indem Ansichten und Anschauungen Dritter als Maßstab genommen werden.[955] Demgegenüber besteht für den Arzt keine Verpflichtung, ein erlöschendes Leben um jeden Preis zu erhalten.[956] Dies ergibt sich daraus, dass

---

949 Vgl. BGH, Urteil vom 04.07.1984, 3 StR 96/84; *Rissing-van Saan*, ZIS 2011, 544; *Wessels/Hettinger/Engländer*, Besonderer Teil 1, Rn. 41; *Kutzer*, MedR 2001, 78; *Hirsch*, FS Lackner, S. 602 f.

950 Vgl. *Fischer*, vor §§ 211–217, Rn. 39; Sch/Sch-*Eser/Sternberg-Lieben*, vor §§ 211 ff., Rn. 29h m.w.N.

951 Vgl. *Merkel*, ZStW 107 (1995), 574, der allerdings meint, dass in diesen Fällen „das strafrechtliche Instrumentarium ausgeht" und sie nicht begründbar seien.

952 Vgl. *Otto*, Jura 1999, 437.

953 Vgl. *Coeppicus*, NJW 1998, 3386.

954 Vgl. *Otto*, Jura 1999, 437 m.w.N.; *derselbe*, NJW 2006, 2218.

955 Vgl. *Otto*, Jura 1999, 437.

956 Vgl. BGH, Urteil vom 04.07.1984, 3 StR 96/84.

der Arzt selbst darüber entscheidet, ob ein Behandlungsanspruch besteht, und wenn ja, wie er zu konkretisieren ist, also welche konkreten medizinischen Maßnahmen zu ergreifen sind.[957]

b) Wann der Mensch zu sterben beginnt, ist weder im Strafrecht noch in einem anderen Rechtsgebiet gesetzlich geregelt. Zur Bestimmung dieses Begriffes wird auf medizinwissenschaftliche Erkenntnisse zurückgegriffen. In der Rechtsprechung des Bundesgerichtshofes und einem Teil der Literatur hat sich der von der Bundesärztekammer vorgeschlagene Begriff des Sterbebeginns durchgesetzt.[958] Sterbender ist ein Kranker mit irreversiblem Versagen einer oder mehrerer vitaler Funktionen, bei dem der Eintritt des Todes in kurzer Zeit zu erwarten ist.[959] Zur Konkretisierung kann die Definition der Deutschen Gesellschaft für Palliativmedizin herangezogen werden. Diese Gesellschaft beschränkt die Sterbephase auf die letzten Stunden (selten Tage) des Lebens.[960] Es ist daher davon auszugehen, dass wesentliche Elemente des Sterbebeginns die Unumkehrbarkeit des Sterbeprozesses und die Erwartung des Todeseintritts innerhalb der nächsten Stunden oder Tage sind.

c) Der Schutz des Lebensrechts endet mit dem Tod des Menschen. Aus dem Umkehrschluss ergibt sich, dass auch das Leben eines Sterbenden in den Schutzbereich dieses Grundrechts fällt.[961] Das Bundesverfassungsgericht und ein Teil der Literatur gehen sogar davon aus, dass der Schutz vor lebensgefährlichen oder regelmäßig tödlich verlaufenden Krankheiten zum (unantastbaren) Kernbereich des Lebensrechts gehöre.[962]

Aus Art. 2 Abs. 2 GG ergibt sich, dass das Lebensrecht nicht schrankenlos gewährleistet ist. Eine wichtige Konkretisierung der Schranken der staatlichen Lebensschutzpflichten enthält das gesetzliche Krankenversicherungsrecht nach dem fünften Teil des Sozialgesetzbuches (SGB V). Danach hat jeder Versicherte grundsätzlich einen Behandlungsanspruch, der aber auf einen bestimmten Leistungskatalog beschränkt ist. Zudem muss jede Behandlung ein bestimmtes, gesetzlich festgelegtes Behandlungsziel (und zwar: Krankheitserkennung, Krankheitsheilung, Verhütung von Krankheitsverschlimmerung oder Linderung von Krankheitsbeschwerden, § 27 Abs. 1 S. 1 SGB V) verfolgen. Sie muss für die Erreichung eines der gesetzlich festgelegten Behandlungsziele geeignet, notwendig und wirtschaftlich sein. Jede Behandlung setzt grundsätzlich einen generellen Wirkungsnachweis der zur Erreichung des Behandlungszieles anzuwendenden Behandlungsmethode

957 Vgl. BSG, Urteil vom 07.11.2006, B 1 KR 24/06 R.

958 Vgl. BGH, Urteil vom 13.09.1994, 1 StR 357/94; *Müller/Knöbl*, FS Deutsch, S. 381.

959 Vgl. Bundesärztekammer, NJW 1998, 3406; Deutsches Ärzteblatt 108 (2011), A 347.

960 Vgl. Definitionen der Deutschen Gesellschaft für Palliativmedizin, S. 7.

961 Vgl. Dreier/*Schulze-Fielitz*, Art. 2 II, Rn. 30.

962 Vgl. BVerfG, Beschluss vom 06.12.2005, 1 BvR 347/98 m.w.N.

voraus.[963] Der Behandlungsanspruch steht unter dem Arztvorbehalt. Das heißt, dass der Arzt den Behandlungsanspruch des Kranken nach den Regeln der ärztlichen Kunst individualisiert.[964] Der Kranke hat keinen Anspruch auf eine konkrete Behandlungsmethode, sondern nur auf solche, die unter Beachtung der Regeln der ärztlichen Kunst für die Erreichung eines der Behandlungsziele generell und individuell geeignet, notwendig und wirtschaftlich ist.[965]

Daran ist ersichtlich, dass das Ziel der gesetzlichen Krankenversicherung nicht die bloße Aufrechterhaltung des biologischen Daseins des Kranken um jeden Preis und in jeder denkbaren Situation zum Gegenstand hat. Es muss also nicht alles geleistet werden, was an Mitteln zur Erhaltung des Lebens und der Gesundheit verfügbar ist.[966] Das Ziel der durch das Lebensrecht gebotenen Gesundheitsversorgung orientiert sich vielmehr, insbesondere im Bereich der Intensivmedizin, an den generellen und konkret-individuellen Chancen der Heilung der Krankheit, der Verhütung ihrer Verschlimmerung und der Linderung ihrer Beschwerden. Kann keins dieser Ziele mit hinreichender Wahrscheinlichkeit erreicht werden, ist es in einer verfassungsmäßig nicht zu beanstandenden Weise zulässig und gesundheitssozialrechtlich geboten, dem Kranken die Behandlung zu verweigern, da sie unwirtschaftlich ist. Grund dafür liegt darin, dass der Versicherte keine für die Krankheitsbehandlung ungeeigneten und/oder nicht notwendigen Leistungen auf Kosten der Versichertengemeinschaft erhalten darf.[967] Wann ein Ausschluss des Behandlungsanspruchs aufgrund geringer Chancen des Behandlungserfolgs anzunehmen ist, beantwortet der sog. *Nikolaus*-Beschluss des Bundesverfassungsgerichts vom 06.12.2005, der im Bereich der passiven Sterbehilfe eine entsprechende Anwendung finden kann.[968] Die Grundaussage des Bundesverfassungsgerichts

---

963 Vgl. BSG, Urteil vom 07.11.2006, B 1 KR 24/06 R; Urteil vom 13,10.2010, B 6 KA 48/09R.

964 Vgl. BSG, Urteil vom 07.11.2006, B 1 KR 24/06R.

965 Vgl. BVerfG, Beschluss vom 06.12.2005, 1 BvR 347/98; BSG, Urteil vom 04.04.2006, B 1 KR 7/05 R; Urteil vom 07.11.2006, B 1 KR 24/06R.

966 Vgl. BVerfG, Beschluss vom 06.12.2005, 1 BvR 347/98.

967 Vgl. BSG, Urteil vom 04.04.2006, B 1 KR 7/05 R; *Joerden*, Menschenwürde, S. 238; nach BVerfG, Beschluss vom 20.01.2001, 1 BvR 491/96 hat neben der Gesundheitsversorgung der Bevölkerung der Kostenaspekt erhebliches Gewicht. Für die Gesundheitsversorgung der Bevölkerung mit Hilfe eines Sozialversicherungssystems ist dessen Finanzierbarkeit ein überragend wichtiger Gemeinwohlbelang. Noch einmal vom BVerfG bekräftigt in dem Beschluss vom 06.12.2005, 1 BvR 347/98.

968 Diese Entscheidung behandelt einen Fall, in dem eine dem allgemein anerkannten Stand der medizinischen Erkenntnisse entsprechende Behandlung fehlt und damit gemäß §§ 2, 12 SGB V nicht von der Leistungspflicht der gesetzlichen Krankenversicherung umfasst ist (der sog. Leistungsausschluss). Das BVerfG hat hier in einer verfassungskonformen Auslegung der Vorschriften des SGB V unter dem Blickwinkel des von dem Grundgesetz gebotenen (Mindest-) Lebensschutzes ausgeurteilt,

dass auch dann wenn ein genereller Wirkungsnachweis einer ambulanten Behandlungsmethode vom Gemeinsamen Bundesausschuss gemäß § 135 Abs. 1 SGB V nicht allgemein anerkannt oder ein genereller Wirkungsnachweis einer stationären Behandlungsmethode vom Ausschuss Krankenhaus oder von dem Krankenhaus selbst (vgl. LSG Baden-Württemberg, Urteil vom 27.01.2012, L 4 KR 2272/10) gemäß § 137c SGB V verneint worden ist, der lebensbedrohlich oder tödlich erkrankte Versicherte dennoch einen Anspruch auf Anwendung einer generell medizinisch unwirksamen Methode hat, soweit sie eine nicht weit entfernt liegende Aussicht auf positive und spürbare Behandlungserfolge bei diesem konkreten Versicherten hat. Im Umkehrschluss ergibt sich aus dieser Rechtsprechung, dass bei lebensbedrohlichen oder regelmäßig tödlich verlaufenden Krankheiten lebensverlängernde Maßnahmen nicht gewährt werden müssen, soweit sie im Einzelfall nur eine fernliegende Aussicht auf Heilung oder eine spürbare positive Einwirkung auf den Krankheitsverlauf hat. In diesem Falle entfallen staatliche Pflichten zum (Mindest-) Lebensschutz. Diese Rechtsprechung lässt sich auch auf die Fälle übertragen, in denen zwar eine gesicherte schulmedizinische, also generell wirksame Behandlungsmethode vorhanden ist, sie aber im konkreten Einzelfall keine Aussicht auf eine spürbare und positive Auswirkung hat und „mehr schadet als nützt" (Nutzen-Risiko-Analyse, vgl. BSG, Urteil vom 7.11.2006, B 1 KR 24/06 R). Sie ist in dem Sinne zu verstehen, dass das Bundesverfassungsgericht die absoluten Grenzen des Behandlungsanspruchs im Einzelfall gezogen hat. Denn das Bundesverfassungsgericht hat den individuellen Wirkungsnachweis, der eine nicht fern liegende Erfolgsaussicht mit sich bringen muss, zur objektiven Schutzpflicht des Staates erhoben. Das heißt, dass der Staat zum Handeln verpflichtet ist, wenn in der Situation einer krankheitsbedingten Lebensgefahr eine nicht fernliegende Aussicht auf eine spürbare positive Einwirkung im Einzelfall besteht. Das deutet darauf hin, dass dann, wenn diese Aussicht im Einzelfall nicht besteht, dem Staat die objektive Pflicht, sich schützend und fördernd vor das Lebensrecht zu stellen, nicht obliegt. Danach ist der Behandlungsanspruch stets ausgeschlossen, soweit die Behandlungsmethode, gleich ob sie generell wirksam oder unwirksam ist, im Einzelfall nur eine ganz fern liegende Aussicht auf spürbare positive Einwirkung auf den Krankheitsverlauf bietet. Wenn beim Krebskranken etwa die Chemotherapie im Allgemeinen als wirksame Therapie anerkannt ist, darf sie im konkret zu beurteilenden Fall nicht angewandt werden, wenn der konkrete Patient sie nicht verträgt oder wenn sie bei ihm keine Wirkung entfalten kann. Ebenso macht es wenig Sinn, jemandem ein Antibiotikum zu verschreiben, dessen generelle Wirksamkeit allgemein anerkannt ist, wenn der Betroffene angesichts seines Krankheitsbildes es nicht braucht und es sich im Einzelfall nicht positiv auswirken kann. Selbst wenn im Allgemeinen also ein Behandlungsanspruch besteht, weil die Behandlungsmethode generell wirksam ist, muss er im Einzelfall vom behandelnden Arzt noch konkretisiert werden (vgl. § 2 Abs. 4 SGB V). Voraussetzung für die Erbringung der Heilbehandlung ist deren medizinische Indikation, was eine Abwägung zwischen Risiko und Schwere der Maßnahme einerseits und Erfolgsaussicht und Zweck der Behandlung andererseits erfordert. Soweit der Erfolg der Heilbehandlung nicht erreicht werden kann,

lautet, dass eine wissenschaftlich ungesicherte Behandlung (also solche ohne generellen Wirkungsnachweis) bei tödlichen oder regelmäßig tödlich verlaufenden Erkrankungen anzuwenden ist, wenn eine „auf Indizien gestützte nicht ganz fern liegende Aussicht auf Heilung oder wenigstens spürbare positive Einwirkung auf den Krankheitsverlauf" besteht.[969]

aa) Eine Krankheit ist im sozialrechtlichen Sinne ein regelwidriger körperlicher oder geistiger Zustand, dessen Eintritt Behandlungsbedürftigkeit oder

---

ist sie im Einzelfall unwirksam (vgl. Grüneberg-*Weidenkaff*, § 630a, Rn. 19). Allein die generelle Wirksamkeit der Heilbehandlung entscheidet nicht darüber, ob diese erbracht wird. Entscheidend ist stets die Wirksamkeit im Einzelfall. Damit müssen auch für den individuellen Wirkungsnachweis im konkreten Behandlungsfall beim Vorhandensein einer schulmedizinischen Behandlungsmethode zumindest die gleichen Anforderungen gelten wie bei nur individuell wirksamen Leistungen, für die der generelle Wirkungsnachweis fehlt, soweit es sich in beiden Fällen um lebensbedrohliche oder regelmäßig tödlich verlaufende Krankheiten handelt. Denn in beiden Fällen ist die ärztliche Einschätzung der konkret-individuellen Behandlungschancen für die tatsächliche Leistungsgewährung maßgeblich. Wenn also eine generell unwirksame medizinische Behandlung im Einzelfall keine spürbare positive Wirkung entfaltet und dadurch nicht erbracht werden muss, dann muss dies ebenfalls bei einer generell wirksamen medizinischen Behandlung gelten, die im Einzelfall ebenfalls keine spürbare positive Wirkung entfaltet. Denn sowohl die generell unwirksame Behandlungsmethode als auch die generell wirksame Behandlungsmethode müssen hinreichende Erfolgsaussichten im Einzelfall haben. Fehlen hinreichende Erfolgsaussichten im Einzelfall, dann ist die medizinische Behandlung im Einzelfall unzweckmäßig und im Ergebnis unwirtschaftlich. Es kann daher nicht sein, dass eine generell wirksame ärztliche Maßnahme, die im Einzelfall keine spürbare positive Auswirkung hat, stets und ohne Hinblick auf die individuelle Wirksamkeit angewendet werden muss, während diese Maßnahme, wäre sie nicht generell wirksam gewesen, im Einzelfall nicht zur Anwendung kommen würde, weil sie im konkreten Einzelfall ungeeignet, unzweckmäßig, nicht notwendig oder unwirtschaftlich ist.

Die im Bereich des Krankenversicherungsrechts ergangene Rechtsprechung des BVerfG kann auch auf das Strafrecht übertragen werden. Zum Schutze eines Rechtsguts soll immer das adäquate, aber zugleich mildeste Mittel gewählt werden. Wenn das Sozialrecht als ein gegenüber dem Strafrecht milderes Mittel zum Schutze des Lebens den Lebensschutz einschränkt, dann muss diese Beschränkung erst recht im Strafrecht als repressives Mittel zum Lebensschutz gelten. Das Strafrecht als *ultima ratio* kann kein Verhalten bestrafen, das nach Vorgaben des Sozialrechts erlaubt ist.

969 Vgl. BVerfG, Beschluss vom 06.12.2005, 1 BvR 347/98; BSG, Urteil vom 04.04.2006, B 1 KR 7/05 R, Urteil vom 05.05.2010, B 6 KA 6/09 R; Urteil vom 13.10.2010, B 6 KA 48/09.

Arbeitsunfähigkeit des Versicherten zur Folge hat[970] und welcher eine medizinische Behandlung erfordert. Die Erforderlichkeit einer medizinischen Heilbehandlung verlangt, dass die medizinische Maßnahme wahrscheinlich eins der Behandlungsziele des § 27 Abs. 1 SGB V (Erkennung einer Krankheit, Heilung einer Krankheit, Verhütung einer Krankheitsverschlimmerung oder Linderung von Krankheitsbeschwerden) erreichen kann.[971]

bb) Das Behandlungsziel der Heilung einer Krankheit setzt voraus, dass die konkret-individuelle Grunderkrankung einer kurativen Behandlung zugänglich ist und diese kurative Behandlung zur wahrscheinlichen Beseitigung des regelwidrigen Körperzustandes beiträgt.[972] Nach dieser Maßgabe scheidet mit dem Beginn des irreversiblen Sterbeprozesses jede auf die Heilung der Grunderkrankung gerichtete Maßnahme aus, da sie für die Zielerreichung weder geeignet noch notwendig ist. Die Einwirkung auf die dem Sterbevorgang zugrundeliegende Erkrankung kann den regelwidrigen Körperzustand weder überwinden noch sie beseitigen, da diese Erkrankung bereits das unumkehrbare Stadium erreicht hat.[973] Damit kann eine Heilung nicht mehr erreicht werden.

cc) Die medizinische Behandlung kann aber auf die Verhütung der Verschlimmerung der Grunderkrankung ausgerichtet sein. Eine Verschlimmerung wird verhütet, wenn der bestehende Krankheitszustand zwar nicht gebessert, aber zumindest auf dem derzeitigen Stand gehalten wird. Dabei reicht es aus, dass die Krankheit sich unbehandelt, wahrscheinlich verschlimmern würde.[974] Durch den Einsatz der Intensivmedizin kann der Sterbeprozess um einige Zeit aufgehalten und damit das Leben verlängert werden. Man könnte damit meinen, dass dies für die Verhütung der Krankheitsverschlimmerung geeignet und notwendig ist. Zu beachten ist hier aber die Aussage des Bundesverfassungsgerichts, die hier entsprechend anzuwenden ist[975]. Danach ist im Falle einer lebensgefährlichen oder regelmäßig tödlich verlaufenden Erkrankung[976] (wozu auch die dem irreversiblen Sterbeprozess

---

970 Vgl. BSG, Urteil vom 19.10.2004, B 1 KR 9/04 R; Jahn/*Sommer*, SGB V, § 27, Rn. 21 m.w.N.

971 Vgl. Jahn-*Sommer*, SGB V, § 12 Rn. 10; *derselbe*, § 27 Rn. 26.

972 Vgl. Jahn-*Sommer*, SGB V, § 27 Rn. 26.

973 Vgl. *Rixen*, Beginn des Sterbens, S. 96.

974 Vgl. BSG, Urteil vom 22.04.2009, B 3 KR 11/07 R.

975 Siehe oben unter 1.5.1 c).

976 Nach der Rechtsprechung des Bundessozialgerichts liegt eine lebensgefährliche oder regelmäßig tödlich verlaufende Erkrankung dann vor, wenn eine Gefahr eines tödlichen Krankheitsverlaufs droht, die sich nach den konkreten Umständen innerhalb eines kurzen, überschaubaren Zeitraums mit großer Wahrscheinlichkeit verwirklichen muss, vgl. BGS, Urteil vom 27.03.2007, B 1 KR 17/06 R. Das Bundesverfassungsgericht will offenbar genügen lassen, dass sich die tödliche Gefahr erst in einigen Jahren realisiert, vgl. BVerfG, Beschluss vom 06.02.2007, 1 BvR 3101/06.

zugrundeliegende Krankheit gehört) wenigstens *eine spürbare positive Einwirkung* auf diese im Einzelfall notwendig.[977] Daraus ist zu schließen, dass irgendeine Auswirkung der medizinischen lebensverlängernden Maßnahmen auf die Krankheit und damit auf den irreversiblen Sterbeprozess im Einzelfall nicht ausreichend ist. Dies lässt sich zum einen damit begründen, dass die staatlichen Lebensschutzpflichten nur das zu unternehmen gebieten, was eine reale, wenigstens nicht weit entfernte Möglichkeit für einen wesentlichen Schutz des Lebensrechts bietet. Dies ist Ausdruck des das Lebensrecht konkretisierenden und die gesetzliche Krankenversicherung beherrschenden Wirtschaftlichkeitsprinzips, das beim Lebens- und Gesundheitsschutz auch die Kostenfrage zu berücksichtigen gebietet.[978] Dem Patienten dürfen nicht auf Kosten der Versichertengemeinschaft Leistungen gewährt werden, die konkret-individuell keine oder nur eine geringe Chance auf eine günstige Wirkung haben.[979] Sonst würde die krankengesetzliche Leistungspflicht ins Uferlose gehen. Zum anderen steht jedem Betroffenen ein Recht auf körperliche Unversehrtheit zu, welches verbietet, den Patienten unzumutbaren Belastungen einer medizinischen Behandlung auszusetzen.[980] Daraus kann ein Recht auf

---

977 Vgl. BVerfG, Beschluss vom 06.12.2005, 1 BvR 347/98.

978 Die finanzwirtschaftlichen Erwägungen dürfen den Leistungskatalog der gesetzlichen Krankenversicherung und den vom Arzt im Einzelfall konkretisierten Behandlungsanspruch mitbestimmen, vgl. BVerfG, Beschluss vom 06.12.2005, 1 BvR 347/98. Entgegen der Meinung in der Literatur (etwa Sch/Sch-*Eser*/*Sternberg-Lieben*, vor §§ 211 ff., Rn. 30) erscheint die Berücksichtigung der ökonomischen Faktoren beim Lebens- und Gesundheitsschutz und damit die Auffassung des Bundesverfassungsgerichts richtig. Zwar ist das Menschenleben nicht mit Geld aufzuwiegen. Dies gilt allerdings nur für die aktiven Eingriffe in das Lebensrecht (Anspruch auf Unterlassen). Hinsichtlich der Eingriffe durch Unterlassen (Anspruch auf Tätigwerden) ist zu beachten, dass sie nur dann rechtswidrig sind, wenn eine staatliche Pflicht zum Schutz des Lebensrechts besteht (was im Bereich des Lebensschutzes zu bejahen ist) und die staatlichen Schutzmaßnahmen evident unzureichend sind. Bei der Wahl der geeigneten und ausreichenden Schutzmaßnahmen hat der Staat eine umfassende Abwägung mit öffentlichen Interessen (Zweckmäßigkeitserwägungen, Finanzen, Gewährleistung eines leistungsfähigen Krankenversicherungssystems) und privaten Interessen (Belastung Dritter durch die Schutzmaßnahmen) vorzunehmen, vgl. BVerfG, NJW 1987, 2287 ff. Daraus ergibt sich, dass auch im Rahmen des staatlichen Lebensschutzes (verstanden als Anspruch auf Tätigwerden, also als Leistungsrecht oder Pflicht zum Handeln) keine Schutzmittel ohne Rücksicht auf den finanziellen Aufwand angestrebt werden dürfen. Zum einen sind die Finanzmittel in der Medizin nicht unendlich und zum anderen hat die gesetzliche Krankenversicherung zum Ziel, eine umfassende medizinische Versorgung für alle zu moderaten Preisen sicherzustellen.

979 Vgl. BSG, Urteil vom 07.11.2006, B 1 KR 24/06 R.

980 Vgl. Dreier/*Schulze-Fielitz*, Art. 2 II, Rn. 47.

würdiges Sterben[981] abgeleitet werden. Das Sterben ist ein Aspekt der menschlichen Existenz und schützt das Wohlbefinden des Patienten während der Sterbephase. Das Ankämpfen gegen den Tod mit allen möglichen Mitteln und um jeden Preis stellt die Vergänglichkeit des Menschen und die Lebensqualität des Einzelnen am Lebensende in Frage. Danach umfasst das Recht auf würdiges Sterben auch den Schutz vor kurzfristiger Lebensverlängerung am Lebensende.

Auf dieser Grundlage ist die Verlängerung des Lebens eines Sterbenden zu unterlassen, wenn die konkret-individuellen, auf Verhütung der Verschlimmerung der dem irreversiblen Sterbeprozess zugrundeliegenden Grundkrankheit und damit auf die Verlangsamung dieses Sterbeprozesses gerichteten, für die Verhütung der Verschlimmerung der Grunderkrankung nach ärztlicher Erkenntnis generell notwendigen, medizinischen Maßnahmen nur eine unwesentliche Lebensverlängerung erreichen können. Dies rechtfertigt sich daraus, dass nach der Rechtsprechung des Bundesverfassungsgerichts nur eine *spürbare* Einwirkung der Heilbehandlung auf die Krankheit vom grundsätzlich unantastbaren Kernbereich des Lebensrechts erfasst wird. Die „Spürbarkeit“ dieser Einwirkung ist dann zu verneinen, wenn das Leben, auch unter Berücksichtigung aller vorhandenen medizinischen Möglichkeiten (auf die ein Behandlungsanspruch besteht), nur um wenige Stunden oder „wenige Tage oder wenige Wochen“ verlängert werden kann.[982] Ist dies nicht möglich, so ist die konkret-individuelle Wirksamkeit der lebensverlängernden Maßnahmen zu verneinen. Dies aus dem Grunde, dass allein die Hoffnung einer Chance auf nicht nur wenige Tage oder Wochen umfassende Lebensverlängerung angesichts des Beginns des irreversiblen Sterbeprozesses es verbietet, jede mögliche das Leben in unerheblicher Weise verlängernde Behandlung auf Kosten der Krankenversicherung zu erhalten.[983] Bei dem Sterbenden, dessen Lebenszeitspanne auch beim Einsatz aller möglichen medizinischen Maßnahmen „nur“ auf wenige Stunden, höchstens auf wenige Tage geschätzt wird[984], ist dadurch die Spürbarkeit der Lebenserhaltung zu verneinen.

Die auf Lebensverlängerung gerichtete Behandlung muss weiter *positiv* auf die Grunderkrankung einwirken.[985] Dies ist so zu verstehen, dass eine sorgfältige Abwägung zwischen dem voraussichtlichen Nutzen und dem möglichen gesundheitlichen Schaden medizinischer Behandlung im Hinblick auf die konkreten Verhältnisse beim Patienten durchzuführen ist.[986] Zu erwähnen ist hier, dass diese

981 Vgl. *Czerner*, MedR 2001, 357; siehe Kapitel 2, 1.4 b).

982 Vgl. BSG, Urteil vom 13.10.2010, B 6 KA 48/09 R; siehe dazu Kapitel 5, 1.5.4.

983 Ebenda.

984 Siehe oben 1.5.1 b).

985 Vgl. BSG, Urteil vom 13.10.2010, B 6 KA 48/09 R.

986 Vgl. BSG, Urteil vom 06.10.1999, B 1 KR 13/97 R; BSG, Urteil vom 07.11.2006, B 1 KR 24/06 R; BSG, Urteil vom 04.04.2006, B 1 KR 7/05 R; Urteil vom 03.02.2010, B 6 KA 37/08 R; Jahn-*Sommer*, SGB V, § 27 Rn. 14b; für solche Abwägung anscheinend auch BGH, Urteil vom 04.07.1984, 3 StR 96/84.

Risiko-Nutzen-Abwägung im Hinblick auf das Recht auf körperliche Unversehrtheit, welches einerseits die Zufügung von Schmerzen verbietet und andererseits deren Empfinden verhindern will[987], geboten ist. Keine medizinische Maßnahme darf die subjektive Lebensqualität des Patienten außer Acht lassen. Die Behandlungsmethoden müssen daher für den Betroffenen verträglich sein und ihm mehr nutzen als schaden. Sonst droht eine „Medizinfolterung". Daraus lässt sich ein Recht auf würdiges Sterben ableiten, das darauf abzielt, vor unnötiger Schmerzzufügung und Schmerzempfinden am Lebensende zu schützen.

Bei der gebotenen Risiko-Nutzen-Abwägung beim Sterbenden sind insbesondere die Besonderheiten des irreversiblen Sterbeprozesses zu berücksichtigen. Nach den medizinwissenschaftlichen Erkenntnissen beginnt dieser damit, dass sich der Todgeweihte zunächst in sich zurückzieht. Der Stoffwechsel wird verlangsamt, bis er schließlich zum Stillstand kommt. Der Betroffene hört auf, zu essen und zu trinken, ohne Hunger oder Durst zu verspüren. Die Blutversorgung beschränkt sich allmählich auf die lebensnotwendigsten Organe. Die Nieren fallen allmählich aus. In dem Blut steigt dadurch der Anteil an Schadstoffen und Kohlendioxid, wobei der Sauerstoffanteil konstant bleibt. Dadurch steigt die Atemfrequenz. In den Atemwegen sammelt sich Schleim, wodurch es zum Röcheln oder zur Erzeugung von Rasselgeräuschen beim Atmen durch den Sterbenden kommt. Oft stellt sich eine Lungenentzündung ein. Circa 10 Minuten nach dem Herzstillstand stirbt das Gehirn und tritt der Tod ein.[988] In der Palliativmedizin wird heutzutage davon ausgegangen, dass beim sterbenden Patienten nur die mit dem Sterben einhergehenden Begleitumstände zu lindern sind.[989] Mit dem Eintritt der „Appetitlosigkeit" wird auf künstliche Ernährung verzichtet, da diese als für den Sterbenden belastend angesehen wird. Ebenso wird wegen der besonderen Belastung kein Wasser gegeben. Aus den Atemwegen wird der Schleim nicht beseitigt. Das „Röcheln" ist für ein sanftes Sterben hilfreich. Die Sterbenden werden grundsätzlich nur mit Schmerz- und Beruhigungsmitteln behandelt.[990]

Wenn danach so wenig invasive Maßnahmen wie künstliche Ernährung, Wasserzufuhr oder Schleimentfernung als besonders belastend und für ein „angenehmes" Sterben als schädlich angesehen werden, muss dies erst recht für die Mittel der Intensivmedizin gelten. Damit ist davon auszugehen, dass in der Situation des unumkehrbaren Sterbens grundsätzlich alle lebensverlängernden oder

---

987 Vgl. Münch/Kunig-*Kunig*, Art. 2, Rn. 55; Maunz/Dürig-*Di Fabio*, Art. 2 Abs. 2, Rn. 29 f.; *Kingreen/Poscher*, Grundrechte, Rn. 441.

988 Vgl. *Groß/Kreucher/Grande*, Der Prozess des Sterbens, S. 20 f.; *Bayer*, Biologie des Todes (Online-Artikel).

989 Vgl. *Rixen*, Beginn des Sterbens, S. 96.

990 Vgl. *Bayer*, Biologie des Todes (Online-Artikel); Apaglesion-Elisabethenstift, Palliative Betreuung am Lebensende, S. 6 f.; *Student*, Problem des Austrocknens von sterbenden Menschen, S. 2 f.

lebenserhaltenden medizinischen Maßnahmen zu unterbleiben haben, die auf die Verhütung der Verschlimmerung und damit auf Lebensverlängerung gerichtet sind. Zusammenfassend ist zu sagen, dass jeder medizinische Eingriff zur Behandlung der Grundkrankheit und einer interkurrenten Krankheit unterlassen werden soll, soweit er für den Sterbenden belastend ist.[991] Zulässig sind nur Maßnahmen zur Linderung der Beschwerden und Begleitumstände des irreversiblen Sterbeprozesses, etwa Verabreichung der Schmerz- und Beruhigungsmittel, weil sie das Sterben erleichtern.[992]

d) Der Wille des sterbenden Patienten ist dabei grundsätzlich irrelevant. Der Patient hat nur dann einen Behandlungsanspruch im Rahmen der die Lebensschutzpflichten verfassungsmäßig konkretisierenden, gesetzlichen Krankenversicherung, wenn die ärztliche Behandlung geeignet, notwendig und wirtschaftlich ist. Dies ist nach den obigen Ausführungen bei Sterbenden grundsätzlich zu verneinen. Besteht kein Behandlungsanspruch, so kann der Patient seine Patientenautonomie nicht ausüben, da sie ein Abwehrrecht ist und nur im Rahmen eines bestehenden Behandlungsanspruchs besteht. Verletzt werden kann hier nur das allgemeine Selbstbestimmungsrecht oder die allgemeine Handlungsfreiheit des Betroffen hinsichtlich dessen individueller Vorstellungen über das Sterben. Der Eingriff in diese Rechtsposition ist aber dadurch gerechtfertigt, dass die individuellen Anschauungen oder Vorstellungen des Einzelnen nicht im Rahmen der gesetzlichen Krankenversicherung auf Kosten der Krankenversicherungsbeitragspflichtigen verwirklicht werden dürfen. Immerhin kann der Einzelne dies auf eigene Kosten im Rahmen der privaten Krankenversicherung tun. Dadurch wird er nicht wie „ein Objekt" behandelt, so dass seine Menschenwürde dadurch nicht verletzt wird.

Obwohl dem Sterbenden kein Behandlungsanspruch auf Verhinderung oder Verlangsamung des Sterbeprozesses zusteht und es auf den Willen des Sterbenden für die Bestimmung dieses Anspruchs nicht ankommt, muss stets ermittelt werden, ob der Sterbende sich auf eigene Kosten behandeln lassen will. Es kann niemandem verboten werden, mehr in Anspruch zu nehmen, als ihm gesetzlich zusteht, sofern er dies selbst bezahlen will. Sofern der Wille des Sterbenden nicht feststellbar oder nicht sicher feststellbar ist, ist es darauf abzustellen, was gemeinhin als normal und vernünftig gilt. Dabei ist davon auszugehen, dass ein normal und vernünftig denkender Mensch nur solche medizinischen Leistungen wünscht, die ihm einen realen Vorteil bringen können. Damit geht sein Wille dahin, nur solche medizinischen Behandlungen zu beanspruchen, die ihm im Rahmen des gesetzlichen Behandlungsanspruchs zustehen.

---

991 Vgl. *Kutzer* NStZ 1994, 113.

992 Vgl. *Otto*, Jura 1999, 437; Sch/Sch-*Eser/Sternberg-Lieben*, vor § 211, Rn. 29.

1.5.2 *Irreversibler Bewusstseinsverlust*

In der Literatur wird überwiegend davon ausgegangen, dass medizinische Behandlungen bei Personen mit schwersten zerebralen Schädigungen und schwersten kognitiven Funktionsstörungen unterbleiben sollen, auch dann, wenn sie mit Hilfe der Behandlung jahrelang am Leben erhalten werden können. Hierfür werden diverse Begründungen geliefert.[993] Zu dieser Patientengruppe werden in erster Linie Patienten mit irreversiblem apallischem Syndrom gezählt.[994]

a) Das apallische Syndrom ist eine Krankheit, die sich durch schwere zerebrale Funktionsstörungen auszeichnet. Dabei kommt es zum Ausfall der gesamten Großhirnfunktion oder großer Teile desselben. Die Folge der schweren Hirnschädigung (der zerebralen Funktionsstörung) ist eine völlige Aufhebung der bewussten Wahrnehmungsfähigkeit der eigenen Person und der Umwelt. Es besteht jedoch ein, wenn auch gestörter, Schlaf- und Wachzyklus. Im wachen Zustand zeigen die Apalliker keinerlei willkürliche Reaktionen auf äußere Reize. Das apallische Syndrom kann vorübergehender Natur oder irreversibel sein. Die Ursache für dessen Auftreten sind am häufigsten Schädel/Gehirnbeschädigungen, hirnschädigende Erkrankungen oder Fehlbildung des Zentralnervensystems. Das apallische Syndrom kann erst nach Ablauf von mindestens einem Monat diagnostiziert werden. Es ist als irreversibel anzusehen, wenn es zwölf Monate nach einer traumatischen zerebralen Läsion (Hirnschädigung durch Gewalteinwirkung) oder drei Monate nach einer akuten nichttraumatischen zerebralen Läsion fortbesteht. Nach Verstreichen dieser Zeit ist die Wahrscheinlichkeit des Wiedererwachens extrem gering. Bei dieser prognostischen Einschätzung ist aber stets die individuelle Lage des Patienten zu berücksichtigen, insbesondere Ursache des apallischen Syndroms (nach traumatischen Verletzungen des Zentralnervensystems ist die Prognose besser), Alter des Patienten (bei Patienten unter 40 Jahren ist die Prognose günstiger) und Begleiterkrankungen. Nach der Feststellung der Irreversibilität des Bewusstseinsverlustes kann der Apalliker durchschnittlich 2 bis 5 Jahre im Zustand der völligen Wahrnehmungsunfähigkeit weiter leben. Es gibt allerdings auch Fälle, in denen die Überlebenszeit sogar 15 bis 20 Jahre gedauert hat. Patienten mit chronischem apallischem Syndrom werden meistens in Pflegeheimen untergebracht. Deren Therapie beschränkt sich in der Regel nur auf Sondenernährung (künstliche Ernährung über eine Magensonde, die in den Magen oder Dünndarm geführt wird), da sie wegen zerebraler Schädigungen schluckunfähig sind und auf rein pflegerische Maßnahmen.[995]

---

993 Siehe oben, 1.3 c).

994 Daneben gehören hierzu unter anderen Demenzkranke im weit fortgeschrittenen Stadium.

995 Vgl. *Nacimiento*, Dt. Ärztebl. (94) 1997, A-661 ff.; *Erbguth/Dietrich*, Akt Neurol 2013; 40: 426; *Kutzer*, FS Rissing-van Saan, S. 343, Fn. 22.

Laut den die staatlichen Lebensschutzpflichten konkretisierenden Vorschriften der gesetzlichen Krankenversicherung hat jeder apallische Patient einen Behandlungsanspruch, soweit dieser eine *positive* und *spürbare* Einwirkung auf den Krankheitsverlauf erwarten lässt[996]. Ob bei diesen Patienten noch weitergehende Einschränkungen des Behandlungsanspruchs möglich sind, was in der Literatur grundsätzlich befürwortet wird[997], wird im Folgenden näher beleuchtet.

Der Behandlungsanspruch erstreckt sich gemäß § 27 Abs. 1 Satz 1 SGB V auf Heilung der Grunderkrankung, Verhütung deren Verschlimmerung und Linderung der Beschwerden. Wird bei dem Patienten mit Bewusstseinsverlust ein irreversibler Wachkomazustand festgestellt, was grundsätzlich eine zumindest 12-monatige Beobachtungszeit voraussetzt, ist die durch die Schluckunfähigkeit bedingte lebenserhaltende Flüssigkeits- und Nahrungszufuhr über eine Sonde – unabhängig davon, ob der Apalliker gerade noch intensivmedizinisch behandelt oder aufgrund der Stabilisierung seines Gesamtzustandes in Pflege gegeben wurde – eine Heilmaßnahme, die weder zur Heilung noch zur Verhütung von Verschlimmerungen noch zur Linderung von Beschwerden der dem apallischen Syndrom zugrunde liegenden Grunderkrankung unmittelbar oder mittelbar beitragen zu können scheint.[998] Die Grunderkrankung des apallischen Patienten liegt in den erheblichen Hirnschädigungen, die wiederum die Ursache für die Schluckunfähigkeit sind. Diese Hirnschädigungen haben einen chronischen und irreversiblen Charakter. Sie sind medizinisch nicht mehr beeinflussbar. Die künstliche Ernährung hat nicht das Ziel, diese erheblichen zerebralen Läsionen unmittelbar zu beseitigen oder in irgendeiner Weise positiv zu beeinflussen (keine kausale Behandlung). Auch die Linderung der mit der Hirnschädigung einhergehenden Beschwerden scheidet aus. Zur Linderung der Krankheitsbeschwerden zählen alle Schmerzen und andere krankheitsbedingte Beeinträchtigungen des körperlichen, geistigen und seelischen Zustandes, die vom Patienten bewusst oder unbewusst als eine Belastung und Bürde empfunden werden.[999] Die apallischen Patienten sind jedoch schmerzunempfindlich.[1000] Damit ist die Grunderkrankung (irreversible zerebrale

996 Siehe oben 1.5.1 c), c) cc).

997 Vgl. *Merkel*, Früheuthanasie, S. 28 ff.

998 Zu erwähnen ist hier, dass es französischen Wissenschaftlern im Rahmen einer Studie gelungen sein soll, durch Einpflanzung bestimmter Implantate das Gehirn eines seit 15 Jahren im Wachkoma liegenden Patienten wieder zu aktivieren, so dass dieser einen deutlich höheren Bewusstseinszustand aufgewiesen hat als zuvor. Dies lässt darauf schließen, dass es der Medizin der Zukunft möglich sein wird, Personen im permanenten Wachkomazustand vollständig gesund werden zu lassen und damit die derzeit „unwiderruflichen" Hirnschädigungen wieder rückgängig zu machen, vgl. https://www.cell.com/cms/10.1016/j.cub.2017.07.060/attachment/2de62b3c-e76d-419b-aa9d-a92f804f9614/mmc1.pdf, abgerufen am 25.05.2018.

999 Vgl. BSG, Urteil vom 28.09.2010, B 1 KR 5/10 R.

1000 Vgl. *Scheffler*, Sterbehilfe, S. 267.

Funktionsstörung) nicht mehr behandlungsfähig und folglich wegen der Unmöglichkeit ihrer Heilung, der Verhütung ihrer Verschlimmerung und der Linderung der mit ihr verbundenen Beschwerden nicht behandlungsbedürftig.

Der Gesundheits- und Lebensschutz hat allerdings nicht die Aufgabe, nur bestimmte Krankheitsursachen zu bekämpfen, sondern solche Behandlungsmaßnahmen zur Verfügung zu stellen, die den Gesundheitszustand als solchen bessern oder stabil halten.[1001] Die künstliche Ernährung dient vorliegend dazu, den Hungertod zu verhindern und somit mittelbar die Verschlimmerung des Gesamtzustandes aufzuhalten. Im Hinblick darauf ist hier zur Ermittlung einer positiven Einwirkung auf den Krankheitsverlauf eine Abwägung der Risiken und des zu erwartenden Nutzens der künstlichen Ernährung vorzunehmen.[1002] Beim apallischen Syndrom soll die künstliche Ernährung die Belastungen des Hungertodes abwenden. Ohne sie wird der Patient sterben (verhungern und verdursten). Der apallische Patient kann jedoch nach medizinischen Erkenntnissen mit großer Wahrscheinlichkeit weder Hunger noch Durst verspüren.[1003] „Beobachtungen aus der Palliativmedizin legen nahe, dass Patienten, die sich im Sterben befinden und sich gegen weitere Nahrungs- und Flüssigkeitszufuhr entscheiden, keine unangenehmen Hunger- oder Durstgefühle haben, was der Analogie nach auch für Patienten mit sicher eingeschränktem oder verloren gegangenem Bewusstsein zu vermuten ist“.[1004] Damit erscheint der Hungertod aufgrund der unumkehrbaren Schmerz-, Hunger- und Durstunempfindlichkeit, der völligen Reaktionslosigkeit auf äußere Reize und der fehlenden bewussten Wahrnehmungsfähigkeit nicht als eine wesentliche Belastung für den Betroffenen[1005], zumal etwa die Dehydration zur Ausschüttung von körpereigenen Opiaten führt und das Sterben erleichtert.[1006] Weiter ist zu beachten, dass die jahrelange Sondenernährung mit erheblichen Kosten für die Versichertengemeinschaft einhergeht.[1007] Zu diesen Kosten gehören auch Folgekosten, die etwa durch die Behandlung der entzündeten Durchtrittsstellen der Magensonde, der interkurrenten Krankheiten oder sonstiger Folgeerkrankungen verursacht werden. Der medizinische Aufwand, auch wenn er hoch ist, kann hier allerdings nicht ins Gewicht fallen. Einerseits bringt er dem Apalliker grundsätzlich einen Nutzen. Mit Hilfe der künstlichen Ernährung kann das Leben des Betroffenen spürbar (wesentlich)[1008] verlängert werden, da er im Schnitt 2 bis

1001 Vgl. BSG, Urteil vom 6. 10.1999, B1 KR 13/97 R.
1002 Siehe oben, 1.5.1 c) cc).
1003 Vgl. *Synofzik/Marckmann*, Deutsches Ärzteblatt 102 (2005), A 2081.
1004 Vgl. *Erbguth/Dietrich*, Akt Neurol 2013; 40: 431.
1005 Vgl. *Synofzik/Marckmann*, Deutsches Ärzteblatt 102 (2005), A 2081.
1006 Vgl. *Bayer*, Biologie des Todes (Online-Artikel).
1007 Der Kostenfaktor spielt im Krankenversicherungsrecht eine erhebliche Rolle, vgl. BVerfG, Beschluss vom 06.12.2005, 1 BvR 347/98 m.w.N.
1008 Siehe zur Spürbarkeit oben, 1.5.1 c) cc) und Kapitel 5, 1.5.5.

5 Jahre und in einigen Fällen sogar deutlich länger überleben kann. Andererseits sind die Behandlungskosten nicht viel höher als etwa bei der jahrelangen Behandlung eines Krebspatienten oder eines schwerwiegend chronisch kranken Patienten.

Angesichts dessen, dass die Anwendung der künstlichen Ernährung für den apallischen Patienten grundsätzlich mit keinen nachteiligen Belastungen und Folgen verbunden ist und ihm grundsätzlich nur Nutzen bringt (Lebensverlängerung von über 2 Jahren), was auf eine spürbare positive Einwirkung auf den Krankheitsverlauf hindeutet, ist kein sachlicher Grund ersichtlich, warum diese Patientengruppe nach der Feststellung des irreversiblen Wachkomazustandes nicht oder nicht mehr am Leben erhalten werden sollte. Es ist zuzugeben, dass der Apalliker weder zur bewussten Wahrnehmung noch – soweit wir wissen – zu irgendwelchen Empfindungen fähig ist. Die Aufgabe des Staates ist es jedoch, das Leben und die Gesundheit nicht nur im psychischen Sinne, sondern auch im biologisch-physischen Sinne zu schützen. Dies hat auch in § 1 Satz 1 SGB V Niederschlag gefunden, wonach ohne Differenzierung zwischen der psychischen und der biologisch-physischen Gesundheit die Aufgabe der Krankenversicherung in der Leistung aller zur Erhaltung der Gesundheit als solche notwendigen Maßnahmen besteht.[1009] Medizinische Behandlungsmaßnahmen sind schon dann zur Verfügung zu stellen, wenn die Verschlimmerung der Erkrankung als solche möglich ist. Vor diesem Hintergrund lässt der allgemeine Gleichheitssatz nicht zu, in typisierender Art und Weise anzunehmen, dass bei zerebralen Funktionsstörungen verbunden mit dem vollständigen und dauerhaften Verlust der (u.U. etwa bei Kleinkindern nicht hinreichend verlässlich feststellbaren) Wahrnehmungsfähigkeit stets der Behandlungsanspruch ausscheiden müsse. Im Hinblick auf das Gebot der Gleichbehandlung behinderter Menschen aus Art. 3 Abs. 1 und 3 Satz 2 GG und Art. 5 UN-Behindertenrechtskonvention kann damit das Argument, dass diejenigen, die wegen schwerster Hirnschädigung zu keiner bewussten Wahrnehmung fähig sind, aus dem Schutzbereich des Lebensrechts und des Rechts auf Gesundheit herauszunehmen sind, weil sie die Gesundheits- und Lebenserhaltung nicht bewusst erleben können oder weil die Gesundheits- und Lebenserhaltung nicht durch den „Erlebenswert“ ausgeglichen werden kann, nicht zur Rechtfertigung der Ungleichbehandlung herangezogen werden. Denn das bewusste Erleben der Innen- und Außenwelt ist weder die Voraussetzung des Anspruchs auf medizinische Behandlung (§§ 1 Satz 1, 27 SGB V) noch die des Rechts auf Leben und Gesundheit[1010].

Man kann jedoch versuchen, die *positive* Einwirkung auf den Krankheitsverlauf nicht nur im Sinne des Risiko-Nutzen-Verhältnisses zu verstehen, sondern auch im Sinne eines Kosten-Nutzen-Verhältnisses[1011]. Hierbei handelt sich um

1009 Siehe oben 1.3 c).

1010 Vgl. BVerfG, Urteil vom 25.02.1975, 1 BvF 1/74 u.a.

1011 Zur Zulässigkeit der Berücksichtigung der Kostenfragen im Gesundheitswesen siehe oben 1.5.1 c) cc).

diverse Konzepte (z.B.: QALY = quality-adjusted life year [qualitätskorrigiertes Lebensjahr]), die zum Ziel haben, zu ermitteln, wie sich eine medizinische Behandlung auf die Lebensverlängerung und die krankheits- und behandlungsbedingte Lebensqualität auswirkt (Lebensquantität x Lebensqualität = QALY) und welcher finanzielle Aufwand (EUR) benötigt wird, um das durch die krankheits- und behandlungsbedingte Lebensqualität beeinflusste/geminderte Leben zu verlängern. Der finanzielle Aufwand wird dann ins Verhältnis zu der erwartbaren qualitätskorrigierten Lebensverlängerung gesetzt und anhand dessen wird die Verhältnismäßigkeit des Aufwands pro gewonnenen qualitätskorrigierten Lebensmonat bzw. pro gewonnenes qualitätskorrigiertes Lebensjahr beurteilt. Ergibt sich, dass der Aufwand besonders hoch ist, während die erwartbare qualitätskorrigierte Lebensverlängerung besonders niedrig ist, wird die medizinische Behandlung wegen eines Missverhältnisses abgelehnt. Mit anderen Worten: bezahlt wird das, was einen bestimmten Schwellenwert z.B.: 10 EUR/QALY überschreitet.[1012]

Gegen die QALY-Konzepte werden allerdings erhebliche Bedenken geäußert. Einerseits gibt es keine einheitlichen QALY-Bewertungskriterien, so dass unterschiedliche Ergebnisse abhängig von der angewandten Methode erzielt werden. Die Bewertung der Lebensqualität, also welchen Wert das Leben mit geminderter Lebensqualität für den Betroffenen hat und auf wie viele Lebensmonate/-jahre er wegen geminderter Lebensqualität verzichten möchte, ist nur anhand persönlicher Präferenzen messbar. Hier könnten insbesondere bei einwilligungsunfähigen Patienten diesen Fremdanschauungen aufgedrängt werden. Andererseits gelangen alle QALY-Bewertungen dazu, dass die Lebensqualität von alten, schwerkranken und -behinderten Menschen in der Regel viel schlechter bewertet wird als die der jungen und gesunden Menschen. Dies läuft auf eine Diskriminierung wegen des Alters, der Behinderung und des Gesundheitszustandes hinaus. Einer bestimmten Patientengruppe wird weniger an Gesundheitsleistungen gewährt und sie wird ausschließlich aus Gründen benachteiligt, die ihrer Beeinflussungsmacht entzogen sind.[1013]

Mit dem Kosten-Nutzen-Verhältnis hat sich etwa in der Schweiz das dortige Bundesgericht in seiner Entscheidung vom 23.11.2010 beschäftigt. Es hat festgestellt, dass aus Gründen der Rechtsgleichheit allen, die sich in einer gleichen Situation befinden, das Gleiche an Gesundheitsleistungen angeboten und gewährt werden müsse. Es solle die Situation vermieden werden, dass die einen alles oder sehr viel und die anderen nichts oder fast nichts erhalten. Daraus folge, dass jeder nur so hohe Leistungen der Gesundheitsfürsorge erhalten dürfe, wie sie in verallgemeinerungsfähiger Weise für alle anderen Personen in vergleichbarer Situation auch erbracht werden könnten. In dem zu beurteilenden Fall hat es ausgeführt,

---

1012 Vgl. *Koch/Gerber*, QALYs, S. 32 ff.; *Breyer/Zweifel/Kifmann*, Gesundheitsökonomik, S. 29 ff.; *Jehle/Czeschik/Freund/Wellnhofer*, Medizinische Informatik, S. 85 ff.

1013 Ebenda.

dass einer Patientin, deren Behandlung mit Kosten von 750.000 bis 900.000 Schweizer Franken verbunden war, diese zu versagen sei, weil es in der gesamten Schweiz ca. 180.000 Personen mit vergleichbarer Erkrankung gibt und sollten alle diese mit der Patientin vergleichbaren Personen die von ihr gewünschte Behandlung erhalten, die Behandlungskosten sich auf ca. 90 Milliarden Schweizer Franken belaufen würden, was ca. 1,6 der damaligen gesamten Kosten des Gesundheitswesen ausmachen würde.[1014]

Diese Sichtweise des schweizerischen Bundesgerichts ist aber nicht überzeugend. Zum einen sind die einzelnen Krankheitszustände alles andere als eindeutig vergleichbar. Wie bereits die QALY-Konzepte nahelegen, wird jede Erkrankung von jedem einzelnen Patienten unterschiedlich empfunden. Dies wird durch die persönlich empfundene krankheitsbedingte Lebensqualität mit bestimmt. Ebenso sind auch die persönlichen Lebenslagen offenbar stets ungleich: der eine kommt gesund zur Welt, der andere krank und noch ein anderer ist besonders anfällig für diverse Erkrankungen oder genetisch belastet. Damit ist bereits die „gesundheitliche" Ausgangslage/Startchance bei den Menschen im Hinblick auf die körperliche Verfassung und die diese beeinflussbaren Umstände (soziales Umfeld, Vermögensverhältnisse usw.) unterschiedlich und ungleich. Dies berechtigt dazu, das Ungleiche ungleich zu behandeln. Sollte einem Pianisten, der seinen Lebensunterhalt ausschließlich mit Pianospielen bestreitet und dem nun wegen des Verlustes seines Fingers die Mittellosigkeit droht, die Operation des Annähens seines abgeschnittenen Fingers ebenso versagt werden wie einem Bauarbeiter, der auch ohne den abgeschnittenen Finger in seinem Beruf weiter arbeiten kann?[1015]

b) Das Problem des Verzichts auf künstliche Ernährung kann weiterhin bei Demenzerkrankungen in weit fortgeschrittenem Stadium vorkommen.[1016] Die dementen Personen können das Kauen und das Schlucken „verlernen", so dass ihr Hungertod nur durch den Einsatz der Nasen- oder Magensonde abgewendet werden kann. Ähnlich den apallischen Patienten liegt auch bei ihnen eine irreversible Hirnschädigung vor. Ihre Lage ist jedoch rechtlich etwas anders zu beurteilen. In der medizinischen Literatur wird berichtet, dass die künstliche Ernährung das Überleben von Demenzpatienten in weit fortgeschrittenem Stadium nur um wenige Monate verlängere. Circa die Hälfte aller Demenzpatienten sterbe einen Monat nach dem Anlegen der Magen- oder Nasensonde. Nach drei Monaten seien dies bereits 78 % aller Patienten, nach 6 Monaten 81 % und nach einem Jahr ca. 90 %.[1017] Zu berücksichtigen ist weiterhin, dass das Anlegen einer Sonde bei mehr als der Hälfte aller Demenzpatienten schwere Unruhezustände und bei

1014 Vgl. Schweizerisches Bundesgericht, Urteil vom 23.11.2010, 9 C 334/2010.

1015 Vgl. *Mathwig*, Gerechtfertigte Ungleichbehandlung, S. 3 ff.

1016 Vgl. Leitfaden-Künstliche Ernährung, S. 11 f.

1017 Vgl. *Marckmann*, Ärzteblatt BW 01/2007, S. 25; *de Ridder*, Deutsche Ärzteblatt 2008, A450 f.; Leitfaden-Künstliche Ernährung, S. 24.

knapp der Hälfte Lungenentzündungen verursache.[1018] Hinzu kommt noch, dass viele Demenzpatienten fixiert werden müssen, um der Dislokation der Sonde und den damit verbundenen Infektionen vorzubeugen.[1019] Vor diesem Hintergrund erscheint die künstliche Ernährung von Demenzpatienten in weit fortgeschrittenem Stadium als nicht *spürbar*, da die künstliche Ernährung das Überleben der Patienten nur „unwesentlich" verlängert. Ca. 81 % der Patienten sterben innerhalb von 6 Monaten, obwohl sie künstlich per Sonde ernährt werden. Dementsprechend tritt der Tod innerhalb der geforderten „wenigen Tagen oder Wochen" trotz der Ausschöpfung aller zur Verfügung stehenden medizinischen Maßnahmen (auf die ein Behandlungsanspruch besteht) ein.[1020] Dadurch scheidet bei Demenzkranken im weit fortgeschrittenen Stadium ein Behandlungsanspruch auf die Sondenernährung aus.

Wenn man nach dem Vorstehenden davon ausgeht, dass bei Demenzpatienten in weit fortgeschrittenem Stadium die künstliche Ernährung nicht mehr zu leisten ist, weil der Betroffene wegen einer nicht *spürbaren* und damit rechtlich „unwesentlichen" Überlebenszeitspanne keinen Anspruch mehr auf medizinische Behandlung hat, dann muss dies auch die Einstellung anderer Maßnahmen zur Folge haben, auf die eigentlich ein Behandlungsanspruch besteht. Dies gilt auch für den Fall, dass dadurch der Eintritt des Todes an sich beschleunigt wird. Dies rechtfertigt sich aus der Überlegung, dass durch die Einstellung der Sondenernährung in kurzer und absehbarer Zeit der Tod eintreten wird. Damit können die anderen lebenserhaltenden Maßnahmen, etwa zur Behandlung von Begleiterkrankungen (Lungenentzündungen usw.) dadurch nicht mehr spürbar auf den Grundkrankheitsverlauf einwirken, da sowohl bei deren Anwendung als auch ohne das Leben auch unter Ausschöpfung der an sich vom Behandlungsanspruch erfassten ärztlichen Maßnahmen insgesamt nicht *spürbar*, also „unwesentlich" (weil nur um wenige Tage oder Wochen) verlängert wird.

1.5.3 Andere Fälle

Mit der vorstehenden Problematik ist die Problematik der Terminalkranken verknüpft. Terminalkranke werden wie Sterbende als Todgeweihte bezeichnet. Bei diesen Patienten handelt es sich um Personen, die noch nicht sterbend sind, sie leiden aber an einer unheilbaren tödlichen Krankheit, die die Aktivität des Betroffenen schwer beeinträchtigt und in einigen Wochen oder Monaten in die Sterbephase mündet (Terminalphase).[1021] Bei ihnen sind aufgrund der eingetretenen Unheilbarkeit der Grunderkrankung weder eine Heilung noch (in der Regel) eine „spürbare positive" Verhütung der Verschlimmerung möglich. Damit haben

1018 Ebenda.
1019 Ebenda.
1020 Siehe oben, 1.5.1 c) cc).
1021 Vgl. Definitionen der Deutschen Gesellschaft für Palliativmedizin, S. 7.

Terminalkranke in der Regel nur einen Behandlungsanspruch gerichtet auf Maßnahmen zur Linderung der Krankheitsbeschwerden. Dieser Anspruch umfasst dann vor allem palliativ-medizinische Maßnahmen und Pflegemaßnahmen, die das Sterben erleichtern und die Schmerzen lindern.[1022]

Es gibt aber auch andere tragische Fälle, in denen der Betroffene weder im Sterben liegt noch seine „absolute" Lebensverlängerung an sich medizinisch unmöglich ist. Zu denken ist hier an den *Wittig*-Fall. Ihm hat folgender Sachverhalt zugrunde gelegen: eine schwer erkrankte Patientin nahm eine Überdosis Morphium und Schlafmittel in Selbsttötungsabsicht zu sich. Bevor der Sterbeprozess einsetzte, wurde sie von ihrem Arzt in ihrem Haus vorgefunden, zu dem er sich Zutritt verschafft hatte. Der Arzt stellte fest, dass aufgrund der Vergiftung die vitalen Funktionen des Organismus so schwer beeinträchtigt waren, dass der fortschreitende Verfall nicht mehr aufgehalten oder nur unter Inkaufnahme irreparabler schwerer Dauerschäden verlängert werden konnte. Der Bundesgerichtshof entschied, dass Art und Ausmaß der Beeinträchtigung körperlicher Funktionen sowie Chancen, den tödlichen Verlauf aufzuhalten, für die ärztliche (Gewissens-) Entscheidung über die Lebenserhaltung von erheblicher Bedeutung seien. In dem Fall soll nach seiner Ansicht diese Voraussetzung erfüllt worden sein.[1023]

Auch im *Wittig*-Fall stellt sich die Frage, wann eine einseitige Behandlungsbeendigung in Betracht kommen kann. Entsprechend den unter 1.5.1 c), cc) gemachten Ausführungen ist eine wegen der Unmöglichkeit zur Erreichung eines der Behandlungsziele erfolgende Nichtdurchführung oder -beendigung einer Behandlung erlaubt, wenn nur eine auf Indizien gestützte, ganz fern liegende Aussicht auf Heilung oder auf eine *spürbare positive* Einwirkung auf den Krankheitsverlauf besteht. *Spürbar* ist eine Einwirkung, wenn sie eine nachhaltige, d.h. mehr als wenige Tage oder wenige Wochen umfassende Lebensverlängerung nach medizinischen Erkenntnissen und unter Beachtung der Regeln der ärztlichen Kunst im konkret-individuellen Fall rechtfertigt. *Positiv* ist sie, wenn sie nach medizinischen Erkenntnissen und Regeln der ärztlichen Kunst im konkret-individuellen Behandlungsfall die Lebensqualität des Betroffenen verbessert, also „mehr nützt als schadet". Erforderlich ist hier damit eine Nutzen-Risiko-Abwägung.

Die Aussicht auf eine *spürbare positive* Einwirkung muss aufgrund der hervorragenden Bedeutung des Lebensrechts grundsätzlich ganz fern liegen, um die Nichtdurchführung oder Beendigung einer ärztlichen Maßnahme zu erlauben.[1024] Dies

---

1022 Vgl. *Rosenau*, FS Rissing-van Saan, S. 555.

1023 Vgl. BGH, Urteil vom 04.07.1984, 3 StR 96/84, entsprechend den Ausführungen des BGH wurde hier der ausdrückliche Wille der Patientin, nicht behandelt zu werden, außer Acht gelassen, da die Patientenautonomie der Suizidenten unbeachtlich sei. Der BGH hat den Fall eigentlich so entschieden, als wäre der Wille der Patientin unbekannt bzw. irrelevant gewesen. Diese Situation ähnelt daher der des einseitigen Behandlungsabbruchs.

1024 Vgl. BVerfG, Beschluss vom 06.12.2005, 1 BvR 347/98.

wird insbesondere von *Merkel* kritisiert, weil zu hohe Anforderungen an die Wahrscheinlichkeit „pro Abbruch" gestellt werden. Er fragt, wie hoch diese Wahrscheinlichkeit „pro Abbruch" sein muss. Sollte etwa eine 30 %ige Wahrscheinlichkeit „pro Weiterbehandlung" für den Behandlungsabbruch ausreichen? Da im Zweifel der Wille zur Lebenserhaltung nicht allgemein nachweisbar und damit nicht jeder Kranke an der Lebensverlängerung interessiert ist, überzeuge der Grundsatz *in dubio pro vita* nicht.[1025] Sowohl die Lebenserhaltung als auch das Sterbenlassen könnten in den Zweifelsfällen für den Betroffenen das jeweils größere Übel darstellen, so dass das *pro vita* nicht moralisch die sichere Seite sei.[1026] *Merkel* übersieht dabei zunächst, dass das Leben umfassend geschützt wird. Daraus folgt, dass es keines Beweises dafür bedarf, ob der Betroffene ein (konkretes) Interesse an der Erhaltung seines eigenen Lebensrechts hat. Der Betroffene wird auch gegen seinen Willen vor sich selbst geschützt. Dies gebieten die objektiven Lebensschutzpflichten.[1027] Sein Gedankengang lässt ferner die Unterscheidung zwischen der abstrakten und konkreten Abwägungsebene vermissen. Allein der abstrakte Wert des geschützten bzw. beeinträchtigten Rechtsgutes kann über das Abwägungsergebnis entscheiden. Es ist nicht so, dass die Abwägung zwischen abstrakt und konkret bedrohten Rechtsgütern stets zugunsten der letzteren ausfallen muss.[1028]

Hinsichtlich des Grades der Wahrscheinlichkeit pro Entscheidung für die Nichtdurchführung oder die Beendigung einer medizinischen Behandlung sind das Lebensrecht und das Recht auf würdiges Sterben[1029] miteinander abzuwägen. Es ist also eine Abwägung zwischen der Wahrscheinlichkeit des Nutzens der Therapie und/oder der „spürbaren" (also rechtlich „wesentlichen") Lebensverlängerung einerseits und der Wahrscheinlichkeit der „unwesentlichen" Lebensverlängerung und/oder der behandlungsbezogenen Risikoverwirklichung andererseits vorzunehmen. Hierbei ist, wie schon eingangs angedeutet, zu beachten, dass das Leben von Verfassungsrecht wegen als besonders hohes Rechtsgut angesehen wird.[1030] Deswegen ist bei der Abwägung zunächst von der abstrakten Bedeutung des bedrohten Rechtsgutes auszugehen. Danach sind die Anforderungen an die Wahrscheinlichkeit der Rechtsgutsbeeinträchtigung umso geringer, je bedeutsamer das zu schützende Rechtsgut (Erhaltungsgut) ist, und umso höher, je gewichtiger das Eingriffsgut ist.[1031] Mit Blick darauf und die Formulierung des

1025 Vgl. *Merkel*, ZStW 107 (1995), 560; MK-*Schneider*, vor §§ 211 ff., Rn. 134 f.

1026 Vgl. *Merkel*, Früheuthanasie, S. 540.

1027 Vgl. BVerfG, Urteil vom 25.02.1975, 1 BvF 1/74 u.a.

1028 Vgl. *Fischer*, § 34, Rn. 23.

1029 Zum Inhalt des Rechts auf würdiges Sterben siehe oben 1.5.1 c) cc).

1030 Vgl. BVerfG, Beschluss vom 06.12.2005, 1 BvR 347/98 mit Hinweis auf BVerfGE 39, 42: dort wird sogar vom Leben als „Höchstwert innerhalb der grundgesetzlichen Ordnung" gesprochen.

1031 Vgl. LK-*Zieschang*, § 34, Rn. 60 f.; Sch/Sch-*Perron*, § 34, Rn. 15 m.w.N.

Bundesverfassungsgerichts, dass die *spürbare positive* Einwirkung auf den Krankheitsverlauf nicht ganz fern liegend sein dürfe[1032], sind die Anforderungen an die Wahrscheinlichkeit der Lebensverletzung grundsätzlich gering zu halten.[1033] Wenn bereits eine geringe Wahrscheinlichkeit der Lebensbeeinträchtigung die Lebensschutzpflichten entstehen lässt, dann ist dies erst recht bei einer sehr hohen Wahrscheinlichkeit der Lebensverletzung der Fall. Das heißt hier, dass generell bereits eine geringe Wahrscheinlichkeit der Lebenserhaltung bei der Anwendung einer medizinischen Maßnahme (und damit eine hohe Wahrscheinlichkeit der Lebensverletzung) gegen die Nichtdurchführung oder Beendigung dieser medizinischen Maßnahme spricht. M.a.W. bedeutet das, dass aufgrund des abstrakten Wertes des Lebensrechts hohe Anforderungen an die Zulässigkeit der Lebensbeendigung und damit an die Behandlungseinstellung zu stellen sind, da das Lebensrecht abstrakt jeglichem Interesse an der Nichtdurchführung oder der Beendigung medizinischer Behandlung vorgeht. Daraus wird ersichtlich, dass der Eingriff in das Lebensrecht im Einzelfall durch die hohe Wahrscheinlichkeit des Bestehens eines gewichtiges Grundes für die Einschränkung des Lebensrechts (wozu nach der Rechtsprechung des Bundesverfassungsgerichts die „nicht spürbare" Lebensverlängerung bzw. der baldigen Todeseintritt oder der Eintritt unzumutbarer Nachteile bzw. Risiken gehört[1034]) erlaubt sein kann.[1035] Je wahrscheinlicher im konkret-individuellen Behandlungsfall der Tod innerhalb einer „unwesentlichen" Zeitspanne und/oder je wahrscheinlicher, dass sich unzumutbare behandlungs- oder krankheitsbezogene Nachteile beim konkret-individuellen Patienten einstellen, umso eher ist anzunehmen, dass ein besonders gewichtiger Grund für die Einschränkung des Lebensrechts vorliegt, der für die Nichtdurchführung lebensnotwendiger Behandlungsmaßnahmen spricht.

Es sind also die konkreten Risiken und deren Eintrittswahrscheinlichkeiten den Vorteilen der Lebenserhaltung und deren Eintrittswahrscheinlichkeiten gegenüberzustellen und zu vergleichen. Diese Gegenüberstellung muss ergeben, dass nach medizinischen Erkenntnissen die „unwesentliche" Lebensverlängerung gegenüber der „wesentlichen" Lebensverlängerung" und/oder die Risiken gegenüber den Vorteilen der ärztlichen Behandlung überwiegen, um zu einem rechtlich erlaubten Unterlassen oder Abbruch medizinischer Behandlung gelangen zu können. Das ist dann anzunehmen, wenn der Allgemeinzustand des Patienten nach prognostischer, den medizinischen Erkenntnissen entsprechender Einschätzung so beschaffen ist, dass mit hoher Wahrscheinlichkeit davon auszugehen ist, dass in

---

1032 Vgl. BVerfG, Beschluss vom 06.12.2005, 1 BvR 347/98.

1033 Vgl. BSG, Urteil vom 02.09.2014, B 1 KR 4/13 Rm.w.N.

1034 Siehe oben 1.5.1 c) (Ausschluss des Behandlungsanspruchs).

1035 Vgl. *Fischer*, § 34, Rn. 23.

einer wenige Tage oder wenige Wochen[1036] umfassenden Zeit der Sterbeprozess einsetzen oder die beabsichtigte Behandlung und/oder der beabsichtigte Behandlungskomplex eine aus medizinischer Sicht unvertretbare (unzumutbare) Belastung für den konkret-individuellen Patienten darstellen werde. Das Recht auf würdiges Sterben wäre ungenügend geschützt, wenn eine mit hoher Wahrscheinlichkeit zu befürchtende Gefahr für dieses Recht erforderlichenfalls nicht durch unmittelbare Einschränkung des Lebensrechts in Gestalt der Behandlungseinstellung verhindert werden dürfte. Eine an Sicherheit grenzende Wahrscheinlichkeit der Verletzung des Rechts auf würdiges Sterben ist insoweit nicht zu fordern, da ansonsten das Recht nur auf die Phase des sicher und unzweifelhaft feststellbaren Beginns des Sterbevorgangs (der einerseits grundsätzlich mit vielen prognostischen Unsicherheiten verbunden ist und andererseits durch diverse medizinische Maßnahmen, wenn auch nur um wenige Minuten oder Stunden hinausgeschoben werden kann oder manipulierbar ist[1037]) und auf die sicher feststellbare Phase der Unzumutbarkeit der medizinischen Weiterbehandlung beschränkt werden würde, was bei dem Letzteren abgesehen von den prognostischen Problemen darauf hinauslaufen würde, den Betroffenen solange medizintechnisch zu quälen, bis die Unzumutbarkeit der medizinischen Weiterbehandlung sicher und unzweifelhaft feststünde[1038].

Zur Verdeutlichung des Vorstehenden: wenn etwa eine 11 %-ige Wahrscheinlichkeit dafür besteht, dass durch die Durchführung einer ärztlichen Maßnahme das Leben über eine Zeitspanne von wenigen Tagen oder Wochen hinaus verlängert werden kann, dann ist dies generell für die Einleitung dieser Maßnahme ausreichend, da das Ziel der Lebensverlängerung in diesem Falle (wohl) nicht ganz fern liegt. Dies spricht zunächst für die Behandlungsdurchführung. Dies kann sich aber ändern. Insbesondere dann, wenn die Wahrscheinlichkeit des Todeseintritts innerhalb der nächsten Stunden, Tage oder Wochen etwa gegen 90 % liegt. Das Gleiche gilt, wenn erhebliche Risiken bestehen, die mit der Durchführung medizinischer Maßnahmen verbunden sind, weil diese den Betroffenen erheblich belasten oder die krankheitsbedingten Beschwerden erheblich verstärken und deren Eintrittswahrscheinlichkeit und deren Bestehen bis zum Todesbeginn hochwahrscheinlich ist. Dann ist es davon auszugehen, dass die Entscheidung *contra vitam* gegenüber der *pro vita* wesentlich überwiegt und die Nichtdurchführung oder die Beendigung der ärztlichen Maßnahme erlaubt ist. Insgesamt ist also vorrangig der Grundsatz *pro vita* anzuwenden, wobei er im Einzelfall je nach den Umständen des Einzelfalles relativiert werden kann.

1036 Vgl. BSG, Urteil vom 13.10.2010, B 6 KA 48/09 R; vgl. auch § 3 der Richtlinie des Gemeinsamen Bundesausschusses zur Verordnung von spezialisierter ambulanter Palliativversorgung (SAPV-RL).

1037 Vgl. *Merkel*, Früheuthanasie, S. 535 f.

1038 Vgl. *Merkel*, Früheuthanasie, S. 538 ff.

Auf dieser Grundlage erscheint die im *Wittig*-Fall getroffene Entscheidung des Bundesgerichtshofes[1039] in sich schlüssig. Dem Sachverhalt zufolge ließ der Angeklagte einen Suizidenten nach Einnahme zahlreicher Medikamente sterben, da er davon ausging, dass dieser nicht oder jedenfalls nicht ohne schwere Dauerschäden zu retten sein werde. In Anbetracht der Feststellungen der Vorinstanzen, wonach die vitalen Funktionen des Organismus so schwer beeinträchtigt waren, dass der fortschreitende Verfall letztlich nicht mehr aufgehalten werden konnte und die prognostische Einschätzung eventueller Rettungsmaßnahmen und deren voraussichtlichen Folgen (baldiger Todeseintritt und Eintritt schwerer lebensgefährlicher Dauerschäden[1040]) anhand der ärztlichen Diagnose des Handelnden sich nicht als falsch erwiesen hat, ist es hier rechtlich vertretbar, von einem Überwiegen der Risiken gegenüber den Vorteilen der Lebensverlängerung auszugehen.

1.5.4 Entscheidungsträger bei einseitigem Behandlungsabbruch

Die einseitige Behandlungsbeendigung hängt vom Bestehen eines Behandlungsanspruchs ab. Für dessen Feststellung im Einzelfall ist allein der Arzt zuständig. Besteht kein Behandlungsanspruch, ist der Arzt nicht verpflichtet, die zur Lebenserhaltung notwendigen medizinischen Maßnahmen durchzuführen. Aus diesem Grunde wird in der zivilrechtlichen Rechtsprechung und Literatur vertreten, dass bei fehlender medizinischer Indikation allein der Arzt über die Nichtdurchführung oder die Beendigung medizinischer Behandlung entscheiden dürfe. Eine Mitwirkung des Betreuers oder des Patientenvertreters sei nicht erforderlich. Erklärt wird dies damit, dass für eine Einwilligung bzw. eine Nichteinwilligung des Patienten bzw. des Betreuers kein Raum bestehe, wenn ärztlicherseits eine medizinische Behandlung nicht angeboten wird, sei es, dass sie medizinisch nicht indiziert, nicht mehr sinnvoll oder aus sonstigen Gründen nicht möglich ist.[1041] Diese Auffassung steht offensichtlich im Widerspruch zu § 1901b BGB.[1042] Danach hat der Arzt nur die medizinische Indikation zu prüfen und dies mit dem Betreuer zu erörtern. Die Entscheidung über die Nichtdurchführung oder die Beendigung medizinischer

---

1039 Vgl. BGH, Urteil vom 04.07.1984, 3 StR 96/84, anzumerken ist nur, dass der BGH die Patientenautonomie des Suizidenten grundsätzlich für unbeachtlich hält. Deswegen ist hier der Sterbewunsch des Suizidenten außer Betracht zu lassen.

1040 Um welche „schwere(n) Dauerschäden" es sich gehandelt hat, haben die Vorinstanzen „nicht ausdrücklich" festgestellt. Der BGH hat trotz dieser offenen Frage den Angeklagten freigesprochen. Dies ist als Rechtsfehler anzusehen, da zum einen das Leben besonders hochwertiges Rechtsgut ist und zum anderen die hier vorgeschlagene Risiko-Nutzen-Abwägung umfassend erfolgen muss.

1041 Vgl. BGH, Beschluss vom 17.03.2003, XII ZB 2/03; OLG München, Beschluss vom 25.01.2007, 33 WX 6/07; LG Berlin, Beschluss vom 03.03.2006, 83 T 595/05; *Coeppicus*, NJW 2011, 2088.

1042 Vgl. OLG Sachsen-Anhalt, Urteil vom 22.08.2013, 1 U 118/11.

Maßnahmen trifft dagegen allein der Betreuer. Es ist an sich richtig, dass dann, wenn der Behandlungsanspruch (oder die medizinische Indikation) zu verneinen ist, der Patient bzw. der Betreuer nicht befugt ist, eine medizinische Leistung zu verlangen oder sie zu verweigern. Der Patient kann aber die medizinische Leistung auf eigene Kosten durchführen lassen. Ob der Patientenwille dahin geht, hat bei Einwilligungsunfähigkeit des Patienten der Betreuer festzustellen. Darüber hinaus muss gewährleistet werden, dass die ärztliche Entscheidung über das Nichtbestehen des Behandlungsanspruchs behördenrechtlich und gerichtlich überprüfbar sein muss. Zu diesem Zweck ist die Einbindung des Betreuers und der nahen Angehörigen in den Entscheidungsprozess erforderlich, damit sie die ärztlichen Feststellungen zum Nichtbestehen des Behandlungsanspruchs bzw. zur fehlenden medizinischen Indikation rechtzeitig ggf. angreifen und damit die Rechte des einwilligungsunfähigen Patienten schützen können.[1043] Nur so kann das Lebensrecht in verfahrensrechtlicher Hinsicht abgesichert werden. Meint der Betreuer, dass der Arzt sich hinsichtlich des Wegfalls des Behandlungsanspruchs irre, ist der Patient mit allem zur Lebenserhaltung Notwendigen weiter zu behandeln, bis die Sache gerichtlich geklärt ist.[1044] Eine Ausnahme zur Einhaltung des in § 1901b BGB vorgesehenen Verfahrens ist dann zu machen, wenn der Patientenwille eindeutig und dem Arzt sicher bekannt ist oder wenn der Betreuer aus Zeitgründen nicht befragt werden kann.

1.6 Passive Sterbehilfe ohne oder gegen den Willen des Patienten

Eine Behandlungseinstellung ohne den Willen des Betroffenen ist grundsätzlich nicht erlaubt. Ebenso ist grundsätzlich ein der Nichtdurchführung oder der Beendigung einer medizinischen Maßnahme entgegenstehender erklärter oder mutmaßlicher Wille des Betroffenen stets zu beachten und dessen Missachtung strafbar. Dies verlangt das Selbstbestimmungsrecht des Patienten.[1045] Die Abweichungen von diesem Grundsatz können sich aber aus dem gesundheitssozialrechtlichen Behandlungsanspruch ergeben, weil nicht alles geleistet werden muss, was für die Lebenserhaltung notwendig ist.[1046] Sobald der Behandlungsanspruch nicht besteht,

1043 Der EMGR macht die Zulässigkeit der Behandlungseinstellung einerseits vom Bestehen eines genügenden gesetzlichen Verfahrens zur Feststellung des Patientenwohls, bei der insbesondere die Sicht der einzelnen Familienmitglieder hinreichend berücksichtigt werden muss, und andererseits von ausreichenden rechtlichen Überprüfungsmöglichkeiten gegen die ärztliche Entscheidung zur Behandlungseinstellung abhängig; vgl. EGMR, Urteil vom 05.06.2015, 46043/14 (Lambert u.a. v. Frankreich), *Weißer*, ZJS 2015, 443 ff.

1044 Vgl. OLG Sachsen-Anhalt, Urteil vom 22.08.2013, 1 U 118/11.

1045 Vgl. *Verrel*, JZ 1996, 228.

1046 Vgl. BVerfG, Beschluss vom 06.12.2005, 1 BvR 347/98.

kann der Patient keinen Gebrauch von seiner Patientenautonomie machen. Die Patientenautonomie ist nur ein Abwehrrecht und kann nur im Rahmen eines dem Patienten tatsächlich zustehenden Behandlungsanspruchs ausgeübt werden.[1047] Hierzu sind die vorstehenden Gruppen der einseitigen Handlungen[1048] zu zählen. Trotzdem ist der Wille des Betroffenen auch im Rahmen des einseitigen Behandlungsabbruchs nicht völlig unbeachtlich. Er erlangt insoweit eine Bedeutung, als der Patient für die Kosten der gewünschten, objektiv nicht mehr von dem Behandlungsanspruch erfassten medizinischen Maßnahme selbst aufkommen, also privat bezahlen will. In diesem Falle ist der Wille beachtlich und der Patient ist weiter zu behandeln, allerdings auf seine eigenen Kosten. Wenn er die Behandlungskosten nicht selbst tragen kann, ist die Behandlung zu beenden.

2. Die polnische Rechtslage

Das polnische Strafrecht enthält anders als das deutsche neben den Tatbeständen zum Lebens- und Gesundheitsschutz eine eigenständige Norm zum Schutze der Patientenautonomie (Art. 192 KK). Nach dieser Vorschrift macht sich derjenige strafbar, der einen Eingriff in die körperliche Unversehrtheit eines anderen vornimmt, ohne hierzu dessen Einwilligung zu haben. Die Konsequenz dieser Regelung ist, dass der Eingriff in die körperliche Unversehrtheit ohne Einwilligung keine Körperverletzung begründen kann, sondern nur die Verantwortlichkeit wegen der Missachtung des Patientenwillens. Eine Körperverletzung kann nur dann angenommen werden, wenn der Eingriff nicht *lege artis* durchgeführt wurde, also wenn er fehlerhaft war. Daran wird deutlich, dass der polnische Arzt grundsätzlich vor dem gleichen Dilemma steht wie sein deutscher Kollege. Die Behandlungseinstellung auf Wunsch des Patienten kann zu seiner Strafbarkeit wegen einer Tötung führen. Übergeht er dessen Willen, dann muss er sich wegen der Verletzung der Patientenautonomie verantworten. Bei der passiven Sterbehilfe kann es demnach zur Pflichtenkollision kommen. Noch schwieriger gestaltet sich die Lage, wenn der Patient zum Zeitpunkt des geplanten Eingriffs nicht äußerungsfähig ist, aber dem Arzt bekannt ist, dass der Patient den Eingriff abgelehnt hat. Hier stellt sich die Frage, ob seine früheren Äußerungen Beachtung finden sollen und wie aussagekräftig sie sein müssen. Ferner lässt die gesetzliche Rechtslage offen, ob der Patientenwille stets für eine Behandlungsvornahme und -einstellung entscheidend sein muss, insbesondere dann, wenn der Patient auf eine Behandlung drängt, welche der Arzt ihm aus rein medizinischen Gründen nicht oder nicht in dieser Form verordnen kann.

1047 Vgl. BGH, Beschluss vom 17.03.2003, XII ZB 2/03; *Sternberg-Lieben*, FS Seebode, S. 407 ff. m.w.N.

1048 Siehe oben 1.5.1 ff.

2.1. Behandlungseinstellung durch Unterlassen

Auch im polnischen Strafrecht kann ein Straftatbestand durch Unterlassen begangen werden. Demnach kann das Unterlassen einer medizinischen Behandlung oder das Unterlassen einer Weiterbehandlung strafrechtlich verfolgt werden. Eine Behandlungseinstellung durch Unterlassen kann den Schutzbereich der Art. 148 (Tötung) und 150 KK (Tötung auf Verlangen und aus Mitleid) betreffen.[1049] Zur Abgrenzung der beiden Tatbestände wird in der Literatur auf den Opferwillen abgestellt. Art. 148 KK (Totschlag) regele eine unfreiwillige Tötung (Tötung ohne oder gegen den Opferwillen), während Art. 150 KK (Tötung auf Verlangen und aus Mitleid) nur bei einer frei gewollten Tötung eingreift. Will also der Patient, dass der Täter von der Vornahme einer medizinischen Maßnahme oder von einer Hilfeleistung absieht, so sei grundsätzlich auf Art. 150 KK zurückzugreifen. Ist ein entsprechender Wille nicht vorhanden oder erfüllt er die Voraussetzungen eines Verlangens im Sinne des Art. 150 § 1 KK[1050] nicht, so sei Art. 148 KK einschlägig.[1051] Die Abgrenzung zwischen diesen Tatbeständen richtet sich also danach, ob ein im Rahmen des Art. 150 KK beachtliches Verlangen vorliegt. Ist es gegeben, dann ist Art. 150 KK einschlägig. Ansonsten verbleibt es bei Art. 148 KK.

Die Behandlungseinstellung durch Unterlassen kann auch die Schutzbereiche der Art. 150 KK (Tötung auf Verlangen und aus Mitleid) und Art. 151 KK (Veranlassen zur Suizidhandlung durch Anstiftung oder Beihilfeleisten)[1052] berühren. In der

---

1049 Dass eine Tötung auf Verlangen und aus Mitleid auch durch Unterlassen verwirklicht werden kann, wird einhellig bejaht (vgl. Wąsek/Zawłocki-*Michalski*, Art. 150, Rn. 18; *Gałęska-Śliwka/Śliwka*, Państwo i Prawo 2009 Nr. 11, S. 20.). Zur Begründung dieser Ansicht wird auf die Garantenstellung des Täters abgestellt. Hat der Täter die Pflicht, eine Gefahr für das Leben eines anderen abzuwenden oder ihn vor Gefahren für sein Leben zu beschützen, so macht er sich bei Verletzung dieser Pflicht aus Art. 150 § 1 KK durch Unterlassen strafbar.

1050 Siehe Kapitel 2, 2.1.1.1.

1051 Vgl. *Zoll*, Komentarz, Art. 150, Ziff. 10.

1052 Art. 151KK: „Wer durch Überredung oder Hilfeleistung einen Menschen dazu bringt, Hand an sich zu legen, wird mit Freiheitsstrafe von 3 Monaten bis zu 5 Jahren bestraft", *Chudzik et al.*, Strafgesetzbuch und Übertretungsgesetzbuch, S. 123. Nach allgemeinen Teilnahmeregeln kann Beihilfe auch durch Unterlassen geleistet werden, vgl. Art. 18 § 3 KK, der lautet: „Wegen Beihilfe wird bestraft, wer in der Absicht, dass eine andere Person eine verbotene Tat begeht, mit seinem Verhalten die Begehung dieser Tat begünstigt, insbesondere durch Bereitstellen des Tatwerkzeugs, des Transportmittels, durch Erteilung von Ratschlägen oder Informationen; wegen Beihilfe wird auch bestraft, wer entgegen der besonderen Rechtspflicht zur Nichtzulassung der Begehung einer verbotenen Tat durch sein Unterlassen ihre Begehung durch eine andere Person begünstigt", *Chudzik et al.*, Strafgesetzbuch und Übertretungsgesetzbuch, S. 17. Deshalb geht man davon aus,

polnischen Literatur besteht keine einheitliche Linie, wie Art. 151 KK im Bereich der Hilfeleistung zum Suizid durch Unterlassen gegenüber Art. 150 KK im Bereich des Sterbenlassens abgegrenzt werden soll. Hier geraten zwei Auffassungen aneinander, die entweder von einem Ausschlussverhältnis oder von einem Konkurrenzverhältnis zwischen den beiden Normen ausgehen. Die Ansicht, wonach Art. 150 und 151 KK sich gegenseitig ausschließen, wird in zwei Varianten vertreten, wobei Uneinigkeit darüber herrscht, welches Kriterium zur Abgrenzung herangezogen werden soll. Nach *Szeroczyńska* soll entscheidend sein, wer die Kontrolle über das Gesamtgeschehen hat. Ist dies der Selbstmörder, so liege Art. 151 KK vor. Handelt es sich hingegen um einen Dritten, dann ist Art. 150 KK erfüllt. Das Ausschlussverhältnis zwischen den beiden Normen ergebe sich daraus, dass man die Kontrolle über das Geschehen entweder hat oder eben nicht.[1053] Problematisch an dieser Auffassung ist, was *Szeroczyńska* unter der „Kontrolle" versteht. Dazu schweigt sie. Soll dies die Tatherrschaft i.S. der deutschen Tatherrschaftslehre sein oder soll man dies anders verstehen? Wäre das erstere zu bejahen, taucht ein Widerspruch zu der allgemein verbreiteten Auffassung in der polnischen Rechtsprechung und Literatur auf, wonach die (Allein-) Täterschaft durch die formell-objektive Theorie zu bestimmen ist.[1054] Die Tatherrschaftskriterien werden nur durch Außenseiterpositionen angewendet und vertreten.[1055] Ungeachtet dessen kann man die „Kontrolle", entsprechend der vielen Meinungen in Deutschland als das In-den-Händen-Halten des letzten zur Tötung führenden Aktes verstehen. Was dafür sprechen kann, ist der Wortlaut des Art. 151 KK. Dort ist die Rede von „die Hand an sich legen". Daraus kann man entnehmen, dass das Opfer von eigener Hand sterben muss. Es muss die für die Tötung notwendige Handlung selbst vornehmen. Für eine solche Auslegung spricht auch das allgemeine Wortverständnis der Selbsttötung als Sich-Selbst-Töten, also den eigenen Tod selbst verursachen. Im Gegensatz dazu steht: einen anderen töten, also eine Fremdtötung. Selbst wenn man *Szeroczyńska* dieses Verständnis der „Kontrolle" unterstellt, ist ihre Meinung jedoch nicht frei von Bedenken. Denn zwischen Art. 150 und 151 KK besteht ein Wertungswiderspruch, der die Strafbarkeit eines Selbsttötungsgehilfen betrifft. Wegen der Existenz des Art. 150 § 2 KK (Absehen von Strafe) und dem Fehlen seiner Entsprechung bei Art. 151 KK kann es dazu kommen, dass ein Gehilfe, der eigentlich ein geringeres Unrecht begeht[1056] (und unter Umständen auf Verlangen des Suizidenten und

dass Art. 151 KK auch durch Unterlassen verwirklicht werden kann (vgl. *Zoll*, Komentarz, Art. 151, Ziff. 8).

1053 Vgl. *Szeroczyńska*, Eutanazja, S. 386 f.

1054 Vgl. *Wolf/Zboralska*, S. 124, 130, 143; *Marek/Konarska-Wrzosek*, S.213 ff.

1055 Vgl. *Wolf/Zboralska*, S. 130.

1056 Vgl. *Wąsek*, ZStW 95 (1983), 778.

aus Mitleid mit ihm handelt), strenger bestraft werden kann als der Täter einer Tötung auf Verlangen und aus Mitleid, der freigesprochen werden darf[1057].

Zoll ist der Ansicht, dass das Abgrenzungskriterium in den privilegierenden Merkmalen des Art. 150 KK: *Verlangen* und *Mitleid* zu suchen ist. Die Unfreiwilligkeit des Sterbeentschlusses lasse Art. 148 KK (Totschlag) eingreifen. Daraus ergebe sich, dass die Selbsttötungshandlung das „Ergebnis eines freiwillig gefassten Willensentschlusses" des Selbstmörders sein müsse. Der Unterschied zu Art. 150 KK, der auch die Freiwilligkeit des Sterbeentschlusses voraussetzt, bestehe darin, dass die Hilfeleistung zum Selbstmord, sei es durch eine Aktivität oder eine Untätigkeit nicht auf den Wunsch des Selbstmörders hin erfolge, also der Täter lasse sich nicht durch das Verlangen zur Tat bestimmen und nicht durch das Mitleid mit dem Selbstmörder motivieren, d. h. der Täter lasse sich zur Tat nicht durch die besonders kritische Lebenslage des Opfers leiten.[1058] Problematisch ist daran, dass der Suizidhelfer aus Respekt vor dem Selbsttötungsentschluss des Suizidenten, also nicht auf sein Verlangen, aber mit seiner Zustimmung und aus Mitleid für das Opfer untätig bleibt. In diesem Falle wird ein Suizidgehilfe strenger bestraft als der Täter einer Tötung auf Verlangen und aus Mitleid, da Art. 150 KK im Unterschied zu Art. 151 KK ein Absehen von Strafe vorsieht. Hier schlägt *Zoll* eine Korrektur bei dem Merkmal „einen anderen dazu bringen, Hand an sich zu legen" vor.[1059] Die Hilfeleistung zum Selbstmord sei daher eng zu verstehen und solle nur solche Handlungen umfassen, die die Ausführung des Suizidplanes erst möglich machen. Eine bloße Erleichterung soll hingegen straflos bleiben.[1060]

Folgt man *Zoll*, dann wird jeder, der aktiv oder passiv für ihn tödliche wirkende Umstände herbeiführt und seinen Tod eintreten lässt, zum Selbstmörder, sofern derjenige, der den Tod verhindern kann, sich nicht durch das Verlangen des Opfers zur Unterlassung bestimmen lässt und nicht aus Mitleid handelt. Bei diesem Verständnis werden alle lebensbedrohlich erkrankten Patienten, die aus mehr oder weniger irrationalen Gründen eine lebensnotwendige Behandlung ablehnen, zum Selbstmörder abgestempelt. Als Beispiel seien hier die Zeugen Jehovas genannt, die aus religiösen Gründen eine lebensnotwendige Bluttransfusion ablehnen. Soweit hier noch das Verlangen zur Untätigkeit bejaht werden kann, fehlt es in diesen Fällen in der Regel am Merkmal *Mitleid* aufseiten des Unterlassenden, da die Situation

---

1057 Vgl. *Scheffler/Matthies*, Tötungsdelikte, S. 271; *Malczewski*, Państwo i Prawo 2008 Nr. 11, S. 29; *Szeroczyńska*, Eutanazja, S. 384,386.

1058 Vgl. *Zoll*, Komentarz, Art. 151, Ziff. 10.

1059 Vgl. *Zoll*, Komentarz, Art. 151, Ziff. 11: diese Korrektur besteht darin, das Merkmal „Dazu-bringen-die Hand-an-sich-legen" als eine für die Durchführung und den Erfolg des Selbsttötungsentschlusses notwendige Handlung zu verstehen. Die Hilfeleistung müsse den Plan des Suizidenten in Gang setzen.

1060 Vgl. *Zoll*, Komentarz, Art. 151, Ziff. 11.

oder der Gesundheitszustand des Betroffenen alles andere als bemitleidenswert ist. Nur dessen Entscheidung über den Behandlungsverzicht kann es sein.

Die Ansicht *Zolls* vermischt ferner die Regeln der Täterschaft und die der Teilnahme. Der auf Verlangen und aus Mitleid handelnde Suizidhelfer wird zum Täter einer Tötung auf Verlangen und aus Mitleid hochgestuft, obwohl eine Selbsttötungsbeihilfe sich rechtsethisch weniger schwerwiegend darstellt als eine aktive Tötung auf Verlangen. Für die Hochstufung des Suizidgehilfen zum Täter des Art. 150 KK gibt es aber einen guten Grund, da der Gehilfe dadurch besser gestellt wird! Zwischen Art. 150 und 151 KK besteht ein Wertungswiderspruch, der die Strafbarkeit eines Selbsttötungsgehilfen betrifft. Wegen der Existenz des Art. 150 § 2 KK (Absehen von Strafe) und dem Fehlen seiner Entsprechung bei Art. 151 KK kann es dazu kommen, dass ein Suizidgehilfe, der ein geringeres Unrecht begeht[1061], strenger bestraft werden kann als der Täter einer Mitleidstötung auf Verlangen, der freigesprochen werden darf[1062].

Schließt man sich der Ansicht *Zolls* an, dann lässt sich der Wertungswiderspruch aber wie folgt auflösen. Danach sollen alle Selbst- und Fremdtötungen auf Verlangen und aus Mitleid in die Kategorie „Art. 150 KK" gehören. Damit können in der Regel viele Suizidbeihilfen durch diese Vorschrift abgedeckt werden. Zwar wird dadurch der Charakter der Täterschaft und der Beihilfe teilweise, oder sogar mehr, verwischt, dies ist jedoch unerheblich, weil selbst Art. 151 KK den Gehilfen zu einem Täter hochstuft. Damit wäre Art. 151 KK sowohl auf Selbst- als auch Fremdtötungen anwendbar, ohne dass bei dieser Norm zwischen den beiden Tötungsformen explizit unterschieden werden müsste. Ist hingegen das Merkmal Verlangen oder das Merkmal Mitleid nicht erfüllt, greifen Art. 151 oder 148 KK ein. Die Abgrenzung zwischen diesen Normen richtet sich danach, ob eine Fremdtötung (dann greift Art. 148 KK) oder eine Selbsttötung (dann ist Art. 151 KK anwendbar) vorliegt. Der Vorteil dieser Lösung liegt darin, dass man dadurch ein in sich schlüssiges System der Tötungsdelikte erhält, das den oben beschriebenen Wertungswiderspruch zwischen einer Tötung auf Verlangen und einer Suizidbeihilfe sachgerecht auflöst.[1063]

Das Vorliegen von Verlangen und Mitleid entscheidet danach über das Eingreifen des Art. 150 KK mit seiner Möglichkeit des Absehens von Strafe. Handelt der Täter ohne eines der Merkmale, verwirklicht er ein größeres Unrecht, was den Ausschluss dieser Möglichkeit rechtfertigt. Hier wird Raum für Art. 151 und 148 KK eröffnet. Da die Beihilfe und Anstiftung zu einer Selbsttötung rechtsethisch als geringeres Übel im Vergleich zu einer Fremdtötung angesehenen werden, kommt

---

1061 Vgl. *Wąsek*, ZStW 95 (1983), 778.

1062 Vgl. *Scheffler/Matthies*, Tötungsdelikte, S. 271; *Szeroczyńska*, Eutanazja, S. 384, 386; *Malczewski*, Prokuratura i Prawo 2008, Nr. 11, S. 29; *Filar*, Lekarskie prawo karne, S. 333.

1063 Vgl. *Scheffler/Matthies*, Tötungsdelikte, S. 271.

der gegenüber dem Art. 148 KK geringere Strafrahmen des Art. 151 KK zum Tragen. Man könnte dagegen einwenden, dass Art. 150 KK nach der herrschenden Literaturmeinung als eine Privilegierung zu dem Grundtatbestand des Art. 148 KK betrachtet werde.[1064] Demnach könnte es etwas verwunderlich und widersprüchlich wirken, dass die Privilegierung mit ihrem Anwendungsbereich weiter reicht als der Grundtatbestand. Um diesem Widerspruch zu entkommen, wäre es vertretbar, Art. 148, 150 und 151 KK als selbstständige Tatbestände mit unterschiedlichen Zielrichtungen und unterschiedlicher Unrechtsverwirklichung einzustufen. Damit sollte Art. 150 KK jede auf Verlangen und durch Mitleid geleitete Tötung umfassen, während Art. 148 KK nur vor Fremdtötungen und Art. 151 KK nur vor Selbsttötungen schützen sollten.[1065]

Noch eine weitere Lösung wäre, Art. 150 § 2 KK analog (Möglichkeit des Absehens von der Strafe) auf die Fälle der Suizidbeihilfe zu übertragen. Dies setzt eine planwidrige Regelungslücke voraus. Ihr Bestehen ist umstritten. Zwar hat der Gesetzgeber bewusst auf die Aufnahme einer entsprechenden Vorschrift bei Art. 151 KK verzichtet. Die Begründung dafür liegt aber darin, dass der Täter des Art. 151 KK einen anderen dazu bringt, Hand an sich zu legen, was bei Art. 150 KK nicht der Fall ist, weil dort dem Sterbewunsch des Opfers keine Beeinflussung durch einen Dritten zugrunde liegt.[1066] Offensichtlich bezieht sich diese Aussage auf die Anstiftung zur Selbsttötung. Sie betrifft die Suizidbeihilfe insoweit nicht, als der Selbstmörder seinen Entschluss aus freien Stücken fasst. Damit dürfte davon auszugehen sein, dass eine planwidrige Lücke vorliegen könnte, mit der Folge, dass Art. 150 § 2 KK auch bei der Selbsttötungsbeihilfe analog zum Zuge kommen könnte.[1067]

Marek zufolge soll für die Abgrenzung zwischen Art. 150 KK und Art. 151 KK die Eigenhändigkeit der Ausführungshandlung ausschlaggebend sein.[1068] Diese Auffassung scheint der im polnischen Strafrecht herrschenden formell-objektiven Theorie zu folgen.[1069] Nach der objektiven Theorie ist Täter, wer alle Tatbestandsmerkmale einer Strafnorm eigenhändig verwirklicht hat. Ansonsten ist er ein Teilnehmer.[1070] Wendet man diese Theorie direkt an, so führt sie zu keinen eindeutigen Ergebnissen im Bereich der durch Unterlassen verwirklichten Art. 150 und 151 KK. Sowohl der Unterlassungstäter als auch der Unterlassungshelfer verwirklichen alle Tatbestandsmerkmale nicht eigenhändig. Sie bleiben untätig und lassen den tatbestandlichen Erfolg eintreten. Man kann aber darauf abstellen, ob das

1064 Vgl. *Marek/Konarska-Wrzosek*, S. 478 ff.
1065 Vgl. *Scheffler/Matthies*, Tötungsdelikte, S. 271.
1066 Vgl. *Konieczniak*, Państwo i Prawo 1999 Nr. 5, S. 75 f.
1067 Vgl. *Scheffler/Matthies*, Tötungsdelikte, S. 271.
1068 Vgl. *Marek/Konarska-Wrzosek*, S. 482 ff.
1069 Vgl. *Wolf/Zboralska*, S. 129 f. *Marek/Konarska-Wrzosek*, S. 213.
1070 Vgl. *Wolf/Zboralska*, S. 126 f., 130; *Gardocki*, Prawo karne, Rn. 160.

Opfer durch seine Handlungen aktiv tödliche Umstände herbeigeführt hat. Springt etwa das Oper, das nicht schwimmen kann, ins Wasser und lehnt jegliche Hilfe ab, dann liegt wohl eine Hilfeleistung zum Suizid durch Unterlassen vor, wenn der Rettungswillige sich dem Wunsch des Opfers fügt. Anders kann sich die Situation darstellen, wenn das Opfer schwer erkrankt ist und den Lebenskampf durch die Behandlungsablehnung aufgibt. Hier ist eher von einer Tötung auf Verlangen die Rede. Wie aber die Diskussion in Deutschland zeigt, kann dieses Kriterium auch in vielen Fällen unscharf sein. Soweit die Abgrenzung zwischen der Selbst- und Fremdtötung hinsichtlich der Handlungen, die im Vorfeld der Suizidhandlung und bis zu deren Vollzug bereits abgeschlossen sind, oder wenn das Opfer allein alle Handlungen vorgenommen hat, die den Tod herbeiführen, noch relativ leicht fällt, entstehen Abgrenzungsprobleme insbesondere dann, wenn sich ein Dritter unmittelbar an der Ausführungshandlung des Suizidenten beteiligt (etwa Doppelselbstmord[1071]).[1072]

Nach *Warylewski* liegt eine Tötung auf Verlangen vor, wenn der Täter die volle Täterschaft besessen hat, während eine Anstiftung oder Beihilfe zum Selbstmord anzunehmen ist, wenn sich das Verhalten des Täters als Teilnahme darstellt. Daraus zieht er den Schluss, dass Art. 150 KK nur in der Täterrolle und Art. 151 KK nur in der Teilnehmerrolle erfüllt werden könnten.[1073] Diese Ansicht verkennt, dass sowohl theoretisch als auch praktisch eine Beihilfe zur Tötung auf Verlangen möglich ist.[1074] Ein Teil der Literatur behauptet, dass auch eine Beihilfe zur Suizidbeihilfe vorkommen kann, obwohl sich eine Abgrenzung zu einer täterschaftlichen Suizidbeihilfe äußerst schwierig gestalten kann.[1075] Daher ist davon auszugehen, dass die Anknüpfung an das von *Warylewski* entwickelte Kriterium zu keinen vernünftigen Ergebnissen zu führen vermag.

Konieczniak ist der Meinung, dass eine Tötung auf Verlangen und eine Suizidbeihilfe oder -anstiftung gleichzeitig vorliegen könnten. Davon sei auszugehen, wenn sich das Handeln des Helfers oder Anstifters als ein Töten darstellt.[1076] Die Meinung *Konieczniaks* ist etwas verblüffend. Entweder tötet man sich selbst oder

1071 Als Beispiel ist hier den Fall zu nennen, in dem zwei Personen, die gemeinsam in den Tod gehen wollen, sich in einem Raum einschließen und den Gashahn aufdrehen. *Wąsek* geht hier unter Heranziehung der formell-objektiven Theorie von der Strafbarkeit aus Art. 150 KK aus, weil das Aufdrehen des Gashahnes als Töten zu qualifizieren ist, vgl. *Wąsek*, ZStW 95 (1983), 786. Das Einatmen von Gas durch das Opfer kann aber wohl auch als Sich-Selbst-Töten auf der Grundlage der formell-objektiven Theorie ausgelegt werden.

1072 Vgl. MK-*Schneider*, § 216, Rn. 33 ff.

1073 Vgl. *Warylewski*, Państwo i Prawo 1999 Nr. 3, S. 75 ff.

1074 Vgl. *Szeroczyńska*, Eutanazja, S. 387.

1075 Vgl. Wąsek/Zawłocki-*Michalski*, Art. 151, Rn. 22.

1076 Vgl. *Konieczniak*, Państwo i Prawo 1999 Nr. 5,S. 75.

man tötet einen anderen. Ein „Zwischending“ ist kaum denkbar. Der weitere Nachteil dieser Auffassung ist, dass gem. Art. 11 § 2 KK eine Idealkonkurrenz zwischen den beiden Normen vorliegen würde. Für die Strafzumessung ist dann Art. 11 § 3 KK maßgeblich, wonach die Bestrafung aufgrund der Vorschrift erfolgt, welche die schwerste Strafe vorsieht, also hier aus Art. 151 KK. Damit trägt auch eine solche Sichtweise weder zur Lösung der Abgrenzungsprobleme noch des Wertungswiderspruchs zwischen Art. 150 und 151 KK bei.

2.2. Behandlungsabbruch

Die rechtliche Qualifizierung des Behandlungsabbruchs bereitet dem polnischen Recht erhebliche Schwierigkeiten. Dies folgt daraus, dass der Abbruch sich nicht als ein Unterlassen, sondern als ein aktives Tun darstellt.[1077] Es gibt Literaturmeinungen, die den Behandlungsabbruch als aktive Sterbehilfe betrachten. Das Unterlassen oder die Nichtdurchführung einer medizinischen Behandlung sei hingegen stets ein Fall einer passiven Sterbehilfe. Der Unterschied zur aktiven Sterbehilfe und damit auch zum aktiven Behandlungsabbruch liege darin, dass das Unterlassen im Gegensatz zum Abbruch nicht die unmittelbare Ursache des Todes sei, sondern bloß eine Nichteinmischung in den laufenden Sterbeprozess.[1078]

Gegen diese Meinung ist einzuwenden, dass dem Arzt, der eine Heilbehandlung unterlassen durfte, auch erlaubt sein muss, diese nach ihrer Einleitung abzubrechen. Es hängt oft vom Zufall ab, welche Vorgehensweise gewählt wird. Wird eine Magensonde oder eine PEG-Sonde entfernt, so tritt die gleiche Folge ein, als wenn darauf verzichtet würde, die Nährstofflösungen zu geben. Es wäre auch unsinnig, zu verlangen, eine medizinische Maßnahme, die an sich nicht eingeleitet werden durfte, aber trotzdem (aus welchem Grund auch immer) begonnen wurde, zu Ende zu bringen, ohne die Möglichkeit, sie abzubrechen, nachdem ihre „Zwecklosigkeit“ oder „Schädlichkeit“ erkannt wurde. Nach einer anderen Meinung darf man keine Unterschiede zwischen dem Unterlassen einer medizinischen Behandlung und deren Abbruch machen, denn beide Verhaltensweisen seien moralisch gleichzusetzen. Der Abbruch setze keinen neuen Kausalzusammenhang in Gang, der den Tod herbeiführt. Durch den Abbruch lasse man den schon begonnenen Todesprozess voranschreiten. Sowohl beim Unterlassen als auch beim Abbruch sei die Krankheit die Ursache des Todes. Durch die Verneinung der Gleichwertigkeit zwischen den beiden Verhaltensweisen werde zugleich die Natürlichkeit des Todes negiert.[1079]

1077 Vgl. *Wach*, Etyka Praktyczna 2012, Heft 3, S. 43 f.

1078 Vgl. Giezek-*Giezek*, Kodeks karny, Art. 150, Rn. 2; *Malczewski*, Eutanazja, Kapitel 3, 3.2.2.; *Szewczyk*, Bioetyka, S. 292.

1079 Vgl. *Syska*, Medyczne oświadczenie pro futuro, S. 23 ff.; *Szewczyk*, Bioetyka, S. 292 f. *Breczko*, Podmiotowość prawna człowieka, S. 310; *Truszczyński*, Zeszyty Naukowe Ostrołęckiego Towarzystwa Naukowego 27 (2013), S. 513 f.

Noch eine andere Ansicht versucht, die Zulässigkeit des Abbruchs durch das Abstellen auf das Ziel des Handelns und den Beweggrund des Handelnden zu erreichen. Der Grund für den Verzicht auf die medizinische Weiterbehandlung müsse die Unverhältnismäßigkeit der angewandten Mittel zu dem erzielten Erfolg sein. Diese sei gegeben, wenn mit den zur Verfügung stehenden Mitteln keine Gesundheitsverbesserung oder Krankheitsverhinderung erlangt werden kann. Das Ziel des Handelnden müsse sein, Maßnahmen, die nur das Sterben unnötig hinausschieben, nicht fortzuführen. Hat das Verhalten des Täters hingegen zum Ziel, die das Sterben nicht unnötig hinausschiebenden Maßnahmen zu beseitigen, so sei dies eine Form der aktiven Sterbehilfe.[1080]

Noch andere Meinungen orientieren sich am Wortlaut der Art. 32 und 31 KEL (Kodex der ärztlichen Ethik). Art. 31 KEL[1081] verbietet dem Arzt, die „Euthanasie" anzuwenden. Art. 32 KEL[1082] ermöglicht jedoch dem Arzt, bei Terminalpatienten eine persistente Therapie[1083] und Widerbelebungsmaßnahmen nicht vorzunehmen und durchzuführen und außergewöhnliche Maßnahmen anzuwenden. Art. 32 KEL wird als Einschränkung des Art. 31 KEL verstanden und daraus wird gefolgert, dass die in Art. 32 KEL genannten Verhaltensweisen als zulässige Formen der Sterbehilfe (bzw. als Nicht-Sterbehilfe) aufzufassen seien. Danach stelle der Abbruch der persistenten (übereifrigen) Therapie und der Reanimation eine zulässige passive Sterbehilfe dar, obwohl der Abbruch für sich eine aktive Handlung

---

1080 Vgl. *Drozdowska*, Cywilnoprawna ochrona praw pacjenta, S. 185; *Zoll*, Komentarz, Art. 150, Ziff. 9, 16; *Bartoszek*, Hermatologia 3 Nr. 2 (2012), S. 141 f.

1081 Art. 31 KEL: Der Arzt darf keine Sterbehilfe anwenden oder dem Patienten helfen, eine Selbsttötung zu begehen.

1082 Art. 32 KEL: 1. Im Terminalstadium ist der Arzt nicht verpflichtet, Wiederbelebungsmaßnahmen oder persistente Therapie vorzunehmen und zu führen und außergewöhnliche Mittel anzuwenden. 2. Die Entscheidung, die Wiederbelebungsmaßnahmen zu beenden, liegt beim Arzt und hängt mit der Einschätzung der Behandlungschancen zusammen.

1083 „Persistente Therapie ist die Anwendung medizinischer Verfahren zur Unterstützung von Lebensfunktionen des unheilbar kranken Menschen, die sein Sterben verlängern und mit übermäßigem Leiden oder einer Verletzung der Patientenwürde einhergehen. Die persistente Therapie umfasst nicht Grundpflege, Schmerz- und Beschwerdelinderung sowie Ernährung und Flüssigkeitszufuhr, sofern sie für den Patienten von Vorteil sind" („Uporczywa terapia jest to stosowanie procedur medycznych w celu podtrzymywania funkcji życiowych nieuleczalnie chorego, które przedłuża jego umieranie, wiążąc się z nadmiernym cierpieniem lub naruszeniem godności pacjenta. Uporczywa terapia nie obejmuje podstawowych zabiegów pielęgnacyjnych, łagodzenia bólu i innych objawów oraz karmienia i nawadniania, o ile służą dobru pacjenta"), vgl. *Bołoz/Krajnik*, Medycyna Paliatywna w Praktyce 2 Nr. 3 (2008), S.77.

sei. Hinsichtlich des Abbruchs der außergewöhnlichen Mittel ist umstritten, ob das Wort „Nichtanwenden" auch den Abbruch mit umfasst.[1084]

Es ist den Meinungen zu folgen, die die Patientenautonomie und den Zustand des Patienten in den Mittelpunkt ihrer Ausführungen stellen. Die Eigenart der passiven Sterbehilfe besteht darin, dass sie stets eine medizinische Behandlung zum Gegenstand hat. Jede medizinische Behandlung setzt eine Einwilligung des Patienten voraus. Sie muss also von der Patientenautonomie getragen werden. Dieses Recht enthält einen Abwehranspruch, der auf das Unterbleiben der (Weiter-) Behandlung gerichtet ist. Es kann daher keinen Unterschied machen, ob die medizinische Behandlung bereits begonnen hat oder nicht, weil der Gegenstand der Patientenautonomie die Behandlung selbst ist. Anderenfalls müsste jede begonnene Behandlung bis zum Tod des Patienten fortgesetzt werden und zwar auch dann, wenn sie für ihn schädlich oder besonders belastend wäre. Liegt damit ein wirksamer Widerruf hinsichtlich einer bereits begonnenen Behandlungstherapie vor, ist die Fortführung medizinischer Maßnahmen zu unterlassen oder abzubrechen, weil sich aus dieser Patientenautonomie ein Anspruch auf Unterlassung oder Beseitigung der bereits eingeleiteten und noch andauernden medizinischen Maßnahmen ergibt. Es ist also der Zustand wieder herzustellen, der vor der Vornahme der Behandlung bestand, wenn die zu unterlassende oder abzubrechende Maßnahme noch bis zur Erklärung des Widerrufs geleistet wird. Danach hat der Patient Anspruch auf die Abschaltung eines Beatmungsgerätes, weil diese Behandlung noch andauert und noch nicht abgeschlossen ist. Er hat hingegen keinen Anspruch auf Entfernung einer eingepflanzten künstlichen Niere, weil der Eingriff, mit dem diese in den Körper eingefügt wurde, bereits abgeschlossen ist.[1085]

2.3. Behandlungsbeendigung auf Wunsch des Betroffenen

Die passive Sterbehilfe kann sowohl durch passive als auch, was nicht unumstritten ist, durch aktive Handlungen geleistet werden[1086]. Zur Begründung ihrer Straflosigkeit werden die nachfolgenden Meinungen vertreten.

2.3.1. Tatbestandsausschluss

Janiszewski zufolge ist das Problem der passiven Sterbehilfe auf der Tatbestandsebene zu lösen. Liegt der Patient im Sterben oder ist er unheilbar krank, so seien seine Chancen auf das Aufhalten des beginnenden Sterbeprozesses (statistisch

---

1084 Vgl. Królikowski/Zawłocki-*Królikowski*, Art. 150, Rn. 16; Grześkowiak/Wiak-*Wiak*, Art. 150, Rn. 7; *Szeroczyńska*, Eutanazja, S. 158 f.; *Fiutak*, Odpowiedzialność karna, Kapitel IV 1; *Gałęska-Śliwka/Śliwka*, Państwo i Prawo 2009 Nr. 11, S. 19; *Konarska-Wrzosek*, Komentarz, Art. 150 Pkt. 2; *Jacek*, Medyczna Wokanda 2014 Nr. 6, S. 25 f.

1085 Vgl. *Gałęska-Śliwka/Śliwka*, Państwo i Prawo 2009 Nr. 11, S. 31.

1086 Siehe oben 2.2.

gesehen) gleich Null. Man könne den Tod nicht mehr abwenden. Daher töte man nicht, sondern erlaube lediglich dem Betroffenen würdig zu sterben. Eine solche Handlung sei also nicht strafwürdig, weil der Grundsatz *in dubio pro vitae* hier nicht gelten sollte.[1087] Es mag zuzustimmen sein, dass das Sterbenlassen von Sterbenden oder Terminalpatienten straflos bleiben soll. Die dafür gelieferte Begründung, dass bei diesen Patienten der Tod unabwendbar ist, ist jedoch nicht tragfähig. Es kann unheilbar kranke Patienten geben, die noch viele Jahre lang überleben können. Soll bei ihnen die erste beste Gelegenheit zum Sterbenlassen genutzt werden, obwohl man weiß, dass sie bei Behandlungsgewährung noch ein paar Jahre überleben können, weil die unheilbare Krankheit erst in fünf oder zehn Jahren zum Tode führt? Darüber hinaus sieht diese Ansicht den Grund für das Unterlassen oder den Abbruch der lebensverlängernden Maßnahmen darin, dass die Lebensverlängerung im Falle der Sterbenden oder unheilbar Erkrankten „unwürdig" sei. Das mag auch richtig sein. Woraus sich diese Unwürdigkeit der Weiterbehandlung ergeben soll, lässt diese Ansicht allerdings offen.

2.3.2. Fehlende Erfolgsabwendungspflicht

Art. 2 KK regelt die Unterlassungstat und bestimmt, dass der Strafbarkeit wegen eines Unterlassens nur derjenige unterliegt, „der eine besondere rechtliche Pflicht zur Erfolgsabwendung hatte"[1088]. Diese Norm statuiert also für die Strafbarkeit wegen Unterlassens das Erfordernis einer Erfolgsabwendungspflicht aufseiten des Unterlassenden. Unter dieser Pflicht ist eine Garantenstellung zu verstehen. Eine solche Pflicht zur Erfolgsabwendung kann sich aus Rechtsvorschrift, Verpflichtung oder vorangegangenem Tun ergeben.[1089] Sie soll grundsätzlich folgende Eigenschaften aufweisen: „sie muss an eine genau bestimmte Kategorie von Personen oder Stellen mit gewissen sachlich-persönlichen Eigenschaften oder die sich in einer rechtlich gesonderten faktischen Lage befinden, gerichtet sein; diese Pflichten müssen besonders sein und dürfen keinen allgemeinen Charakter haben". „Sie muss das Gebot der Vornahme von Schutzhandlungen bezüglich bestimmter Rechtsgüter oder das Gebot der Vornahme von Sicherungshandlungen im Zusammenhang mit der unternommenen, potentiellen gefährlichen Tätigkeit, beinhalten".[1090] Anerkannt ist, dass sie unter Ehegatten sowie zwischen Eltern und Kindern besteht.[1091] Auch trifft den Arzt eine entsprechende Pflicht, da er verpflichtet ist, das menschliche Leben zu retten.[1092]

1087 Vgl. *Janiszewski*, Sterbehilfe, S. 69.
1088 *Chudzik et al.*, Strafgesetzbuch und Übertretungsgesetzbuch, S. 9.
1089 Vgl. *Kubicki*, Unterlassungsdelikte, S. 113.
1090 Vgl. *Kubicki*, Unterlassungsdelikte, S. 114.
1091 Vgl. *Kubicki*, Unterlassungsdelikte, S. 115.
1092 Vgl. *Szeroczyńska*, Eutanazja, S. 257, 339 (Fussnote 22).

Im Schrifttum wird überwiegend angenommen, dass der Arzt einerseits der Garant für das Leben und andererseits von der Einwilligung in die Vornahme einer medizinischen Maßnahme abhängig sei. Aufgrund der Regelungen im Gesetz über Patientenrechte, in Art. 192 KK (der die Patientenautonomie strafrechtlich schützt) und der zivilrechtlichen Vorschriften, wonach das Persönlichkeitsrecht, zu dem auch die Patientenautonomie gehört, besonders geschützt werden, sei der Patientenwille für die Vornahme einer medizinischen Behandlung von herausragender Bedeutung. Bei fehlender Einwilligung des Patienten werde die Lebensschutzpflicht des Arztes nicht aktualisiert. Daraus ergebe sich, dass er gegen den Patientenwillen strafrechtlich nicht verpflichtet sei, die Gefahr für das Leben des Patienten abzuwenden.[1093] Ausnahmen werden nur dann gemacht, wenn der Patient sich zu einer Behandlung nicht geäußert hat, bewusstlos ist und eine akute Gefahr für sein Leben besteht oder wenn ein Fall der Zwangsbehandlung vorliegt, wo die Einwilligung des Patienten nicht nötig ist. Danach solle der Arzt solange Garant bleiben, wie kein wirksamer Widerspruch des Patienten gegen eine Behandlung vorliegt.[1094]

Diese Ansicht ist insoweit richtig, als dem Patienten ein Behandlungsanspruch zusteht. Nur dann kann er von seiner Patientenautonomie Gebrauch machen, die als Ausfluss der Menschenwürde ihn dazu berechtigt, medizinische Maßnahmen abzulehnen.[1095] Die Ausübung der Patientenautonomie ist in Polen nur im negativen Sinne also als Abwehrrecht möglich.[1096] Dadurch kann die Strafbarkeit nur für einen Ausschnitt der passiven Sterbehilfe entfallen, und zwar dann, wenn der Patient die medizinische Behandlung abgelehnt hat. Die Garantenstellung des Arztes bleibt damit bestehen, wenn der Patientenwille unbekannt ist oder dem Patienten kein Behandlungsanspruch zusteht.

2.3.3. Unmöglichkeit der Erfolgsabwendung

Es wird auch vorgeschlagen, das Unterlassen der Heilbehandlung eines Sterbenden unter dem Gesichtspunkt der Unmöglichkeit der rechtlich gebotenen Handlung straflos zu lassen. Strafnormen dürfen von Menschen nichts Unmögliches verlangen. Liegt das Opfer im Sterben oder ist unheilbar krank, so könne der beginnende Sterbeprozess nicht mehr rückgängig gemacht werden. Dem Arzt sei es daher unmöglich, den Tod aufzuhalten.[1097] Dem ist jedoch entgegenzuhalten, dass die Unmöglichkeit der Lebenserhaltung objektiv zu bestimmen ist, weil dies

1093 Vgl. *Zoll*, Komentarz, Art. 150, Ziff. 9; *Kardas*, Przegląd Sądowy 2005, Nr. 10, S. 79 ff.; *Liszewska*, Acta Universitatis Lodziensis 74 (2015), S. 74; *Barczak-Oplustil*, Czasopismo Prawa Karnego i Nauk Penalnych, 2011 Heft 4, S. 64 ff.

1094 Vgl. *Dukiet-Nagórska*, Autonomia pacjenta, S. 14; *Szeroczyńska*, Eutanazja, S. 280.

1095 Vgl. *Kulesza*, Przegląd Sądowy 2007 Nr 5, S. 62 ff.

1096 Vgl. *Zielińska*, Odpowiedzialność zawodowa lekarza, S. 377.

1097 Vgl. *Szeroczyńska*, Eutanazja, S. 282 f.

ein objektives Tatbestandsmerkmal ist. Unter diesem Blickwinkel ist zwar der Tod des Sterbenden nicht zu verhindern. Er tritt ohnehin ein. Er kann jedoch hinausgezögert werden, bis alle erdenklichen Lebenserhaltungsmittel ausgeschöpft werden. Daher lässt sich nicht pauschal sagen, dass in jedem Fall die Hinauszögerung des Todes unmöglich ist.

2.3.4. Rechtfertigung aufgrund der primären Legalität[1098]

Zoll zufolge ist die passive Sterbehilfe als primär legale Tötungshandlung anzusehen, die sich nicht als rechtswidrig darstellt. Eine Handlung sei nur dann rechtswidrig, wenn sie sich gegen das durch eine Strafnorm geschützte Rechtsgut richte. Das sei der Fall, wenn eine Handlung eine Gefahr für das geschützte Rechtsgut schafft oder sie verstärkt. Das sei dann nicht anzunehmen, wenn eine Handlung sich als sozial akzeptabel erweist. Liegt das Opfer im Sterben, so gefährde der Arzt durch sein Unterlassen nicht das Leben des Patienten, weil sein Leben ohnehin lebensgefährlich bedroht sei und diese Gefahr nicht abwendbar sei. Er handle dann zugunsten des Lebens, weil er das Leiden des Patienten vermindern wolle. Dadurch fehle ihm eine feindliche Einstellung zu dem Rechtsgut Leben.[1099] Zudem verstoße ein solches Unterlassen nicht gegen das geltende Medizinrecht, denn der Arzt sei verpflichtet, dem Patienten würdige Sterbebedingungen zu verschaffen.[1100] Mit der Lebensrettung werde nur die Agonie verlängert. Daher müsse hier die Pflicht des Arztes zur Lebensrettung entfallen.[1101]

Diese Ansicht kann jedoch nicht überzeugen. Liegt der Patient im Sterben, so kann die Vornahme der lebensverlängernden Maßnahmen den Tod noch um einige Zeit hinauszögern. Wird bei einer lebensbedrohlichen Erkrankung von der Behandlung abgesehen, dann wird insoweit eine Gefahr für das Leben geschaffen oder verstärkt, als es um die aufgrund der unterlassenen Behandlung erreichbare Lebenszeitspanne verkürzt wird. Daher ist die These, dass durch die Behandlungsbeendigung das Leben des Betroffenen nicht gefährdet werde, unzutreffend. Eine Verstärkung der Lebensgefährdung ist vielmehr gegeben, auch wenn sie minimal erscheinen mag. Warum eine minimale Erhöhung der Lebensgefahr unbeachtlich sein soll, lässt *Zoll* offen. Dies kann insbesondere nicht allein damit begründet werden, dass der Zustand des Patienten insgesamt lebensbedrohlich und sein Tod nicht abwendbar ist. Denn auch das Leben des Todkranken oder des Sterbenden ist schützenswert. Auch bei der Annahme, dass das Leben bei der „Todesunabwendbarkeit“ nicht oder geringer schützenswert ist, wird damit nicht die Frage beantwortet, ob der Verzicht auf eine Behandlung bei einer lebensbedrohlichen

---

1098 Siehe Kapitel 2, 2.2 c).

1099 Vgl. *Zoll*, Okoliczności wyłączające bezprawność czynu, S. 86 ff.

1100 Vgl. *Zoll*, Odpowiedzialność karna lekarza, S. 12 ff.,; *derselbe*, Prawo i Medycyna 2000 Nr. 5, S. 33.

1101 Vgl. *Szeroczyńska*, Eutanazja, S. 282.

Erkrankung, bei deren Vornahme das Leben etwa um drei oder sechs Monate verlängert werden kann, ebenso gerechtfertigt ist wie bei dem Sterbenden, dessen Tod bei der Weiterbehandlung etwa in einer Stunde und ohne diese etwa in einundfünfzig Minuten eintritt. Die Behandlungseinstellung bei der akuten und unabwendbaren Lebensgefährdung erscheint damit nicht *per se* sozial akzeptabel, weil die Grenzen der rechtlich irrelevanten Gefährdung unklar sind. Unterstellt, dass der Behandlungsverzicht bei äußerst geringen Lebensrettungschancen sozial akzeptabel ist, ist damit noch nicht gesagt, wie gering diese Chancen sein müssen. Das Kriterium der sozialen Adäquanz ist darüber hinaus alles andere als rechtlich geklärt und damit zu unbestimmt. Darunter kann je nach der eigenen Überzeugung fast jede Handlung subsumiert werden. Soweit behauptet wird, dass der Behandlungsverzicht dem Lebensschutz dadurch diene, dass er das Leiden des Sterbenden oder lebensbedrohlich Erkrankten vermindere, erscheint dies zwei Dinge zu vermengen, die auseinanderzuhalten sind. Der Behandlungsverzicht zum Zwecke der Leidensminderung dient nicht dem Schutze des Rechtsgutes Leben, sondern etwa der Wahrung der Patientenwürde und -autonomie.

2.3.5. Rechtfertigung gemäß Art. 32 KEL

Nach Art. 32 Abs. 1 KEL (Kodex der ärztlichen Ethik) hat der Arzt keine Pflicht, in terminalen Zuständen mit der Reanimation oder persistenten Therapie zu beginnen und sie durchzuführen sowie außergewöhnliche Mittel anzuwenden. Nach Abs. 2 steht die Entscheidung über die Aufgabe der Reanimation dem Arzt zu und hängt von der Einschätzung der Heilungschancen ab. Es wird vertreten, dass diese Norm medizinische Verhaltensregeln enthalte und sich als ein außergesetzlicher Rechtfertigungsgrund darstelle. Die Entscheidung über das Unterlassen oder den Abbruch der Reanimation und der persistenten Therapie sei eine Ermessensentscheidung des Arztes und stehe nur ihm zu. Dabei solle er den ihm bekannten und mutmaßlichen Willen des Patienten mitberücksichtigen. Die vom Willen des Patienten getragenen Behandlungswünsche seien für den Arzt jedoch unverbindlich. Hinsichtlich des Unterlassens der außergewöhnlichen Maßnahmen solle nicht allein der Arzt der Entscheidungsträger sein, wobei unklar ist, wer neben ihm zu einer solchen Entscheidung befugt sein sollte.[1102]

Eine Rechtfertigung aus Art. 32 KEL ist aber abzulehnen. Bei dieser Norm handelt es sich nur um eine standesrechtliche Verhaltensregel. Sie hat keinen Gesetzesrang, wurde nicht vom Parlament erlassen und ihr fehlt die demokratische Legitimation, da sie nur von der Ärztekammer stammt. Vor diesem Hintergrund erscheint es sehr fraglich, ob irgendeine untergesetzliche Regelung ein so bedeutsames Gut wie das Leben oder die Patientenautonomie in irgendeiner Art und

---

1102 Vgl. *Zielińska*, Odpowiedzialność zawodowa lekarzy, S. 385, 388 f.; Królikowski/Zawłocki-*Królikowski*, Art. 150, Rn. 16 ff.; *Gałęska-Śliwka/Śliwka*, Państwo i Prawo 2009 Nr. 11, S. 24; *Nesterowicz*, Prawo medyczne, S. 593 ff.

Weise zu beschränken vermag.[1103] Als bloß deontologische, rein ethische Verhaltensregel gehen dem Art. 32 KEL die Regelungen des Gesetzes über den Arzt- und Zahnarztberuf und des Gesetzes über die Patientenrechte vor. Deswegen erscheint die Auffassung, dass der Arzt Wünsche des Patienten stets übergehen dürfe, nicht gerechtfertigt und widerspricht dem Wesen der Patientenautonomie.[1104]

2.3.6. Rechtfertigung aufgrund eines Widerspruchs

Zur Rechtfertigung der passiven Sterbehilfe wird teilweise auf den Widerspruch zurückgegriffen, der die Strafbarkeit aus Art. 150 § 1, 2 KK beseitigen soll.[1105] Nach dem Gesetz über den Arzt- und Zahnarztberuf (GAB) und dem Gesetz über Patientenrechte (GPR) kann der Patient in einen Heileingriff einwilligen oder ihm widersprechen. Der Widerspruch stellt damit als Kehrseite der rechtfertigenden Einwilligung eine negative Einwilligung, verbunden mit der Ablehnung einer medizinischen Maßnahme dar. Der Vorteil dieser Auffassung liegt darin, dass sie der Bedeutung der Patientenautonomie Rechnung trägt.

Eine rechtfertigende Einwilligung setzt nach dem polnischen Recht voraus, dass der Gegenstand der Einwilligung der Disposition seines Inhabers zugänglich ist. Der Einwilligende muss zur Zeit der Erklärung einsichts- und urteilsfähig gewesen sein und muss seine fehlerfreie Einwilligung vor dem Eingriff in das geopferte Rechtsgut geäußert haben. Bei der Einwilligung in ärztliche Handlungen muss die Einwilligung spezielle Voraussetzungen und Formanforderungen erfüllen. Subjektiv muss der handelnde Arzt in Kenntnis der Einwilligung und gemäß dem Willen des Einwilligenden handeln.[1106]

Zu den disponiblen Gütern gehören vor allem Individualgüter wie die körperliche Integrität.[1107] Über die körperliche Unversehrtheit kann der Patient damit in der Weise verfügen, dass er deren Verletzung zustimmen oder widersprechen kann. Die Verfügungsbefugnis ist grundsätzlich schrankenlos. Das polnische Oberste Gericht hat entschieden, dass die Patientenautonomie stets zu respektieren ist und der Wille des Patienten für den Arzt bindend ist. Dabei spielt die Motivation des Patienten keine Rolle. Seine Entscheidung kann auch auf für einen vernünftigen Menschen nicht nachvollziehbaren Erwägungen beruhen.[1108] Es

---

1103 Vgl. *Dukiet-Nagórska*, Prawo i Medycyna 2008 Nr. 2, S. 23.

1104 Vgl. *Szeroczyńska*, Eutanazja, S. 282.

1105 Vgl. *Szeroczyńska*, Eutanazja, S. 263; der Widerspruch lässt auch die Strafbarkeit wegen unterlassener Hilfeleistung nach Art. 162 KK entfallen. Missachtet der Täter den Widerspruch des Opfers, kann er sich wegen Art. 192 KK oder wegen eines Körperverletzungsdeliktes strafbar machen.

1106 Vgl. *Warylewski*, Część ogólna, Rn. 486.

1107 Vgl. *Warylewski*, Część ogólna, Rn. 482.

1108 Vgl. das Oberste Gericht, Beschluss vom 27.10.2005, III CK 155/05. Das ärztliche Handeln ohne Einwilligung oder gegen den erklärten Widerspruch kann weder

ist umstritten, ob der Arzt an die ausdrücklichen Behandlungswünsche und den ausdrücklichen Widerspruch des äußerungsfähigen Patienten gebunden ist. Eine überwiegende Meinung in der polnischen Literatur vertritt den Standpunkt, dass ein wirksamer Widerspruch des Patienten, der nun bewusstlos geworden ist, zu respektieren sei. Der Arzt dürfe gegen seinen Willen keine medizinische Maßnahme vornehmen. Sonst drohe eine erhebliche Entwertung der Patientenautonomie.[1109] Für die Respektierung der Autonomie werden viele Gründe genannt: Der Patient könne selbst Vorteile und Nachteile seiner Entscheidung abschätzen und eigenen Weltanschauungen treu bleiben. Ein paternalistischer Eingriff könne mehr Böses als Gutes anrichten.[1110] Die Verteilung der medizinischen Leistungen solle sich an den Bedürfnissen der potentiellen Empfänger orientieren.[1111] Durch die Respektierung des Selbstbestimmungsrechts werde die Stellung des Patienten im Gesundheitswesen aufgewertet, wodurch ein Dialog zwischen Arzt und Patienten ermöglicht werde. Der Patient werde nicht mehr schonungslos der Macht der „Halbgötter in Weiß" ausgesetzt.[1112] Es wird auch vereinzelt vertreten, dass der Arzt nach dem Bewusstseinsverlust des Patienten an dessen vor der Behandlung geäußerten Widerspruch nicht gebunden sei, sobald diesem eine akute Lebensgefahr droht, falls dem Widerspruch entsprochen wird. In diesem Falle handle der Arzt gleich einem Geschäftsführer ohne Auftrag und solle das tun, was objektiv das Beste für den Patienten ist.[1113] Andere räumen dem Arzt eine solche Befugnis ein, wenn eine akute Lebensgefahr für den Patienten besteht oder die Kontaktaufnahme mit dem Betreuungsgericht, das den Widerspruch des Vertreters ggf. überwinden könnte, aus zeitlichen Gründen unmöglich ist.

Die zuletzt genannt Sichtweise ist abzulehnen. Gegen sie spricht der Regelungsinhalt des Art. 192 KK, wonach medizinische Maßnahmen ohne oder gegen den Willen des Betroffenen strafbar sind. Der Arzt kann sich hier nicht auf

---

aufgrund eines rechtfertigenden Notstandes noch aufgrund einer rechtfertigenden Pflichtenkollision gerechtfertigt werden, vgl. das Oberste Gericht, Urteil vom 28.11.2007, V KK 81/07.

1109 Vgl. *Szeroczyńska*, Eutanazja, S. 280 f.; *Karkowska*, Komentarz, Art. 16, Rn. 1; *dieselbe*, Kilka wstępnych uwag, S. 5 ff. Von der Situation des ausdrücklichen Widerspruchs des äußerungsfähigen Patienten, der unmittelbar vor einer Behandlung erklärt wurde, sind die Patientenerklärungen des äußerungsunfähigen Patienten abzugrenzen, die sich nicht auf eine unmittelbar bevorstehende und konkrete Behandlung beziehen, siehe unten 2.4.1 und 2.4.2.

1110 Vgl. *Szewczyk*, Bioetyka, S. 156.

1111 Vgl. *Szewczyk*, Bioetyka, S. 156.

1112 Vgl. *Szewczyk*, Bioetyka, S. 157.

1113 Vgl. *Pacian*, Zeszyty Prawnicze 14.4 / 2014, S. 171, 173; siehe auch *Karkowska*, Komentarz, Art. 16, Rn. 1 f.; *Zoll*, Prawo i Medycyna 2000 Nr. 5, S. 36; *Szeroczyńska*, Dopuszczalność uprzednich oświadczeń pacjenta, S. 3.

Notstandsrechte berufen, etwa dass er zum Schutze des Lebens gehandelt habe.[1114] Denn er kann nicht eigenmächtig das Leben als wertvoller als die Patientenautonomie gelten lassen. Sonst droht deren erhebliche Beschränkung und Entwertung. Die Verweigerung der Berufung auf Notstandsrechte folgt auch aus dem allgemeinen strafrechtlichen Grundsatz, dass eine Nothilfehandlung dem Betroffenen nicht gegen seinen Willen aufgedrängt werden darf.[1115] Das Übergehen des vor dem Bewusstseinsverlust erklärten Willens ist nur dann möglich, wenn eine begründete Annahme vorliegt, dass der Patient seine Meinung geändert hat.[1116]

Nach Art. 18 Abs. 1 des Gesetzes über Patientenrechte und über den Patientenbeauftragten (GPR) und Art. 34 Abs. 1 des Gesetzes über den Arzt- und Zahnarztberuf (GAB) bedarf die Einwilligung in die ärztliche Tätigkeit der Schriftform, wenn der medizinische Eingriff oder die medizinische Behandlung ein erhöhtes Risiko für den Patienten aufweisen. Zunächst stellt sich die Frage, ob die Behandlungsbeendigung ein erhöhtes Risiko für den Patienten begründet. Die Annahme eines erhöhten Risikos hängt vom konkreten Einzelfall ab und ist vor allem bei besonders erheblichen Eingriffen und Behandlungen anzunehmen, die überdurchschnittlich gefährlich sind.[1117] Das erhöhte Risiko kann sich aus dem Gesundheitszustand des Patienten, dem Zustand seines Immunsystems oder seinem Alter ergeben.[1118] Dies ist wohl bei der Behandlungsbeendigung auf Wunsch des Patienten zu bejahen.[1119] Hierfür kann sprechen, dass das Unterlassen oder der Abbruch der ärztlichen Betreuung unweigerlich den Tod des Patienten nach sich zieht. Es erscheint auch vertretbar, anzunehmen, dass die Behandlungsbeendigung als medizinische Behandlung anzusehen ist, da sie zum Behandlungskomplex stets dazu gehört (denn irgendwann muss jede Behandlung beendet werden) und kann dadurch als Kehrseite der Behandlungsvornahme angesehen werden. Der Abbruch einer medizinischen Behandlung kann auch mit einem Eingriff in die körperliche Unversehrtheit verbunden sein.

Umstritten ist, ob das Schriftformerfordernis der Einwilligung nach Art. 18 Abs. 1 GPR und 34 Abs. 1 GAB sich auch auf den Widerspruch bezieht. Die zivilrechtliche Rechtsprechung[1120] und ein Teil der Literatur[1121] vertreten den

1114 Vgl. das Oberste Gericht, Urteil vom 28.11.2007, V KK 81/07; *Wąsek*, Problematyka samobójstwa, S. 148.

1115 Vgl. *Szeroczyńska*, Eutanazja, S. 257 f; *Karkowska*, Komentarz, Art. 16, Rn. 2.

1116 Vgl. *Szeroczyńska*, Eutanazja, S. 281.

1117 Vgl. *Nesterowicz*, Prawo medyczne, S. 96.

1118 Vgl. *Karkowska*, Komentarz, Art. 18, Rn. 1.

1119 Vgl. *Szeroczyńska*, Eutanazja, S. 260, die diese Frage als „unproblematisch“ ansieht. Diese Ansicht ist schon deshalb zweifelhaft, weil unklar ist, ob das Sterbenlassen überhaupt eine ärztliche Maßnahme ist. Das ist wohl zu bejahen, wenn man sich vor Augen führt, dass die Behandlungseinstellung die Kehrseite der Vornahme ist.

1120 Vgl. das Oberste Gericht, Beschluss vom 27.10.2005, Az.: III CK 155/05.

1121 Vgl. *Karkowska*, Komentarz, Art. 18, Rn. 1.

Standpunkt, dass der Widerspruch die Kehrseite der Einwilligung darstelle und damit auch dem Schriftformerfordernis unterliege. Die Gegenauffassung stellt ausschließlich auf den Wortlaut des Art. 34 Abs. 1 GAB ab und meint, dass alle Erklärungen des Patienten grundsätzlich formlos möglich seien. Dieser Grundsatz erfahre nur dann eine Einschränkung, wenn eine Spezialvorschrift ausdrücklich für eine Erklärung eine besondere Form vorsieht. Danach statuiere Art. 34 Abs. 1 GAB das Schriftformerfordernis nur für die Einwilligung. Hinsichtlich der Form des Widerspruchs schweigt das GAB, weswegen daraus zu folgern sei, dass er stets formfrei erfolgen könne.[1122] Eine Streitentscheidung erscheint nicht notwendig. Denn die Nichteinhaltung der Schriftform hat nach fast einhelliger Auffassung in der Literatur[1123] und nach der Ansicht der (zivilrechtlichen) Rechtsprechung[1124] keinen Einfluss auf die Wirksamkeit des Widerspruchs oder der Einwilligung. Die Schriftform dient nur zu Beweiszwecken.[1125] Laut GPR hat der Patient ein Recht auf die schriftliche Erklärung des Widerspruches oder der Einwilligung und folglich ist die Wahrung der Schriftform nicht seine Pflicht.[1126]

Der Widerspruch muss auf eine konkrete Handlung bezogen sein. Der Patient hat sich ausdrücklich oder konkludent zu erklären, was er ablehnen will.[1127] Nach Art. 16 GPR hat der Patient das Recht zur Ablehnung der Einwilligung in eine ärztliche Behandlung nach entsprechender Aufklärung. Die Einhaltung des Erfordernisses der Aufklärung ist jedoch nicht zwingend. Nach Art. 9 Abs. 4 GPR und

1122 Vgl. *Dukiet-Nagórska*, Autonomia pacjenta, S. 84.

1123 Vgl. *Karkowska*, Komentarz, Art. 18, Rn. 1, 3; a.A. *Filar*, Lekarskie prawo karne, S. 274 f.

1124 Vgl. das Oberste Gericht, Urteil vom 11.4.2006, Az.: I CSK 191/05, Urteil vom 08.07.2010, II CSK 117/10.

1125 Eine andere Auffassung vertreten etwa *Filar*, Lekarskie prawo karne, S. 302 f. und *Szeroczyńska*, Eutanazja, S. 260. *Filar* meint, dass es nur wirksame oder unwirksame Einwilligungen gäbe. Eine wirksame liege vor, wenn die Form und der Inhalt der Einwilligung den rechtlichen Anforderungen an diese genügen. Sonst sei sie unwirksam. Eine dritte Option sei rechtlich nicht möglich (vgl. *Filar*, ebenda). *Szeroczyńska* vertritt die Ansicht, dass das Selbstbestimmungsrecht ein hohes Gut sei, weswegen man das Schriftformerfordernis nicht nur als bloße Ordnungsvorschrift betrachten dürfe. Sonst bestehe eine Missbrauchsgefahr. Diese Auffassungen erscheinen zu formalistisch. Zu unterscheiden ist zwischen dem Schutz der Patientenautonomie und der Beweisbarkeit der Erteilung der Einwilligung oder des Widerspruchs. Es kann nicht angehen, dass der Arzt sich wegen Art. 192 KK strafbar macht, weil die Einwilligung des Patienten nicht schriftlich fixiert ist, obwohl aufgrund anderer Beweise deren Erteilung unproblematisch nachgewiesen werden kann.

1126 Vgl. *Karkowska*, Komentarz, Art. 18, Rn. 3.

1127 Vgl. *Dukiet-Nagórska*, Autonomia pacjenta, S. 57.

Art. 31 Abs. 3 GAB kann der Patient auf die Aufklärung über die Folgen des Widerspruchs und der Einwilligung verzichten.[1128] In einem solchem Fall müssen die Einwilligung und der Widerspruch nicht auf eine konkrete Maßnahme gerichtet sein. Ausreichend ist, dass der Patient sich mit allen möglichen Heilungsmethoden und -maßnahmen, die seinen Zustand betreffen, vorab einverstanden erklärt hat oder allen solchen im Allgemeinen widersprochen hat.[1129]

Zusammenfassend lässt sich sagen, dass der Widerspruch des Patienten gegen eine ärztliche Maßnahme durch jedes Verhalten bekundet werden kann. Er muss nicht schriftlich erfolgen und seiner Erklärung muss auch keine Aufklärung über die Folgen des Widerspruches vorangehen, wenn der Patient auf diese verzichtet oder kein Interesse daran hat. Des Weiteren müssen die Einwilligung und der Widerspruch bezüglich der ärztlichen Tätigkeit frei von Zwang und Tatsachenmanipulationen sein.[1130] Sie müssen nach außen hin und positiv kundgetan werden. Das Schweigen des Patienten ist weder als Zustimmung noch als Ablehnung aufzufassen.[1131] Die Einwilligung und der Widerspruch müssen vor der Vornahme der Handlung vorliegen.[1132] Hinsichtlich des Personenkreises, der sich auf den rechtfertigenden Widerruf bzw. die rechtfertigende Ablehnung einer medizinisch notwendigen Maßnahme berufen kann, ist anzumerken, dass dazu jedermann zählen kann, an den die Erklärung des Widersprechenden gerichtet ist. Jedermann hat dann die Patientenautonomie des Betroffenen zu respektieren.[1133]

1128 Dabei entsteht das Problem, ob hier noch von einer bewussten Einwilligung bzw. einem bewussten Widerspruch gesprochen werden kann. Die Aufklärungspflicht des Arztes ist an den Willen des Patienten gekoppelt. Es ist dessen Recht, welches wie alle Rechte grundsätzlich positiv und negativ ausgeübt werden kann. Daher ist es die Sache des Patienten, ob er sich aufklären lässt oder nicht. Es handelt sich dabei zugleich um ein Gebrauchmachen von seiner Patientenautonomie, sodass der Verzicht auf die Aufklärung die Einwilligung nicht unwirksam machen kann.

1129 Vgl. *Karkowska*, Komentarz, Art. 18, Rn. 1, 3.

1130 Vgl. *Szewczyk*, Bioetyka, S. 122.

1131 Vgl. *Szewczyk*, Bioetyka, S. 124.

1132 Vgl. *Szewczyk*, Bioetyka, S. 124.

1133 In der Literatur ist unstreitig, dass die Einwilligung oder die Ablehnung der Einwilligung für den Arzt verbindlich ist und ihn entweder dazu verpflichtet oder davon entbindet, die medizinische Maßnahme durchzuführen. Als Grund wird hierfür genannt, dass die Einwilligung oder die Ablehnung der Einwilligung in eine medizinische Maßnahme ein Patientenrecht ist. Problematischer gestaltet sich die Frage, ob die Ablehnung der Einwilligung auch gegenüber einem Nichtarzt die gleiche Wirkung entfaltet (z.B. der Ehemann verbietet seiner Frau den Krankenwagen zu rufen, als er einen Herzinfarkt bekommt), vgl. *Barczak-Oplustil*, Czasopismo Prawa Karnego i Nauk Penalnych, 2011 Nr. 4, S. 66 ff. Hierzu ist anzumerken, dass jeder über eine aus der Menschenwürde hergeleitete Handlungsfreiheit verfügt. Diese Freiheit berechtigt ihn dazu, entsprechend seinen Überzeugungen, seiner

2.3.7. Rechtfertigung aufgrund eines Notstandes gem. Art. 26 § 1 KK

Als eine Alternative zur Lösung der passiven Sterbehilfe über die rechtfertigende Einwilligung erscheint die Lösung dieser Fälle über den rechtfertigenden Notstand gem. Art. 26 § 1 KK nahe zu liegen. Die Patientenautonomie ist ein Rechtsgut, das durch Handlungen Dritter gefährdet werden kann. Bei der gebotenen Interessenabwägung erscheint dieses Recht dem Lebensschutz vorzugehen. Dies folgt daraus, dass nach überwiegender Auffassung in der Literatur eine Rechtfertigung der Verletzung der Patientenautonomie mit dem Argument, der Täter habe zum Schutze des Lebens gehandelt, abgelehnt wird.[1134] Soweit subjektiv zum Zwecke der Respektierung des Selbstbestimmungsrechts gehandelt wird, kann sich jeder auf Art. 26 § 1 KK berufen. Der Nachteil dieser Lösung besteht jedoch darin, dass der Gedanke des rechtfertigenden Notstands eine „unvernünftige" Behandlungsablehnung für unbeachtlich erklären kann. Der Widerspruch ist hingegen auf den Schutz der Patientenautonomie gerichtet. Der Notstand lässt im Rahmen seiner Abwägung verschiedene Faktoren mit einfließen, so dass er weiter reichen und die subjektiven Vorstellungen des Patienten missachten kann. Auch der Umstand, dass im Rahmen des rechtfertigenden Notstandes eine lebensbeendende Handlung grundsätzlich die *ultima ratio* sein muss, kann unter Umständen zur Einschränkung der Patientenautonomie führen. Etwas anderes gilt jedoch, wenn der Patient sich auf seine Patientenautonomie nicht berufen kann, da ihm kein Behandlungsanspruch zusteht. Dann ist Raum für eine notstandsähnliche Abwägung zwischen dem Lebensrecht und den mit ihm kollidierenden Rechtsgütern eröffnet.[1135]

2.4. Behandlungsbeendigung beim äußerungsunfähigen Patienten

Grundsätzlich bedarf jede ärztliche Behandlung einer Einwilligung des Patienten. Das Gesetz über Arzt- und Zahnarztberuf (GAB) regelt die Modalitäten der Einwilligung und des Widerspruchs gegen eine Behandlung. Beachtlich ist demnach

Weltanschauung und Glaubensrichtung zu leben und sein Leben einzurichten, solange dies auf seiner eigenen und freien Willensentscheidung beruht. Solange der Betroffene für sich alleine entscheiden kann und eine lebensnotwendige Maßnahme auch gegenüber einem Nichtarzt ablehnt, ist dies zu respektieren. In diesem Fall ist es dem Nichtarzt, der als Garant in Betracht kommt, nicht zuzumuten, seine Entscheidung an die Stelle des Betroffenen zu setzen, den Betroffenen zu überreden oder gar ihm seinen eigenen Willen aufzwingen, auch dann nicht, wenn dieser objektiv als vernünftig erscheint.

1134 Vgl. das Oberste Gericht, Urteil vom 28.11.2007, V KK 81/07.

1135 Dies ist nur bei der sogenannten „einseitigen Behandlungsbeendigung" möglich, siehe unten 2.5.1 und 2.6.

der unmittelbar vor der medizinischen Behandlung geäußerte Patientenwille.[1136] Umstritten ist jedoch, ob ein äußerungsunfähiger Patient behandlungsbezogene Anordnungen als Vorauseinwilligung und insbesondere Vorauswiderspruch für den Fall seiner Äußerungsunfähigkeit treffen kann, welche ihre Wirkungen erst in der Zukunft erlangen.

2.4.1. Patientenverfügungen

Der individuelle Wille des äußerungsunfähigen Patienten kann sich aus sogenannten Richtlinien für die Zukunft (Willenserklärungen *pro futuro*) ergeben. Das sind unterschiedliche Erklärungen, die von einem einsichts- und urteilsfähigen und nicht unmittelbar vor einer Behandlung stehenden Menschen für die Zukunft abgegeben und für den Fall des Verlustes der Fähigkeit zur Selbstbestimmung verfasst werden.[1137] Die Erklärungen sind losgelöst vom aktuellen Gesundheitszustand, von der konkreten Behandlungssituation und von dem aktuellen Stand der medizinischen Erkenntnisse.[1138] Sie können einen unterschiedlichen Inhalt haben. Der Gegenstand dieser Erklärungen kann zum einen die Verfügung über die eigene körperliche Integrität (Patientenverfügung, -testament, Behandlungswünsche) sein. In dieser Erklärung gibt der Patient genaue Informationen oder allgemeine Richtlinien oder Wünsche an, wann er sich die Weiterbehandlung und wann die Behandlungsbeendigung wünscht.[1139] Zum anderen können die Richtlinien für die Zukunft die Bevollmächtigung eines Dritten, der befugt werden soll, Entscheidungen anstelle des äußerungsunfähigen Vollmachtgebers zu treffen, oder eine Beschreibung eigener Wertvorstellungen, Anschauungen und Behandlungswünsche zum Inhalt haben.[1140] Im Folgenden wird auf die Patientenverfügungen im ersteren Sinne näher eingegangen.[1141]

a) Das Selbstbestimmungsrecht des Menschen wird in Polen verfassungsrechtlich garantiert, Art. 31, 41, 47, 53 der polnischen Verfassung. Danach kann jeder „nach seiner eigenen Fasson selig werden". Wie weit das Selbstbestimmungsrecht eines äußerungsunfähigen Patienten reicht, insbesondere dann, wenn es mit dem Lebensrecht desselben kollidiert, ist in der Literatur nicht eindeutig geklärt. Einigkeit herrscht darüber, dass es objektive Grenzen des Selbstbestimmungsrechts

---

1136 Siehe oben 2.3.6.

1137 Vgl. *Szewczyk*, Bioetyka, S. 295; *Dukiet-Nagórska*, Autonomia pacjenta, S. 61; *Breczko*, Podmiotowość prawna człowieka, S. 334; *Safjan*, Prawo i medycyna, S. 44; Syska, Medyczne oświadczenie pro futuro, S. 34; *Haberko*, Realizacja standardów bioetycznych, Online-Version.

1138 Vgl. *Kubiak*, Prawo medyczne, Rn. 103.

1139 Vgl. *Śliwka*, Diametros 22 (2009), S. 230 f.

1140 Vgl. *Szewczyk*, Bioetyka, S. 295; *Dukiet-Nagórska*, Autonomia pacjenta, S. 61; *Breczko*, Podmiotowość prawna człowieka, S. 334.

1141 Zu Patientenverfügungen im Sinne der Vorsorgevollmacht siehe unten 2.4.3.5.

gibt, die in besonderen (in entsprechenden Gesetzen näher geregelten) Situationen zur Zwangsbehandlung führen können. Umstritten ist jedoch, ob der individuelle Wille des äußerungsunfähigen Patienten die Lebensrettungspflicht in akuter Lebensgefahr ausschließen kann. In der Literatur und in der älteren (wohl aufgegebenen) Rechtsprechung des Obersten Gerichts wird teilweise angenommen, dass Behandlungswünsche des nun äußerungsunfähigen Patienten keine Bedeutung haben, wenn sie das Lebensrecht ohne hinreichenden Grund verletzen.[1142] Die Patientenautonomie des Einzelnen werde durch den Lebensschutz und durch die Lebensrettungspflicht des Arztes beschränkt. Daher könne der Arzt zugunsten des Lebens auch gegen den Willen des äußerungsunfähigen Patienten handeln, und zwar auch dann, wenn der Wille ihm positiv bekannt ist. Der Grund hierfür sei, dass das Leben den Höchstwert darstelle, der durch den Patientenwillen nicht beschränkbar ist. Die Patientenverfügungen würden nicht nur die Sphäre des Patienten berühren, sondern auch die des Arztes, da dieser durch Beendigung einer Therapie zu etwas gezwungen wird, was seiner Überzeugung und den medizinischen Standards widersprechen kann.[1143] Alles das führe dazu, dass ein Behandlungswiderspruch des äußerungsunfähigen Patienten rechtsmissbräuchlich sein könne und damit gegen den Grundsatz von Treu und Glauben verstoße, weil der Patient durch seine Erklärung das Lebensrecht verletze.[1144] Die Unvernünftigkeit ergebe sich auch daraus, dass der Patient durch seine zukunftsbezogenen Behandlungswünsche etwas kontrollieren wolle, was nicht kontrollierbar ist. Der Eintritt einer bestimmten Behandlungssituation lasse sich nicht voraussehen und die Einzelheiten der an die konkrete Behandlungssituation angepassten Behandlungstherapie könnten nicht vorweggenommen werden.[1145] Eine Ausnahme wird bezüglich der Zeugen Jehovas gemacht, wonach ihre Behandlungswünsche im Gegensatz zu denen anderer Personen stets zu respektieren seien, weil diese Ausdruck ihrer Glaubensfreiheit seien.[1146] Eine weitere Ausnahme sei zu machen, wenn keine oder nur eine geringe Chance auf Lebensrettung bestünde. Nur in diesem Falle dürfe der Patientenwille, nicht behandelt zu werden, beachtet werden.[1147]

1142 Vgl. *Bujny*, Prawa pacjenta, S. 224; *Pacian*, Zeszyty Prawnicze 14.4 / 2014, S. 171, 173; *Karkowska*, Kilka wstępnych uwag, S. 5 ff.

1143 Vgl. *Machinek*, Problematyka testamentu życia, S. 3 ff.

1144 Vgl. *Ignaczewski*, Zgoda pacjenta, S. 36 ff.; *Nesterowicz*, Prawo i Medycyna 2000 Nr. 5, S. 153; das Oberste Gericht, Urteil vom 12.21.1971, Az.: II CR 481/71. Einschränkend *Machinek*, der der Meinung ist, dass ausnahmsweise die Terminalphase einer lebensbedrohlichen Erkrankung dem Patienten den Rückgriff auf seine Patientenautonomie erlaube, *derselbe*, Diametros 22 (2009), S. 69.

1145 Vgl. *Orłowski*, Testament biologiczny, S. 12.

1146 Vgl. *Szeroczyńska*, Eutanazja, S. 316; *Dukiet-Nagórska*, Autonomia pacjenta, S. 63.

1147 Vgl. *Pacian*, Zeszyty Prawnicze 14.4/2014, S. 174.

Diese Auffassung kann nicht überzeugen. Hierzu ist zu sagen, dass es sein mag, dass bestimmte Behandlungswünsche „unvernünftig“ erscheinen können. Ist es aber besser, einem Dritten ein Recht zu geben, für den Patienten eine „(objektiv) vernünftige“ Entscheidung zu treffen, welche dieser für „unvernünftig“ hält? Der Sinn und Zweck der Patientenautonomie besteht gerade darin, dass dem Patienten kein fremder Wille aufgezwungen wird.[1148] Es lässt sich hier auch nicht damit argumentieren, dass der „unvernünftige“ Patientenwille bei einer lebensbedrohlichen Erkrankung das Lebensrecht stets und immer verletze oder akut bedrohe. Es stimmt, dass der Staat nach Art. 38 der polnischen Verfassung grundsätzlich ein umfassendes Lebensrecht garantiert, das nach der herrschenden Meinung nicht der Disposition seines Inhabers unterliegt[1149]. Danach stellt der Staat sicher, dass das Leben weder durch staatliche noch durch staatlich veranlasste Maßnahmen noch durch Private beeinträchtigt werden darf. Daraus kann man den Schluss ziehen, dass es damit dem Patienten verwehrt sein müsse, die Lebensrettung von seinem Willen abhängig zu machen. Dies ist aber ein Fehlschluss. Denn die polnische Verfassung regelt im Kapitel: „Sozialrechte“ die Pflichten des Staates zum Gesundheitsschutz und damit zumindest mittelbar die Pflichten zum Lebensschutz, da dieser Schutz im Krankheitsfall nicht vom Gesundheitsschutz abgekoppelt werden kann.[1150] Nach Art. 68 der polnischen Verfassung[1151] hat der Staat im Krankheitsfall nur für einen angemessenen Gesundheits- und Lebensschutz zu sorgen. Dies wird so verstanden, dass der Staat verpflichtet ist, ein Krankenversicherungssystem zu organisieren und dem Einzelnen Krankenschutz zu gewähren. Aus dieser Pflicht wird ein Sozialrecht des Einzelnen, das einen Behandlungsanspruch gegen den Staat begründet, hergeleitet.[1152] Daraus ist zu entnehmen, dass im Krankheitsfall der Staat einen ausreichenden Gesundheitsschutz anbieten muss und dessen Inanspruchnahme vom Willen des Einzelnen abhängig ist, welcher Gebrauch von seinem Behandlungsanspruch machen kann.[1153] Anderenfalls müsste der Staat den

1148 Vgl. das Oberste Gericht, Beschluss vom 27.10.2005, III CK 155/05, OSNC 2006, Nr. 7–8, Pos. 137.

1149 Vgl. *Kuczma*, Prawna ochrona życia, S. 42 f.

1150 Vgl. *Surówka*, Przegląd Prawa Konstytucyjnego 2012 Nr. 3, S. 98, 128.

1151 Das Verhältnis zwischen dem Art. 38 der polnischen Verfassung (Lebensrecht) und Art. 68 der polnischen Verfassung (Gewährleistung des Gesundheitsschutzes) ist in der polnischen Literatur und Rechtsprechung nicht eindeutig geklärt. Einerseits wird davon ausgegangen, dass Art. 38 ein typisches Abwehrrecht ist, das auf die Verhinderung und das Unterlassen rechtswidriger Eingriffe durch den Staat und die Dritten gerichtet ist. Art. 68 enthält andererseits einen Anspruch des Einzelnen auf Vornahme bestimmter Handlungen zum Lebensschutz und Teilhabe daran. Damit ist er ein Leistungs- und Teilhaberecht, vgl. Verfassungsgericht, Urteil vom 24.02,2004, K 54/02; *Surówka*, Przegląd Prawa Konstytucyjnego 2012 Nr. 3, S. 124 f.

1152 Vgl. *Jarosz-Żukowska*, Prawo do ochrony zdrowia, S. 671 ff.

1153 Vgl. *Surówka*, Przegląd Prawa Konstytucyjnego 2012 Nr. 3, S. 92 f.

Gesundheitszustand jedes Einzelnen kontrollieren und überwachen, was zumindest aus finanziellen Gründen praktisch unmöglich wäre. Eine Pflicht, sich insbesondere bei lebensbedrohlichen Erkrankungen behandeln zu lassen, würde dazu zu einer faktischen Lebenspflicht führen. Die Beachtung der Patientenautonomie je nachdem, ob der Patient zum Zeitpunkt der lebensnotwendigen medizinischen Behandlung äußerungsfähig (einwilligungsfähig) ist oder nicht, stellt eine Art der Benachteiligung derjenigen dar, denen die faktische Möglichkeit zur Ausübung ihres Selbstbestimmungsrechts genommen wurde.[1154] Der Staat zwingt ihnen dann eine eigene Werthierarchie dahingehend auf, dass die Behandlung oder die Nichtbehandlung objektiv in ihrem Interesse liegen muss. Dies läuft auf eine gewisse Vergegenständlichung äußerungs- und urteilsunfähiger Personen hinaus. Auch der Äußerungsunfähige ist nach wie vor ein Mensch und ein Individuum und nicht nur ein Krankheitsbild. Diese Sichtweise gebietet die Menschenwürde und Art. 20 Abs. 1 des Gesetzes über Patientenrechte (GPR), der ausdrücklich davon spricht, dass die Intimität und Würde des Patienten zu respektieren sind. Die Würde und Intimität des Patienten muss auch dann geschützt werden, wenn er äußerungsunfähig ist.[1155] Durch die Berücksichtigung der Patientenverfügungen wird den unterschiedlichen Anschauungen der Patienten am besten Rechnung getragen. Zugleich kann niemandem etwas aufgedrängt werden, was er nicht haben will. Zur Beachtlichkeit des Willens des äußerungsunfähigen Patienten wird in der Literatur zu Recht noch damit argumentiert, dass laut Art. 31 der polnischen Verfassung niemand zu einer Handlung gezwungen werden darf, zu der er kraft Gesetzes nicht verpflichtet oder welche ihm kraft Gesetzes nicht verboten ist. Eine Lebenspflicht besteht offensichtlich nicht.[1156]

Auch das Argument, dass der Widerspruch des Patienten den behandelnden Arzt, der wider seinen Willen faktisch gezwungen wird, das Leben des Patienten

---

1154 Vgl. *Sieńko*, Testament życia, S. 6 meint, dies sei keine Diskriminierung, da der Äußerungsunfähige geschäftsunfähig ist und jegliche Willenserklärungen des Geschäftsunfähigen unwirksam sind. Selbst wenn man davon ausgeht, dass die Patientenverfügung eine Willenserklärung ist, wird sie im Zustand der vollen Geschäftsfähigkeit getroffen. Nur ihre Wirkungen setzen zu einem Zeitpunkt ein, in dem der Patient nicht mehr geschäftsfähig ist. *Sieńko* führt weiter aus, dass keine Regelung dazu führen könne, dass ein Äußerungsunfähiger äußerungsfähig werde. Die Autorin übersieht aber, dass es hier darum geht, den Vorausverfügungen des Äußerungsfähigen Geltung zu verschaffen, sobald dieser äußerungsunfähig wird.

1155 Vgl. *Safjan*, Prawo i medycyna, S. 261; *Gałęska-Śliwka/Śliwka*, Państwo i Prawo 2009 Nr. 11, S. 27, die sich zur Bekräftigung ihrer Ansicht auf das Diskriminierungsverbot und Normen des Völkerrechts berufen.

1156 Vgl. *Boratyńska*, Prawo i Medycyna 2007 Nr. 3, S. 25; *Tymiński*, Przegląd Sądowy 2008 Nr. 3, S. 116 ff; *Kubiak*, Prawo medyczne, Rn. 103 f.; *Poklewski-Koziełł*, Prawo i Medycyna 2001 Nr. 9, S. 48.

nicht zu retten, in einen Gewissenskonflikt bringe, hat ein geringes Gewicht. Hier wird die Gewissensfreiheit des Arztes über die Freiheit des Patienten zur Selbstbestimmung gestellt, was einen Gewissenskonflikt aufseiten des Patienten herbeiführen kann. In der Literatur wird gegen die Beachtlichkeit der Patientenverfügungen noch angeführt, dass zwischen dem äußerungsfähigen Patienten und demselben aber nun äußerungsunfähigen Patienten eine personelle Diskontinuität bestünde, die spätestens mit dem Bewusstseinsverlust eintritt.[1157] Dagegen spricht, dass es besser erscheint, dass der äußerungsfähige Patient zumindest aufgrund seiner biologischen Kontinuität über sich selbst im äußerungsunfähigen Zustand entscheidet, als ein völlig fremder Dritter, der ausschließlich eigene Wertvorstellungen der Entscheidung zugrunde legt.

Zur Frage des Selbstbestimmungsrechts des äußerungsunfähigen Patienten hat sich in seiner Entscheidung vom 27.10.2005 das polnische Oberste Gericht geäußert und ausgeführt, dass der Wille des äußerungsunfähigen Patienten im Rahmen einer Behandlungssituation stets zu beachten ist.[1158] Diese Entscheidung ist in der Literatur auf Zustimmung gestoßen. Man verweist darauf, dass die Patientenerklärungen für die Zukunft die volle Verwirklichung der Patientenautonomie ermöglichen würden.[1159] Sie würden verhindern, dass der bewusstlose Patient einer Behandlung unterzogen werde, der er bei vollem Bewusstsein oder bei dessen Wiedererlangung gleich widersprechen würde.[1160] Sie würden auch eine erhebliche Hilfe bei der Lösung der Fälle der passiven Sterbehilfe bieten. Sie seien ein Ausdruck der Respektierung des Patienten.[1161] Das GAB (Gesetz über Arzt- und Zahnarztberuf) und das GPR (Gesetz über Patientenrechte) sprächen nur davon, dass der Widerspruch und die Einwilligung vor der Behandlung erklärt werden müssten, ohne zu verlangen, dass dies vor einer konkreten, unmittelbar bevorstehenden Behandlung geschehen müsse.[1162] Diejenigen, die von der Heiligkeit des Lebens sprechen, müssten auch die Heiligkeit des Sterbens akzeptieren.[1163]

Ferner wird in diesem Zusammenhang vertreten, dass nicht die Patientenautonomie, sondern das einfachgesetzlich kodifizierte Recht auf Sterben in Frieden und Würde als Grundlage für die Zulässigkeit der Patientenerklärungen anzusehen sei. Dieses Recht sei jedoch ausschließlich objektiv zu bestimmen. Daher seien subjektive Vorstellungen des Patienten, die mit dem objektiv „Vernünftigen" nicht in Übereinstimmung stehen, nicht berücksichtigungsfähig. Objektiv unvernünftige

1157 Vgl. *Malczewski*, Eutanazja, Kapitel 3.2.7.

1158 Vgl. das Oberste Gericht, Beschluss vom 27.10.2005, III CK 155/05: kritisch: *Karkowska*, Komentarz, Art. 18, Rn. 3; *Kubiak*, Prawo medyczne, Rn. 103.

1159 Vgl. *Gałęska-Śliwka/Śliwka*, Państwo i Prawo 2009 Nr. 11, S. 30.

1160 Vgl. *Dukiet-Nagórska*, Autonomia pacjenta, S. 63.

1161 Vgl. *Poklewski-Koziełł*, Państwo i Prawo 2000 Nr. 3, S. 14.

1162 Vgl. *Szeroczyńska*, Eutanazja, S. 316.

1163 Vgl. *Breczko*, Podmiotowość prawna człowieka, S. 336.

Wünsche könnten also nicht die Verletzung des Lebensrechts rechtfertigen.[1164] Gegen die rein objektive Bestimmung des Patientenbesten wird in der Literatur zudem eingewandt, dass dieses Kriterium stark paternalistisch sei und auf Vernünftigkeitserwägungen basiere. Dritte würden als Vernunftinstanz fungieren. Darüber hinaus sei das Kriterium des objektiv Vernünftigen (bzw. Besten) sehr unbestimmt und erlaube es auch solche Gesichtspunkte mit einzubeziehen, die nichts mit dem Zustand des Äußerungsunfähigen zu tun haben.[1165] Diese Kritik erscheint berechtigt. Sollte die Zulässigkeit der Patientenerklärungen aus dem objektiv zu bestimmenden Recht auf Sterben in Frieden und Würde hergeleitet werden, hieße dies, dass wohl nur sterbende, terminalkranke und schwerstkranke Patienten Recht dazu hätten, zukunftsorientierte Behandlungswünsche zu äußern (abgesehen davon, dass diese noch einer „Vernünftigkeitskontrolle" zuzuführen wären). Alle noch nicht terminalkranken Patienten könnten dementsprechend keine Patientenerklärungen verfassen oder abgeben, obwohl das sich aus Art. 20 Abs. 2 GPR ergebende Recht auf Sterben in Frieden und Würde keine Beschränkung wegen des „Gesundheitszustandes" ausmacht.[1166] Darüber hinaus stellt sich die Frage, warum das Recht auf Sterben in Frieden und Würde die Berufung auf die Patientenautonomie ausschließen soll und in welchem Verhältnis das Recht auf Sterben in Frieden und Würde zur Patientenautonomie zueinander stehen sollten.

b) Das Institut der Patientenverfügungen und Patientenerklärungen ist durch viele rechtliche Probleme gekennzeichnet. Fraglich ist zunächst, ob sie einer besonderen Form unterliegen soll oder ob sie auch mündlich erfolgen kann. Die schriftlichen Erklärungen könnten etwas mehr Sicherheit bieten, da sie den faktischen Willen des Patienten wiedergeben und von ihm persönlich stammen. Für die Einhaltung der Schriftform könnte sprechen, dass die Schriftform die Urheberschaft und das vom Patienten Gewollte leicht feststellen lasse und dass durch die Schriftform der Patient vor unüberlegten Entscheidungen geschützt werde.[1167] Eine Bindung der Patientenverfügung an eine besondere Schriftform bedeutet jedoch eine erhebliche Beschränkung der Patientenautonomie vor allem für Personen, die nicht oder nicht mehr imstande sind, ihre Behandlungswünsche schriftlich oder sogar notariell zu fixieren.[1168] Die Einhaltung von formalen Erfordernissen kann den Patienten davon abhalten, Patientenerklärungen abzugeben, weil er dies als

1164 Vgl. *Drozdowska*, Cywilnoprawna ochrona praw pacjenta, S. 187.

1165 Vgl. *Szewczyk*, Bioetyka, S. 126.

1166 Art. 20 des Gesetzes über Patientenrechte: (1) Der Patient hat das Recht auf Achtung der Intimität und Würde, insbesondere bei der Erbringung von Gesundheitsleistungen. (2) Das Recht auf Achtung der Würde beinhaltet auch das Recht auf Sterben in Frieden und Würde.

1167 Vgl. *Haberko*, Realizacja standardów bioetycznych, Online-Version, m.w.N.; *Śliwka*, Diametros 22 (2009), S. 234 f.

1168 Vgl. *Sieńko*, Testament życia, S. 8.

zu großen Aufwand empfinden wird. Es stimmt, dass schriftliche Erklärungen den Patientenwillen besser dokumentieren als mündliche Erklärungen. Die Gefahr der Missverständnissen oder Missdeutungen ist jedoch vergleichbar groß, insbesondere dann, wenn der Inhalt der schriftlichen Patientenverfügung erst im Wege der Auslegung ermittelbar ist. Das Oberste Gericht hat sich in seiner Entscheidung zur Beachtlichkeit der Erklärungen *pro futuro* dahingehend geäußert, dass diese die für die Einwilligung in eine Behandlung notwendige Form haben sollen.[1169] Dies bedeutet, dass sie grundsätzlich schriftlich erfolgen sollen, wobei die Einhaltung der Schriftform nur Beweisfunktion hat.[1170] Es ist daher davon auszugehen, dass sie grundsätzlich formlos möglich sind.[1171]

Umstritten ist, ob der Patientenerklärung eine ärztliche Beratung vorausgehen soll. Es wird darauf hingewiesen, dass ohne ärztliche Aufklärung über Behandlungsmethoden der Patient keine bewusste Entscheidung treffen könne.[1172] Dieser Einwand kann jedoch nicht überzeugen. Es trifft zu, dass das Lebensrecht ein besonders hohes Rechtsgut ist und es muss entsprechend geschützt werden. Bevor ein Eingriff in das Lebensrecht stattfindet, soll der Staat darauf hinwirken, dass er unterbleibt. Daraus ergibt sich die Pflicht des Staates dazu, dem Patienten die Bedeutung des Lebens vor die Augen zu führen. In dieser Hinsicht ist eine vorherige ärztliche Aufklärung hilfreich. Es ist aber ein Recht des Patienten, sich aufklären zu lassen, und nicht seine Pflicht. Die Patientenautonomie erlaubt ihm, irrationale Entscheidungen zu treffen. Der Patient, der sich nicht aufklären lässt, trägt dann das Risiko, dass seine Anordnungen unvollständig oder ungenau sind. Die Folge ist, dass diese Anordnungen keine unmittelbare Geltung, sondern bloß Indizcharakter haben. Darüber hinaus mag, abgesehen von krankheitsbezogenen Patientenerklärungen[1173], bezweifelt werden, ob der Arzt den gesunden Menschen über alle möglichen hypothetischen Krankheiten, Behandlungsmethoden, Heilungschancen und Risiken beraten und aufklären kann, damit dieser vollbewusst und aufgeklärt Verfügungen für die Zukunft treffen kann.[1174] Ferner kann ein Allgemeinmediziner mit Aufklärung auf einem Spezialgebiet der Medizin überfordert werden.

1169 Vgl. das Oberste Gericht, Beschluss vom 27.10.2005, III CK 155/05.

1170 Vgl. das Oberste Gericht, Urteil vom 08.07.2010, II CSK 117/10; *Dukiet-Nagórska*, Autonomia pacjenta, S. 86 f.

1171 Vgl. *Kobińska*, Transformacje Prawa Prywatnego 3–4/2006, 44.

1172 Vgl. *Janiszewska*, Prawo i Medycyna 2007 Nr. 2, S. 48.

1173 Gemeint ist hier eine Situation, in der jemand Kenntnis von seiner Erkrankung hat, ohne jedoch den genauen Krankheitsverlauf zu kennen, und er diesbezüglich Vorausanordnungen trifft.

1174 Vgl. *Jachnik*, Zeszyt studencki Kół Naukowych Wydziału Prawa i Administracji UAM 2014 Nr. 4, S. 144; *Dąbrowska/Jarnutowska*, Białostockie Studia Prawnicze 2017 Nr. 2, S. 87.

Viele Literaturmeinungen neigen dazu, dass die Patientenanweisungen in gewissen Zeitabschnitten aktualisiert oder zeitlich limitiert werden sollen.[1175] Wie es scheint, beschränkt solch ein Erfordernis erheblich die Patientenautonomie. Allein der Zeitablauf kann nicht darüber entscheiden, ob eine Patientenverfügung noch fort gilt. Dies steht im Widerspruch dazu, dass die Patientenverfügungen in der Literatur entweder als eine zivilrechtliche Willenserklärung oder als eine „rechtsgeschäftsähnliche" Erklärung, auf die die Regeln der „echten" Willenserklärung entsprechend anzuwenden sind, behandelt werden.[1176] Eine Willenserklärung oder eine ihr ähnliche Erklärung kann nur durch Widerruf oder Anfechtung unwirksam werden. Es ist nicht zu leugnen, dass eine vor vielen Jahren verfasste Patientenverfügung Zweifel an ihrer uneingeschränkten Fortgeltung wecken kann. Diese Gefahr erscheint jedoch nicht typisch zu sein. Der Patient kann zwar nicht voraussehen, in welcher Behandlungssituation er sich etwa in 5 oder 10 Jahren befinden wird. Soweit sich die Lebenslage und die Weltanschauung eines 20-Jährigen innerhalb von 5 oder 10 Jahren grundlegend verändern können, ist dies bei einem 40- oder 50-Jähren eher nicht der Fall. Damit kann eine etwa vor 10 Jahren abgegebene Patientenverfügung nach wie vor gültig sein und dem tatsächlichen Willen des Betroffenen entsprechen, weil sich seine Lebensumstände oder sein Gesundheitszustand nicht wesentlich verändert haben. Eine Aktualisierungspflicht würde dann zur Entwertung der Patientenverfügungen führen. Es ist daher sinnvoller, stets individuell zu prüfen, ob eine Willensänderung in dem Zeitraum zwischen der Abgabe der Patientenverfügung und dem Bewusstseinsverlust stattgefunden hat oder stattfinden konnte, statt eine allgemeine Aktualisierungspflicht zu statuieren. Dafür könnten etwa wesentliche Änderungen der Lebensumstände sprechen. Auch das etwaige Argument, dass sich die medizinischen Möglichkeiten weiterentwickeln, wodurch die Geschäftsgrundlage der Patientenverfügungen wegfallen kann[1177], kann keine allgemeine Aktualisierungspflicht begründen. Die neuen Behandlungsmöglichkeiten können ebenso gut bei der individuellen Prüfung, ob die Vorausverfügungen noch fortgelten sollen, berücksichtigt werden.

Das Problem der Willensänderung kann sich insbesondere dann manifestieren, wenn der natürliche Wille des nunmehr einwilligungsunfähigen Patienten den Bestimmungen der Anordnungen widerspricht.[1178] Gemeint ist hier, ob im spontanen oder kreatürlichen Verhalten des nunmehr einwilligungsunfähigen Betroffenen ein Widerruf seiner Patientenanordnungen[1179] erblickt werden kann. Den

---

1175 Vgl. *Śliwka*, Diametros 22 (2009), S. 235; *Dąbrowska/Jarnutowska*, Białostockie Studia Prawnicze 2017 Nr. 2, S. 90.

1176 Vgl. *Dukiet-Nagórska*, Autonomia pacjenta, S. 28; *Haberko*, Realizacja standardów bioetycznych, Online-Version.

1177 Vgl. *Ignaczewski*, Zgoda pacjenta, S. 36 ff.

1178 Vgl. *Machinek*, Problematyka testamentu życia, S. 3 ff.

1179 Sowohl die Einwilligung als auch der Widerruf sind frei widerruflich, vgl. *Migalska*, Roczniki Nauk Prawnych 2010 Nr. 1, S. 152 m.w.N.

Bedürfnissen der Einwilligungsunfähigen ist zwar stets in geeigneter Art und Weise Rechnung zu tragen.[1180] Die Patientenverfügungen dürfen aber nicht durch bloß spekulative Anzeichen entwertet werden, die wenig greifbare Anhaltspunkte bieten. Wie es scheint, müssen kreatürliche Anzeichen von Lebenswillen einen solchen Grad erreichen, der die Schlussfolgerung zulässt, dass der natürliche Wille des Betroffenen von seinen früheren Anordnungen sicher abweicht. Bloße Vermutungen oder subjektive Eindrücke dürften hierfür nicht ausreichen. Anderenfalls würden die getroffenen Patientenanordnungen entwertet.

c) Nicht eindeutig geklärt ist die Frage, welche Bedeutung den Erklärungen *pro futuro* zukommen soll. Nach einer Ansicht wird angenommen, dass man sich hier nach dem Prinzip *in dubio pro libertate* richten müsse. Solange die Urheberschaft des Patienten feststehe und keine Zweifel beständen, dass er seine Meinung nicht geändert habe, sei sein Wille zu respektieren.[1181] Eine andere Ansicht geht davon aus, dass die Patientenverfügungen für den Arzt nicht bindend seien. Der Arzt habe eine gerichtliche Entscheidung herbeizuführen, wenn er behandeln will.[1182] Es wird noch unterschieden, ob der einwilligungsunfähige Patient lebensbedrohlich erkrankt ist und sich in der Terminalphase befindet oder noch nicht. Nur im ersteren Falle solle die Patientenverfügung bindend sein.[1183] In der zitierten Entscheidung des Obersten Gerichts[1184] hat dieses ausgeführt, dass eine eindeutige ausdrückliche und zweifelsfreie Patientenverfügung bindend sei. Dem ist im Grundsatz zuzustimmen. Bei der Beurteilung der Verbindlichkeit der Patientenverfügungen ist eine differenzierte Betrachtungsweise geboten, die von den Umständen des konkreten Einzelfalles abhängen soll. So muss ein Ausgleich zwischen dem Lebensschutz und der Patientenautonomie hergestellt werden. Als Maßstab für die Differenzierung kann Art. 17 Abs. 4 des Gesetzes über Patientenrechte dienen. Danach kann die Einwilligung oder der Widerspruch „ausdrücklich oder durch ein Verhalten kundgetan werden, das in einer Zweifel nicht aufkommenlassenden Weise auf den Willen, sich den vom Arzt vorgeschlagenen Handlungen zu unterziehen oder auf das Fehlen eines solchen Willens hindeutet“. Daraus ist zu entnehmen, dass die Anforderungen an die schlüssige Einwilligung und den schlüssigen Widerspruch recht hoch sind. Je konkreter die Wünsche des Patienten geäußert sind, umso eher ist eine Einwilligung oder ein Widerspruch anzunehmen. Das soll auch für die Verfügungen *pro futuro* gelten. Danach ist den Patientenerklärungen je nach dem Grad ihrer Konkretisierung eine unterschiedliche Bindungswirkung beizumessen. So soll der Ablehnung ganz bestimmter Heilbehandlungen unter bestimmten Bedingungen eine absolute Verbindlichkeit zukommen, während

---

1180 Vgl. *Dąbrowska/Jarnutowska*, Białostockie Studia Prawnicze 2017 Nr. 2, S. 90.

1181 Vgl. *Dukiet-Nagórska*, Autonomia pacjenta, S. 63.

1182 Vgl. *Syska*, Medyczne oświadczenie pro futuro, S. 270 f.

1183 Vgl. *Śliwka*, Testament życia, S. 10 f.

1184 Vgl. das Oberste Gericht, Beschluss vom 27.10.2005, III CK 155/05.

weniger konkrete Erklärungen, wie etwa der allgemein gehaltene Wunsch nach einem friedlichen Tod, nur als eine grobe Anweisung aufzufassen sind. Jedoch ist auch eine solche allgemeine Direktive bei der Entscheidungsfindung zu berücksichtigen. Dazu muss stets geprüft werden, ob der konkrete Wunsch auf den derzeitigen Zustand des Patienten zutrifft und ob Hinweise gegeben sind, die die Echtheit des Wunsches und seine Fortgeltung in Frage stellen. Bei Zweifeln oder Zeitmangel für die Beurteilung dieser Voraussetzungen soll sich der Entscheidungsträger wegen des hohen Wertes des Lebens für den Lebensschutz entscheiden.

Wenig geklärt ist sowohl in der Literatur als auch in der Rechtsprechung, welche Anforderungen an die Bestimmtheit der Patientenverfügungen zu stellen sind. Es geht darum, wie konkret die Verfügungen sein müssen, um von deren Verbindlichkeit sprechen zu können. Nach der Entscheidung des Obersten Gerichts müssen sie eindeutig, ausdrücklich und unzweifelhaft sein.[1185] Das Gericht hat diese Voraussetzungen darin als erfüllt angesehen, dass eine Patientin, Zeugin Jehovas, eine schriftliche Erklärung bei sich führte, in der stand, dass sie ohne Rücksicht auf Umstände und Folgen jegliche Bluttransfusion strikt ablehnt. Daraus lässt sich zumindest allgemein entnehmen, dass der Patient konkret angeben muss, welche ärztlichen Maßnahmen er ablehnt und in welcher Behandlungssituation dies gelten soll. Generell gehaltene Vorausverfügungen losgelöst von einer konkreten Behandlungssituation sind hingegen nicht ausreichend, um die Verbindlichkeit herbeizuführen. Begründet wird dies damit, dass die Einwilligung in einen ärztlichen Eingriff sich auf eine konkrete Behandlung bei einer konkreten Erkrankung oder Behandlungssituation beziehen muss, um rechtfertigende Wirkung auslösen zu können.[1186]

Eine weitere Frage ist, gegenüber wem die Patientenverfügungen bindend sein sollen. Nach der zitierten Entscheidung des Obersten Gerichts offensichtlich gegenüber dem behandelnden Arzt, weil nach den Feststellungen der Vorinstanzen dieser eine ausdrückliche und eindeutige Erklärung einer Zeugin Jehovas zum Verbot der Bluttransfusion missachtet hatte. Das Gericht hat festgestellt, dass er wegen der Bindungswirkung der Patientenerklärung dazu nicht befugt war. Wie es scheint, muss diese Bindungswirkung jedoch gegenüber jedermann bestehen und nicht nur gegenüber dem Arzt. Bedenkt man, dass gesetzliche Vertreter des Patienten oder das Betreuungsgericht für den Fall der Einwilligungsunfähigkeit des Patienten kraft Gesetzes befugt sind, Entscheidungen hinsichtlich der Vornahme oder Unterlassung von Behandlungsmaßnahmen an dessen Stelle zu treffen, kann die gegenüber dem Arzt bestehende Bindung an die Patientenverfügungen ohne die Bindungswirkung gegenüber allen anderen Personen durch den gebundenen Arzt leicht umgangen werden, indem der Arzt sich auf die Befugnis zur Ersatzeinwilligung des an die Patientenverfügung nicht gebundenen Betreuers beruft oder

1185 Vgl. das Oberste Gericht, Beschluss vom 27.10.2005, III CK 155/05.

1186 Vgl. *Liszewska*, Acta Universitatis Lodziensis 74 (2015), S. 72.

das ebenfalls nicht daran gebundene Betreuungsgericht anruft. Auch der gesetzliche Vertreter oder das Betreuungsgericht hätten dann die Möglichkeit den ureigenen Patientenwillen durch eigene Wertvorstellungen zu ersetzen. Dies wird auch mit der Überlegung unterstützt, dass der Sinn der Patientenverfügung grade darin liegt, zu verhindern, den Patienten einer Fremdbestimmung auszusetzen, und zu ermöglichen, dass die Anordnungen des Patienten unmittelbare Geltung haben wie eine „normale" Einwilligung oder ein „normaler" Widerspruch.

2.4.2. Der mutmaßliche Wille

Hat sich der Patient vor seinem Bewusstseinsverlust zu einer konkreten Behandlung nicht geäußert oder sind seine Vorausverfügungen nicht eindeutig und beendigt der Arzt eine medizinische Maßnahme, wodurch der Tod herbeigeführt wird, so greift der Tatbestand des Art. 148 KK ein.[1187] Umstritten ist in der Literatur, ob und wann der Arzt in solch einem Fall eine medizinische Behandlung beenden darf. Hier wird entweder vertreten, dass der Arzt allein nach den am Patientenwohl orientierten objektiven Maßstäben ohne Rückgriff auf den mutmaßlichen Patientenwillen entscheidet und dass er sogar gegen den mutmaßlichen Patientenwillen handeln kann[1188] oder dass der mutmaßliche Patientenwille für das Handeln des Arztes maßgeblich ist[1189].

Gegen die Beachtung des mutmaßlichen Willens des Patienten wird angeführt, dass die Vertreter des Patienten seinen wahren Willen verfälschen oder sein Wertsystem missachten und bei der Entscheidung sich nach eigenen Wertmaßstäben richten könnten. Letztendlich sei jede Entscheidung über das Unterlassen oder den Abbruch einer Behandlung durch subjektives Empfinden des Entscheidenden geprägt, was die Patientenautonomie erheblich beeinträchtigt.[1190] Eine Verfälschung, Missachtung oder Missdeutung des individuellen mutmaßlichen Patientenwillens durch Dritte ist selbstverständlich nicht ausgeschlossen. Fehler passieren überall. Ist das aber wirklich ein größeres Übel, einen Dritten den individuellen Willen des Patienten ermitteln zu lassen und dabei die Gefahr einer Missdeutung in Kauf zu nehmen, im Vergleich zu dem Übel, das entsteht, wenn man einen Dritten von vornherein nach eigener Überzeugung unter völliger Missachtung des mutmaßlichen Patientenwillens entscheiden lässt? Unter diesem Blickwinkel erscheint das Argument, ein Dritter könne bei der Willensermittlung den

1187 Siehe Kapitel 2, 2.1.1.1.

1188 So die Vertreter der Tatbestandslösungen (siehe oben unter 2.3.1 bis 2.3.3), der primären Legalität (siehe oben unter 2.3.4) und der Rechtfertigung nach Art. 32 KEL (siehe oben unter 2.3.5).

1189 Vgl. *Gałęska-Śliwka*/Śliwka, Państwo i Prawo 2009 Nr. 11, S. 28; *Szeroczyńska*, Eutanazja, S. 286 ff.

1190 Vgl. *Szewczyk*, Bioetyka, S. 125 f.; *Gałęska-Śliwka*/*Śliwka*, Państwo i Prawo 2009 Nr. 11, S. 29 f.

mutmaßlichen Patientenwillen verfälschen, als völlig untauglich, denn wird der mutmaßliche Wille erst gar nicht berücksichtigt, so wird er erst recht verfälscht, missdeutet und durch die Fremdbestimmung ersetzt.

Soweit in der Literatur der Rückgriff auf subjektive Wertvorstellungen des Patienten zugelassen wird, wird vorgeschlagen, die Patientenpräferenzen im Rahmen eines „subjektiven Tests“ zu ermitteln.[1191] Es wird dabei gefragt, ob der äußerungsunfähige Patient in die Vornahme oder in die Fortführung einer ärztlichen Maßnahme einwilligen würde, wenn er äußerungsfähig wäre.[1192] Bei der Willensermittlung werden berücksichtigt: frühere Erklärungen, Behandlungswünsche, Lebenseinstellung und Weltanschauungen des früher einwilligungsfähigen Patienten.[1193] Der „subjektive Test“ kann im polnischen Recht entsprechend den Regeln über die Ersatzeinwilligung durchgeführt werden. Ist der Patient nicht fähig, bewusst eine Einwilligung zu erteilen, so hat dessen gesetzlicher Vertreter (und wenn dieser nicht vorhanden ist, das Betreuungsgericht) gemäß Art. 32 Abs. 2 bis 8[1194] und 34 Abs. 2 bis 8[1195] des Gesetzes über den Arzt- und Zahnarztberuf (GAB)

1191 Vgl. *Breczko*, Podmiotowość prawna człowieka, S. 405; *Gałęska-Śliwka*/Śliwka, Państwo i Prawo 2009 Nr. 11, S. 28; *Szeroczyńska*, Eutanazja, S. 286 ff.; die Begriffe des subjektiven und objektiven Tests stammen wohl aus dem amerikanischen und englischen Recht, da die Autoren ihre Ausführungen auf die Rechtsprechung der beiden Länder zur passiven Sterbehilfe stützen.

1192 Vgl. *Gałęska-Śliwka/Śliwka*, Państwo i Prawo 2009 Nr. 11, S. 28.

1193 Vgl. *Malczewski*, Eutanazja, Kapitel 3, 3.2.6; *Szewczyk*, Bioetyka, S. 125 f.

1194 Art. 32: (1) Der Arzt kann eine medizinische Untersuchung durchführen oder eine andere medizinische Dienstleistung der Gesundheitsfürsorge erbringen, vorbehaltlich der im Gesetz vorgesehenen Ausnahmen, erst nach Erteilung der Einwilligung durch den Patienten. (2) Wenn der Patient minderjährig ist oder keine Einwilligung erteilen kann, ist die Einwilligung seines gesetzlichen Vertreters erforderlich und wenn der Patient keinen gesetzlichen Vertreter hat oder dieser nicht erreichbar ist, die Einwilligung des Berufungsgerichts. (...) (7) Wenn das Gesetz nichts anderes bestimmt, kann die Einwilligung der in Absatz 1, 2 und 4 genannten Personen mündlich oder sogar durch ein solches Verhalten ausgedrückt werden, das in einer Weise, die Zweifel nicht aufkommen lässt, den Willen zeigt, sich den vom Arzt vorgeschlagenen medizinischen Behandlungen zu unterwerfen.
(8) Wenn der Patient in Absatz 2 keinen gesetzlichen Vertreter oder keinen faktischen Betreuer hat oder diese nicht erreichbar sind, kann der Arzt nach der Durchführung der medizinischen Untersuchung weitere Dienstleistungen der Gesundheitsführsorge nur nach Einholung der Einwilligung des Betreuungsgerichts erbringen, sofern im Gesetz nichts anderes angegeben ist.

1195 Art. 34: (1) Der Arzt kann eine medizinische Operation durchführen oder eine Behandlungs- oder Diagnosemethode anwenden, die ein erhöhtes Risiko für den Patienten darstellt, erst nach der Erteilung der schriftlichen Einwilligung durch diesen. (...) (3) Der Arzt kann die Operation durchführen oder die Methode anwenden,

anstelle des Patienten über die Erteilung der Einwilligung zu entscheiden. Sowohl der gesetzliche Vertreter als auch das Betreuungsgericht richten sich bei der Entscheidungsfindung laut den Vorschriften des polnischen Familiengesetzbuches (vgl. Art. 95 § 3, 154, 155 § 2, 178 § 2) nach dem Wohl des Vertretenen (Betreuten).[1196] Bei der Feststellung seines Wohls kann auf seinen individuellen mutmaßlichen Willen abgestellt und diesem die ausschlaggebende Bedeutung beigemessen werden für die Frage, ob eine medizinische Behandlung nicht durchgeführt oder abgebrochen werden soll. Die ausschlaggebende Bedeutung des individuellen mutmaßlichen Willens ergibt sich aus der Patientenautonomie, die gebietet, die individuellen Behandlungswünsche der Fremdbestimmung durch Dritte vorzuziehen. Es ist dabei nicht zu leugnen, dass es im Einzelfall schwer fallen kann, aus früheren Äußerungen oder der Weltanschauung konkrete Hinweise auf den Willen zur Behandlungsunterlassung oder dem Behandlungsabbruch zu gewinnen. Dieselben Probleme können allerdings auch bei der Auslegung der Patientenverfügungen („Erklärungen *pro futuro*") entstehen, die nach der Rechtsprechung des Obersten Gerichtes „ausdrücklich und eindeutig" sein müssen, was auch immer das heißen mag.[1197]

---

welche im Abs. 1 genannt sind, gegenüber einem minderjährigen oder einem entmündigten oder zur bewussten Erteilung der schriftlichen Einwilligung unfähigen Patienten, erst nach Einholung der Einwilligung seines gesetzlichen Vertreters und wenn der Patient keinen Vertreter hat oder wenn dieser nicht erreichbar ist, erst nach Einholung der Genehmigung des Betreuungsgerichts. (...) (6) Wenn der gesetzliche Vertreter eines minderjährigen oder entmündigten oder zur bewussten Einwilligungserteilung unfähigen Patienten die Durchführung der in Absatz 1 genannten Tätigkeiten durch den Arzt ablehnt, welche zur Abwendung der Gefahr des Lebensverlustes, schwerer Körperverletzung oder schwerer Gesundheitszerrüttung notwendig sind, kann der Arzt diese Tätigkeiten erst nach Einholung der Zustimmung des Betreuungsgerichts durchführen. (7) Der Arzt kann die im Absatz 1 genannten Maßnahmen ohne Einwilligung des gesetzlichen Vertreters des Patienten oder Einwilligung des zuständigen Betreuungsgerichts durchführen, wenn die Verzögerungen des Einwilligungsverfahrens für den Patienten die Gefahr des Lebensverlustes, schwerer Körperverletzung oder schwerer Gesundheitszerrüttung begründet. In diesem Fall ist der Arzt verpflichtet, soweit dies möglich ist, einen zweiten Arzt zu konsultieren, wenn möglich derselben Spezialität. Der Arzt informiert den gesetzlichen Vertreter, den faktischen Betreuer oder das Betreuungsgericht unverzüglich über die durchgeführten Tätigkeiten. (...).

1196 Vgl. *Jędrejek*, Komentarz, Art. 178, Rn. 10.

1197 Vgl. das Oberste Gericht, Urteil vom 27.10.2005, III CK 155/05.

2.4.3 Entscheidungsträger

Bezüglich des Personenkreises, der zur Prüfung der Vorausverfügungen und bei deren fehlender Verbindlichkeit zur Ermittlung des individuellen mutmaßlichen Willens des äußerungsunfähigen Patienten und schließlich zur Entscheidung über die Durchführung, die Nichtdurchführung oder den Abbruch einer medizinischen Maßnahme befugt sein sollte, kann man auf die Bestimmungen des Art. 17, 18 GPR (Gesetz über Patientenrechte) und Art. 32, 34 GAB (Gesetz über Arzt- und Zahnarztberuf) zurückgreifen. Dazu können demnach zählen: der gesetzliche Vertreter, der faktische Betreuer, der Arzt und das Betreuungsgericht. Daneben kommt noch die Ausstattung des „Patientenvertreters" (Vorsorgebevollmächtigten) mit Entscheidungskompetenzen in Betracht.[1198]

2.4.3.1 Der gesetzliche Vertreter

Nach den Bestimmungen der GPR und GAB ist der gesetzliche Vertreter befugt, anstelle des äußerungsunfähigen Patienten die Einwilligung oder den Widerspruch bezüglich einer medizinischen Maßnahme zu erklären. Er hat damit auch das Recht, einer Behandlung zu widersprechen. Fraglich ist, ob eine bereits aufgrund einer wirksamen Einwilligung begonnene Behandlungsmaßnahme aufgrund eines Widerspruchs (Widerrufs) eingestellt oder abgebrochen werden darf. Die Frage ist, ob der Widerspruch auch den Widerruf der Einwilligung mit umfasst. Bedenkt man, dass jeder medizinische Eingriff während seiner Dauer über eine ausreichende Legitimation verfügen muss, dann muss der Patient oder der gesetzliche Vertreter das Recht haben, die Einwilligung jederzeit zu widerrufen.[1199] Dies muss auch dann gelten, wenn dadurch unter Umständen der Tod des äußerungsunfähigen Patienten verursacht wird. Da das ärztliche Handeln von einer Einwilligung getragen werden muss, ist es davon auszugehen, dass der Widerspruch auch den Widerruf der Einwilligung umfasst. Ist der behandelnde Arzt mit der Entscheidung des gesetzlichen Vertreters nicht einverstanden, kann er sowohl in Unterlassungs- als auch in Abbruchsfällen versuchen, den Widerspruch oder den Widerruf des gesetzlichen Vertreters durch die Anrufung des Betreuungsgerichts gemäß Art. 34 Abs. 6 GAB zu überwinden.

Beim Widerspruch und Widerruf durch den gesetzlichen Vertreter ist Art. 156 des polnischen Familiengesetzbuches[1200] zu beachten, wonach der Vormund und der Kurator (≈ vergleichbar mit Aufgabenbereichen des „deutschen" Pflegers und

1198 Vgl. *Szeroczyńska*, Eutanazja, S. 261, 316 f.

1199 Vgl. *Śliwka*, Prawa pacjenta, S. 130.

1200 Art. 156 lautet: Der Vormund soll die Einwilligung des Betreuungsgerichts in allen wichtigeren Angelegenheiten einholen, die die Person oder das Vermögen des Minderjährigen betreffen. Über Art. 178 § 2 des polnischen Familiengesetzbuches gilt diese Vorschrift auch für den Kurator.

Betreuers)[1201] in wichtigeren Angelegenheiten, die die Person oder das Vermögen des Betreuten betreffen, der Einwilligung des Betreuungsgerichtes bedürfen. Zu solchen wichtigeren Angelegenheiten werden unter anderem die Vornahme „ernsthafter Heileingriffe und -behandlungen“ gezählt.[1202] Wegen der mit dem Unterlassen und Abbruch einhergehenden Todesgefahr muss man wohl auch diese als wichtigere Angelegenheit ansehen. Daher ist die Norm als Einschränkung der in GAB und GPR enthaltenen Bestimmungen über die Einwilligung des gesetzlichen Vertreters aufzufassen. Als Grund wird angegeben, dass der Gesetzgeber dem Vormund und Kurator im Gegensatz zu den Eltern nur ein beschränktes Vertrauen entgegenbringt.[1203] Daraus folgt, dass das Betreuungsgericht stets eingeschaltet werden muss, selbst dann, wenn der Betreuer (Kurator) und der Arzt sich über die Zweckmäßigkeit des Unterlassens und des Abbruchs einig sind.

2.4.3.2. Der faktische Betreuer

Nach Art. 3 Abs. 2 Nummer 1 GPR ist derjenige ein faktischer Betreuer, der ohne gesetzliche Verpflichtung einen Patienten ständig in Obhut hat, welcher wegen seines Alters, Gesundheits- oder Geisteszustandes einer solchen Obhut bedarf. Nach Art. 17 Abs. 2 Satz 2 GPR und Art. 32 Abs. 3 GAB darf er nur in eine Untersuchung einwilligen oder ihr widersprechen. In den Fällen der Hilfe zum Sterben darf er nach diesen Bestimmungen, wohl keine Entscheidungen treffen, weil das Unterlassen oder der Abbruch der (Weiter-)Behandlung, wie es scheint, etwas mehr ist als eine medizinische Untersuchung. Da das Unterlassen und der Abbruch den Tod zur Folge haben, sind sie als Maßnahmen „mit erhöhtem Risiko“ im Sinne des Art. 34 GAB zu betrachten.

1201 Nach dem polnischen Recht kann man gemäß den Art. 145 ff. des polnischen Familiengesetzbuches für einen Minderjährigen oder einen voll Entmündigten einen Vormund bestellen. Bezüglich anderer Personen ist nur die Kuratel möglich, vgl. *Smyczyński/Andrzejewski*, Prawo rodzinne, Rn. 459 ff.

1202 Vgl. Pietrzykowski-*Gajda*, Art. 156, Rn. 2; *Migalska*, Roczniki Nauk Prawnych 2010 Nr. 1, S. 145 f.

1203 Vgl. Pietrzykowski-*Gajda*, Art. 156,Rn. 1.

2.4.3.3. Der Arzt

Nach Art. 34 Abs. 7[1204] und Art. 32 Abs. 9[1205] GAB[1206] kann der Arzt eine Behandlung ohne Einwilligung des gesetzlichen Vertreters eines einwilligungsunfähigen Patienten und ohne (Ersatz-) Einwilligung des Betreuungsgerichts vornehmen, wenn der Vertreter unerreichbar oder nicht vorhanden ist und eine akute Lebensgefahr vorliegt, die keinen Verzug zulässt. Nach dem Wortlaut dieser Vorschrift steht dem Arzt anscheinend ein Ermessensspielraum zu, ob er die lebensnotwendige Behandlungsmaßnahme durchführt oder nicht, wobei nicht ganz klar ist, wie das Ermessen ausgeübt wird. Jedenfalls scheint es so zu sein, dass der Arzt kraft Gesetzes selbstständig darüber entscheiden darf, ob er dem Patienten eine medizinische Behandlung gewährt.[1207]

Dies könnte jedoch im Widerspruch zu Art. 38 Abs. 1[1208] und 30[1209] GAB stehen. Nach diesen Vorschriften darf der Arzt eine Behandlung unterlassen oder abbrechen, wenn dadurch keine Lebensgefahr geschaffen wird. Zwar wird durch die Behandlungsbeendigung der Tod des Patienten verursacht. Die besagte Vorschrift ist jedoch so zu verstehen, dass der Arzt gegen den Willen des Patienten eine Heilbehandlung nicht vornehmen darf, da dies einen Eingriff in die Patientenautonomie darstellt. In Fällen, in denen der erklärte oder mutmaßliche Wille des Patienten bekannt ist und damit ein Widerspruch des Patienten vorliegt, ist dieser Artikel nicht anwendbar. Dies folgt daraus, dass der Arzt nur aufgrund einer Einwilligung

---

1204 Art. 34 Abs. 7: Der Arzt kann die im Absatz 1 genannten Maßnahmen ohne Zustimmung des gesetzlichen Vertreters des Patienten oder Einwilligung des zuständigen Betreuungsgerichts durchführen, wenn die Verzögerungen des Einwilligungsverfahrens für den Patienten die Gefahr des Lebensverlustes, schwerer Körperverletzung oder schwerer Gesundheitszerrüttung begründet. In diesem Fall ist der Arzt verpflichtet, soweit dies möglich ist, einen zweiten Arzt zu konsultieren, wenn möglich derselben Spezialität. Der Arzt informiert den gesetzlichen Vertreter, den faktischen Betreuer oder das Betreuungsgericht unverzüglich über die durchgeführten Tätigkeiten.

1205 Art. 32 Abs. 9 verweist auf entsprechende Anwendung des Art. 34 Abs. 7.

1206 Art. 32 GAB regelt die Zulässigkeit ärztlicher Untersuchungen und „normaler" ärztlicher Behandlungen, Art. 34 GAB hingegen die Zulässigkeit von ärztlichen Maßnahmen „mit erhöhtem Risiko" sowie medizinischen Operationen.

1207 Vgl. *Szeroczyńska*, Eutanazja, S. 316,

1208 Art. 38 Abs. 1: Der Arzt darf vorbehaltlich des Absatzes 3 eine Behandlung des Patienten nicht vornehmen oder von ihr zurücktreten, soweit der in Art. 30 beschriebene Fall nicht vorliegt.

1209 Art. 30: Der Arzt ist verpflichtet, ärztliche Hilfe in jedem Fall zu leisten, in dem die Verzögerung seiner Gewährung die Gefahr des Todes, schwerer Körperverletzung oder schwerer Gesundheitszerrüttung zur Folge haben kann sowie in anderen dringenden Fällen.

handeln darf. Liegt ein Widerspruch oder Einwilligungswiderruf des Patienten vor, so darf er grundsätzlich[1210] trotz einer dringenden Todesgefahr nicht tätig werden. Er darf dem Patienten nichts aufdrängen. Außerdem darf er nicht mit allen Mitteln und um jeden Preis gegen den Tod ankämpfen. Das medizinisch Mögliche darf nicht der Maßstab für die Grenzen der Lebensschutzpflichten sein.

Nach der gesetzlichen Lage kann der Arzt selbst über die Durchführung oder Nichtdurchführung einer medizinisch lebensnotwendigen Behandlung entscheiden, solange der gesetzliche Patientenvertreter unerreichbar ist. Kann der gesetzliche Vertreter eines einwilligungsunfähigen Patienten (der keine Patientenverfügung hinterlassen hat)[1211] befragt werden, ist die Beendigung einer Behandlung von dessen Entscheidung abhängig. Willigt er in die Behandlung nicht ein, steht es dem Arzt gemäß Art. 34 Abs. 6 GAB frei, ob er die Ersatzeinwilligung des Betreuungsgerichts beantragt. Verlangt der gesetzliche Vertreter die Vornahme der Behandlung, ist der Arzt grundsätzlich daran gebunden. Fraglich ist, ob der Arzt den Weg zum Betreuungsgericht mit dem Ziel, einen Behandlungswiderspruch zu erwirken, einschlagen kann. Bedenkt man hier, dass bei der Beantragung einer Einwilligung beim Betreuungsgericht durch den Arzt dieses die Einwilligung versagen darf, wodurch gegebenenfalls der Tod des Patienten eintreten kann, so wird der gleiche Effekt erzielt wie bei einer Behandlungsbeendigung. Das Betreuungsgericht ist auch von Amts wegen berechtigt, seine Entscheidungen zu ändern.[1212] Dies könnte zum Beispiel auf Betreiben des Arztes erfolgen. Da der Widerruf der Einwilligung die Kehrseite deren Erteilung darstellt, muss man annehmen, dass auch eine Behandlungsbeendigung vom Arzt beantragt werden kann. Dafür spricht, dass er die Pflicht hat, die Patientenautonomie des Patienten und seine Würde zu respektieren, Art. 36 Abs. 1 GAB[1213]. Er hat daher auch zu überwachen,

---

1210 Dies gilt uneingeschränkt für ausdrückliche, eindeutige und zweifelsfreie Patientenerklärungen (vgl. das Oberste Gericht, Beschluss vom 27.10.2005, Az.: III CK 155/05). Ob dies auch in anderen Fällen gelten soll, etwa dann, wenn der Inhalt der Patientenerklärung oder der mutmaßliche Patientenwille erst im Wege der Auslegung zweifelsfrei ermittelt werden kann, bleibt offen. Grundsätzlich muss der erklärte und mutmaßliche Patientenwille auch in der Notfallmedizin beachtet werden. Wie es scheint, soll es aber dabei auf die Aussagekraft der Patientenerklärungen und die (zeitlichen) Möglichkeiten deren Überprüfung durch den Arzt ankommen.

1211 Patientenerklärungen geben den ureigenen Patientenwillen wieder und wenn sie ausdrücklich, eindeutig und zweifelsfrei sind, sind sie bindend. Der gesetzliche Vertreter kann von deren Inhalt nicht abweichen, und es steht ihm insoweit kein Entscheidungsrecht zu (siehe unter 2.4.1).

1212 Vgl. Pietrzykowski-*Gajda,* Art. 156, Rn. 5.

1213 Art. 36 Abs. 1: Der Arzt ist bei der Erbringung der Leistungen der Gesundheitsfürsorge verpflichtet, die Intimität und die persönliche Würde des Patienten zu respektieren.

dass die Entscheidungen der gesetzlichen Vertreter nicht rechtsmissbräuchlich sind. Folglich darf man davon ausgehen, dass auch die Verweigerung oder der Widerruf einer Einwilligung durch die Vorschriften über die Ersatzeinwilligung mit umfasst werden.

Sind sich der Arzt und der gesetzliche Vertreter über die Behandlungsbeendigung einig geworden, so ist die Einschaltung des Gerichtes nach der Gesetzeslage grundsätzlich nicht notwendig, wenn die Eltern gesetzliche Vertreter sind.[1214] Ausreichend ist dann ein einstimmiges Zusammenwirken des gesetzlichen Vertreters und des Arztes. Ist Vormund oder Kurator der gesetzliche Vertreter, so bedarf er für jedes Unterlassen und jeden Abbruch wegen Art. 156 des polnischen Familiengesetzbuches der Einwilligung des Betreuungsgerichts.

2.4.3.4 Betreuungsgericht

Das Betreuungsgericht ist immer dann zur Entscheidung über die Behandlungseinleitung und zur Ermittlung des mutmaßlichen Patientenwillens befugt, wenn der Arzt dieses anruft, der Patient keinen Vertreter hat, der Vormund oder Kurator gemäß Art. 156 des polnischen Familiengesetzbuches eine wichtige Entscheidung treffen wollen oder gemäß Art. 109 § 1 des polnischen Familiengesetzbuches das Wohl eines Kindes gefährdet ist.[1215] Das Gericht hat auch ohne Anrufung, also von Amts wegen, zu handeln, wenn Rechtsgüter einer Person in Gefahr sind, Art. 570 der polnischen ZPO.[1216] Es gibt Literaturmeinungen, die dem Betreuungsgericht weitergehende Kompetenzen zusprechen wollen. Es solle stets eingeschaltet werden, wenn eine Entscheidung über die Durchführung oder die Nichtdurchführung einer lebensnotwendigen Behandlungsmaßnahme getroffen werden muss. Hierfür soll sprechen, dass Patientenerklärungen neben medizinischen Fragen auch rechtliche Fragen wie Auslegungsbedürftigkeit, wirksames Zustandekommen, Formeinhaltung usw. betreffen. Gerade diese Rechtsfragen könne das Gericht am besten beantworten. Medizinfragen könnten hingegen durch Gutachteneinholung gelöst werden.[1217] Auf der Grundlage des geltenden Rechts ist diese Auffassung nicht haltbar, da für den einwilligungsunfähigen Patienten primär sein gesetzlicher Vertreter (oder rechtsgeschäftlicher Vertreter, was jedoch nicht unumstritten ist) entscheidet und das Betreuungsgericht erst dann zum Zuge kommt, wenn kein

---

1214 Auch die Macht der Eltern unterliegt nach dem polnischen Familiengesetzbuch gewissen Einschränkungen (vgl. Art. 109 § 1 des polnischen Familiengesetzbuches), sie benötigen jedoch niemals eine Einwilligung des Betreuungsgerichts.

1215 Vormund, Kurator und Eltern sind die wichtigsten gesetzlichen Vertreter im polnischen Recht, da deren Bestellung kraft Gesetzes erfolgt und nicht rechtsgeschäftlich ist, vgl. *Radwański/Olejniczak*, Cześć ogólna, Rn. 719 f.

1216 Vgl. *Migalska*, Roczniki Nauk Prawnych 2010 Nr. 1, S. 146.

1217 Vgl. *Śliwka*, Diametros 22 (2009), S. 232 f.

gesetzlicher Vertreter vorhanden, er unerreichbar ist oder seine Entscheidung dem Patientenwohl nicht entspricht.

2.4.3.5 Patientenvertreter (Vorsorgebevollmächtigter)

Nicht geklärt ist im polnischen Recht, ob der Patient einen Vertreter bevollmächtigen kann, der im Falle seiner Äußerungsunfähigkeit für ihn über das Unterlassen oder den Abbruch einer medizinischen Maßnahme entscheiden darf.[1218] Gegen eine solche Möglichkeit wird vorgebracht, dass zwischen dem Vertreter und dem Äußerungsunfähigen ein Interessenskonflikt bestehen könne.[1219] Interessenkonflikte zwischen dem Vollmachtgeber und dem Bevollmächtigten sind niemals auszuschließen. Ein Vollmachtmissbrauch erscheint eher abstrakter Natur zu sein. Zum einen wird der Vertreter von dem Patienten selbst gewählt. Meistens sind das Personen, die der Patient gut kennt und denen er vertraut.[1220] Zum anderen erhält der Vertreter verbindliche Anordnungen und Anweisungen des Patienten für den Fall des Verlustes seiner Geschäftsfähigkeit. Beim Eintritt des Bevollmächtigungsfalles muss geprüft werden, ob die Anordnungen und Anweisungen des Patienten auf die Behandlungssituation passen und wenn der Patient keine verbindlichen Vorausverfügungen hinterlassen hat, ob die gebotene Behandlung dem mutmaßlichen Willen des Patienten entspricht. Eine Gefahr kann darstellen, dass der Patient seine Anordnungen geändert oder die dem Patientenvertreter erteilte Vollmacht widerrufen hat, ohne dass der Patientenvertreter darüber in Kenntnis gesetzt wurde. Im letzteren Falle ist die erteilte Vollmacht ein Nachweis der Bevollmächtigung und diese Bevollmächtigung ist solange wirksam, bis dem Vertreter oder einem Dritten deren Widerruf bekannt geworden ist, da in Polen die Einwilligung bzw. die Behandlungsablehnung als Willenserklärung angesehen werden[1221]. Ein weder dem Vertreter noch dem Dritten bekannter Widerruf der Bevollmächtigung kann jedoch dazu führen, dass ein tatsächlich Nichtbevollmächtigter eine Entscheidung trifft. Bei einer ausdrücklichen, eindeutigen und zweifelsfreien und damit (für jedermann) verbindlichen Patientenverfügung spielt dies keine Rolle, da auch der Vertreter ohne Vertretungsmacht ohnehin keine eigene Entscheidung treffen kann, sondern er dem ureigenen Patientenwillen Geltung verleihen muss. Im Falle einer nicht verbindlichen Patientenverfügung muss er den mutmaßlichen Willen des Patienten ermitteln und auf dieser Grundlage entscheiden. Verschafft der rechtsgeschäftliche Vertreter den vom Patienten widerrufenen (verbindlichen) Anordnungen Geltung oder trifft er eine Entscheidung auf der Grundlage der widerrufenen (unverbindlichen) Erklärungen, dann begründet dies grundsätzlich einen erheblichen Eingriff in die Patientenautonomie und in das Lebensrecht. Hier stellt sich

1218 Vgl. *Śliwka*, Testament życia, S. 2.

1219 Vgl. *Szewczyk*, Bioetyka, S. 296.

1220 Vgl. *Śliwka*, Testament życia, S. 2.

1221 Vgl. das Oberste Gericht, Urteil vom 27.10.2005, III CK 155/05.

also die Frage nach dem Prüfungsumfang des Patientenvertreters und sogar der Dritten. Zunächst ist festzustellen, dass es nicht sein kann, dass jeder Zweifel des Vertreters an der Wirksamkeit der vom Patienten getroffenen Anordnungen und auch an der eigenen Bevollmächtigung die Vertreterbefugnis zur Entscheidung anstelle des äußerungsunfähigen Patienten ausschließt. Sonst wird die Patientenautonomie sowie das Institut des Patientenbevollmächtigten zu stark relativiert und entwertet, insbesondere durch Berufung auf bloß mögliche, mehr oder minder abstrakte Willensänderungen des Patienten. Der Vertreter sollte daher erst dann die Zweifel an der Wirksamkeit der Bevollmächtigung und der Patientenanweisungen berücksichtigen und ihnen nachgehen, wenn sichere Anhaltspunkte für sie vorliegen. Dazu führt auch die Überlegung, dass negative Tatsachen grundsätzlich von Gesetzes wegen vermutet werden und deren Nachweis erst dann erforderlich wird, wenn deren Nichtvorliegen wahrscheinlich erscheint. Bei positiver Kenntnis des Patientenvertreters über negative Tatsachen hat dieser sie bei seiner Entscheidung zu berücksichtigen. Anderenfalls kann er sich wegen einer Patientenautonomieverletzung oder einer Tötung strafbar machen. Ein Dritter kann grundsätzlich auf die vom Patientenvertreter getroffene Entscheidung grundsätzlich vertrauen, es sei denn, er hat positive Kenntnis über Tatsachen, die die Vertreterentscheidung in Frage stellen.

Besondere Schwierigkeiten bereitet die Bestimmung einer rechtlichen Grundlage, aus der sich die Möglichkeit der Bestellung des Patientenvertreters ergeben kann. Nach Art. 31 Abs. 4 Satz 2 GAB (Gesetz über Arzt- und Zahnarztberuf) darf der Patient eine Person bestimmen, die an seiner Stelle die Informationen über seinen Gesundheitszustand erhalten soll. Diese Regelung verleiht dieser Person jedoch nicht die Befugnis, zugleich anstelle des Kranken die Einwilligung oder den Widerspruch zu erklären.[1222] Die Sachlage verhält sich also so, dass im Falle des Art. 31 Abs. 4 Satz 2 GAB der Patient die volle Entscheidungskompetenz besitzt, obwohl er keine Informationen über seinen Gesundheitszustand hat, und die designierte Person die volle Kenntnis von dem Gesundheitszustand des Patienten hat, sie jedoch keine Entscheidungsbefugnisse besitzt.[1223] Als mögliche Lösung dieses Paradoxes wird vorgeschlagen, auf die allgemeinen zivilrechtlichen Vorschriften über die Bevollmächtigung zurückzugreifen.[1224] Nach Art. 95 des polnischen Zivilgesetzbuchs kann der Vertreter grundsätzlich jedes Rechtsgeschäft für den Vollmachtgeber vornehmen. Gemäß Art. 101 § 1 des polnischen Zivilgesetzbuches erlischt die erteilte Vollmacht nicht dadurch, dass der Vollmachtgeber geschäftsunfähig geworden ist. *Szeroczyńska* sieht darin eine ausreichende Grundlage dafür, dass ein so bevollmächtigter Vertreter dazu befugt sein könne, anstelle des

1222 Vgl. *Szeroczyńska*, Eutanazja, S. 261.

1223 Vgl. *Szeroczyńska*, Eutanazja, S. 261.

1224 Vgl. Polska Grupa Robocza ds. Problemów Końca Życia, Medycyna Praktyczna 2016 Nr. 5, S. 105; *Szeroczyńska*, Eutanazja, S. 261.

einwilligungsunfähigen Patienten zu entscheiden oder zumindest das Betreuungsgericht anzurufen.[1225] Dies wird in der Literatur mit dem Argument abgelehnt, dass das GAB nur drei zur Einwilligungserteilung Befugte nenne, und zwar: den Patienten, seinen gesetzlichen Vertreter oder das Gericht. Daraus sei abzuleiten, dass der Katalog der befugten Personen einen abschließenden Charakter habe und damit eine rechtsgeschäftliche Vertreterbestellung ausschließe.[1226]

In dem Beschluss vom 13.05.2015[1227] hat sich das Oberste Gericht mit der Frage auseinandergesetzt, ob der gesetzliche Vertreter eines Minderjährigen einen rechtsgeschäftlichen Vertreter bestellen und zur Entscheidung über die Einwilligung oder Nichteinwilligung in eine Behandlung gemäß Art. 34 Abs. 3 GAB[1228] bevollmächtigen kann. Die Frage hat es bejaht. Die Befugnis der Eltern zur Vollmachtserteilung ergebe sich aus den allgemeinen Vorschriften des polnischen Zivilgesetzbuches über die rechtsgeschäftliche Vertretung. Der Anwendungsausschluss dieser Vorschriften sei entweder aufgrund einer ausdrücklichen gesetzlichen Grundlage (denn die Vorschriften über die Bevollmächtigung seien immer anwendbar, solange sie nicht ausdrücklich ausgeschlossen sind, was vorliegend nicht der Fall war) oder aufgrund des höchstpersönlichen Charakters des vorzunehmenden Rechtsgeschäfts (was hier verneint wurde) möglich. Danach sei im Rahmen des Art. 34 Abs. 3 GAB die Einwilligung des Vertreters des gesetzlichen Vertreters als Einwilligung des letzteren anzusehen. Dem lässt sich also entnehmen, dass auch der Patient einen rechtsgeschäftlichen Vertreter in gesundheitlichen Angelegenheiten bestellen darf. Wenn dies dem gesetzlichen Vertreter möglich ist, dann muss es erst recht dem unmittelbar Betroffenen möglich sein. Das Problem, das hier auftauchen kann, ist, dass gemäß Art. 95 § 1 des polnischen Bürgerlichen Gesetzbuchs die Vertretung unzulässig ist, wenn sich dies aus dem Gesetz oder den Eigenheiten des Rechtsgeschäfts ergibt.[1229] Hier könnte man meinen, dass sich die Vertretung in Bezug auf das Unterlassen oder den Abbruch einer Behandlung als Verfügung über fremdes Leben darstellen könnte. Eine Fremdbestimmung über das Leben würde gegen die Menschenwürde und den Lebensschutz

---

1225 Vgl. *Szeroczyńska*, Eutanazja, S. 316 f.; *dieselbe*, Dopuszczalność uprzednich oświadczeń pacjenta, S. 87 ff.

1226 Vgl. *Citowicz*, Państwo i Prawo 2007 Nr. 1, S. 41, 43.

1227 Vgl. das Oberste Gericht, Beschluss vom 13.05.2015, III CZP 19/15.

1228 Art. 34 Abs. 3: Der Arzt kann einen Eingriff vornehmen oder die im Absatz 1 besagte Methode anwenden gegenüber dem Minderjährigen, dem Entmündigten oder dem zur bewussten Erklärung der schriftlichen Einwilligung unfähigen Patienten, erst nach der Einholung der Einwilligung des gesetzlichen Vertreters und, wenn der Patient keinen Vertreter hat oder dieser nicht zu erreichen ist, nach Einholung der Einwilligung des Betreuungsgerichts.

1229 Wann die Vertretung unzulässig sein sollte, ist im polnischen Zivilrecht nicht abschließend geklärt (vgl. *Radwański/Olejniczak*, Cześć ogólna, Rn. 709).

verstoßen. Dagegen ist aber einzuwenden, dass der Vertreter keine eigenständige, nach eigenen Wertmaßstäben bemessene Entscheidung trifft, sondern er dem früher erklärten oder mutmaßlichen Willen des Bewusstlosen Geltung verschaffen soll und bei seiner Entscheidung an dessen Anordnungen und Überzeugungen gebunden ist. Darüber hinaus muss seine Entscheidung nach den familienrechtlichen Vorschriften dem Wohl des einwilligungsunfähigen Patienten entsprechen.

Ein weiteres Problem stellen eventuelle Meinungsverschiedenheiten zwischen dem Patientenvertreter und dem behandelnden Arzt dar, soweit es sich um die Ermittlung des mutmaßlichen Patientenwillens handelt.[1230] Verweigert der Patientenvertreter die Behandlung und ist der behandelnde Arzt der Meinung, dass seine (des Vertreters) Entscheidung nicht dem mutmaßlichen Patientenwillen entspricht, kann dieser den Widerspruch gemäß Art. 34 Abs. 6 GAB durch die Ersatzeinwilligung des Gerichts überwinden. Nach dieser Vorschrift kann der Arzt für den Fall, dass der gesetzliche Vertreter keine Einwilligung in eine ärztliche Maßnahme erteilt, die notwendige Behandlung vornehmen, wenn dem das Betreuungsgericht zustimmt. Der rechtsgeschäftlich eingesetzte Vertreter ist zwar kein gesetzlicher Vertreter im Sinne von Art. 34 Abs. 6 GAB. Wenn aber im Rahmen des Art. 34 Abs. 3 GAB laut der zitierten Entscheidung des Obersten Gerichts der rechtsgeschäftliche Vertreter mit dem gesetzlichen Vertreter gleich gesetzt werde, kann man mit guten Argumenten vertreten, dass dies auch im Rahmen des Absatzes 6 gelten müsse. Sonst hätte der rechtsgeschäftliche Patientenvertreter im Grunde genommen weiter reichende Befugnisse als ein gesetzlicher Vertreter (da seine Entscheidung nicht durch das Betreuungsgericht überprüft werden könnte), obwohl seine Rolle bei dem Entscheidungsprozess der des gesetzlichen Vertreters ungefähr gleich wäre. Der Patientenvertreter würde keiner Kontrolle bei der Ausübung der Rechte des Äußerungsunfähigen unterliegen.

2.5 Behandlungsbeendigung bei unbekanntem Willen des Betroffenen

Gemäß Art. 30 Abs. 1 des Gesetzes über Arzt- und Zahnarztberuf ist der Arzt verpflichtet, das Leben des Patienten zu schützen. In der Literatur herrscht die Auffassung, dass dieser Grundsatz nicht schrankenlos gelten dürfe.

Zur Begründung verweist man vereinzelt auf die Vorschriften des Kodex der ärztlichen Ethik (KEL), auf welche Art. 4 des Gesetzes über Arzt- und Zahnarztberuf Bezug nimmt und bestimmt, dass der Arzt entsprechend den Grundsätzen der ärztlichen Ethik zu handeln hat.[1231] Nach Art. 6 KEL sind nur wirksame und notwendige Behandlungsmethoden anzuwenden. Art. 32 KEL besagt, dass der

---

1230 Eindeutige Patientenverfügungen sind für den Arzt bindend, siehe oben unter 2.4.1.

1231 Vgl. *Pacian*, Zeszyty Prawnicze 14.4/2014, S. 177.

Arzt nicht verpflichtet ist, in der Terminalphase eine „persistente Therapie“[1232] und außergewöhnliche Mittel anzuwenden sowie den Patienten wiederzubeleben. Gemäß Art. 57 KEL darf der Arzt keine Behandlungsmethoden anwenden, die schädigend, nutzlos oder wissenschaftlich nicht bewiesen sind. Abgesehen davon, dass die in den vorgenannten Vorschriften bezeichneten Begrifflichkeiten nicht definiert und alles andere als klar sind, ist es nicht ohne weiteres möglich, die Bestimmungen des KEL zur Begründung der Straffreiheit der „einseitigen“ Behandlungsbeendigung (Behandlungsbeendigung bei äußerungsunfähigem Patienten ohne oder gegen seinen Willen) heranzuziehen. Man muss bedenken, dass der KEL ein untergesetzlicher Rechtsakt ist, der aufgrund einer gesetzlichen Ermächtigung im Gesetz über die Ärztekammer von der Ärztekammer und nicht vom parlamentarischen Gesetzgeber erlassen wurde. Es mag daher bezweifelt werden, ob so ein wichtiges Gut wie das Leben aufgrund eines nicht vom parlamentarischen Gesetzgeber erlassenen Rechtsaktes wirksam beschränkt werden kann.[1233] Darüber hinaus werden die Vorschriften des KEL als deontologische (rein ethische) Normen und nicht als Rechtsnormen verstanden. Gegenüber den Rechtsnormen sind sie im Kollisionsfall nachrangig.[1234] Um sie anwenden zu können, müsste man zunächst klären, ob sie nicht im Widerspruch zu den geltenden höherrangigen Rechtsnomen stehen. Dies wird leider in der Literatur nicht getan. Stattdessen wird ohne nähere Begründung vertreten, dass der KEL die gesetzlichen Vorschriften, insbesondere die Regelungen zum Recht auf Sterben in Frieden und Würde gemäß Art. 20 Abs. 2 des Gesetzes über Patientenrechte, ergänzen bzw. inhaltlich ausfüllen oder als deren Auslegungshilfe dienen solle.[1235]

Trotz der sprachlichen und rechtlichen Ungenauigkeiten der vom KEL verwendeten Begrifflichkeiten wird in der Literatur versucht, sie mit Inhalt auszufüllen oder anderweitige Kriterien für die Beschränkung der nach dem Wortlaut des Art. 30 des GAB scheinbar unbedingten ärztlichen Lebenserhaltungspflicht zu finden.

Es wird insbesondere versucht, der Lebenserhaltungspflicht die Zweckmäßigkeit der Lebenserhaltung gegenüberzustellen. Eine Behandlung wird als zwecklos

---

1232 „Persistente Therapie ist die Anwendung medizinischer Verfahren zur Unterstützung von Lebensfunktionen des unheilbar kranken Menschen, die sein Sterben verlängern und mit übermäßigem Leiden oder einer Verletzung der Patientenwürde einhergehen. Die persistente Therapie umfasst nicht Grundpflege, Schmerz- und Beschwerdenlinderung sowie Ernährung und Flüssigkeitszufuhr, sofern sie für den Patienten von Vorteil sind“, vgl. *Bołoz/Krajnik*, Medycyna Paliatywna w Praktyce 2 Nr. 3 (2008), S.77.

1233 Vgl. *Dukiet-Nagórska*, Prawo i Medycyna 2008 Nr. 2, S. 23 f.

1234 Vgl. Verfassungsgericht, Entscheidung vom 17.03.1993, W 16/92.

1235 Vgl. *Gałęska-Śliwka/Śliwka*, Państwo i Prawo 2009 Nr. 11, S. 25; *Karkowska*, Komentarz, Art. 20, Rn. 4.

angesehen, wenn sie das Leben nicht retten kann (also es nicht positiv beeinflussen kann) und nur den Sterbeprozess hinauszögert.[1236] *Zoll* begründet dies damit, dass die Behandlungsbeendigung in diesem Falle keinen Eingriff in das Lebensrecht darstelle, weil das bereits akut gefährdete Leben durch die Behandlungseinstellung nicht weiter gefährdet wird.[1237] Dem kann nicht zugestimmt werden. Jede durch die Behandlungseinstellung verlorene Sekunde Leben gefährdet dieses. Denn das Lebensrecht verpflichtet, den Menschen solange am Leben zu erhalten, bis dies objektiv nicht mehr möglich ist. Kann also das Leben objektiv um zwei Minuten verlängert werden, so stellt dessen Verkürzung um diese zwei Minuten einen Eingriff in das Lebensrecht dar. Dass dieser Eingriff vielleicht unwesentlich ist, bedarf einer Begründung, die sich nicht allein darin erschöpfen kann, dass das Leben unrettbar sei und allein diese „Unrettbarkeit" die Lebensschutzpflichten entfallen lasse. Es gibt Erkrankungen, die unheilbar sind, aber erst in einem oder mehreren Jahren zum Tod führen. Hier ist das Leben auch nicht mehr zu retten. Soll das heißen, dass jemand mit solch einer Erkrankung in der Zeit zwischen ihrem Ausbruch und dem Todeseintritt überhaupt nicht mehr behandelt werden soll? Soll man ihn etwa an unproblematisch behandelbaren Begleiterkrankungen sterben lassen? Abgesehen davon ist die Definition der Zweckmäßigkeit äußerst unklar. Ab wann soll die medizinische Behandlung nicht mehr das Leben, sondern den Sterbeprozess unnötig verlängern? Wann soll das unnötige Hinausschieben des Sterbens beginnen?

Szeroczyńska meint, dass bei Beendigung lebenserhaltender Maßnahmen der Tod dem Arzt nicht zugerechnet werden könne, wenn das Leben ohnehin unrettbar verloren ist und der Arzt den Tod nicht verhindern konnte.[1238] Zwar kann der Arzt den Tod nicht verhindern, aber er kann bewirken, dass das Leben, das noch etwa 2 Minuten verlängerbar ist, um diese 2 Minuten verlängert und nicht verkürzt wird. Dass der Tod auch bei der Lebensverlängerung um diese 2 Minuten eingetreten wäre, spielt eigentlich keine Rolle, da dies ein hypothetischer Kausalverlauf ist. Der Vorwurf, der dem Arzt anzulasten ist, ist, dass er den Tod durch das Untätigbleiben früher herbeigeführt hat, als dies bei der Vornahme der lebenserhaltenden Maßnahmen der Fall gewesen wäre. *Szeroczyńska* meint weiter, dass der wegen Zwecklosigkeit der Behandlung diese unterlassende Arzt nicht vorsätzlich handle, da er sich *lege artis* verhalte.[1239] Dies erscheint als eine sehr grobe

1236 Vgl. *Zoll*, Prawo i Medycyna 2000 Nr. 5, S. 33; *Szeroczyńska*, Medycyna Paliatywna 2013 Nr. 2, S. 33 ff.; *Dukiet-Nagórska*, Prawo i Medycyna 2008, Nr. 2, S. 22 ff.; *Karkowska*, Kilka wstępnych uwag, S. 4; *Ciszewski*, Prawa pacjenta, S. 64; *Safjan*, Eutanazja, S. 258 f.

1237 Vgl. *Zoll*, Odpowiedzialność karna lekarza, S. 12 ff.; *derselbe*, Prawo i Medycyna 2000 Nr. 5: 33 f.

1238 Vgl. *Szeroczyńska*, Medycyna Paliatywna 2013 Nr. 2, S. 33 ff.

1239 Ebenda.

Vereinfachung. Entspräche der Verzicht auf die Lebenserhaltung eines Sterbenden, Appalikers oder Terminalkranken den Regeln der ärztlichen Kunst, bestünde wohl kein Problem der passiven Sterbehilfe. Ob dieses Verhalten *lege artis* ist, ist alles andere als klar und sicher. Selbst wenn man unterstellt, dass es der medizinischen Praxis entspräche, dann ist damit noch nicht gesagt, dass es den verfassungsmäßigen Anforderungen gemäß ist. Sonst würde sich die Medizin Selbstlegitimation verschaffen.

In der Literatur wird ferner angenommen, dass der Behandlungsverzicht zulässig sein müsse, wenn der in der Terminalphase befindliche Patient auf eine persistente (manchmal genannt auch als „vergebliche" oder „übereifrige") Therapie angewiesen ist, um ihn am Leben zu erhalten. Der Begriff der „persistenten Therapie"[1240] wird meistens als Behandlungstherapie verstanden, die zum Ziel hat, die Lebensfunktionen eines unheilbar Kranken aufrechtzuerhalten, wodurch aber das Sterben verlängert wird, verbunden mit erheblichen Leiden und Verletzung der Patientenwürde. Die persistente Therapie umfasst nicht Basispflegeleistungen, Schmerzlinderung und künstliche Ernährung, soweit sie dem Patientenwohl entsprechen.[1241] Die Definition ist alles andere als eindeutig und leicht verständlich. Soweit man sich unter einer unheilbaren Erkrankung noch vorstellen kann, dass es sich hier um Patienten mit geringer Überlebenschance handelt oder um Erkrankungen, die die Lebenserwartung erheblich mindern, ist die „Sterbensverlängerung" unbestimmt. Ist die Behandlung eines Krebspatienten im fortgeschrittenen Stadium schon eine Verlängerung des Sterbens? Selbst wenn man dies bejaht, fällt die Beantwortung dieser Frage bei chronischen Krankheiten wie etwa bei Herz-Kreislauf-Krankheiten nicht leicht. Diese Krankheiten verlaufen nicht gradlinig. Hier muss man stets mit mehr oder weniger unerwarteten Verschlechterungen und Verbesserungen des Gesamtzustandes rechnen.[1242] Die Definition der vergeblichen (übereifrigen) Therapie beantwortet auch nicht die Frage, wie erheblich das durch sie verursachte Leiden des Patienten sein muss, um hier von einem „erheblichen Leiden" sprechen zu können. Bewirkt eine Spritze ein erhebliches Leiden, nur weil sie schmerzt?

Der Begriff der persistenten (vergeblichen, übereifrigen) Therapie wird zuweilen auch mit einer unverhältnismäßigen Behandlungstherapie der Terminalkranken gleichgesetzt, bei denen die gesetzten Behandlungsziele nicht oder kaum erreicht werden können. Dies wird angenommen unter anderem bei fehlenden oder schwer verfügbaren Personal- und Sachmitteln, bei erheblichen Risiken (Schäden), bei erheblichen Behandlungskosten, bei erheblichen Leiden und Unannehmlichkeiten des Patienten.[1243] Hiergegen ist einzuwenden, dass diese Ansicht

---

1240 Polnisch: „uporczywa terapia".

1241 Vgl. *Krajewski*, Czy powinno się mówić, S. 1; *Bołoz/Krajnik*, Medycyna Paliatywna w Praktyce 2 Nr. 3 (2008), S. 77.

1242 Vgl. *Sobański*, Czym jest uporczywa terapia, S. 3 f.

1243 Vgl. *Orłowski*, Zasada proporcjonalności, S. 3 ff.

von Behandlungszielen spricht, ohne zu sagen, was die Ziele der Behandlung sind. Ohne deren Bestimmung kann als eines der Behandlungsziele neben der Heilung auch die Erhaltung oder Verlängerung des bloß biologischen Daseins aufgefasst werden.[1244] Wäre es so, wäre es schwerlich vertretbar, etwa eine auf wenige Sekunden oder Minuten gerichtete Lebenserhaltung als mit den Behandlungszielen unvereinbar und damit als vergeblich anzusehen. Versteht man unter der Unverhältnismäßigkeit der Behandlungstherapie ein Missverhältnis zwischen dem Ziel und den zur Zielerreichung eingesetzten Mitteln, ist fraglich, wann die Relation zwischen dem Ziel und den Mitteln so ins Wanken kommt, dass sie unverhältnismäßig wird. Hierfür ist aber nicht ausreichend zu sagen, dass die Risiken, Kosten, Leiden und Unbequemlichkeiten die Grenze der Erheblichkeit oder gar der Unzumutbarkeit überschreiten müssen. Denn es bleibt in der Schwebe, was noch erheblich oder zumutbar ist und was nicht mehr. Bei fehlenden Personal- und Sachmitteln könnte hingegen keine Unverhältnismäßigkeit angenommen werden, da dies eine objektive Unmöglichkeit begründet. Unter dem Blickwinkel des Gleichheitssatzes erscheint es ferner als bedenklich, nur den Terminalkranken und nicht allen Patienten den Behandlungsanspruch wegen der Unverhältnismäßigkeit zwischen dem Erfolg und den einzusetzenden Mitteln zu versagen. Ferner will diese Ansicht die Entscheidung über die Unverhältnismäßigkeit und die terminale Erkrankung grundsätzlich dem behandelnden Arzt überlassen.[1245] Dies erscheint zweifelhaft. Der Arzt würde die Rechtmäßigkeit seiner Entscheidung und seines Handelns selbst legalisieren.

Eine andere Ansicht versucht, die persistente (vergebliche, übereifrige) Therapie ausschließlich durch objektive statistische Daten zur Effektivität einzelner Heilmaßnahmen zu definieren. Die mangelnde Effektivität einer medizinischen Maßnahme sei hier in zweierlei Hinsicht zu verstehen. Zum einen könne eine Maßnahme wegen geringer Überlebenschancen vergeblich sein. Das sei der Fall, wenn sie keinen physiologischen Erfolg bringen kann, der Tod trotz der Behandlung in allernächster Zukunft oder in wenigen Tagen oder Wochen zu erwarten ist und der Kranke nicht aus dem Krankenhaus entlassen werden kann. Zum anderen könne eine medizinische Versorgung wegen geringer Heilungschancen vergeblich sein. Das sei durch den Vergleich der Chancen auf eine Genesung nach dem Einsatz einer Behandlung und der geschätzten Überlebensdauer nach der Verwendung einer Heilmaßnahme zu ermitteln. Der alleinige Entscheidungsträger solle der Arzt sein.[1246] Gegen diese Ansicht spricht, dass der Begriff der mangelnden Effektivität nicht bestimmt genug ist. Deren Feststellung im konkreten Fall kann erhebliche Schwierigkeiten bereiten. Es lässt sich nicht sagen, wie gering die Heilungs- oder Überlebenschance sein muss, um sie zu bejahen. Reichen 30

1244 Vgl. *Sobański*, Czym jest uporczywa terapia, S. 1.

1245 Vgl. *Orłowski*, Zasada proporcjonalności, S. 4.

1246 Vgl. *Szewczyk*, Bioetyka, S. 305 f.; *Wach*, Etyka Praktyczna 2012 Nr. 3, S. 46 f.

Prozent schon aus oder müssen es unter 20 Prozent sein und warum sollte dies der Fall sein?[1247] Darüber hinaus fragt sich, wie es sich verhalten soll, wenn eine hohe Überlebenschance bei gleichzeitiger geringer Heilungschance vorliegt. Viele vegetativ Kranke können über Jahre hinweg leben. Beim Aufrechterhalten der künstlichen Ernährung stehen ihre Überlebenschancen gut, obwohl die Heilungschance äußerst gering ist, insbesondere dann, wenn sich das apallische Syndrom verfestigt hat.

Eine weitere Literaturmeinung unterscheidet zwischen gewöhnlichen und außergewöhnlichen Mitteln. Die ersteren seien bei den Terminalkranken stets anzuwenden, auf die letzteren dürfe bei ihnen hingegen verzichtet werden. Dementsprechend sei es eine „Pflicht" des Patienten, sich den gewöhnlichen Mitteln stets zu unterziehen und von den außergewöhnlichen abzusehen. Das Verhältnismäßigkeitsprinzip der Medizinleistungen orientiere sich an objektiven und subjektiven Kriterien. Die objektiven beträfen allein Eigenschaften eines Mittels wie etwa seine therapeutische Effektivität, Art und Intensität der Nebenwirkungen, seine Zugänglichkeit und seine Kosten. Die subjektiven Elemente sollen sich auf den Kranken selbst beziehen und folgende Faktoren einbeziehen: das Wertesystem des Patienten, dessen psychologische Widerstandsfähigkeit gegen Schmerz und Angst und die Beschwerlichkeit des Weiterlebens nach der Anwendung des Mittels.[1248] Es gibt auch Stimmen, die in die Einschätzung der Außergewöhnlichkeit der Mittel „die Last der Weiterbehandlung" für die Familie des Vegetativkranken mit einbeziehen wollen.[1249] Ist der Kranke äußerungsunfähig, solle sein Vertreter an seine Stelle treten und „die Last des Weiterlebens" einschätzen.[1250] Die Unterscheidung zwischen gewöhnlichen und außergewöhnlichen Mitteln ist jedoch abzulehnen. Sie beschränkt die Patientenautonomie in einer unzulässigen Weise und übergeht die Individualität des Einzelnen beim Einsatz der gewöhnlichen Mittel. Bei der Anwendung der außergewöhnlichen Maßnahmen lässt sie ihm scheinbar einen Spielraum, verlangt aber tatsächlich von ihm auf sie zu verzichten. Im Einzelfall kann es schwer fallen, festzustellen, was noch gewöhnlich oder schon außergewöhnlich ist.

Es gibt auch eine Meinung, wonach beim unbekannten ausdrücklichen oder individuellen mutmaßlichen Patientenwillen die Zulässigkeit der Hilfe beim Sterben und zum Sterben von der Durchführung eines „objektiven Tests" abhängig

1247 Vgl. *Szewczyk*, Bioetyka, S. 305 f.

1248 Vgl. *Bartoszek*, Hermatologia 3 Nr. 2 (2012), S. 138 ff.; *Mazur*, Medycyna Paliatywna 2013 Nr. 1, S. 8 ff.

1249 Vgl. *Bujny*, Prawa Pacjenta, S. 222.

1250 Vgl. *Gałęska-Śliwka/Śliwka*, Państwo i Prawo 2009 Nr. 11, S. 21; *Szewczyk*, Bioetyka, S. 299 ff., der „die Last des Weiterlebens" für entscheidend bei der Unterscheidung hält.

gemacht werden soll.[1251] Im Rahmen dieses objektiven Tests wird gefragt, was für den Patienten in seinem konkreten Zustand das Beste ist. Es wird weiter eine Abwägung der objektiven Vor- und Nachteile einer Behandlung vorgenommen. Die dabei zu berücksichtigenden Kriterien sind insbesondere: Heilungs- und Besserungswahrscheinlichkeit, Behandlungsalternativen, Risiken und Nebenwirkungen, Beschwerden, die der Patient aufgrund der Behandlung erleidet, die Qualität des zu erhaltenden Lebens, den Grad der Demütigung und der Abhängigkeit und die Einbuße an Menschenwürde.[1252] Diese Auffassung versucht, eine umfassende Abwägung aller Umstände vorzunehmen, die für die Entscheidung über die Behandlungseinstellung oder die Lebenserhaltung von gewisser Bedeutung sind. Das Problem liegt jedoch in der Gewichtung des Abwägungsmaterials. Es wird nicht beantwortet, welches Gewicht welchem Abwägungsumstand beizumessen ist. Können etwa unzumutbare Leidenszustände während der Behandlung, die eine Heilung zu 25 % verspricht, zur Behandlungseinstellung berechtigen?

Einige Autoren schlagen vor, den Begriff der Terminalkrankheit (Krankheit, die innerhalb weniger Wochen oder Monate zum Tod führen wird) auch auf den vegetativen Zustand zu erstrecken. Dafür spreche, dass im Sprachgebrauch der Terminalzustand und der vegetative Zustand gleichgesetzt würden. Der Unterschied zwischen Terminalkranken und Vegetativkranken bestehe in der geschätzten Überlebensdauer. Aus ethischer Sicht sei der Unterschied fließend und nicht wesentlich, weil das Sterben sowie der vegetative Zustand „die Akzeptanz der menschlichen Endlichkeit" erforderten. Auch tatsächliche Umstände sprächen dafür. Die Behandlung beider Arten der Patienten sei zwecklos. Medizin- und Pflegeleistungen seien ähnlich. Die Weiterbehandlung der Patienten stelle uns vor die gleichen moralischen Dilemmata.[1253] Vorgeschlagen wird auch, zwischen dem vegetativen Zustand und dem fortdauernd vegetativen Zustand zu unterscheiden. Bei dem ersteren bestehe eine ziemlich hohe Wahrscheinlichkeit, dass der Kranke das Bewusstsein irgendwann wiedererlangt. Bei dem letzteren grenze dies an einem Wunder. Daher sollten solche Kranke wie Sterbende behandelt werden.[1254] Dieser Ansatz erscheint äußerst problematisch. Fragwürdig ist hier nämlich die Gleichstellung des vegetativen Patienten mit dem Sterbenden oder Terminalkranken. Bei letzterem versagen die Lebensfunktionen und können auch nicht langfristig aufrechterhalten werden. Der Sterbende oder der Terminalkranke nähert

---

1251 Vgl. *Gałęska-Śliwka/Śliwka*, Państwo i Prawo 2009 Nr. 11, S. 28; *Śliwka*, Diametros 22 (2009), S. 235 ff.; *Chańska*, Pacjenci, S. 104 ff.

1252 Vgl. *Gałęska-Śliwka/Śliwka*, Panstwo i Prawo 2009 Nr. 11, S. 30 mit Hinweis auf die Entscheidung: Foody v. Manchester Memorial Hosp., 482 A.2d 713 (1984); *Śliwka* Diametros 22 (2009), S. 240. *Jastrzębski*, Trwały stan wegetatywny, Online-Version.

1253 Vgl. *Świderska*, Zgoda pacjenta, S. 204 f.; *Szewczyk*, Bioetyka, S. 291 f.

1254 Vgl. *Breczko*, Podmiotowość prawna człowieka, S. 404; *Gałęska-Śliwka/Śliwka*, Państwo i Prawo 2009 Nr. 11, S. 31.

sich unweigerlich dem Tode und die Möglichkeit der Rückgängigmachung dieses Sterbevorgangs ist ausgeschlossen. Der chronisch vegetative Patient kann dagegen bei entsprechender künstlicher Ernährung und Körperpflege über Monate oder Jahre künstlich am Leben erhalten werden. Diese Lebenserhaltung belastet ihn wegen der völligen Schmerzunempfindlichkeit in keiner Weise, während jede Lebensverlängerung des sterbenden Patienten mit erheblicher Belastung einhergeht. Daher besteht ein erheblicher faktischer Unterschied zwischen der Lage des Sterbenden und der des vegetativen Patienten. Eine Gleichstellung des sterbenden oder terminalkranken Patienten mit dem Apalliker erscheint unzulässig.

Vertreten wird auch die Meinung, dass das Unterlassen oder der Abbruch der Weiterbehandlung zulässig sei, wenn der Arzt nur noch „ein Lebewesen" vor sich liegen habe, das niemals wieder zum „lebendigen Menschen" werden könne, weil es keine Persönlichkeit mehr habe. Solche Menschen seien den Sterbenden gleichzusetzen.[1255] Hiergegen ist einzuwenden, dass die staatlichen Lebensschutzpflichten nicht danach unterscheiden, ob der Mensch eine Persönlichkeit hat oder nicht. Zum Schutzumfang gehört unstreitig die Aufrechterhaltung der bloß körperlichen Funktionen.[1256] Den gesund zur Welt gekommenen Neugeborenen fehlt auch jegliche Persönlichkeit. Soll das heißen, dass sie ohne weiteres getötet werden dürften? Es ist auch im Hinblick auf den Gleichbehandlungsgrundsatz sehr fragwürdig, warum die Differenzierung wegen eines bestimmten Zustands des Menschen zulässig oder gerechtfertigt sein sollte. Das Menschenleben ist ein Grundwert, der den gleichen Rechtsschutz genießt.[1257] Es ist auch fraglich, aus welchem Grund das Leben eines Menschen ohne „Persönlichkeit" weniger wertvoll oder schützenswert sein sollte als das eines mit dieser Eigenschaft.

2.5.1. Lösungsvorschlag

Auch wenn einige der in der Literatur vorkommenden Ansichten im Ergebnis vertretbar erscheinen, decken sie die maßgebenden Grundlagen nicht auf. Sie lassen die Frage unbeantwortet, warum die Lebenserhaltung zwecklos, vergeblich, unverhältnismäßig oder übereifrig usw. ist und woraus sich dies ergibt. Im Folgenden wird versucht, eine geeignete gesetzliche Grundlage oder gesetzliche Wertung zu finden, auf der eine „einseitige" Behandlungsbeendigung möglich erscheint.

Gemäß Art. 68 der polnischen Verfassung ist der Staat verpflichtet, ein angemessenes öffentliches Krankenversicherungssystem aufzustellen. Daraus ergibt sich eine staatliche Pflicht zum Gesundheits- und zugleich Lebensschutz.[1258] Der

---

1255 Vgl. *Karkowska*, Komentarz, Art. 20, Rn. 4; *Breczko*, Podmiotowość prawna człowieka, S. 406 f.

1256 Vgl. *Różański*, Polski Rocznik Praw Człowieka i Prawa Humanitarnego 6 (2015), S. 259.

1257 Vgl. das Oberste Gericht, Urteil vom 17.02.1989, IV KR 15/89.

1258 Vgl. *Surówka*, Przegląd Prawa Konstytucyjnego 2012 Nr. 3, S. 94 ff.

Gegenstand dieser Pflicht ist nicht die Gewährleistung eines bestimmten Gesundheitszustands, sondern die Sicherstellung der Möglichkeit zur allgemeinen und kostenlosen Heilung und Verhinderung von Krankheiten, Verletzungen und Behinderungen.[1259] Im Bereich der unmittelbaren Lebensgefährdung erlangt die Pflicht zum Gesundheitsschutz eine besondere Bedeutung, da hier die Schutzbereiche des Lebensrechts und der Menschenwürde tangiert werden. Die staatlichen Pflichtleistungen im Bereich der Krankenversicherung umfassen nur ein verfassungsrechtlich notwendiges Minimum. Insbesondere ist der Staat nicht verpflichtet, Zugang zu allen bekannten und weltweit anerkannten Behandlungsleistungen sicherzustellen.[1260] Das Oberste Gericht stellt hierbei in seiner Rechtsprechung auf das Kriterium der Limitierung der notwendigen Leistungen (Leistungsausschlüsse, Beschränkung des Leistungsvolumens, Wartezeiten) und auf das Kriterium der Effektivität (Wirksamkeit) der Behandlungsmethode ab, wobei beide Kriterien durch die demografische Wandlung, die organisatorischen Möglichkeiten, die ethischen Gründe und die finanziellen Möglichkeiten des Staates beeinflusst werden.[1261] Auch wenn sich die Aussage des Obersten Gerichts wohl auf den generellen Zugang zu den Leistungen der Gesundheitsfürsorge bezieht, lässt sie sich auch auf die konkreten Behandlungssituationen übertragen. Denn die allgemein notwendige oder effektive Gesundheitsleistung kann im konkreten Fall, aus welchem Grunde auch immer, nicht notwendig oder effektiv sein. Eine generell wirksame und damit wirtschaftliche Behandlung bleibt wegen ihrer Unwirksamkeit im Einzelfall unwirtschaftlich. Für die Anwendung einer medizinischen Behandlung spielt also die entscheidende Rolle, ob diese die gesetzlich definierten Zielsetzungen der Gesundheitsvorsorge nicht nur generell, sondern vor allem im konkreten Einzelfall erfüllen kann. Es kommt nicht darauf an, ob der Patient generell wirksamen Leistungen erhält, sondern darauf, ob diese generell wirksame Leistungen bei dem Patienten tatsächlich wirksam sind und sie die gesetzlich definierten Behandlungsziele tatsächlich erreichen können. Es mag nicht darum gehen, dass alle Patienten gleich viel an medizinischen Leistungen erhalten, sondern darum, dass alle gleiche Chancen haben, das Behandlungsziel (etwa Heilung, Verhinderung von Verschlimmerungen usw.) zu erreichen, insbesondere dann, wenn existenzielle Interessen des Einzelnen betroffen sind, etwa bei tödlich verlaufenden Erkrankungen. Eine andere Perspektive würde dazu führen, dass der Einsatz der generell wirksamen Gesundheitsleistungen nur von einem isolierten Krankheitsbild bzw. Gesundheitszustand abhängen würde ohne Bezug auf die konkreten Bedürfnisse des Patienten. Dies hätte zweierlei zur Folge: zum einen würden die Gesundheitsleistungen unter

---

1259 Vgl. Verfassungsgericht, Urteil vom 23.03.1999, K. 2/98; Urteil vom 07.01.2004, K 14/03.

1260 Vgl. Verfassungsgericht, Urteil vom 07.01.2004, K 14/03.

1261 Vgl. das Oberste Gericht, Entscheidung vom 09.06.2005, III CK 626/04.

Umständen unnütz erbracht und zum anderen blieben die Folgen ihres konkreten Einsatzes außer Betracht, wie Nebenwirkungen, Risiken usw.

Laut dem Gesetz über die aus öffentlichen Mitteln finanzierten Leistungen der Gesundheitsfürsorge[1262], insbesondere Art. 5 Nr. 40 und Art. 15, sind Leistungen der Gesundheitsfürsorge diejenigen, die der Krankheitsvorbeugung, Lebenserhaltung, -rettung, Wiederherstellung und Gesundheitsverbesserung dienen. Fraglich ist, ob diese Ziele erreicht werden können, wenn das Leben nur minimal, etwa um Sekunden oder Minuten verlängert werden kann. Unter Zugrundelegung dieser gesetzlichen Definition müsste die Antwort eigentlich klar sein: ja. Dies entspricht jedoch nicht den finanziellen Interessen der staatlich geförderten Gesundheitsfürsorge.[1263] Denn die Leistungen werden dort eingesetzt, wo sie unwirtschaftlich erscheinen, da der finanzielle Aufwand (Kosten der intensivmedizinischen Behandlung) außer Verhältnis zu dem beabsichtigten Erfolg (ein paar Sekunden Überleben) steht. Es werden hohe Finanzmittel aufgewendet, um ein nicht überzeugendes Ergebnis zu erzielen. Der Gedanke der Wirtschaftlichkeit der öffentlichen Mittel ist dem Gesetz nicht fremd. Er zieht sich vielmehr wie ein roter Faden durch das Gesetz. Das Gesetz unterscheidet zwischen garantierten Leistungen (also solchen, die für den Betroffenen kostenlos sind und aus öffentlichen Mitteln finanziert werden) und nicht garantierten Leistungen (sie unterliegen dem gesetzlichen Leistungsausschluss und können privat „zugekauft" werden). Ferner werden die garantierten Leistungen durch die für ihre Erbringung im Voraus bestimmten Grenzen der Budgetierung nach oben limitiert, verbunden mit Wartelisten, damit die festgelegten Finanzierungsgrenzen nicht überschritten werden. Wie es scheint, wird dabei in Kauf genommen, dass durch die Wartelisten sich der Zustand des Patienten in der Zeit, bis er „dran ist", so verschlechtert, dass er zwischenzeitlich stirbt oder die begehrte Leistung nicht mehr in dem Umfang oder in der Art benötigt, wie dies ohne „Warteschlange" der Fall gewesen wäre. Durch diese zeitliche Beschränkung wird allem Anschein nach der Umfang der notwendigen Behandlungsleistungen in der „Makro-Sicht" reduziert. Mit anderen Worten: es wird an medizinischen Ressourcen gespart. Das Kosten-Nutzen-Verhältnis ist im Übrigen gemäß Art. 31a des Gesetzes über die aus öffentlichen Mitteln finanzierten Leistungen der Gesundheitsfürsorge eines der Kriterien, die bei der Bestimmung, ob eine medizinische Maßnahme zu den garantierten Gesundheitsleistungen gehört, zu

---

1262 Ustawa o świadczeniach opieki zdrowotnej finansowanych ze środków publicznych.

1263 Art. 68 der polnischen Verfassung ist ein sogenanntes Sozialrecht. Es begründet Ansprüche auf Vornahme bestimmter Handlungen, die nicht darin bestehen, Schutz vor rechtswidrigen Eingriffen durch den Staat oder Dritte zu gewähren. Sozialrechte sind von den finanziellen Möglichkeiten des Staates abhängig, vgl. *Surówka*, Przegląd Prawa Konstytucyjnego 2012 Nr. 3, S. 93 f.

berücksichtigen ist. Daran wird ersichtlich, dass der polnische Gesetzgeber rechtlich zulässt, beim Schutz des Lebens und der Gesundheit auch Kostenüberlegungen anzustellen.

Diese Reglementierung und Limitierung der Leistungen wird in der Rechtsprechung des polnischen Verfassungsgerichts und auch in der Literatur damit begründet, dass aufgrund der beschränkten finanziellen Mittel ein gerechter Ausgleich zwischen der menschlichen Solidarität im Krankheitsfall und der Leistungsfähigkeit des Krankenversicherungssystems und damit dem „Wohl" der Versichertengemeinschaft hergestellt werden müsse.[1264] Bei Behandlungsmethoden, die die Lebenserhaltung nur unwesentlich beeinflussen, müsse beachtet werden, dass es finanziell nicht möglich sei, die Lebensverlängerung um jeden Preis zu betreiben.[1265] Daraus lässt sich entnehmen, dass die Erbringung der Gesundheitsleistungen auch die wirtschaftlichen Faktoren mit berücksichtigen muss. Es ist also stets eine Kosten-Nutzen-Analyse anzustellen, die die tatsächliche Wirksamkeit der medizinischen Leistung im Einzelfall im Verhältnis zum Gesamtaufwand untersucht. Der Nutzen steht dann außer Verhältnis zu den Kosten, wenn die gesetzlich festgelegten Behandlungsziele, insbesondere hier von Bedeutung: die Lebensverlängerung bzw. Lebenserhaltung nicht oder nur unwesentlich erreicht werden können.

Ferner ist hierbei zu berücksichtigen, dass der Patient gemäß Art. 20 Abs. 2 GPR und Art. 19 Abs. 1 des Gesetzes über Einrichtungen der Gesundheitsfürsorge[1266] ein Recht auf Sterben in Frieden und Würde hat. Dieses Recht ist gesetzlich nicht näher bestimmt. In der Literatur geht man davon aus, dass sein personeller Anwendungsbereich sich auf „Sterbende" im Sinne von Terminalkranken bezieht und sein sachlicher Anwendungsbereich Schmerzlinderung und Verbesserung der Lebensqualität am Lebensende umfasst.[1267] Es wird unmittelbar aus dem Lebensrecht und der Menschenwürde hergeleitet. Hierfür wird angeführt, dass die Terminalphase und das Sterben Aspekte der menschlichen Existenz seien, wodurch sie dem Lebensrecht zuzuordnen sind.[1268] Für dieses Verständnis des Rechts auf Sterben in Frieden und Würde findet man eine Stütze in der Rechtsprechung des Verfassungsgerichts. Nach dieser Rechtsprechung[1269] ist zwischen dem Lebensrecht im negativen Sinne als Abwehrrecht und dem Lebensrecht im positiven Sinne,

---

1264 Vgl. Verfassungsgericht, Urteil vom 07.01.2004, K 14/03; *Jarosz-Żukowska*, Prawo do ochrony zdrowia, S. 685 f.

1265 Vgl. *Orołwski*, Zasada proporcjonalności, S. 4.

1266 Ustawa o zakładach opieki zdrowotnej.

1267 Vgl. *Jacek/Ożóg*, Hygeia Public Health 2012 Nr. 3, S. 268.

1268 Vgl. *Karkowska*, Komentarz, Art. 20, Rn. 4; *Szewczyk*, Etyka, S. 71.

1269 Vgl. Verfassungsgericht, Entscheidung vom 28.05.1997, K 26/96; Urteil vom 30.09.2008, K 44/07; für das objektive Verständnis des Rechts auf Sterben in Frieden und Würde: *Machinek*, Rezygnacja z terapii uporczywej, S. 5.

welches aufseiten des Staates Schutzpflichten begründet, zu unterscheiden.[1270] Die positiven staatlichen Lebensschutzpflichten erschöpfen sich nach Auffassung des Verfassungsgerichts nicht nur in der Gewährleistung der zur Existenz notwendigen biologischen Funktionen, sondern sie verpflichten den Staat auch dazu, die psychophysische Verfassung des Einzelnen zu schützen. Da das Recht auf Sterben in Frieden und Würde die Lebensqualität am Lebensende und die Qualität des Sterbens sicherzustellen beabsichtigt, ist es vertretbar, dieses Recht als einen Gesichtspunkt zu verstehen, der bei der Bestimmung der positiven staatlichen Lebensschutzpflichten zu berücksichtigen ist. Denn sowohl die Schmerzlinderung als auch die Verbesserung der Lebensqualität am Lebensende betreffen die Sicherstellung der erträglichen physisch-psychischen Existenz. Daraus ergibt sich, dass der Staat ein angemessenes Verhältnis zwischen dem psychophysischen und dem rein körperlichen Dasein herstellen muss. Der positive (objektive) Lebensschutz hat in Polen damit auch die sogenannte psychophysische Gesundheit zu beachten. Unter diesem Blickwinkel ist der Staat verpflichtet, den Patienten vor besonders belastenden Behandlungsmethoden, die ihm erhebliche Schmerzen zufügen und seine Lebensqualität erheblich mindern, zu schützen. Der Schutz kann dann im Ausschluss des Anspruchs auf eine entsprechende, besonders belastende Behandlung bestehen. Vor diesem Hintergrund gebietet der positive Lebensschutz und der mit ihm nach der Rechtsprechung des Verfassungsgerichts eng verbundene Schutz der psychophysischen Gesundheit, auf den Schutz der bloß biologischen Existenz zu verzichten, wenn der Patient einer Behandlung unterzogen wird, die sehr belastend ist, den Terminalzustand des Patienten nicht (dauerhaft) beheben kann und ihn bis zum Tode begleiten wird.

Ferner zeigt das Recht auf Sterben in Frieden und Würde, dass nicht nur das Leben, sondern auch das Sterben schützenswert ist und dass dieses Recht faktisch auch unter Umständen gegen das Lebensrecht geschützt werden muss. Das heißt, dass die auf die Lebensverlängerung abzielenden Aktivitäten trotz der tatsächlichen Möglichkeit zur weiteren Lebenserhaltung ab einem bestimmten Zeitpunkt aufhören müssen, und zwar dort, wo die Lebensverlängerung das Sterben in Frieden und Würde konkret zu gefährden droht. Anderenfalls könnte der Lebensschutz mit Hilfe der „grausamen" intensivmedizinischen Technik auf Kosten der Patientenwürde durchgesetzt werden, obwohl das Recht auf Sterben in Frieden

1270 Diese Unterscheidung zwischen dem „negativen" und „positiven" Lebensrecht kann man mit dem vom Bundesverfassungsgericht entwickelten Doppelcharakter der Grundrechte, wonach jedes Grundrecht einen subjektiven Gewährleistungsgehalt (grundsätzlich Schutz des Einzelnen vor Eingriffen der öffentlichen Gewalt und Dritter) und einen objektiven Gewährleistungsgehalt (im Prinzip Schutz der grundgesetzlichen Wertordnung ggf. auch durch Eingriff in Rechtspositionen Dritter oder des Rechtsgutsträgers selbst, z.B.: Schutz des Lebensrechts des ungeborenen Kindes durch Eingriff in die Rechte der Kindesmutter) hat.

und Würde gerade vor der unnötigen Sterbehinausschiebung schützen will.[1271] Daher können der Lebensschutz und das Recht auf Sterben in Frieden und Würde in ein Spannungsverhältnis treten, insbesondere dann, wenn der Patient tödlich erkrankt ist. Einerseits gebietet der Lebensschutz alles zu unternehmen, was zur Lebenserhaltung notwendig und möglich ist und mit allen Mitteln um jede minimale Lebensverlängerung zu kämpfen. Andererseits verlangt das Recht auf Sterben in Frieden und Würde auf alles zu verzichten, was „unnötig" das Sterben verlangsamt. Das Spannungsverhältnis zwischen den beiden Rechtsgütern kann nur zugunsten eines von ihnen aufgelöst werden. Wird am Lebensende dem Lebensschutz Vorrang eingeräumt, so wird faktisch das Recht auf Sterben in Frieden und Würde ausgeschlossen. Lässt man hingegen das Recht auf Sterben in Frieden und Würde vorgehen, so wird das Lebensrecht vernichtet, da der Patient stirbt. Um einen gerechten Ausgleich zwischen den beiden Rechtsgütern herzustellen, muss beachtet werden, dass wegen besonders hoher Bedeutung des Rechts auf Leben dieses nicht allzu schnell und allzu früh zugunsten des Rechts auf Sterben in Frieden und Würde aufgegeben werden darf. Das Recht auf Sterben in Frieden und Würde darf allerdings nicht faktisch ausgehöhlt werden, indem es nur dann Berücksichtigung findet, wenn kein Mittel mehr verfügbar ist, das das Leben irgendwie verlängern kann. Das Verhältnis der beiden Rechtsgüter ist graduell zu beurteilen. Je wahrscheinlicher, dass der Sterbeprozess einsetzt, umso gewichtiger wird der Schutz vor Sterbensverzögerung einerseits und umso schwächer wird der Schutz des Lebens andererseits. Nur so kann das Recht auf Sterben in Frieden und Würde ein Übergewicht gegenüber dem Lebensrecht erlangen, um zu verhindern, dass der Arzt zur Lebenserhaltung alle möglichen und verfügbaren Behandlungsmethoden und sogar besonders schmerzhafte und „folterähnliche" medizinische Maßnahmen einsetzen müsste. Dass das Sterben vor der Lebensverlängerung geschützt werden muss, entspricht der Intuition vieler Literaturvertreter[1272] und dem Inhalt der deontologischen Norm des Art. 32 KEL, wonach der Arzt nicht verpflichtet ist, bei terminalkranken Patienten eine persistente Therapie sowie außergewöhnliche Mittel anzuwenden.

Die Notwendigkeit des Schutzes des Sterbens wird insbesondere beim Beginn des Sterbeprozesses deutlich, worauf schon das in Art. 20 Abs. 2 GPR verbriefte Recht auf Sterben in Frieden und Würde hinweist. Bereits seinem Wortlaut nach erlangt es besondere Bedeutung mit dem Beginn des Sterbeprozesses. Dieser beginnt mit dem unumkehrbaren Versagen der vitalen Funktionen und der Lebensprozesse und nimmt einige Zeit in Anspruch.[1273] Der Tod kann hier nicht abgewendet werden. Er kann nur verlangsamt oder hinausgeschoben werden.

1271 Vgl. *Karkowska*, Komentarz, Art. 20, Rn. 4.

1272 Vgl. *Zoll*, Prawo i Medycyna 2000 Nr. 5, S. 31 f.; *derselbe*, Komentarz, Art. 150, Ziff. 9; *Karkowska*, Komentarz, Art. 20, Rn. 4; *Nesterowicz*, Prawo medyczne, S. 262.

1273 Vgl. *Karkowska*, Kilka wstępnych uwag, S. 2.

Abgesehen davon, dass das Hinauszögern des Todes für den bereits Sterbenden besonders belastend ist und ihm eigentlich keinen Nutzen bringt[1274], ist dieses unwirtschaftlich, da der Kampf ums Leben von vornherein verloren ist. Der Tod wird auch unter Einsatz aller verfügbaren Mittel mit hoher Wahrscheinlichkeit ohnehin innerhalb weniger Stunden oder Tage eintreten. Der Einsatz kostenintensiver und besonders invasiver medizinischer Maßnahmen kann aufgrund des weit fortgeschrittenen Stadiums der Erkrankung mit äußerst wenig Aussicht auf Erfolg den Krankheitsverlauf verhindern.[1275] Verzichtbar sind zum Schutze des friedlichen und würdigen Sterbens vor der mit der Lebensverlängerung einhergehenden Belastung und wegen der mit der Lebenserhaltung geringen erreichbaren Lebenszeitspanne alle Maßnahmen, die auf eine Lebensverlängerung gerichtet sind, auch die so genannte Basisversorgung.[1276] Der Behandlungsanspruch des Sterbenden beschränkt sich daher grundsätzlich nur auf Linderung der Beschwerden und der Begleitumstände der Krankheit.

Das Überwiegen des Rechts auf Sterben in Frieden und Würde gegenüber dem Lebensschutz kann weiter beim Terminalzustand angenommen werden, da der Beginn des Sterbeprozesses selten punktgenau bestimmt werden kann[1277] und deswegen manipulierbar ist. Der Begriff des Terminalzustands wird in der Literatur auf Patienten bezogen, die einerseits unheilbar erkrankt sind, bei denen also die Möglichkeiten zur realen Heilung oder Verhinderung der Erkrankung nicht bestehen oder entsprechende Behandlungsmethoden fehlen und dessen Zustand sich ständig verschlechtert, und die andererseits unvermeidlich in kurzer und absehbarer Zeit sterben werden.[1278] Hier muss man berücksichtigen, dass die Krankheiten unterschiedlich verlaufen können. Der Krankheitsverlauf kann progressiv sein, so dass der Gesundheitszustand sich über einen gewissen Zeitraum ständig verschlechtert. Die Krankheitssymptome können im Krankheitsverlauf zunehmen und nachlassen, bevor sie zum Tod führen. Versteht man aber die Terminalphase als die letzte, dem Tod unmittelbar vorangehende Lebensphase mit infauster Krankheitsprognose, die wenige Monate oder Wochen umfasst und bei der die Krankheitssymptome zunehmen, weitere Symptome entstehen und der Gesamtzustand sich

---

1274 Siehe oben 1.5.1.

1275 Vgl. *Kowalczyk*, Państwo i Społeczeństwo 2012 Nr. 2, S. 76 f.

1276 Es wird teilweise vertreten, dass die Basisversorgung nicht verzichtbar sei (vgl. *Bujny*, Prawa pacjenta, S. 222). Dagegen spricht, dass dies eine erhebliche Einschränkung des Selbstbestimmungsrechts darstellt und dass die Basisversorgung im Einzelfall das friedliche und schmerzlose Sterben erheblich behindert (siehe oben 1.5.1).

1277 Vgl. *Różański*, Polski Rocznik Praw Człowieka i Prawa Humanitarnego 6 (2015), S. 264.

1278 Vgl. *Krajewski*, Czy powinno się mówić, S. 2; *Orłowski*, Zasada proporcjonalności, S. 1; *Karkowska*, Komentarz, Art. 20, Rn. 4.

ständig verschlechtert[1279], dann erscheint die Weiterbehandlung mit vollem Medizineinsatz ebenfalls unwirtschaftlich, da der Krankheitsverlauf und der bereits beginnende Sterbeprozess nicht mehr verhindert werden können. Da das Recht auf Sterben in Frieden und Würde in seinem personellen Anwendungsbereich nicht nur Sterbende, sondern auch Terminalkranke umfasst, gefährdet jede Lebensverlängerung in der Terminalphase dieses Recht konkret und gegenwärtig, soweit es wahrscheinlicher ist, dass der Tod innerhalb weniger Wochen oder Monate auch beim Einsatz aller verfügbaren Mitteln zur Lebenserhaltung eintreten wird als dass der Todeseintritt in dieser Zeit ausbleibt.

In der Literatur wird vertreten, dass zur einseitigen Behandlungseinstellung der Eintritt des irreversiblen apallischen Syndroms berechtigen sollte.[1280] Ist aber das Syndrom irreversibel, so ist die medizinische Behandlung solcher Patienten für sie nicht als besonders (unzumutbar) belastend anzusehen, da die Behandlungstherapien sich in diesem Falle meistens nur auf die künstliche Ernährung und die Körperpflege beschränken.[1281] Damit scheidet ein Rückgriff auf das Recht auf Sterben in Frieden und Würde unter dem Gesichtspunt der geringen Lebensqualität aus. Es lässt sich hier wohl auch nicht damit argumentieren, dass die Anwendung der Behandlungstherapien in diesem Fall die Ziele der öffentlichen Gesundheitsfürsorge verfehlt. Zu den im Gesetz über die aus den öffentlichen Mitteln finanzierten Leistungen der Gesundheitsfürsorge gehören gemäß Art. 5 Nr. 40 alle garantierten Leistungen, die der Krankheitsvorbeugung, Lebenserhaltung, -rettung, Wiederherstellung und Gesundheitsverbesserung dienen. Die Behandlung der Appaliker dient zwar nicht der Heilung oder der Verbesserung des Gesamtzustandes, sie verlängert jedoch deren Leben. Die künstliche Ernährung und die Körperpflege sind damit für die Lebenserhaltung objektiv notwendig und sie verlängern das Leben des Appalikers in der Regel um 2 bis 5 Jahre, in einigen Fällen sogar noch viel länger[1282]. Ohne sie wird der Apalliker innerhalb von ein paar Tagen oder Wochen sterben.

Vor dem Hintergrund, dass der Apalliker über viele Jahre hinweg behandlungsbedürftig ist, kann man auf das Verhältnis zwischen den Behandlungskosten und dem tatsächlichen Behandlungsnutzen abstellen. Die für die Lebenserhaltung notwendige künstliche Ernährung und auch die Körperpflege lassen den Apalliker zwar am Leben. Er ist aber schmerzunempfindlich und ein Hungertod kann ihn nicht erheblich belasten. Die künstliche Ernährung ist an sich grundsätzlich kostspielig. Deshalb ist hier fraglich, ob der finanzielle Aufwand, der über viele Jahre hinweg geleistet werden muss, noch in einem angemessenen Verhältnis zum medizinischen Nutzen steht. Wenn man bedenkt, dass die künstliche Ernährung

1279 Vgl. Definitionen der Deutschen Gesellschaft für Palliativmedizin, S. 7.

1280 Siehe oben 2.5.

1281 Siehe oben 1.5.2.

1282 Siehe oben 1.5.2.

sowohl generell als auch im Einzelfall wirksam ist, dann können die ökonomischen Überlegungen nicht allein ausschlaggebend sein. Denn bereits die Zuordnung der künstlichen Ernährung zu den garantierten Leistungen[1283] legt nahe, dass der Gesetzgeber diese medizinische Maßnahme gemäß Art. 31a ff. des Gesetzes über Einrichtungen der Gesundheitsfürsorge (welche Kriterien zur Einstufung einer Gesundheitsleistung als garantiert aufstellen) als generell wirksam und als verhältnismäßig zu dem finanziellen Aufwand bewertet hat. Es greift hier auch nicht das Recht auf Ermöglichung des Sterbens in Frieden und Würde ein, da sich die Apalliker nicht in der Sterbe- oder Terminalphase befinden. Die medizinische Behandlung verschlechtert weder die Lebensqualität (wie dies bei den Sterbenden der Fall ist) noch kann sie nur eine unwesentliche Lebenszeitspanne (wie bei den Terminalkranken) bewirken.

Möglich erscheint, wegen knapper finanzieller Mittel im Gesundheitswesen den Apallikern den Behandlungsanspruch zu versagen, etwa deswegen, weil die Lebenserhaltung zwar deren Lebensdauer beeinflusst, die Lebensqualität allerdings nicht verbessert. Mit der Feststellung der Irreversibilität des apallischen Syndroms geht jegliche Lebensqualität (und damit der Schutz der psychophysischen Gesundheit) verloren, da der irreversible Apalliker weder wahrnehmungsfähig noch schmerzempfindlich noch sich selber bewusst ist. Zur Feststellung und Bewertung der Verhältnismäßigkeit zwischen der mit der Behandlung erreichbaren Lebensdauer und Lebensqualität und den damit verbundenen Kosten wird in einigen Ländern das Konzept qualitätskorrigierter Lebensjahre („quality-adjusted life years", sog. QALY) angewendet. Durch die Verknüpfung der Lebenserwartung mit der Lebensqualität wird Aufschluss über die Kosten der medizinischen Behandlung pro jedes qualitätskorrigiertes Lebensjahr gegeben. Sobald die Kosten zu hoch sind, wird auf die Behandlung verzichtet. Gegen diese Methode werden allerdings erhebliche Einwände erhoben.[1284] Zum einen sind die Bewertungskriterien unscharf, so dass in vergleichbaren Fällen unterschiedliche Ergebnisse erzielt werden. Vor allem ist die Bemessung der Lebensqualität im Vergleich zur Lebensdauer (also welchen Wert hat für mich Lebenszeit unter geminderter Lebensqualität und auf wie viele Lebensjahre könnte ich verzichten, um die volle Lebensqualität zu genießen) nur bedingt und nur anhand persönlicher Präferenzen des konkreten Patienten messbar. Es besteht damit die Gefahr, dass dem Patienten fremde Anschauungen untergeschoben werden. Zum anderen führen alle QALY-Konzepte dazu, dass der Gesundheitszustand von schwer kranken oder behinderten oder alten Patienten in

---

1283 Vgl. Verordnung des Gesundheitsministers vom 22.11.2013 über garantierte Gesundheitsleistungen im Bereich der Krankenhausbehandlung (Rozporządzenie Ministra Zdrowia z dnia 22 listopada 2013 r. w sprawie świadczeń gwarantowanych z zakresu leczenia szpitalnego).

1284 Vgl. *Koch/Gerber*, QALYs, S. 32 ff.; *Breyer/Zweifel/Kifmann*, Gesundheitsökonomik, S. 29 ff.; *Jehle/Czeschik/Freund/Wellnhofer*, Medizinische Informatik, S. 85 ff.

der Regel schlechter bewertet wird als der aller anderen Patienten, da die Lebenserwartung von schwer kranken, behinderten und alten Menschen in der Regel geringer ist, wenn nicht viel geringer, insbesondere im Vergleich zu jungen Patienten. Dies läuft auf eine Diskriminierung wegen des Alters, der Behinderung und des Gesundheitszustandes hinaus. Eine bestimmte Patientengruppe wird aus Gründen benachteiligt, die ihrer Beeinflussungsmacht entzogen sind. Die unterschiedliche Behandlung wirkt sich insbesondere auf den Umfang des Lebensschutzes aus. Den alten, behinderten oder schwerstkranken Menschen wird weniger an Gesundheitsleistungen gewährt als den jungen Menschen. Gerade Art. 68 Abs. 2 der polnischen Verfassung besagt, dass jedem Bürger ein gleichberechtigter Zugang zu den öffentlich finanzierten Gesundheitsleistungen zusteht. Ferner wird in Abs. 3 des Art. 68 davon gesprochen, dass der Staat dazu verpflichtet ist, den Kindern, den schwangeren Frauen, den Menschen mit Behinderung und den älteren Menschen eine besondere Gesundheitsfürsorge zu gewährleisten. Dies lässt darauf schließen, dass die polnische Verfassung gebietet, das Leben und die Gesundheit dieser Personengruppen durch gewisse Vorteilsgewährung zu schützen und in gewisser Hinsicht gegenüber anderen Personengruppen zu begünstigen.[1285]

2.5.2. Entscheidungsträger

Die für die Entscheidung über die Behandlungseinstellung befugte Person ist grundsätzlich der gesetzliche Vertreter des Patienten oder sein Patientenvertreter.[1286] Bei dem einseitigen Behandlungsabbruch ist aber zu berücksichtigen, dass der Arzt zunächst prüfen muss, ob die medizinische Maßnahme medizinisch angezeigt ist und wie sie sich auf den Patientengesamtzustand auswirkt. Der Arzt hat also festzustellen, ob überhaupt ein Behandlungsanspruch des Patienten besteht. Besteht er nicht, kann es grundsätzlich zur einseitigen Behandlungseinstellung kommen. Je wahrscheinlicher das Vorliegen der Voraussetzungen für die Behandlungseinstellung ist, umso geringere Anforderungen sind an die Pflicht zur Lebenserhaltung zu stellen. Im Zweifel soll die Lebenserhaltung vorgehen, da das Lebensrecht grundsätzlich viel wertvoller ist als die Finanzinteressen des Staates und das Recht auf Sterben in Frieden und Würde. Insofern hat der Arzt den gesetzlichen Vertreter oder den Patientenvertreter hierüber zu informieren. Danach hat der Vertreter zu entscheiden, ob er mit den ärztlichen Feststellungen einverstanden ist. Ist er dies, so kann die einseitige Behandlungseinstellung durchgeführt werden. Ist er nicht einverstanden, so hat er gemäß Art. 31 f. GPR die Möglichkeit, Einspruch gegen die ärztlichen Feststellungen einzulegen. Er kann auch erklären, die Kosten der an sich nicht indizierten medizinischen Behandlung privat tragen zu wollen. An diese Entscheidung ist der Arzt eigentlich gebunden. Will er sie durchbrechen, kann er das Betreuungsgericht anrufen, wenn er der Meinung ist,

---

1285 Vgl. *Jarosz-Żukowska*, Prawo do ochrony zdrowia, S. 677 f.

1286 Siehe oben 2.4 ff.

dass die Weiterbehandlung die Interessen des Patienten (sein Recht auf Sterben in Frieden und Würde) oder die staatlichen Finanzinteressen verletzt.

2.5. Behandlungsbeendigung ohne oder gegen den Willen des Betroffenen

Eine Behandlungsbeendigung ohne oder gegen den ausdrücklichen oder mutmaßlichen Patientenwillen ist grundsätzlich eine Tötung durch Unterlassen. Wie unter 2.5.1 gezeigt, muss die Lebensverlängerung eine Grenze haben und der Wille des Patienten kann ab Erreichung dieser Grenze nicht mehr entscheidend sein. Die Grenze der Lebenserhaltungspflichten wird insbesondere bei Sterbenden und Terminalkranken gezogen. Beharrt der Patient darauf, ihm medizinische Leistungen zukommen zu lassen, obwohl er terminal krank ist oder bereits im Sterben liegt, so stellt sich die Frage, ob der Arzt daran gebunden ist. Gleiches gilt für den Fall, dass der nunmehr bewusstlose Patient vor dem Bewusstseinsverlust ausdrücklich oder durch eine Patientenverfügung für diesen Fall eine unbedingte Lebenserhaltung gefordert hat. Nach der überwiegenden Literaturmeinung sind solche Patientenanordnungen für den Arzt nicht bindend. Begründet wird dies damit, dass der Patient keinen Anspruch auf bestimmte Behandlungsmethoden habe, insbesondere keinen Anspruch auf Anwendung persistenter Therapien[1287]. Den Behandlungsumfang konkretisiere vielmehr der Arzt. Dabei habe er nur die notwendigen, zweckmäßigen und dem Stand der Medizin entsprechenden Behandlungen anzuordnen. Bei den Sterbenden, Apallikern oder Terminalkranken seien diese Voraussetzungen zu verneinen. Entscheidend seien daher nicht der Patientenwille, sondern allein die medizinischen Gesichtspunkte.[1288]

Nimmt man an, dass die staatlichen Lebensschutzpflichten im Krankheitsfall durch die finanziellen Mittel einerseits und durch das Recht auf Sterben in Frieden und Würde andererseits beschränkbar sind.[1289] dann kann das dem Patienten zustehende Recht zur Selbstbestimmung (die Patientenautonomie) keine Rolle spielen, soweit dem Patienten kein Behandlungsanspruch zusteht. Nach der Konzeption des GAB und GPR ist der Patientenwille nur dann berücksichtigungsfähig, wenn der Patient einen Anspruch auf Behandlung hat. Besteht aber kein gesetzlich garantierter Behandlungsanspruch, wie dies bei den Sterbenden oder unter Umständen bei Terminalkranken der Fall ist,[1290] so kann der Patient von seiner Patientenautonomie keinen Gebrauch mehr machen. Sein Wille ist dann

---

1287 Siehe oben 2.5.

1288 Vgl. *Szeroczyńska*, Medycyna Paliatywna 2013 Nr. 2, S. 34; *Karkowska*, Komentarz, Art. 20, Rn. 4; *Świderska*, Zgoda pacjenta na zabieg medyczny, S. 205 f.; *Gałęska-Śliwka/Śliwka*, Państwo i Prawo 2009 Nr. 11, S. 26, 31.

1289 Siehe oben 2.5.1.

1290 Siehe oben 2.5.1.

grundsätzlich unbeachtlich, es sei denn, er entscheidet sich dafür, die gewünschte Behandlung privat zu bezahlen. Dagegen lässt sich nicht einwenden, dass der Tod in Frieden und Würde eine individuelle Angelegenheit sei, weswegen ein fremdbestimmter Tod ausgeschlossen werden müsse. Das Gesundheitssystem verfügt über beschränkte finanzielle Mittel, die es nicht erlauben, dass der Patient seine eigenen „Gesundheitsvorstellungen" auf Kosten des Krankenversicherungssystems verwirklicht und dass ihm eine von ihm gewünschte Behandlung gewährt wird, auch wenn sie ihm keinen Nutzen bringen kann.

3. Rechtsvergleich

Die in Deutschland und in Polen vertretenen Meinungen zur Straffreiheit der passiven Sterbehilfe lassen den Grundkonsens erkennen, dass die passive Sterbehilfe unter gewissen Voraussetzungen zulässig sein sollte und bestimmte Handlungen, die sich nach ihrem äußeren Bild als Tötung darstellen, der Strafbarkeit wegen dieses Deliktes entzogen werden sollten. Beide Rechtsordnungen versuchen, teilweise auf unterschiedlichen Wegen, die Lebensschutzpflichten einzuschränken.

Sowohl in Deutschland als auch in Polen wird die passive Sterbehilfe für straflos gehalten, soweit das auf die Beendigung einer medizinischen Behandlung gerichtete Verhalten sich strafrechtlich als ein Unterlassen darstellt. Ist dieses Verhalten mit einem aktiven Tun verknüpft, wird es nach überwiegender Auffassung in Deutschland ebenso als straffreie passive Sterbehilfe angesehen. Der so genannte aktive Behandlungsabbruch wird dann entweder einem Unterlassen gleichgestellt und als solcher strafrechtlich behandelt oder man verzichtet seit der Entscheidung des Bundesgerichtshofes im Fall Putz gänzlich auf die Unterscheidung zwischen passiver und aktiver Verhaltensweise bei der Sterbehilfe.[1291] In Polen ist die Frage offen. Die in der Literatur vertretenen Auffassungen reichen von der Qualifizierung als aktive Sterbehilfe bis zur Gleichstellung mit einem Unterlassen. Aus diesem Grunde ist es im polnischen Recht unklar und bislang ungelöst, ob der Abbruch medizinischer Behandlung verlangt werden kann und ob er straflos bleibt.[1292] Dies ist etwas erstaunlich. Wenn in der polnischen Rechtsprechung und Literatur weitgehend anerkannt ist, dass der Patient einer medizinischen Behandlung jederzeit widersprechen und sie jederzeit widerrufen darf, muss auch klar werden, dass diese Patientenrechte sowohl durch passive als auch aktive Handlungen geschützt werden müssen, mit der Folge, dass aktive Handlungen zum Schutze der Patientenautonomie auch als passive Sterbehilfe einzuordnen sind.

In Deutschland wird der Grund für die Straffreiheit der passiven Sterbehilfe in der Autonomie des Patienten gesucht. Dies ist insoweit einleuchtend, als jeder Mensch in Freiheit sich selbst bestimmen soll, insbesondere selbst entscheiden soll,

1291 Siehe oben 1.2.

1292 Siehe oben 2.2.

ob er sich einer medizinischen Behandlung unterziehen lassen will. Er soll das Subjekt in der dem Lebensschutz dienenden Medizin sein. Diese nachvollziehbare Argumentation versagt allerdings dann, wenn der Patient sich für eine medizinische Behandlung entschieden hat, die objektiv oder medizinisch „zwecklos" erscheint. Hierzu wird vorgeschlagen, entweder die Patientenautonomie objektiv auszulegen oder sie einzuschränken wie etwa bei Sterbenden, allerdings ohne nähere Begründung, oder die Entscheidung des Patienten zur „zwecklosen" Behandlung zu respektieren und ihm diese aufgrund dieser Entscheidung zu gewähren.[1293] Die letztere Ansicht übersieht, dass die Patientenautonomie kein Leistungsrecht, sondern nur ein Abwehrrecht ist. Sie kann nur im Rahmen eines Behandlungsanspruchs ausgeübt werden. Besteht er nicht, sind Behandlungswünsche des Patienten grundsätzlich irrelevant.

In der polnischen Literatur wird zur Begründung der Straffreiheit der passiven Sterbehilfe anders als in Deutschland vor allem auf rein objektive Kriterien wie Todesnähe, Unheilbarkeit der Erkrankung, Zwecklosigkeit der medizinischen Behandlung oder zuweilen auch auf die durch objektive Kriterien „beschränkte" Patientenautonomie zurückgegriffen. Die Literaturmeinungen in Polen wollen dem Patienten offenbar nur dann irgendeine Entscheidungsfreiheit über das Ob der medizinischen Behandlung gewähren, wenn das Leben so gut wie rettungslos verloren erscheint. Viele Meinungen gehen sogar davon aus, dass man den Patienten nicht einmal nach einer Behandlungsbeendigung fragen muss, wenn das Leben rettungslos verloren ist.[1294] Daraus wird ersichtlich, dass man in Polen dem Lebensschutz größeren Wert beimisst. Es wird eigentlich die Möglichkeit ignoriert, allein auf die Patientenautonomie zurückzugreifen, obwohl weitgehend anerkannt ist, dass der Widerspruch des Patienten gegen Behandlungsmaßnahmen zu respektieren ist, auch dann, wenn der Widerspruch zum Tode führen kann.[1295] Dies mag damit zusammenhängen, dass sich die Literaturmeinungen in Polen recht schwer tun, den mutmaßlichen Patientenwillen anzuerkennen oder festzulegen, unter welchen Voraussetzungen er anzuerkennen ist.[1296] Hierzu wird vor allem angeführt, dass der Patientenwille verfälscht oder missverstanden werden könne. Dabei wird aber übersehen, dass der Schutz vor Verfälschung zur Fremdbestimmung genutzt wird.

Die Straflosigkeit der passiven Sterbehilfe tritt in Deutschland nach ganz überwiegender Auffassung dann ein, wenn der äußerungsfähige Patient mit den lebensverlängernden medizinischen Maßnahmen nicht einverstanden ist. Es ist hier nahezu unstreitig, dass aufgrund der jedem Patienten zustehenden Patientenautonomie eine lebensverlängernde Behandlung nicht aufgezwungen werden darf

1293 Siehe oben 1.3, 1.5.1.

1294 Siehe oben 2.1, 2.2, 2.3.

1295 Siehe oben 2.3.6.

1296 Siehe oben 2.4.1 a).

und dass die Patientenautonomie der Lebensschutzpflicht vorgeht.[1297] In Polen ist dies nicht so klar. Es wird durchaus gesehen, dass jede medizinische Behandlung einwilligungsbedürftig ist und dass sich der Arzt über die Behandlungsablehnung grundsätzlich nicht hinwegsetzen darf. Übergeht er den Patientenwillen, macht er sich wegen Verletzung des Selbstbestimmungsrechts des Patienten strafbar. Umstritten ist aber, ob von der Patientenautonomie Gebrauch gemacht werden darf, wenn sie mit dem Lebensschutz kollidiert. Meistens wird angenommen, dass der bei vollem Bewusstsein geäußerte Patientenwille in einer aktuellen Behandlungssituation zu respektieren ist. Kein Konsens ist aber dazu ersichtlich, wie mit dem bei vollem Bewusstsein erklärten Willen zu verfahren ist, wenn der Patient nach seiner Erklärung bewusstlos wird. Hier treffen diverse Meinungen aufeinander, die den Willen des bewusstlosen Patienten entweder für unbeachtlich erklären oder unter Heranziehung gewisser objektivierbarer Kriterien wie Zwecklosigkeit, Sinnlosigkeit oder „rechtlich irrelevante Gefährdung" ausnahmsweise beachten oder ohne jegliche Einschränkungen respektieren wollen.[1298] Offensichtlich missversteht die polnische Literatur das Wesen der Patientenautonomie, die die Selbstbestimmung vor jeglicher Fremdbestimmung schützen soll. Verwunderlich ist dies insbesondere vor dem Hintergrund der Entscheidung des Obersten Gerichts, wonach die Ausübung der Patientenautonomie nicht von Kriterien wie Vernünftigkeit, Glaube oder Gesundheitszustand abhängig gemacht werden darf.[1299]

In Deutschland kann nicht nur der äußerungsfähige Patient, sondern auch der äußerungsunfähige Patient über die Durchführung oder die Nichtdurchführung medizinischer Behandlungen entscheiden. Dabei wird hier auf den vorausverfügten oder individuellen mutmaßlichen Patientenwillen abgestellt. Hierbei spielen vorausverfügte schriftliche Behandlungserklärungen und -wünsche des Patienten (Patientenverfügungen) eine sehr wichtige Rolle. Sie sind Richtlinien, an denen sich alle Beteiligte ausrichten müssen. Hervorzuheben ist hier, dass Patientenverfügungen eine gesetzliche Regelung im deutschen BGB erfahren haben. Als mögliche Entscheidungsträger kommen der Betreuer, der Vorsorgebevollmächtigte und das Betreuungsgericht in Betracht. Die Einschaltung des Gerichtes ist nur dann notwendig, wenn der Arzt und der Betreuer (oder der Vorsorgebevollmächtigte) sich über das Unterlassen oder den Abbruch der Behandlung uneinig sind. In Ermangelung von Patientenverfügungen wird auf den individuellen mutmaßlichen Willen des Patienten abgestellt, der aufgrund konkreter Anhaltspunkte wie frühere mündliche Äußerungen, ethische oder religiöse Überzeugungen oder sonstige persönliche Wertvorstellungen zu ermitteln ist.[1300]

1297 Siehe oben 1.1.2 ff., 1.3.

1298 Siehe oben 2.3 ff.

1299 Vgl. das Oberste Gericht, Beschluss vom 27.10.2005, III CK 155/05.

1300 Siehe oben 1.4 ff.

Die Meinungen im polnischen Strafrecht sind sich uneinig, ob der vorausverfügte und mutmaßliche Wille des äußerungsunfähigen Patienten Berücksichtigung finden kann und ob stattdessen nicht auf rein objektive Kriterien wie etwa Patientenzustand, Heilungschancen, Behandlungszweckmäßigkeit abgestellt werden soll. Die letztere Ansicht dürfte zumindest im Hinblick auf die Patientenverfügungen inzwischen überholt sein, da das Oberste Gericht[1301] entschieden hat, dass zum einen die Patientenautonomie stets zu respektieren ist und dass zum anderen die schriftlichen Verfügungen des äußerungsunfähigen Patienten für den Arzt bindend sind, soweit sie ausdrücklich, eindeutig und unzweifelhaft sind. Ein weiteres Problemfeld ist die Bestimmung der Personen, die für die Durchsetzung und Ermittlung des vorausverfügten Willens des Patienten zuständig sein sollten. Dazu können der Arzt, der gesetzliche Vertreter und das Betreuungsgericht zählen, weil sie in den Vorschriften des Gesetzes über Arzt- und Zahnarztberuf und des Gesetzes über Patientenrechte als Personen genannt sind, die entscheidungsbefugt sind. Ob der Patient einen Patientenvertreter bestellen kann, ist in der Literatur nicht geklärt. Doch das polnische Oberste Gericht hält dies für möglich. Der Patient kann einen Vertreter nach allgemeinen zivilrechtlichen Vorschriften über den Vertreter bestellen und dieser verschafft dann den Patientenwünschen Geltung oder entscheidet an seiner Stelle. Unklar ist allerdings, was gelten soll, wenn die Patientenverfügung entgegen den Vorgaben des Obersten Gerichts nicht ausdrücklich, eindeutig und unzweifelhaft ist. Einige Literaturmeinungen greifen dann auf den individuellen mutmaßlichen Patientenwillen zurück, während davon abweichende Ansichten rein objektive „Vernünftigkeitserwägungen" für ausschlaggebend halten.[1302]

Soweit der Patientenwille in den Mittelpunkt aller Erwägungen zur Straflosigkeit der passiven Sterbehilfe gerückt wird, ist jede Behandlungseinstellung gegen den Patientenwillen grundsätzlich als eine Tötung anzusehen. Gleiches gilt grundsätzlich auch dann, wenn der Patientenwille nicht ermittelbar ist und unbekannt ist, ob vom Patienten die Behandlungseinstellung gewünscht ist oder nicht. Dies folgt bereits daraus, dass das Lebensrecht ein besonders wertvolles Gut ist, auf dessen Schutz nicht vorschnell verzichtet werden kann.

Trotzdem wird sowohl in Deutschland als auch in Polen versucht, einerseits den Patientenwillen in bestimmten Fällen einzuschränken oder völlig auszuschließen und andererseits objektive Maßstäbe aufzustellen, die bei unbekanntem Patientenwillen gelten sollten. Dadurch bemüht man sich in Deutschland und in Polen, objektive Grenzen der Lebenserhaltungspflicht zu ziehen, obwohl die Gründe hierfür nicht ausdrücklich offengelegt werden.

Auf den Patientenwillen soll es dann nicht ankommen, wenn der äußerungsfähige oder äußerungsunfähige Patient bereits im Sterben liegt. Hat der

1301 Vgl. Beschluss vom 27.10.2005, II CK 155/05.

1302 Siehe oben 2.4 ff.

unwiderrufliche Sterbevorgang eingesetzt, so gestatten viele Literaturmeinungen und die Rechtsprechung in Deutschland sowie die strafrechtliche Literatur in Polen den einseitigen Verzicht auf lebensverlängernde Maßnahmen. Die deutsche Rechtsprechung und ein Teil der Literatur stellen in den Fällen der sogenannten Hilfe beim Sterben ausschließlich auf objektive Kriterien, und zwar auf den Zustand des Betroffenen, ab. Subjektive Kriterien wie der ausdrückliche oder mutmaßliche Patientenwille sind dabei unbeachtlich. Begründet wird dies damit, dass es keine Lebensverlängerung um jeden Preis geben könne. Auch wenn diese Ansicht nachvollziehbar erscheint, kann sie nicht überzeugen, wenn man zur Begründung der Straflosigkeit der passiven Sterbehilfe allein die Patientenautonomie heranzieht. Auch der Sterbende genießt die Patientenautonomie und die Patientenrechte. Wenn er im Sterben behandelt werden will, muss ihm wie jedem anderen Patienten die Behandlung gewährt werden, soweit ein Anspruch darauf besteht. Der Hinweis, dass es keine Lebensverlängerung um jeden Preis geben könne, erklärt allein nichts. In der deutschen Literatur gibt es auch vereinzelt Meinungen, die die Patientenautonomie auch hier zur zentralen Figur der Straflosigkeit der passiven Sterbehilfe machen wollen. Dies gilt aus ihrer Sicht uneingeschränkt, wenn der Sterbende noch bei Bewusstsein ist. Problematisch ist, ob die Patientenautonomie nach dem Bewusstseinsverlust des Patienten weiter zu respektieren ist und, wenn nicht, warum.[1303] Auch diese Ansicht ist nicht unproblematisch, da es bei der Beachtung des Patientenwillens nicht darauf ankommen kann, ob der Patient bei Durchführung der medizinischen Behandlung noch bei Bewusstsein oder schon bewusstlos ist. In Polen herrscht die anscheinend einheitliche Auffassung, dass ausschließlich auf die objektiven Heilungschancen und die Aussichtslosigkeit der Weiterbehandlung abzustellen ist. Die Patientenautonomie spielt nach fast einhelliger Meinung in der Literatur ab Beginn des Sterbeprozesses keine Rolle mehr. Hingewiesen wird hier auf Art. 32 des Kodex der ärztlichen Ethik (KEL), wonach der Arzt befugt ist, Patienten in der Terminalphase nicht weiter zu behandeln.[1304] Im Ergebnis erscheint dies richtig. Die Berufung auf den KEL kann jedoch nicht überzeugen, da er kein Parlamentsgesetz ist und daher als Grundlage für die Einschränkung der Lebensschutzpflichten mehr als fragwürdig ist.

Außerdem wird der einseitige Verzicht auf lebensverlängernde Maßnahme im Rahmen der Hilfe zum Sterben diskutiert, wobei die Begründung der Straflosigkeit dieser Handlung derzeit sowohl im deutschen als auch im polnischen Strafrecht ungelöst bleibt. Hierbei geht es um das Sterbenlassen von noch nicht im Sterben liegenden Patienten. Als Beispiel wird hier insbesondere in Deutschland das apallische Syndrom genannt. Das sind Patienten, die irreversibel bewusstlos sind, noch nicht im Sterben liegen und über Monate oder Jahre am Leben erhalten werden können. In Deutschland gibt es Meinungen, die dem subjektiven Lebenswert

1303 Siehe oben 1.5.

1304 Siehe oben 2.5.

Vorrang gegenüber dem rein biologischen Leben zusprechen. Daraus wird der Schluss gezogen, dass bei fehlenden Anhaltspunkten für den individuellen Patientenwillen die Lebenserhaltung eines irreversibel empfindungslosen Körpers dem Interesse des Betroffenen nicht entspricht. Bei fortdauernder Bewusstlosigkeit ist also vom Fehlen des subjektiven Lebensinteresses auszugehen. Von anderen Literaturmeinungen wird hier viel mit der Menschenwürde argumentiert. Es soll dem Menschenbild zuwiderlaufen, ein irreversibel bewusst- und empfindungsloses Leben zu verlängern. Die Rechtsprechung des Bundesgerichtshofes verlangt hingegen ein gewisses Maß an Zurückhaltung, wobei im Zweifel dem Lebensschutz Vorrang einzuräumen ist. Der Bundesgerichthof will nur dann eine Pflicht zur Lebenserhaltung entfallen lassen, wenn mangels Anhaltspunkten für den individuellen mutmaßlichen Patientenwillen der einseitige Behandlungsabbruch allgemeinen Wertvorstellungen entspricht. Die einseitige Behandlungsbeendigung gegen den individuellen Patientenwillen ist nur dann gestattet, wenn der Patient vom Arzt keine Behandlung verlangen kann.[1305] Alle diese Begründungsversuche leiden jedoch an demselben Defizit: sie sind äußerst unbestimmt.[1306] In Polen dreht sich die Diskussion eher um die Anwendung der sogenannten persistenten Therapie, die als ein medizinisches Verfahren zur Unterstützung von Lebensfunktionen der unheilbar kranken Menschen verstanden wird, das das Sterben unnötig verlängert und mit übermäßigem Leiden oder einer Verletzung der Patientenwürde einhergeht. Der Auslöser für diese Diskussion sind die Regelungen des Kodexes der ärztlichen Ethik, die dem Arzt die Befugnis zusprechen, einseitig über die Gewährung medizinischer Behandlungsmethoden in Form einer persistenten Therapie in der terminalen Krankheitsphase zu entscheiden. In diesem Falle soll dem Arzt die Entscheidungsbefugnis nicht nur bei fehlenden Anhaltspunkten für den individuellen Patientenwillen zustehen, sondern auch gegen den individuellen Patientenwillen. Hierfür werden diverse Begründungsansätze geliefert, die jedoch wenig aufschlussreich und sehr unbestimmt sind. Zudem erscheint der Kodex der ärztlichen Ethik keine geeignete Grundlage für die Einschränkung der Lebensschutzpflichten zu sein, weil er kein formelles Gesetz ist.[1307] Die Problematik des apallischen Syndroms wird nur vereinzelt in der polnischen Strafrechtslehre behandelt. Soweit sie angesprochen wird, wird hierzu vertreten, dass die Lebenserhaltungspflicht wie bei Sterbenden und Terminalkranken entfallen soll, ohne jedoch die Grundlagen für dieses Ergebnis offenzulegen.[1308]

Aus dem vorstehenden Vergleich kann die Überzeugung gewonnen werden, dass sowohl das deutsche Strafrecht als auch das polnische Strafrecht beim „einseitigen Behandlungsabbruch“ die Lebensschutzpflichten entfallen lassen möchte,

1305 Siehe oben 1.3 c), 1.5, 1.6.

1306 Ebenda.

1307 Siehe oben 2.5.

1308 Siehe oben 2.5, 2.6.

wenn die medizinische Behandlung im Allgemeinen als „sinnlos“ oder „zwecklos“ erscheint, wobei keine der Rechtsordnungen eine eindeutige und plausible Antwort geben kann, wann dies der Fall ist und warum hier das Leben nicht mehr geschützt werden soll.

Kapitel 5 Früheuthanasie

Die Problematik der Sterbehilfe kann auch bereits am Anfang des Lebens in Erscheinung treten. Gemeint sind hier das Töten und das Sterbenlassen von schwerstgeschädigten und unreifen Neugeborenen, das unstreitig, wenn auch insgeheim, praktiziert wird.[1309] Dieser Vorgang wird als Früheuthanasie bezeichnet. Darunter wird die Tötung von extrem unreifen Frühgeborenen und anderen schwerstgeschädigten Neugeborenen durch aktives Tun oder Nichtausschöpfen intensivmedizinischer Behandlungsmöglichkeiten verstanden.[1310] Der Auslöser der Diskussion über die Zulässigkeit und moralische Erlaubnis zur Tötung von schwerstgeschädigten Neugeborenen ist der ständige technische Fortschritt der Neonatologie, die es heutzutage ermöglicht, das Leben von Babys zu erhalten und zu verlängern, die früher nicht lebend geboren worden oder sofort nach der Geburt gestorben wären.[1311] In diesem Zusammenhang wird nach den Grenzen der Lebenserhaltungspflicht gefragt. Denn die meisten schwerstgeschädigten und -behinderten Neugeborenen sind nicht imstande, aus eigener Kraft zu überleben und zu existieren.[1312]

Sowohl in Deutschland als auch in Polen gibt es keine speziellen Regelungen, in deren intendiertem Anwendungsbereich das Problem behandelt würde.[1313] Bei der Erwachsenensterbehilfe geht es hauptsächlich um die Sicherstellung eines würdigen, den Vorstellungen des Betroffenen entsprechenden Endes des Lebens. Bei Neugeborenen verhält sich dies grundsätzlich anders. Denn man erwägt hier, ob dem kleinen Menschen der Start in ein Leben verwehrt werden soll, der gar nicht erst gefragt wird, ob er individuell damit einverstanden ist.[1314]

1309 Vgl. Sch/Sch-*Eser/Sternberg-Lieben*, vor § §§ 211 ff., Rn. 32a m.w.N.

1310 Vgl. *Glöckner*, Frühgeborene, S. 166; Laber, MedR 1990, 182; *Szewczyk*, Diametros 26 (2010), S. 96.

1311 Vgl. *Everschor*, Neugeboreneneuthanasie, S. 3.

1312 Vgl. *Rutkowska/Szczepaniak*, Dylematy etyczne, S. 60.

1313 Vgl. *Ulsenheimer*, MedR 1994, 425; Sch/Sch-*Eser/Sternberg-Lieben*, vor §§ 211, Rn. 32a; *Eser*, FS Narr, S. 48; *Merkel*, Früheuthanasie, S. 637 ff.; *Szeroczyńska*, Eutanazja, S. 318; *Dangel*, Wady letalne, S. 87.

1314 Vgl. Sch/Sch-*Eser/Sternberg-Lieben*, vor § §§ 211 ff., Rn. 32a m.w.N.; *Everschor*, Neugeboreneneuthanasie, S. 3 ff.

1. Rechtslage in Deutschland

1.1 Beginn des Lebens

Bei der Frage, wie die Früheuthanasie strafrechtlich zu beurteilen ist, ist zunächst dem mitunter in der Literatur zur Sprache gebrachten Problem nachzugehen, ob das Neugeborene ein „volles" Recht auf Leben hat, das strafrechtlich ebenso schützenswert ist wie das Lebensrecht des (geborenen) erwachsenen Menschen. Bekanntlich unterscheidet das deutsche Strafgesetzbuch zwischen einem Totschlag/Mord und einem Schwangerschaftsabbruch, wobei der letztere Tatbestand „erleichterte" Rechtfertigungsmöglichkeiten zur Tötung eines „menschlichen Wesens" vorsieht. Die Abgrenzung zwischen diesen Rechtsnormen richtet sich danach, ob „das menschliche Wesen" bereits den strafrechtlichen Status des Menschen erreicht hat.

Im strafrechtlichen Sinne beginnt das Menschsein grundsätzlich erst mit dem Einsetzen der Eröffnungswehen[1315] oder bei operativer Entbindung mit der Öffnung des Uterus.[1316] Die Bestimmung des Beginns des Menschseins hat früher mit der Regelung des § 217 StGB zusammengehangen, der zwischenzeitlich entfallen ist. Dort war geregelt, dass die Tötung eines nichtehelichen Kindes durch seine Mutter in oder gleich nach der Geburt unter Strafe stand. Da § 217 StGB als Privilegierung eines Tötungsdeliktes angesehen wurde, wurde angenommen, dass mit dem Beginn der Geburt der Fötus zum Menschen werde und dass damit die Geburtsphase schon in den Anwendungsbereich der §§ 211 ff. StGB falle.[1317] Durch die Streichung dieser Vorschrift ist der Streit um den Beginn des strafrechtlichen Menschseins und die zeitliche Anwendbarkeit der §§ 211 ff. StGB einerseits und der §§ 218 ff. StGB andererseits teilweise neu entbrannt. Hierzu wird vertreten, dass die Lebensfähigkeit außerhalb des Mutterleibes die entscheidende Zäsur sein sollte.[1318] Das sei mit dem Ende der 20. Schwangerschaftswoche anzunehmen. *Herzberg* und *Herzberg* wollen hierfür den § 1 BGB heranziehen, mit der Konsequenz, dass die Vollendung der Geburt für das Menschsein entscheidend sein solle.[1319] Der überwiegende Teil der Literatur hält nach wie vor an dem Beginn der Geburt als Zäsur zwischen dem Dasein als Mensch und dem Status als Leibesfrucht fest.[1320] Dies wird damit begründet, dass durch die Streichung des § 217 StGB keine wesentliche Änderung der Rechtslage bezweckt worden sei. Die besagte Norm enthielt eine

---

1315 Vgl. BGH, Urteil vom 07.12.1983, 1 StR 665/83; *Eser*, FS Narr, S. 52 f.

1316 Vgl. *Wessels/Hettinger/Engländer*, Besonderer Teil 1, Rn. 9; Sch/Sch-*Eser/Sternberg-Lieben*, vor §§ 211, Rn. 13.

1317 Vgl. BGH, Urteil vom 07.12.1983, 1 StR 665/83; *Lackner/Kühl*, vor § 211, Rn. 3; *Sowada*, GA 2011, S. 406.

1318 Vgl. *Gropp*, GA 2000, 17.

1319 Vgl. *Herzberg/Herzberg*, JZ 2001, 1112.

1320 Vgl. *Lackner/Kühl*, vor § 218, Rn. 3; *Sowada*, GA 2011, S. 406 m.w.N.; *Joerden*, Sterben am Beginn des Lebens, S. 218.

Privilegierung für nicht verheiratete Mütter. Aufgrund des Wandels bezüglich der Stellung von unverheirateten Müttern in der Gesellschaft sei der Anlass für die Privilegierung entfallen.[1321] Heutzutage habe die Funktion und Aufgabe des § 217 StGB a.F. der § 213 StGB übernommen. Eine Kindestötung in oder gleich nach der Geburt werde grundsätzlich als minder schwerer Fall des Totschlags qualifiziert, wenn bei der Berücksichtigung der Tat und der Täterin die Anwendung des Strafrahmens des § 212 StGB als unangemessen erscheint.[1322] Damit sei keine Neubestimmung des strafrechtlichen Menschenlebensschutzes bezweckt gewesen.

Gegen die Zuschreibung der Menscheigenschaft ab dem Zeitpunkt der Erlangung der Lebensfähigkeit außerhalb des Mutterleibes spricht, dass diese Grenze aufgrund des ständigen Medizinfortschritts zeitlich immer mehr nach vorn verschoben wird und damit fließend ist bzw. sein kann.[1323] Darüber hinaus ist der ungeborene Mensch Objekt von Abtreibungsdelikten, wie dies beispielsweise § 219 Abs. 1 StGB zeigt. Damit steht fest, dass jedes ungeborene Kind, unabhängig von seiner Entwicklungsstufe, dem Regelungskontext der §§ 218 ff. StGB unterliegt.[1324] Die unterschiedliche Behandlung des Beginns des Menschseins im Strafrecht und im Zivilrecht liegt darin begründet, dass das Kind während des gesamten Geburtsvorgangs gegen vorsätzliche und fahrlässige Beeinträchtigungen seines Lebensrechts strafrechtlich umfassend geschützt werden muss.[1325]

1.2 Übertragbarkeit der Regeln der allgemeinen Sterbehilfe

Es stellt sich die Frage, wie die Früheuthanasie rechtlich zu behandeln ist und ob die Grenzen der Früheuthanasie etwas weiter gezogen werden könnten als die der allgemeinen Sterbehilfe (d.h. der Sterbehilfe gegenüber Erwachsenen[1326]). Der wesentlichste Unterschied dazwischen ist, dass im Gegensatz zu den Erwachsenen die Neugeborenen, unabhängig von ihrer Behinderung oder Erkrankung, immer einsichts- und urteilsunfähig sind. Sie sind außerstande, über sich selbst zu bestimmen. Vor diesem Hintergrund scheidet die Übertragung der Regeln der Sterbehilfe gegenüber (vor oder während der Behandlung) einwilligungsfähigen Erwachsenen aus.[1327] Die Neugeborenen sind weder zur Äußerung eines ausdrücklichen oder antizipierten Sterbewunsches imstande noch lässt sich zweifelsfrei ihr individueller mutmaßlicher Wille feststellen. Zum einen sind die subjektiven

---

1321 Vgl. Sch/Sch-*Eser/Sternberg-Lieben* § 213, Rn. 15, vor §§ 218 ff, Rn. 40; LG Erfurt, NStZ 2002, 260 f.

1322 Vgl. LG Erfurt, NStZ 2002, 260 f.

1323 Vgl. BGH, Urteil vom 18.06.1957, 5 StR 164/57; Sch/Sch-*Eser/Sternberg-Lieben*, vor § 211, Rn. 14.

1324 Vgl. *Herzberg/Herzberg*, JZ 2001, 1110.

1325 Vgl. *Roxin*, FS Jescheck, S. 476.

1326 Siehe Kapitel 2 bis 4.

1327 Vgl. *Eser*, FS Narr, S. 53 f.

Präferenzen des Neugeborenen gar nicht ermittelbar und zum anderen ist weder ein Überlebens- noch ein Sterbensinteresse des Neugeborenen anhand der Gesten, der Körperhaltung oder des Verhaltens eindeutig objektiv feststellbar, so dass individuelle Wertmaßstäbe für die Ermittlung des individuellen mutmaßlichen Willens fehlen.[1328] Aus diesem Grunde wird teilweise vertreten, dass zur Lösung der Fälle der Früheuthanasie ausschließlich die Regeln der (allgemeinen) Sterbehilfe „ohne den Willen des Betroffenen" und die der „einseitigen Behandlungsbeendigung" gegenüber einwilligungsunfähigen Erwachsenen heranzuziehen seien, die ausschließlich auf objektive Kriterien abstellen und nicht gegen die individuellen Vorstellungen des Betroffenen verstoßen; und soweit man diese Regeln überhaupt anerkennt, da der Entscheidung über die Tötung oder das Sterbenlassen des Neugeborenen stets eine „mehr oder weniger umstrittene" Fremdbestimmung innewohnt.[1329] Sofern man akzeptiert, dass das menschliche Leben in bestimmten Fällen fremdbestimmt und damit dessen Beendigung an rein objektiven Kriterien gemessen werden kann, wird die Übertragung der allgemeinen Sterbehilferegeln auf die Früheuthanasie damit begründet, dass alles Menschenleben gleichwertig sei und daher im Wesentlichen auch gleich behandelt werden müsse,[1330] wobei die unterschiedlichen Entwicklungsmöglichkeiten des Menschen am Lebensende und desjenigen am Lebensanfang zu beachten seien.[1331] Die Sterbehilfe gegenüber den Neugeborenen solle grundsätzlich dort zulässig sein, wo sie auch für Erwachsene erlaubt sei, und dort verboten, wo sie auch in den Erwachsenenfällen verboten wird.[1332] In diesem Sinne urteilte auch das Landgericht München, wonach die Früheuthanasie dort erlaubt sein solle, wo das Sterben des Neugeborenen erleichtert werden soll.[1333] Man geht jedenfalls davon aus, dass die „allgemeine" Sterbehilfe zumindest als Orientierungshilfe und als ein ethisches Bezugssystem zur Lösung der Früheuthanasiefälle herangezogen werden solle.[1334]

Die Regeln der „Sterbehilfe ohne den Willen des Betroffenen" und die des „einseitigen Behandlungsabbruchs" drehen sich in der einschlägigen Literatur grundsätzlich um die Frage der Lebensbeendigung bei Schwerstleidenden sowie der Begrenzung der Lebenserhaltungspflicht bei Sterbenden und bei Apallikern.[1335]

1328 Vgl. *Sowada*, GA 2011, 408 f.; *Glöckner*, Frühgeborene, S. 89; *Eser*, FS Narr, S. 57; *Laber*, MedR 1990, 184 f.

1329 Vgl. *Fischer*, vor §§ 211–217, Rn. 32 ff., 68f.; *Everschor*, Neugeboreneneuthanasie, S. 38; Sch/Sch-*Eser/Sternberg-Lieben*, vor §§ 211, Rn. 32a; *Laber*, MedR 1990, 186.

1330 Vgl. *Eser*, FS Narr, S. 49; *Jähnke*, Behandlungspflicht, S. 101.

1331 Vgl. LK-*Rosenau*, vor §§ 211, Rn. 68 f.

1332 Vgl. *Nunez Paz*, FS Roxin, S. 625; LK-*Rosenau*, vor §§ 211, Rn. 69.

1333 Vgl. LG München, Urteil vom 29.01.1982, Ks 122 Js 4226/81, zitiert nach *Eser/Koch*, Materialien zur Sterbehilfe, S. 120.

1334 Vgl. *Everschor*, Neugeboreneneuthanasie, S. 38 ff.; *Eser*, FS Narr, S. 50, 57.

1335 Siehe Kapitel 4. 1.5.

Dies wird in der Literatur teilweise für unzureichend empfunden, da die Fälle der Früheuthanasie weit über diese Fallgruppen hinausgehen. *Hanack* zufolge sollte die Früheuthanasie in bestimmten Fällen erlaubt sein, obwohl die gleiche Handlung gegenüber einem Erwachsenen im Rahmen der allgemeinen Sterbehilfe verboten bleiben sollte. Obwohl die Erkrankung die gleiche sei, seien die Situation des Neugeborenen und die des Erwachsenen nicht vergleichbar, weil das Kind durch die Behandlung seiner schweren Erkrankung auf „einen dornigen Lebensweg geschickt" werde.[1336] *Eser* ist der Ansicht, dass die Früheuthanasie den Zwecken der „gesellschaftsnützlichen Eugenik" diene und dass es bei ihr um eine „personal-qualitative Lebensbetrachtung geht". Darüber hinaus sei zu fragen, inwieweit die Gesellschaft die Last der Existenz eines schwerstbehinderten Kindes mittragen möchte. Daraus seien Erkenntnisse für die Pflichten der Eltern solcher Kinder zu ziehen. Auch sollen „familiär-soziale Implikationen" verstärkt berücksichtigt werden.[1337] Denn die Früheuthanasie ziele darauf ab, dem Kind, der Familie und der Gesellschaft Leid zu ersparen.[1338] Nach *Jähnke* bedarf der Handelnde „eines besonderen Rechtsgrundes" für eine unterschiedliche Behandlung.[1339] Der besondere Grund sei darin zu sehen, dass es die Aufgabe des Arztes sei, „das Neugeborene zu eigener personaler Existenz zu befähigen".[1340] Ist dies unmöglich, so liege eine Unvergleichbarkeit der Sachverhalte vor. *Merkel* zufolge sind die Grundsätze der allgemeinen Sterbehilfe zum einen alles andere als klar, so dass an sich deren Übertragung auf die Früheuthanasie nicht möglich sei. Zum anderen bestünden erhebliche moralische Unterschiede zwischen der Tötung oder dem Sterbenlassen eines schwerstgeschädigten Neugeborenen und eines schwerkranken Erwachsenen, selbst wenn die jeweiligen Krankheitssymptome sich ähnlich sind. Zwar hätten sowohl die Erwachsenen als auch die Neugeborenen das gleiche Recht auf Leben, dessen Schutz nur dann ohne oder gegen deren Willen durchgesetzt werden könne, wenn dies in ihrem wohlverstandenen Interesse oder im Interesse der Allgemeinheit liege. Der wesentliche Unterschied läge aber darin, dass der Erwachsene ein volles Lebensinteresse und das Neugeborene dagegen nur ein Anwartschaftsrecht darauf habe und damit hätten sie völlig unterschiedliche Lebens- und Sterbensinteressen. Bei den Lebensinteressen sei zwischen *„experiential interests"*, welche jedem Lebewesen zustehen, und *„critical interests"*, welche Ausdruck der individuellen Anschauungen, Überzeugungen, Wertungen usw. sind, zu unterscheiden. Die letzteren Lebensinteressen hätten die schwerkranken Neugeborenen nicht inne,

---

1336 Vgl. *Hanack*, MedR 1985, 37; dem Autor geht es hier um die Situation, in der sich ein Neugeborenes zunächst normal (ggf. jahrelang) entwickeln kann, wobei von vornherein feststeht, dass sein Leben mit einem sehr grausamen Tod enden wird.

1337 Vgl. Sch/Sch-*Eser/Sternberg-Lieben*, vor §§ 211, Rn. 32a.

1338 Vgl. *Eser*, Lebenserhaltungspflicht, S. 142.

1339 Vgl. *Jähnke*, Behandlungspflicht, S. 101.

1340 Vgl. LK-*Rosenau*, vor §§ 211, Rn. 70.

da sie von ihnen weder aktuell noch potentiell irgendwann in Zukunft geäußert oder gebildet werden können. Daraus folge, dass etwa ein entscheidungsunfähiger Erwachsener mit einer Lebenserwartung von etwa zehn Monaten ein Recht auf Berücksichtigung seiner „critical interests" (z.B. religiöse Überzeugungen) bei der Frage der Lebenserhaltung habe, während dies bei einem schwergeschädigten Neugeborenen mit der gleichen Lebenserwartung und mit den gleichen klinischen Symptomen von vornherein ausscheide.[1341]

Aus dem Vorstehenden wird ersichtlich, dass die Früheuthanasie besonderen Wert auf die Frage des Sinns der Erhaltung des Lebens mit einer schweren physischen und geistigen Behinderung und der Qualität dieses Lebens legt.[1342] Im Gegensatz zu den schwerkranken Erwachsenen geht es hier nicht darum, ob das Neugeborene nach der Behandlung „ins Leben zurückkehrt", sondern vielmehr darum, wie sein Leben nach der Behandlung aussehen wird[1343]. In der Neugeborenensterbehilfe (Früheuthanasie) können auch familiäre und soziale Faktoren eine gewisse Rolle spielen. Die meisten Eltern wünschen sich ein gesundes Kind. Behinderte Kinder werden als psychische und finanzielle Belastung angesehen. Dieser Gesichtspunkt kommt deutlich in den Regelungen des rechtlich zulässigen Schwangerschaftsabbruchs aufgrund der sozial-medizinischen Indikation zum Ausdruck. Auch die zivilrechtliche Rechtsprechung zum Problem „Kind als Schaden"[1344] scheint die These zu beweisen, dass ein behindertes Kind eine „unerwünschte" wirtschaftliche Last für die Eltern darstellt.[1345]

Problematisch an dieser Sichtweise kann sein, dass sie zur Abschwächung des Lebensschutzes gegenüber den Neugeborenen im Vergleich zu den Erwachsenen führen kann. Dies kann auf eine Diskriminierung der schwergeschädigten und -behinderten Neugeborenen hinauslaufen, was mit dem Gleichheitsgrundsatz des Art. 3 GG nicht zu vereinbaren wäre. Der Gleichbehandlungsgrundsatz besagt, dass das wesentlich Gleiche gleich behandelt werden muss. Um überhaupt von einer Ungleichbehandlung sprechen zu können, muss zwischen zwei Sachverhalten eine wesentliche Gleichheit bestehen. Darunter ist eine Vergleichbarkeit in dem Sinne zu verstehen, dass zwei Sachverhalte einen gemeinsamen Bezugspunkt bzw. Oberbegriff aufweisen.[1346] Die Früheuthanasie hat die Probleme der Neonatologie zum Gegenstand. Der Umfang und Inhalt der allgemeinen Sterbehilfe erschöpft sich hingegen in der Leistung der Sterbehilfe gegenüber den Schmerz leidenden, sterbenden oder dauernd (irreversibel) bewusstlosen Erwachsenen. Begrifflich und

---

1341 Vgl. *Merkel*, JZ 1996, 1147, 1152 ff.; *derselbe*, Früheuthanasie, S. 141 ff., 491 ff.

1342 Vgl. Sch/Sch-*Eser/Sternberg-Lieben*, vor § §§ 211 ff., Rn. 32a m.w.N.

1343 Vgl. *Everschor*, Neugeboreneneuthanasie, S. 22; *Eser*, FS Narr, S. 50; *Laber*, MedR 1990, 182; *Kaufmann*, JZ 1982, 481.

1344 Vgl. BGH, Urteil vom 14.11.2006, VI ZR 48/06; *Laufs*, MedR 1990, 232.

1345 Vgl. *Everschor*, Neugeboreneneuthanasie, S. 23 ff.

1346 Vgl. *Kingreen/Poscher*, Grundrechte, Rn. 485 ff.

definitorisch liegen demnach zwei Lebenssachverhalte vor, die sich in wesentlichen Eigenschaften ihres Gegenstandes unterscheiden. Dennoch sind sie als ein wesentlich gleicher Sachverhalt zu begreifen. Denn sie haben einen gemeinsamen Oberbegriff: den Menschen. Sowohl die schwerstkranken Erwachsenen als auch die schwerstkranken Neugeborenen sind Menschen im strafrechtlichen Sinne.[1347] Daher dürfte die Annahme der Ungleichwertigkeit von Neugeborenen und Erwachsenen unzulässig sein.

Sind zwei Sachverhalte wesentlich gleich, kann deren Ungleichbehandlung unter bestimmten Umständen gerechtfertigt werden. Die Erlaubnis zur Ungleichbehandlung liegt danach vor, wenn zulässige Differenzierungsziele und zulässige Differenzierungskriterien in einem richtigen Verhältnis zueinander stehen.[1348] Dabei ist zu beachten, dass nach der Rechtsprechung des Bundesverfassungsgerichts eine an personenbezogene Merkmale anknüpfende Verschiedenbehandlung erlaubt sein kann, wenn Gründe von solcher Art und solchem Gewicht bestehen, dass sie die ungleichen Rechtsfolgen rechtfertigen können. Eine an verhaltensbezogene Merkmale anknüpfende Ungleichbehandlung unterliegt hingegen nur einer Evidenzkontrolle, d.h. ein Verstoß gegen Art. 3 GG ist nur dann festzustellen, wenn die Unsachlichkeit der Differenzierung evident ist.[1349] Als Ziel der unterschiedlichen Behandlung der Früheuthanasie gegenüber der allgemeinen Sterbehilfe ist das Bemühen um eine möglichst individuelle, auf die Lage der Neugeborenen zugeschnittene und auf biologische, rechtliche und sonstige Unterschiede zu Erwachsenen abstellende Betrachtung anzusehen. Die in der Literatur genannten Differenzierungskriterien (die fehlende Kommunikationsfähigkeit, das fehlende Ich-Bewusstsein, die besondere Belastung des Neugeborenen, der Familie oder der Gesellschaft, der Gesundheitszustand des Neugeborenen usw.) sind personenbezogene Merkmale, da sie das Neugeborene durch sein Verhalten nicht beeinflussen oder steuern kann. Daraus wird ersichtlich, dass es für die Ungleichbehandlung der Neugeborenen gegenüber den Erwachsenen im Rahmen der allgemeinen Sterbehilfe und Früheuthanasie Gründe von solcher Art und solchem Gewicht bedarf, die die ungleiche Behandlung rechtfertigen können. Ansonsten besteht die Gefahr, dass die Neugeborenen als Personengruppe diskriminiert werden. Hinsichtlich des Differenzierungskriteriums ist Art. 3 Abs. 3 Satz 2 GG zu beachten, wonach eine Benachteiligung wegen einer Behinderung ausgeschlossen und damit absolut unzulässig ist.[1350] Danach darf der Grund für die Früheuthanasie nicht in der (schweren) Behinderung als solchen liegen.

Eine Ungleichbehandlung ist jedenfalls nicht allein dadurch anzunehmen, dass das Sterbenlassen eines Neugeborenen die Benachteiligung eines anderen mit einer

1347 Siehe oben 1.1.

1348 Vgl. *Kingreen/Poscher*, Grundrechte, Rn. 493 ff.

1349 Vgl. BVerfG, Beschluss vom 26.01.1993, 1 BvL 38,40,43/92 m.w.N.

1350 Vgl.*Kingreen/Poscher*, Grundrechte, Rn. 503 ff.

gleichen Behinderung zur Folge habe.[1351] *Merkel* weist in diesem Zusammenhang darauf hin, dass eine psychologische und emotionale Belastung von Menschen, die unter gleichen Schädigungen leiden, wie diejenigen, gegenüber denen die (Früh-) „Euthanasie“ in Betracht kommt, nicht zu leugnen ist. Wie er jedoch zutreffend ausführt, würde das Erzwingen des Früheuthanasieverbotes mit der Berufung auf das obige Argument dazu führen, dass die Interessen eines konkreten Neugeborenen hinter dem subjektiven Empfinden eines Dritten zurückweichen müssten und gerade das wäre diskriminierend.[1352]

1.3 Indirekte Früheuthanasie

Die indirekte Euthanasie hat die Leidminderung durch Einsatz schmerzlindernder Medikamente zum Gegenstand, wobei dem Handelnden durchaus bewusst ist, dass er dadurch das Leben des Patienten verkürzen kann, die Lebensverkürzung jedoch nicht beabsichtigen darf. Diese Form der (direkt-) indirekten Sterbehilfe wird allgemein für zulässig gehalten.[1353] Die entsprechende Übertragung dieses Ergebnisses auf die Früheuthanasie wird allgemein befürwortet, da auch die Neugeborenen Schmerzen empfinden.[1354] Damit sollen auch bei den Neugeborenen Schmerzzustände mit allen möglichen Mitteln bekämpft werden, und zwar auch dann, wenn deren Anwendung ihren Tod verursachen kann. Voraussetzung hierfür ist, dass die Schmerzen nicht auf andere Weise als durch die Verabreichung lebensgefährlicher Schmerzmittel beseitigt werden können und diese Schmerzen bis zum Tode andauern werden, also nicht nur vorübergehender Natur sind.[1355] Da dieser Grundsatz in der Literatur eigentlich unumstritten ist, wird die Zulässigkeit der indirekten Früheuthanasie kaum in Frage gestellt. Die Meinungen gehen allein bei der Frage ihrer dogmatischen Begründung auseinander.[1356] An der Früheuthanasie ist problematisch, wie das Schmerzempfinden der Neugeborenen und deren subjektive Schmerzgrenze gemessen werden soll, da sie ihre Schmerzen nicht kommunizieren und bei der Schmerzmessung nicht mitwirken können. Hier sollen in der Regel rein objektive Methoden zum Einsatz kommen[1357], etwa Beobachtung des Verhaltens des Neugeborenen während und außerhalb der Behandlung und bei der Schmerzmedikation. Hier können erforderlichenfalls sachkundige Dritte hinzugezogen werden. Dabei ist davon auszugehen, dass die Schmerzbekämpfung

---

1351 Vgl. *Kaufmann*, JZ 1982, 484.

1352 Vgl. *Merkel*, Früheuthanasie, S. 547 ff.

1353 Vgl. *Joecks/Jäger*, vor § 211, Rn. 34.

1354 Vgl. Sch/Sch-*Eser/Sternberg-Lieben*, vor §§ 211 ff., Rn. 32a m.w.N.; *Eser*, FS Narr, S. 49, 55; *Everschor*, Neugeboreneneuthanasie, S. 41; *v. Loewenich*, MedR 1985, 30; *Laber*, MedR 1990, 184; *Ulsenheimer*, MedR 1994, 426.

1355 Vgl. *Everschor*, Neugeboreneneuthanasie, S. 41.

1356 Siehe Kapitel 2, 1.1 ff.

1357 Siehe Kapitel 2, 1.6.

dem wohlverstandenen Interesse der Neugeborenen und damit ihrem mutmaßlichen (hypothetischen, objektiven) Willen entspricht, wenn eine extreme und ausweglose Notlage vorliegt, die eine risikoreiche Schmerzmedikation rechtfertigen kann.[1358] Denn das leidende Neugeborene in einer extremen und ausweglosen Notsituation darf nicht sich selbst überlassen werden.

1.4 Aktive Früheuthanasie

Als aktive Sterbehilfe ist eine direkte Tötungshandlung zu verstehen, die nach der Motivation des Täters unmittelbar zum Tode eines (schwer-)kranken Menschen führen soll, um ihm ein weiteres Leiden zu ersparen. Nach der überwiegenden Ansicht ist jede gezielte Verkürzung des Lebens eines Neugeborenen strikt verboten.[1359] Das Verbot der aktiven Sterbehilfe mag verwundern. Gegen die rechtliche Möglichkeit der aktiven Tötung von Neugeborenen wird von der herrschenden Meinung eingewendet, dass das Unterlassen generell der aktiven Handlung gegenüber vorzugehen habe, weil es einen geringeren Handlungsunwert hat. Man weist hier auf § 13 Abs. 2 StGB hin, der bei einer Unterlassungstat eine fakultative Strafmilderung vorsieht.[1360] Hier wird aber übersehen, dass die Folgen eines Unterlassens den Betroffenen gleich oder schwerer treffen können als eine Begehungstat.[1361] Etwa vor der Wende hat man in Westdeutschland das Liegenlassen von schwerstgeschädigten Neugeborenen praktiziert, die infolge der völligen Untätigkeit des ärztlichen Personals durch Verdursten oder Verhungern ums Leben kamen. Währenddessen hat man in Ostdeutschland die sog. „Erfurter Wassereimermethode" bevorzugt, die darin bestand, das schwerstgeschädigte Neugeborene in einem mit Wasser gefüllten Eimer zu ertränken, um ihm das krankheitsbedingte und durch bloßes Liegenlassen verursachte Leiden zu ersparen.[1362] Ist das aktive, an sich brutal erscheinende Ertränken im Wassereimer, das einen schnellen Tod verursacht und jedes Leiden sofort beendet, „unwertiger" im Vergleich zum Liegenlassen, das einen lang andauernden und schmerzvollen Todesprozess produziert? Es seien hier noch zwei weitere Beispiele genannt. Die Behandlungseinstellung bei der passiven Sterbehilfe kann für das betroffene Neugeborene mit erheblichem Leiden verbunden sein. Zu denken ist hier etwa an das Abschalten eines Atemgeräts. Dies führt unter Umständen dazu, dass das Kind langsam und qualvoll erstickt. Das mit dem Ersticken einhergehende Leiden kann zwar in vielen

---

1358 Siehe Kapitel 2, 1.4, 1.6; vgl. *Glöckner*, VuR 2008, 463; *Eser*, FS Narr, S. 55.

1359 Vgl. Sch/Sch-*Eser/Sternberg-Lieben*, vor § §§ 211 ff., Rn. 32a; *Ulsenheimer*, MedR 1994, 426, LK-*Rosenau*, vor §§ 211, Rn. 67 ff; *Eser*, FS Narr, S. 55; *Kaufmann*, JZ 1982, 483; *Everschor*, Neugeboreneneuthanasie, S. 192 ff., 419 ff., 480; *Hanack*, MedR 1985, 38; *Laber*, MedR 1990, 184.

1360 Vgl. Sch/Sch-*Perron*, § 34, Rn. 39; LK-*Weigend*, § 13, Rn. 98.

1361 Vgl. *Merkel*, Früheuthanasie, S. 579 f.

1362 Vgl. *Joerden*, Sterben am Beginn des Lebens, S. 228.

Fällen mit Hilfe der Sedativa und Analgetika ausgeschaltet oder erheblich gemindert werden. Dies muss jedoch nicht stets der Fall sein. Das erhebliche Leiden des Neugeborenen kann seine Ursache auch in seiner Erkrankung haben wie im Falle der *epidermolysis bullosa* (Schmetterlingshaut) in ihrer schwersten Form. Diese Krankheit besteht darin, dass die Haut des Betroffenen sehr verletzlich ist und jede Berührung führt zu erheblichen Schmerzen, Blutungen und Blasenbildung. Durch diese Krankheit sind oft auch Schleimhäute betroffen, so dass eine natürliche Ernährung sowie Zähneputzen zur Tortur wird. Die Wundbehandlung führt oft zur Verschärfung des Grundproblems.[1363] Bei dieser Erkrankung in ihrer schlimmsten Form hat man drei Möglichkeiten: entweder unter Inkaufnahme erheblicher Schmerzen behandeln, oder untätig bleiben, um behandlungs- und krankheitsbezogenes Leiden zu vermeiden, wobei man das durch das Sterbenlassen verursachte Leiden in Kauf nimmt, oder das Leben aktiv zu beenden, um alle in Betracht kommenden Schmerzen sofort auszuschalten. Die Frage lautet damit, ob die aktive Tötung notwendig ist, also ob es keine anderen milderen Mittel gibt, die das Leiden des schwerstgeschädigten Neugeborenen wirksam beenden können. Daher ist stets geboten, abzuwägen, ob in einem konkreten Fall die aktive Tötung dem Sternenlassen im Hinblick auf das krankheits-, behandlungsbezogene und durch das Liegenlassen verursachte, nicht anders als durch eine Aktivtötung abwendbare Leiden vorzuziehen ist.[1364]

Der generelle Wertunterschied zwischen dem Tun und dem Unterlassen wird allerdings bei der indirekten Sterbehilfe „missachtet". Hier wird nach fast einhelliger Meinung vertreten, dass eine aktive Lebensverkürzung zur Abwendung von nicht unterdrückbaren Schmerzen einem Ausschluss der Tatbestandsmäßigkeit oder einer Rechtfertigung zugänglich ist und damit zumindest mittelbar zum Ausdruck gebracht, dass eine aktive Tötung einer Tötung durch Unterlassen wertungsmäßig vorgehen kann.[1365] Ein Absehen von der tödlich wirkenden Medikation wird dabei als eine rechtswidrige Körperverletzung angesehen, wenn sie entgegen dem Willen des Behandelten diesem vorenthalten wird. In diesem Falle wird das Unterlassen der Schmerzmittelgabe als größeres Unrecht als die aktive Lebensbeendigung angesehen. Als Begründung hierfür werden zwei Argumente angeführt: die besondere Motivation des Handelnden und die besondere Handlungsweise, welche die indirekte Sterbehilfe von der aktiven Sterbehilfe in relevanter Hinsicht unterscheiden sollen.[1366] Die indirekt (-aktive) Tötungshandlung zeichne sich dadurch aus, dass der Todeseintritt nur eine als sicher vorausgesehene oder in Kauf genommene Folge der Schmerzlinderung sei, niemals aber eine auf die Tötung als solche gerichtete. Diese subjektive Voraussetzung ist jedoch in der

1363 Vgl. *Merkel*, Früheuthanasie, S. 44 f.; *Everschor*, Neugeboreneneuthanasie, S. 492.

1364 Vgl. *Merkel*, Früheuthanasie, S. 580.

1365 Siehe Kapitel 2, 1.2 ff.

1366 Vgl. MK-Schneider, vor §§ 211 ff., Rn. 104; LK-*Rosenau*, vor §§ 211, Rn. 42 f.

Praxis schwer überprüfbar, da eine verlässliche Feststellung, was im Kopf des Handelnden tatsächlich vor sich gegangen ist, kaum möglich ist. Deswegen wird auf objektive Umstände abgestellt und zwar darauf, ob die gewählte Schmerzmitteldosis medizinisch indiziert ist.[1367]

Wie der *Kemptener*-Fall[1368] zeigt, kann diese Feststellung auf erhebliche Probleme in der Praxis stoßen. In dem erwähnten Fall sind die vom Gericht bestellten Gutachter aus dem Bereich der Schmerzforschung zu unterschiedlichen Ergebnissen hinsichtlich der Ursächlichkeit zwischen dem Tod und der gewählten Schmerzmitteldosis gekommen. Insbesondere im Grenzbereich können sich erhebliche Unsicherheiten einstellen. Zu beachten ist auch, dass die Rechtsprechung des Bundesgerichtshofes von einer hohen Hemmschwelle vor einem Tötungsvorsatz ausgeht. Vor allem im Bereich des bedingten Vorsatzes wird darauf hingewiesen, dass die Gefährlichkeit einer Verletzungshandlung oder der zugefügten Verletzungen ein gewichtiges Indiz für die Bestimmung sei, ob der Täter mit *dolus eventualis* gehandelt hat, sie jedoch keinen zwingenden Beweisgrund für dessen Vorliegen bedeute. Vielmehr wird eine sorgfältige Prüfung aller objektiven und subjektiven Umstände des Einzelfalls gefordert, vor allem unter Einbeziehung der objektiven Gefährlichkeit der Tathandlung, der konkreten Angriffsweise, der psychischen Verfassung des Täters bei der Tatbegehung und seine Motivationslage.[1369] Erst wenn die Gesamtschau aller Tatumstände darauf schließen lässt, dass der Täter den für möglich gehaltenen Erfolg gebilligt oder billigend in Kauf genommen hat, ist die Willensseite des Eventualvorsatzes erfüllt. Wenn an das Willenselement des *dolus eventualis* (Billigung oder Inkaufnahme), das gegenüber dem des *dolus directus 1. Grades* viel schwächer ausgeprägt ist, weil dieser eine Absicht, also ein zielgerichtetes Handeln voraussetzt, besonders hohe Anforderungen an seine Feststellung gestellt werden, dann müssen zumindest die gleichen Kriterien bei der Beurteilung und Feststellung des *dolus directus 1. Grades* herangezogen werden. Das heißt, dass nicht allein eine objektive Gefährlichkeit der Überdosis für das Vorliegen der Absicht ausschlaggebend sein kann. Über das Vorliegen einer Absicht muss vielmehr die Gesamtschau aller objektiven und subjektiven Tatumstände entscheiden. Eine objektive Überdosierung begründet an sich nur eine Pflichtwidrigkeit, liefert jedoch keinen zwingenden Beweis dafür, dass mit ihr die Todesverursachung als End- oder Zwischenziel erstrebt war, insbesondere dann, wenn die Überdosis geringfügig über dem medizinisch Indizierten liegt und der Arzt sich glaubhaft damit verteidigt, er habe nur die Schmerzen des Patienten lindern wollen.

Ferner ist darauf hinzuweisen, dass eine medizinisch indizierte Schmerzmittelspritze im Rahmen der indirekten Sterbehilfe zum sofortigen Tod des Betroffenen

---

1367 Siehe Kapitel 3, 1.2.1.

1368 Vgl. BGH, Urteil vom 15.11.1996, 3 StR 79/96.

1369 Vgl. BGH, Urteil vom 28.02.2013, 4 StR 357/12 m.w.N.; Urteil vom 22.03.2012, 4 StR 558/11 m.w.N.

führen kann, ähnlich wie beim Pistolenschuss im Rahmen der aktiven Sterbehilfe. Bei der indirekten Sterbehilfe kann der Handelnde den Todeseintritt sogar mit 100 %-iger Sicherheit voraussehen. Ist die Verabreichung der Spritze zur Schmerzlinderung wie etwa im Falle der *epidermolysis bullosa* in ihrer schwersten Ausprägung nicht möglich, darf nach der herrschenden Meinung nicht auf ein anderes Mittel zur Schmerzbekämpfung zurückgegriffen werden, etwa auf eine Pistole, obwohl das Gefährdungspotenzial der Pistole und der Spritze einerseits und der eingetretene Erfolg in Gestalt des sofortigen Todes andererseits gleich sind oder sein können, insbesondere wenn im Einzelfall die Spritze zu nahezu 100 % zum Tode führen wird, ähnlich wie ein Pistolenschuss. Wenn aber das Ziel und der Erfolg einer medizinisch indizierten Dosis zur Erreichung der Schmerzfreiheit und das Ziel sowie der Erfolg des Pistolenschusses gleich sind, kann die Motivation des Handelnden bezüglich der Todesverursachung als Endziel, Zwischenziel, bloß unvermeidbare Nebenfolge oder Billigung keine Rolle spielen, weil die tödliche Schmerzlinderung an sich nach überwiegender Auffassung ein rechtlich gebotenes und erwünschtes Ziel ist. Die Wahl der Art und Weise des Schmerzlinderungsmittels muss sich vielmehr nach dem Kriterium seiner Notwendigkeit richten. Das gewählte Mittel muss damit stets das mildeste wirksame Mittel zur Erreichung der Schmerzfreiheit sein.[1370]

Gegen die rechtliche Zulässigkeit der aktiven Sterbehilfe werden das Dammbruchargument und das Interesse der Allgemeinheit am Verbot der aktiven Tötungshandlung ins Feld geführt.[1371] Dem Dammbruchargument, das mit der Strafbarkeit von nur einigen, eng begrenzten aktiven Tötungshandlungen die Erosion des gesamten Lebensschutzes in mehr oder weniger längerer Perspektive heraufbeschwört, ist entgegenzuhalten, dass es nur einen rein spekulativen, empirisch nicht überprüfbaren Charakter hat. Die Straffreiheit des Suizids hat nicht etwa zur Folge, dass die Suizidmitwirkung ebenfalls straflos ist.[1372] Das Interesse der Allgemeinheit am Verbot der aktiven Tötung mag ein besonders wichtiger gemeinschaftlicher Belang sein. Zu beachten ist hier jedoch, dass abstrakte Befürchtungen der Allgemeinheit nicht höherwertiger sein können als ein konkret-individuelles Extremleiden. Das Überwiegen des konkret-individuellen Interesses an der Schmerzlinderung gegenüber dem abstrakten Interesse der Allgemeinheit folgt daraus, dass unerträgliche, lebenslang andauernde und nicht anders als durch Tötung zu lindernde Schmerzen das weitere, rein biologische Dasein unerträglich machen. Dieser Fall der aktiven Sterbehilfe ist mit dem Fall der indirekten Sterbehilfe vergleichbar, bei welcher das Interesse der Allgemeinheit am Verbot der aktiven Tötungen für zweitrangig gehalten wird. In beiden Fälle wird eine Schmerzbeendigung angestrebt. Wenn also der Erfolg der aktiven und indirekten

---

1370 Vgl. *Merkel*, Früheuthanasie, S. 578 ff.

1371 Siehe Kapitel 3, 1.2.1.

1372 Siehe Kapitel 3, 1.2.2 f.

Sterbehilfe (Beeinträchtigung des Lebensrechts) gleich, das Eingriffsgut (Leben) gleich und das verfolgte Ziel (Schmerzlinderung) gleich sind und dieses Ziel moralisch annähernd gleiche Bewertung verdient, muss das Interesse am Verbot der gezielten aktiven Tötung in diesem engen Bereich dieser Analogie eine Ausnahme erfahren. Deswegen geht das Interesse des Einzelnen an der Schmerzlinderung in bestimmten Fällen der aktiven Sterbehilfe dem Interesse der Allgemeinheit an deren Verbot vor.[1373]

Daher kann eine aktive Lebensverkürzung in bestimmten Ausnahmesituationen gemäß § 34 StGB gerechtfertigt werden.[1374] Eine Gleichbehandlung der aktiven Früheuthanasie mit der „allgemeinen" aktiven Sterbehilfe erscheint aufgrund des Umstandes als geboten, dass Neugeborene und Erwachsene gleichermaßen schmerzempfindungsfähig sind. Zwar sind Neugeborene äußerungsunfähig und möglicherweise auch ihres Daseins unbewusst. Das Fehlen eines ausdrücklichen Sterbeverlangens schließt jedoch nicht aus, § 34 StGB anzuwenden. Zu fragen ist dann, ob eine aktive Lebensverkürzung objektiv im Interesse des Neugeborenen liegt.[1375] Leidet das Neugeborene unaussprechbare Qualen, die nicht gelindert werden können, bis seinem natürlichen Tod andauern werden, die Tötung mangels der Handlungsalternativen dazu dient, das Leiden endgültig zu beenden und eine leidensfreie Lebenszeitspanne oder die Schmerzreduzierung auf ein erträgliches Maß bis zum Eintritt des natürlichen Todes nicht zu erreichen ist, ist davon auszugehen, dass die aktive Tötung dem Willen des Neugeborenen entspricht und ihm weiteres unerträgliches Leiden erspart werden soll.[1376]

1.4.1 Lebendgeburt aufgrund eines misslungenen Schwangerschaftsabbruchs

Im Zusammenhang mit der aktiven Sterbehilfe steht die Tötung eines Neugeborenen im Falle eines fehlgeschlagenen Schwangerschaftsabbruchs. Nach der medizinisch-sozialen Indikation des § 218a Abs. 2 StGB ist ein mit Einwilligung der Schwangeren von einem Arzt vorgenommener Schwangerschaftsabbruch nicht rechtswidrig, wenn der Abbruch der Schwangerschaft unter Berücksichtigung der gegenwärtigen und zukünftigen Lebensverhältnisse der Schwangeren nach ärztlicher Erkenntnis angezeigt ist, um eine Gefahr für das Leben oder die Gefahr einer schwerwiegenden Beeinträchtigung des körperlichen oder seelischen Gesundheitszustandes der Schwangeren abzuwenden, und die Gefahr nicht auf eine andere für sie zumutbare Weise abgewendet werden kann. Dieser besondere

---

1373 Siehe Kapitel 3, 1.2.2 f.

1374 Siehe Kapitel 3, 1.2.2 f.

1375 Vgl. *Joecks/Jäger*, vor § 211, Rn. 39.

1376 Siehe Kapitel 3, 1.5; vgl. *Maurach/Schroeder/Maiwald*, Besonderer Teil Teilband 1, § 1 VI, Rn. 41 ff.

Rechtfertigungsgrund für das Auslöschen eines menschlichen Lebens greift ein, wenn aufgrund der für die Schwangere bestehenden Gefahren der Abbruch vertretbar, also ein medizinisch und prozedural ordentlich erlangtes Ergebnis ist.[1377] Die für die Schwangere bestehenden Gefahren können soziale, wirtschaftliche oder familiäre Belastungen, Überforderungen durch die Fürsorgepflichten[1378], psychische Dauerüberlastung mit psychosomatischer Symptomatik oder depressiver Fehlentwicklung[1379] oder unterschiedliche Erkrankungen sein. Als solche Gefahr kommt auch die zu erwartende Behinderung des Kindes in Betracht, wenn die Pflege eines solchen Kindes die Schwangere unzumutbar belasten könnte (früher sog. embryopathische Indikation). Der Grund für den Schwangerschaftsabbruch ist dabei jedoch nicht die Behinderung des Kindes, sondern die Gefahr schwerer psychischer oder physischer Erkrankungen der Mutter, die ihren Grund in der Behinderung des Kindes haben.[1380] Dabei ist zu beachten, dass ein solcher Abbruch zeitlich unbegrenzt zulässig ist. Möglich ist er auch dann, wenn das Kind grundsätzlich außerhalb des Mutterleibes überlebensfähig wäre (sog. Spätabtreibung).

Fraglich ist, ob diese Grundsätze auf Lebendgeburten nach einer misslungenen Spätabtreibung übertragen werden können. Konnte eine Leibesfrucht aufgrund des § 218a Abs. 2 StGB abgetrieben werden, so stellt sich die Frage, ob deren Tötung zu Ende gebracht werden kann, wenn sie überraschenderweise lebend zur Welt gekommen ist. Hier gibt es eine Überschneidung der aktiven Früheuthanasie einerseits mit der passiven andererseits, und zwar im Sinne der Frage, ob ein geschädigtes Neugeborene, das durch den Schwangerschaftsabbruch getötet werden sollte, nach der Lebendgeburt behandelt werden soll/muss. Darüber hinaus geht es auch darum, ob die im Rahmen der rechtlich erlaubten Abtreibung berücksichtigungsfähigen Interessen der Schwangeren (etwa die Unzumutbarkeit der Pflege des Kindes für die Schwangere) dabei eine Rolle spielen können.

Man kann hier zunächst vertreten, dass die Abtreibung und die nach der Geburt vorgenommene aktive oder passive Tötungshandlung als eine natürliche Handlungseinheit anzusehen sind. Nach § 8 StGB ist für die Beurteilung der Tat der Handlungszeitpunkt maßgeblich. Entscheidend ist also der Zeitpunkt des Handelns. Geht die Abtreibung fehl und richtet sich die daran anschließende Tötungshandlung gegen das Neugeborene, so liegen grundsätzlich zwei Handlungen vor, die jedoch zu einer Einheit verschmelzen können. Denn das Vorhaben, das Kind zu töten, kann ohne wesentliche zeitliche Unterbrechung und ohne Verzögerung verwirklicht werden.[1381] Folglich könnte die anschließende Tötungshandlung als

1377 Vgl. BGH, Urteil vom 03.12.1991, 1 StR 120/90; Sch/Sch-*Eser/Sternberg-Lieben*, vor § §§ 211 ff., Rn. 29 f.

1378 Vgl. BVerfG, Urteil vom 28.05.1993, 2 BvF 2/90 u.a.

1379 Vgl. Sch/Sch-*Eser/Weißer*, § 218a, Rn. 29 f.

1380 Vgl. Bundesärztekammer, MedR 1999, 31 f.

1381 Solche Grundsätze gelten jedenfalls für einen Fehlschlag des Versuchs. Das ist nach BGH, Urteil vom 18.08.1998, 5 StR 189/98 m.w.N. anzunehmen, wenn der

ein unselbständiger Teil eines einheitlichen Geschehens aufgefasst werden. Da der Täter mit der Abtreibungshandlung die Schwelle zum „Jetzt geht's los" überschritten hat, wird die nachfolgende Tötungshandlung dem Abtreibungsvorgang zugeordnet, denn die Abtreibung ist der nach § 8 StGB ausschlaggebende Zeitpunkt für die rechtliche Qualifikation des Täterhandelns. Der Vorteil dieser Ansicht ist, dass man grundsätzlich ohne Bedenken auf § 218 Abs. 2 StGB zurückgreifen kann.

Gegen eine solche Sichtweise kann vorgetragen werden, dass für die rechtliche Beurteilung der Wechsel der Rechtsqualität des Tatobjekts entscheidend sei.[1382] Hat der Täter seine Handlung vor Beginn der Eröffnungswehen vorgenommen, so richtet sie sich gegen den ungeborenen Menschen. Es liegt dann eine Abtreibung vor. Haben die Wehen bereits eingesetzt und beginnt der Täter erst dann zu handeln, so greift er mit seiner Handlung einen Menschen an. Es sei dann eine Tötung gegeben.[1383] Daraus kann man folgende Erkenntnis gewinnen: Im Fall der Abtreibung ist ein spezieller Rechtfertigungsgrund des § 218a Abs. 2 StGB vorgesehen. Mit dem Wechsel der Rechtsqualität des Tatobjekts scheidet die Anwendbarkeit der Regeln über den Schwangerschaftsabbruch jedoch aus. Jede Handlung ist dann an den §§ 211 f. StGB zu messen. Da für diese kein ausdrücklicher Rechtfertigungsgrund der medizinisch-sozialen Indikation vorhanden ist, ist jede aufgrund dieses Kriteriums vorgenommene Tötung rechtswidrig.

Gegen das maßgebliche Kriterium des Rechtssubjektwechsels könnte man einwenden, dass das menschliche Leben unabhängig von seiner Entwicklungsphase gleich zu behandeln ist.[1384] Ist die Vernichtung eines Menschenlebens bereits vor der Geburt als gerechtfertigt anzusehen, sollte die begonnene Tötung zu Ende gebracht werden. Das Abheben auf den Wechsel der Rechtsqualität müsste dann bedeutungslos sein. Die Behauptung des Gegenteils könnte darauf hinauslaufen, dass der weiter reichende Schutz des geborenen Lebens gegenüber dem ungeborenen Leben widersprüchlich wäre.[1385] Der Widerspruch bestünde darin, dass eine Abtreibung wegen medizinisch-sozialer Indikation zulässig wäre, eine Tötung aus denselben Gründen nach fehlgegangener Abtreibung hingegen nicht,

---

Täter erkennt, dass er die geplante Tat nur noch mit einer zeitlichen Verzögerung und auf eine andere Weise als geplant verwirklichen kann. Dann ist das bis dahin vorliegende Versuchsgeschehen beendet und jeder neue Angriff ist als eine neue selbständige Tat zu behandeln. Danach wird jeder einzelne Aggressionsakt gegen den gleichen Rechtsgutsträger nicht gesondert, sondern als ein einheitliches Geschehen betrachtet.

1382 Vgl. BVerfG, Urteil vom 29.07.1988, 2 BvR 898/88; BGH, Urteil vom 18.06.1957, 5 StR 164/57; LK-*Kröger*, § 218, Rn. 5.

1383 Vgl. BGH, Urteil vom 20.11.1956, 5 StR 347/56; *Ulsenheimer/Gaede*, Arztstrafrecht, Rn. 916 ff.

1384 Vgl. BVerfG, Urteil vom 25.02.1975, 1 BvF 1/74 u.a.

1385 Vgl. *Everschor*, Neugeboreneneuthanasie, S. 350.

obwohl – abgesehen von der Tatsache der Geburt – der Sachverhalt unverändert bleibt. Dafür spräche die Situation der Mutter. Sie unterliegt keinem Wandel. Wenn eine tödliche Einwirkung auf den Fötus wegen einer erheblichen und nicht anders abwendbaren Gefahr für die Mutter erlaubt ist, dann ändert der mit der Geburt vollzogene Wechsel der strafrechtlichen Rechtssubjekteigenschaft nichts an dieser Beurteilung. Durch die Lebendgeburt wird die Lage der Mutter nicht verbessert. Die Gründe, die für die Anwendung des § 218a Abs. 2 StGB gesprochen haben, fallen nicht urplötzlich weg. Vielmehr bleiben diese und die damit verbundenen Gefahren für die Mutter nach wie vor bestehen.[1386] Es ginge hier also um die Frage, wessen Belangen der Vorrang einzuräumen ist. Man kann das Neugeborene am Leben lassen und die Mutter des Kindes schlimmstenfalls in den Suizid treiben oder das Kind aktiv oder passiv töten, um der Mutter ein „normales" Leben zu bescheren. Man kann hier auch erwägen, das Kind zur Adoption freizugeben. Das kann jedoch kein ausschlaggebender Gesichtspunkt sein, weil auch die Heimunterbringung erhebliche psychische Belastungen der Mutter auslösen kann.[1387] Daher könnte man daran denken, im Rahmen der Rechtswidrigkeit eine dem § 218a Abs. 2 StGB ähnliche Abwägung der kollidierenden Interessen gemäß § 34 StGB vorzunehmen. Zwar ist das Leben des Neugeborenen gegen das Leben der Mutter nicht abwägungsfähig. Hier kann jedoch eventuell die Regelung über den Defensivnotstand einer Lösung zugutekommen. Man kann vertreten, dass die eigentliche Gefahr hier grundsätzlich von dem Neugeborenen ausgeht, weil es eine unzumutbare Belastung für die Mutter darstelle. Hier kann man sich jedoch auch fragen, ob die Ursache für diese Unzumutbarkeit nicht in der körperlichen oder psychischen Konstitution der Mutter liegt. Außerdem spricht der Sinn und Zweck des § 218a Abs. 2 StGB gegen dessen analoge Anwendung auf die Fälle der Lebendgeburt der fehlgeschlagenen Abtreibung. Zunächst ist festzuhalten, dass §§ 218 ff. StGB eine verfassungsmäßige Konkretisierung des Art. 2 Abs. 2 GG sind. Zwar ist jedes menschliche Leben gleichwertig, die Eingriffsvoraussetzungen in das Leben können jedoch abhängig von der konkreten Kollisionssituation unterschiedlich definiert werden.[1388] Darin besteht der strafrechtliche Unterschied zwischen dem Schwangerschaftsabbruch und der Tötung nach §§ 211 ff. StGB. § 218a StGB ermöglicht eine Abwägung der Belange der Mutter und des Fötus, während eine solche Prüfung nach der Geburt nicht mehr möglich ist. Die Abtreibungsproblematik zeichnet sich dadurch aus, dass der ungeborene Mensch im Körper der Schwangeren heranwächst. Die Schwangere darf jedoch nicht bloß wie ein willenloser Brutkasten behandelt werden. Ihr steht vielmehr ein Recht zu, über ihren Körper zu verfügen und über sich selbst zu bestimmen. Diese Verfügungs- und Selbstbestimmungsfreiheit ist jedoch durch die Lebensinteressen des Fötus eingeschränkt.

1386 Vgl. *Everschor*, Neugeboreneneuthanasie, S. 351.

1387 Vgl. Sch/Sch-*Eser/Weißer*, § 218a, Rn. 35.

1388 Vgl. BVerfG Urteil vom 25.02.1975, 1 BvF 1/74 u.a.

Denn die Auslöschung eines Menschenlebens darf nur aus einem überragend wichtigen Grund vorgenommen werden.[1389] Damit darf die Schwangere nur in besonders begründeten Fällen die Verbindung des Fötus mit ihrem Körper mittels einer Tötung auflösen. Daraus folgt, dass sie die Tötung des ungeborenen Kindes nicht verlangen darf, wenn kein ausreichender Grund für die Vornahme des Schwangerschaftsabbruchs ersichtlich ist. Verlässt das ungeborene Kind den Körper der Schwangeren, dann besteht diese Verbindung nicht mehr und damit endet ihr Abtreibungsrecht und der Anwendungsbereich des § 218a Abs. 2 StGB. Ab dem Zeitpunkt der Geburt ändern sich zugleich die Eingriffsvoraussetzungen in das Lebensrecht. Nunmehr sichern die strafrechtlichen Regelungen das geborene Leben. Daraus wird ersichtlich, dass die Rechtsordnung der Schwangeren nur ein Recht zur Verfügung „über ihren Körper", eingeschränkt durch das Lebensrecht des Fötus zubilligen will, doch kein alleiniges Recht darauf, über das Leben des Fötus zu verfügen. Auch hier zeigt sich eine Parallele zur aktiven Sterbehilfe. Soll der Schwangerschaftsabbruch durchgeführt werden, ist es zulässig, solche Mittel zu wählen, die den Fötus sofort töten und nicht nur solche, die die Verbindung mit dem Körper der Schwangeren lösen. Es soll vermieden werden, dass der schwerst gesundheitlich angeschlagene oder „lebensunfähige" Fötus lebend zur Welt kommt und unter der Schwere seiner eigenen Existenz oder der vorhandenen Schäden extrem leidet.

Trotz des grundsätzlichen Verbotes der Tötung eines Neugeborenen nach einer fehlgeschlagenen Abtreibung[1390] ist anzumerken, dass eine Tötung im Rahmen der aktiven Früheuthanasie dennoch erlaubt sein kann. Zu bedenken ist hier, dass

---

1389 Vgl. BVerfG Urteil vom 25.02.1975, 1 BvF 1/74 u.a.

1390 In der Literatur wird vorgeschlagen, das Recht zur Spätabtreibung zeitlich einzuschränken, um so zu vermeiden, dass eine legal abgetriebene Leibesfrucht lebensfähig geboren wird (vgl. *Joerden*, Sterben am Beginn des Lebens, S. 225). In ähnlichem Sinne äußerte sich auch der BGH (in Zivilsachen) in seiner Entscheidung vom 18.06.2002, VI ZR 136/01, wonach bei der Abwägung zur Bestimmung der Voraussetzungen der medizinischen Indikation auch die Dauer der Schwangerschaft und die daraus resultierende Situation für Mutter und Kind Berücksichtigung finden sollten. Daher solle der Schwangerschaftsabbruch sowohl aus dem gesundheitlichen Interesse der Frau als im Hinblick auf die Schutzwürdigkeit des ungeborenen Kindes so früh wie möglich vorgenommen werden. Daraus ist zu entnehmen, dass die Dauer der Schwangerschaft die rechtliche Zulässigkeit des Schwangerschaftsabbruchs aus medizinischer Indikation im Einzelfall „befristen" kann (vgl. *Ulsenheimer/Gaede*, Arztstrafrecht, Rn. 937 ff.). Es ist hier jedoch nicht zu übersehen, dass durch den technischen Fortschritt die Grenze der Lebensfähigkeit des ungeborenen Lebens außerhalb des Mutterleibes immer weiter vorverlagert werden kann. Dadurch würde das Abtreibungsrecht der Mutter immer mehr eingeschränkt, sollte der Indikationsgrund zeitlich begrenzt werden.

während des Schwangerschaftsabbruchs das Kind erheblich geschädigt werden kann. Bei der medizinischen Behandlung eines Kindes mit erheblicher Schädigung sind stets solche Maßnahmen vorzunehmen, die seine Existenz erträglich machen und ggf. den Beginn des Todesprozesses erleichtern, soweit dieser sich einzustellen droht. Ob die Sterbehilfe und, wenn ja, welche Form angewandt werden darf, ist eine Frage der Erforderlichkeit, gemessen an Umständen des konkreten Einzelfalles und den Bedürfnissen des Neugeborenen. Können die Schmerzen des Neugeborenen nicht auf ein erträgliches und zumutbares Maß reduziert werden, darf die aktive (schmerzlindernde) Sterbehilfe gewählt werden, sofern die Schmerzen bis zum Sterbebeginn andauern werden. Können die Schmerzen mittels der indirekten Sterbehilfe gedämpft werden, ist sie vorzuziehen. Das Gleiche hat zu gelten, wenn die passive Sterbehilfe zum Einsatz kommen kann[1391] und durch die Behandlungseinstellung ein baldiger und von unzumutbarem Leiden freier Tod zu erwarten ist.

1.4.2 Perforation

Im Zusammenhang mit der aktiven Sterbehilfe kann über den Fall einer Lebendgeburt nach fehlgeschlagener Spätabtreibung hinaus auch der Fall einer Perforation stehen. Bei der Perforation handelt es sich um eine Tötung des Kindes nach Geburtsbeginn, weil die Mutter nicht ohne erhebliche Gefahr für ihr Leben oder ihre Gesundheit das Kind auf die Welt bringen kann. Die Unmöglichkeit der normalen Entbindung ist meistens auf die Wasserköpfigkeit des Kindes, den zu kleinen Geburtskanal der Mutter und die Undurchführbarkeit des Kaiserschnitts zurückzuführen.[1392] Das strafrechtliche Problem besteht hier darin, dass mit dem Einsetzen der Eröffnungswehen der Bereich der Schwangerschaftsabbruchsdelikte verlassen wird.[1393] § 218a StGB, der auf die Kollisionsfälle der Interessen der Mutter und des Fötus zugeschnitten ist, kommt nicht mehr zur Anwendung, weil das Kind von nun an als Mensch im strafrechtlichen Sinne angesehen wird.[1394] Das Interesse der Mutter, die Geburt zu überleben, kollidiert mit dem Interesse des Kindes, lebend geboren zu werden. Hinsichtlich der Problemlösung werden in der Literatur zwei Wege vorgeschlagen.

Nach der überwiegenden Ansicht wird hier der § 34 StGB angewendet mit der Annahme, dass das Leben der Mutter gegenüber dem Leben des Kindes wesentlich überwiegt. Das wesentliche Überwiegen ergibt sich daraus, dass das Kind als Aggressor betrachtet wird, von dessen Sphäre die Gefahr für das Leben und die Gesundheit der Mutter ausgeht, so dass die Regeln des Defensivnotstands in analoger Anwendung des § 228 BGB die Anforderungen der Interessenabwägungsklausel

---

1391 Siehe unten, 1.5.5.

1392 Vgl. *Roxin*, FS Jescheck, S. 475; *Joerden*, Sterben am Beginn des Lebens, S. 225 f.; *Merkel*, Früheuthanasie, S. 610 f.

1393 Siehe oben 1.1.

1394 Vgl. Sch/Sch-*Eser/Weißer*, vor §§ 218–219b, Rn. 40 f.

an die Wesentlichkeit des geschützten Gutes gegenüber dem Eingriffsgut herabsetzen.[1395] Gegen diese Sichtweise wird eingewendet, dass die Schuld für die Entstehung der Gefahr gleich auf die Mutter und das Kind verteilt werden könne. „Das Kind gefährdet die Mutter, weil es aus ihrem Körper nicht herausgeht; sie gefährdet das Kind, weil sie es aus ihrem Körper nicht herauslässt"[1396]. Um einem von beiden die Gefahr zuschreiben zu können, müsste man die anatomischen Besonderheiten der Mutter und des Kindes betrachten und sich die Frage stellen: „ist der Geburtskanal zu eng oder der Kopf zu groß"? Daher dürfe man nicht vorab dem Kind die Gefahrentstehung zuschreiben.[1397]

Nach einem anderen in der Literatur vertretenen Ansatz ist die Perforation aufgrund eines übergesetzlichen Notstandes zu entschuldigen. Das Leben der Mutter sei auf Kosten des Kindes zu retten.[1398] Gegen diese Lösung wird eingewendet, dass dieser Entschuldigungsgrund das Eingreifen von Notwehrrechten zugunsten des Kindes ermögliche. Der Arzt könne daher von einem Dritten an der Tötung des Kindes gehindert werden.[1399]

Den Konflikt zwischen den Interessen der Mutter einerseits und des Kindes andererseits kann man versuchen, bereits auf der Rechtfertigungsstufe zu lösen. In Betracht kommt hier der § 34 StGB. Zur Bestimmung des Vorrangs eines der Kollisionsgüter kann man auf die Wertung des § 218a Abs. 2 StGB zurückgreifen. Danach darf die Schwangerschaft abgebrochen werden, wenn sie eine Gefahr für das Leben oder die Gesundheit der Schwangeren darstellt. Eine unmittelbare Anwendung dieses Grundsatzes scheidet aus, weil das Kind zu besagtem Zeitpunkt schon ein Mensch im strafrechtlichen Sinne ist. Man kann hier jedoch eine analoge Anwendung dieses Gedankens erwägen. Hierfür ist eine Vergleichbarkeit der Sachverhalte notwendig. Sieht man den Grund für die Privilegierung der Mutter im Lichte des § 218a StGB darin, dass sie nicht bloß wie eine Brutmaschine behandelt werden soll, so kann man eine Beziehung zu dem Fall der Perforation herstellen. Während der Schwangerschaft befindet sich das ungeborene Kind im Körper der Mutter und ist von ihr abhängig. Das annähernd Gleiche gilt auch für die Perforation. Obwohl das Kind bereits ein Mensch im strafrechtlichen Sinne geworden ist, ist es tatsächlich noch nicht geboren, weil es den Mutterleib nicht verlassen hat (und kann). Damit befindet es sich nach wie vor im Körper der Mutter und steht zu ihr in einem Abhängigkeitsverhältnis (etwa durch die Nabelschnur). Solange der Zustand der Verbindung mit dem Organismus der Mutter besteht, ist die Mutter

---

1395 Vgl. LK-*Rissing-van Saan/Zimmermann*, § 212, Rn. 15; *Roxin*, FS Jescheck, S. 476 f.; Sch/Sch-*Eser/Weißer*, vor §§ 218–219b, Rn. 41 m.w.N.

1396 Vgl. *Merkel*, Früheuthanasie, S. 612

1397 Vgl. *Merkel*, Früheuthanasie, S. 613 f.; *Herzberg/Herzberg*, JZ 2001, 1111; *Joerden*, Sterben am Beginn des Lebens, S. 227.

1398 Vgl. *Wessels/Beulke/Satzger*, Allgemeiner Teil, Rn. 677 ff.

1399 Vgl. *Roxin*, FS Jescheck, S. 478; *Joerden*, Sterben am Beginn des Lebens, S. 222, 227.

eingeschränkt berechtigt, über Eingriffe in ihren Körper zu verfügen. Sie ist dann berechtigt, sich für ihr eigenes Leben oder für das des Kindes zu entscheiden. Dies folgt aus dem Selbstbestimmungsrecht der Mutter, das wegen des § 218a StGB in solchen Gefahrenfällen einen Vorrang vor dem Lebensrecht des Kindes genießt. Ein solches Entscheidungsrecht steht der Mutter solange zu, wie ein Fall der medizinisch-sozialer Indikation oder der kriminologischen Indikation des analog angewandten § 218a Abs. 2 StGB vorliegt. Dem Kind wird dadurch nicht die Eigenschaft des Menschen abgesprochen. Jedem steht Lebensschutz zu, dieser Schutz kann jedoch je nach der Lebens- und Entwicklungsphase unterschiedlich intensiv sein. Danach können unterschiedliche Rechtfertigungsvoraussetzungen für Eingriffe in das Leben aufgestellt werden.[1400]

Diese Argumentation ist allerdings nicht unproblematisch. § 218a StGB bringt eine Ausnahme vom Grundsatz zum Ausdruck, dass die schwangere Frau nicht über das Leben des ungeborenen Kindes verfügen darf. Der Schwangerschaftsabbruch ist grundsätzlich als Unrecht anzusehen, es sei denn, dass die grundsätzliche Pflicht zum Austragen der Schwangerschaft mit solchen Belastungen für die schwangere Frau einhergeht, dass die Aufopferung eigener Lebenswerte von der Frau nicht erwartet werden kann.[1401] Solch eine Unzumutbarkeit liegt insbesondere vor, wenn die Frau in einen Gewissenskonflikt gebracht wird, ihr eigenes Leben zur Rettung des Lebens des ungeborenen Kindes zu opfern.[1402] Wird ein Schwangerschaftsabbruch durchgeführt, wird das Leben der Mutter gerettet, während das ungeborene Kind stirbt. Unterlässt man den Schwangerschaftsabbruch, dann stirbt die Mutter, während das Kind überlebt. Bei der Durchführung oder der Nichtdurchführung des Schwangerschaftsabbruchs wird also stets ein Leben vernichtet und ein Leben gerettet. Die Perforation zeichnet sich jedoch dadurch aus, dass bei deren Durchführung zwar ein Leben vernichtet und ein Leben gerettet wird, bei deren Nichtdurchführung aber beide Leben verloren gehen, d. h. sowohl die Mutter als auch das Kind werden sterben. Diese Situation entspricht der Situation der typischen Fälle zum Lebensabwägungsverbot wie etwa im folgenden *Bergsteiger*-Fall: A und B sind beim Wandern abgestürzt und hängen an einem Seil über einer tiefen Bergschlucht. In dieser Lage droht ihnen der sichere Tod. A könnte noch sein eigenes Leben retten, wenn er das Seil durchschneiden würde, an dem B unter ihm hängt. A kappt das Seil und bringt sich in Sicherheit.[1403] Hier verlangt die Rechtsordnung Untätigkeit. Es wird dem A zugemutet, zusammen mit dem B, der ohnehin verloren ist, in den Tod abzustürzen. Das Gleiche gilt für die Perforation. Die Mutter kann sich durch die Tötung des Kindes retten oder zusammen mit diesem während der Geburt sterben. Da hier kein Fall der Selbstaufopferung des

1400 Vgl. BVerfG, Urteil vom 25.02.1975, 1 BvF 1/74 u.a.
1401 Vgl. BVerfG, Urteil vom 28.05.1993, 2 BvF 2/90 u.a.
1402 Vgl. BVerfG, Urteil vom 25.02.1975, 1 BvF 1/74 u.a.
1403 Vgl. LK-*Rönnau*, vor § 32, Rn. 343.

eigenen Lebens zur Rettung eines fremden Lebens vorliegt, muss man davon ausgehen, dass das Lebensabwägungsverbot eingreift. Die Folge ist, dass die Rechtsordnung der Mutter das Sterben zusammen mit dem Kind zumutet und nicht als eine außergewöhnliche Belastung ansieht.[1404] Eine analoge Anwendung des § 218a Abs. 2 StGB muss folgerichtig ausscheiden.

Lehnt man die analoge Anwendung des § 218a Abs. 2 StGB ab, verbleibt nur die Anwendung eines übergesetzlichen Notstands. Dabei ist jedoch anzumerken, dass hier der Handelnde wohl ein Wahlrecht hätte, wen er retten würde. Denn das Kind und die Mutter sind grundsätzlich gleich gefährdet. Besondere Schwierigkeiten kann die Bestimmung des „geringeren Übels" ausmachen.[1405] Unklar ist, nach welchen Grundsätzen sich der Handelnde dabei richten sollte. Etwa nach den Überlebenschancen der Mutter oder des Kindes? Im Übrigen wäre es für den Arzt wohl besser, untätig zu bleiben. Denn dem Vorwurf einer Tötung durch Unterlassen könnte er durch die Berufung auf den Notstand entkommen, weil die Rettung des Lebens der Mutter oder des Lebens des Kindes durch die Tötung eines von ihnen ihrerseits nicht aus § 34 StGB zu rechtfertigen wäre.[1406] Außerdem wiegt eine aktive Tötung angesichts des § 13 Abs. 2 StGB grundsätzlich schwerer als eine Tötung durch Unterlassen.[1407]

Merkel kritisiert die in der Literatur vorgeschlagenen Lösungen, weil sie ihr Augenmerk ausschließlich auf den Schutz der Mutter richten. Aus seiner Sicht vernachlässigen sie dabei die Interessen des Kindes, indem sie das Leben der Mutter gegenüber dem Leben des Kindes ausnahmslos für schützenswerter halten. Auch wenn der generelle Vorrang des Lebensinteresse der Mutter gegenüber dem Lebensinteresse des Kindes richtig sein möge, weil *Merkel* zufolge die Mutter ein volles Lebensrecht genießt, wohingegen das Kind nur ein „wesensgleiches Lebensrecht" im Sinne einer Anwartschaft hat, könne dies nicht zufrieden stellend sein, wenn man bedenkt, dass es Fälle geben könne, in denen die Tötung der Mutter zur Rettung des Kindes als die „bessere" Handlungsalternative erscheinen würde. Dies könnte etwa dann der Fall sein, wenn die Mutter terminal krank ist oder innerhalb weniger Tage sterben wird und das Kind durch den Kaiserschnitt, deren Durchführung für die Mutter den sicheren Tod bedeutet, gerettet werden kann.[1408]

Die Ansicht *Merkels* scheint auf eine objektive Nützlichkeitsabwägung hinauszulaufen. Er will einerseits verhindern, dass sowohl die Mutter als auch das Kind sterben und andererseits denjenigen retten, der größere Überlebenschancen und bessere qualitative und quantitative (Lebens-) Perspektiven hat. Dies steht jedoch

1404 Siehe Kapitel 2, 1.4 d).

1405 Vgl. SK-*Rogall*, vor § 19, Rn. 58 f.

1406 Vgl. SK-*Stein*, vor § 13, Rn. 42; *Hruschka* JuS 1979, 392; *Joerden*, Menschenleben, S. 129.

1407 Vgl. *Joerden*, Sterben am Beginn des Lebens, S. 219.

1408 Vgl. *Merkel*, Früheuthanasie, S. 616 f.

im Widerspruch zum Lebensabwägungsverbot einerseits und zum Grundgedanken der §§ 218 ff. StGB andererseits, wonach die Mutter nicht verpflichtet ist, sich zum Schutze des Kindes aufzuopfern.[1409] Diese Norm ist zwar nur auf das Stadium vor Geburtsbeginn anwendbar. Sie enthält allerdings eine allgemeine Wertung, dass niemand rechtlich dazu verpflichtet ist, eigene Lebenswerte zur Rettung des Lebens eines anderen aufzuopfern, auch dann nicht, wenn sein Leben – aus welchen Gründen auch immer – „minderwertig" erscheine. Eine Selbstaufopferungspflicht besteht nicht.[1410] Ein Eingriff in die körperliche Unversehrtheit und das Lebensrecht der Mutter wäre nur möglich, wenn sie mit ihm zumindest mutmaßlich einverstanden wäre.

Problematischer gestaltet sich die Lage, wenn der Kaiserschnitt ohne besondere Gefahr für die Mutter möglich ist, diese jedoch den Kaiserschnitt ablehnt und auf der Tötung des Kindes besteht. Hier scheidet eine analoge Anwendung der Schwangerschaftsabbruchs- oder Notstandsvorschriften aus, da die Tötung des Kindes zur Rettung des Lebens der Mutter objektiv nicht erforderlich ist. Das bedeutet aber, dass durch die Untätigkeit mit großer Wahrscheinlichkeit sowohl die Mutter als auch das Kind sterben werden. *Merkel* meint, dass in solch einer Situation ein Zwangskaiserschnitt erlaubt sein solle. In der Ablehnung des Kaiserschnitts, der das Leben des Kindes und zugleich das der Mutter retten könnte, sei ein gegenwärtiger rechtswidriger Angriff auf das Leben des Kindes zu sehen. Dies lasse den Zwangskaiserschnitt per Nothilfe rechtfertigen.[1411] Dagegen spricht jedoch, dass jeder nicht unerhebliche ärztliche Eingriff in die körperliche Unversehrtheit des Patienten einer Einwilligung bedarf. Dies gilt auch dann, wenn er nicht besonders invasiv ist und durch dessen Vornahme das Leben eines Dritten gerettet werden kann, wie dies etwa bei einer zwangsweisen Blutspende der Fall sein kann. Dies schließt aber den Rückgriff auf § 34 StGB aus, da der Patient zum Mittel der Rettung eines Dritten gemacht wird.[1412] Ebenso wenig darf gegen den Willen der Schwangeren ein Eingriff in ihre körperliche Unversehrtheit vorgenommen werden, um ihr Leben selbst zu retten, da sie auch eine lebensnotwendige Behandlung ablehnen darf.[1413] Man kann hier vertreten, dass die Patientenautonomie im Verhältnis zu Verwandten eine Einschränkung erfahren könnte. Zwischen Verwandten bestehen stärkere Hilfspflichten und damit weitergehende Duldungspflichten.[1414] Daraus könnte man ableiten, dass es eine Pflicht der Mutter zur Vornahme des für sie ungefährlichen Kaiserschnitts zur Rettung des Kindes gebe. Die Statuierung einer solchen Pflicht ist indes nicht unbedenklich. Es besteht etwa

---

1409 Vgl. *Roxin*, FS Jescheck, S. 477.

1410 Vgl. BVerfG, Urteil vom 15.02.2006, 1 BvR 357/05.

1411 Vgl. *Merkel*, Früheuthanasie, S. 619 f.

1412 Vgl. *Pawlik*, Notstand, S. 247 f.; *Scheffler*, Medizinethik, S. 80.

1413 Vgl. BVerfG, Beschluss vom 19.07.2017, 2 BvR 2003/14 m.w.N.

1414 Vgl. *Joerden*, Menschenleben, S. 31.

auch keine Rechtspflicht zur fremdnützigen Organspende.[1415] Ist z. B. ein Kind auf eine Nierenspende angewiesen und kommen die Eltern als Organspender in Betracht, wird vielfach darauf hingewiesen, dass die Eltern zur Organspende nicht rechtlich, sondern allenfalls ethisch verpflichtet seien.[1416] Bestünde keine Rechtspflicht zur Aufopferung der eigenen körperlichen Unversehrtheit zugunsten eines Verwandten, so wäre dies also zu respektieren, selbst wenn dies mit ethischen Normen oder Geboten kollidiert.[1417]

1.5 Passive Früheuthanasie

Die passive Früheuthanasie bedeutet einerseits die Einstellung von lebenserhaltenden Maßnahmen gegenüber Personen, bei denen der Sterbeprozess bereits eingesetzt hat (Hilfe beim Sterben). Liegt der Patient im Sterben und kann der fortschreitende Sterbevorgang nicht mehr aufgehalten werden, dann soll der Arzt den Patienten sterben lassen. Diese Grundaussage wird in der deutschen Literatur nicht bestritten. Uneinigkeit besteht allein darin, wie die Zulässigkeit der Hilfe beim Sterben begründet werden soll.[1418] Andererseits bedeutet die passive Früheuthanasie auch Hilfe zum Sterben. Als solche wird die Situation verstanden, in der das Neugeborene noch nicht sterbend ist, es jedoch „lebensunfähig“ ist, ein dauerhaftes Überleben nicht möglich ist, aufgrund seiner Schäden leidet oder seine Selbstverwirklichung, Kommunikations- und Wahrnehmungsfähigkeiten stark eingeschränkt oder kaum vorhanden sind. Wie solche Fälle strafrechtlich zu lösen sind, ist noch nicht geklärt. Grundsätzlich besteht Einigkeit darüber, dass die Lebenserhaltung um jeden Preis aufgrund medizinischer Maßnahmen dem Neugeborenen mehr schaden kann, als es sterben zu lassen.[1419] Unklar ist jedoch, wann angenommen werden kann, dass die Interessen des Neugeborenen in qualitativer und auch quantitativer Hinsicht so massiv betroffen und verletzt sind, dass das Sterbenlassen eine zulässige Option darstellt und gegenüber dem gebotenen Lebensschutz überwiegt. In der Literatur wird daher versucht, die Grenzen des Lebensschutzes und der Medizin zu ergründen und zu bestimmen.

1.5.1 Merkels *Ansicht*

a) *Merkel* geht davon aus, dass jedem Menschen, also auch einem schwerstgeschädigten Neugeborenen, ein Recht auf Leben aus Art. 2 Abs. 2 GG zustehe. Dieses Recht dürfe jedoch nicht gegen seine gegenläufigen Interessen durchgesetzt werden. Anderenfalls wandle sich das subjektive Recht auf Leben faktisch in eine

1415 Vgl. Sch/Sch-*Perron*, § 34 Rn. 47.
1416 Vgl. *Schramm*, Ehe und Familie, S. 250; *Joerden*, Menschenleben, S. 31.
1417 Vgl. *Merkel*, ZStW 107 (1995), 547.
1418 Siehe Kapitel 4, 1.3 c), 1.5.1.
1419 Vgl. v. *Loewenisch*, MedR 1985, 31.

Lebenspflicht um. Da ein subjektives Recht seinem Inhaber nur Rechte verleihen und keine Pflichten auferlegen kann, ende die Schutzreichweite des Rechts auf Leben dort, wo dieses Recht dem Betroffenen gegen seinen Willen aufgezwungen wird. Jenseits dieser Grenze werde nicht mehr das Recht auf Leben, sondern nur der Gegenstand dieses Rechts, also das Leben allein, geschützt.[1420] Diese Sichtweise übersieht, dass Art. 2 Abs. 2 GG als Grundrecht nicht nur subjektive Gewährleistungen, also Ansprüche des Einzelnen gegen den Staat auf Unterlassen und gegebenenfalls auf positives Tun, sondern auch objektive Gewährleistungen enthält.[1421] Das Grundgesetz bildet eine objektive Wertordnung, die die Ausübung der dem Einzelnen zustehenden Freiheiten bestimmt. Die objektiven Wertentscheidungen des Grundgesetzes verpflichten den Staat unter anderem dazu, bei Gefährdung der Grundrechte zu deren Schutze tätig zu werden.[1422] Daraus ergeben sich für ihn objektive Schutzpflichten zugunsten der Grundrechte, die nicht nur bei deren Gefährdung durch Dritte, sondern auch durch deren Träger eingreifen können.[1423] In dem ersten Fristenlösungsurteil hat das Bundesverfassungsgericht die objektive Pflicht des Staates, jedes menschliche Leben zu schützen, ausdrücklich aus Art. 2 Abs. 2 GG abgeleitet.[1424] Nimmt man in diesem Zusammenhang an, dass einer der Bezugspunkte für die Ermittlung des grundgesetzlichen Wertesystems die negativen Erfahrungen der NS-Zeit waren, liegt es nahe, das Schutzgut des Grundrechts aus Art. 2 Abs. 2 GG der Disposition des Grundrechtsträgers zu entziehen. Die Väter des Grundgesetzes wollten mit der Einführung des Grundrechts auf Leben in das Grundgesetz die Möglichkeit der missbräuchlichen Beurteilung des menschlichen Lebens als „lebenswert" oder „lebensunwert" bzw. schützenswert oder schützensunwert (wie dies in der NS-Zeit der Fall war) vermeiden. Damit beabsichtigten sie, dass der Staat sich stets und jederzeit schützend vor das Leben zu stellen und es als biologische Grundlage des Menschenseins aufrechtzuerhalten hat.[1425] Sollte sich der objektive Lebensschutz nur nach dem (ggf. vernünftigen) Willen des Betroffenen richten, wie dies *Merkel* vorschlägt, würde dies bedeuten, dass das Grundgesetz eine Beurteilung des Menschenlebens erlauben würde: etwa als subjektiv vernünftig oder unvernünftig. Dies würde aber dem historisch gebotenen Schutz vor dem staatlichen oder drittbezogenen Missbrauch der NS-Zeit zuwider laufen.

b) Weiter meint *Merkel*, dass das Lebensrecht ausschließlich ein subjektives Recht sei, das dazu bestimmt ist, die Freiheitssphäre des Einzelnen zu sichern. Dort, wo das Leben gegen den Willen des Einzelnen geschützt wird, werde nicht

1420 Vgl. *Merkel*, Früheuthanasie, S. 393 ff.; *derselbe*, JZ 1996, 1150 f.

1421 Vgl. *Di Fabio*, JZ 2004, 1.

1422 Vgl. BVerfG, Urteil vom 15.01.1958, 1 BvR 400/51.

1423 Vgl. *Dreier*, Jura 1994, 512.

1424 Vgl. BVerfG, Urteil vom 25.02.1975, 1 BvF 1/74 u.a.

1425 Vgl. *Hohenstein*, Sterbehilfe, S. 96 ff.; *Kutzer*, ZRP 2003, 211.

mehr das (subjektive) Recht auf Leben, sondern bloß dessen Gegenstand, nämlich das Leben geschützt. Der Schutz des Lebens sei zwar auch gegen den Willen des Einzelnen zulässig, aber nur dann, wenn dafür das wohlverstandene Interesse des Betroffenen oder überragend wichtige Gemeinschaftsinteressen sprächen. In den Fällen der Sterbehilfe sei damit eine Abwägung innerhalb des subjektiven Rechts auf Leben vorzunehmen, welche den Schutz des Lebens gebieten oder verbieten kann. Das Abwägungsmaterial sei dabei das subjektive und objektive Interesse des Einzelnen am Weiterleben und am Sterben.[1426] *Merkel* ist zunächst zuzustimmen, dass das Lebensrecht in erster Linie ein subjektives Recht ist. Das subjektive Lebensrecht ist jedoch nur ein Abwehrrecht. Es dient dazu, staatliche Eingriffe in das rein biologische Dasein des Einzelnen abzuwehren. Es verleiht dem Einzelnen nicht die Befugnis, die biologische Existenz ungeschützt zu lassen, da das Lebensrecht zum einen nicht negativ ausgeübt werden kann[1427] und zum anderen dies der objektive Gehalt des Rechts auf Leben verbietet, der den Staat dazu verpflichtet, einen ausreichenden Schutz des Lebens zu gewährleisten. Um dessen objektiven Gehalt zu gewährleisten, ist der Staat durch objektive Schutzpflichten verpflichtet, sich schützend vor das Leben zu stellen und zu diesem Zwecke die Freiheiten der anderen und sogar des Rechtsgutsträgers selbst zu beschränken.[1428] Daraus folgt damit, dass das Recht auf Leben sowohl eine subjektive als auch eine objektive Funktion hat. Das (bestehende oder fehlende) Interesse des Einzelnen am Schutz des Lebensrechts hat keine Bedeutung für dessen Schutzbereich.[1429]

c) *Merkel* zufolge soll der Schutz des Lebens gegen den Willen des Rechtgutträgers für diesen stets faktisch[1430] eine Lebenspflicht statuieren. Diese faktische Lebenspflicht sei nur dann legitim, wenn sie im wohlverstandenen Interesse des Betroffenen liegt.[1431] Dies ist wohl so zu verstehen, dass *Merkel* das (allgemeine) Selbstbestimmungsrecht bzw. die allgemeine Handlungsfreiheit über den Lebensschutz stellt und diesen nur dann eingreifen lässt, wenn er sich aus mehr oder weniger besonderen Gründen legitimieren bzw. rechtfertigen lässt. Dies erscheint

---

1426 Vgl. *Merkel*, JZ 1996, 1150 ff.

1427 Vgl. Dreier/*Schulze-Fielitz*, Art. 2 II, Rn. 32 m.w.N.

1428 Vgl. BVerfG, Urteil vom 25.02.1975, 1 BvF 1/74 u.a.

1429 Vgl. Münch/Kunig-*Kunig*, Art. 2, Rn. 40 m.w.N.; *Hufen*, NJW 2001, 849; der Lebens- oder Sterbewille kann etwa nur auf der Ebene der Rechtfertigung des Eingriffs ins Lebensrecht über die Patientenautonomie eine Bedeutung erlangen. Denn niemand soll mit Mitteln des Strafrechts gezwungen werden, über sich lebensnotwendige Maßnahmen und damit eine strafbare Körperverletzung ergehen zu lassen, auch dann nicht, wenn deren Ablehnung auf irrationalen Gründen beruht, vgl. BVerfG, Beschluss vom 23.03.2011, 2 BvR 882/09.

1430 Eine mit Staatsmitteln erzwingbare Lebenspflicht gibt es nicht, vgl. *Wessels/Hettinger/Engländer*, Besonderer Teil 1, Rn. 2.

1431 Vgl. *Merkel*, JZ 1996, 1150 f.

etwas befremdlich. Es stimmt, dass der Einzelne aufgrund einer (objektiven) Wertentscheidung des Grundgesetzes von seinen Freiheiten gemäß seinem Gutdünken Gebrauch machen kann. Im Gegenzug ist der Staat verpflichtet, einen ausreichenden Schutz für die volle Freiheitsbetätigung des Einzelnen zu sichern und zu gewährleisten. Sollte der Staat zulassen, dass der Einzelne die Freiheit zur Zerstörung aller seiner Freiheiten hätte, würde er sich in Widerspruch zu seinem Auftrag, sich schützend und fördernd vor das Lebensrecht zu stellen, setzen und die biologische Grundlage aller Freiheiten vernichten sowie jegliche Freiheitsausübung unmöglich machen. Gerade weil jede Freiheitsbetätigung das biologische Dasein voraussetzt, verleiht dies dem Leben eine hervorragende Bedeutung im Wertsystem des Grundgesetzes. Das Leben ist eine unabdingbare Voraussetzung für eine grundgesetzlich erwünschte freiheitliche Rechtsordnung.[1432] Dieser generelle Grundsatz wirkt sich auch auf das Verhältnis zwischen dem Lebensschutz und dem Sterbewillen (Willen, auf den Lebensschutz zu verzichten) im Einzelfall aus, da bei jeder Abwägung zunächst vom abstrakten Wert der kollidierenden Rechtsgüter auszugehen ist.[1433] Auch auf der konkreten Ebene ist zu berücksichtigen, dass jegliche Lebensgefährdungen die staatliche Pflicht zum schützenden Tätigwerden aktualisiert, die nur in außergewöhnlichen Fällen beschränkt oder ausgeschlossen werden können.[1434] Dadurch muss entgegen der Meinung *Merkels* der Lebensschutz vom Grundsatz her nicht durch das wohlverstandene Interesse oder sonst irgendwie geartete Belange legitimiert werden.

d) *Merkel* meint, dass der Schutz des (rein biologischen) Lebens dort enden müsse, wo er dem Inhaber des Lebens aufgezwungen werde, also seinem Willen widerspricht. Diese Grundüberlegung überträgt er auch auf die Fälle, in denen ein subjektiver Wille (i.S. eines Sterbeverlangens) fehlt. Der nicht vorhandene Sterbewille wird durch den Begriff der „fundamentalen Interessen" des Betroffenen ersetzt. Er begründet dies damit, dass auch dann, wenn ein Sterbewille nicht vorliegt, das Sterbenlassen, das im eindeutigen (objektiven) Interesse des Betroffenen erfolgt, keine Verletzung des (subjektiven) Rechts auf Leben darstellen könne. Auch bei der Einwilligungsunfähigkeit des Betroffenen dürfe der Schutz des Lebens nicht gegen seine objektiv wohlverstandenen Interessen durchgesetzt werden. Wann die „fundamentalen Interessen" des Betroffenen der Lebenserhaltung entgegenstehen, sei durch Abwägung von Lebens- und Sterbensinteressen im Rahmen des rechtfertigenden Notstands gemäß § 34 StGB zu ermitteln. [1435] Hinsichtlich der in die Abwägung einzustellenden individuellen Lebensinteressen geht *Merkel* zunächst davon aus, dass dieses Lebensinteresse nur dann vorliege, wenn der Mensch imstande ist, sich selbst und der Umwelt bewusst zu sein und

1432 Vgl. BVerfG, Urteil vom 25.02.1975, 1 BvF 1/74 u.a.

1433 Vgl. BVerfG, Urteil vom 25.02.1975, 1 BvF 1/74 u.a.; *Wienbracke*, ZJS 2013, 153 m.w.N.

1434 Ebenda.

1435 Vgl. *Merkel*, Früheuthanasie, S. 429 ff., *derselbe*, JZ 1996, 1151 f.

sie zu erleben.[1436] Da die Neugeborenen diese Fähigkeit nicht besitzen, seien sie keine Inhaber des Lebensinteresses. Dieses Lebensinteresse könne ihnen allerdings als „Anwartschaft" auf die künftige Entstehung dieser Eigenschaft zugeschrieben werden, so dass sie wie Inhaber dieses Interesses zu behandeln seien.[1437] Zur Verdeutlichung beruft sich *Merkel* hier auf die zivilrechtliche Konstruktion des Anwartschaftsrechts als wesensgleiches Minus zum Vollrecht. Voraussetzung für die Entstehung des Anwartschaftsrechts sei, dass das Neugeborene potentiell identisch mit dem späteren Inhaber des vollen Lebensrechts und umgekehrt, der jetzige Inhaber des Vollrechts identisch mit dem damaligen Neugeborenen sein müsse. Dies sei anzunehmen, wenn sich ein integriertes, funktionsfähiges Nervensystem entwickelt hat, das subjektive Empfindungen ermöglicht. Dies sei ab etwa der 20. Schwangerschaftswoche der Fall. Ab diesem Zeitpunkt bestehe eine biographische Kontinuität zwischen dem ungeborenen Menschen und dem später Erwachsenen, da bereits mit der Ausbildung derjenigen Teile des Gehirns, die für die Produktion der mentalen Phänomene zuständig sind, eine konstant bleibende Grundlage des späteren Ich-Bewusstseins entsteht. Erst ab diesem Zeitpunkt könne die Tötung eines Fetus oder eines Neugeborenen seine aktuell bestehenden potentiellen Entwicklungsmöglichkeiten beeinträchtigen.[1438] Daraus ergibt sich, dass *Merkel* für die Zuschreibung des Lebensinteresses dem Kriterium der potentiellen Entwicklung des Ich-Bewusstseins den Ausschlag gibt. Dieser These kann man das Spezies-Argument entgegenhalten. Es besagt, dass jedem Angehörigen der Spezies Homo sapiens allein aufgrund der Spezieszugehörigkeit (Gleichursprünglichkeit) Lebensrecht zusteht.[1439] *Merkel* entgegnet diesem Einwand, dass das Speziesargument zu ungerechten Diskriminierungen führe. Hierfür konstruiert er zwei Beispiele:

1. Nach einem Atomkrieg reduziert sich die Intelligenz der meisten überlebenden Menschen auf das Niveau eines Schimpansen. *Merkel* führt hierzu aus, dass beim Abstellen auf die Gattungszugehörigkeit bzw. die zwischenmenschliche Solidarität das Lebensinteresse der gesamten menschlichen Gattung (also auch das der Überlebenden, die vom Intelligenzschwund nicht betroffen sind) auf das Niveau des Schimpansen herabzusetzen wäre, weil der Typus der menschlichen Spezies durch die nunmehr geringere Intelligenz gekennzeichnet wäre. Die Konsequenz wäre, dass gegenüber der Minderheit der Überlebenden ebenfalls das Tötungsverbot hinfällig wäre, obwohl sich diese Menschen in keiner relevanten Weise von uns unterscheiden.[1440] Hier wird von *Merkel* aber übersehen, dass der Lebensschutz aller Überlebenden nach dem Atomkrieg entsprechend dem Lebensschutz aus der Vorkriegszeit ausgestaltet werden kann.

1436 Vgl. *Merkel*, Früheuthanasie, S. 504 f.

1437 Vgl. *Merkel*, Früheuthanasie, S. 489 f.

1438 Vgl. *Merkel*, Früheuthanasie, S. 503 ff., 510 f.

1439 Vgl. *Schockenhoff*, Pro Speziesargument, S. 11 f.

1440 Vgl. *Merkel*, Früheuthanasie, S. 471 f.

Gegenüber denjenigen, die nunmehr das Intelligenzniveau des Schimpansen repräsentieren, wäre dies eine an sich erlaubte positive Begünstigung.[1441] Für die anderen wäre dies keine Diskriminierung, weil deren Lage weder verschlechtert noch sonst negativ beeinflusst würde. Daran ändert nichts, dass die „Weniger Intelligenten" in dem erwähnten Beispiel die Mehrheit ausmachen. Die herabgesetzte Intelligenz gegenüber dem Normalmenschen führt nicht unbedingt zur Änderung der gattungstypischen Merkmale der Spezies homo sapiens, sondern dazu, dass die Meisten der Überlebenden in dem vorstehenden Beispiel als behindert zu behandeln wären. Nehmen wir an, aufgrund der fortschreitenden Umweltzerstörung werden 90 % aller männlichen Steinadler zeugungsunfähig. Heißt das dann, dass zum prägenden Gattungsmerkmal des Steinadlers die Zeugungsunfähigkeit des Männchens gehört? Wenn ja, dann ist der Steinadler als Gattung auf eigene Selbstzerstörung ausgerichtet. Dies erscheint unsinnig. Etwas anderes könnte unter Umständen angenommen werden, wenn die meisten bisherigen gattungstypischen Merkmale wesentlich verändert würden. Dann würde es sich jedoch nicht um dieselbe Gattungsart handeln, sondern um eine neue, die aus ihr hervorgegangen ist. Etwa die Gattung Homo sapiens hat ihren Ursprung in der Gattung Homo. Die letztere unterlag im Laufe der Geschichte ständigen anatomischen Veränderungen. Beispielsweise vergrößerte sich das Gehirnvolumen. Diese anatomischen Veränderungen führten jedoch nicht dazu, dass die typischen Merkmale der Gattung Homo immer wieder neu definiert wurden, sondern dazu, dass eine neue Gattungsart (beispielsweise Homo erectus oder Homo sapiens) entstanden ist, die sich wesentlich von der Spezies homo unterschied. Überträgt man dies auf das Beispiel *Merkels*, so ergibt sich, dass die Änderung nur eines der gattungstypischen Merkmale in der Weise, dass der Durchschnittsmensch nach dem Atomkrieg „dümmer" ist, als der Durchschnittsmensch davor, keine Neudefinierung der Gattungsmerkmale der Homo sapiens zur Folge haben kann, da die Gattung abschließend definiert ist. Nimmt man hingegen an, dass diese Veränderung wesentlich wäre, dann würde es sich bei den „weniger intelligenten" Menschen um eine neue Gattungsart handeln. Abgesehen davon ist nicht einzusehen, warum die Intelligenzreduzierung des durchschnittlichen Menschen auf das Niveau des Schimpansen generell zur Gleichsetzung des Lebensschutzes zwischen dem Menschen und dem Schimpansen führen soll. Nach wie vor geht es hier um zwei unterschiedliche Gattungen, wobei die Bevorzugung der Angehörigen der eigenen Gattung ethisch nicht unakzeptabel ist, solange sie nicht willkürlich ist.[1442]

2. Durch Genmutationen wird ein Schimpanse gezüchtet, der das annähernd gleiche Ich-Bewusstsein besitzt wie der Mensch. *Merkel* meint hierzu, dass das

---

1441 Eine Begünstigung von Behinderten ist rechtlich erlaubt, vgl. BVerfG, Beschluss vom 08.10.1997, 1 BvR 9/97.

1442 Vgl. *Joerden*, Menschenleben, S. 115 f.

Spezies-Argument hier dazu führe, dass die Tötung solch eines Schimpansen zulässig wäre, während die Tötung eines Menschen ohne das Ich-Bewusstsein nach wie vor verboten wäre. Dieses Ergebnis bezeichnet er als ethisch schwerlich akzeptabel.[1443] Hier wird von *Merkel* übersehen, dass die unterschiedliche Behandlung von zwei oder mehr Gattungen anders als die Verschiedenbehandlung innerhalb ein und derselben Gattung (etwa wegen Herkunft, Geschlecht, Rasse) nicht unbedingt zu einer ethisch beachtlichen Diskriminierung führen muss.[1444] Nehmen wir an, dass der Löwe und das Zebra aufgrund bestimmter ethisch relevanter Merkmale jeweils ein gleich geschütztes Lebensrecht haben sollen. Soll dem Löwen dann verboten werden, Zebras zu jagen und zu töten? Wenn ja, dann ließe man alle wild lebenden Löwen verhungern (sofern keine anderen Nahrungsquellen als Zebras für sie zur Verfügung stehen). Selbst wenn man den Standpunkt *Merkels* einnimmt, dass der Schimpanse mit Ich-Bewusstsein den gleichen Lebensschutz verdient wie der Mensch mit Ich-Bewusstsein, spricht nichts dagegen, den Lebensschutz auch auf solche Menschen zu erstrecken, die das Ich-Bewusstsein (noch) nicht haben. Denn es erscheint zulässig, Angehörige der eigenen Spezies über das hinaus, was ihnen vom Standpunkt eines ethischen Minimums aus gesehen zusteht, gegenüber anderen Spezies zu begünstigen. Eine positive Diskriminierung ist nicht *per se* ausgeschlossen.[1445] Darüber hinaus erscheint es widersprüchlich, zu sagen, dass aus der Zugehörigkeit zur menschlichen Gattung, also einer empirisch überprüfbaren Tatsache, keine normativen Folgen gezogen werden dürften, während einer anderen (angeblich) empirisch überprüfbaren Tatsache (für solch eine hält *Merkel* das Ich-Bewusstsein) sowohl ethische Relevanz als auch normative Bedeutung beigemessen wird.[1446]

Abgesehen von dem Vorstehenden versagt der Anwartschaftsgedanke *Merkels* dort, wo das volle Lebensinteresse von dem Fetus oder dem Neugeborenen nicht erworben werden kann. Das ist etwa beim Anenzephalen der Fall. Bei ihm ist es ausgeschlossen, irgendwann Ich-Bewusstsein zu entwickeln, wenn auch eine gewisse Empfindungsfähigkeit zu bejahen ist.[1447] Damit kann keine personale Identität zwischen ihm als Neugeborenem und ihm als potentieller Person mit Ich-Bewusstsein hergestellt werden. Anders gesagt, kann bei ihm das nach der 20. Schwangerschaftswoche entstandene Anwartschaftsrecht spätestens ab der Geburt nicht mehr zum Vollrecht erstarken, da der Bedingungseintritt (Entwicklung des Ich-Bewusstseins) unmöglich ist. Nach den zivilrechtlichen Regeln des Anwartschaftsrechts erlischt dieses, wenn der Erwerb des Vollrechts unmöglich

---

1443 Vgl. *Merkel*, Früheuthanasie, S. 471.

1444 Vgl. *Schockenhoff*, Pro Speziesargument, S. 17.

1445 Vgl. *Joerden*, Menschenleben, S. 115 f.; *Hruschka* JZ 2001, 261 ff.

1446 Vgl. *Schockenhoff*, Pro Speziesargument, S. 17.

1447 Vgl. *Merkel*, Contra Speziesargument, S. 49 ff.

geworden ist.[1448] Überträgt man diesen Gedanken auf *Merkels* Theorie, bedeutet das hier, dass der Anenzephalus nicht einmal ein minimales Lebensinteresse hat. Dadurch wird der Lebensschutz in dieser Situation faktisch aufgehoben. Es gäbe dann ein faktisch schutzloses menschliches Leben, was jedoch mit der Entstehungsgeschichte des Art. 2 Abs. 2 GG nicht vereinbar ist, wonach eine Differenzierung zwischen dem schützenswerten und dem schützensunwerten Leben ausgeschlossen werden sollte. Diese Schutzlücke versucht *Merkel* dadurch zu schließen, dass er sich einer weiteren zivilrechtlichen Figur bedient, und zwar der des Vertrages mit Schutzwirkung zugunsten Dritter. Er meint, dass für jede Person mit Ich-Bewusstsein und für die Gesellschaft von Vorteil sei, alle Neugeborenen solidarisch in den Schutzbereich der moralischen Normen einzuschließen, welche eigentlich das volle Lebensinteresse voraussetzen. Diese Solidarität erschöpft sich entsprechend den Ausführungen *Merkels* zum Anwartschaftsrecht auf das volle Lebensinteresse in der Beachtung und in dem Schutz aller objektivierbaren aktuell bestehenden potentiellen Entwicklungschancen Neugeborener. Auch dann, wenn Neugeborene keine potentiellen Entwicklungschancen haben oder diese gegen Null gehen, würden sie von dem Solidaritätsgedanken erfasst, weil die Gesellschaft ein Interesse am allgemeinen Tötungsverbot (aller Menschen) als Fundamentalnorm habe.[1449] Bemerkenswert ist an dieser Solidaritätspflicht, dass sie an die biologische Eigenschaft des Menschseins anknüpft (an das Kriterium des Ich-Bewusstseins im Übrigen auch, da die Fähigkeit, sich selbst und die Umwelt bewusst zu erleben, auch ein biologisches Faktum bzw. Phänomen ist), welcher *Merkel* ansonsten jegliche ethische und rechtliche Relevanz abspricht. Menschen ohne Ich-Bewusstsein erhalten Lebensschutz *de facto* allein aufgrund der Zugehörigkeit zur Spezies *Homo sapiens*, da andere Speziesangehörige sich mit ihnen solidarisieren und sie aktiv nicht töten wollen. Dass es sich dabei nicht um ein über das Ich-Bewusstseins-Kriterium zugeschriebenes Lebensrecht, sondern um ein bloß über die Solidaritätspflichten zugeschriebenes Lebensrecht handelt, ist für *Merkel* allem Anschein nach zweitrangig, wenn nicht bedeutungslos. Hier setzt sich *Merkel* aber in Widerspruch dazu, dass die rein biologische Eigenschaft des Menschseins seiner Meinung nach sowohl ethisch als auch rechtlich irrelevant sei im Gegensatz zum Ich-Bewusstsein, dem er ansonsten die ausschlaggebende Bedeutung für die Zuschreibung des Lebensrechts beimisst. Wenn die Spezieseigenschaft generell keine Bedeutung hat, ist es nicht nachvollziehbar, warum sie gerade bei der aktiven Tötung der Speziesangehörigen eine Bedeutung erlangen soll. Die Erklärung hierfür, dass dies den fundamentalen Interessen der Gesellschaft wiederspreche, ist nichtssagend und nicht ausreichend. Etwa in den Niederlanden existiert das *Groninger Protokoll*, das die aktive Tötung von schwerstgeschädigten

---

1448 Vgl. Grüneberg-*Ellenberger*, § 158, Rn. 3; *Kindl*, ZJS 2008, 484.

1449 Vgl. *Merkel*, JZ 1996, 1154; *derselbe*, Früheuthanasie, S. 517 ff.; *derselbe*, Contra Speziesargument, S. 44 ff.

Neugeboren, bei denen unter Zugrundelegung der Kriterien *Merkels* das Lebensinteresse wohl Null beträgt oder gegen Null geht, ausdrücklich zulässt und von der Gesellschaft akzeptiert wird. Daraus wird ersichtlich, dass die Tötung eines Speziesangehörigen nicht unbedingt die „fundamentalen" Interessen der gesamten Speziesgruppe beeinträchtigen muss.

e) Die von *Merkel* vorgeschlagene Interessenabwägung zwischen dem Lebensinteresse und dem Sterbeinteresse orientiert sich allem Anschein nach an der Qualität und Quantität des von dem Neugeborenen erlebten und erlebbaren Lebens. Doch geht er hier davon aus, dass die Quantität des Lebens an sich keine eigenständige Rolle haben kann, denn „ein qualitativ problemfreies Leben darf nicht deshalb beendet werden, weil es nur kurz, und ein qualitativ unerträgliches Leben sollte nicht deshalb erhalten werden, weil es lang dauern kann".[1450] Dies erscheint problematisch. Soll wirklich jemand, sei es ein Neugeborenes sei es ein Erwachsener, nur deswegen mit allen verfügbaren und insbesondere kostenintensiven Mitteln, die seine Lebensqualität nicht beeinträchtigen, am Leben erhalten werden, weil er bei deren Einsatz eine Woche überlebt und ohne deren Einsatz nur 2 Tage oder mit deren Einsatz eine Stunde und ohne ihn eine Sekunde? Sollen sogar kostspielige experimentelle Therapien zum Einsatz kommen, um das Leben um ein paar Tage oder Wochen zu verlängern, obwohl feststeht, dass der Patient in absehbarer Zeit ohnehin sterben wird? Wenn ja, dann müssten Sterbende solange am Leben erhalten werden, bis die Gefahr der erheblichen Beeinträchtigung der Lebensqualität eingetreten ist. Unbedingte Lebenserhaltung der Sterbenden wird jedoch von vielen Literaturmeinungen und sogar vom Bundesgerichtshof abgelehnt.[1451] Auch das Bundesverfassungsgericht ist der Auffassung, dass nicht alles für die Wiederherstellung der Gesundheit und damit für die Lebenserhaltung geleistet werden muss.[1452] Daraus lässt sich entnehmen, dass selbst im Falle einer lebensbedrohlichen Erkrankung nicht jede noch so geringe quantitative Aussicht auf Verlängerung der Lebenserwartung beliebig hohe Kosten rechtfertigen kann. Eine solche Leistungsbegrenzung muss allerdings mit grundgesetzlichen Vorgaben zum Lebensschutz vereinbar sein.[1453]

Für die Feststellung der Lebens- oder Sterbeinteressen des Neugeborenen sind *Merkel* zufolge der Grad der mit der gegenwärtigen Entwicklung einhergehenden Empfindungen und die aufgrund der künftigen Entwicklungschancen bestehenden Empfindungsmöglichkeiten maßgeblich. Für eine Behandlungsbeendigung sei notwendig, dass die negativen Empfindungen die positiven überwögen.[1454] Ist das der Fall, so verletze das Weiterleben die fundamentalen Interessen des

---

1450 Vgl. *Merkel*, Früheuthanasie, S. 552.

1451 Siehe Kapitel 4, 1.3 c), 1.5.1 a).

1452 Vgl. BVerfG, Beschluss vom 06.12.2005, 1 BvR 347/98.

1453 Siehe unten 1.5.5.

1454 Vgl. *Merkel*, Früheuthanasie, S. 554 ff.

Neugeborenen.[1455] Der negative Erlebenswert des Lebens könne sich ergeben aus dem schwach ausgeprägten Ich-Bewusstsein und einer schweren geistigen Behinderung, die nur sehr eingeschränkte Empfindungen erlaubt, da mit dieser geistigen Behinderung schwere physische Defekte verbunden sind, die dem Betroffenen nur Leiden verursachen.[1456] Als Beispiel dafür nennt *Merkel* Neugeborene mit Trisomie 13 (Pätau-Syndrom) und 18 (Edwards-Syndrom). Bei diesen Erkrankungen handelt es sich um Abweichungen von der normalen Chromosomenzahl bei Chromosom 13 und 18. Mit dieser Chromosomenaberration gehen regelmäßig weitere schwere physische Schäden einher wie Herzfehler, Nierenschäden, Zwerchfellbrüche, Schädelverformungen und viele andere.[1457] Doch diese Sichtweise führt dazu, dass jeder physische und psychische Schaden bei jeder (mehr oder weniger) schweren Behinderung als etwas Leidvolles beurteilt wird. Mit jeder Erkrankung ist aber stets ein mehr oder weniger großes Leiden verbunden. Darüber hinaus ist Leiden bis zu einer bestimmten „Opfergrenze" grundsätzlich hinzunehmen. Dies ergibt sich aus der Wechselwirkung zwischen dem Lebensschutz und dem Recht auf Schmerzfreiheit. Wie die indirekte Sterbehilfe zeigt[1458], kann nicht jedes Leiden ein Argument für die Lebensbeendigung sein, da anderenfalls der Lebensschutz völlig unterlaufen wird. Das Leiden muss vielmehr einen gewissen Wert erreichen, der dem Betroffenen das Weiterleben „unzumutbar" macht. Darüber hinaus führt ein genereller Ausschluss der schwerst behinderten Neugeborenen von der Möglichkeit, sie medizinisch zu behandeln, gegen den allgemeinen Gleichheitssatz des Art. 3 Abs. 1 GG und das Benachteiligungsverbot des Art. 3 Abs. 3 Satz 2 GG. *Merkel* will die Lebenssituation der kommunikationsunfähigen schwerst behinderten Neugeborenen im Vergleich zu allen anderen Patientengruppen verschlechtern, indem den schwerstbehinderten Neugeborenen der Einsatz jeglicher medizinischer Behandlungsmethode versagt bleibt, während sie den schwerst kranken Erwachsenen erhalten bleiben, weil diese „kommunikationsfähig" sind. Die rechtliche Schlechterstellung der schwerst behinderten Neugeborenen kann allerdings nur dann zulässig sein, wenn zwingende Gründe dafür vorliegen.[1459] Ob die Kommunikationsfähigkeit zu den zwingenden Gründen zählt, erscheint allerdings sehr zweifelhaft, da der Lebensschutz bloß den Schutz des rein biologischen Lebens beabsichtigt, ohne danach zu unterscheiden, ob das rein biologische Leben bewusst wahrgenommen wird.[1460]

1455 Vgl. *Merkel*, Frühеuthanasie, S. 527.

1456 Vgl. *Merkel*, Frühеuthanasie, S. 558 ff.

1457 Vgl. *Merkel*, Frühеuthanasie, S. 42 f., Fall I.2.; *Everschor*, Neugeboreneneuthanasie, S. 491, 500.

1458 Siehe Kapitel 2, 1.2 ff.

1459 Vgl. BVerfG, Beschluss vom 19.01.1999, 1 BvR 2161/94.

1460 Vgl. BVerfG, Urteil vom 25.02.1975, 1 BvF 1/74 u.a.

e) Der negative Erlebenswert des Lebens kann aus der Sicht *Merkels* in der Behandlungsbelastung bestehen.[1461] Die durch den Einsatz der intensivmedizinischen Therapie erreichbare Lebensverlängerung gehe auf Kosten des durch diese Therapie verursachten Leides, wenn das Leben des Kindes über die Dauer der belastenden Behandlung hinaus nicht für eine wesentliche Zeitspanne ermöglicht wird (daran wird deutlich, dass *Merkel* doch dem quantitativen Kriterium eine gewisse Rolle zuschreiben will; er setzt sich aber damit zu seiner Aussage in Widerspruch, dass die Quantität des Lebens keine eigenständige Rolle spielen könne, s.o.).[1462] Problematisch an dieser Ansicht ist, was mit dem besonderen Leiden unter der Behandlungsbelastung konkret gemeint ist. *Merkel* nennt hier beispielsweise die Notwendigkeit von zehn, fünfzehn oder zwanzig Operationen innerhalb von zwei Jahren, die Abhängigkeit von einem Atemgerät, künstlicher Ernährung, dem Geben von Spritzen oder sekundäre Schäden als Folge der Behandlungsmaßnahmen.[1463] Ob dies als besondere Quälerei anzusehen ist, mag dahin gestellt bleiben, da *Merkel* die Qualifizierung einer Therapie als leidvoll von der Möglichkeit, den Sinn der quälenden Behandlung zu verstehen und von einer belohnenden Kompensation durch das erreichbare Überleben abhängig macht.[1464] Sobald das Kind den Sinn der Behandlung erkennen kann, wobei hier aus Sicht *Merkels* bereits die Entwicklung einer emotionalen Beziehung zu den Eltern ausreichend ist (woran soll sie erkennbar sein?), mutet er dem Kind, das keine emotionale Bindung entwickelt hat, mehr Belastung zu als dem Kind, das eine emotionale Bindung entwickelt hat, obwohl die durch die Behandlung erreichbare Lebensspanne gleich bleibt.[1465] Dies erscheint fraglich. Zum einen ist eine besonders belastende und schmerzhafte Behandlung nicht dadurch erträglicher, dass man die Fähigkeit entwickelt hat, zu lieben und geliebt zu werden. Soll ein extrem extrovertierter Mensch eine Behandlung nur deswegen bekommen, weil er laut danach schreit, ein extrem introvertierter Mensch aber nicht, weil er seine Emotionen nicht ausdrücken kann und über sein Leiden nicht klagt? Auch die Möglichkeit, länger zu leben und ein längeres Leben zu genießen, kompensiert es wohl nicht, unter der behandlungsbezogenen Belastung nahezu lebenslang zu leiden. Denn ein kurzes und schmerzfreies Leben erscheint wertvoller als ein langes Leben unter Vernichtungsschmerzen.[1466] Die Entwicklung der emotionalen Beziehung knüpft im Übrigen an wenig greifbare Anhaltspunkte an. Was soll deren Ausdruck sein und warum soll sie so relevant sein? *Merkel* beantwortet das nicht. Das Ergebnis der Überlegungen *Merkels* ist, dass ein einjähriges Neugeborenes länger leiden muss als etwa ein einen Monat

---

1461 Vgl. *Merkel*, Früheuthanasie, S. 560 ff.
1462 Vgl. *Merkel*, Früheuthanasie, S. 560 ff.
1463 Vgl. *Merkel*, Früheuthanasie, S. 561.
1464 Vgl. *Merkel*, Früheuthanasie, S. 564.
1465 Vgl. *Merkel*, Früheuthanasie, S. 563 f.
1466 Vgl. BGH, Urteil vom 15.11.1996, 3 StR 79/96; *Kutzer*, NStZ 1994, 115.

altes Neugeborenes mit annähernd gleichen Schädigungen, weil es aufgrund nicht näher objektivierbarer emotionaler Bindung zu seinen Eltern angeblich den Sinn einer kaum erträglichen Behandlungsmaßnahme verstehen kann. Zum anderen, sollte man *Merkels* Ansicht folgen, läuft sein Konzept darauf hinaus, dass er Erwachsenen mehr Leid zumutet als Neugeborenen oder Kleinkindern. Ändert es wirklich etwas am Schmerzempfinden, dass man die eigene Umwelt versteht? Macht dies das vom Leiden gepeinigte Leben erträglicher? *Merkel* überlässt zudem die Entscheidung über die Feststellung einer unzulässigen besonderen Behandlungsbelastung dem Arzt, dem er einen breiten Beurteilungsspielraum einräumen will. Dessen Ausübung müsse aber nicht mehr der Logik folgen, sondern an Erfahrung, Augenmaß und humaner Sensibilität des Arztes ausgerichtet sein.[1467] Dagegen ist einzuwenden, dass bei dieser Betrachtungsweise eine Überprüfung der ärztlichen Entscheidung kaum möglich wäre, wenn diese *ex ante* nicht einmal logisch sein muss. Die Begriffe der Erfahrung, des Augenmaßes und der humanen Sensibilität sind unbestimmt. Die Einräumung eines breiten Beurteilungsspielraums lässt Probleme hinsichtlich der Überprüfbarkeit der ärztlichen Entscheidung entstehen. Je breiter der Spielraum, umso großzügiger ist bei den Unwägbarkeiten des Falles zu verfahren. Fraglich ist auch, wie dies mit dem besonderen Stellenwert des Lebensrechts zu vereinbaren ist. Schließlich gilt, je wertvoller ein Rechtsgut, umso größere Anforderungen an dessen Verletzung sind zu stellen. Es mag sein, dass *Merkel* hier einen subjektiven Gefahrenbegriff im Sinn hat. Außer Polizeigesetzen und ggf. § 127 StPO ist die subjektiv definierte Gefahr (Anscheinsgefahr) jedoch in anderen Bereichen des Rechts für eine Rechtfertigung nicht ausreichend.

f) *Merkel* will in die Abwägung der Lebens- und Sterbeinteressen auch „zukünftig entstehendes Leid" einstellen. Gemeint ist damit, dass dem Neugeborenen noch nicht jetzt, aber in Zukunft ein qualvolles Leben (und qualvolles Sterben) bevorsteht. Er nennt hierzu solche Erkrankungen wie Chorea Huntington (sie manifestiert sich nicht vor dem 25. Lebensjahr, meistens erst nach dem 40., führt zur schweren Demenz, physischen Degeneration und einem regelmäßig quälenden Sterben) oder das Tay-Sach-Syndrom (es manifestiert sich sechs bis acht Monate nach der Geburt und führt innerhalb der folgenden 3 bis 4 Jahre begleitet durch schwere Krankheitserscheinungen wie schwere geistige Behinderung, Blindheit, konvulsive Krämpfe, Lähmung, physische Deformierung und Gewichtsverlust zum Tod).[1468]

Fraglich ist hier schon, ob in diesem Falle überhaupt von einer rechtlich relevanten Gefahr gesprochen werden kann. Eine Gefahr wird allgemein angenommen, wenn die Wahrscheinlichkeit des Eintritts eines Schadens besteht. Nach dieser Definition spielt es grundsätzlich keine Rolle, ob der Schaden heute, in einem Monat oder in 20 Jahren eintritt. Es wäre aber verkehrt zu behaupten, dass

1467 Vgl. *Merkel*, Früheuthanasie, S. 567 f.
1468 Vgl. *Merkel*, Früheuthanasie, S. 573 ff.

bereits eine weit entfernte Möglichkeit der Beeinträchtigung der „fundamentalen Interessen" des Neugeborenen ein sofortiges Handeln zur Abwendung dieser Gefahr erforderlich macht. Warum soll das Neugeborene kurz nach der Geburt unbehandelt gelassen werden, wenn seine „fundamentalen Interessen" erst in 3 oder 4 Jahren verletzt werden? Warum kann der Beginn der kritischen Phase nicht abgewartet werden, die erst das Weiterleben dem Kind unzumutbar macht? Soll einem Kind eine kostspielige Behandlung verweigert werden, weil nach Auswertung seines DNA-Tests feststeht, dass seine Lebenserwartung etwa nur 35 Jahre beträgt? Jeder von uns wird irgendwann mehr oder weniger schmerzvoll an einer mehr oder weniger schrecklichen Erkrankung sterben. Soll dies ein Grund für die Beschränkung medizinischer Maßnahmen sein?

In Straf- oder Polizeigesetzen werden an die zeitliche Ausdehnung der Gefahr besondere Anforderungen gestellt, indem eine gegenwärtige oder dringende oder unmittelbar bevorstehende oder latente Gefahr gefordert wird. Es wird also eine Grenze dahingehend gezogen, dass der Schaden in überschaubarer Zukunft eintreten muss. Für diese zeitliche Grenzziehung spricht insbesondere, dass entsprechend dem Rechtsgedanken des § 34 StGB, welchen *Merkel* hier für die Interessenabwägung des Neugeborenen im Allgemeinen heranziehen will.[1469] bei der Abwägung der betroffenen Rechtsgüter, also des Schutz- und des Eingriffsguts, die Schadensnähe zu berücksichtigen ist. Daraus folgt, dass die bloße Möglichkeit des qualvollen Sterbens oder Todeseintritts in vielen Jahren nicht ausreichend ist, um den Lebensschutz in irgendeiner Weise zu überwiegen. Eine bloß latente, sich erst in vielen Jahren realisierende Gefahr genügt dem nicht. Auch dann nicht, wenn mit hundert prozentiger Sicherheit gesagt werden kann, dass ein Neugeborenes in drei oder fünf Jahren qualvoll sterben wird. Zu berücksichtigen ist hier auch, dass typischerweise voranschreitende medizinische Erkenntnisse in Zukunft neue bzw. verbesserte Therapiemöglichkeiten eröffnen können. *Merkel* versucht seine Ansicht, dadurch zu verteidigen, dass der subjektive Erlebenswert der eigenen Existenz bei Neugeborenen geringer ist als bei älteren Kindern oder Erwachsenen, weil die Neugeborenen kein Bewusstsein des eigenen Ich haben.[1470] Dieser Erklärungsversuch kann jedoch nicht überzeugen. Denn das Leben als bloß biologisches Faktum ist ein besonders schützenswertes Rechtsgut, das im Einzelfall nur beschränkt werden kann, wenn eine außergewöhnliche Notlage vorliegt[1471], die die Einschränkung des Lebensschutzes rechtfertigt.[1472]

g) Ferner erwägt *Merkel* Behandlungsbeschränkungen für den Fall des Zusammentreffens einer schweren lebensbedrohlichen Erkrankung mit einer leicht therapierbaren Erkrankung, die aber unbehandelt den Todeseintritt beschleunigt.

1469 Vgl. *Merkel*, Früheuthanasie, S. 528 ff.

1470 Vgl. *Merkel*, Früheuthanasie, S. 575.

1471 Vgl. BVerfG, Urteil vom 25.02.1975, 1 BvF 1/74 u.a.

1472 Siehe unten 1.5.5.

Obwohl das Neugeborene noch ein paar Tage oder Monate leben könnte, lässt man es früher wegen dieser leicht therapierbaren (Begleit-) Erkrankung sterben. Er bezeichnet dies als „Benutzen der Gelegenheit“. Das kommt aus seiner Sicht dann in Betracht, wenn die weitere Lebenserhaltung für das Kind unerträglich („inhuman“) erscheint. Eben dann sollte die frühestmögliche Gelegenheit zum Sterbenlassen genutzt werden.[1473] Zwar besteht gemäß § 27 Abs. 1 SGB V hinsichtlich jeder Erkrankung ein Behandlungsanspruch. Wenn aber die tödliche Grunderkrankung in absehbarer Zeit zum Tod führt oder deren Behandlung für das Neugeborene unerträglich ist, dann dürfte sich der Behandlungsanspruch hinsichtlich der Begleiterkrankung nur auf die Linderung der Beschwerden begrenzen. Denn das Leben ist aufgrund der lebensbedrohlichen Grunderkrankung ohnehin unrettbar verloren.[1474]

h) Hinsichtlich der Frage, mit welcher Sicherheit die Gefahr für das Sterbeinteresse des Neugeborenen feststellbar sein muss, führt *Merkel* aus, dass die Wahrscheinlichkeit des Schadenseintritts stets individuell am konkreten Einzelfall zu bestimmen sei, und zwar ohne Rückgriff auf abstrakte Vorentscheidungen in dem Sinne, dass das Lebensrecht auf abstrakter Ebene anderen Rechtsgütern vorgeht.[1475] Dies erscheint insoweit zutreffend, als die Abwägung der betroffenen Rechtsgüter nicht nur abstrakt, sondern vor allem konkret, entsprechend den Umständen des Einzelfalles vorzunehmen ist. In die Abwägung muss allerdings stets der abstrakte Wert des Lebensrechts einfließen, insbesondere bei Zweifelsfällen.[1476]

i) *Merkel* schließt es grundsätzlich aus, dass bei der Abwägung der Lebensinteressen des Neugeborenen Drittinteressen berücksichtigt werden dürfen.[1477] Bedenkt man, dass der Lebensschutz in der Regel im Rahmen der gesetzlichen oder privaten Krankenversicherungssysteme erfolgt, stellt sich die Frage, ob er mit allen verfügbaren und erdenklichen Mitteln gewährleistet werden soll und ob beliebig hohe Kosten im Einzelfall unabhängig von Erfolgsaussichten, tatsächlichem Nutzen, Risiken und Dauer der Lebensverlängerung die Leistungsgewährung rechtfertigen können. Sollte die Frage zu bejahen sein, dann kann dies angesichts der extrem hohen Aufwendungen zur Erreichung dieses Ziels auf Kosten der Leistungsfähigkeit und Qualität des Krankenversicherungssystems und aller Versicherten gehen. Zumindest aus diesem Grunde müssen auch Interessen der in der Krankenversicherung Versicherten an der Aufrechterhaltung des Systems berücksichtigt werden, sofern dies mit den Vorgaben des Grundgesetzes vereinbar ist.[1478]

1473 Vgl. *Merkel*, Früheuthanasie, S. 601 ff.

1474 Siehe unten 1.5.5.

1475 Vgl. *Merkel*, Früheuthanasie, S. 534 ff.

1476 Siehe unten 1.5.5.

1477 Vgl. *Merkel*, Früheuthanasie, S. 543 f.

1478 Siehe unten 1.5.5.

1.5.2 Jähnkes *Ansicht*

a) *Jähnke* geht von einer grundsätzlichen Gleichwertigkeit der Behandlungspflicht gegenüber einem Neugeborenen und einem Erwachsenen aus, soweit einerseits das erstere lebensfähig ist und andererseits die äußeren Ausfallerscheinungen und die medizinische Indikation vergleichbar sind.[1479] Was den Begriff der Lebensfähigkeit angeht, meint er, dass aus der zeitlichen Beschränkung des zulässigen Schwangerschaftsabbruchs nach § 218a StGB a.F. zu entnehmen gewesen war, dass der Gesetzgeber nur die Abtreibung lebensfähiger Kinder nicht zulassen wollte, da der Fötus vor dem Erreichen der 22. Schwangerschaftswoche außerhalb des Mutterleibes nicht lebensfähig ist. Im Umkehrschluss ergebe sich daraus, dass zum einen keine Pflicht zur Erhaltung lebensunfähiger Feten auch nach Ablauf der 22-Wochen-Frist bestehe und zum anderen die Rettung eines lebensunfähigen Neugeborenen damit rechtlich nicht geboten sei.[1480] Zur Verdeutlichung des Begriffs der Lebensunfähigkeit, die vorliegen soll, wenn eine bestimmte Störung mit dem perinatalen Leben nicht zu vereinbaren ist, weil ein Überleben selbst bei der Behandlung dieser Störung nicht möglich ist, werden von *Jähnke* unter anderem folgende Beispiele genannt: inoperable Herzfehler, Potter-Syndrom[1481], Trisomie 18 (Edwards-Syndrom)[1482] oder Rhachischisis[1483].[1484] Gegen diese Sichtweise spricht, dass § 218a StGB nach der Entscheidung des Bundesgerichtshofes vom 25.02.1975[1485] neu gefasst wurde. Er enthält nunmehr keine zeitliche Beschränkung des zulässigen Schwangerschaftsabbruchs. Es ist dadurch möglich, auch lebensfähige Föten abzutreiben. Damit fehlt jegliche Stütze im Wortlaut dieser Vorschrift für die generelle Zulässigkeit der Behandlungsbeendigung lebensunfähiger Feten oder Neugeborenen.

aa) Der Begriff der Lebensunfähigkeit wird trotzdem in der Literatur zur Beschränkung der Lebensschutzpflichten herangezogen. *Glöckner* kombiniert ihn mit den Überlebenschancen. Er meint, dass vor dem Erreichen der 22. Schwangerschaftswoche das Frühgeborene keine Überlebenschancen habe, weil dessen Weiterentwicklung außerhalb des Mutterleibes derzeit technisch unmöglich ist.[1486] Ähnlich verfährt *Hanack*, ohne jedoch genau anzugeben, woraus dieser Begriff

---

1479 Vgl. *Jähnke*, Behandlungspflicht, S. 99 f., 105; so auch *Laber*, MedR 1990, 184.

1480 Vgl. *Jähnke*, Behandlungspflicht, S. 100; *Hiersche/Jähnke*, MDR 1986, 4.

1481 Diese Krankheit zeichnet sich durch das Fehlen oder die Funktionsunfähigkeit der Nieren oder Lungen aus, vgl. *v. Loewenich*, Therapiemöglichkeiten, S. 41 f.

1482 Es ist eine Krankheit mit variablen und komplexen Fehlbildungen, vgl. *Everschor*, Neugeboreneneuthanasie, S. 491.

1483 Hier geht es um eine vollständige Spaltung der Wirbelsäule einschließlich des Rückenmarks, vgl. *Everschor*, Neugeboreneneuthanasie, S. 503.

1484 Vgl. *Hiersche/Jähnke*, MDR 1986, 3 f.

1485 Vgl. BVerfG, Urteil vom 25.02.1975, 1 BvF 1/74 u.a.

1486 Vgl. *Glöckner*, VuR 2008, 461 f.

hergeleitet wird. Er stellt bloß eine Behauptung auf, dass dort, wo der Arzt das Neugeborene gar nicht am Leben erhalten kann, er dazu nicht verpflichtet sei, auch dann nicht, wenn dadurch der Eintritt des Todes hinausgezögert werden könnte. Als Beispiele für Lebensunfähigkeit nennt *Hanack*: inoperable Herzfehler oder das schwere Dysraphie-Syndrom[1487].[1488] Bereits diese Definition der Lebensunfähigkeit macht deutlich, dass sie unbestimmt ist.[1489] Wenn der Arzt das Neugeborene gar nicht am Leben erhalten kann, dann liegt grundsätzlich eine faktische Unmöglichkeit der Lebenserhaltung vor. Setzt man damit die so verstandene Lebensunfähigkeit mit der Unmöglichkeit der Lebenserhaltung gleich, dann ist es rätselhaft, warum die letztere umetikettiert wird, wenn der Inhalt gleich bleibt. Ist es hingegen dem Arzt möglich, das Leben, wenn auch nur um wenige Sekunden oder Minuten zu verlängern oder zumindest den Tod hinauszuzögern, dann liegt eine, wenn auch zeitlich beschränkte Lebensfähigkeit vor, weil das Neugeborene fähig ist, mit Hilfe der Maßnahmen der Intensivmedizin zumindest eine Weile zu leben bzw. zu überleben. Wenn die Lebensverlängerung der Medizin möglich ist, muss man folgerichtig von Lebensfähigkeit ausgehen. Man kann daran denken, dass die Lebensfähigkeit eine Mindestlebenszeitspanne voraussetze. Hier stellt sich jedoch die Frage, wie lang sie sein soll und warum gerade die betreffende Länge zutreffend sein soll.[1490] Weder *Jähnke* noch *Glöckner* noch *Hanack* widmen sich dieser Fragestellung.

bb) Das Kriterium der vergleichbaren Ausfallerscheinungen und der vergleichbaren medizinischen Indikation zwischen dem Erwachsenen und dem Neugeborenen rechtfertige sich nach *Jähnkes* Meinung aus den Gründen des gleichen Lebensschutzes.[1491] Der von ihm vertretene Grundsatz der Gleichwertigkeit der Behandlungspflicht hat unbestreitbar eine solide Grundlage in Art. 2 Abs. 2 GG, der alles Leben gleich schützen will. Das Problem der Früheuthanasie besteht jedoch vielfach darin, dass die schwerstgeschädigten Neugeborenen an solchen Erkrankungen leiden, die bei einem erwachsenen Menschen nicht vorstellbar sind. Die Schädigungen der Neugeborenen sind insbesondere auf genetische Defekte oder vorgeburtliche Virusinfektionen zurückzuführen und betreffen vor allem das Zentralnervensystem.[1492] Der Begriff der Vergleichbarkeit der Ausfallerscheinungen und der medizinischen Indikation erscheint zudem unklar. Eines der vielen möglichen Krankheitszeichen der Trisomie 18 (Edwards-Syndrom) kann die

1487 Hier geht es um unterschiedlich schwere Störungen der Wirbelsäulenbildung, vgl. *Everschor*, Neugeboreneneuthanasie, S. 491.

1488 Vgl. *Hanack*, MedR 1985, 36.

1489 Auch andere in der Literatur vorgeschlagene Definitionsversuche der Lebensunfähigkeit leiden an diesem Mangel, vgl. *Glöckner*, Frühgeborene, S. 229.

1490 Vgl. *Merkel*, Früheuthanasie, S. 370 ff.

1491 Vgl. *Jähnke*, Behandlungspflicht, S. 99 f.

1492 Vgl. *Ewerbeck*, Krankheitsbilder, S. 17.

verschlossene Speiseröhre (Ösophagusatresie) sein. Sie ist dadurch gekennzeichnet, dass die Speiseröhre direkt mit der Luftröhre verbunden ist und in sie mündet. Durch den ständigen Speichelfluss kann das Neugeborene ersticken.[1493] Eine solche Ausfallerscheinung der Speiseröhre ist bei einem Erwachsenen nicht möglich. Möglich ist ein Ersticken durch Verschlucken (insbesondere bei Demenzkranken, die das Schlucken „verlernt" haben). Dies beruht jedoch nicht auf Fehlern der Speiseröhre. Liegt hier noch eine Vergleichbarkeit der Ausfallerscheinungen vor?

cc) Das Gleichwertigkeitsprinzip beschränkt *Jähnke* aus Gründen der „Inhumanität" durch die Grenzen des ärztlichen Handelns, welche die Behandlungspflicht des Arztes aufheben. Die Aufgabe des Arztes ist es, „den Übergang des Kindes aus der schützenden und nährenden Hülle des Mutterleibs in die Außenwelt mit dem Ziel zu bewirken, es zu selbständiger Existenz zu befähigen"[1494]. Die Möglichkeit der selbständigen Existenz ist nach *Jähnke* dann zu verneinen, wenn das Neugeborene auf nicht absehbare Zeit auf ständige Hilfe der medizinischen Technik angewiesen ist, um seine Lebensfunktionen aufrechtzuerhalten. Dies sei etwa dann der Fall, wenn dem Neugeborenen Lungen oder Nieren fehlen, sie nicht ausreichend ausgebildet oder wegen einer Hirnschädigung außerstande sind, von allein zu arbeiten.[1495] Die von *Jähnke* vorgeschlagene Zielsetzung der Medizin steht jedoch im Widerspruch zum Verständnis der Lebensschutzpflichten im Sinne der Vorschriften über die gesetzliche Krankenversicherung, welche den Art. 2 Abs. 2 GG konkretisieren.[1496] Danach hat der Arzt die Grunderkrankung zu heilen oder ihr Fortschreiten aufzuhalten und die mit ihr verbundenen Beschwerden zu lindern (vgl. § 27 Abs. 1 SGB V). Dabei wird von *Jähnke* übersehen, dass etwa bei Dialysepatienten oder Patienten mit Herzschrittmacher die ausgefallenen Körperfunktionen dauerhaft durch Maschinen übernommen werden. So ein maschinenabhängiges Leben muss daher nicht zwangsläufig als mit dem ärztlichen Auftrag unvereinbar eingestuft werden und nicht unbedingt den wohlverstandenen Interessen des Neugeborenen zuwiderlaufen.[1497] Darüber hinaus ist der Begriff des dauerhaft maschinenunabhängigen Lebens zu unbestimmt. *Jähnke* sagt auch nicht, wie lange der Zeitraum des selbstständigen Lebens sein muss und wie er festzulegen ist.

dd) Eine weitere Beschränkung erfährt das Gleichwertigkeitsprinzip zwischen dem Neugeborenen und dem erwachsenen Menschen (insbesondere) im Bereich der Lebenserhaltung von schwergeschädigten Frühgeborenen. Hier fehlen aus *Jähnkes* Sicht Vergleichsmaßstäbe zu den schwererkrankten Erwachsenen, die Abschätzung der drohenden Schäden ist unsicher und die Erfolgsaussichten einer Therapie

1493 Vgl. *Merkel*, Früheuthanasie, S. 44.
1494 *Jähnke*, Behandlungspflicht, S. 103.
1495 Vgl. *Jähnke*, Behandlungspflicht, S. 103, 109; so auch *Ulsenheimer*, MedR 1994, 427, der hier von „normativer Unzumutbarkeit" spricht.
1496 Siehe Kapitel 4, 1.5.1 c).
1497 Vgl. *Merkel*, Früheuthanasie, S. 380; *Glöckner*, Frühgeborene, S. 232.

sind zwar statistisch belegbar, im Einzelfall jedoch kaum zuverlässig abschätzbar. In diesem Falle bestehe nur dann eine ärztliche Behandlungspflicht, wenn eine wissenschaftlich gesicherte Behandlungsmethode vorhanden ist, sie Anerkennung als ärztlicher Standard gefunden hat, der Arzt deren Anwendung beherrscht und die unvermeidlichen Dauerschäden des Kindes als vertretbar zu beurteilen sind.[1498] Es mag sein, dass der Arzt generell nicht verpflichtet ist, auf eine nicht schulmedizinische Behandlungsmethode zurückzugreifen. Problematisch ist hier jedoch, woraus sich eine solche Beschränkung ergeben soll. *Jähnke* nimmt ein Ergebnis vorweg, ohne es zu begründen. Nimmt man an, dass das Leben ein besonders wertvolles, wenn nicht das höchste Rechtsgut in der Verfassungsordnung ist, liegt es nicht fern, bei dessen Gefährdung auch solche Therapien anzuwenden, die nicht medizinisch gesichert sind, jedoch eine gewisse Erfolgschance im Einzelfall bieten, vor allem bei erheblicher Gefahr für das Leben. So hat das Bundesverfassungsgericht geurteilt, dass zur Abwendung von lebensbedrohlichen oder regelmäßig tödlich verlaufenden Erkrankungen besondere Anstrengungen zu unternehmen seien, da der Schutz vor dem Todeseintritt zum Kernbereich des Lebensrechts gehöre. Dies gilt aus der Sicht des Bundesverfassungsgerichts auch dann, wenn es an schulmedizinischen Behandlungsmethoden mangelt.[1499]

Hinsichtlich der Frühgeborenen wird in der Literatur vertreten, dass für die Beschränkung der Lebenserhaltungspflicht das Gewicht des Frühgeborenen maßgeblich sein sollte.[1500] So geht etwa *Everschor* davon aus, dass deren Lebenserhaltung dann normativ unzumutbar sei, wenn ihr geringes Geburtsgewicht die Prognose zulässt, dass sie die Fähigkeit zur Eigenständigkeit und Entfaltung der Persönlichkeit nicht erreichen und / oder ein Leben mit großen Schmerzen führen würden oder sie neben dem geringen Geburtsgewicht zusätzliche angeborene oder perinatal erworbene schwere Schädigungen aufweisen und zu erwarten sei, dass sie die Fähigkeit zur Eigenständigkeit und Entfaltung nicht erreichen und (bzw. oder) ein Leben mit großen Schmerzen führen würden.[1501] Gegen die Annahme einer Gewichtsgrenze spricht jedoch, dass sie seit 30 Jahren immer mehr nach unten verschoben wird, z.B. von 1 000 Gramm auf 750 Gramm usw.[1502] Es ist damit schwer, eine verlässliche Grenze zu bestimmen, die aufzeigen würde, ab wann keine Chance auf Lebenserhaltung besteht, zumal es unterschiedliche Arten und Weisen des Wiegens gibt.[1503] Es wird auch vorgeschlagen, auf den Grad der Reifeentwicklung des Frühgeborenen abzustellen[1504] Hinsichtlich dieses Kriteriums ist

---

1498 Vgl. *Jähnke*, Behandlungspflicht, S. 106 ff., 109.

1499 Vgl. BVerfG, Beschluss vom 06.12.2005, 1 BvR 347/98.

1500 Vgl. *Eser*, FS Narr, S. 60.

1501 Vgl. *Everschor*, Neugeboreneneuthanasie, S. 477, 482.

1502 Vgl. *Obladen*, Neugeborenenintensivpflege, S. 553; *v. Loewenich*, MedR 1985, 31; *Hiersche*, MedR 1990, 309 f.

1503 Vgl. *v. Loewenich*, MedR 1985, 31.

1504 Vgl. *Glöckner*, Frühgeborene, S. 244.

aber anzumerken, dass dessen Bestimmung mit vielen Fehlern behaftet sein kann. Es gibt keine zuverlässige Methode, die den Reifegrad und die exakte Dauer der Schwangerschaft ermitteln lässt. Der Arzt ist auf Vermutungen angewiesen.[1505] Hinzu kommt noch der Umstand, dass selbst exakt festgestellte Missbildungen, die das Frühgeborene nach dem jetzigen Stand der Medizin überlebensunfähig machen, sich im Laufe der Zeit zurückbilden können.[1506] Darüber hinaus stellt sich die Frage, welcher Grad der Entwicklung notwendig ist, damit das Frühgeborene behandelt werden kann.

b) Den Anenzephalus hält *Jähnke* generell für einen „Hirntoten", so dass keine ärztliche Pflicht zu dessen Behandlung besteht.[1507] Wie es scheint, geht er bei dieser Aussage von einer unzutreffenden Annahme aus. Die Anenzephalie ist eine Hirnerkrankung, die sich dadurch auszeichnet, dass bis auf Rückenmark und Hirnstamm andere wesentliche Teile des Gehirns fehlen und kein Schädeldach vorhanden ist.[1508] Daraus ergibt sich, dass die anenzephalen Neugeborenen zumindest einen funktionierenden Hirnstamm besitzen, so dass die Annahme eines Gesamthirntodes ausscheidet. Damit ist der Anenzephalus ein, wenn auch geistig stark behinderter Mensch, der grundsätzlich den gleichen Lebensschutz genießt wie andere. Damit ist *Jähnkes* Begründung für eine entsprechende Beschränkung der Lebenserhaltungspflicht nicht tragfähig.

c) Eine weitere Beschränkung der Lebenserhaltungspflicht will *Jähnke* dann vornehmen, „wenn die Behandlung lediglich Qualen verursacht, ohne den Gesundheitszustand zu stabilisieren".[1509] Versteht man diese Aussage dahingehend, dass die Behandlungsbelastung nicht außer Verhältnis zu dem Behandlungsnutzen stehen soll, so erscheint dies richtig. Es dürfte unzweifelhaft sein, dass eine medizinische Behandlungsmethode „mehr nützen als schaden" muss. Das heißt, dass deren Risiken und Belastungen für den Patienten abstrakt und konkret-individuell vertretbar sein müssen.[1510] Ist etwa eine Chemotherapie für den konkreten Patienten unverträglich, dann wird von ihr Abstand genommen. An der Ansicht *Jähnkes* ist jedoch problematisch, was hier mit „Verursachen lediglich von Qualen" gemeint

---

1505 Vgl. *Everschor*, Neugeboreneneuthanasie, S. 335; *v. Loewenich*, MedR 1985, 31 f.

1506 Vgl. *v. Loewenich*, MedR 1985, 32; *Glöckner*, VuR 2008, 458: „Regenerationsfähigkeit von Frühgeborenen im Vergleich zu der von erwachsenen Patienten (ist) oft erstaunlich gut".

1507 Vgl. *Jähnke*, Behandlungspflicht, S. 103; so auch *Ulsenheimer*, MedR 1994, 427; *Hiersche*, MedR 1984, 216.

1508 Vgl. *Kloth*, MedR 1994, 180 m.w.N.; *Isemer/Lilie*, MedR 1988, 67.

1509 Vgl. *Jähnke*, Behandlungspflicht, S. 109; ähnlich *Everschor*, Neugeboreneneuthanasie, S. 477, 481 f., der zufolge hier von einer normativen Unzumutbarkeit auszugehen ist, wenn das Kind ein Leben mit großen Schmerzen führen werde, wobei die Ursache des Schmerzes nicht beseitigt werden kann.

1510 Siehe Kapitel 4, 1.5.1 c), c) cc) und unten 1.5.5.

ist. Auch der Begriff der Stabilisierung des Gesundheitszustandes ist konkretisierungsbedürftig. Muss er auf Dauer, für eine Woche oder für eine Stunde stabil bleiben und warum ausgerechnet für diese Zeitspanne?

1.5.3. Esers *Ansicht*

a) Aus der Sicht *Esers* endet eine ärztliche Behandlungspflicht, sobald ein Fall der „faktischen Unmöglichkeit" vorliegt, also dann, wenn eine weitere Lebensverlängerung ohnehin aussichtslos erscheint. Die Aussichtslosigkeit setze voraus, dass sich die Lebensverlängerung auf die Hinauszögerung des Todes und nicht auf die Behebung der vorhandenen Schäden des Neugeborenen beziehen müsse.[1511] Dabei wird aber außer Acht gelassen, dass das Leben durch intensivmedizinische Maßnahmen auch bei sehr schweren Schäden in der Regel objektiv verlängerbar ist, wenn auch nur um wenige Minuten oder Stunden.[1512] Wenn also zumindest eine kurzzeitige Verlängerung oder Stabilisierung des Gesamtzustandes möglich ist, kann die Lebenserhaltung nicht *per se* als aussichtslos bezeichnet werden. Nach § 11, 12, 27 SGB V muss jede Behandlung auf die Erreichung eines der Behandlungsziele (Heilung, Verhütung der Verschlimmerung, Beschwerdelinderung) ausgerichtet und hinreichend wirksam sein. Dabei kann der dadurch erzielte Behandlungserfolg zeitlich begrenzt sein.[1513] Wenn also die Verschlimmerung einer Krankheit wirksam verhütet werden kann, auch wenn dies nur für einen kurzen Zeitraum geschieht, kann die Behandlung ihren „Sinn" erfüllen und damit „aussichtsreich" sein.

b) Neben der Aussichtlosigkeit im Sinne der „faktischen Unmöglichkeit" kann die Unmöglichkeit die Gestalt einer objektiven Unmöglichkeit annehmen. Die Aussichtslosigkeit im Sinne der objektiven Unmöglichkeit kann sich *Eser* zufolge aus einem Mangel an personellem Know-how oder an den erforderlichen Geräten oder aus einem Versorgungsengpass für mehrere Patienten ergeben. Im letzteren Fall solle der Arzt ein Auswahlermessen haben, wen er behandeln möchte. Als Kriterium für die Ausübung dieses Ermessens kämen etwa bessere Rettungschancen

---

1511 Vgl. *Eser*, FS Narr, S. 57; ähnlich *Everschor*, Neugeboreneneuthanasie, S. 244 ff., 483, der zufolge die „tatsächliche Unmöglichkeit" vorliegt, wenn der Beginn des Todesprozesses unmittelbar bevorsteht oder bald einsetzen kann und keine Mittel zur Verfügung stehen, die das Überleben ermöglichen können, oder wenn auch der Einsatz einer Behandlungsmethode den Tod nicht verhindern kann. In diesem Sinne auch die Begründung der Einstellungsverfügung der StA Oldenburg vom 03.05.1999, 1613-6-137 Js 276/98 (zitiert nach *Tröndle*, NStZ 1999, 463 f.). Dagegen spricht jedoch, dass das Leben (auch das eines Sterbenden) in der Regel um einige Zeit verlängert werden kann, so dass hier die Lebenserhaltung „faktisch (wenn nicht rein objektiv) möglich" ist.

1512 Vgl. *v. Loewenich*, Therapiemöglichkeiten, S. 41 ff.

1513 Vgl. Jahn-*Wältermann*, SGB V, § 12, Rn. 9.

des Patienten A gegenüber denen des Patienten B in Betracht.[1514] Bei diesen Beispielen kann zwar eine objektive Unmöglichkeit vorliegen. Jedoch wird dies selten der Fall sein. Die objektive Unmöglichkeit kann etwa dann anzunehmen sein, wenn medizinische Mittel oder das notwendige Personal fehlen. In diesen Situationen ist es jedoch durchaus möglich, den Patienten in ein anderes Krankenhaus zu befördern, sodass eine objektive Unmöglichkeit ausscheidet.[1515] Steht der Arzt vor der Wahl, den Patienten A oder den Patienten B zu behandeln, wobei ihm möglich ist, nur A oder B zu retten, so wird solch eine Fallkonstellation aufgrund der rechtfertigenden Pflichtenkollision gelöst. Fraglich ist hier, ob in dieser Situation stets der Patient zu behandeln ist, bei dem die Therapie den größeren Erfolg verspricht. Denn bei der Bestimmung der kollidierenden Pflichten ist nicht nur auf deren abstrakten Wert abzustellen, sondern es können noch weitere Umstände von Bedeutung sein wie etwa der Grad der drohenden Gefahr oder das Ausmaß des drohenden Schadens.[1516] Als ein solcher besonderer Umstand kann auch die Größe der Rettungschancen in Betracht kommen. Es gilt dabei, je geringer die Rettungschance ist, umso schwerer muss das durch die Notstandshandlung beeinträchtigte Interesse wiegen. Das heißt, dass das Risiko eines Misslingens umso höher sein darf, je größer die Gefahr und je schutzwürdiger das Erhaltungsgut bzw. je unbedeutender der Schaden auf der Eingriffsseite ist.[1517] Auf dieser Grundlage erscheint es richtig, dass die Behandlung eines Patienten mit besseren Rettungschancen in der Regel vorzuziehen ist, wenn zwei Patienten gleichzeitig behandlungsbedürftig sind und nur einer von ihnen medizinisch versorgt werden kann. Müssen die Patienten hingegen nicht gleichzeitig medizinisch versorgt werden, dann erscheint problematisch, allein auf die besseren Rettungschancen abzustellen, da der Eingriff in das Lebensrecht des anderen Patienten nicht unbedeutend ist.[1518]

c) Die Beendigung der Lebenserhaltungsmaßnahmen kann sich *Eser* zufolge auch aus der normativen Unzumutbarkeit (Zielsetzung des ärztlichen Auftrags) ergeben. Sie liege vor, wenn der Sterbensprozess unwiderruflich eingesetzt hat

---

1514 Vgl. *Eser*, FS Narr, 57 f.; Sch/Sch-*Eser/Sternberg-Lieben*, vor §§ 211 ff., Rn. 29c, 30 m.w.N.; so auch Laber, MedR 1990, 186; *Ulsenheimer*, MedR 1994, 427; *Kaufmann*, JZ 1982, 485; *Everschor*, Neugeboreneneuthanasie, S. 244 ff., 483, der zufolge eine Behandlung „faktisch unmöglich" ist, wenn weder technische noch personelle Kapazitäten vorhanden sind. Eine „bedingte Unmöglichkeit" sei gegeben, sobald der Arzt aufgrund der nicht ausreichenden Ressourcen wählen muss, wen er behandeln soll. Eine Behandlung sei „subjektiv unmöglich", wenn die Behandlungsmethode dem Arzt nicht bekannt ist oder sich noch im Versuchsstadium befindet.

1515 Vgl. *Everschor*, Neugeboreneneuthanasie, S. 241 f.

1516 Vgl. Sch/Sch-*Sternberg-Lieben*, vor §§ 32 ff., Rn. 74.

1517 Vgl. Sch/Sch-*Perron*, § 34, Rn. 29 m.w.N.

1518 Vgl. Sch/Sch-*Eser/Sternberg-Lieben*, vor §§ 211 ff., Rn. 30 m.w.N.

oder wenn das Ziel des ärztlichen Auftrags zur Ermöglichung eines bewussten Lebens nicht ausführbar ist, weil das Neugeborene irreversibel bewusstlos ist (Verlust jeglicher Reaktions- und Kommunikationsfähigkeit)[1519] oder wenn das Neugeborene „ohne höhere Gehirnfunktionen zur Welt kommt", so dass es dem irreversibel Bewusstlosen gleichgestellt werden könne.[1520] *Everschor* erweitert die Grenzen der normativen Unzumutbarkeit um den Fall, in dem das Neugeborene die Fähigkeit zur Eigenständigkeit und Selbst-Entfaltung nicht erlangen wird. Diese Fähigkeit setze voraus, dass das Kind fähig sein müsse, personenbezogene Lebensverrichtungen selbstständig auszuüben, nicht dauerhaft auf die Hilfe Dritter angewiesen sei und seine Vitalfunktionen nicht auf Dauer von apparativer Hilfe abhängig seien. Deren Erlangen sei ausgeschlossen, wenn das Neugeborene vor deren Erreichen sterben wird oder nicht ohne dauerhafte apparative Hilfe existieren kann oder aufgrund schwerer geistiger Störungen nicht in der Lage ist, vorhandene Schäden zu kompensieren.[1521] Nach der Ansicht *Esers* und *Everschors* soll die Zielsetzung der Medizin die Ermöglichung eines bewussten (personellen) Lebens sein. Darunter wird die Kommunikationsfähigkeit verstanden. Abgesehen von der Mehrdeutigkeit dieses Begriffes[1522], ist dagegen einzuwenden, dass es fraglich ist, woraus sich eine solche Einschränkung ergeben soll.[1523] Nach § 27 SGB V hat jeder Versicherte, also auch ein Neugeborenes, einen Anspruch auf Krankenbehandlung. Der Begriff der Krankheit umfasst sowohl Behandlung von rein körperlichen als auch von geistigen Defekten.[1524] Selbst wenn eine geistige Erkrankung nicht behandlungsfähig ist, beschränkt sich dann der Leistungsanspruch auf Behandlung der körperlichen Fehler. Die kognitiven Fähigkeiten des Versicherten spielen also bei der Bestimmung des Leistungsumfangs keine Rolle. Die Aufgabe der gesetzlichen Krankenversicherung ist es gemäß § 1 Satz 1 SGB V, Maßnahmen zu ergreifen, die den Gesundheitszustand „insgesamt" bessern können.[1525] Auf

---

1519 Vgl. Sch/Sch-*Eser/Sternberg-Lieben*, vor §§ 211 ff., Rn. 29e.; *Laber*, MedR 1990, 187 f.; *Ulsenheimer*, MedR 1994, 427; *Nunez Paz*, FS Roxin, S. 622; ähnlich *Opderbecke/Weißauer*, MedR 1998, 397, die in der Ermöglichung des bewussten und umweltbezogenen Lebens die Zielsetzung der intensivmedizinischen Maßnahmen sehen, da die Intensivmedizin ursprünglich dazu bestimmt war, das Leben zu verlängern, um Zeit für eine kausale Behandlung zu gewinnen, und nicht bloß dazu, das Leben ins Unendliche zu erhalten; *Kaufmann*, JZ 1982, 485 f., der hier eine Parallele zum Hirntod zieht und meint, dass das spezifisch Menschliche in der sinnlichen Wahrnehmungs- und Mitteilungsfähigkeit liege.

1520 Vgl. *Eser*, FS Narr, S. 59 f.; Sch/Sch-*Eser/Sternberg-Lieben*, vor §§ 211 ff., Rn. 29e; ähnlich *Hanack*, MedR 1985, 36.

1521 Vgl. *Everschor*, Neugeboreneneuthanasie, S. 477, 481.

1522 Vgl. *Merkel*, Früheuthanasie, S. 328 f.

1523 Vgl. *Merkel*, Früheuthanasie, S. 304.

1524 Vgl. Jahn-*Sommer*, SGB V, § 27, Rn. 21.

1525 Vgl. SGB, Urteil vom 06.10.1999, B 1 KR 13/97 R.

dieser Grundlage ist es unverständlich, warum im Strafrecht ein anderer Maßstab gelten sollte. Abgesehen von diesem Einwand, ist das Kriterium der Unzumutbarkeit als solche ungeeignet, die ärztlichen Handlungspflichten zu beschränken. Die Berufung auf die Unzumutbarkeit setzt voraus, dass die rechtlich gebotene Handlung die billigenswerten Interessen des Garanten in erheblichem Umfang beeinträchtigt. Die Erfüllung einer Pflicht muss mit gewichtigen Interessen ihres Trägers kollidieren, wodurch er seiner rechtlichen Verpflichtung nicht gerecht werden kann, weil das ihm drohende Übel schwerer wiegt als das Unterlassen der Pflichthandlung.[1526] Der Umstand, dass „das bewusste Leben" eines Patienten nicht wieder herzustellen ist, ist nach wie vor allein ein Interesse des Patienten und nicht des Arztes. Das Interesse geht also auf den Patienten zurück.[1527] Zwar soll der Arzt sich auch um das Wiedererlangen „des bewussten Lebens" durch den Patienten bemühen; falls er dies jedoch nicht zustande bringen kann, droht ihm kein persönlicher Nachteil. Eine etwaige psychische Belastung ist als gering anzusehen und vermag es nicht, eine erhebliche Disproportionalität zwischen dem objektiv Gebotenen und dem subjektiv Zumutbaren zu schaffen. Denn in der Regel besteht kein enges persönliches Verhältnis zwischen dem Arzt und seinen Patienten. Der Arzt ist auch kein Angehöriger, sodass von ihm mangels persönlicher Betroffenheit eine höhere psychische Belastbarkeit abzuverlangen wäre. Es ist damit nicht ersichtlich, dass die Lebenserhaltungspflicht irgendwelche subjektiven Interessen des Arztes im erheblichen Maße berühren würde.[1528]

d) Eine weitere Beschränkung der Behandlungspflichten ergibt sich nach Meinung *Esers* aus der ärztlichen Indikation. Die Behandlungsmethode müsse nicht nur (im Allgemeinen) medizinisch indiziert sein, sondern auch im Einzelfall angemessen sein.[1529] Eine Lebenserhaltung sei dann nicht angemessen und damit nicht medizinisch indiziert, wenn das Kind die Operation nicht überleben würde oder wenn die durch die Operation verursachte Beeinträchtigung größer wäre als die bestehende Behinderung.[1530] Problematisch ist hier aber, dass in vielen Fällen prognostische Unsicherheiten bestehen, so dass nicht mit 100 %-iger Sicherheit abgeschätzt werden kann, ob das Neugeborene eine an sich notwendige Operation nicht überleben wird. Man kann versuchen, den Wahrscheinlichkeitsgrad so zu verstehen, dass die Überlebenschancen gering sein müssten. Daran schließt sich jedoch die Frage an, wie gering sie sein müssten und warum etwa eine 5 %-ige Chance des Überlebens zum Ausschluss der Behandlungspflicht führen sollte. Dies wird von *Eser* nicht beantwortet. Das Kriterium, wonach die Beeinträchtigung durch einen ärztlichen Eingriff größer sein müsse als die bestehende Behinderung,

1526 Vgl. BGH, Urteil vom 20.12.1983, 1 StR 746/83.

1527 Vgl. *Merkel*, Früheuthanasie, S. 310 f.

1528 Vgl. *Merkel*, Früheuthanasie, S. 310.

1529 Vgl. Sch/Sch-*Eser/Sternberg-Lieben*, vor §§ 211 ff., Rn. 29 f. m.w.N.

1530 Vgl. *Eser*, FS Narr, S. 58.

ist zu unbestimmt. Unklar ist hier, was der Bezugspunkt sein soll. Soll etwa die Amputation der Beine, um das Leben des schwerstgeschädigten Neugeborenen zu retten, als eine solche Beeinträchtigung angesehen werden, die die bestehende Behinderung erheblich vergrößert? Soll über das Leben eines behinderten Kindes der Umstand entscheiden, ob es zwei Beine hat?

Auf eine Behandlung dürfe wegen fehlender medizinischer Indikation auch dann verzichtet werden, wenn die Operation keine Besserung brächte.[1531] *Eser* übersieht hier, dass nach den dem Lebens- und Gesundheitsschutz konkretisierenden Vorschriften der §§ 27, 12 SGB V[1532] der Behandlungsanspruch des Kranken nicht nur die Heilung einer Erkrankung, sondern auch die Verhütung deren Verschlimmerung umfasst. Damit ist es ausreichend, dass eine Operation die Grunderkrankung für eine gewisse Zeit stabilisiert oder deren Fortschreiten aufhält.

Der Arzt habe keine Pflicht, Behandlungsmethoden anzuwenden, die medizinisch nicht gesichert sind.[1533] Diese These *Esers* steht teilweise im Widerspruch zu dem verfassungsrechtlichen Umfang der Lebensschutzpflicht des Art. 2 Abs. 2 GG. Nach der Rechtsprechung des Bundesverfassungsgerichts soll die Leistungserbringung der (gesetzlichen) Krankenkassen auch dann erfolgen, wenn der Betroffenen lebensbedrohlich erkrankt ist und eine medizinisch gesicherte Behandlungsmethode fehlt. Voraussetzung hierfür ist aber, dass die medizinisch nicht gesicherte Therapie eine nicht weit entfernte Aussicht auf eine spürbare und positive Besserung bietet.[1534] Der Leistungsanspruch des § 27 SGB V verpflichtet zur Erbringung von wissenschaftlich nicht überprüften oder ungesicherten Therapiemaßnahmen auch bei seltenen Krankheiten.[1535] Damit fällt nicht jede ungesicherte Behandlungsmethode aus dem Katalog der zur Lebens- und Gesundheitsrettung notwendigen Leistungen. Anderenfalls droht die Verletzung des Kernbereiches des Lebensrechts.[1536]

e) *Eser* meint weiter, dass zur Behandlungsbeendigung auch Gesichtspunkte der Menschenwürde berechtigen sollten, insbesondere dann, wenn der Sterbende nur noch als Objekt medizinischer Kunstfertigkeit am Leben erhalten wird oder wenn die Hinauszögerung des Todeseintritts lediglich finanziellen Interessen der Angehörigen oder des Krankenhauses dient[1537] oder das Neugeborene unabhängig von seinem Krankheitszustand zu „Experimenten" genutzt wird, die lediglich der

---

1531 Vgl. *Eser*, FS Narr, S. 58.

1532 Siehe Kapitel 4, 1.5.1 c).

1533 Vgl. *Eser*, FS Narr, S. 58, so auch *Glöckner*, Frühgeborene, S. 236 f.; *derselbe*, VuR 2008, 462.

1534 Vgl. BVerfG, Beschluss vom 06.12.2005, 1 BvR 347/98.

1535 Vgl. SGB, Urteil vom 19.10.2004, B 1 KR 27/02 R.

1536 Vgl. BVerfG, Beschluss vom 06.12.2005, 1 BvR 347/98.

1537 Vgl. *Eser*, FS Narr, S. 60 f.; Sch/Sch-*Eser/Sternberg-Lieben*, vor §§ 211 ff., Rn. 29g; so auch *Ulsenheimer*, MedR 1994, 427; *Kaufmann*, JZ 1982, 485.

Datenerhebung zu wissenschaftlichen Zwecken dienen.[1538] In der Literatur wird der Zustand, in dem die Möglichkeit des Neugeborenen zu einem bewussten und umweltbezogenen Leben fehlt, als menschenwürdewidrig angesehen.[1539] Die Heranziehung der Menschenwürde zur Beschränkung der Lebensschutzpflichten ist in der Literatur nicht einheitlich.

aa) Nach einer Ansicht wird in jeder Tötung der Spezialfall einer Menschenwürdeverletzung gesehen. Dies gilt insbesondere dann, wenn dem Betroffenen das Leben gegen seinen Willen genommen wird. Dadurch werde er nicht nur instrumentalisiert, sondern es werde ihm auch die Ausübung aller anderen Rechte unmöglich gemacht. Eine Ausnahme bildet eine Tötung in Notwehr.[1540] Die Annahme einer Homogenität der Verletzung des Lebensrechts und der Menschenwürde (abgesehen von den Notwehrfällen, wie es scheint) begegnet gewissen Bedenken. Die Menschenwürdegarantie ist das oberste Verfassungsprinzip, das nicht abwägungsfähig ist und keiner Rechtfertigung zugänglich ist. Sie ist ein absolutes Recht.[1541] Das Lebensrecht ist hingegen einschränkbar und sein Schutz kann etwa durch die strafrechtlichen Rechtfertigungs- und Entschuldigungsgründe relativiert werden. Das Lebensrecht ist zwar „die vitale Basis der Menschenwürde und (...) aller anderen Grundrechte“[1542]. Die Menschenwürde ist jedoch nicht zwingend an das Leben gekoppelt. Dies zeigt das Beispiel des postmortalen Persönlichkeitsschutzes.[1543] In ihm manifestiert sich die Respektierung der Menschenwürde des Verstorbenen.[1544] Schon daraus wird ersichtlich, dass das Lebensrecht körperbezogen ist, während die Menschenwürde auf den Schutz des (auch körperlosen) Menschseins Bezug nimmt.[1545] Um der Relativierung der Menschenwürde zu entgehen und ein sinnvolles Zusammenleben sicherzustellen, kann sie nur in eng begrenzten und besonders gravierenden Fällen verletzt werden.[1546] Setzt man jede Tötung mit der Menschenwürdeverletzung gleich, erscheint etwa die Tötung des ungeborenen Kindes aufgrund eines Schwangerschaftsabbruchs kaum verfassungsrechtlich zulässig.[1547]

1538 Vgl. *Everschor*, Neugeboreneneuthanasie, S. 483 f.

1539 Vgl. *Laber*, MedR 1990, 188; *Everschor*, Neugeboreneneuthanasie, S. 483 f.

1540 Vgl. *Joerden*, Menschenwürde, S. 235; *Vitzthum*, JZ 1985, 203.

1541 Vgl. *Hufen*, Staatsrecht II, § 10, Rn. 34; *Kingreen/Poscher*, Grundrechte, Rn. 397; Maunz/Dürig-*Herdegen*, Art. 1 Abs. 1, Rn. 73 f.

1542 Vgl. BVerfG, Urteil vom 25.02.1975, 1 BvF 1/74 u.a.

1543 Vgl. BVerfG, Beschluss vom 24.02.1971, 1 BvR 435/68; Dreier-*Dreier*, Art. 1 I, Rn. 74 ff.

1544 Vgl. Maunz/Dürig-*Herdegen*, Art. 1 Abs. 1, Rn. 56 ff.

1545 Vgl. Maunz/Dürig-*Di Fabio*, Art. 2 Abs. 2, Rn.11.

1546 Vgl. *Hufen*, Staatsrecht II, § 10, Rn. 34.

1547 Eine Lösung ist nur dann möglich, wenn man annimmt, dass die Abwägung der Menschenwürde des einen gegen die Menschenwürde des anderen möglich ist (dafür anscheinend Dreier-*Dreier*, Art. 1 I, Rn. 130 ff.). Dagegen spricht jedoch, dass die Menschenwürde einen absoluten Charakter hat und damit die Achtung

Durch die Vornahme der Abtreibung würde das Leben des ungeborenen Menschen instrumentalisiert, da es nach dem jetzigen Verständnis des Lebensrechts kaum anzunehmen wäre, dass seine Tötung seinem (mutmaßlichen) Willen entspräche. Würde die Abtreibung gegen den Willen der Schwangeren unterlassen, würde hingegen die Schwangere instrumentalisiert, vor allem dann, wenn die Austragung der Schwangerschaft mit ihrem Tod enden würde. Damit stünden sich die Würde des ungeborenen Menschen und die der Schwangeren gegenüber. Da eine Abstufung der Menschenwürde in dem Sinne ausgeschlossen ist, dass der eine mehr oder weniger Menschenwürde als der andere hat[1548], bestünde beim Schwangerschaftsabbruch eine rechtlich unlösbare Pattsituation, wenn der Schwangerschaftsabbruch das Leben des Fetus und die Fortsetzung der Schwangerschaft das Leben der Schwangeren gefährden würden. Bei der Annahme, dass jede Tötung, also jede Verletzung des Lebensrechts der Verletzung der Menschenwürde gleichsteht, wäre die unterschiedliche Strafandrohung des Totschlags und des Mordes kaum nachvollziehbar. Die Menschenwürde des ermordeten Opfers würde nach der jetzigen Rechtslage schutzwürdiger oder bedeutender sein als die des nur getöteten Opfers.

Es sei auch das Beispiel der Hilfe beim Sterben genannt. Nach der Rechtsprechung des Bundesgerichtshofes und einem erheblichen Teil der Literatur ist jede Behandlung einzustellen oder abzubrechen, sobald der irreversible Sterbeprozess eingesetzt hat. Auf den Willen des Sterbenden kommt es dabei nicht an.[1549] Stellt man sich hier vor, dass der Sterbende noch bei vollem Bewusstsein ist und nach der Behandlung verlangt, die den bereits eingesetzten Sterbeprozess aufzuhalten versuchen soll, wäre hier bei der Missachtung seines Wunsches eine Verletzung der unantastbaren Menschenwürde zu sehen. Der Sterbende müsste dann auch nach dem Bewusstseinsverlust bis zum Erreichen der objektiven Unmöglichkeit der Lebenserhaltung behandelt werden, da nunmehr auf seinen mutmaßlichen Willen abzustellen wäre, welcher sich grundsätzlich nach seinem ausdrücklichen Willen, behandelt zu werden, richten würde. Unklar ist auch, ob eine fahrlässige Tötung menschenwürdewidrig sein sollte. Dafür würde sprechen, dass auch durch solch eine Verletzungshandlung dem Betroffenen unmöglich gemacht werde, von seinen Rechten Gebrauch zu machen. Völlig offen ist die Frage, wie

---

der Menschenwürde des einen dem Schutz der Menschenwürde des anderen nicht vorgehen kann, da die Menschenwürde des einen und des anderen absolut (also immer gleich) geschützt ist. Aufgrund der Absolutheit ist eine Relativierung der Menschenwürde, etwa in dem Sinne, dass der eine „menschenwürdiger" ist als der andere, nicht haltbar. Ein Eingriff in die Menschenwürde des einen zum Schutz der Menschenwürde des anderen ist damit rechtlich ausgeschlossen, vgl. *Classen*, DÖV 2009, 694 f.

1548 Vgl. *Classen*, DÖV 2009, 694 f.; *Kingreen/Poscher*, Grundrechte, Rn. 397 ff.; Maunz/Dürig-*Herdegen*, Art. 1 Abs. 1, Rn. 69 ff.

1549 Siehe Kapitel 4, 1.5.1 d).

zu verfahren wäre, wenn weder der ausdrückliche Wille noch der mutmaßliche bekannt wären. Möglich wäre wohl allenfalls auf den objektiven Gehalt der Menschenwürde abzustellen.[1550] Alles in allem ist davon auszugehen, dass der Entzug des Lebens nicht automatisch die Menschenwürde beeinträchtigt, da das Lebensrecht und die Menschenwürdegarantie zwei selbständige Grundrechte sind. Das bedeutet allerdings nicht, dass eine Tötungshandlung nicht zugleich eine Verletzung der Menschenwürde enthalten kann.[1551] Sie kann, muss aber nicht menschenwürdeverletzend sein.

bb) Eine andere Ansicht verweist darauf, dass das Bundesverfassungsgericht die Menschenwürde zur Begründung der Lebensschutzpflichten heranzieht. Es sei daher widersprüchlich, das gleiche Grundrecht dazu zu verwenden, um eine Todesverursachung zu legitimieren.[1552] Hier wird aber übersehen, dass der Staat die Menschenwürde einerseits zu achten und andererseits zu schützen hat. Es ist daher zwischen Schutz- und Achtungspflichten zu unterscheiden. Der Würdeschutz bezieht sich auf die Herstellung der Bedingungen menschenwürdiger Existenz und das Ergreifen von Maßnahmen gegen Würdeverletzungen. Hinsichtlich der Ausgestaltung der staatlichen Schutzpflichten der Menschenwürde steht dem Gesetzgeber ein breiter Ermessensspielraum zu.[1553] Die staatliche Achtungspflicht ist hingegen dem Gestaltungsraum des Gesetzgebers entzogen. Sie ist ihm vorgeschrieben und besagt, dass der Staat alles, was die Menschenwürde beeinträchtigt, zu unterlassen und die Folgen ihrer Verletzung zu beseitigen hat.[1554] Daraus wird ersichtlich, dass aus den Schutzpflichten des Staates nicht auf seine Achtungspflichten geschlossen werden kann. Die ersteren enthalten Leistungsrechte, wohingegen die letzteren als Abwehrrechte konzipiert sind. Bei der Legitimation der Todesverursachung im Rahmen der passiven Sterbehilfe geht es eben um die Achtungspflicht (Abwehr des Eingriffs in die Menschenwürde). Diese hat dort zum Ziel, alle medizinischen Maßnahmen zu unterlassen oder abzubrechen, die die Menschenwürde verletzen. Die aus Art. 1 Abs. 1 GG hergeleiteten Lebensschutzpflichten statuieren dagegen Ansprüche auf schützendes Tätigwerden, damit die Menschenwürde nicht verletzt wird. Geht man hierbei davon aus, dass das Leidenlassen durch medizinische Behandlung menschenunwürdig sei und deshalb um jeden Preis abzuwehren ist, können keine Pflichten zum Schutze der Menschenwürde und damit des aus ihr ableitbaren Lebensrechts oder sonstiger Rechte und Güter entstehen. Daher ist prinzipiell davon auszugehen, dass die Menschenwürde als Abwehrrecht durchaus zur Begründung der Hilfe zum Sterben herangezogen

---

1550 Vgl. BVerwG, Urteil vom 15. 12.1981, 1 C 232.79.

1551 Vgl. Dreier-*Dreier*, Art. 1 I, Rn. 69 ff.; *Wittreck*, DÖV 2003, 878; *Schlüter*, Schutzkonzepte, S. 91 m.w.N.

1552 Vgl. *Merkel*, Früheuthanasie, S. 313 ff.

1553 Vgl. Maunz/Dürig-*Herdegen*, Art. 1 Abs. 1, Rn. 74; *Leibholz/Rinck*, Art. 1 Rn. 9.

1554 Vgl. *Kingreen/Poscher*, Grundrechte, Rn. 389 ff.

werden kann, vorausgesetzt man geht dabei mit der gebotenen Zurückhaltung und Vorsicht, beschränkt auf besonders schwerwiegende Fälle, vor.[1555]

cc) Kommt man nun auf die in der Literatur erwogenen Menschenwürdeverletzungen durch medizinische Maßnahmen zurück, stellt sich die Frage, ob hier tatsächlich die Würde des Menschen verletzt werden kann. Dagegen spricht, dass für deren Verletzung eine die Verachtung des Menschenwertes zum Ausdruck bringende Behandlung erforderlich ist.[1556] Bei der Feststellung eines Verstoßes wird auf die Umstände des Einzelfalles abgestellt. Man beschränkt sich daher auf eine kasuistische Darstellung möglicher Verstöße.[1557] Dabei wird betont, dass ein Eingriff in den Schutzbereich der Menschenwürde nur bei besonders schweren Beeinträchtigungen anzunehmen ist.[1558] Auf dieser Grundlage fällt es schwer, anzunehmen, dass die fehlende Kommunikationsfähigkeit (Zustand, in dem die Möglichkeit des Neugeborenen zu einem bewussten und umweltbezogenen Leben fehlt) stets einen menschenunwürdigen Zustand begründet, da die Menschenwürde weit über das Bestehen der Kommunikationsfähigkeit hinausgeht und alles Menschliche umfasst, unabhängig davon, ob es typisch oder untypisch ist. Ebenso ist zweifelhaft, ob die Würde des Neugeborenen stets und immer dadurch verletzt werden kann, dass seine Lebensverlängerung zu wissenschaftlichen Zwecken (Experimente, Datenerhebung usw.) erfolgt. Immerhin wird neben diesen Zwecken zumindest mittelbar eine Lebenserhaltung angestrebt, was nicht unbeachtlich bleiben darf. Das Verwerfliche an einem Experiment kann dessen Durchführung sein, nicht hingegen die damit verbundene Lebenserhaltung. Auch die Auffassung, dass bei der Früheuthanasie keine Interessen Dritter berücksichtigt werden sollten, weil dies menschenwürdewidrig ist, ist angreifbar. Bereits beim Schwangerschaftsabbruch werden Interessen der Schwangeren gegen Interessen des Kindes abgewogen. Auch die strafrechtliche Unzumutbarkeit fußt auf dem Gedanken, dass man der psychischen Zwangslage des Täters in irgendeiner Weise Rechnung tragen möchte. Das Gleiche gilt für folgendes Beispiel:[1559] Eine Suchaktion nach einer vermissten Person wird nur durch eine begrenzte Zeitdauer mit unbeschränktem Mitteleinsatz geführt, bis sie bei deren immer wahrscheinlicherer Erfolglosigkeit des Auffindens der Person eingestellt wird. Hier nimmt man Rücksicht auf personelle und finanzielle Mittel. Keiner denkt hier daran, die erfolglose Einstellung der Suche zum Zwecke der Schonung der Ressourcen als menschenunwürdig zu bezeichnen. Wenn also Drittinteressen in den vorstehenden Fällen in die Entscheidung mit einfließen können, ist es unverständlich, warum dies bei der Früheuthanasie anders sein soll. Das von *Eser* formuliere Verbot, wonach das Neugeborene nicht

1555 Vgl. BVerfG, Beschluss vom 05.04.2001, 1 BvR 932/94.

1556 Vgl. BVerfG, Urteil vom 15.12.1970, 2 BvF 1/69, 2 BvR 629/68 und 308/69.

1557 Vgl. *Merkel*, Früheuthanasie, S. 314.

1558 Vgl. BVerfG, Beschluss vom 05.04.2001, 1 BvR 932/94.

1559 Vgl. *Merkel*, Früheuthanasie, S. 297.

zum Objekt der medizinischen Kunstfertigkeit gemacht werden dürfe, wirft mehr Fragen auf als es beantwortet. In seiner Abstraktion ist es nicht zu übertreffen.[1560]

f) *Eser* erwägt auch, ob bei der Frage der Behandlungsbeendigung Interessen Dritter eine Berücksichtigung finden können. Der Einzelne könne keinen unbegrenzten Anspruch gegenüber der Gesellschaft auf die Lebenserhaltung um jeden Preis haben. Als die in Betracht kommende Einschränkung der Behandlungspflicht nennt *Eser*: die Unverhältnismäßigkeit des für eine Lebenserhaltung zu treibenden Aufwands und des davon zu erhoffenden Erfolgs.[1561] Diese Überlegung *Esers*, dass der Einzelne keinen unbeschränkten Behandlungsanspruch haben kann, erscheint im Kern zutreffend.[1562] Nach § 12 SGB V muss jede Behandlung wirtschaftlich sein. Daraus ergibt sich, dass unzweckmäßige Leistungen, deren generelle Wirksamkeit nicht nachgewiesen ist, grundsätzlich nicht zu erbringen sind.[1563] Zu beachten ist hier jedoch, dass nach der Rechtsprechung des Bundesverfassungsgerichts die Pflicht zur Abwendung einer Todesgefahr zum Kernbereich des Lebensschutzes gehört.[1564] Als weitere Einschränkungen der Behandlungspflichten zieht *Eser* familiäre, soziale und wirtschaftliche Faktoren in Erwägung.[1565] Der familiäre Faktor geht der Frage nach, ob die Existenz eines schwerstbeschädigten Kindes den Eltern zumutbar sei. Das Erlebenmüssen der Qualen des Kindes könne für die Eltern das Maß des Erträglichen bei weitem überschreiten.[1566] Es solle ein „Interessenausgleich zwischen Eltern und Kind“ hergestellt werden.[1567] Auch das Unvermögen der Eltern und der Gesellschaft, die Schwerstbehinderung oder eine erhebliche äußere Entstellung eines Neugeborenen zu akzeptieren und ihn zu betreuen, solle ein Grund für die Früheuthanasie sein, um das Leid der sozialen und emotionalen Vernachlässigung des Betroffenen zu mindern. Dabei sei zu bedenken, dass sachliche und personale Ressourcen der Medizin und der finanzielle Aufwand begrenzt seien. Daher sollten „nach Krankheits- und nach Patiententypen differenzierte Aufwandsgrenzen gezogen und akzeptiert“ werden.[1568] Die begrenzten medizinischen Ressourcen sollten denjenigen zugutekommen, denen tatsächlich geholfen werden könne. Unnütze Vergeudung sei zu unterbinden.[1569] Dass Eltern

1560 Vgl. *Merkel*, Früheuthanasie, S. 316 ff.

1561 Vgl. *Eser*, FS Narr, S. 61; Sch/Sch-*Eser/Sternberg-Lieben*, vor §§ 211 ff., Rn. 30.

1562 Siehe Kapitel 4, 1.5.1 c), c) cc) und unten 1.5.5.

1563 Vgl. Jahn-*Wältermann*, SGB V, § 12, Rn. 9.

1564 Vgl. BVerfG, Beschluss vom 06.12.2005, 1 BvR 347/98.

1565 Vgl. *Eser*, FS Narr, S. 61 f.; auch *Ulsenheimer*, MedR 1994, 427 nimmt an, dass der Einzelne keinen unbegrenzten Anspruch gegenüber der Gesellschaft auf Vornahme aller für die Erhaltung des eigenen Lebens notwendigen Maßnahmen habe.

1566 Vgl. *Merkel*, Früheuthanasie, S. 311.

1567 Vgl. *Everschor*, Neugeboreneneuthanasie, S. 453 f.

1568 Vgl. *Merkel*, Früheuthanasie, S. 306.

1569 Vgl. *Ulsenheimer*, MedR 1994, 428; *Opderbecke*, MedR 1985, 27 f.

ihr behindertes Kind vernachlässigen und die Gesellschaft unfähig ist, die Aufgabe der Eltern zu übernehmen, ist jedoch kein Argument, das die Freigabe der Früheuthanasie rechtfertigen kann. Wer gegensätzlicher Meinung ist, verkennt, dass die Schuld für gesellschaftliche Missstände und das Versagen der Eltern auf das Neugeborene abgewälzt wird. Das hätte zur Folge, dass man sich mit den jetzt gegebenen gesellschaftlichen Verhältnissen einverstanden erklären und sie für moralisch akzeptabel befinden würde. Statt sich um deren Verbesserung zu bemühen, würde man sich für „die billigere Lösung des Sterbenlassens" entscheiden.[1570]

Eine Ausnahme von der grundsätzlichen Pflicht zur Behandlungsbeendigung macht *Eser* dann, wenn durch die Einstellung lebenserhaltender Maßnahmen nicht sicher ist, dass das Neugeborene wirklich stirbt. Ist es möglich, dass es nach der Beendigung einer Therapie schwerer geschädigt weiterleben könnte und ihm dadurch zusätzliche Leiden bereitet würden, sollte im Zweifelsfall unbedingt weiterbehandelt werden.[1571] Diese Ansicht erscheint widersprüchlich. Geht man mit *Eser* davon aus, dass eine Behandlung aussichtslos, medizinisch nicht indiziert, unzumutbar oder menschenunwürdig ist, dann ist es unverständlich, warum sie fortgesetzt werden soll, wenn deren Abbruch nicht zum sofortigen Tod des Neugeborenen führt oder ihn zusätzlich leiden lässt. Ist es wirklich besser, lang und schrittweise mit der Behandlung gequält zu werden als kurz, aber intensiv? Besonders deutlich tritt die Unstimmigkeit der Ansicht *Esers* hervor, wenn man annimmt, dass eine Behandlung den Schutzbereich der Menschenwürde verletzt, weil das Neugeborene etwa zum „Objekt der medizinischen Kunstfertigkeit" wird. Wenn die Menschenwürde das oberste Prinzip ist, dessen Beeinträchtigung keiner Rechtfertigung zugänglich ist, bleib rätselhaft, warum der Eingriff in sie nur deswegen fortgesetzt werden oder andauern darf, weil dessen Abstellen keinen sofortigen Tod oder einen qualvollen Tod des Betroffenen bewirkt. Der Schutz vor dem Tod wird damit auf Kosten der Verletzung der unantastbaren und abwägungsunfähigen Menschenwürde durchgesetzt. Dies ist ein skurriles Ergebnis.

In diesem Zusammenhang ist noch auf die Ansicht von *Everschor* hinzuweisen, der zufolge nach der Behandlungsbeendigung, um das „Liegenlassen" des Kindes zu verhindern, sicherzustellen ist, dass dieses Basisversorgung erhält. Dazu gehört aus ihrer Sicht das Stillen von Durst und Hunger (wobei in Grenzfällen auf parenterale Nahrungszufuhr verzichtet werden kann), Schmerzbekämpfung und menschliche Zuwendung.[1572] Dagegen spricht jedoch Folgendes: die meisten Appaliker werden am Leben erhalten, indem sie künstlich ernährt werden. Geht man mit dem überwiegenden Teil der Literatur und *Everschor* selbst[1573] davon aus, dass dieser Zustand, aus welchem Grunde auch immer, stets zur Behandlungsbeendigung

---

1570 Vgl. *Merkel*, Früheuthanasie, S. 571.

1571 Vgl. *Eser*, FS Narr, S. 60.

1572 Vgl. *Everschor*, Neugeboreneneuthanasie, S. 482; *Fritsche*, MedR 1993, 127 f.

1573 Siehe Kapitel 4, 1.5.2.

berechtigen soll, wird dieses Postulat zunichte gemacht, wenn man annimmt, dass die Basisversorgung stets zu leisten sei. Ohne Abstellen der künstlichen Ernährung ist keine Behandlungseinstellung bei Personen mit irreversiblem Bewusstseinsverlust denkbar, soweit keine weiteren ernsthaften Störungen der vitalen Funktionen vorhanden sind.[1574]

1.5.4 Hanacks *Ansicht*

Zur Lebensbeendigung soll nach *Hanacks* Ansicht eine begrenzte Spanne Leben berechtigen, die von „Plagen“ überwuchert ist. Dabei spiele die zeitliche Dimension dieser Spanne keine Rolle. Sie könne Monate oder Jahre andauern. Zur Konkretisierung der „Plagen“ nennt *Hanack* etwa inoperable Fälle des angeborenen Steißbein-Teratoms oder angeborene schwerste Ventilationsstörungen und das Potter-Syndrom[1575].[1576] Gegen die Möglichkeit eines Behandlungsabbruchs im Falle einer „von Plagen überwucherten, begrenzten Spanne Leben“ wird eingewendet, dass mangels eines Konsenses in der Literatur unklar sei, wie schwer die Erkrankung und wie kurz die zu erwartende Lebensspanne sein müsse.[1577] *Hanack* gibt auch keine Anhaltspunkte, woran diese Kriterien festgemacht werden sollen.

Hanack will weiter die Behandlungspflicht in den Fällen beschränken, in denen das Neugeborene sich zunächst zwar problemlos entwickeln kann, ihm aber aufgrund einer Erkrankung, die erst in Monaten oder Jahren in Erscheinung tritt, ein qualvoller Tod bevorsteht. Zu beachten sei hier jedoch das Verhältnis zwischen den bevorstehenden „Plagen“, der leidfreien Lebensspanne und dem Leiden während dieser Lebensspanne. Die Behandlungsbeendigung soll hier deswegen zulässig sein, weil das Kind durch die Behandlung auf seinen problematischen Lebensweg geschickt wird und es entspräche nicht der Humanität, das Kind zunächst zu behandeln, um es anschließend leidvoll sterben zu lassen.[1578] Das Argument, dass das Neugeborene nicht auf einen problematischen Lebensweg geschickt werden solle, ist jedoch wenig überzeugend. Denn auch ein Erwachsener wird durch die Behandlung einer schweren Erkrankung „auf seinen (weiteren)

1574 Ebenda.

1575 Bei dieser Erkrankung hat das Neugeborene entweder keine Nieren oder diese sind teilweise oder ganz funktionsunfähig. Dazu kommt die Funktionsunfähigkeit der Lungen wegen unzureichender Entwicklung, vgl. *Everschor*, Neugeboreneneuthanasie, S. 501.

1576 Vgl. *Hanack*, MedR 1985, 37.

1577 Vgl. *Jähnke*, Behandlungspflicht, S. 100.

1578 Vgl. *Hanack*, MedR 1985, 37; ähnlich *Merkel*, Früheuthanasie, S. 573 ff., der das Sterbenlassen mit dem geringen subjektiven Erlebenswert der leidensfreien Zeitspanne durch das Kind begründet, wobei diese problemfreie Zeitspanne relativ kurz sein soll, siehe oben, 1.5.1.

problematischen Weg“ geschickt.[1579] Daran schließt sich die Frage an, ob das jahrelange und beschwerdefreie Leben gegenüber dem qualvollen Tod keinen Wert hat und warum es wertmäßig hinter diesen stets zurücktreten soll. Dem Arzt erlegt man auf, gegenwärtige Gefahren für das Leben abzuwehren. Die Sicherstellung einer unproblematischen und schmerzfreien Zukunft oder die Gewährleistung eines sanften künftigen Todes gehören nicht *per se* zu seinen Pflichten[1580], da jede weit in die Zukunft reichende Prognose sehr unsicher ist.

Auch eine Behinderung von „mittlerer Schwere“, also solche, bei der das Neugeborene auf Dauer ohne „Plagen“ leben könnten, die jedoch evident die Chance unrealistisch macht, das Kind könne zu einer stabilen seelischen Verfassung finden, soll aus der Sicht *Hanacks* zur Behandlungsbegrenzung berechtigen. Eine stabile seelische Verfassung fehle, wenn die Chance einer „Kompensierung“ der vorhandenen Schäden fernliegend ist.[1581] An dieser Sichtweise ist das Kriterium der stabilen seelischen Verfassung und der Kompensationsmöglichkeit problematisch. Wann soll dies der Fall sein? Zu erwähnen ist hier das „Behinderungs-Paradox“. Dieses besteht darin, dass die betroffenen Schwerbehinderten oder -kranken ihre Behinderung oder Lage anders, sprich: besser, beurteilen als die Außenstehenden wie Ärzte, Angehörige oder die Öffentlichkeit. Sie sind meistens mit ihrer Lebensqualität trotz der vorhandenen behinderungs- oder krankheitsbedingten Einschränkungen zufrieden.[1582]

1.5.5 Lösungsansatz

a) Das Leben und die Gesundheit haben einen existenziellen Stellenwert. Um einen wirksamen Schutz dieser Rechtsgüter zu ermöglichen, hat der Gesetzgeber ein System der (gesetzlichen und privaten) Krankenversicherung entwickelt und eine allgemeine Krankenversicherungspflicht eingeführt. Das Grundprinzip des Krankenversicherungssystems ist die Versichertensolidarität, wonach jeder Versicherte einen finanziellen Beitrag leistet, um Gesundheitsleistungen im Krankheitsfall für die Versichertengemeinschaft sicherzustellen.[1583] Daraus wird ersichtlich, dass dem Krankenversicherungssystem keine unbegrenzten Finanzmittel zur Verfügung stehen. Die Aufrechterhaltung eines leistungsfähigen und für die Versicherten bezahlbaren Systems steht im Spannungsverhältnis zum staatlichen Auftrag, sich schützend und fördernd vor das Lebensrecht zu stellen.[1584]

1579 Vgl. *Merkel*, Früheuthanasie, S. 145.

1580 Vgl. *Merkel*, Früheuthanasie, S. 145.

1581 Vgl. *Hanack*, MedR 1985, 37 f.

1582 Vgl. *Bobbert*, Ärztliches Urteilen, S. 336 ff., 342 f.

1583 Das gilt grundsätzlich auch für die private Krankenversicherung, da die Basisversorgung (Gesundheitsleistungen im Falle akuter Lebensbedrohung) aus Mitteln aller Privatversicherten finanziert wird, § 193 VVG.

1584 Siehe Kapitel 4, 1.5.1 c).

Zur Sicherung der Gesundheitsleistungen im Krankheitsfall enthalten §§ 27, 11, 2 SGB V einen generellen Anspruch des Krankenversicherten auf Krankenbehandlung. Dieser Anspruch ist durch das Wirtschaftlichkeitsgebot beschränkt. Das Wirtschaftlichkeitsgebot besagt, dass Leistungen der Krankenkassen nach Umfang und Qualität hinreichende Chancen auf generell nachgewiesene, wirksame Behandlung versprechen müssen, welche notwendig ist, um im Einzelfall eine Krankheit mit dem geringstmöglichen Kostenaufwand zu erkennen, zu heilen, die Verschlimmerung zu verhüten oder die Krankheitsbeschwerden zu lindern.[1585] Daraus ergeben sich grundsätzlich zwei Leistungsbeschränkungen: zum einen darf die medizinische Behandlung einen bestimmten Mindeststandard nicht unterschreiten (d.h. ihre generelle Wirksamkeit muss nachgewiesen werden) und zum anderen muss von mehreren gleich wirksamen Behandlungstherapien die kostengünstigste gewählt werden.[1586]

b) Das Bundesverfassungsgericht urteilte, dass bei lebensbedrohlichen oder regelmäßig tödlich verlaufenden Krankheiten eine Behandlung nicht verweigert werden dürfe, wenn eine allgemein anerkannte (schulmedizinische) Behandlungsmethode fehlt und die zur Verfügung stehenden Therapien eine auf Indizien gestützte, nicht ganz fern liegende Aussicht auf Heilung und eine spürbare positive Einwirkung auf den Krankheitsverlauf bieten.[1587] Mit dieser Entscheidung umgeht das Bundesverfassungsgericht den in der Krankenversicherung geltenden Grundsatz, dass die Wirksamkeit einer Therapie wissenschaftlich ausreichend gesichert und deren generelle positive Wirkung anerkannt[1588] sein muss. Das Wirtschaftlichkeitsgebot wird mit der erwähnten Entscheidung dahingehend modifiziert, dass im Falle einer lebensbedrohlichen oder regelmäßig tödlich verlaufenden Erkrankung nur zu fordern ist, dass eine medizinische Behandlung im konkreten Einzelfall unter Berücksichtigung einer Nutzen-Risiko-Analyse wirksam sein müsse. Daraus

---

1585 Vgl. Jahn-*Wältermann*, SGB V, § 12, Rn. 8 ff.

1586 Siehe Kapitel 4, 1.5.1 c).

1587 Vgl. BVerfG, Beschluss vom 06.12.2005, 1 BvR 347/98. Diese Grundsätze haben anscheinend nicht nur Auswirkung auf gesetzlich Versicherte, sondern auch auf Privatversicherte. Zwar können die letzteren über den Umfang des Behandlungsaufwands frei verfügen, was zu Erweiterungen oder Einschränkungen des Leistungsumfangs führen kann. Bei lebensbedrohenden Erkrankungen handelt es sich jedoch grundsätzlich um akute Krankheiten, die in der privaten Krankenversicherung gemäß § 193 VVG stets mitversichert sind, unabhängig davon, ob der Versicherer von seiner grundsätzlichen Leistungspflicht etwa aufgrund der Beitragsrückstände des Versicherten befreit ist oder nicht.

1588 Anerkannt werden müssen grundsätzlich nur ambulante Behandlungen durch den Gemeinsamen Bundesausschuss gemäß § 135 SGB V. Stationäre Behandlungen stehen hingegen unter Verbotsvorbehalt, vgl. BSG, Urteil vom 19.02.2003, B 1 KR 1/02 R.

ergibt sich, dass die Beschränkung des Behandlungsanspruchs allein auf Behandlungsmethoden, die vor der Anwendung im Einzelfall zunächst den Nachweis der generellen Wirksamkeit haben müssen, verfassungswidrig ist. Begründet wird dies vom Bundesverfassungsgerichts damit, dass „die Vorsorge in Fällen lebensbedrohlichen oder regelmäßig tödlichen Erkrankungen unter den genannten Voraussetzungen zum Kernbereich der Leistungspflicht und der von Art. 2 Abs. 2 Satz 1 [*des Grundgesetzes*][1589] geforderten Mindestversorgung“ gehört. Dem ist auch das Bundessozialgericht gefolgt.[1590]

Diese Rechtsprechung des Bundesverfassungsgerichts und des Bundessozialgerichts befasst sich zwar vor allem mit der Anwendung wissenschaftlich ungesicherter Therapien bei lebensbedrohlichen oder tödlichen Erkrankungen im Einzelfall und damit „generellen“ Leistungsbeschränkungen im Krankenversicherungssystem. Sie zeigt allerdings die absolute Grenze der Leistungsbeschränkungen beim Gesundheits- und Lebensschutz im Einzelfall auf.[1591] Solange bei einer lebensbedrohlichen Erkrankung eine Behandlungsmethode im Einzelfall eine nicht ganz fernliegende spürbare positive Einwirkung auf den Krankheitsverlauf bietet, muss sie gewährt werden, auch dann, wenn ihre generelle Wirksamkeit (noch) nicht nachgewiesen ist. Im Umkehrschluss ergibt sich daraus, dass Gesundheitsleistungen, die im Einzelfall keine spürbare positive Auswirkung haben, unterbleiben dürfen. Aus diesem Grunde scheint diese Rechtsprechung des Bundesverfassungsgerichts auch auf die Fälle übertragbar zu sein, in denen zwar eine gesicherte schulmedizinische, generell wirksame Behandlungsmethode vorhanden ist, diese aber im konkreten Einzelfall „mehr schadet als nützt“, d. h. keine spürbare positive Einwirkung auf den Krankheitsverlauf hat.[1592] Die Konkretisierung des Anspruchs auf Leistungen der Krankenversicherung ist im Einzelfall dem behandelnden Arzt vorbehalten, der seine Entscheidung an den Grundsätzen der Notwendigkeit, Zweckmäßigkeit und der Wirtschaftlichkeit zu orientieren hat.[1593] Somit hat der Arzt trotz einer generellen Wirksamkeit einer Behandlung diese zu unterlassen, wenn sie im Einzelfall aufgrund der mit ihr einhergehenden, gegenüber deren Nutzen überwiegenden Risiken unter Berücksichtigung des bei lebensbedrohlichen oder regelmäßig tödlichen Erkrankungen geforderten Wahrscheinlichkeitsmaßstabs keine spürbaren positiven Auswirkungen hat und damit unwirtschaftlich ist. Wenn etwa bei einem Krebskranken die Chemotherapie im Allgemeinen als wirksame Therapie anerkannt ist, darf sie im konkret zu beurteilenden Fall nicht angewandt werden, wenn der konkrete Patient sie nicht verträgt oder wenn sie bei ihm keine oder nur äußerst geringe Wirkung entfalten kann. Dies lässt sich damit

1589 Vom Verfasser hinzugefügt.

1590 Vgl. BSG Urteil vom 04.04.2006, B 1 KR 7/05R.

1591 Siehe Kapitel 4, 1.5.1 c).

1592 Ebenda.

1593 Vgl. BSG Urteil vom 19.12.1993, 4 KR5/92.

erklären, dass der Versicherte nicht auf Kosten der Versichertengemeinschaft mit individuell-konkret ungeeigneten Therapien behandelt werden soll. Dem Patienten dürfen keine Leistungen auf Kosten der Versichertengemeinschaft gewährt werden, die konkret-individuell keine oder nur eine ganz geringe Chance auf eine günstige Wirkung haben.[1594] Gerade finanzwirtschaftliche Gesichtspunkte spielen im Gesundheitswesen eine erhebliche Rolle, die auch die Lebensschutzpflichten einschränken können.[1595]

Für die Übertragbarkeit der Rechtsprechung des Bundesverfassungsgerichts auf die Fälle des fehlenden konkret-individuellen Wirkungszusammenhangs bei lebensbedrohlichen Erkrankungen spricht weiter, dass das Bundesverfassungsgericht allein auf die individuelle Wirksamkeit einer Therapie abstellt, wenn eine schulmedizinische Behandlungsmethode nicht vorliegt. Ist angesichts der fehlenden, generell (objektiv) für wirksam erachteten Behandlungsmethode eine gemessen am konkret-individuellen Einzelfall ganz fern liegende Aussicht auf Heilung oder wenigstens auf eine spürbare positive Einwirkung auf den Krankheitsverlauf zu verneinen, ist die gesetzliche Krankenversicherung von ihrer Leistungspflicht befreit, da die Lebensschutzpflichten hinter dem Wirtschaftlichkeitsgebot zurücktreten. Damit müssen für den individuellen Wirkungsnachweis im konkreten Behandlungsfall auch beim Vorhandensein einer schulmedizinischen Behandlungsmethode zumindest die gleichen Anforderungen gelten wie für den wissenschaftlich ungesicherten Nachweis des Nutzens einer Behandlungsmethode. Denn in beiden Fällen ist die Einschätzung der konkret-individuellen Behandlungschancen für die Anwendung oder Versagung einer Behandlungsmaßnahme maßgeblich, unabhängig davon, ob diese Behandlungsmaßnahme wissenschaftlich gesichert oder ungesichert ist. Die vom Arzt gewählte und damit den Behandlungsanspruch konkretisierende wissenschaftlich gesicherte oder ungesicherte Behandlungsmethode muss stets positive Wirkungen im Einzelfall haben und dem Wirtschaftlichkeitsgebot genügen, da dies die Regeln der ärztlichen Kunst erfordern.[1596] Der Nutzen einer medizinischen Behandlung muss gegenüber deren Risiken auch bei der Anwendung einer schulmedizinischen Methode im Einzelfall überwiegen und somit in dem konkret zu beurteilenden Fall eine (zumindest) nicht fern liegende Aussicht auf Heilung oder eine spürbare positive Einwirkung auf die Krankheit versprechen.

Der Entscheidung des Bundesverfassungsgerichts ist weiter zu entnehmen, dass sie sich ausschließlich mit dem Umfang der staatlichen Lebensschutzpflichten bei lebensbedrohlichen oder regelmäßig tödlich verlaufenden Erkrankungen im Einzelfall beschäftigt. Anders formuliert: das Bundesverfassungsgericht konkretisiert

---

1594 Vgl. BSG, Urteil vom 07.11.2006, B 1 KR 24/06 R; Urteil vom 13.10.2010, B 6 KA 48/09 R.

1595 Vgl. BVerfG Beschluss vom 06.12.2005, 1 BvR 347/98 m.w.N.

1596 Vgl. BSG, Urteil vom 7.11.2006, B 1 KR 24/06 R.

in verfassungsmäßig zulässiger Weise Behandlungspflichten in der Situation einer Lebensgefahr aufgrund einer extrem lebensbedrohlichen Erkrankung. Daraus lassen sich Rückschlüsse darauf ziehen, wann die staatlichen Lebensschutzpflichten in der Situation einer krankheitsbedingten Lebensbedrohung im Einzelfall entfallen können. Wenn für die Entstehung einer Behandlungspflicht bei tödlich verlaufender Krankheit im Einzelfall die Erfüllung bestimmter Voraussetzungen notwendig ist, erlaubt dies im Umkehrschluss die Antwort, wann von einer Behandlung im Falle einer Lebensgefahr im Einzelfall abgesehen oder sie abgebrochen werden kann.

In der Entscheidung des Bundesverfassungsgerichts werden die Mindestanforderungen an den durch eine medizinische Behandlung zu erzielenden Erfolg im Einzelfall formuliert. Die medizinische Behandlung muss sich danach zumindest *spürbar* und *positiv* auf den Krankheitsverlauf auswirken und die Therapiewirksamkeit darf nicht ganz fern liegen (Wahrscheinlichkeitsmaßstab). Damit muss die Abwägung des individuellen Nutzens und des individuellen Risikos einer Behandlung Hinweise auf eine nicht ganz entfernt liegende Aussicht auf Heilung, Aufhalten des Krankheitsverlaufes oder Verhinderung von Komplikationen im Einzelfall liefern. Die damit einhergehende Einschränkung des Lebensschutzes ist im Hinblick auf die finanziellen Gesichtspunkte (keine Behandlung, die sich im Einzelfall auf den Krankheitsverlauf nicht *spürbar* auswirkt) einerseits und das Recht auf körperliche Unversehrtheit andererseits (keine Behandlung, die sich im Einzelfall nicht *positiv* auswirkt) ausgerichtet. Dies fordert einerseits das sozialrechtliche Prinzip der Wirtschaftlichkeit und anderseits das im Recht auf körperliche Unversehrtheit enthaltene Verbot, den Patienten keinen für ihn unzumutbaren behandlungs- oder krankheitsbezogenen Schmerzen auszusetzten.[1597] Jede medizinische Maßnahme darf die subjektive Lebensqualität des Patienten nicht außer Acht lassen. Die Behandlungsmethoden müssen daher für den Betroffenen verträglich sein und ihm mehr nutzen als schaden. Sonst droht eine „Medizinfolterung". Es

1597 Jedem Patienten steht ein Recht auf körperliche Unversehrtheit zu, welches verbietet, ihn unzumutbaren Belastungen einer medizinischen Behandlung auszusetzen, vgl. Münch/Kunig-*Kunig*, Art. 2, Rn. 55; Maunz/Dürig-*Di Fabio*, Art. 2 Abs. 2, Rn. 29 f. Das Problem der unzumutbaren Behandlungsbelastung kann insbesondere beim Beginn des Sterbeprozesses entstehen. Um dem entgegenzuwirken, muss das Wohlbefinden des Patienten auch während der Sterbephase geschützt werden (siehe Kapitel 4, 1.5.1 c) cc). Das Ankämpfen gegen den Tod mit allen möglichen Mitteln und um jeden Preis, um bloß die biologische Existenz aufrechtzuerhalten, stellt die Vergänglichkeit des Menschen in Frage und kann vor allem dessen Lebensqualität am Lebensende erheblich beeinträchtigen, siehe Kapitel 4, 1.5.1 c) cc).

ist daher eine konkret-individuelle Chancen-Risiko-Abwägung vorzunehmen.[1598] Hierzu kommt noch, dass das Ziel der gesetzlichen Krankenversicherung nicht die bloße Aufrechterhaltung des biologischen Daseins des Kranken zum Gegenstand hat. Es muss also nicht alles geleistet werden, was an Mitteln zur Erhaltung des Lebens und der Gesundheit verfügbar ist.[1599] Da sich die Rechtsprechung des Bundesverfassungsgerichts auf lebensgefährliche oder regelmäßig tödlich verlaufende Krankheiten bezieht, kann man aus dem Vorstehenden ein allgemeines Recht auf würdiges Sterben herleiten, das vor unnötiger kurzfristiger Lebensverlängerung und vor unzumutbarer medizinischen Behandlung am Lebensende schützt.[1600]

aa) Die Einwirkung auf den Krankheitsverlauf muss im Einzelfall *spürbar*[1601] sein. Der Begriff der Spürbarkeit der positiven Einwirkung ist seinem Sprachgebrauch nach so zu verstehen, dass die (positive) Auswirkung medizinischer Behandlung „wesentlich und deutlich wahrnehmbar" sein muss.

Zur genaueren Ausfüllung dieses Begriffs ist eine Abwägung zwischen dem Lebensrecht und dem Recht auf würdiges Sterben (das darauf ausgerichtet ist, den Patienten und die Versichertengemeinschaft vor unnötigen kurzfristigen Lebensverlängerung am Lebensende und dadurch die Interessen an der Leistungsfähigkeit der Krankenversicherung zu schützen[1602]). Das Problem der Beeinträchtigung des Rechts auf würdiges Sterben stellt sich nicht nur im Zusammenhang mit dem Beginn des Sterbeprozesses.[1603] Es kann bereits im Vorfeld dieses Beginns vorkommen. Denn zum einen kann es Unsicherheiten bezüglich der genauen Bestimmung des Sterbebeginns geben und zum anderen kann der Sterbebeginn manipuliert werden, indem er medizinisch bis zum Äußersten hinausgezögert wird.[1604] Gerade der letzte Umstand kann dazu führen, dass ein schnelles und qualfreies Sterben niemals gewährleistet werden könnte. Unter diesem Blickwinkel erscheint die

---

1598 Vgl. BSG, Urteil vom 07.11.2006, B 1 KR 24/06 R; BSG, Urteil vom 04.04.2006, B 1 KR 7/05 R; Urteil vom 03.02.2010, B 6 KA 37/08 R; für solche Abwägung anscheinend auch BGH, Urteil vom 04.07.1984, 3 StR 96/84.

1599 Vgl. BVerfG, Beschluss vom 06.12.2005, 1 BvR 347/98.

1600 Siehe Kapitel 4, 1.5.1 c) cc).

1601 In der Rechtsprechung des Bundesverfassungsgerichts und des Bundessozialgerichts wird keine Unterscheidung zwischen einer spürbaren Einwirkung einerseits und einer positiven Einwirkung vorgenommen. Das Merkmal der spürbaren positiven Einwirkung dient als eine Chancen-Risikoabwägungsklausel. In deren Rahmen werden der Nutzen einer Therapie, deren Risiken und die Wesentlichkeit der erreichbaren Lebensverlängerung gegeneinander abgewogen. Für eine bessere Übersicht und bessere Nachvollziehbarkeit wird hier zwischen der spürbaren Auswirkung und der positiven Auswirkung differenziert.

1602 Siehe Kapitel 4, 1.5.1 c) cc) und oben 1.5.4 b).

1603 Siehe Kapitel 4, 1.5.1 c) cc).

1604 Vgl. *Schaeffer*, Menschenwürdiges Sterben, S. 212.

Erstreckung des Schutzes des Sterbenden nicht nur auf die Phase nach dem Beginn des Sterbeprozesses[1605], sondern auch auf die ihr unmittelbar vorausgehende Phase, notwendig.

Problematisch ist hier deren genaue Bestimmung. Einerseits darf diese Phase nicht zu kurz, andererseits nicht zu lang sein. Wenn sie zu kurz ist, kann die Würde des Sterbens in Frage gestellt werden. Wenn sie zu lang ist, kann der Lebensschutz in unzulässiger Weise eingeschränkt werden. Pauschal kann man daher sagen, dass diese Sterbevorphase dann vorliegt, wenn sich der bevorstehende Sterbebeginn bereits abzeichnet und die zur Verfügung stehenden Mittel nicht in der Lage sind, die fortschreitende Todesgefahr wesentlich abzuwenden. In diesem Falle muss der Lebensschutz zurücktreten, da die erreichbare Lebensverlängerung als „unwesentlich bzw. rechtlich irrelevant" anzusehen ist, weil sie aufgrund des sich bereits abzeichnenden Sterbebeginns als dessen unzulässige Hinauszögerung zu gelten hat. Es gibt hier eine erhebliche Gefahr für eine Tangierung des Schutzbereiches des Rechts auf würdiges Sterben, weil dessen Schutz umso stärker wird, je akuter die Todesgefahr wird. Der Lebensschutz wird hingegen umso schwächer, je näher der Sterbebeginn bevorsteht. Denn der Sterbebeginn markiert die Linie, ab der die Lebenserhaltungspflichten eingeschränkt werden müssen, damit der schnelle und qualfreie Tod eintreten kann.[1606] Eine entsprechende Einschränkung des Lebensschutzes muss auch im Vorfeld des Sterbebeginns vorgenommen werden, da sonst aufgrund von Manipulationsmöglichkeiten und Missbrauchsgefahren das Recht auf würdiges Sterben ausgehöhlt und übergangen werden kann. Andererseits kann sich die tödliche Gefahr einer Erkrankung auch erst in vielen Jahren realisieren. Dies kann etwa bei einem langen und verzögerten Krankheitsverlauf der Fall sein. Würde das Recht auf würdiges Sterben auch in solch einer Situation aktiviert, würde dies dazu führen, dass die Sterbe-Vorphase zeitlich ins Unendliche gezogen werden würde und dass das Recht auf ein würdiges Sterben entgegen seinem Sinn, den Betroffenen in der Sterbephase zu schützen, zur Anwendung käme. Der Bereich dieses Rechts darf daher nicht auf solche Zeit ausgedehnt werden, die lange vor dem eigentlichen Sterbebeginn liegt. Deswegen ist hier eine zeitliche Begrenzung notwendig, die garantiert, dass sich die Sterbe-Vorphase auf den Zeitraum der genau absehbaren Zeit vor dem eigentlichen Sterbebeginn bezieht. Es ist daher eine gewisse „Gegenwärtigkeit (bzw. Unmittelbarkeit) der Gefahr" dringend geboten. Hinsichtlich der unterschiedlichen Gefahrenstufen für das Recht auf würdiges Sterben kann man entsprechend einer Typisierung zu Gefahrenlagen (zum Grad der Gefahrwahrscheinlichkeit) wie folgt unterscheiden:

1605 Siehe Kapitel 4, 1.5.1.

1606 Siehe Kapitel 4, 1.5.1 c) cc).

1. Akute Gefahr. Sie „ist gegeben, wenn die Gefahr alsbald und unmittelbar in einen Schaden umschlagen kann".
2. Dauergefahr. Sie liegt vor, „wenn ein gefahrdrohender Zustand für eine längere Zeitspanne gegeben ist, während der der Schaden jederzeit, also auch alsbald, eintreten kann".
3. „Anders als bei einer Dauergefahr im Sinne von oben 2 kann es (...) sein, dass die Gefahr sich zwar nicht alsbald realisieren wird, sondern erst in einiger Zukunft, dass zu ihrer Abwehr aber sofort etwas getan werden muss, weil sich die Gefahrrealisierung sonst voraussichtlich nicht mehr verhindern lässt".
4. „ein Gefahrenzustand (...), in dem klar ist, dass die Gefahr sich erst in der Zukunft realisieren wird, etwa weil es zur Zeit noch an der Erfüllung maßgeblicher Realisierungsbedingungen fehlt, und bei dem eine Abwendung der Gefahr nicht sofort vorgenommen werden muss, sondern auch später noch erfolgen kann".[1607]

Auf der Grundlage dieser Differenzierung ist eine akute Gefahr für das Recht auf würdiges Sterben anzunehmen, wenn der unwiderrufliche Sterbeprozess unmittelbar einzusetzen droht und er nicht mehr aufgehalten werden kann.

Eine Dauergefahr im Sinne des Falles 2 liegt vor, wenn der Beginn des unwiderruflichen Sterbeprozesses noch eine gewisse Zeitspanne auf sich warten lässt oder für eine Weile aufgehalten werden kann, mit seinem Eintritt jedoch mangels der Möglichkeit zur dauerhaften Stabilisierung des Zustands des Neugeborenen jederzeit zu rechnen ist. Als Beispiel kann hier folgender Fall[1608] dienen: „In einer deutschen Universitätsklinik ... hat vor einigen Jahren ein Frühgeborenes in der ersten Nacht 14 mal einen Herzstillstand erlitten – und ist jedesmal (!) wiederbelebt worden, bis dann diese Maßnahmen ergebnislos blieben". Hier kam es immer wieder zum Aussetzen des Herzschlags. Zwar konnte 14 Mal der Herzstillstand, aber nicht die Gefahr für den Beginn des Sterbeprozesses behoben werden. Unterstellt man, dass der gefahrdrohende Zustand vom ersten bis zum letzten Herzstillstand fortbestand, war jederzeit damit zu rechnen, dass der neu aufgetretene Herzstillstand nicht überwunden wird und dass das Kind zu sterben beginnt. Es hing dann nur noch vom Zufall ab, ob die Wiederbelebungsmaßnahmen ihre Wirkung entfalten und wann nicht mehr.

Eine Gefahrenlage im Sinne des Falles 3 ist gegeben, wenn der Sterbebeginn erst in einiger Zukunft zu erwarten ist, aber ein sofortiges Handeln angezeigt ist, um eine Gefahr für eine unnötige Hinauszögerung des Todes auszuschließen. Ein Eingriff in den Schutzbereich des Rechts auf würdiges Sterben im Sinne dieser Gefahrenstufe 3 ist daher dann anzunehmen, wenn „die vitalen Funktionen des Organismus so schwer beeinträchtigt sind, dass der fortschreitende Verfall letztlich nicht mehr aufgehalten werden"[1609] kann. Danach muss der Zustand

1607 Vgl. *Joerden*, JR 1999, 120; *Koch*, JA 2006, 806 ff.

1608 *Everschor*, Neugeboreneneuthanasie, S. 244.

1609 Vgl. BGH, Urteil vom 04.07.1984, 3 StR 96/84.

des Neugeborenen derart labil sein, dass unter Ausschöpfung aller verfügbaren Behandlungsmethoden voraussichtlich in absehbarer Zeit (quantitatives Element) bei sich ständig verschlechterndem Zustand (qualitatives Element) der Sterbebeginn einsetzen wird.

Das Vorliegen des „qualitativen Elementes" kann man etwa in dem von *Merkel* dargestellten Fall[1610] annehmen: „Das Kind hatte schwere Mikrozephalie, litt an Blindheit, zerebraler Kinderlähmung, ständig widerkehrenden epileptischen Anfällen, konnte nur künstlich ernährt werden und war nach vielfachen Herz-Kreislauf-Stillständen mit einer am Körper angebrachten Alarmeinrichtung ausgestattet, die das Aussetzen des Herzschlags jeweils meldete und bereits mehrfach zu intensivmedizinischen Wiederbelebungsmaßnahmen mit künstlicher Beatmung geführt hatte". Wird hier unterstellt, dass mit dem Aussetzen des Herzschlags nicht jederzeit, sondern erst in gewisser Zeit wieder zu rechnen war, also der Zustand des Kindes für eine Zeitspanne stabilisiert werden konnte, sei es für ein paar Stunden, sei es für ein paar Tage oder ein paar Wochen, darf man hier das Neugeborene am Herzversagen sterben lassen, wenn sein Zustand infolge der vorhandenen Schäden so beeinträchtigt ist, dass auch beim Einsatz der medizinischen Mittel ohnehin mit dem Beginn des Sterbeprozesses in absehbarer Zeit zu rechnen ist. Leidet etwa ein an Trisomie 13 erkranktes Neugeborenes an einem schweren, lebensbedrohlichen, aber operierbaren Herz- oder Magen-Darm-Trakt-Fehler, darf von der notwendigen Operation abgesehen werden, wenn die sonstigen Schädigungen in absehbarer Zeit unter Ausschöpfung des medizinisch und Krankenversicherungs-Möglichen ohnehin zum Beginn des Sterbevorgangs führen werden.[1611] Gleiches gilt etwa für den Fall, in dem das Neugeborene aufgrund der unterentwickelten Lungen an ein Atemgerät angeschlossen werden muss, dieses Gerät jedoch zu weiteren schweren Beeinträchtigungen des Gesundheitszustandes und zum anschließenden Tod führen wird.[1612] Auch schwere interkurente Krankheiten (meistens

---

1610 Vgl. *Merkel*, Früheuthanasie, S. 607.

1611 Die meisten Trisomie 13 und 18-Kinder sterben innerhalb der ersten Monaten nach der Geburt, vgl. *Merkel*, Früheuthanasie, S. 43 ff. (Fall I.2).

1612 *Merkel*, Früheuthanasie, S. 50 f.: „Fall I.6: Andrew Stinson wurde im Dezember 1976 in der 25. Schwangerschaftswoche mit einem Gewicht von 800 g geboren und sofort auf die Intensivstation der Klinik verlegt. Da seine Lungen für eine spontane Eigenatmung nicht ausreichend entwickelt waren, schloß man ihn ohne die (ausdrücklich verweigerte) Einwilligung seiner Eltern an einen Respirator an. Im Laufe der folgenden Monate stellten sich zahlreiche schwere Komplikationen ein, die größtenteils iatrogen, also durch die Intensivbehandlung selbst verursacht waren: Bronchopulmonale Dysplasie (das ist eine fortschreitende, irreversible Zerstörung der Lungenbläschen); zahllos häufiges Aussetzen des Herzschlags mit anschließender Zyanose, einem Sauerstoffdefizit mit der Folge einer Blauverfärbung von Haut und Schleimhäuten, was jeweils künstliche Beatmung, häufig auch Bluttransfusionen erforderlich machte. Die konzentrierten Sauerstoffgaben

Lungenentzündungen, die zusammen mit der künstlichen Beatmung auftreten) dürfen unbehandelt bleiben, wenn sie alleine oder zusammen mit weiteren Schädigungen in absehbarer Zeit den Tod verursachen können. Ebenfalls kann die Anenzephalie unter den vorgenannten Voraussetzungen zum Behandlungsverzicht berechtigen. Die meisten Anenzephalen sterben in relativ kurzer Zeit nach der Geburt. „Rekordzeiten“ bewegen sich zwischen 3 und 14 Monaten, sofern die Anenzephalen unter Einsatz besonders intensiver und invasiver Maßnahmen behandelt werden.[1613]

Hinsichtlich der Bestimmung des „quantitativen Kriteriums“ („Absehbarkeit“ des Beginns des Sterbeprozesses) kann man auf deren Verständnis im Sozialrecht zurückgreifen, wonach eine unwesentliche Lebensverlängerung vorliegen soll, wenn das Leben nur um wenige Tage oder wenige Wochen verlängert werden könne.[1614] Liegt eine solche unwesentliche Lebensverlängerung vor, so ist die konkret-individuelle Wirksamkeit der lebensverlängernden Maßnahmen zu verneinen. Dies aus dem Grunde, dass allein die Hoffnung einer Chance auf nicht nur wenige Tage oder Wochen umfassende Lebensverlängerung angesichts des Beginns des irreversiblen Sterbeprozesses es verbietet, jede mögliche das Leben in unerheblicher Weise verlängernde Behandlung auf Kosten der Krankenversicherung zu erhalten.[1615]

Eine Gefahr im Sinne eines Gefahrenzustandes, „in dem klar ist, dass die Gefahr sich erst in der Zukunft realisieren wird, etwa weil es zur Zeit noch an der Erfüllung maßgeblicher Realisierungsbedingungen fehlt, und bei dem eine Abwendung der Gefahr nicht sofort vorgenommen werden muss, sondern auch später noch erfolgen kann“, kann etwa dann angenommen, wenn sich ein Neugeborenes zwar

---

erzeugten eine „Retinopathia neonatorum“ und damit ein allmähliches Erblinden des Kindes. Zahlreiche Infektionen traten auf, außerdem eine fortschreitende Demineralisierung und deshalb ein vielfaches Brechen von Knochen; ein Defekt der Lungenarterie führte zu mehreren Hirninfarkten. Allein die Infektionen machten verschiedene Operationen im Urogenitalbereich notwendig, am rechten Bein mußte ein großer Teil des abgestorbenen und nekrotischen Muskelgewebes bis auf den Knochen abgeschält werden. Wiederkehrende Lungenentzündungen wurden mit Antibiotika bekämpft. Das Kind hatte außerdem einen schweren Herzfehler, Lungenblutungen, Mikrozephalie und andere Gehirnschäden. Andrew Stinson starb nach sechs Monaten auf der Intensivstation“.

1613 Vgl. *Merkel*, Früheuthanasie, S. 66 f. (Fall I.7).

1614 Vgl. BSG, Urteil vom 13.10.2010, B 6 KA 48/09 R.

1615 Ebenda; diese Beschränkung des Lebensschutzes muss auch im Strafrecht Geltung haben. Wenn der „sozialrechtliche Lebensschutz“ nicht alles zur Lebenserhaltung vorzunehmen gebietet, muss dies erst recht für den „strafrechtlichen Lebensschutz“ gelten, da das Strafrecht stets als das letzte Mittel zum Schutze eines Rechtsgutes eingesetzt werden soll, siehe Kapitel 4, 1.5.1 c).

mehrere Monate oder gar Jahre normal entwickeln kann, ihm jedoch danach ein qualvoller Tod bevorsteht. In diesem Falle ist zwar die Gefahr für das Recht auf würdiges Sterben zumindest in abstrakter Weise aktualisiert, ein sofortiges Handeln ist aber zu seinem Schutze nicht notwendig. Das Recht auf würdiges Sterben wird immer schwächer je fernliegender der Zeitpunkt des Sterbebeginns ist. Es vermag nur dann das Lebensrecht zu überwiegen und zu verdrängen, wenn die erreichbare Lebensverlängerung als unwesentlich erscheint und der Zustand des Neugeborenen sich ständig verschlechtert oder zu verschlechtern droht. Nur dann kann der Kernbereich dieses Rechts angetastet werden, da nur der Beginn des Sterbeprozesses und dessen akute Vorphase die aus dem Lebensrecht resultierenden Lebenserhaltungspflichten einschränken können.

Ist nach dem Vorstehenden davon auszugehen, dass sich in einer absehbaren Zeit, die nur „wenige Tage oder Wochen" Leben umfasst, der Sterbeprozess einstellt, wodurch der Behandlungsanspruch ausscheidet, dann darf man auf alle medizinische Maßnahmen verzichten, insbesondere auch auf solche, auf die ein Behandlungsanspruch besteht. Dies ergibt sich aus der Überlegung, dass dann, wenn innerhalb weniger Tage oder Wochen der Sterbebeginn zu erwarten ist, es wenig Sinn macht, etwa Begleitkrankheiten zu behandeln, die die Überlebensdauer über die „unwesentliche" Zeitspanne von nur wenigen Tagen oder Wochen nicht beeinflussen können.[1616]

bb) Eine *positive* Einwirkung ist anzunehmen, wenn „zumindest das Fortschreiten der Krankheit aufgehalten oder Komplikationen verhindert werden".[1617] Das *Positiv*-Sein der Einwirkung ist im Lichte des Rechts auf würdiges Sterben zu betrachten. Dieses verbietet, den schwerstkranken Patienten unzumutbaren Belastungen einer medizinischen Behandlung auszusetzen.[1618] Dies entspricht im Übrigen auch den Regeln der ärztlichen Kunst.[1619] Die Behandlungsmethoden müssen daher für den Betroffenen verträglich sein und ihm im Einzelfall mehr nutzen als schaden. Es ist daher eine konkret-individuelle Chancen-Risiko-Abwägung[1620] einer medizinischen Behandlung vorzunehmen.

Unter einer Behandlung sind solche Vorgehensweisen zu verstehen, „denen ein eigenes theoretisch-wissenschaftliches Konzept zugrunde liegt, das sie von anderen Therapieverfahren unterscheidet und das ihre systematische Anwendung in der Behandlung bestimmter Krankheiten rechtfertigen soll".[1621] Es kann sich hier

---

1616 Siehe Kapitel 4, 1.5.3.

1617 Vgl. BSG, Urteil vom 04.04.2006, B 1 KR 7/05 R.

1618 Siehe Kapitel 4, 1.5.1 c) cc); auch oben 1.5.4 b); dazu Dreier/*Schulze-Fielitz*, Art. 2 II, Rn. 47.

1619 Ebenda.

1620 Vgl. BSG, Urteil vom 07.11.2006, B 1 KR 24/06 R; BSG, Urteil vom 04.04.2006, B 1 KR 7/05 R; Urteil vom 03.02.2010, B 6 KA 37/08 R; für eine solche Abwägung anscheinend auch BGH, Urteil vom 04.07.1984, 3 StR 96/84.

1621 Vgl. Jahn-*Sommer*, SGB V, § 27, Rn. 16 m.w.N.

also sowohl um Einzelmaßnahmen als auch um einen Behandlungskomplex bestehend aus mehreren Einzelmaßnahmen handeln.

Bei der Einschätzung des Nutzens und der Risiken einer medizinischen Behandlung ist vor allem zu berücksichtigen, wie sich die Behandlung auf den Zustand des konkreten Patienten auswirkt und auswirken kann. Abzustellen ist auch auf die Erfahrungen einer länger dauernden Behandlung, die fachliche Einschätzung der Wirksamkeit der Methode durch den behandelnden Arzt unter Mitberücksichtigung der wissenschaftlichen Diskussion im betroffenen Fachgebiet.[1622] Ein Rückgriff auf Erkenntnisse der wissenschaftlichen Diskussion oder Fallstudien ist bei den schwerstgeschädigten Neugeborenen nicht immer möglich. Etwa bei der Trisomie 13 werden operative Eingriffe zurückhaltend vorgenommen.[1623] Der Nutzen und die Risiken sind bei der Früheuthanasie grundsätzlich an Besonderheiten des körperlichen Zustandes des Betroffenen, an der Ausprägung seiner Schädigungen, an der Diagnose und der prognostischen Einschätzung eventueller lebenserhaltender Maßnahmen zu messen. Bei der Bestimmung der Nachteile einer medizinischen Behandlung können insbesondere folgende Faktoren berücksichtigt werden: individuelle Belastbarkeit[1624], Schwächung des Gesundheitszustandes, Art und Ausmaß der schweren (irreparablen) Dauerschäden im Falle der möglichen Lebensverlängerung[1625], Überlebenschancen einer Operation[1626], ein erhöhtes Risiko für Begleit- und Folgeerkrankungen[1627], schwerwiegende Nebenwirkungen der Behandlung, Notwendigkeit der mittelbaren Behandlungen und deren Folgekosten[1628] und etwa Schädlichkeit der Eingriffe und der Folgeeingriffe. Bei den

---

1622 Vgl. BVerfG, Beschluss vom 06.12.2005, 1 BvR 347/98; BSG, Urteil vom 04.04.2006, B 1 KR 7/05 R.

1623 Vgl. *Merkel*, Früheuthanasie, S. 603 m.w.N.

1624 Hier kann es etwa um besondere Anfälligkeit für interkurrente Erkrankungen gehen. Beispielsweise können mit der künstlichen Beatmung schwere Lungenentzündungen oder gar schwere Lungenschädigungen einhergehen.

1625 Vgl. BGH, Urteil vom 04.07.1984, 3 StR 96/84; der dieser Entscheidung zugrunde liegende Sachverhalt befasst sich mit dem Sterbenlassen eines Suizidenten. Denkt man jedoch die Suizidenteneigenschaft des Opfers weg, missachtet den Sterbewillen des Suizidenten (wie dies der BGH tut) und ersetzt man die Suizidenteneigenschaft durch die Patienteneigenschaft, so erscheint plausibel, diese Entscheidung auch auf Fälle der Hilfe zum Sterben bei einwilligungsunfähigen Patienten zu übertragen, siehe Kapitel 4. 1.5.3.

1626 Z.B. sind chirurgische Eingriffe bei phypochlastischen Lungen oder Herzen sehr risikoreich und die Sterblichkeitsrate bei diesen Operationen ist sehr hoch.

1627 Trisomie 13 ist ein Syndrom, das mit vielen schweren Begleiterkrankungen verbunden sein kann, etwa mit Herz-, Lungen- oder Nierenfehler.

1628 Eine mittelbare Behandlung liegt vor, wenn die Behandlung nicht unmittelbar die Bekämpfung der Grunderkrankung, sondern die Behandlung von anderen, auch Folgeerkrankungen bezweckt. Die mittelbare Behandlung setzt dort an, wo

Frühgeborenen ist zu beachten, dass bei diesen falsche aktive lebensrettende Maßnahmen mehr schädigen können, als das Unterlassen von Maßnahmen.[1629] Dabei sollte man auf die Wahrscheinlichkeit schwerer Spätschäden achten.[1630]

c) Welche Anforderungen an die Wahrscheinlichkeit einer unwesentlichen (d.h. nicht *spürbaren*) Lebensverlängerung oder einer unzumutbaren (d.h. nicht *positiven*) Behandlung zu stellen sind, beurteilt sich in erster Linie aus der *ex ante*-Sicht eines objektiven Arztes unter Berücksichtigung seines Sonderwissens.[1631] Bei der Bestimmung des Wahrscheinlichkeitsgrades ist zu beachten, dass das Leben ein besonders hohes Rechtsgut ist. Beachtet man diesen Grundsatz, muss man grundsätzlich hohe Anforderungen an dessen Verletzung stellen[1632], mit der Folge, dass bereits eine geringe Wahrscheinlichkeit seiner Verletzung gegen eine Behandlungsunterlassung oder -beendigung spricht. Dies spiegelt sich in der Entscheidung des Bundesverfassungsgerichts wieder, wonach die Aussicht auf spürbare positive Einwirkung auf den Krankheitsverlauf nicht ganz fern liegend sein darf. Dies wird auch vom Bundessozialgericht so vertreten, das entschieden hat, dass der Nachweis des Nutzens einer Therapie im Allgemeinen und im konkreten Einzelfall einem geringeren Wahrscheinlichkeitsmaßstab unterliege, „je schwerwiegender die Erkrankung und ´hoffnungsloser´ die Situation" des Kranken ist.[1633]

Daraus ergibt sich, dass das Lebensrecht nur dann eingeschränkt und dadurch die Nichtdurchführung medizinischer Maßnahmen möglich ist, wenn eine hohe Wahrscheinlichkeit dafür besteht, dass das Recht auf würdiges Sterben[1634] verletzt wird. Je wahrscheinlicher im konkret-individuellen Behandlungsfall der Tod innerhalb einer „nicht *spürbaren*" Zeitspanne (ggf. aufgrund des sich ständig verschlechternden Zustandes)[1635] und/oder je wahrscheinlicher, dass sich erhebliche Risiken oder Nachteile beim konkret-individuellen Patienten einstellen[1636], umso eher ist es anzunehmen, dass ein besonders gewichtiger Grund für die Einschränkung des Lebensrechts vorliegt, der für die Nichtdurchführung lebensnotwendiger

---

sie an sich nicht erforderlich ist. Deswegen wird hier eine sorgfältige Abwägung zwischen dem voraussichtlichen Nutzen und dem möglichen gesundheitlichen Schaden gefordert, Jahn-*Sommer*, SGB V, § 27 Rn. 14b.

1629 Gutachten eines Sachverständigen in der Sache der Staatsanwaltschaft Oldenburg, Einstellungsverfügung vom 03.05.1999, 1613-6-137 Js 276/98, zitiert nach *Tröndle*, NStZ 1999, 462.

1630 Vgl. LK-*Rosenau*, vor §§ 211, Rn. 69 m.w.N.

1631 Vgl. BSG, Urteil vom 27.03.2007, B 1 KR 17/06 R (Behandlungszeitpunkt ist für die Abwägung ausschlaggebend).

1632 Vgl. BSG, Urteil vom 04.04.2006, B 1 KR 7/05 R.

1633 Vgl. BSG, Urteil vom 04.04.2006, B 1 KR 7/05 R.

1634 Zum Inhalt des Rechts auf würdiges Sterben siehe Kapitel 4, 1.5.1 c) cc).

1635 Siehe oben 1.5.4 b) aa).

1636 Siehe oben 1.5.4 b) bb).

Behandlungsmaßnahmen spricht.[1637] Danach ist die Wahrscheinlichkeit des Beginns eines unwiderruflichen Sterbevorgangs innerhalb einer „nicht *spürbaren* Zeitspanne“ gegen die Wahrscheinlichkeit des Überlebens außerhalb einer „*spürbaren* Zeitspanne“ einerseits und/oder die konkreten Risiken und deren Eintrittswahrscheinlichkeiten gegenüber den Vorteilen der Lebenserhaltung und deren Eintrittswahrscheinlichkeiten andererseits abzuwägen. Eine Behandlungseinstellung ist dann akzeptabel, wenn der Allgemeinzustand des Patienten nach prognostischer, den medizinischen Erkenntnissen entsprechender Einschätzung so beschaffen ist, dass mit hoher Wahrscheinlichkeit davon auszugehen ist, dass in einer nur „wenige Tage oder Wochen“ umfassenden Zeit der Sterbeprozess einsetzen werde, als dass der Sterbebeginn in dieser Zeitspanne ausbleibt oder dass die beabsichtigte Behandlung oder der beabsichtigte Behandlungskomplex im Einzelfall mehr Risiken als Nutzen mit sich bringt.[1638]

d) Die vorstehenden Grundsätze sind im Rahmen einer „Nichteinwilligung“ zu berücksichtigen.[1639] Die in der Literatur zur Lösung der passiven Sterbehilfe genannten Rechtfertigungsgründe wie rechtfertigende Einwilligung oder § 34 StGB sind unzureichend. Die rechtfertigende Einwilligung kann nur einen Eingriff in die körperliche Unversehrtheit rechtfertigen, nicht aber das Unterbleiben des zur Lebenserhaltung notwendigen Eingriffs.[1640] § 34 StGB ist auf eine objektive Schlichtung kollidierender Interessen ausgelegt. Die Patientenautonomie ist aber als solche grundsätzlich nicht abwägungsfähig. Der rechtfertigende Notstand setzt weiter ein wesentliches Überwiegen des Schutzgutes gegenüber dem Eingriffsgut voraus, wodurch sein Anwendungsbereich stark eingeschränkt ist. Zudem lässt seine Anwendbarkeit den Grund für die Straffreiheit der passiven Sterbehilfe nicht deutlich genug zur Geltung kommen, und zwar die Patientenautonomie. Darin liegt der Unterschied zur aktiven oder indirekten Sterbehilfe, den die Abwägung des rechtfertigenden Notstandes verwischt.[1641]

Rechtfertigend kann sich hier nur der Patientenwille auswirken, und zwar der objektiv bestimmte Patientenwille, da die Neugeborenen äußerungsunfähig sind und ihr individuell bestimmte Wille nicht bzw. kaum erforschbar ist. Die Patientenautonomie ermöglich auch die Berücksichtigung von objektiven Kriterien; insbesondere dann, wenn ein bewusstloser Patient ins Krankenhaus eingeliefert wird, wird anhand objektiver Kriterien bestimmt, ob er einem ärztlichen Eingriff

---

1637 Vgl. BSG, Urteil vom 02.09.2014, B 1 KR 4/13 R; dies entspricht dem Rechtsgedanken der Interessenabwägungsklausel des § 34 StGB, bei dem der Grad der drohenden Gefahren für die betroffenen Rechtsgüter zu berücksichtigen und in die Abwägung einzustellen ist, vgl. *Fischer*, § 34, Rn. 23.

1638 Siehe Kapitel 4, 1.5.3.

1639 Siehe Kapitel 4, 1.3 a).

1640 Ebenda.

1641 Siehe Kapitel 4, 1.3 d), 1.3 g).

mutmaßlich zustimmen würde oder nicht. Wenn es innerhalb der Patientenautonomie möglich ist, objektive Kriterien dazu heranzuziehen, um die Zustimmung zur Durchführung medizinischer Behandlung zu begründen, dann muss es umgekehrt möglich sein, dieselben Kriterien dazu zu verwenden, um die Ablehnung medizinischer Maßnahmen zu begründen.[1642]

1.6 Entscheidungsträger

Zu der Frage, wer über das Unterlassen und den Abbruch einer Behandlung entscheiden soll, werden unterschiedliche Meinungen vertreten. Zu dem Kreis der befugten Personen gehören: Eltern, Ärzte und Dritte.

1.6.1 Eltern

Nach § 1626 BGB haben die Eltern die Pflicht und das Recht, für das minderjährige Kind zu sorgen. Dies umfasst unter anderem die Sorge für die Person des Kindes, und diese umfasst gemäß § 1631 BGB insbesondere die Pflicht und das Recht, das Kind zu pflegen, zu erziehen, zu beaufsichtigen und seinen Aufenthaltsort zu bestimmen. Nach § 1627 BGB haben die Eltern die elterliche Sorge in eigener Verantwortung und in gegenseitigem Einvernehmen zum Wohl des Kindes auszuüben. Dabei sollen sie stets die Fähigkeiten und Bedürfnisse des Kindes in ihre Entscheidung einfließen lassen (§ 1626 Abs. 2 BGB). Das Recht der Eltern zur Erziehung und Fürsorge ist verfassungsrechtlich in Art. 6 Abs. 2 Satz 1 GG verankert. Danach sind Pflege und Erziehung der Kinder das Recht der Eltern und die zuvörderst ihnen obliegende Pflicht.[1643]

Dies legt den Schluss nahe, dass die Eltern mit dem Alleinentscheidungsrecht in Bezug auf eine Behandlungseinstellung ausgestattet werden sollten. Dies stellt einen Erst-Recht-Schluss dar. Wenn die Eltern als gesetzliche Vertreter des Neugeborenen über die Vornahme einer Behandlung allein entscheiden dürfen, so müssen sie auch über deren Einstellung allein entscheiden dürfen. Diese Meinung wird auch in der Literatur vertreten.[1644] Die Eltern betreuen das Kind, bestreiten seine Kosten und müssen sich auf seine Lebensgewohnheiten einstellen.[1645] Daher sei wegen der Äußerungsunfähigkeit des Neugeborenen die an sich von ihm zu erklärende Einwilligung durch die Einwilligung der Eltern zu ersetzen. Die Einwilligung der Eltern müsse sich jedoch am Interesse des Kindes orientieren.[1646]

1642 Siehe Kapitel 4, 1.3 d), 1.3 g).

1643 Vgl. *Schwab*, Familienrecht, S. 245, Rn. 517; *Jetter*, Vormundschaftsgericht, S. 191; Grüneberg-*Götz*, § 1626, Rn. 1.

1644 Vgl. Bundesärztekammer, MedR 1985, 40; *Eser*, FS Narr, S. 54; *Ulsenheimer*, MedR 1994, 428; *Everschor*, Neugeboreneneuthanasie, S. 93 ff., 485; *Hanack*, MedR 1985, 38; *Glöckner*, VuR 2008, 459; *Obladen*, Neugeborenenintensivpflege, S. 554, 557.

1645 Vgl. *Ulsenheimer*, MedR 1994, 428.

1646 Vgl. *Glöckner*, VuR 2008, 463 f.; *Eser*, FS Narr, S. 54.

Gegen das Alleinentscheidungsrecht der Eltern wird angeführt, dass die Eltern sich mit der Entscheidungsfindung überfordert fühlen könnten, weil die Ausübung des Rechtes gewisse Schuldgefühle bei ihnen auslösen kann.[1647] Es bestehe Gefahr, dass sie in ihre Entscheidung auch subjektive, unethische Erwägungen mit einfließen lassen. Denn sie könnten „lieber kein Kind haben als ein geschädigtes"[1648].

Hinsichtlich des Entscheidungsrechts der Eltern ist zunächst festzustellen, dass sie für das Wohl des Kindes verantwortlich sind. Im Zivilrecht ist das elterliche Sorgerecht ein absolutes Recht im Sinne des § 823 Abs. 1 BGB.[1649] Damit dürfen die Eltern Einmischungen Dritter unterbinden. Nach § 1632 Abs. 2 BGB dürfen sie den Umgang des Kindes mit Dritten bestimmen. Die Pflicht, für das Kind zu sorgen, ist eine höchstpersönliche Angelegenheit. Das heißt, dass die elterliche Fürsorgepflicht nicht auf Dritte übertragbar ist. Die Eltern können sich jedoch deren Hilfe bedienen.[1650] Daher ist von dem grundsätzlichen Recht der Eltern zur Entscheidung über den Verzicht auf eine ärztliche Maßnahme auszugehen. Die Bedenken der Gegner dieser Lösung sind zwar nachvollziehbar und berechtigt. Man muss hier jedoch bedenken, dass es staatliche Einrichtungen zur Überwachung und Unterstützung der elterlichen Sorge gibt. Diese sind das Familiengericht, das Jugendamt und andere Institutionen.[1651] Beispielsweise können die Eltern gemäß § 1631 Abs. 3 BGB das Familiengericht zum Zwecke der Unterstützung bei der Ausübung der Personensorge anrufen. Bei Zweifeln können sie zugleich den behandelnden Arzt oder auch andere Spezialisten zu Rate ziehen. Um dem Missbrauch der elterlichen Sorge entgegen zu wirken, besteht die Norm des § 1666 BGB, die bei einer Gefährdung des Kindeswohls staatliche Organe von Amts wegen zum Eingreifen verpflichtet.[1652] Nach Abs. 1 dieser Vorschrift ist dies der Fall, wenn das körperliche, geistige oder seelische Wohl des Kindes durch ein Verhalten der Eltern oder eines Dritten gefährdet ist und die Eltern nicht gewillt oder nicht in der Lage sind, die drohende Gefahr abzuwenden.

1.6.2 Ärzte

Einige Stimmen in der Literatur sprechen sich dafür aus, dass die alleinige Entscheidungskompetenz dem behandelnden Arzt zustehen sollte. Wegen seiner Fachkenntnisse und anhand medizinischer Kriterien wisse er am besten, was das Richtige sei. Im Gegensatz zu den Eltern könne er die Sachlage nüchtern beurteilen. Er solle dabei eine „humane Entscheidung" treffen. Seine Befugnis folge

1647 Vgl. *Everschor*, Neugeboreneneuthanasie, S. 94 ff.

1648 Vgl. *v. Loewenich*, MedR 1985, 33; *Mendling*, Geburtsmedizin, S. 149 f.; *Laber*, MedR 1990, 186.

1649 Vgl. BGH, FamRZ 1990, 966; NJW 2002, 2566.

1650 Vgl. *Schwab*, Familienrecht, S. 278, Rn. 593.

1651 Vgl. Grüneberg-*Götz*, vor § 1626, Rn. 1 f., 16.

1652 Vgl. *Eser*, FS Narr, S. 54; Grüneberg-*Götz*, § 1666, Rn. 43.

daraus, dass er derjenige sei, der ggf. für den Tod des Kindes strafrechtlich belangt werde.[1653] Ebenfalls wird hierzu erwogen, dass statt des behandelnden Arztes ein Ärzteteam die Entscheidung über die Fortführung einer Behandlung treffen sollte. Dabei sollte es sich um eine selbstständige Teamentscheidung handeln, bei der die Eltern nicht mitwirken sollten.[1654] Dem wird entgegengehalten, dass die Entscheidungen der Ärzte durch rein medizinische Aspekte geprägt werden könnten und dass die Meinung der Eltern unzureichend berücksichtigt werde. Damit könnten Ärzte oder Ärzteteams nach ihrem Gutdünken handeln, was jedoch aus der Sicht der Rechtsordnung inakzeptabel ist.[1655]

Die Ausstattung der Ärzte oder eines Ärzteteams mit dem ausschließlichen und alleinigen Entscheidungsrecht ist auf den ersten Blick problematisch. Zunächst muss man feststellen, dass jede staatliche Institution bei ihrer Tätigkeit das verfassungsrechtlich verbürgte Elternrecht zu beachten hat. Dies ergibt sich auch aus den Bestimmungen des Bürgerlichen Gesetzbuches, die eine einfachgesetzliche Konkretisierung dieses Rechts darstellen. Zum einen sind die Eltern in der Ausübung der Personensorge frei (§ 1627 BGB). Ihnen steht die Möglichkeit zu, das Familiengericht um den Erlass von Anordnungen gegen Dritte, die das Wohl des Kindes gefährden, zu ersuchen (§ 1666 Abs. 1, 4 BGB).[1656] Zum anderen haben alle das ausschließliche Recht der Eltern zur Bestimmung des Kindeswohls zu respektieren. Dies folgt daraus, dass staatliche Eingriffe nur bei einer konkreten und aktuellen Gefahr[1657] für das Kind zulässig sind. Wegen der Absolutheit des Elternrechts können sich die Eltern gegen jede Einmischung seitens Dritter wehren.[1658]

Etwas anderes kann sich jedoch ergeben, wenn man einen Blick auf § 1901b BGB wirft. Zwar regeln §§ 1901a ff. BGB, dass für die Entscheidungen über den Behandlungsverzicht der Betreuer oder der Vorsorgebevollmächtigte zuständig sind. Ärzte haben nur eine beratende Funktion. Im Gesetz ist von einem Zusammenwirken die Rede. Das heißt, dass sich der Arzt und der Betreuer um eine Einigung bemühen sollen. Weiter ist dort normiert, dass der Arzt in Bezug auf den Abbruch eine dem Betreuer entgegen gesetzte Stellung einnehmen kann. Ihm steht ein „Vetorecht" zu, was den Betreuer dazu zwingt, eine gerichtliche Entscheidung herbeizuführen. Wird seinem Verlangen in der gerichtlichen Verhandlung stattgegeben, muss sich der Arzt dem Willen beugen und von seiner Meinung abrücken. Allerdings ist in den zivilrechtlichen Vorschriften geregelt, dass der Arzt, bevor er mit dem Betreuer die Behandlungsmöglichkeit erörtert, die medizinische Indikation der Behandlungsmaßnahmen prüfen muss. Das heißt, dass er prüfen muss, ob der Betroffene

1653 Vgl. *Everschor*, Neugeboreneneuthanasie, S. 77 ff. m.w.N.
1654 Vgl. *Everschor*, Neugeboreneneuthanasie, S. 82 ff.; *v. Loewenich*, MedR 1985, 33.
1655 Vgl. *Hanack*, MedR 1985, 34.
1656 Vgl. *Schwab*, Familienrecht, S. 299, Rn. 640.
1657 Vgl. Grüneberg-*Götz*, § 1666, Rn. 8 m.w.N.
1658 Vgl. BGH, Urteil vom 24.04.1990, VI ZR 110/89.

noch einen Anspruch auf medizinische Behandlung hat. Ist dies nicht (mehr) der Fall, so wird vertreten, dass der Arzt für die Behandlungseinstellung weder die Zustimmung des Betreuers noch die Genehmigung des Betreuungsgerichts benötigt.[1659] Daher erscheint das Alleinentscheidungsrecht der Ärzte in Bezug auf die Behandlungseinstellung nicht als Anmaßung von Betreuer- oder Elternrechten. Gegen die Entscheidung des Arztes können die Eltern immerhin gerichtlich vorgehen und einstweilige Anordnungen erwirken. Dies kann auch nicht als Eingriff in die Elternrechte angesehen werden, da sie nur dann anstelle des Kindes in eine Behandlung einwilligen oder ihr wiedersprechen können, wenn ein Behandlungsanspruch besteht und mithin die Behandlungsmaßnahme medizinisch indiziert ist. Nur dann besteht ein Raum für die Ausübung der Patientenautonomie.

1.6.3 Dritte

Es gibt auch Vorschläge, wonach statt des Arztes und/oder der Eltern ein Dritter eine verbindliche Entscheidung treffen soll. Zum einen kann dies ein Anwalt sein, der die Interessen des Kindes zu wahren hat.[1660] Zum anderen sollte mit der Vertretung und dem Schutz des Kindes eine staatliche Stelle befasst werden. Dies könnte das Familiengericht sein, da ihm gemäß § 1666 BGB die Möglichkeit eingeräumt ist, bei einer Gefährdung des Kindeswohls einzuschreiten.[1661]

Die Einräumung des letztendlichen Entscheidungsrechts zugunsten eines Rechtsanwalts ist aber abzulehnen. Denn es ist gegen diese These einzuwenden, dass der Anwalt grundsätzlich nur Beratungs- und Beistandspflichten gegenüber seinen Mandanten hat. Er hat sie aufzuklären und stets den sichersten Weg zu wählen. Die Entscheidungen hinsichtlich des Ob trifft der Mandant.[1662] Zwischen dem Arzt und den Eltern besteht zudem ein Vertrauensverhältnis, in das sich der Anwalt einmischen müsste.[1663] Im Endeffekt würde er entweder dem Willen des Arztes oder dem der Eltern folgen, je nachdem, wer ihn beauftragt hat. Zudem darf der Anwalt die Übernahme des Mandates ablehnen. Auch fehlen gesetzliche Bestimmungen, denen entnommen werden könnte, dass der Arzt oder die Eltern an die Entscheidungen des Anwalts gebunden sind. Es mangelt an bestimmten Durchsetzungsmechanismen. Hinsichtlich der Rolle des Familiengerichts ist anzumerken, dass es kraft Gesetzes dazu berufen ist, das Kindeswohl zu überwachen und bei dessen Gefährdung bestimmte Maßnahmen zu treffen. Dies folgt etwa aus § 1666 BGB.

1659 Vgl. OLG München, Beschluss vom 25.01.2007, 33 Wx 6/07; LG Berlin, Beschluss vom 03.03.2006, 83 T 595/05; Grüneberg-*Götz*, § 1901b, Rn. 1.

1660 Vgl. *Everschor*, Neugeboreneneuthanasie, S. 89.

1661 Vgl. *Hanack*, MedR 1985, 38; *Eser*, FS Narr, S. 54.

1662 Vgl. Grüneberg-*Grüneberg*, § 280, Rn. 66 ff.

1663 Vgl. *Everschor*, Neugeboreneneuthanasie, S. 89 f.

Dies verdeutlicht, dass die Aufgabe, sich um das Wohl des Kindes zu kümmern, primär den Eltern obliegt und dass das Gericht erst bei der Gefährdung des Kindes bzw. beim Versagen der Eltern eingreifen darf.[1664] Ferner ergibt sich aus §§ 1901a ff. BGB, dass die Einschaltung des Betreuungsgerichts erst dann notwendig ist, wenn keine Einigung zwischen dem Betreuer und dem Arzt über die Weiterbehandlung oder die Behandlungseinstellung erzielt werden kann. Bedenkt man hierbei, dass die Rechte des Betreuers viel schwächer sind als die der Eltern, dann muss man davon ausgehen, dass zumindest das Gleiche im Verhältnis zwischen dem Arzt und den Eltern gelten muss. Das heißt, dass das Gericht nur dann eingreifen muss, wenn zwischen dem Arzt und den Eltern keine Einigung über die weitere Vorgehensweise zustande gekommen ist.

Abgesehen davon, werden in der Literatur gegen die Entscheidungskompetenz des Familiengerichts „praktische" Bedenken geäußert. Das Gericht stütze sich bei seinen Entscheidungen in der Regel auf Äußerungen von Sachverständigen, welche Ärzte sind. Ist eine Maßnahme medizinisch indiziert oder auch nicht, so werde sich das Gericht dieser Meinung in der Regel anschließen, was das Elternrecht beeinträchtigen möge. Entscheidet es sich hingegen gegen den Abbruch, bedeute dies, dass unter Umständen der behandelnde Arzt den Neugeborenen gegen seinen Willen behandeln müsse, obwohl er sich aufgrund seiner Gewissensfreiheit verweigern darf.[1665] Die Gefahr, dass der Familienrichter den Auffassungen der Ärzte folgen würde, kann nicht ausgeschlossen werden. Das gerichtliche Verfahren ist jedoch dadurch gekennzeichnet, dass sich jeder Verfahrensbeteiligte dort Gehör verschaffen kann. Die Aufgabe des Gerichtes ist es, sich mit gegensätzlichen Argumenten der Parteien auseinanderzusetzen und eine der Gesetzeslage entsprechende, objektiv ausgewogene Entscheidung bezüglich des Kindeswohls zu treffen. Hinter diese müssen das Elternrecht und die Gewissensfreiheit des Arztes zurücktreten.

1.6.4 Ethikkommissionen

Everschor[1666] schlägt vor, Ethikkommissionen einzurichten, die zur Aufgabe hätten, die Entscheidungen der Eltern auf ihre Berechtigung hin zu überprüfen und die Eltern bei der Entscheidung zu unterstützen. Sollten diese feststellen, dass die Elternentscheidung missbräuchlich ist, sollen sie anstelle der Eltern entscheiden.[1667]

1664 Vgl. Grüneberg-*Götz*, vor § 1626, Rn. 2, § 1626, Rn. 1.

1665 Vgl. *Everschor*, Neugeboreneneuthanasie, S. 92.

1666 Vgl. *Everschor*, Neugeboreneneuthanasie, S. 103 ff., 485 f.

1667 Dies schlägt auch *Merkel*, Früheuthanasie, S. 609 vor, freilich will er solchen Einrichtungen ausschließlich beratende und aufklärende Funktion zubilligen; für die Errichtung von Ethikkommissionen auch *Glöckner*, VuR 2008, 464; *Obladen*, Neugeborenenintensivpflege, S. 552.

Die Einrichtung von Ethikkommissionen ist ein interessanter Vorschlag, der jedoch mangels entsprechender gesetzlicher Absicherungen nur als Zukunftsmusik bezeichnet werden kann. Die Ethikkommissionen würden als Hilfe für die Eltern und alle anderen Beteiligten an der Behandlungseinstellung dienen. Dies ist nicht zu leugnen. Weiter sollen sie die Richter entlasten. Ob dies erreicht werden kann, ist etwas zweifelhaft. Denn die Kommission soll mit einem Juristen, einem Arzt und einem Ethiker besetzt werden. Ebenso gut könnten diese Personen in einer gerichtlichen Verhandlung herangezogen werden, um dem Richter die Entscheidung zu erleichtern. Zwar bestehen bereits jetzt bestimmte Gremien, die sich mit ethischen Fragen in der Medizin befassen, diese haben jedoch höchstens eine beratende Funktion. Sie dürfen keine allgemeinverbindlichen Entscheidungen treffen. Es fehlen hierfür gesetzliche Bestimmungen. Daher kann einem eventuellen Missbrauch nicht wirksam vorgebeugt werden. Zudem ist noch darauf hinzuweisen, dass nach dem Grundgesetz der Staat verpflichtet ist, über das Wohl des Kindes zu wachen. Ist es gefährdet, muss er eingreifen. Ob die Übertragung der Eingriffsrechte im Rahmen der Früheuthanasie an außerstaatliche Einrichtungen möglich ist, erscheint im Hinblick auf das Demokratieprinzip verfassungsrechtlich fragwürdig. Denn die staatlichen Pflichten müssen vom Staat oder von staatlichen Einrichtungen wahrgenommen werden. Den Privaten dürfen ausschließlich Hilfstätigkeiten übertragen werden. Das verbindliche Entscheidungsrecht bei Eingriffen in grundgesetzlich garantierte Positionen muss beim Staat belassen werden.[1668]

1.6.5 Stellungnahme

Bei der Bestimmung des Entscheidungsrechts kann ein Blick auf §§ 1901a ff. BGB hilfreich sein. Dort ist geregelt, dass die Entscheidung über die Beendigung einer medizinischen Maßnahme grundsätzlich der Betreuer trifft, nachdem der behandelnde Arzt deren Indikation geprüft hat und nahe Angehörige sich haben äußern können. Im Wege einer Analogie ist es möglich, diese Grundgedanken des Gesetzgebers auf die passive Früheuthanasie zu übertragen, wobei die Funktion des Betreuers den Eltern vorbehalten wird.

Zwischen der gesetzlichen Betreuung nach §§ 1896 ff. BGB und der elterlichen Sorge nach §§ 1626 ff. BGB bestehen selbstverständlich Unterschiede, die sich insbesondere darin äußern, dass zum einen die Eltern viel weitergehende Befugnisse

1668 Dem widerspricht nicht das in §§ 1901a ff. BGB vorgesehene Verfahren, wonach einvernehmliche Entscheidungen keiner staatlich veranlassten Überprüfung bedürfen. Das Verfahren will möglichst viele Personen in den Entscheidungsprozess einzubeziehen: den Arzt, den Betreuer sowie nahe Angehörige. Jeder von ihnen kann das Gericht anrufen, falls er mit der Behandlungseinstellung oder der Behandlungsfortsetzung nicht einverstanden ist. Darüber hinaus kann jede „einvernehmliche Entscheidung der Beteiligten“ im Nachhinein überprüft werden, was von voreiligen und unüberlegten Entscheidungen abschreckt.

haben als der Betreuer, der nur ausgewählte Angelegenheiten des Betreuten zu besorgen hat, während die Eltern über alle Angelegenheiten des Kindes, welche seine Person oder sein Vermögen betreffen, zu wachen haben und dass der Betreuer nur für einen Volljährigen bestellt werden kann, wohingegen die elterliche Sorge einen Minderjährigen zum Schutzobjekt hat. Die Gemeinsamkeiten liegen aber darin, dass sowohl die Eltern als auch der Betreuer einen teilweise oder voll Geschäftsunfähigen in ihrer Obhut haben und dass die Eltern die Rechte zur Einwilligung in eine ärztliche Behandlung und zu deren Ablehnung haben, die den Umfang derer des Betreuers umfassen und ansonsten weit über die Betreuerrechte hinausgehen. Die Schranke bei der Ausübung dieser Rechte bildet bei den Eltern der Missbrauch der Elternbefugnisse, worauf etwa § 1666 BGB hinweist. Gegen das Abheben auf §§ 1901a ff. BGB könnte eingewendet werden, dass insbesondere § 1901a BGB bei der Ausübung der Patientenrechte durch den Betreuer auf die Patientenverfügung und die Behandlungswünsche des Patienten Bezug nimmt. Dies kann den Eindruck vermitteln, dass die Ermittlung des Patientenwillens nach dieser Vorschrift voraussetze, dass der Betroffene antizipierende Entscheidungen hinterlassen haben muss. Dem ist es aber nicht so, weil bei der Unmöglichkeit der Feststellung des mutmaßlichen Willens aufgrund der antizipierenden Äußerungen oder Überzeugungen des einwilligungsunfähigen Patienten die Entscheidung des Betreuers sich am objektiven Wohl des Betreuten orientieren soll.[1669] Gerade dieser Fall ähnelt der Situation der schwerstgeschädigte Neugeborenen bei der passiven Früheuthanasie.

Danach ist festzustellen, dass zwar die Eltern das Elternrecht nach Art. 6 Abs. 2 GG haben. Der behandelnde Arzt hat jedoch nach § 1901b BGB die medizinische Indikation der ärztlichen Maßnahmen im Hinblick auf den Gesundheitszustand und die Prognose des schwerstgeschädigten Neugeborenen unter Berücksichtigung der Grenzen des Behandlungsanspruchs zu prüfen. Verneint er die medizinische Indikation und damit das Bestehen des Behandlungsanspruchs[1670], dann muss er sich nicht darum bemühen, eine Einigung mit den Eltern hinsichtlich der Behandlungseinstellung zu erzielen.[1671] Dennoch soll dies mit den Eltern erörtert werden.[1672] Sind die Meinungen der Eltern und des Arztes übereinstimmend, darf die Behandlungseinstellung ohne weiteres vorgenommen werden. Gehen die Meinungen auseinander, so haben die Eltern die Möglichkeit, für die Kosten der über den allgemeinen Behandlungsanspruch hinausgehenden ärztlichen Maßnahmen selbst aufzukommen.[1673] Lehnen sie dies ab und sind der Meinung, dass das

1669 Vgl. Grüneberg-*Götz*, § 1901a, Rn. 28.

1670 Wann der Behandlungsanspruch ausscheidet, siehe oben 1.5.4.

1671 Vgl. Grüneberg-*Götz*, § 1901b, Rn. 1.

1672 Vgl. OLG Sachsen-Anhalt, Urteil vom 22.08.2013, 1 U 118/11.

1673 Kann das Leben eines Neugeborenen nicht über eine „unwesentliche Zeitspanne" verlängert werden oder verursacht die Behandlung mehr „Schaden als Nutzen", so besteht kein gesetzlicher Behandlungsanspruch (siehe oben 1.5.4). Eine

Neugeborene behandelt werden muss, dann können sie rechtliche Schritte einleiten, insbesondere das Familiengericht anrufen, damit dieses über die Behandlungseinstellung entscheidet. Sie können zugleich verlangen, dass einstweilige Anordnungen getroffen werden, die den Arzt verpflichten, die lebenserhaltenden Maßnahmen fortzusetzen. Bis zur rechtskräftigen Entscheidung des Gerichtes darf die Behandlung nicht eingestellt werden.[1674] Ist der Arzt der Meinung, dass die Voraussetzungen der passiven Früheuthanasie nicht vorliegen und damit die Behandlung medizinisch angezeigt ist, während die Eltern auf die Behandlungseinstellung drängen, hat er wegen der möglichen Gefährdung des Kinderwohls das Familiengericht anzurufen.[1675] Die Entscheidung des Familiengerichts ist sowohl für die Eltern als auch für den behandelnden Arzt verbindlich.

Was die Person betrifft, die die Behandlung einstellen oder abbrechen kann, so ist davon auszugehen, dass aus Gründen der materiellen Gerechtigkeit dies jedermann sein kann, der subjektiv nach sorgfältiger Prüfung der Sachlage und in Kenntnis des fehlenden Behandlungsanspruchs und damit der medizinischen Indikation der medizinischen Behandlung diese unterlässt oder abbricht. In der Regel wird dies entweder der Arzt oder die Eltern sein, da nur diesem Personenkreis Informationen zum Gesundheitszustand und zum Bestehen oder Fehlen des Behandlungsanspruchs zur Verfügung stehen, so dass nur diese Personen die medizinischen Grundlagen sorgfältig prüfen können. Ferner ist nur dieser Personenkreis in die Entscheidungsfindung einbezogen. Der Arzt, der die medizinische Indikation verneint hat, hat dies mit den Eltern zu besprechen, damit sie der Behandlungsbeendigung zustimmen, die Entscheidung des Arztes gerichtlich überprüfen lassen oder die Behandlungsfortsetzung bis zur Grenze der Sittenwidrigkeit privat bezahlen. Dritte, die gegenüber dem Arzt keine Auskunftsansprüche zu den Krankheitsunterlagen haben, die Lage des Betroffenen weder mit ihm noch mit den Eltern besprochen haben und sich dadurch mit der medizinischen Indikation der Behandlung und mit der zwischen dem Arzt und den Eltern getroffenen

---

Behandlungsfortsetzung ist dann nur aus privaten Mitteln möglich (bis zur Grenze der Sittenwidrigkeit, die bei gravierenden Verletzungen der körperlichen Unversehrtheit oder des körperlichen Wohlbefindens erreicht ist, vgl. BGH, Beschluss vom 20.02.2013, 1 StR 585/12). Hierbei wird weder das Lebensrecht des Neugeborenen rechtswidrig verletzt, da diese Verletzung aus Gründen des öffentlichen Interesses (keine kurzfristige Lebensverlängerung) oder des Interesses des Neugeborenen (keine unzumutbare Behandlung) gerechtfertigt ist (siehe Kapitel 4, 1.5.1 c) cc) und oben 1.5.4), noch die von den Eltern stellvertretend ausgeübte Patientenautonomie, da sie ein Abwehrrecht ist und von ihr nur im Rahmen eines bestehenden Behandlungsanspruchs Gebrauch gemacht werden kann, vgl. BGH, Beschluss vom 17.03.2003, XII ZB 2/03; *Sternberg-Lieben*, FS Seebode, S. 407 ff. m.w.N.

1674 Vgl. OLG Sachsen-Anhalt, Urteil vom 22.08.2013, 1 U 118/11.

1675 Vgl. *Tag*, Körperverletzungstatbestand, S. 315 ff.; *Eser*, FS Narr, S. 53 ff.

Entscheidung nicht sorgfältig auseinandersetzen können, scheiden damit in der Regel aus. Wer in die Feststellung der medizinischen Indikation und das Zusammenwirken zwischen dem Arzt und den Eltern nicht involviert war und weder auf die Weisung noch mit Zustimmung des Arztes und der Eltern handelt, macht sich daher in der Regel strafbar. Ein eigenmächtiges oder selbstherrliches Vorgehen eines Dritten muss wegen des hohen Rangs des Lebensrechts unterbunden werden.

2. Rechtslage in Polen

In Polen gibt es keine diesbezüglichen Regelungen und es wurde keine eindeutige Praxis erarbeitet, die sich mit der Sterbehilfe bei Neugeborenen (Früheuthanasie) befasst. Zum einen ist dies darauf zurückzuführen, dass darüber fast keine öffentliche Diskussion geführt wird. Das wird teilweise daran deutlich, dass wissenschaftliche Abhandlungen zu dem Thema dünn gesät sind. Zum anderen fehlt ein bioethisches Komitee, das eindeutige und allseits anerkannte Vorgaben für die Behandlung der schwerstgeschädigten und -behinderten Neugeborenen erarbeitet hätte. Dies hat zur Folge, dass Ärzte nach ihrem Gutdünken handeln und oft die spezifischen Belange der Neugeborenen übersehen.[1676]

Das Fehlen eindeutiger medizinischer und ethischer Behandlungsstandards führt oft dazu, dass sich die Mediziner für eine für das Neugeborene schädliche, mit vielen Schmerzen verbundene Lebensverlängerung einsetzen und dabei das Recht auf Sterben in Frieden und Würde gemäß Art. 20, 20a des Gesetzes über Patientenrechte[1677] in einer inakzeptablen Art und Weise abwerten.[1678] Daneben bereitet die moralische Beurteilung der Früheuthanasie erhebliche Schwierigkeiten, die nicht eindeutig gelöst werden können. Neben medizinischen Faktoren spielen hier auch die eigene Intuition und das eigene Gewissen eine Rolle.[1679]

2.1 Beginn des Lebensschutzes

Die Bestimmung des Beginns des Lebensschutzes erfordert Antworten auf die Frage, ab wann das Menschenleben schutzbedürftig und schützenswert ist. Das zentrale Problem ist dabei die Definition des Begriffs *Mensch*. Grundsätzlich wird angenommen, dass man den Status eines Menschen (zumindest im deskriptiven

---

1676 Vgl. *Rutkowska/Szczepaniak*, Dylematy etyczne, S. 69 f.

1677 Nach diesen Vorschriften soll die Patientenwürde bei Heilbehandlungen geschützt werden. Die Patientenwürde umfasst hierbei das Recht, in Frieden und Würde zu sterben (Art. 20 Abs. 2) und das Recht auf Schmerzlinderung (Art. 20a). Zum Inhalt des Rechts auf Sterben in Frieden und Würde bei äußerungsunfähigen Patienten siehe Kapitel 4, 2.5.

1678 Vgl. *Dangel*, Wady letalne, S. 95.

1679 Vgl. *Hartman*, Bioetyka, S. 109.

Sinne) durch die Angehörigkeit zur menschlichen Gattung erlangt.[1680] Umstritten ist jedoch, ob das bloße Vorhandensein dieser Eigenschaft für die Zusprechung des vollen Lebensrechts entscheidend und ausreichend ist. Daneben taucht die Frage auf, wie die Anwendungsbereiche der Tötungs- und Schwangerschaftsdelikte voneinander abzugrenzen sind, da der Lebensschutz vor und nach der Geburt strafrechtlich anders ausgestaltet ist.

2.1.1 Beginn des Lebensrechts

Im Jahre 1997 hat das polnische Verfassungsgericht entschieden, dass jedem menschlichen Wesen unabhängig von seiner Entwicklungsphase ein volles Lebensrecht zusteht.[1681] Das bedeutet, dass das Leben eines Embryos gleich schützenswert ist wie das eines erwachsenen Menschen. Diese Ansicht wird von einigen Bioethiker in Frage gestellt. Deren Kritik bezieht sich darauf, dass man zwischen dem Menschen im deskriptiven (rein biologischen) Sinne und dem Menschen im normativen Sinne unterscheiden müsse. Das normative Menschensein bedeutet, dass der Mensch eine Person sei. Nur Personen könne man Rechte zusprechen.[1682] In diesem Zusammenhang wird gefordert, dass vom Gesetzgeber Kriterien gesucht und formuliert werden sollen, die das Menschensein ausmachen. Dies erfordere der biotechnische Fortschritt.[1683] Als derartige Kriterien werden beispielsweise diskutiert: das Selbstbewusstsein, die Kommunikationsfähigkeit oder die Lebensfähigkeit außerhalb des Mutterleibes.[1684] Die Regelungen der Verfassung werden dahingehend interpretiert, dass nur ein geborener Mensch Träger des Lebensrechtes sein könne. Daher könne erst die Geburt die Grenze bilden, die bewirke, dass ein Mensch unter dem Schutz der Verfassung stehe.[1685] Zugleich wird einschränkend gefordert, dass es sich um die Geburt eines gesunden, von genetischen Defekten freien Menschen handeln solle.[1686] Daneben wird versucht, die Eigenschaft des normativen Menschseins aus der Lebensschutzpflicht des Staates herzuleiten. Diese Pflicht beziehe sich insbesondere auf die Verhinderung unnötigen Leidens. Daher erwerbe ein Fötus die Eigenschaft einer Person mit der Erlangung der Empfindungsfähigkeit. Ab diesem Zeitpunkt dürfe ihm ohne einen wichtigen Grund

---

1680 Vgl. *Szewczyk*, Bioetyka, S. 235.

1681 Vgl. Verfassungsgericht, Entscheidung vom 28.05.1997, K 26/96; *Pietrzak*, Prawo Kanoniczne 56/2 (2013), S. 162 f; *Ciepły*, Roczniki Nauk Prawnych XXIV/4 (2014), S.26 f.

1682 Vgl. *Szewczyk*, Bioetyka, S. 235.

1683 Vgl. *Breczko*, Podmiotowość prawna człowieka, S. 406 f.

1684 Vgl. *Przyłuska-Fiszer*, Aspekty etyczne, S. 59 ff.

1685 Vgl. *Przyłuska-Fiszer*, Aspekty etyczne, S. 34.

1686 Vgl. *Tokarczyk*, Prawa narodzin, S. 35.

nicht geschadet werden.[1687] Teilweise wird auch die Ansicht vertreten, dass der menschliche Embryo anstrebt, eine Person zu werden. Obwohl der Embryo keine Person sei, beteilige er sich damit an dem künftigen Leben der Person. Dies rechtfertige die Gewährung des vollen Lebensrechts von der Empfängniszeit an.[1688]

Die Meinungen, die den Lebensschutz normativ einzuschränken versuchen, sind abzulehnen. Eine Differenzierung zwischen Mensch und Person, gleich aus welchem Grund, leidet an dem Mangel, dass eine Vorperson zur Person werden kann. Es ist ethisch nicht ausgeschlossen, dem Menschen, der noch nicht die Person ist, bereits jetzt mehr an Rechten zuzusprechen, als ihm eigentlich zusteht, damit er sein bereits vorhandenen Potenzial in Zukunft abrufen kann. Solch eine Begünstigung ist nicht zwingend eine unzulässige Diskriminierung anderer (Vorteilsgewährung durch unterstützende Maßnahmen zum Chancenausgleich).[1689] Gegen das Kriterium der Lebensfähigkeit außerhalb des Mutterleibes spricht, dass es unbestimmt ist. Es stellt sich die Frage, was unter der Lebensfähigkeit zu verstehen ist. Soll das Kind aus eigenen Kräften imstande sein, außerhalb des Mutterleibes zu leben? Wenn ja, dann kann die Entstehung des Lebensrechts vom Zufall abhängen oder darauf hinauslaufen, dass nur „der Stärkere" das Lebensrecht erwirbt. Sollte darunter hingegen eine „apparaturabhängige" Lebensfähigkeit verstanden werden, dann ist darauf hinzuweisen, dass die Grenze, ab wann ein ungeborener Mensch diese Fähigkeit erwerben kann, aufgrund des ständigen Medizinfortschritts immer mehr nach unten korrigiert wird. Sollte das Lebensrecht von der Erlangung des Bewusstseins, der Kommunikationsfähigkeit oder der Schmerzempfindlichkeit abhängig gemacht werden, kann dem entgegengehalten werden, dass diese Merkmale zwar offenbar an typische Eigenschaften des Menschen anknüpfen, deren Fehlen im Einzelfall jedoch irrelevant ist, da Menschen ohne diese Eigenschaften trotzdem der Spezies homo sapiens angehören. Deswegen ist es ethisch nicht unzulässig, ihre Rechte mit den Rechten derjenigen Speziesmitglieder, die diese Eigenschaften besitzen, aufgrund einer „zwischenmenschlichen Solidarität" gleichzustellen. Denn es ist ethisch durchaus nicht diskriminierend, etwa eigene Familienmitglieder besser zu behandeln als Familien-Nichtmitglieder oder den Bürgern eines bestimmten Staates mehr Rechte zu gewähren als den Nichtbürgern.[1690] Die Forderung danach, dass das Lebensrecht nur „defektfreien" Menschen zustehen soll, erinnert an den Euthanasiegedanken des NS-Regimes.[1691] Auch das Argument, dass das verfassungsrechtlich verankerte Lebensrecht nach dem Gesetzgeberwillen ausschließlich dem geborenen Menschen zustehen solle, ist nicht einleuchtend.

1687 Vgl. *Szewczyk*, Bioetyka, S. 252 ff., die Empfindungsfähigkeit tritt diesem Autor zufolge spätestens mit der 26. Schwangerschaftswoche ein.

1688 Vgl. *Ślipko*, Granice życia, S. 122 f.

1689 Vgl. *Hruschka*, JZ 2001, 261 ff.

1690 Vgl. *Joerden*, Menschenleben, S. 114 ff.

1691 Vgl. *Merkel*, Eugenik und Euthanasie, S. 20 ff.

Zum einen geht das Verfassungsgericht vom Gegenteil aus, indem es meint, dass das Leben als physische Existenz die Grundlage für die Ausübung anderer Grundrechte und Freiheiten sei. Dies bedinge, dass es ab dem Zeitpunkt seiner Entstehung geschützt werden müsse.[1692] Zum anderen wurde während der Arbeiten an dem Verfassungstext die Frage der Aufnahme einer Passage, wonach ausdrücklich auch das Leben eines ungeborenen Menschen geschützt sei, heftig diskutiert. Schließlich wurde darauf verzichtet, weil keine Einigung diesbezüglich erzielt werden konnte.[1693] Daraus folgt, dass der Gesetzgeber nicht fest entschlossen war, nur dem geborenen Menschen das Lebensrecht einzuräumen.

2.1.2 Das strafrechtliche Menschsein

Nach der Rechtsprechung des polnischen Verfassungsgerichts soll das menschliche Leben in jeder Entwicklungsphase gleich geschützt werden.[1694] Im polnischen Strafgesetzbuch findet man jedoch zwei Deliktstypen, die sich entweder auf den Schutz des geborenen oder des ungeborenen Lebens beziehen und mit unterschiedlichem Strafmaß bedroht sind. Das sind zum einen der Art. 148 KK (Tötung und Mord, Freiheitsstrafe nicht unter acht Jahren) und zum anderen der Art. 152 KK (Schwangerschaftsabbruch, Freiheitsstrafe bis drei Jahre[1695]).

Dieser Unterscheidung könnten einige verfassungsrechtliche Einwände entgegengehalten werden. Man könnte meinen, dass eine solche Differenzierung wegen des Gebotes des stets gleichen Lebensschutzes und der Gleichbehandlung in jedem Entwicklungsstadium unzulässig sei. Zunächst ist festzustellen, dass der Schutzbereich des Lebensrechts mit seinem Anwendungsbereich alle menschlichen Wesen umfasst und ihnen den gleichen Schutz garantiert. Davon ist allerdings die Frage der Zulässigkeit der Eingriffe in das Leben abzugrenzen. Ob ein Leben beeinträchtigt oder vernichtet werden darf, hängt von der Möglichkeit der Rechtfertigung solcher Handlungen ab. Dabei muss man sich an den im konkreten Fall miteinander kollidierenden Interessen und Werten orientieren und den möglichst umfassenden Schutz des jeweiligen Rechtsgutes anstreben.[1696] Legt man dies zugrunde, so ist zu sagen, dass zwischen Art. 148 und 152 KK Unterschiede

---

1692 Vgl. Verfassungsgericht, Entscheidung vom 28.05.1997, K 26/96.

1693 Vgl. *Krajewski*, Kontrowersje ochrony życia, S. 144.

1694 Vgl. Verfassungsgericht, Entscheidung vom 28.05.1997, K 26/96.

1695 Sollte das ungeborene Kind die selbstständige Lebensfähigkeit außerhalb des Leibes der Mutter erlangt haben, ist auf eine Freiheitsstrafe von sechs Monaten bis acht Jahren zu erkennen, Art. 152 § 3 KK.

1696 In diesem Sinne auch das polnische Verfassungsgericht in der Entscheidung vom 28.05.1997, 26/96: „die Intensität des Rechtsschutzes und seine Art sind nicht die direkte Konsequenz des Wertes des geschützten Gutes". Sie hänge neben dessen Wert auch von einer „Reihe Faktoren unterschiedlicher Natur" ab. „Der Schutz muss immer ausreichend in Bezug auf das geschützte Gut sein".

in dem Schutzgegenstand (der geborene und der ungeborene Mensch) und in der Strafandrohung bestehen. Diese sind jedoch gerechtfertigt. Im Falle des Art. 152 KK ist der ungeborene Mensch mit dem Körper der Schwangeren unmittelbar verbunden. Damit sind bei dessen Schutz auch die Interessen der künftigen Mutter zu berücksichtigen etwa die Unzumutbarkeit der Lebensaufopferung der Kindesmutter zugunsten des Ungeborenen, die eine unterschiedliche Behandlung erklären. Daher erscheinen die Einwände der Ungleichbehandlung und der Verletzung des Lebensrechts haltlos.

In der polnischen Strafrechtslehre werden vier grundsätzliche Ansichten zur Unterscheidung zwischen dem geborenen und dem ungeborenen Leben vertreten. Diese Abgrenzung ist für die Bestimmung der Anwendungsbereiche der Tötungs- und Schwangerschaftsdelikte von großer Bedeutung. Als Anknüpfungspunkte hierfür werden angeführt: die Erlangung der Fähigkeit zum Leben außerhalb des Mutterleibes durch das Kind[1697], der Beginn der Eröffnungswehen (bzw. die Vornahme des Kaiserschnittes)[1698], die räumliche Trennung vom Körper der Mutter[1699] und der Moment des ersten Atemzugs des Kindes.[1700] Dem Kriterium der selbstständigen Lebensfähigkeit des Fötus wird entgegengesetzt, dass sich der Gesetzgeber dieses Begriffes im Rahmen der Schwangerschaftsabbruchsdelikte bediene.[1701] Der Begriff der selbstständigen Lebensfähigkeit ist der Grund für die Qualifikation nach Art. 152 § 3 KK.[1702] Es werden auch Einwände gegen das Kriterium der Eröffnungswehen erhoben. Nach dem jetzigen Stand der Medizin könne der Geburtsbeginn hinausgezögert werden, wodurch das Kriterium manipulierbar wird.[1703] Zudem wird als ungerecht empfunden, dass die Mutter, die ein Kind während oder nach der Geburt tötet, wegen eines Totschlags gem. Art. 148 KK oder einer Kindestötung nach Art. 149 KK bestraft werde, während die Mutter, die ein außerhalb ihres Körpers selbstständig lebensfähiges, ungeborenes Kind tötet, völlig straflos bleibe.[1704] Ein analoges Argument wird gegen das Kriterium der räumlichen

---

1697 Vgl. *Daszkiewicz*, Komentarz, S. 266; *Krajewski*, Kontrowersje ochony życia, S. 86.

1698 Vgl. das Oberste Gericht, Entscheidung vom 26.10.2006, I KZP 18/06; *Zoll*, Komentarz, Art. 148, Ziff. 3, 149 Ziff. 5.

1699 Vgl. *Lang*, Prawne problemy, S. 157.

1700 Vgl. *Księżopolska-Breś*, Dzieciobójstwo, S. 57.

1701 Vgl. *Księżopolska-Breś*, Dzieciobójstwo, S. 60.

1702 Art. 152 § 3 KK: Wer eine in § 1 (Schwangerschaftsabbruch mit Einwilligung der Schwangeren) oder § 2 (Beihilfe oder Anstiftung zum Schwangerschaftsabbruch) genannte Tat begeht, wenn das ungeboren Kind die Fähigkeit zum selbstständigen Leben außerhalb des Körpers der Schwangeren erlangt hat, wird mit Freiheitsstrafe von sechs Monaten bis acht Jahren bestraft.

1703 Vgl. *Konarska-Wrzosek*, Ochrona dziecka, S. 25.

1704 Vgl. *Księżopolska-Breś*, Dzieciobójstwo, S. 60; *Krajewski*, Kontrowersje ochony życia, S. 86.

Trennung angeführt. Es sei unbillig, bloß einen Schwangerschaftsabbruch anzunehmen, wenn das Kind bereits den Körper der Mutter verlassen hat, aber noch mit ihr mittels der Nabelschnur verbunden ist.[1705] Gegen das Kriterium „des ersten Atemzuges" wird vorgebracht, dass nach den Bestimmungen der Weltgesundheitsorganisation die Aufnahme der Atemtätigkeit durch den Neugeborenen für die Feststellung, ob er lebend zur Welt gekommen ist, ohne Belang sei.[1706]

Die Bestimmung des Beginns des Menschenseins im strafrechtlichen Sinne ist eine rein juristische Frage, die sich anhand der gesetzlichen Bestimmungen beantworten lässt. Die Aufgabe besteht darin, den gesetzgeberischen Willen zu ermitteln. Hilfreich sind dabei folgende Vorschriften: Art. 148 § 1, Art. 149 und Art. 152 KK. Die erste Norm knüpft an das Tatbestandsmerkmal „wer einen Menschen tötet" an. Art. 149 KK hat eine Kindestötung zum Gegenstand und lautet: „Mutter, die das Kind während der Geburt (...) tötet". Art. 152 KK regelt den Fall des Schwangerschaftsabbruchs. Innerhalb der Anwendungsbereiche der Art. 148 und 152 KK kann es in Bezug auf ein und dasselbe Menschenwesen zu keinen Überschneidungen kommen. Denn die betroffenen Schutzgüter sind verschieden: Art. 148 KK schützt das geborene Leben, Art. 152 KK hingegen das ungeborene Leben.[1707] Art. 149 KK ist nach einhelliger Auffassung ein privilegierender Tatbestand im Verhältnis zu dem Grundtatbestand des Art. 148 KK. Ihre Schutzgüter sind die gleichen: das geborene Leben.[1708] Wenn also der Unterschied des Art. 149 zu dem Art. 148 KK nur in der Ergänzung privilegierender Umstände besteht, muss man folgerichtig davon ausgehen, dass Art. 148 KK bereits „während der Geburt" zur Anwendung kommen kann. Unter der Formulierung „während der Geburt" ist, sprachlich gesehen, der Zeitraum zwischen ihrem Beginn und ihrem Ende (d. h. Nachgeburt, also Ausstoßung bzw. Geburt der vollständigen Plazenta) zu verstehen.[1709] Damit ist die Grenze zu dem Schwangerschaftsabbruch festgelegt. Von einer Abtreibung kann demnach von dem Beginn der Geburt an keine Rede mehr sein. Da der Begriff der selbstständigen Lebensfähigkeit außerhalb des Körpers der Schwangeren (Art. 152 § 3 KK) dem Regelungsbereich des Art. 152 KK unterfällt, darf er nicht für das Eingreifen des Art. 148 KK maßgebend sein.[1710] Denn solange die Schwangerschaft andauert, liegt keine Geburt vor. Auch die Kriterien der räumlichen Trennung vom Körper der Mutter und der Aufnahme der Atemtätigkeit sind abzulehnen. Die Abtrennung des Kindes und das Einsetzen der Atemtätigkeit erfolgen zwar während der Geburt, sie geschehen jedoch nicht bereits mit dem Beginn der Geburt,

---

1705 Vgl. *Księżopolska-Breś*, Dzieciobójstwo, S. 61.
1706 Vgl. *Daszkiewicz*, Komentarz, S. 214; *Lang*, Prawne problemy, S. 159.
1707 Vgl. *Zoll*, Komentarz, Art. 152, Ziff. 11 f.
1708 Vgl. *Księżopolska-Breś*, Dzieciobójstwo, S. 74; *Zoll*, Komentarz, Art. 149, Ziff. 4 f.
1709 Vgl. *Zoll*, Komentarz, Art. 149, Ziff. 11 m.w.N.
1710 Vgl. *Lang*, Prawne problemy, S. 157.

sondern erst in einem späteren Stadium der Entbindung. Damit sind sie mit dem Verständnis des Wortes „während" nicht in Einklang zu bringen.

Nach dem Vorstehenden ist das Kriterium zu befürworten, das auf den Beginn der Eröffnungswehen bzw. des Kaiserschnitts abstellt. Diese Ansicht entspricht dem Gesetzestext und stärkt den Grundsatz der gesetzgeberischen Rationalität.

2.2 Anwendung der allgemeinen Regeln

An dieser Stelle ist zu klären, ob die Früheuthanasie strikt nach den allgemeinen Regeln zu handhaben ist oder ob gewisse Erweiterungen oder Einschränkungen dieser Regeln geboten sind. Der Anwendungsbereich der Früheuthanasie umfasst insbesondere folgende Fallgruppen, welche Gegenstand der Diskussion in Deutschland sind.[1711]

- Neugeborene, die bereits im Sterben liegen,
- Neugeborene, die aufgrund ihrer Schädigungen nur eine mehr oder weniger kurze Zeitspanne unter Ausschöpfung des in der Medizin Möglichen überleben können,
- Neugeborene mit apallischem Syndrom,
- Neugeborene, die dauerhaft am Leben erhalten werden können, wobei das Weiterleben mit erheblichem Leiden und erheblich geminderter Lebensqualität verbunden ist,
- Neugeborene, die dauerhaft am Leben erhalten werden können, wobei das Weiterleben mit schweren bis mittleren Einschränkungen der Lebensqualität verbunden ist und
- Neugeborene, bei denen in mehr oder weniger ferner Zukunft eine Krankheit ausbrechen kann, die zu einem langen und sehr schmerzhaften Tod führen wird.

An der vorstehenden Auflistung der Fallgruppen der Früheuthanasie wird deutlich, dass bei der Früheuthanasie vor allem die Gesichtspunkte der Lebensqualität und -quantität eine besondere Rolle spielen.

Die polnische Gesellschaft für Kindermedizin (Polskie Towarzystwo Pediatryczne) problematisiert in ihren Empfehlungen für Ärzte offenbar nur die ersten vier Fallgruppen.[1712] Sie hält die Früheuthanasie nur dann für zulässig, wenn es sich um unheilbar kranke Kinder mit hohem Risiko für einen vorzeitigen Tod[1713] handele und dadurch keine reale (wohl im Sinne von: geringe) Chance auf Heilung oder Verhinderung des Krankheitsverlaufs bestehe, die Lebensqualität erheblich

1711 Siehe oben 1.5.

1712 Vgl. Polskie Towarzystwo Pediatryczne, S. 61 ff., 103 ff.

1713 Hierzu zählen etwa: schwere Krebskrankheiten, schwere zerebrale Schädigungen, schwere genetische Krankheiten, Trisomie 13 und 18, schwere Formen der Trisomie 21(Down-Syndrom) verbunden mit Herzfehlern.

gemindert und der Behandlungserfolg unverhältnismäßig zu den eingesetzten Behandlungsmethoden sei. In diesem Falle sollten Kinder in die Palliativpflege gegeben werden, wobei bei ihnen auf Wiederbelebungsmaßnahmen und auf sonstige lebensnotwendige Maßnahmen verzichtet werden kann. Die medizinische Behandlung sollte sich nur auf die Beschwerden- und Schmerzlinderung beschränken. Ein Mitglied der polnischen Gesellschaft für Kindermedizin, *Dangel*, ist sogar der Meinung, dass bei erheblichem Leiden dem Unterlassen der Weiterbehandlung sogar eine aktive Tötungshandlung in Ausnahmefällen vorgezogen werden dürfte. In allen anderen Fällen, in denen die Chancen nicht als gering einzuschätzen sind und die Schmerzen auf ein erträgliches Maß reduziert werden können, sollten die (schwerst-) behinderten Neugeborenen medizinisch weiter betreut werden.[1714]

In der polnischen medizinstrafrechtlichen Literatur werden zur Lösung der Früheuthanasiefälle grundsätzlich die gleichen Grundsätze wie bei der Erwachsenensterbehilfe herangezogen. Die Zulässigkeit der Früheuthanasie hängt also in erster Linie von dem Zustand des Patienten und den Chancen auf qualitative und quantitative Lebensverlängerung ab.[1715] Die Regeln der allgemeinen Sterbehilfe und der Früheuthanasie decken sich damit insoweit, als man es mit einem Patienten zu tun hat, dessen Überlebenschancen gering sind und er unverhältnismäßigen Behandlungsmethoden unterzogen werden muss. Allerdings wird hier berücksichtigt, dass jegliche medizinische Behandlung von Kleinkindern von der Einwilligung ihrer gesetzlichen Vertreter, in der Regel von der Einwilligung ihrer Eltern, abhängig ist. Das Elternrecht ist ein besonderes, verfassungsrechtlich geschütztes Recht. Es geht viel weiter als das Recht eines Betreuers/Kurators oder eines Patientenvertreters, welche in der Regel bei äußerungsunfähigen erwachsenen Patienten Entscheidungen über Durchführung/Nichtdurchführung von medizinischen Maßnahmen treffen. Da das Elternrecht Eingriffe der staatlichen Organe in die Entscheidungen der Eltern über die Kindererziehung verbietet, wird hier diskutiert, ob die Eltern befugt sind, einer lebensnotwendigen medizinischen Behandlung zu widersprechen und welche Wirkung ihr Widerspruch auf das ärztliche Handeln hat.[1716] Insoweit wird allem Anschein nach eine Erweiterung der Früheuthanasie gegenüber den allgemeinen Sterbehilferegeln insoweit erwogen, als die Eltern einseitig und für den Arzt und staatliche Organe verbindlich über die lebensnotwendigen medizinischen Maßnahmen entscheiden dürfen.

Ob eine Erweiterung der Sterbehilferegeln gegenüber den Neugeborenen zulässig ist, ist am Lebensrecht und am Diskriminierungsverbot zu messen. Gemäß Art. 38 der polnischen Verfassung ist der Staat dazu verpflichtet, das Leben jedes Menschen zu schützen. Dieser Schutz muss in jeder Lebensphase gleich sein.[1717]

1714 Vgl. *Dangel*, Interview, S. 70.
1715 Siehe Kapitel 4, 2.5.
1716 Vgl. Polskie Towarzystwo Pediatryczne, S. 68 ff.
1717 Vgl. Verfassungsgericht, Entscheidung vom 28.05.1997, K 26/96; Safjan-*Bosek*, Zbiór orzeczeń, S. 43 f.

Zu dem geschützten Personenkreis gehören also auch schwerstgeschädigte oder -behinderte Neugeborene.[1718] Aus diesem Lebensschutzauftrag des Staates ergibt sich die Pflicht des Staates, bestimmte Vorkehrungen zu treffen, um mögliche Gefahren für das Leben auszuschalten. Daraus wird teilweise hergeleitet, dass die Zulassung einer unfreiwilligen Lebensverkürzung[1719] verfassungswidrig wäre, während die freiwillige Sterbehilfe in der Regel als verfassungsneutral angesehen wird.[1720] Diese Ansicht ist jedoch gewissen Bedenken ausgesetzt. Die Früheuthanasie zählt zur „unfreiwilligen" Lebensverkürzung, da sie ohne Willen des betroffenen Kleinkindes geschieht. Das Kind kann aufgrund seiner Einwilligungsunfähigkeit hierzu nicht befragt werden. Ein Ausschluss der Früheuthanasie aus diesem Grunde würde allerdings auf eine Diskriminierung hinaus laufen.[1721] Wenn ein handlungsfähiger Patient über sich selbst entscheiden darf, muss dies prinzipiell auch ein äußerungsunfähiger tun können. Sonst würde dies dazu führen, dass dieser Patient in seinen Rechten beschränkt werden würde. Der Handlungsunfähige müsste stets lebenserhaltenden Behandlungen unterzogen werden, während ein Handlungsfähiger sie verweigern könnte. Der Staat ist aber verpflichtet, auch für die Rechte der Äußerungsunfähigen zu sorgen. Damit muss unter bestimmten Voraussetzungen eine Lebensbeendigung auch ohne (ausdrücklichen oder mutmaßlichen) Patientenwillen möglich sein. Die Aussage, jede (unfreiwillige) Lebensverkürzung gegen den Willen des Betroffenen (oder seiner gesetzlichen Vertreter) sei verfassungswidrig, erscheint schlicht falsch. Denn sogar die Wiedereinführung der Todesstrafe wird in Polen von einigen Literaturvertretern als verfassungskonform angesehen.[1722] Unproblematisch ist eine Notwehrtötung, welche auch unfreiwillig ist, weil sie dem Willen des getöteten Angreifers zuwiderläuft. Es ist daher nicht einzusehen, warum gerade nur die Vollziehung der Todesstrafe und eine Tötung in Notwehr als eine Form der unfreiwilligen Tötung zulässig sein sollten, während alle anderen Tötungen von Vornherein von Verfassung wegen verboten bleiben sollen. An dieser Stelle ist zu betonen, dass jede Art der Tötung, also jede freiwillige und unfreiwillige Tötung in den Schutzbereich des Art. 38 der polnischen Verfassung fällt. Ob sie verboten bleiben soll, hängt nicht *per se* von der Feststellung ab, dass die Tötung als solche den Schutzbereich des Lebensrechts tangiert, sondern vielmehr davon, ob der Eingriff in das Lebensrecht sich verfassungsrechtlich rechtfertigen lässt.

Der Lebensschutz muss grundsätzlich immer gleich ausfallen. Das bedeutet jedoch nicht, dass die Intensität des Schutzes stets konstant bleiben muss. Die im konkreten Falle mit dem Lebensrecht kollidierenden Verfassungsgüter setzen die

---

1718 Vgl. *Krajewski*, Kontrowersje ochony życia, S. 133.

1719 Gemeint ist hier Lebensverkürzung ohne und gegen den Patientenwillen.

1720 Vgl. *Banaszak*, Art. 38, Rn. 5 ff.

1721 Vgl. *Szeroczyńska*, Eutanazja, S. 332.

1722 Vgl. *Banaszak*, Art. 38, Rn. 7.

Maßstäbe für die Intensität des Schutzes fest.[1723] Daraus folgt, dass die Intensität des Lebensschutzes im Einzelfall unterschiedlich ausfallen kann. Das Gebot des gleichen Lebensschutzes wird durch den Gleichbehandlungsgrundsatz verfassungsrechtlich unterstützt und abgesichert.[1724] Nach Art. 32 der polnischen Verfassung sollen alle Rechtssubjekte, die sich durch ein gleiches relevantes Merkmal auszeichnen, gleich behandelt werden.[1725] Vergleicht man die allgemeine Sterbehilfe mit der Früheuthanasie, fällt auf, dass sie sich beide auf Menschen in unterschiedlichen Entwicklungsstufen beziehen und dass diese Menschen aufgrund unterschiedlicher Erkrankungen in unterschiedlicher Art und Weise in ihrer Lebensqualität und -quantität beeinträchtigt werden können. Die Subsumierung der beiden Sachverhalte unter den Begriff „Mensch“ ist jedoch zumindest im Hinblick auf das Gebot des gleichen Lebensschutzes aller Menschlichen als relevant zu betrachten.[1726] Damit ist eine diskriminierende Ungleichbehandlung wegen der Eigenschaft, schwerstbehindert und -geschädigt geboren zu sein, an dieser Stelle zu bejahen; denn ist ein gemeinsames Merkmal feststellbar, indiziert dies grundsätzlich eine unberechtigte Ungleichbehandlung. Möglich ist jedoch eine Rechtfertigung. Wie diese beschaffen sein muss, wird an folgenden Kriterien festgemacht. Die Ungleichbehandlung muss mit einem Differenzierungsziel zusammenhängen, das seinerseits auf rationalen Überlegungen beruhen muss. Es muss auch das Interesse an der Ungleichbehandlung im ausgewogenen Verhältnis zu dem Interesse, das verletzt werden soll, stehen. Zuletzt muss das für die Ungleichbehandlung angeführte Kriterium in einem Zusammenhang mit anderen verfassungsrechtlichen Werten, Grundsätzen oder Normen stehen.[1727] Man kann hier vertreten, dass die Erweiterung der allgemeinen Sterbehilferegeln gegenüber den schwerstbehinderten Neugeborenen dazu dient, den besonderen Bedürfnissen der schwerstkranken Neugeborenen gerecht zu werden. Es geht darum, eine möglichst volle Beachtung ihrer Interessen in der medizinischen Therapie zu gewährleisten und die fehlende Handlungsfähigkeit der Neugeborenen gegenüber den erwachsenen Patienten durch entsprechende Maßnahmen auszugleichen. Das Differenzierungskriterium orientiert sich dabei an der konkreten Erkrankung, an faktischen Unterschieden zu Erwachsenen und an unterschiedlichen Interessen. Problematisch an dieser Argumentation ist, dass der Anknüpfungspunkt für die unterschiedliche Behandlung allein in der Behinderung liegt. Eine Differenzierung wegen der

1723 Vgl. Verfassungsgericht, Entscheidung vom 28.05.1997, K 26/96.

1724 Vgl. *Krajewski*, Kontrowersje ochony życia, S. 133; anzumerken ist hier, dass die Frage, ob der Gleichbehandlungsgrundsatz ein subjektives Recht verleiht und ob er eine selbstständige Prüfungsgrundlage sein kann, mangels Relevanz ausgelassen wird, vgl. hierzu z.B.: *Garlicki/Zubik*, Komentarz, Art. 32, S. 101 ff.

1725 Vgl. *Garlicki/Zubik*, Komentarz, Art. 32, S. 107 ff.

1726 Vgl. *Ciepły*, Czasopismo prawa karnego i nauk penalnych 2014/2, S. 76.

1727 Vgl. *Bernatek-Zaguła*, Przegląd prawa konstytucyjnego 2012 Nr. 3, S. 76.

Behinderung wird im polnischen Verfassungsrecht grundsätzlich als unzulässig angesehen.[1728]

Zweifelhaft ist auch, ob die weitergehende Möglichkeit der Todesherbeiführung von schwerstgeschädigten Kindern den in Art. 68 der polnischen Verfassung verankerten staatlichen Auftrag zum besonderen Schutz von Behinderten und den in Art. 72 der polnischen Verfassung enthaltenen staatlichen Auftrag, die Interessen des Kindes bestmöglich zu schützen und zu fördern, tatsächlich verwirklicht. Der staatliche Auftrag zum Kindesschutz umfasst unter anderem die Gewährleistung eines entsprechenden biologischen Daseins.[1729] Anerkannt ist jedoch, dass der Gleichbehandlungsgrundsatz eine unterschiedliche Behandlung wegen einer Eigenschaft zulässt, wenn dies zur Erreichung konkreter, situationsbedingter, positiver Effekte notwendig ist. Als Beispiel wird die Bevorzugung von Behinderten genannt.[1730] Auch einem Neugeborenen steht ein Recht auf Sterben in Frieden und Würde zu. Der Staat ist damit gehalten, den Neugeborenen nicht zum Opfer der staatlichen Lebensschutzpflicht zu machen. Er muss alles unternehmen, damit der Neugeborene von diesem Recht auf Sterben in Würde und Frieden zumindest mittelbar durch seine gesetzlichen Vertreter Gebrauch machen kann. Die Bemühung, einerseits dem Neugeborenen den möglichst besten Eintritt ins Leben zu ermöglichen und andererseits ihn vor unzumutbarem Leiden zu verschonen, könnte es auf der Suche nach dem objektiv Besten des Kindes zulassen, die Grenzen der allgemeinen Sterbehilfe zu überschreiten oder neu festzulegen. Durch die Erweiterung der allgemeinen Sterbehilferegeln könnte das Beste des schwerstbehinderten Kindes bezüglich seines Rechts auf Sterben in Würde und Frieden erreicht und garantiert werden.

Problematisch ist aber dabei, ob eine erleichterte Tötungsmöglichkeit eines Behinderten für diesen tatsächlich eine Bevorzugung ist. Diese Zweifel räumt auch nicht das Argument aus, dass das Ziel der Früheuthanasie die Verhinderung eines qualvollen Lebens ist; und sie zielt nicht darauf ab, die Ausbreitung genetisch fehlerhafter Eigenschaften zu unterbinden (Eugenik) oder Behinderungen als etwas Schlechtes abzustempeln, sondern sie dient der Kompensierung der biologischen Nachteile, die das biologische Dasein aufgrund der schweren Behinderung unerträglich machen. Ebenso wenig, dass die Entscheidungen über die Früheuthanasie etwa aus der Perspektive der Interessen des Kindes zu sehen seien und damit einen ganz individuellen Charakter haben. Es überzeugt auch nicht, dass der Lebensschutz nicht absolut ist und anderen Werten weichen kann.

Letztlich muss die Frage, ob dies eine Bevorzugung ist, nicht entschieden werden. Das polnische Strafrecht enthält eine Besonderheit. Die Regelungen zum Schwangerschaftsabbruch (Art. 152 § 1 KK in Verbindung mit Art. 4a Abs. 1 Nr. 2

1728 Vgl. *Banaszak*, Art. 32, Rn. 12.

1729 Vgl. *Garlicki/Derlatka*, Komentarz, Art. 72, S. 778 ff., 6 f.; *Banaszak*, Art. 72, Rn. 1.

1730 Vgl. *Krajewski*, Kontrowersje ochony życia, S. 96.

des Gesetzes über Familienplanung, Schutz des menschlichen Fötus und Voraussetzungen für die Zulässigkeit des Schwangerschaftsabbruchs) erlauben den Schwangerschaftsabbruch aus medizinischer, eugenischer oder kriminologischer Indiktion.[1731] Die einzige Voraussetzung für den Schwangerschaftsabbruch aus eugenischen Gründen ist, dass das ungeborene Kind mit hoher Wahrscheinlichkeit an einer schweren und unumkehrbaren oder einer lebensgefährlichen Erkrankung (Behinderung) leidet. Eine Gefahr für das Leben oder die Gesundheit oder sonstige Interessen der Mutter wird weder vom Gesetzeswortlaut noch etwa aufgrund einer verfassungskonformen Auslegung der einschlägigen Normen durch die Gerichte nicht verlangt. In der Literatur wird zwar versucht, die Voraussetzungen für den Schwangerschaftsabbruch wegen der Schwerstbehinderung des ungeborenen Kindes einschränkend auszulegen, etwa dadurch dass als eine weitere Voraussetzung die Beeinträchtigung der Interessen der Schwangeren verlangt wird, wobei dies überwiegend abgelehnt wird mit dem Hinweis darauf, dass dies gegen den ausdrücklichen Gesetzeswortlaut und die Entstehungsgeschichte der Vorschrift verstößt[1732]. Oder man versucht, der Norm einen generellen Gedanken zugrunde zu legen, ein behindertes Kind sei für die Mutter bei generalisierender Betrachtungsweise eine Zumutung. Auch diese Ansicht bleibt nicht ohne Kritik, da hier soziale Faktoren ausschlaggebende Rolle gewinnen und nach der Entscheidung des polnischen Verfassungsgerichts ist der Abbruch der Schwangerschaft aus sozialen Gründen verfassungswidrig.[1733] Abgesehen von diesen Problemen ist festzustellen, dass zum einen die Regelung zum Schwangerschaftsabbruch aus rein eugenischen Gründen eine gesetzliche Wertung enthält, wonach das Leben mit schwerer Behinderung oder Erkrankung, aus welchem Grunde auch immer als weniger schützenswert gilt. Zum anderen ist zu erwähnen, dass diese Regelung

1731 Art. 152. § 1 KK: Wer mit Zustimmung der Frau die Schwangerschaft unter Verletzung der Bestimmungen des Gesetzes abbricht, wird mit Freiheitsstrafe bis zu 3 Jahren bestraft. Art. 4a Abs. 1 des Gesetz über Familienplanung, Schutz des menschlichen Fötus und Voraussetzungen für die Zulässigkeit des Schwangerschaftsabbruchs: Ein Schwangerschaftsabbruch kann nur von einem Arzt vorgenommen werden, wenn
1) Schwangerschaft eine Gefahr für das Leben oder die Gesundheit der schwangeren Frau darstellt,
2) Pränataldiagnostik oder andere medizinische Indikationen auf eine hohe Wahrscheinlichkeit der schweren und irreversiblen Beeinträchtigung des Fötus oder einer unheilbaren Krankheit hinweisen, die sein Leben gefährdet,
3) ein begründeter Verdacht besteht, dass die Schwangerschaft durch eine verbotene Handlung entstanden ist,
4) gestrichen.

1732 Vgl. *Ciepły*, Roczniki Nauk Prawnych XXIV/4 (2014), S. 34 f.

1733 Vgl. *Ciepły*, Roczniki Nauk Prawnych XXIV/4 (2014), S. 35.

bereits im Schwangerschaftsgesetz von 1996 enthalten war, das Gegenstand der verfassungsmäßigen Normenkontrolle war. Sie wurde damals vom polnischen Verfassungsgericht nicht beanstandet, obwohl das Gericht die Gelegenheit zur Äußerung hatte.[1734]

Zwar ist der Schwangerschaftsabbruch aus eugenischer Indikation zeitlich beschränkt, und zwar bis zum Zeitpunkt, in dem das Kind die Lebensfähigkeit außerhalb des Mutterleibes erlangt hat. In der Literatur und in der Rechtsprechung wird hierzu ausgeführt, dass der Begriff der Lebensfähigkeit ein medizinischer Begriff sei.[1735] Dies verwundert zumindest aus einem Grund: der Medizin und den Ärzten wird die Entscheidung überlassen, wie das Leben des schwerstbeschädigten Kindes strafrechtlich geschützt wird! Abgesehen davon ist der Begriff alles andere als klar und eindeutig. Kann bei schweren und lebensbedrohlichen Behinderungen, die nach der Geburt nur eine unwesentliche Lebenszeitspanne, etwa von ein paar Stunden ermöglichen, noch von Lebensfähigkeit gesprochen werden?

Nach alledem ist festzuhalten, dass das polnische Strafrecht aufgrund der gesetzlichen Wertung zum Schwangerschaftsabbruch aus eugenischer Indikation es grundsätzlich erlaubt, mit schwerstbehinderten Neugeborenen mit einer (sehr) beschränkten Lebenserwartung anders umzugehen als mit allen anderen Neugeborenen oder Erwachsenen und die Anforderungen an ihre Lebenserhaltung geringer zu halten als bei Erwachsenen. Wenn vor Geburt das Leben des Schwerstbehinderten ohne weiteres ausgelöscht werden darf, dann muss sich auch nach der Geburt ein gegenüber den Nichtschwerstbehinderten abgeschwächter Lebensschutz fortsetzen, da die Geburt nichts an der Schwerstbehinderung des Betroffenen ändert. Dies lässt sich auch im Hinblick auf die Rechtsprechung des Verfassungsgerichts damit erklären, dass das Lebensrecht neben dem Schutz des rein biologischen Daseins auch die psychophysiologische Existenz schützt.[1736] Wenn man entsprechend den Vorschriften zum Schwangerschaftsabbruch annimmt, dass die Schwerstbehinderung die psychophysische Existenz erheblich beeinträchtigt und dadurch das rein körperliche Dasein für den Betroffenen unzumutbar macht, was den Schwangerschaftsabbruch, also eine Tötung rechtfertigt, dann verbessert die Geburt weder qualitativ noch quantitativ die biologische und psychophysiologische Existenz des Schwerstbehinderten. Zwar kann er nach der Geburt nicht mehr

1734 Vgl. Verfassungsgericht, Entscheidung vom 28.05.1997, K 26/96. Aus der Urteilsbegründung und den Sondervoten ergibt sich, dass den Verfassungsrichtern die Problematik der eugenischen Indikation zwar bekannt war, deren Verfassungsmäßigkeit aber ihre Bedenken nicht geweckt hatte. Anzumerken ist hierbei, dass ihre Verfassungswidrigkeit vom Antragsteller nicht ausdrücklich gerügt wurde. Seit dem 07.11.2017 läuft vor dem Verfassungsgericht ein Verfahren zur Feststellung der Verfassungsmäßigkeit des Schwangerschaftsabbruchs aus eugenischen Gründen.

1735 Vgl. Oberstes Gericht, Urteil vom 12.06.2008, III CSK 16/08.

1736 Vgl. Verfassungsgericht, Entscheidung vom 28.05.1997, K 26/96.

ohne weiteres aktiv getötet werden wie vor der Geburt, da sich seine Eigenschaft vom ungeborenen Menschen zum geborenen Menschen im Sinne der Tötungsdelikte gem. Art. 148 ff. KK geändert hat. Die Verlängerung des biologischen Daseins schadet allerdings wegen der erheblich geminderten Psychophysiologie (die sich entsprechend der Wertung zum Schwangerschaftsabbruch aus eugenischer Indikation allein in der Schwerstbehinderung äußert) mehr als sie nützt, was erlaubt, auf Durchführung von lebenserhaltenden medizinischen Maßnahmen nach der Geburt zu verzichten.

2.3 Indirekte Früheuthanasie

Die indirekte Euthanasie bedeutet eine bewusste Lebensverkürzung durch Verabreichung einer lebensgefährlichen Dosis an Schmerzmitteln. Allgemein wird davon ausgegangen, dass der Arzt dazu verpflichtet ist, das Leiden des Patienten zu lindern. Daher darf er Schmerzmittel verwenden, die den Tod beschleunigen können.[1737] Da Neugeborene und Erwachsene gleich schmerzempfindlich sind, ist dieses Ergebnis auch auf die Früheuthanasie zu übertragen. Folglich rückt auch hier das Bestreben in den Vordergrund, die unnötigen Schmerzen des Kindes zu vermeiden.[1738]

Nach der hier vertretenen Auffassung[1739] ist die indirekte Früheuthanasie über den rechtfertigenden Notstand des Art. 26 § 1 KK zu rechtfertigen. Das von Schmerzen geplagte, dem Tod geweihte Dasein ist als weniger wertvoll anzusehen als die schmerzfreie Existenz. Eine qualvolle Lebensverlängerung und ein qualvoller Tod sollen vermieden und das Leiden sogar um den Preis einer vorsätzlichen Lebensverkürzung gelindert werden. Die mit der Lebensverkürzung einhergehende tödliche Leidlinderung setzt dabei voraus, dass das nicht zu mildernde Leiden nicht anders als durch die lebensgefährliche Medikation zu lindern ist. Das Leiden muss einen durchgängigen Charakter haben und bis zum Tode andauern. Dies ist etwa dann zu verneinen, wenn das momentane Leiden nicht wirksam durch die Schmerzmedikation ausgeschaltet werden kann, dies aber nur vorübergehend der Fall ist und danach voraussichtlich eine leidensfreie oder unter der Anwendung der Schmerzmittel schmerzmäßig erträgliche Phase eintritt.

2.4 Aktive Früheuthanasie

Eine aktive Tötung des Neugeborenen (durch aktive Sterbehilfe) wird in Polen nach weit überwiegender Meinung strikt abgelehnt. Grund dafür ist, dass die aktive Früheuthanasie als unzulässige unfreiwillige Sterbehilfe angesehen wird, weil der Neugeborene zu keiner Willensbildung und -betätigung fähig ist.[1740]

1737 Vgl. *Zoll*, Komentarz, Art. 150, Ziff. 8.

1738 Vgl. Polskie Towarzystwo Pediatryczne, S. 114 ff.

1739 Siehe Kapitel 2, 2.4.2, 2.10.

1740 Vgl. *Hartman*, Bioetyka, S. 124, Fn. 37.

Ferner glaubt man, jede schmerzhafte Erkrankung, auch die unsagbar schmerzhafte, könne durch Schmerzmedikation und palliative Betreuung auf ein erträgliches Maß reduziert werden. Dass dies jedoch nicht immer der Fall ist, zeigt das Beispiel der *Epidermolysis bullosa*. In ihrer schlimmsten Erscheinung zeichnet sie sich durch sehr schmerzhaftes, kaum zu linderndes und unheilbares Ablösen der Hautschichten mit Blasenbildung aus. Das Beispiel lässt zweierlei erkennen: zum einen ist das Leben hier unrettbar verloren und zum zweiten lassen sich die durch die Erkrankung und durch die Behandlung verursachten Schmerzen nicht ausschließen oder auf ein erträgliches Maß reduzieren. Sowohl die Fortsetzung als auch die Einstellung der Behandlung beseitigen die qualvollen Schmerzen nicht. Die einzige und als ethisch richtig erscheinende Lösung ist hier daher die sofortige Lebensbeendigung. Die dagegen erhobenen Argumente, dass eine aktive Tat schwerer wiege als ein Unterlassen oder dass die aktive Sterbehilfe eine Verfügung über fremdes Leben darstellt, überzeugen nicht. Ob eine Tötung durch Giftspritze mehr Unrechtsgehalt aufweist als das Liegenlassen des Neugeborenen ohne Versorgung über mehrere Stunden oder Tage, wodurch dieses durch Verhungern oder Unterkühlung stirbt, mag bezweifelt werden. Die aktive Sterbehilfe ist in der Tat eine vom Täter gewollte unmittelbare Fremdtötung. Ist dies aber nicht auch die indirekte Sterbehilfe? Der einzige Unterschied wird in dem Motiv gesehen, und zwar dass die Tötungsfolge nicht das Hauptziel des Handelnden ist. Das Problem ist dabei, in Grenzfällen eine klare Linie zwischen der Tötungsabsicht und der Schmerzlinderungsabsicht zu ziehen, insbesondere dann, wenn nicht eindeutig festgestellt werden kann, ob die verabreichte Schmerzmitteldosis medizinisch noch indiziert war.[1741]

Entsprechend den Ausführungen im Kapitel 3[1742] kann man also in bestimmten Situationen an eine Rechtfertigung einer aktiven Lebensverkürzung gemäß Art. 26 § 2 KK denken. Der rechtfertigende Notstand kann dann eingreifen, wenn das Recht des Neugeborenen auf Sterben in Würde und Frieden gefährdet ist. Das ist bei erheblichen und nicht anders als durch die Tötung zu stillenden Schmerzen und Leiden anzunehmen. Hinzukommen muss, dass die Qualen des Kindes bis zu seinem Tode andauern würden und dass die unmittelbare Lebensverkürzung das einzige Mittel ist, um den Neugeborenen von seinem Leiden zu erlösen. Unter diesen Voraussetzungen kann man davon ausgehen, dass dies dem Interesse des Neugeborenen entspricht. Denn die Befreiung von unerträglichen Schmerzen durch eine Tötung ist als höheres Gut anzusehen als ein längeres Leben voller Leiden.

Man könnte hier noch an eine Entschuldigung gemäß Art. 26 § 2 KK denken. Nach dieser Norm begeht keine Straftat, wer zur Rettung eines Rechtsgutes ein anderes Rechtsgut aufopfert, das offensichtlich nicht wertvoller ist als das gerettete Rechtsgut. Hier könnte man durchaus vertreten, dass das Interesse an der

1741 Vgl. Kapitel 3, 2.2.

1742 Siehe Kapitel 3, 2.2, 2.6.

sofortigen Schmerzbeendigung nicht offensichtlich weniger wertvoll ist als das Lebensrecht.[1743] Problematisch an dieser Ansicht ist allerdings, dass eine entschuldigte Tat immerhin als rechtswidrig gilt. Sie steht im Widerspruch zur Rechtsordnung und gibt dadurch Dritten das Recht, gegen die aktive Tötung vorzugehen. Zudem ist noch auf Art. 26 § 4 KK hinzuweisen. Danach ist eine Entschuldigung aus § 26 § 2 KK ausgeschlossen, wenn der Täter ein Rechtsgut aufopfert, für das er eine besondere Schutzpflicht trägt. Bei der aktiven Sterbehilfe kommt grundsätzlich nur der Arzt als Täter in Betracht. Denn nur er kann die medizinischen Voraussetzungen für eine aktive Lebensbeendigung wegen unstillbarer Vernichtungsschmerzen erkennen und feststellen. Die ärztliche Hauptaufgabe besteht jedoch primär im Lebensschutz. Daher kann hier mit guten Gründen argumentiert werden, dass er hinsichtlich des Lebensrechts eine besondere Schutzpflicht im Sinne des Art. 26 § 4 KK trägt. Das Ergebnis wäre, dass es ihm verwehrt wäre, sich auf den entschuldigenden Notstand zu berufen. Wäre dem so, wäre die aktive Früheuthanasie de facto ausgeschlossen. Ferner werden in der polnischen Strafrechtsliteratur Bedenken gegen die weite Fassung des entschuldigenden Notstandes in Polen erhoben. So wird von einigen Mindermeinungen gefordert, den Anwendungsbereich des Art. 26 § 4 KK einzuschränken, mit dem Argument, dass es ein an sich strafwürdiges Verhalten sei, wenn sich der Täter in keiner subjektiven Zwangslage befindet und es ihm daher subjektiv ohne weiteres möglich ist, dem gesetzlichen Verbot nachzukommen. Er solle dann nicht in den Genuss der Entschuldigung aus Art. 26 § 2 KK kommen. Im Hinblick auf diese Mindermeinungen in der Literatur kann dem Arzt die Entschuldigung versagt werden, weil er meistens zu den schwerleidenden Neugeborenen in keinem Näheverhältnis stehen wird und ihn ihr Leiden in keine sonstige Zwangslage treiben kann, weshalb ihm durchaus möglich ist, sich an das Verbot der Lebensverkürzung zu halten.[1744]

2.4.1 Besondere Situationen

Im Zusammenhang mit der aktiven Früheuthanasie stehen zwei Situationen, die im Folgenden näher beleuchtet werden: der Fall einer Lebendgeburt nach einer fehlgegangenen, rechtlich zulässigen Abtreibung und der Fall der Kollision der Lebensinteressen der Mutter und des zu gebärenden Kindes nach dem Beginn der Geburt.

2.4.1.1 Lebendgeburt bei fehlgeschlagener Abtreibung

Nach dem polnischen Recht ist ein Schwangerschaftsabbruch in den drei folgenden Fällen möglich: Der erste Fall betrifft die Situation, in der das Leben oder die Gesundheit der Schwangeren durch die Schwangerschaft gefährdet wird.

1743 Siehe Kapitel 2, 2.5.1, Kapitel 3, 2.3.

1744 Ebenda.

Das Gesetz enthält hierzu keine ausdrücklichen zeitlichen Beschränkungen des Schwangerschaftsabbruchs.[1745] Diese zeitliche Unbegrenztheit ist jedoch in der Strafrechtsliteratur nicht unumstritten. So wird teilweise vertreten, dass ein Fötus mit der Erlangung der selbstständigen Lebensfähigkeit außerhalb des Körpers der Schwangeren nicht mehr zur Rettung des Lebens oder der Gesundheit der Schwangeren abgetrieben werden dürfe.[1746] Diese Ansicht findet jedoch keine Stütze im Gesetzeswortlaut. Der Gesetzgeber hat ausdrücklich nur den Schwangerschaftsabbruch aus embryopathischen und kriminologischen Gründen zeitlich beschränkt. Des Weiteren läuft diese Auffassung auf eine Aufopferungspflicht der Schwangeren zugunsten des ungeborenen Kindes hinaus. Es kann von ihr nicht erwartet werden, ihr Leben und ihre Gesundheit für das ungeborene Kind einzusetzen. Solch ein außergewöhnlicher Altruismus wird nirgendwo im Strafrecht verlangt. Denkt man eine so geartete Aufopferungspflicht weiter, dann müsste es im Allgemeinen erlaubt sein, etwa wenige Menschenleben zugunsten vieler zu opfern.

Ein weiterer Indikationsgrund für den Schwangerschaftsabbruch liegt vor, wenn eine hohe Wahrscheinlichkeit für eine schwere und unumkehrbare Erkrankung des Fötus oder für eine unheilbare Krankheit, die das Leben des Fötus bedroht, besteht (embryopathische [„eugenische"] Indikation[1747]).[1748] Die Abtreibung ist hier bis zur

---

1745 Dies lässt sich daraus ableiten, dass Art. 4a Abs. 2 des Gesetzes über Familienplanung, Schutz des menschlichen Fötus und Voraussetzungen für die Zulässigkeit des Schwangerschaftsabbruchs nur für den Schwangerschaftsabbruch aus embryopathischen Gründen (oft in der Literatur genannt als eugenische Indikation) und aus kriminologischer Indikation zeitliche Beschränkungen festschreibt.

1746 Vgl. *Zoll*, Komentarz, Art. 152, Ziff. 18.

1747 Art. 4a Abs. 1 Nr. 2 des Gesetzes über Familienplanung, Schutz des menschlichen Fötus und Voraussetzungen für die Zulässigkeit des Schwangerschaftsabbruchs: „Ein Schwangerschaftsabbruch kann nur von einem Arzt vorgenommen werden, wenn eine Pränataldiagnostik oder andere medizinische Indikationen auf eine hohe Wahrscheinlichkeit einer schweren und irreversiblen Beeinträchtigung des Fötus oder einer unheilbaren Krankheit hinweisen, die sein Leben gefährdet."

1748 Am 22.10.2020 hat das polnische Verfassungsgericht die Verfassungswidrigkeit des Schwangerschaftsabbruchs mit embryopathischer Indikation festgestellt, vgl. https://trybunal.gov.pl/postepowanie-i-orzeczenia/wyroki/art/11300-planowanie-rodziny-ochrona-plodu-ludzkiego-i-warunki-dopuszczalnosci-przerywania-ciazy, aufgerufen am 02.11.2020. Die Entscheidung des Verfassungsgerichts wird zum geltenden Recht erst mit der Veröffentlichung im polnischen Gesetzblatt. Die Veröffentlichung ist erst am 27.01.2021 erfolgt. Im Hinblick auf die Entscheidung des EGMR vom 07.05.2021, 4907/18, in der er festgestellt hat, dass das aufgrund der in Polen erfolgten Justizreformen in den Jahren 2015 und 2016 neu besetzte Verfassungsgericht nicht ein auf Gesetz beruhendes Gericht sei und das in Art. 6 EMRK enthaltene Recht auf ein faires Verfahren nicht garantiere, ist derzeit unklar,

Erreichung der Lebensfähigkeit des ungeborenen Kindes außerhalb des Körpers der Schwangeren möglich.[1749] Der dritte Fall, in dem der Fötus abgetrieben werden darf, liegt vor, wenn ein begründeter Verdacht besteht, dass die Schwangerschaft auf einer Straftat beruht und wenn seit der Empfängnis nicht mehr als 12 Wochen vergangen sind („kriminologische Indikation").[1750]

Was soll aber gelten, wenn die Voraussetzungen für einen rechtlich erlaubten Schwangerschaftsabbruch vorliegen, dieser aber fehlschlägt und das Kind entgegen aller Erwartung lebend geboren wird? Das Problem ist, ob die misslungene, aber rechtlich erlaubte Tötungshandlung vor der Geburt nach der Geburt „nachgebessert" werden darf, etwa durch die aktive Lebensverkürzung oder das gezielte „Liegenlassen". Es stellt sich m. a. W. die Frage, ob die Tötung nach einem fehlgeschlagenen Schwangerschaftsabbruch strafrechtlich gleich behandelt werden soll wie die Tötung in einem „klassischen" Totschlagsfall.

Eine Lebendgeburt nach einer fehlgeschlagenen Abtreibung berührt zwei Ebenen, und zwar genau an der Grenze zwischen dem Art. 148 KK (Totschlag) und Art. 152 KK (Schwangerschaftsabbruch). Durch den Abbruch der Schwangerschaft wird eine Geburt in Gang gesetzt. Der Arzt und die Schwangere setzen zunächst alles daran, den Tod des Fötus herbeizuführen. Anschließend wird von ihnen verlangt, die Folgen der Handlung zu beseitigen und alles für das Überleben des nun lebend geborenen Kindes zu tun. Nach allgemeiner Auffassung ist der Beginn der

---

ob die Entscheidung des polnischen Verfassungsgerichts vom 22.10.2020 rechtliche Wirkungen in der polnischen Rechtsordnung entfalten kann.

1749 Art. 4a Abs. 1 und 2 des Gesetzes über Familienplanung, Schutz des menschlichen Fötus und Voraussetzungen für die Zulässigkeit des Schwangerschaftsabbruchs:
(1) Ein Schwangerschaftsabbruch kann nur von einem Arzt vorgenommen werden, wenn
1) Schwangerschaft eine Gefahr für das Leben oder die Gesundheit einer schwangeren Frau darstellt,
2) Pränataldiagnostik oder andere medizinische Indikationen auf eine hohe Wahrscheinlichkeit einer schweren und irreversiblen Beeinträchtigung des Fötus oder einer unheilbaren Krankheit hinweisen, die sein Leben gefährdet,
3) ein begründeter Verdacht besteht, dass die Schwangerschaft durch eine verbotene Handlung entstanden ist,
4) gestrichen.
(2) In den Fällen nach Absatz 1 Punkt 2 ist Schwangerschaftsabbruch solange erlaubt, bis der Fötus selbständig außerhalb des Körpers der schwangeren Frau leben kann; in den Fällen nach Absatz 1 Punkt 3 oder 4, solange seit dem Beginn der Schwangerschaft nicht mehr als 12 Wochen vergangen sind.

1750 Art. 4a Abs. 1 Nr. 3, Abs. 2, Abs. 2 des Gesetzes über Familienplanung, den Schutz der menschlichen Fötus und Voraussetzungen für die Zulässigkeit des Schwangerschaftsabbruchs.

Geburt die Grenze zwischen den Anwendungsbereichen des Art. 152 KK (Schwangerschaftsabbruch) und des Art. 148 KK (Totschlag) oder des Art. 149 KK (Kindestötung).[1751] Art. 6 § 1 KK bestimmt, dass eine Tat zu dem Zeitpunkt begangen wird, in dem der Täter gehandelt hat. War das Handeln des Täters auf den Abbruch der Schwangerschaft gerichtet, begann es vor der Geburt, und kommt es infolgedessen zur Tötung des ungeborenen Kindes, wird diese Handlung dem Regelungsbereich des Art. 152 KK unterstellt. Handlungen, die danach stattfinden, unterliegen hingegen dem Art. 148 KK. Kommt der Fötus lebend zur Welt, verliert er mit der Geburt die Eigenschaft des ungeborenen Menschen. Er wird zum geborenen Kind und damit zum Menschen im strafrechtlichen Sinne.[1752] Von nun an wird er über Art. 148 KK geschützt. Dies begründet man auch damit, dass die Straftat des Schwangerschaftsabbruchs im Normalfall bereits mit der gelungenen Abtreibung beendet sei. Irrelevant sei dabei, ob sie zum Ableben des Fötus geführt hat, weil der Tod nicht zu den gesetzlichen Tatbestandsmerkmalen des Art. 152 KK gehört. Dieser Artikel setze bloß voraus, dass eine Schwangerschaft unter Verletzung der gesetzlichen Bestimmungen über den zulässigen Schwangerschaftsabbruch abgebrochen wird.[1753] Unter Zugrundelegung dieser Sichtweise ist die Tötung des Föten nach fehlgegangener Abtreibung und nach dem Geburtsbeginn als ein Totschlag im Sinne des Art. 148 KK bzw. als eine Kindestötung im Sinne des Art. 149 KK anzusehen.[1754] Jede Handlung, die auf die Verkürzung des Lebens des nach der Abtreibung lebend zur Welt gekommenen Kindes abzielt, wäre danach grundsätzlich strafbar. Ab der Geburt dürfte das Leben des Kindes unter keinen Umständen ausgelöscht werden. Dies scheint jedoch eine einseitige Betrachtungsweise zu sein. Man muss das Problem auch aus der Perspektive der Mutter beleuchten, indem man nach ihren Rechten fragt. Denn die Gründe, die sie zum Schwangerschaftsabbruch berechtigt haben, fallen nach der Geburt nicht plötzlich weg. Beispielsweise bleibt die durch die Schwangerschaft verursachte Gefahr für ihr Leben oder ihre Gesundheit nach der Lebendgeburt bestehen. Die Schwangere darf nicht auf eine bloße Brutmaschine reduziert werden.

Nach der herrschenden Meinung ist die Schwangere grundsätzlich dazu verpflichtet, das Kind auszutragen. Eine Abtreibung auf Wunsch gebe es nicht. Der Fötus sei weder das Eigentum der Schwangeren noch ein Teil ihres Körpers. Ausnahmen von dieser Verpflichtung können sich allerdings aus dem Recht zur Bestimmung über den eigenen Körper und aus Gründen der Personenwürde ergeben. Daher dürfe die Schwangere nach dem polnischen Recht die Schwangerschaft abbrechen, wenn diese aus einer Straftat hervorgegangen ist (Grund: Schutz ihrer

---

1751 Vgl. *Zoll*, Komentarz, Art. 149 Ziff. 5.

1752 Vgl. *Lang*, Prawne problemy, S. 156.

1753 Vgl. *Konarska-Wrzosek*, Ochrona dziecka, S. 22.

1754 Vgl. *Lang*, Prawne problemy, S. 172.

Würde)[1755] oder wenn sie ihr Leben oder ihre Gesundheit gefährdet (Grund: Selbstbestimmung über den eigenen Körper).[1756] Teilweise wird dies dahingehend verstanden, dass die Tötung des Fötus eine mittelbare Folge der Schutzmaßnahmen zugunsten der Mutter sein müsse.[1757] Die Schwangere dürfe also nicht unmittelbar über das Leben des Fötus verfügen. Das unmittelbare Ziel ihres Handelns müsse der Schutz ihrer Würde oder ihres Selbstbestimmungsrechts sein. Eine unmittelbare und gezielte Tötung sei nicht erlaubt.[1758] Diese Ansicht ist nicht überzeugend. Das Kriterium der Mittelbarkeit, die der Doppelwirkungslehre ähnelt, kann in Einzelfällen erhebliche Schwierigkeiten bereiten. Es ist unmöglich zu bestimmen, aus welchen Gründen die Schwangere die Schwangerschaft abbrechen möchte. Ihre Motivation ist empirisch nicht zu ergründen. Weil das subjektive Kriterium der Mittelbarkeit schwer nachweisbar ist, erweist es sich in der Praxis als völlig untauglich.

Etwas anderes könnte jedoch für den Fall der „eugenischen" Indikation gelten.[1759] Das Bestehen dieses Indikationsgrundes ist sehr umstritten und keiner weiß so genau, welcher Schutz mit ihm bezweckt ist. Viele sehen den Sinn und Zweck der eugenischen Indikation darin, dass sie dem Schutze der psychischen Gesundheit der Schwangeren vor der Belastung durch ein behindertes oder schwerkrankes Kind diene.[1760] Dem widerspricht jedoch der eindeutige Wortlaut des Gesetzes. Die Zulässigkeit des Schwangerschaftsabbruchs aus diesem Grunde wird nur an eine schwere und unumkehrbare Erkrankung oder eine lebensbedrohliche Erkrankung des ungeborenen Kindes geknüpft. Sollte dabei noch Rücksicht auf das Leben und die Gesundheit der Schwangeren genommen werden, dann hätte es dieses Grundes nicht bedurft, da dies im Rahmen der medizinischen Indikation hätte berücksichtigt werden können.[1761] Deswegen wird teilweise angenommen, dass der eugenische Indikationsgrund dazu diene, dem Fötus ein unerträgliches Leben als Schwerstbehinderter zu ersparen.[1762] Wenn dem so wäre, wäre aber ein Verlangen nach Tötung des Kindes nach einer fehlgeschlagenen Abtreibung strafrechtlich zulässig. Denn das vor der Geburt unerträgliche künftige Leben als Schwerstbehinderter

---

1755 Die Austragung der Schwangerschaft kann der Frau nicht zugemutet werden, wenn die Schwangerschaft gegen ihren Willen entstanden ist. Daher ist deren Abbruch zulässig, wenn die Schwangerschaft die Folge einer Straftat ist.

1756 Vgl. *Lang*, Prawne problemy, S. 239 f.

1757 Vgl. *Lang*, Prawne problemy, S. 164 f.

1758 Vgl. *Lang*, Prawne problemy, S. 240.

1759 Siehe Fn. 1748.

1760 Vgl. *Lang*, Prawne problemy, S. 240 f.

1761 Vgl. *Ciepły*, Roczniki Nauk Prawnych XXIV/4 (2014), S. 34 f.

1762 Vgl. *Lang*, Prawne problemy, S. 240; *Tokarczyk*, Roczniki Socjologii Rodziny XII 2000, S. 230.

wird bloß durch die vollzogene Geburt in keiner Weise erträglicher. Die Unzumutbarkeit des Weiterlebens mit Schwerstbehinderung bleibt bestehen.

Dagegen lässt sich einwenden, dass der Schwangerschaftsabbruch wegen Schwerstbehinderung nur bis zur Erreichung der Lebensfähigkeit des Kindes außerhalb des Mutterleibes laut dem Gesetz erlaubt ist, danach nicht mehr. Der Begriff der Lebensfähigkeit außerhalb des Mutterleibes ist allerdings sehr unbestimmt. Die einschlägige Kommentierung und Rechtsprechung beschränken sich dabei auf eine lapidare Feststellung, dass er einen individuellen Charakter habe und ungefähr bei der 24. Schwangerschaftswoche angesetzt werden solle, wobei die Beurteilung dieser Frage den Medizinern vorbehalten ist.[1763] Kann aber bei einem aufgrund genetischer und physischer Defekte einerseits und aufgrund der aggressiven Abtreibungsmittel andererseits massiv geschädigten, schwer behinderten Kind mit einer nachgeburtlichen Lebenserwartung von höchstens ein paar Stunden noch von einer Lebensfähigkeit gesprochen werden? Soll etwa eine Überlebenschance von einer Minute über die Lebensfähigkeit des Kindes außerhalb des Mutterleibes der Schwangeren entscheiden? Wie es scheint, besteht daher die rechtliche Möglichkeit, ein schwerstgeschädigtes Kind auch nach einer Lebendgeburt infolge einer fehlgeschlagenen Abtreibung zu töten. Die Erlangung der strafrechtlichen Eigenschaft des Menschen durch das Kind mit dem Geburtsbeginn stellt dabei kein rechtliches Hindernis dar, weil die vorgeburtliche Tötung gerade die Leiden des nachgeburtlichen Lebens verhindern sollte. Wenn dies vor der Geburt nicht gelungen ist, dann muss dieses „Misslingen" schnellstmöglich nach der Geburt beseitigt werden, sofern das Ziel der eugenischen Indikation, dem Kind ein Leben mit schwerer Behinderung oder lebensbedrohlicher Erkrankung zu sparen, erreicht werden soll. Das Gesetz geht mithin davon aus, dass das Leben mit schwerster Behinderung dem Kind unzumutbar sei und es solle ihm noch im vorgeburtlichen Stadium erspart bleiben. Die Geburt nach dem fehlgeschlagenen Schwangerschaftsabbruch ändert an der Unzumutbarkeit des Weiterlebens nichts.

Selbst wenn man davon ausgeht, dass eine Tötung des Kindes nach fehlgeschlagenem Schwangerschaftsabbruch aufgrund des Eigenschaftswechsel vom ungeboren zum geborenen Menschen grundsätzlich verboten bleiben soll, bedeutet dies nicht, dass im Einzelfall keine Ausnahme gemacht werden darf. Zu beachten ist hier, dass das infolge der Abtreibungshandlung oft massiv geschädigte, aber lebend geborene Kind erheblich leiden kann. Hier sollte man auf die Regeln der Früheuthanasie zurückgreifen. Eine aktive Tötung darf aber als *ultima ratio* nur dann erfolgen, wenn sie der Verhinderung unerträglicher Leiden dient, keine andere Möglichkeit besteht, den Neugeborenen von diesen Leiden zu erlösen, und sein bis

---

1763 Vgl. das Oberste Gericht, Urteil vom 12.06.2008, III CSK 16/08; Appellationsgericht Białystok, Urteil vom 31.05.2017, I Aca 1059/16; *Filar*, Aborcja, 5.5.4.

zum Tod verbleibendes Leben voraussichtlich von erheblichen Schmerzen gekennzeichnet wird.[1764] Hier soll dann Art. 26 § 2 KK eingreifen[1765].

2.4.1.2 Kollision der Lebensinteressen der Mutter und des Kindes

Im Folgenden wird der Versuch unternommen, die polnische Rechtslage zu dem Fall zu ermitteln, in dem das Kind während des Geburtsvorgangs zur Rettung des Lebens der Mutter getötet wird (sog. Perforation[1766]). Diese Aufgabe wird dadurch erschwert, dass es an Beiträgen zu diesem Thema im polnischen Schrifttum fehlt. Der Grund dafür ist wohl, dass das Problem in der Praxis selten auftritt. Zunächst ist festzustellen, dass bei der Perforation das eine Leben durch einen aktiven Vernichtungsakt zu Lasten eines anderen Lebens gerettet wird. Ein rechtfertigender Notstand scheidet deshalb aus, weil das Leben des einen nicht höherwertig sein kann als das eines anderen.[1767] Nach diesem Grundsatz darf das Leben eines Patienten nicht auf Kosten eines anderen gerettet werden. Ein Unterlassen jeglicher Rettungshandlung führt aber dazu, dass man sowohl die Mutter als auch das Kind sterben lässt, statt eines der Leben zu retten.

Das rechtliche Instrumentarium, das die Rettung ermöglichen könnte, ist der entschuldigende Notstand gem. Art. 26 § 2 KK. Laut dieser Norm darf das Eingriffsgut verletzt werden, wenn das zu erhaltende Rechtsgut nicht offensichtlich weniger wertvoll als jenes ist. Da diese Norm keine Beschränkung des Kreises der Personen, die sich auf sie berufen können, enthält, kommt jedermann als Adressat in Betracht.[1768] Da die Leben der Mutter und des Kindes gleichwertig sind[1769], scheint es so zu sein, dass der Handelnde (also auch der Arzt) grundsätzlich frei wählen kann, wen er retten möchte. Dagegen spricht jedoch, dass für den für das Kind rettenden Kaiserschnitt der Arzt eine Einwilligung der Schwangeren benötigt. Liegt sie nicht vor, kann er sich nicht einfach für die Rettung des Kindes entscheiden. Dennoch wird vereinzelt in der Literatur vertreten, dass der Arzt unter keinen Umständen das Kind zugunsten der Mutter töten dürfe. Im Kollisionsfall solle er sich für die Rettung des Kindes entscheiden. Denn die Aufgabe der Mutter

---

1764 Der aktiven Sterbehilfe ist die indirekte Sterbehilfe vorzuziehen, sofern diese das Leiden ausreichend mindern kann. Ebenso ist die passive Sterbehilfe der aktiven Sterbehilfe vorzuziehen, sofern die Nichtdurchführung oder der Abbruch einer medizinischen Behandlung voraussichtlich bald zum Todeseintritt führen wird, also das unerträgliche Leiden in kurzer Zeit beenden lässt und kein erhebliches zusätzliches Leiden verursacht, siehe Kapitel 3, 2.2.

1765 Siehe oben 2.4.

1766 Siehe oben 1.4.2.

1767 Vgl. Verfassungsgericht, Urteil vom 30.09.2008, K 44/07; *Kulesza*, Czasopismo Prawa Karnego i Nauk Penalnych 2009 Nr. 3, S. 22 f. m.w.N.

1768 Vgl. *Kulesza*, Czasopismo Prawa Karnego i Nauk Penalnych 2009 Nr. 3, S. 26 f. m.w.N.

1769 Vgl. *Kulesza*, Czasopismo Prawa Karnego i Nauk Penalnych 2009 Nr. 3, S. 22 f. m.w.N.

sei, „dem Vaterland einen neuen Bürger, Arbeiter und Verteidiger zu bescheren".[1770] Dies mutet etwas befremdlich an. Das Individuum steht nach der Wertung der polnischen Verfassung vor den Interessen des Staates oder der Gesellschaft. Die angebliche Aufgabe der Frau, ein Kind zu bekommen, kann auch im Falle der Perforation anscheinend dadurch erfüllt werden, das Kind durch die Perforation töten zu lassen und in den nächsten neun Monaten ein weiteres Kind zur Welt zu bringen.

Der Nachteil der Lösung über den entschuldigenden Notstand ist, dass sie die Ausübung der Notwehrreche zugunsten des Eingriffsgutes ermöglicht. Ein Dritter hat gemäß Art. 25 KK ein (Nothilfe-) Recht, die Tötung des Kindes oder die Tötung der Mutter zu verhindern. Um dem vorzubeugen, könnte man hier an eine rechtfertigende Pflichtenkollision denken, Art. 26 § 5 KK. Dies ist aber auch kritisch zu betrachten. Die rechtfertigende Pflichtenkollision ist auf die Fälle zugeschnitten, in denen auf dem Täter zwei gleichwertige Handlungspflichten lasten und er nur eine von ihnen erfüllen kann. Kommt es zur Kollision einer Handlungspflicht mit einer Unterlassungspflicht, ist ausschließlich der rechtfertigende Notstand anzuwenden.[1771]

Weiter könnte man eine analoge Anwendung des dem Art. 152 KK in Verbindung mit Art. 4a Abs. 1 Nr. 1 des Gesetzes über Familienplanung, Schutz des menschlichen Fötus und Voraussetzungen für die Zulässigkeit des Schwangerschaftsabbruchs zugrunde liegenden Rechtsgedanken erwägen, welche dann im Rahmen des rechtfertigenden Notstandes Berücksichtigung finden würde. Dort wird die Zulässigkeit des Schwangerschaftsabbruchs für den Fall geregelt, dass die Schwangerschaft eine Lebensgefahr für die Schwangere mit sich bringt. Ist das Leben oder die Gesundheit der Mutter durch die Schwangerschaft gefährdet, dann ist der Schwangerschaftsabbruch im Gegensatz zu anderen Schwangerschaftsabbruchsgründen fristlos zulässig. Es gibt also keine zeitliche Beschränkung.[1772] Der Rechtsgedanke, der dahinter steckt, lässt sich so formulieren, dass die Tötung des Kindes zur Rettung des Lebens der Mutter erlaubt sein muss, da anderenfalls die Mutter ihr eigenes Leben zur Rettung des Kindeslebens einsetzen müsste. Als Grund dafür lässt sich anführen, dass hier eine Pflicht der Mutter zur Respektierung des Kindeslebens besteht, bei deren Erfüllung sie zwangsläufig ihr Leben verliert. Diesen Konflikt dadurch zu lösen, dass man die Mutter gegen ihren Willen mit Mitteln des Strafrechts zur Rettung des Kindes unter Aufgabe ihres eigenen Lebens zwingt, indem dem Dritten verboten wird, zur Rettung der Mutter an der Tötung des Kindes mitzuwirken, erscheint weder rechtlich noch ethisch angemessen. Deswegen muss der Mutter die volle Entscheidungsfreiheit gelassen werden, da sonst bei der rechtlichen Erzwingung der Aufopferung des eigenen Lebens die

1770 Vgl. *Wroniecki*, Etyka, S. 214 f.

1771 Siehe Kapitel 2, 2.4.3.

1772 Vgl. *Zoll*, Komentarz, Art. 152, Ziff. 18.

Mutter in einen schweren inneren Konflikt gebracht wird. Aus der Existenz der Schwangerschaftsregelung lässt sich daher entnehmen, dass der Gesetzgeber der Schwangeren nicht zumutet, ihr eigenes Leben aufzuopfern, um das Leben ihres Kindes zu retten. Vielmehr geht der Gesetzgeber also davon aus, dass es keine Selbstaufopferungspflicht zugunsten fremden Lebens, auch nicht zugunsten des ungeborenen Kindes gibt. Diese Wertung ist auf die Problematik der Perforation übertragbar. Der Unterschied zum Schwangerschaftsabbruch liegt darin, dass die Perforation erst nach dem Beginn des Geburtsvorgangs durchgeführt wird, also zu einem Zeitpunkt, zu dem das Kind bereits Mensch im strafrechtlichen Sinne geworden ist. Das Kind befindet sich aber nach wie vor im Körper der Mutter und steht zu ihr in einer Abhängigkeit. Es ist faktisch noch nicht geboren. In dieser Situation, die eine Ähnlichkeit zum Schwangerschaftsabbruch aufweist, kann von der Mutter nicht erwartet werden, dass sie einen für sie tödlich wirkenden Eingriff in ihren Körper zulässt, um das Kind zu retten. Damit kann die Rechtsordnung von ihr nicht verlangen, dass sie dem Lebensrecht des Kindes den Vorrang vor ihrem eigenen gibt.

Problematisch an dieser Sichtweise ist allerdings, dass im Falle der Perforation bei unterlassener Rettungshandlung entweder zugunsten der Mutter oder des Kindes in der Regel sowohl die Mutter als auch das Kind sterben. Keiner der beiden kann damit sein Leben zugunsten des anderen aufopfern. Keiner der beiden opfert sich auf, damit der andere statt ihm leben kann. Das ist eine typische Konstellation des Lebensabwägungsverbotes. Auch im polnischen Strafrecht geht man überwiegend davon aus, dass die menschlichen Leben stets gleich wertvoll sind und nicht gegeneinander abgewogen werden dürften.[1773] Möglicherweise kann man für den Fall der Perforation eine Ausnahme von diesem Grundsatz begründen. Entsprechend den Schwangerschaftsabbruchvorschriften kann die Tötung des ungeborenen Kindes gerechtfertigt werden, wenn es einerseits behindert oder lebensbedrohlich erkrankt und andererseits lebensunfähig außerhalb des Mutterleibes ist (embryopathische Indikation[1774]).[1775] Allein die Behinderung oder die lebensbedrohliche Erkrankung, die das ungeborene Kind lebensunfähig machen, ist Grund für dessen Tötung, um ihm ein qualvolles Leben zu ersparen.[1776] Diese gesetzliche Wertung legt nahe, dass das behinderte und lebensunfähige Leben in gewisser Hinsicht strafrechtlich als minderwertig eingestuft wird. Zwar gilt das ungeborene Kind mit dem Beginn der Geburt als Mensch im strafrechtlichen Sinne mit der Folge, dass der Anwendungsbereich der „normalen" Tötungstatbestände eröffnet wird, was gegen eine analoge Anwendung der schwangerschaftsabbruchrechtlichen

1773 Vgl. *Kulesza*, Czasopismo Prawa Karnego i Nauk Penalnych 2009 Nr. 3, S. 22 m.w.N.

1774 Siehe Fn. 1748.

1775 Art. 4a Abs. 1 Nr. 2) des Gesetz über Familienplanung, Schutz des menschlichen Fötus und Voraussetzungen für die Zulässigkeit des Schwangerschaftsabbruchs.

1776 Siehe oben 2.2 und 2.4.1.1.

Wertungen sprechen könnte. Allerdings ist an dieser Stelle auf die Rechtsprechung des Verfassungsgerichts hinzuweisen. Der Schutz des Lebens muss nicht stets gleich sein. Er darf unterschiedlich intensiv ausgestaltet sein und muss unter anderem der Lebensphase angepasst sein und die „psychophysische Gesundheit“ berücksichtigen.[1777] Wenn das ungeborene Kind vor der Geburt schwerstgeschädigt und lebensunfähig ist, dann wird sich daran auch nach der Geburt nichts ändern. Die verminderte Intensität des Lebensschutzes vor der Geburt, die daraus resultiert, dass der Gesetzgeber dem ungeborenen Kind das Leben mit schwerster Behinderung und das Durchleben eines „lebensunfähigen“ Lebens nach der Geburt nicht zumutet, muss sich zumindest im gewissen Grade auch mit dem Eintritt in die nächste nachgeburtliche Entwicklungsphase fortsetzen, da das Leiden, das zur Tötung des Kindes vor der Geburt berechtigt hat, nach der Geburt nicht wegfällt. Der gegenüber dem „gesunden“ Kind oder Erwachsenen geringere Lebensschutz des geborenen behinderten und lebensunfähigen Kindes lässt sich damit erklären, dass bei diesem der Gesichtspunkt des Schutzes der „psychophysischen Gesundheit“ (Leidenersparen) gegenüber dem Schutz des rein biologischen Daseins mehr ins Gewicht fällt als bei den ersteren. Denn bei dem „gesunden“ Menschen ist der Schutz der „psychophysischen Gesundheit“ beim Schutze des Lebensrecht grundsätzlich nicht zu berücksichtigen, da bei ihm kein unerträgliches Leiden feststellbar ist, das mit dem Schutz des rein biologischen Lebens kollidiert. Der Schutz der „psychophysischen Gesundheit“ ist hier quasi auf Null reduziert mit der Folge, dass der Lebensschutz sich vollumfänglich nur auf den Schutz des rein biologischen Lebens beschränkt. Dadurch bleibt der Lebensschutz des behinderten und lebensunfähigen Kindes nach der Geburt etwas hinter dem der „gesunden“ Mutter zurück, obwohl er immerhin etwas stärker ist als der vorgeburtliche Lebensschutz und dies aus dem Grunde, dass das Kind den Eigenschaftswechsel zum Menschen im strafrechtlichen Sinne vollzogen hat (Eintritt in die nachgeburtliche Lebensphase). Zu konstatieren ist, dass das Leben der Mutter und das Leben des Kindes im Falle der Perforation nicht unbedingt gleichwertig sein müssen, insbesondere dann nicht, wenn das Kind behindert und lebensunfähig und die Mutter „gesund“ ist.

2.5 Passive Früheuthanasie

Nach den Grundsätzen der passiven Sterbehilfe im Bereich der Hilfe beim Sterben darf von lebenserhaltenden Maßnahmen Abstand genommen werden, wenn der unumkehrbare Sterbeprozess bereits begonnen hat. In dieser Hinsicht besteht ein Konsens in der polnischen Literatur.[1778] Uneinigkeit besteht allein darin, wie dies zu begründen ist und wie die Hilfe beim Sterben von einer aktiven Tötung abgegrenzt werden soll. Nach der hier vertretenen Auffassung ist die rechtliche Zulässigkeit der Hilfe beim Sterben einerseits in der Patientenautonomie und

---

1777 Vgl. Verfassungsgericht, Entscheidung vom 28.05.1997, K 26/96; siehe Kapitel 2, 2.4.2.
1778 Vgl. *Zoll*, Komentarz, Art. 150, Ziff. 9; siehe Kapitel 4, 2.5.

andererseits in den objektiven Grenzen der Lebenserhaltungspflicht, die durch den Umfang des krankenversicherungsrechtlichen Behandlungsanspruchs (Grundrecht auf Lebens- und Gesundheitsschutz) und das Recht auf Sterben in Frieden und Würde abgesteckt werden, zu suchen. Der sterbende Patient hat keinen auf die Heilung oder Verhinderung des Krankheitsverlaufs (also auf die Verhinderung oder Verlangsamung des Sterbens) abzielenden Behandlungsanspruch mehr, so dass in dieser Hinsicht staatliche Lebenserhaltungspflichten entfallen. Der Behandlungsanspruch beschränkt sich nur auf die Linderung der Krankheitsbeschwerden bzw. Beschwerden, die durch das Sterben verursacht werden. Die Entscheidung über die Einstellung der lebensverlängernden Maßnahmen ist dabei unabhängig vom Patientenwillen oder Willen seiner Vertreter.[1779] Zumindest aus Gründen der Gleichbehandlung muss dies auch bei den Neugeborenen gelten.

Die Hilfe zum Sterben als Unterfall der passiven Sterbehilfe betrifft die Fälle, in denen der Patient noch einige Zeit leben kann, er jedoch seine Umwelt kaum oder gar nicht wahrnehmen kann oder erheblich unter seiner Erkrankung leidet oder nur eine geringe Lebenszeitspanne zu leben hat. Das größte Problem, das bei der Früheuthanasie entsteht, ist die Tatsache, dass die Neugeborenen nicht äußerungsfähig sind. Es ist unmöglich, deren Willen zu bestimmen. Das damit einhergehende Problem äußert sich in der Unsicherheit, wo die Grenze zwischen dem Gebot der Lebenserhaltung und dem Verbot der Zwangsbehandlung verlaufen soll. Unklar ist also, wie die staatlichen Lebensschutzpflichten ausgestaltet werden können, wenn zur Begründung der Behandlungseinstellung nicht auf die ureigenen Vorstellungen des Rechtsgutträgers zurückgegriffen werden kann. In der polnischen Literatur werden hierzu unterschiedliche Meinungen vertreten. Die Zulässigkeit der Hilfe zum Sterben (Behandlungsbeendigung) wird überwiegend auf den Patientenwillen gestützt. In dessen Ermangelung wurden hierzu diverse objektive Kriterien entwickelt, die im Allgemeinen auf die Zweckmäßigkeit der medizinischen Maßnahmen abstellen. Erscheinen sie medizinisch nicht angezeigt bzw. sinnlos, insbesondere verursachen sie erhebliche Leiden oder verletzten sie die Patientenwürde, ist von ihnen abzusehen.[1780] Ob das Gleiche auch im Rahmen der passiven Früheuthanasie gelten soll, wird im Folgenden näher untersucht.

2.5.1 Kriterien

Bei der Beantwortung der Frage, inwiefern der staatlichen Lebensrettungspflicht bei den Neugeborenen Grenzen gesetzt werden sollen, wird in der Literatur auf die nachfolgenden Gesichtspunkte aufmerksam gemacht: Die Behandlung soll sich an Überlebenschancen, Qualität und Würde des (künftigen) Lebens und Leiden des Neugeborenen orientieren. Daneben werden noch solche Faktoren angeführt, die auf den Willen der Eltern, religiöse Überzeugungen und Kosten der Behandlung

---

1779 Siehe Kapitel 4, 2.5.1.

1780 Siehe Kapitel 4, 2.5.

und Nachbehandlung abstellen.[1781] Angesprochen wird hierbei auch die Unterscheidung zwischen gewöhnlichen und außergewöhnlichen Mitteln.[1782]

2.5.1.1 Überlebenschancen, medizinische Unzweckmäßigkeit

Unter Überlebenschancen wird in der Literatur die medizinisch reale Möglichkeit der Behandlung einer Erkrankung verstanden, die sich nicht in der Hinausschiebung der bevorstehenden Agonie, sondern in der Verlängerung des Lebens erschöpft.[1783] Die medizinisch reale Überlebenschance sei zu verneinen,

- wenn die Körperfunktionen erheblich beeinträchtigt sind, etwa bei erheblich beschädigtem Kreislauf- oder Atmungssystem und ein hohes Risiko des vorzeitigen Todes besteht; von einer erheblichen Beeinträchtigung sei auch dann auszugehen, wenn zwar dessen Wiederherstellung möglich erscheint, das Kind jedoch aufgrund respiratorischen Insuffizienz lebenslang an ein Atmungsgerät angeschlossen bleiben muss oder die künstliche Beatmungstherapie besonders invasiv ist und zur weiteren Beschädigung des Atmungssystems führt; es wird hier gefordert, den Abbruch der Behandlungstherapie als rechtlich zulässig anzusehen;
- wenn die Prognose ungünstig ist und ein hohes Risiko des vorzeitigen Todes besteht,
- die Behandlung nur ein kurzfristiges Überleben (Tage oder Wochen) in Aussicht stellt;
- oder wenn der Behandlungserfolg außer Verhältnis zum medizinischen Aufwand steht (Nichtanwendung der sog. außergewöhnlichen Mittel); insbesondere bei erheblichen zerebralen Schädigungen mit hohem Risiko des vorzeitigen Todes sind jegliche Transplantationen oder invasive operative Eingriffe zu unterlassen.[1784]

Bestehen keine Überlebenschancen im obigen Sinne, so sei der Arzt nicht gehalten, Wiederbelebungsmaßnahmen, operative Eingriffe oder sonstige lebensverlängernde Maßnahmen zu ergreifen.[1785] Man geht insoweit davon aus, dass es sich hier um eine sog. persistente Therapie handelt, welche dem Neugeborenen entweder erhebliche physische und psychische Schmerzen zufügt oder seine Interessen sowie seine (Patienten-) Würde unangemessen beeinträchtigt.[1786] Zu leisten seien

---

1781 Vgl. *Rutkowska/Szczepaniak*, Dylematy etyczne, S. 63.

1782 Vgl. *Dangel*, Wady letalne, S. 101. Zur Ablehnung dieses Kriteriums vgl. Kap. 5, 2.2.1. und *Hartman*, Bioetyka, S. 104, Fn. 18.

1783 Vgl. Polskie Towarzystwo Pediatryczne, S. 71 ff.; *Zoll*, Prawo i Medycyna 2000 Nr. 5, S. 33; *Szeroczyńska*, Eutanazja, S. 280 ff.; *Safjan*, Eutanazja, S. 253; *Zielińska*, Prawo i Medycyna 2000 Nr. 5, S. 88 f.; *Dangel*, Wady letalne, S. 100.

1784 Vgl. Polskie Towarzystwo Pediatryczne, S. 101 ff.

1785 Ebenda.

1786 Vgl. *Dangel*, Wady letalne, S. 86 f.

lediglich palliative Maßnahmen, die dazu dienen sollen, Beschwerden zu lindern. Insbesondere sei hier eine Schmerzmedikation (Analgetika) anzuwenden, die auch besonders aggressiv ausfallen darf. Ebenso dürften bei der Behandlung der Neugeborenen Sedativa zum Einsatz kommen, die die Einschränkung bzw. Ausschaltung des Bewusstseins zum Ziel haben. Die künstliche Ernährung solle grundsätzlich unterbleiben. Eine Ausnahme soll für die Dysphagie (Schluckstörung) gelten. Das Unterlassen der künstlichen Ernährung führe in diesem Falle zum Hungerstod und zur erheblichen Abmagerung, was Schmerzen bereiten kann und dadurch den Interessen des Neugeborenen nicht entspricht. Experimentelle Behandlungsmethoden sollten nur dann angewendet werden, wenn sie einen positiven Nutzen bringen können.[1787]

Bei folgenden Erkrankungen solle nur die palliative Pflege in Betracht kommen, vorausgesetzt dass „ein hohes Risiko des vorzeitigen Todes" besteht:[1788]

- Krebserkrankungen, insbesondere maligne Tumore (*solid tumors*) und hämatoonkologische Malignome (bösartige Erkrankungen des blutbildenden Systems),
- durch Infektionserreger verursachte Krankheiten wie etwa durch das HIV-Virus verursachte Krankheit (AIDS), Enzephalopathie mit schwerem Verlauf (krankhafte Gehirnveränderungen), schwere bakterielle Meningitis (Entzündung der Hirn- und Rückenmarkshäute) oder Slow-Virus-Infektionen (progressive, degenerative und tödlich verlaufende Erkrankung des Zentralnervensystems),
- Krankheiten, die durch intrauterine Infektionen verursacht werden (also solche, die durch Stoffwechsel- und Infektionskrankheiten der Mutter hervorgerufen werden wie Syphilis, Röteln, Windpocken, mütterliche Hormone, Gifte wie Alkohol, mütterliche Antikörper), etwa Fetopathie,
- Schädigungen des Zentralnervensystems durch Hypoxie (Sauerstoffmangel), intrazerebrale Blutung (Hirnblutung), Venenthrombose (Blutgerinnsel), Läsionen oder Toxikose (Vergiftung),
- geburtsbedingte Schäden wie etwa intrauterine Hypoxie (Sauerstoffmangel), Asphyxien (Kreislaufschwäche mit Atemdepression, -stillstand), Kinderzerebralparese (frühkindliche Hirnschädigung) oder diverse Enzephalopathien (Hirnschädigung),
- Stoffwechselstörungen wie etwa Phenylketonurie (genetisch bedingte Störungen des Aminosäurestoffwechsels), Mukoviszidose, Mukopolysaccharidose, Störungen im Purin-Stoffwechsel, Fettstoffwechsel, Kohlenhydratstoffwechsel, lysosomale Speicherkrankheit oder peroxisomale Krankheiten,
- genetisch bedingte Erkrankungen wie etwa (genetisch bedingte) degenerative Erkrankungen des Nervensystems unbekannter Ursache oder Infantile Neuroaxonale Dystrophie (schrittweise Degeneration des Zentralnervensystems),

1787 Vgl. Polskie Towarzystwo Pediatryczne, S. 101 ff.

1788 Vgl. Polskie Towarzystwo Pediatryczne, S. 106 ff.; *Dangel*, Wady letalne, S. 97.

– genetisch bedingte neuromuskuläre Erkrankungen (Muskelkrankheiten) wie Muskeldystrophien, Atrophie (Muskelverkleinerung) oder Skelettdysplasie (Störung des Knochen- und Knorpelgewebes), Amyotrophe Lateralsklerose (unheilbare Erkrankung des motorischen Nervensystems),
– genetisch bedingte fortschreitende Krankheiten mit signifikant verkürzter Lebenserwartung,
– Chromosomenaberrationen wie etwa Edwards-Syndrom (Trisomie 18), Pätau-Syndrom (Trisomie 13), schwere Formen des Down-Syndroms (insbesondere mit Herzfehlern),
– schwere angeborene Fehlbildungen wie etwa schwere Herzfehler, erhebliche Beeinträchtigung der Leberfunktionen (Leberinsuffizienz), schwere chronische Ateminsuffizienz, Lungenhypoplasie (Störungen in der Lungenentwicklung), Kreislaufstillstand oder Kardiomyopathie (Krankheiten des Herzmuskels).

Wie es scheint, stellt die Polnische Gesellschaft für Kindermedizin auf den Nutzen der medizinischen Behandlung für das Neugeborene ab. Ausschlaggebend scheint hierfür der Begriff des „hohen Risikos des vorzeitigen Todes" zu sein. Bereits dieser Begriff ist missverständlich und alles andere als klar. Ist eine abgesenkte Lebenserwartung von einer Woche, einem Monat, einem Jahr oder erst von 10 Jahren als vorzeitiger Tod anzusehen? Ist der Tod im Alter von 50 Jahren früher als erwartet, also vorzeitig? Ist die Vorzeitigkeit des Todes rein statistisch zu betrachten oder individuell anhand des konkreten Gesundheitszustandes oder noch anders? Zur Konkretisierung des Begriffes wird ein „Krankheitskatalog" erstellt, wo „das hohe Risiko des vorzeitigen Todes" besteht. Die Aufstellung solch eines Katalogs verbietet sich bereits vor dem Hintergrund des Diskriminierungsgrundsatzes. Es dürfen nicht von den Gesundheitsleistungen konkrete Personengruppen ausgeschlossen werden, insbesondere solche, die wegen ihrer Behinderung besonders schutzbedürftig sind. Wird dies dennoch gemacht, dann läuft dies auf eine offene Diskriminierung wegen des Gesundheitszustandes hinaus. Nicht jeder hat das Glück, gesund und frei von körperlichen oder genethischen Fehlern zur Welt zu kommen. Dies soll aber nicht dazu führen, dass er aus diesem Grunde vorab vom krankenversicherungsrechtlichen Behandlungsanspruch ausgeschlossen wird. Im Übrigen können die in dem „Katalog" aufgelisteten Erkrankungen im Einzelfall diverse Formen annehmen: von einer leichten bis zu sehr schweren. Wann die Schwelle der „schweren" Form erreicht wird, die zur Behandlungseinstellung berechtigen könnte, wird nicht gesagt.

Ferner wird auf „erhebliche Beeinträchtigung" oder „ungünstige Prognose" abgestellt. Ist die Heilungsprognose schlecht und sind damit im konkreten Fall die Chancen für die Heilung gering, wird vorgeschlagen, dem Kind nur die palliative Betreuung zugutekommen zu lassen und auf die lebensverlängernden Maßnahmen zu verzichten. Hier fällt die Unbestimmtheit dieser Auffassung auf, da der Begriff der schlechten Heilungsprognose bzw. der erheblichen Beeinträchtigung der Körperfunktionen variabel aufgefasst werden kann. Man fragt sich, wie gering die Heilungschancen sein müssen: 30 %, 10 % oder geringer. Soll jegliche Behandlung bereits dann unterbleiben, sofern eindeutig schlechte Heilungschancen bestehen, obwohl der Tod erst in vielen Monaten oder gar in ferner Zukunft eintritt? Worin unterscheidet sich die Lebensverlängerung von der eigentlichen Todesverzögerung, die um jeden Preis verhindert werden soll? Das sind Fragen, die diese Meinung nicht beantwortet, wodurch in der Praxis erhebliche Unsicherheiten drohen. Auch wenn diese Fragen beantwortet wären, müssten die Antworten begründet werden, insbesondere müsste angegeben werden, welche Wertungen oder Rechtsgedanken hinter ihnen stehen.

Selbst wenn man im konkreten Einzelfall von einer unerwünschten Todesverzögerung ausgeht, dann darf nach dieser Auffassung unter keinen Umständen auf die Palliativmedizin verzichtet werden.[1789] Unter der palliativen Betreuung wird grundsätzlich die Schmerzlinderung, die Erhöhung der Lebensqualität, die Sicherung von gewöhnlichen Maßnahmen und der Verzicht auf außergewöhnliche Maßnahmen verstanden. Strikt abgelehnt wird dabei das Absehen von gewöhnlichen Mitteln (etwa künstliche Ernährung mittels einer Magen- oder Nasensonde, welche allerdings von der Polnischen Gesellschaft für Kindermedizin grundsätzlich abgelehnt wird!), die die Grenze zur unzulässigen aktiven Lebensverkürzung aufzeigen sollen.[1790] Dies überzeugt nicht. Die Abgrenzung der verhältnismäßigen von den unverhältnismäßigen Mitteln ist schwierig und kaum durchführbar, da diese Begriffe kontextabhängig sind und unterschiedlich aufgefasst werden. Dies zeugt von der großen Unbestimmtheit dieses Kriteriums.[1791] Die Unterscheidung zwischen den gewöhnlichen und den außergewöhnlichen Mitteln erklärt auch nicht, warum ausgerechnet am Lebensende auf die außergewöhnlichen Mittel verzichtet werden soll, während in sonstigen Situationen sie doch zum Einsatz kommen können. Ein Herzkranker soll einer aufwändigen Herztransplantation unterzogen werden, ein schwerstgeschädigtes Neugeborenes aber nicht mehr. Dies mag richtig sein, aber warum? Abgesehen davon können auch gewöhnliche Mittel unter Umständen zu einem erheblichen Leiden des Kindes führen. Ist der Verzicht auf sie aber nicht zulässig, setzt sich dies in Widerspruch damit, dass der Tod nicht verzögert werden darf. Es wird auch übersehen, dass die Palliativmedizin das Problem der Früheuthanasie nicht löst. Sonst gäbe es nicht! Man muss bedenken, dass es Erkrankungen gibt, deren Beschwerden nicht gelindert werden können. Es sei hier wiedrum die *Epidermolysis bullosa* in ihrer schwersten Form (Schmetterlingshaut) genannt. Hierbei handelt es sich um eine Hautkrankheit, bei der es mangels einer Verbindung zwischen verschiedenen Hautschichten zu extrem schmerzhaften Hautverletzungen und Blasen im ganzen Körper (auch im Körperinneren, etwa im Mund oder in der Speiseröhre) kommt. Die die Erkrankung begleitenden Schmerzen lassen sich in Extremfällen durch die Schmerzmedikation

1789 Vgl. Polskie Towarzystwo Pediatryczne, S. 69 ff.

1790 Vgl. *Dangel*, Wady letalne, S. 100.

1791 Vgl. *Dangel* weist selbst darauf hin, vgl. *Dangel*, Wady letalne, S. 101.

nicht angemessen lindern. Auch die künstliche Ernährung durch Magen- oder Nasensonde bereitet sehr große Schmerzen. Dieses Beispiel, selbst wenn diese Erkrankung in der schwersten Form sehr selten vorkommt, zeigt, dass die unbedingte Beibehaltung der gewöhnlichen Mittel und die Anwendung der palliativen Pflege nicht zu sachgerechten Ergebnissen führen.

2.5.1.2 Lebensqualität

Die Polnische Gesellschaft für Kindermedizin ist der Meinung, dass im Vorfeld jeglicher Behandlung die Lebensqualität des Weiterlebens nach durchgeführter medizinischer Behandlung zu berücksichtigen sei. Jede medizinische Maßnahme müsse den Lebenskomfort des Neugeborenen verbessern und für das Kind von Vorteil sein. Verlängert sie nur sein Leben, ohne sein Leiden zu mildern, so sei sie nicht durchzuführen.[1792]

Auffallend hier ist die völlige Unbestimmtheit dieses Kriteriums. Was ist die Lebensqualität und wo verläuft ihre untere Grenze? Welches Leiden ist dem Neugeborenen noch zumutbar und welches nicht mehr? Spricht nur eine minutenlange Verbesserung des „Lebenskomfort“ für oder gegen die Behandlungsdurchführung?

In Anlehnung an die amerikanische Rechtsprechung wird auch vertreten, dass es Leben geben könne, das es nicht wert sei, gelebt zu werden, weil es voller Leid und Schmerz ist. Der Anknüpfungspunkt für die Feststellung des „Lebensunwertes“ ist vor allem die konkrete Erkrankung des Neugeborenen. Ist diese unheilbar, so seien andere Begleiterkrankungen nicht zu behandeln, weil auch nach deren Behandlung das Leben des Neugeborenen wegen der primären Behinderung oder der primären schweren Beschädigung qualitativ minderwertig erscheint. Dem Kind solle das Leben mit der schweren Behinderung und Beschädigung erspart bleiben.[1793] Der dauernde vegetative Zustand solle stets zum Abbruch berechtigen.[1794]

Eine Legitimierung des Sterbenlassens von Neugeborenen durch das Kriterium „Lebensunwert“ verstößt aber offenbar gegen das Verbot, den Lebensschutz unter dem Blickwinkel der Lebensqualität zu beurteilen. Wenn das Leben der Höchstwert und sogar die vitale Grundlage der Menschenwürde ist, was im polnischen Recht nicht in Frage gestellt wird, dann ist es unverständlich, warum der Höchstwert allein wegen der Unheilbarkeit der Erkrankung, der schweren Behinderung oder schweren Beschädigung keinen oder sehr geringen Wert haben soll. Der Hinweis, dass dadurch das Leben „qualitativ minderwertig“ erscheint, führt nicht weiter. Denn es wird nicht offengelegt, warum die Behinderung die Lebensqualität erheblich herabsetzt und warum die erheblich herabgesetzte Lebensqualität den Lebensschutz aufhebt oder ihm gegenüber überwiegt. Man muss sich hier bewusst sein, dass dieselbe Behinderung, etwa Trisomie 18, verschiedene Formen

---

1792 Vgl. Polskie Towarzystwo Pediatryczne, S. 101 ff.

1793 Vgl. *Szeroczyńska*, Eutanazja, S. 336 f.

1794 Vgl. *Hartman*, Bioetyka, S. 108.

annehmen kann: von der leichten, über eine mittelschwere bis hin zur besonders schweren. Selbst wenn wir annehmen, dass nur die letztere gemeint ist (worauf vieles hindeutet, weil sonst eine unzulässige Euthanasie aus der NS-Zeit vorläge), wird der Lebensunwert bzw. der Lebenswert ferner durch die Behinderung des Betroffenen definiert; knüpft sie dann an ein im Rahmen des Gleichbehandlungsgebotes unzulässiges Differenzierungskriterium an, ist eine unheilbare Behinderung gegeben. Eine unheilbare Behinderung kann etwa bei einem Rollstuhlfahrer vorliegen. Hier denkt aber niemand daran, den Rollstuhlfahrer beim Herzinfarkt nicht zu behandeln. Hier hilft auch nicht der Rückgriff auf die polnische Regelung zum Schwangerschaftsabbruch aus eugenischer Indikation weiter. Zwar enthält sie eine Wertung, aus der entnommen werden kann, dass eine Leibesfrucht bei schwerer oder lebensbedrohlicher Erkrankung vom polnischen Gesetzgeber als weniger schützenswert angesehen wird. Der Gesetzgeber verlangt aber zusätzlich, dass die schwere oder lebensbedrohliche Erkrankung des Betroffenen diesen lebensunfähig machen muss.[1795] Solch eine Einschränkung wird von dem obigen Kriterium offenbar nicht gefordert, da es nur auf die Unheilbarkeit der Grunderkrankung des Neugeborenen abstellt und diese nur über das Krankheitsbild definiert. Das Wohl des Neugeborenen wird nicht aus seiner Perspektive bestimmt, sondern aus einem Blickwinkel, der fast gar keinen Bezug auf seine persönliche Lage nimmt. Autoritär wird festgelegt, dass unheilbare Erkrankungen ein Leben lebensunwert machen, obwohl keiner sich darüber Gedanken macht, ob dies tatsächlich bei einem konkreten Neugeborenen der Fall ist. Dabei ist darauf hinzuweisen, dass die Entwicklung des Neugeborenen kaum absehbar ist, weil keine sichere Prognose erstellt werden kann.[1796] Es ist damit nicht vorhersehbar, ob die Behinderung für den Betroffenen eine besondere Last oder Härte darstellen wird. Es ist ebenso möglich, dass der Neugeborene daran leiden wird wie auch, dass sie ihn nicht stören wird. Liegen keine Anhaltspunkte für besondere Qualen des Neugeborenen vor, darf nicht davon ausgegangen werden, dass er keine Freude mehr am Leben haben könne. Sonst kann leicht der Eindruck entstehen, er sei als Person minderwertig. Wenn die Behinderung so qualvoll ist, stellt sich aber die Frage, warum die Neugeborenen wegen ihr nicht sofort aktiv getötet werden dürfen. Dies würde noch eher ihrem Wohl entsprechen, als etwa die palliative Betreuung.

2.5.1.3 Lebensfähigkeit

Die Zulässigkeit der Hilfe zum Sterben wird auch unter dem Blickwinkel der so genannten mangelnden Lebensfähigkeit des Neugeborenen betrachtet. Lebensunfähigkeit ist anzunehmen, wenn gar keine Zweifel daran bestehen, dass das Neugeborene bald sterben wird oder wenn gar keine Hoffnung auf Krankheitsverhinderung oder -heilung besteht. Wichtig ist dabei auch, die Verhältnismäßigkeit

1795 Siehe oben 2.4.1.1.
1796 Vgl. *Rutkowska/Szczepaniak*, Dylematy etyczne, S. 71.

des Aufwands zu den erhofften Resultaten zu wahren.[1797] Dadurch seien die Grenzen der objektiven Lebenserhaltungs- und Behandlungspflicht somit klar definiert,[1798] was zu einer gewissen Rechtssicherheit in der Medizinwelt führen kann. Dies erscheint als eine grobe Vereinfachung, da die Wirklichkeit viel komplizierter ist. Soweit es um den Todesbeginn geht, ist er noch einigermaßen klar feststellbar. Was aber mit „keiner Hoffnung auf Krankheitsverhinderung oder -heilung" gemeint ist, ist alles andere als klar. Das Gleiche betrifft den Begriff des baldigen Todes. Diese Formulierung ist offensichtlich normativer und nicht rein deskriptiver Art. Es fehlen Antworten, was die Hoffnung auf Besserung oder Heilung auf Null reduziert und wie kurz oder lang das prognostische Überleben (mit oder ohne intensivmedizinische Mittel?) sein muss, um noch vom baldigen Todesbeginn sprechen zu können. Die Polnische Gesellschaft für Kindermedizin nimmt hier an, dass die Überlebenszeit dann kurz sei, wenn das Kind nur wenige Tage oder Wochen nach Behandlungsdurchführung überleben kann.[1799] Dies gelte allerdings nur für die Beurteilung der Zweckmäßigkeit von operativen Körpereingriffen. Unklar ist, was bei allen anderen medizinischen Behandlungen gelten soll.

Abgesehen davon, wird für die Feststellung der Lebensunfähigkeit eine keine Zweifel aufkommenlassende Wahrscheinlichkeit verlangt. Das heißt, dass keine individuelle Prognose erstellt wird, sondern abstrakt entschieden wird, dass das Lebensrecht allen anderen Interessen vorgeht und die Lebensunfähigkeit dann sicher feststeht, wenn weder die Rettung noch die Erhaltung des Lebens mehr in Betracht kommt. Bis dahin darf der Lebensschutz nicht aufgegeben werden. Demnach will man lieber Neugeborene unerträglich leiden lassen, als vorzeitig sterben lassen. Mit dem sehr hohen, (fast) an Sicherheit grenzenden Wahrscheinlichkeitsgrad, der keine Zweifel an der fehlenden Möglichkeit der Lebenserhaltung zulassen will, werden die Probleme der Neugeborenenmedizin nicht gelöst, sondern vielmehr verdrängt. Ist man sicher, dass das Leben nicht mehr gerettet werden kann, dann liegt eine objektive Unmöglichkeit vor. Bekanntlich kann man von jemandem nichts Unmögliches verlangen. Sollte die Früheuthanasie jedoch ein Fall der Unmöglichkeit sein, gäbe es wohl keine Diskussion darüber.

Der Begriff der mangelnden Lebens- bzw. Überlebensfähigkeit wird auch bei dem Tatbestand der Kindestötung nach Art. 149 KK und des Schwangerschaftsabbruchs aus eugenischer Indikation nach Art. 152 KK diskutiert.

In seiner Entscheidung vom 08. Juli 1975 zum Art. 149 KK (Kindestötung) äußerte sich das Oberste Gericht dahingehend, dass dieser Umstand dort keine Berücksichtigung finden könne.[1800] Diese Ansicht wird in der Literatur teilweise kritisiert. Es wird zwar betont, dass der strafrechtliche Lebensschutz sich auf

1797 Vgl. *Gadzinowski/Jopek,* Nauka 2007 Nr. 3, S. 23.
1798 Vgl. *Gadzinowski/Jopek,* Nauka 2007 Nr. 3, S. 23, 26 ff.
1799 Vgl. Polskie Towarzystwo Pediatryczne, S. 117.
1800 Vgl. das Oberste Gericht, Urteil vom 08.07.1975, Az.: IV KR 119/75.

jedes Neugeborene erstrecke, unabhängig davon, wie seine Lebens- oder Überlebensfähigkeit einzuschätzen ist, die Lebensunfähigkeit des Kindes könne aber zur Eintrübung des Urteilsvermögens der Mutter führen und damit auf den Grad ihres Verschuldens Einfluss haben.[1801] Zu solchen schuldmindernden Umständen wird unter anderem auch die Geburt eines im hohen Grade entstellten Kindes oder eine besonders schwierige Lebenssituation der Mutter gezählt[1802], wobei dies nicht unumstritten ist. Der Begriff der erheblichen Entstellung sei unbestimmt, sodass letztendlich nicht messbare, bloß ästhetische Gesichtspunkte entscheidend sein könnten.[1803] Die Tötung der stark entstellten Kinder komme den moralischen Überzeugungen des alten Sparta, wo solche Neugeborene ausgesetzt wurden, oder der Politik des Dritten Reiches gleich.[1804] Die Berücksichtigung der schwierigen Lebenssituation der Mutter wird mit dem Argument abgelehnt, dass dieser Begriff zur Rechtsunsicherheit und zur allgemeinen Akzeptanz der Tötung von Neugeborenen führen könne, soweit die Mutter sich zur Erziehung des Kindes unfähig fühlt oder in ärmlichen Verhältnissen lebt.[1805] Nach der Rechtsprechung des Obersten Gerichts dürfen soziale Lebensumstände des Totschlägers oder Mörders nicht einmal bei der Strafzumessung berücksichtigt werden, weil der überragende Wert des Lebens dies verbietet.[1806]

Die Lebensunfähigkeit im Sinne der Schwangerschaftsabbruchsregelung aus embryopatischer Indikation[1807] wird nach der Rechtsprechung individuell bestimmt, wobei sie prinzipiell ab ca. 22. Schwangerschaftswoche beginnt und von den Medizinern festgestellt wird.[1808] Dies ist wohl so zu verstehen, dass die Lebensfähigkeit nicht als Rechtsbegriff, sondern als Medizinbegriff angesehen wird. Dabei ist es etwas erstaunlich, dass der Staat bei der Ausübung seiner hoheitlichen Befugnisse im Bereich des repressiven Strafrechts und bei der fundamentalen Entscheidung über die Zulässigkeit der Lebensvernichtung sich eines privaten Dritten, mag er auch ein staatlich vereidigter Gutachter sein, bedient und seine Feststellungen zur Grundlage der hoheitlichen Entscheidung darüber macht, ob die Tatbestandsvoraussetzungen einer Strafrechtsnorm, hier die Lebensunfähigkeit, erfüllt sind. Verfassungsmäßig zulässig wäre wohl nur, dass der Private dem Gericht das medizinische Sonderwissen und eigene Wahrnehmungen zum

---

1801 Vgl. *Zoll*, Komentarz, Art. 149, Ziff. 6, 17.

1802 Vgl. *Zoll*, Komentarz, Art. 149, Ziff. 17.

1803 Vgl. *Krajewski*, Kontrowersje ochony życia, S. 125; *Księżopolska-Breś*, Dzieciobójstwo, S. 70 ff.

1804 Vgl. *Księżopolska-Breś*, Dzieciobójstwo, S. 70 ff.

1805 Vgl. *Krajewski*, Kontrowersje ochony życia, S. 125; *Konarska-Wrzosek*, Ochrona dziecka, S. 33.

1806 Vgl. das Oberste Gericht, Urteil vom 17.02.1989, IV KR 15/89.

1807 Siehe Fn. 1748.

1808 Vgl. das Oberste Gericht, Urteil vom 12.06.2008, III CSK 16/08.

konkreten Fall vermitteln würde, auf dessen Grundlage das staatliche Gericht den Begriff der Lebensunfähigkeit rechtlich ausfüllen und den Einzelfall darunter rechtlich subsumieren könnte.

2.5.1.4 „Bestmögliche Entscheidung“

Des Weiteren wird vorgeschlagen, das Problem der Hilfe zum Sterben bei Neugeborenen folgendermaßen zu lösen: Da bei der Früheuthanasie eine relativ hohe Unsicherheit aller Diagnosen und Prognosen besteht, sollte man diesbezügliche Entscheidungen nicht in den Kategorien richtig oder falsch betrachten, sondern man sollte nach einer bestmöglichen Entscheidung suchen. Um eine solche zu treffen, müsse man zunächst umfassendes Abwägungsmaterial sammeln. Es solle sich auf die Effektivität einer Behandlung, ihre Belastung für das Neugeborene (Schmerz, Freude), sein (sichtbarer) instinktiver Lebenserhaltungstrieb, Meinungen von Sachverständigen, Ärzten, Krankenhauspersonal, Eltern, der Gesellschaft und alle anderen Fragen, die irgendeine Bedeutung bei dem Entscheidungsprozess haben können, beziehen. Dann sei eine Bilanz der Vorteile und Nachteile der jeweiligen Entscheidungen zu erstellen und anschließend eine (moralisch, rechtlich, medizinisch, gesellschaftlich u.a.) bestmögliche Entscheidung zu wählen.[1809] Ähnlich will allem Anschein nach auch die Polnische Gesellschaft für Kindermedizin verfahren, die bei der Beurteilung der Frage, ob dem schwerstgeschädigten Neugeborenen operative Heileingriffe gewährt werden sollten, auf folgende Kriterien zurückgreift: erwartbare Lebenszeitspanne (wenige Tage, Monate oder mehrere Monate oder Jahre?), Lebensqualität (Behandlung bringt Vorteile und mindert das Leiden), das Wohl des Kindes (Einbindung vieler Ärzte und Spezialisten in den Entscheidungsprozess) und Verhältnismäßigkeit der Maßnahmen zum Nutzen (keine aufwändigen Operationen bei zerebral geschädigten Kindern).[1810]

Dieses Kriterium versucht, die Entscheidung über die Einstellung einer Behandlung von jeder denkbaren Seite her zu betrachten. Hierzu lässt es in den Entscheidungsprozess eine Vielzahl unterschiedlicher Faktoren einfließen, die durch eine Abwägung in Einklang gebracht werden sollen. Ob dies gelingen kann, ist zweifelhaft. Bereits die unterschiedlichen ethischen Meinungen zu diesem Thema[1811] wie etwa die Ansicht der katholischen Kirche einerseits und die von *Singer* andererseits lassen sich kaum unter einen Hut bringen, weil sie ganz unterschiedliche Grundlagen haben. Möglicherweise ist dies so zu verstehen, dass zwischen zwei entgegengesetzten Positionen ein Mittelweg zu wählen ist. Die Frage ist: welcher? Denn bei der Hilfe zum Sterben ist die Wahl auf zwei Alternativen beschränkt: Sterbenlassen oder leben lassen. Darüber hinaus nützt ein umfassendes Abwägungsmaterial nichts, wenn unklar ist, welchen Stellenwert den einzelnen Abwägungsfaktoren

---

1809 Vgl. *Szewczyk*, Diametros 26 (2010), S. 122 ff.

1810 Vgl. Polskie Towarzystwo Pediatryczne, S. 117 f.

1811 Vgl. *Gadzinowski/Jopek*, Nauka 2007 Nr. 3, S. 22 ff.

zuzuschreiben ist und in welchem Verhältnis sie zueinander stehen sollen. Ohne Aufstellung bestimmter Grundsätzen ist es kaum möglich, einen konkreten Fall einer Lösung zuzuführen. Dem Entscheidungsträger müssen bestimmte Leitlinien vorgegeben werden, damit er sich mit der Entscheidung nicht überfordert fühlt. Trotz dieser Kritik ist hervorzuheben, dass der Ansatzpunkt dieser Ansicht nicht vollkommen falsch ist. Eine Entscheidung im Rahmen der Früheuthanasie muss ein Ergebnis einer Abwägung zwischen verschiedenen Interessen und Gütern sein.

2.5.1.5 Elternanschauungen

Eltern als gesetzliche Vertreter sind nach Art. 32 Abs. 2 und 34 Abs. 3 des Gesetzes über den Arztberuf (GAB) berechtigt, anstelle des einwilligungsunfähigen Kindes in ärztliche Heilmaßnahmen einzuwilligen. Soweit man der Auffassung folgt, dass die Befugnis zur Einwilligungserteilung auch die Befugnis zu deren Versagung umfasst (wofür spricht, dass ansonsten die Eltern stets zur Einwilligungserteilung faktisch verpflichtet wären), dann stellt sich die Frage, ob und wann die Entscheidung der Eltern, das Kind nicht zu behandeln durchbrochen werden kann. Teilweise wird aus dem Wortlaut der Art. 32 und 34 Abs. 6 des GAB gefolgert, dass die Durchbrechung der Elternentscheidung nur bei riskanten Heileingriffen vorgesehen sei, während bei sonstigen Heileingriffen das Gesetz sich dazu ausschweigt, ob der behandlungsbezogene Widerspruch der Eltern durch eine gerichtliche Einwilligung ersetzt werden könne, was darauf hindeutet, dass der elterliche Widerspruch stets akzeptiert werden müsse.[1812] Gegen solch eine Gesetzesauslegung spricht, dass die elterliche Gewalt nicht missbräuchlich ausgeübt werden darf. Eine von den Eltern missbräuchlich versagte Einwilligung in eine medizinische Behandlung des Kindes darf von der Rechtsordnung nicht hingenommen werden.

Hinsichtlich der Ersatzeinwilligung bestimmen Art. 32 Abs. 9 und 34 Abs. 6 und 7 GAB, dass der behandelnde Arzt beim Widerspruch der Eltern gegen eine medizinische Behandlung das Betreuungsgericht anrufen *kann*. In Notfällen, die keinen Verzug zulassen, *kann* er sogar ohne Ersatzeinwilligung des Gerichts behandeln. Daraus wird teilweise in der Literatur gefolgert, dass der Arzt einen gewissen Ermessenspielraum habe, ob er die Entscheidung der Eltern akzeptiert oder nicht. Wie weit das ärztliche Ermessen geht, ist umstritten. Einige Literaturstimmen nehmen an, dass der Arzt im Rahmen seines Ermessens (Gewissensentscheidung) nur dann von der medizinischen Behandlung Abstand nehmen dürfe, wenn sie medizinisch unzweckmäßig ist. Ansonsten sei er verpflichtet, sich um die Ersatzeinwilligung zu bemühen und bei Gefahr im Verzug ohne sie zu handeln.[1813] Die Polnische Gesellschaft für Kindermedizin vertritt die Auffassung, dass der Arzt nur dann zum Handeln verpflichtet sei, wenn der elterliche Widerspruch *evident* missbräuchlich

---

1812 Vgl. Polskie Towarzystwo Pediatryczne, S. 75 f.

1813 Vgl. *Michałek-Janiczek*, Państwo i Prawo 2009 Nr. 10, S. 59 ff.; *Zielińska*, Odpowiedzialność zawodowa lekarza, S. 388 f.

sei, was insbesondere dann anzunehmen ist, wenn eine persistente Therapie angewandt werden muss, also durch die Behandlung die Würde des Patienten oder seine Interessen erheblich verletzt wird.[1814] *Zoll* ist hingegen der Meinung, dass der Arzt zur Einholung der Ersatzeinwilligung lediglich berechtigt, aber niemals rechtlich verpflichtet sei.[1815] Am Weitesten gehend sind Auffassungen, wonach religiöse Überzeugungen oder Weltanschauungen der Eltern stets zu beachten seien.[1816] Es gibt auch eine Ansicht, wonach das Kindesinteresse aus der Sicht eines objektiven und durchschnittlichen Beobachters (Elternteils) zu bestimmen sei.[1817] All dem wird entgegen gehalten, dass die Elterngewalt nicht so weit gehen könne, dass das Leben des Kindes verkürzt werde. Sonst drohe die Gefahr, dass der Neugeborene seiner Subjektivität beraubt und ihm fremde Anschauungen unterschoben werden. Das Lebensrecht des Neugeborenen dürfe nicht durch Entscheidungen der Eltern aufgehoben werden.[1818] Anschauungen, die gegen die Lebenserhaltung des Kindes gerichtet sind, verdienten nicht beachtet zu werden.[1819] Aus diesen Gründen werde jeglicher Spielraum des Arztes abgelehnt. Erteilen die Eltern die Einwilligung nicht, dann sei der Arzt verpflichtet, das Gericht anzurufen und bei Gefahr im Verzug auch ohne den Gang zum Gericht zu behandeln.[1820]

Den Eltern steht die verfassungsrechtlich garantierte Erziehungsgewalt zu. Sie können das Kind ihren eigenen Überzeugungen und Weltanschauungen entsprechend erziehen. Andererseits sind sie dazu verpflichtet, Rücksicht auf die Interessen des Kindes zu nehmen und immer sein Bestes anzustreben. Das Wohl des Kindes kann in Konflikt mit den Interessen der Eltern kommen. In einem solchen Fall hat das Wohl des Kindes grundsätzlich den Vorrang, weil es eine Einschränkung der elterlichen Befugnisse darstellt.[1821] Sonst würden irrationale Anschauungen über Leben und Tod eines Menschen entscheiden. Angesichts des hohen Ranges des Lebens können subjektive Anschauungen der Eltern nicht von großer Bedeutung sein. Die Überzeugungen des Einzelnen dürfen doch nicht den objektiven gesetzlichen Wertungen zum Lebensschutz widersprechen. Sonst gäbe es keine feste Rechtsordnung. Aus diesem Grunde ist die Ansicht *Zolls* abzulehnen, da nicht jede Entscheidung der Eltern ihr Kind betreffend von der Rechtsordnung

---

1814 Vgl. Polskie Towarzystwo Pediatryczne, S. 80.

1815 Vgl. *Zoll*, Prawo i Medycyna 2005 Nr. 2, S. 11 f.

1816 Vgl. *Rejman*, Odpowiedzialność karna lekarza, S. 71.

1817 Vgl. *Śliwka*, Prawa pacjenta, S. 373; *Hartman*, Bioetyka, S. 97.

1818 Vgl. *Karkowska*, Komentarz, Art. 17, Rn. 1.

1819 Vgl. *Hartman*, Bioetyka, S. 39 f.

1820 Vgl. *Świderska*, Zgoda pacjenta, S. 57 ff.; *Karcz*, Państwo i Prawo 2008 Nr. 11, S. 145; *Kulesza*, Prawo i Medycyna 2005 Nr. 19, S. 82; *derselbe*, Przegląd Sądowy 2007 Nr. 5, S. 67 ff.; *Dukiet-Nagórska*, Autonomia pacjenta, S. 95.

1821 Vgl. Verfassungsgericht, Urteil vom 28.04.2003, K 18/02; Oberstes Gericht, Beschluss vom 05.07.2006, IV CSK 127/06; *Hartman*, Bioetyka, S. 47.

akzeptiert werden darf. Ebenso ist die Ansicht der Polnischen Gesellschaft für Kindermedizin abzulehnen. Das Lebensrecht ist ein zu wertvolles Rechtsgut, als dass es erst bei seiner „evidenten" Verletzung oder Gefährdung geschützt wird. Die Literaturmeinung, die auf die medizinische Unzweckmäßigkeit abstellt, ist irrig. Wenn eine medizinische Therapie unzweckmäßig ist, dann besteht kein Behandlungsanspruch. Der Arzt ist in diesem Falle nicht verpflichtet, Gesundheitsleistungen zu erbringen. Insoweit ist Widerspruch der Eltern gegen eine medizinisch unzweckmäßige Behandlung bedeutungslos.

Ein Argument für die Berücksichtigung der elterlichen Weltanschauungen, insbesondere der der Mutter, könnte aber aus den Schwangerschaftsabbruchsvorschriften hergeleitet werden, wonach die Behinderung im Zusammenspiel mit der Lebensunfähigkeit als solche einen Schwangerschaftsabbruch zu rechtfertigen vermag (eugenische Indikation).[1822] Das Leben eines ungeborenen (schwer-) behinderten und lebensunfähigen Menschen darf auf Wunsch der Schwangeren ausgelöscht werden, ohne dass verlangt wird, dass die schwere Behinderung des Kindes irgendeine Belastung für die Mutter darstellen muss, da dem ausdrücklichen Gesetzeswortlaut nach allein die (schwere) Behinderung oder eine tödliche Erkrankung Grund für die vorgeburtliche Tötung ist.[1823] Daraus lässt sich entnehmen, dass das ungeborene behinderte und „lebensunfähige" Leben in gewisser Hinsicht strafrechtlich als minderwertig eingestuft wird. Die Tötung des ungeborenen schwerbehinderten Menschen ist allein wegen seiner schweren oder lebensbedrohlichen und mit der Lebensunfähigkeit verbundenen Erkrankung bis zur Geburt durchaus möglich. Nach der Geburt scheint dies ausgeschlossen zu sein. Hierfür lassen sich gute Gründe nennen, insbesondere das historisch und verfassungsrechtlich statuierte Tötungsverbot gegenüber dem geborenen Menschen. Zu beachten ist jedoch, dass beim gebotenen Lebensschutz die der Lebensphase und der Lebenssituation entsprechende unterschiedliche Intensität des Lebensschutzes zu berücksichtigen ist.[1824] Wenn also die schwere Behinderung verbunden mit der fehlenden Lebensfähigkeit Einfluss auf die Intensität des Lebensschutzes vor der Geburt dahingehend hat, dass sie ihn mindert, dann muss dies folgerichtig auch negativ die Intensität des Lebensschutzes nach der Geburt beeinflussen, da trotz des Eigenschaftswechsels zum „geborenen" Menschen das durch die Behinderung und die Lebensunfähigkeit verursachte unzumutbare Leiden bleibt bestehen. Dies deshalb, weil sich das im Rahmen der Abwägung zwischen dem Schutz des rein biologischen Daseins und der „psychophysischen" Gesundheit durch die Behinderung und die Lebensunfähigkeit bedingte unzumutbare Leiden auf den Umfang und die Intensität des Schutzes des Lebensrechts auswirkt und im Gegensatz zu

1822 Art. 4a Abs. 1 Nr. 2) des Gesetz über Familienplanung, Schutz des menschlichen Fötus und Voraussetzungen für die Zulässigkeit des Schwangerschaftsabbruchs.

1823 Siehe oben 2.2 und 2.4.1.1.

1824 Vgl. Verfassungsgericht, Entscheidung vom 28.05.1997, K 26/96.

dem „gesunden“ Menschen, der keinen Schutz der „psychophysischen“ Gesundheit wegen eines unzumutbaren Leidens im Rahmen des Lebensschutzes braucht (da er wegen seines „Gesundseins“ nicht leiden kann), hier ins Gewicht fällt und den Schutz des rein biologischen Lebens beschränkt. Der geringere Lebensschutz muss sich nach der Geburt nicht in derselben Art und Weise auswirken wie vor der Geburt, aber seine Intensität bleibt immerhin etwas geringer im Vergleich zum Lebensschutz eines nicht schwerbehinderten und nicht lebensunfähigen Menschen.[1825] Das könnte etwa bedeutet, dass die vor der Geburt erlaubte aktive Tötung nach der Geburt in der Regel unzulässig wäre, die passive Tötungshandlungen (das Unterlassen von lebenserhaltenen Maßnahmen verbunden mit der Anwendung der Schmerzlinderungsmittel) aber schon. Demnach kann es bei der Entscheidung über das Sterbenlassen eine Rolle spielen, ob die Mutter ein schwerbehindertes und lebensunfähiges Kind haben will. Aus welchem Grund, sie es haben will oder nicht haben will, ist hierbei irrelevant, da danach auch im Rahmen des Schwangerschaftsabbruchs aus eugenischer Indikation nicht gefragt wird.[1826]

2.5.1.6 Drittinteressen

Man muss sich noch der Frage zuwenden, ob neben den ureigenen Interessen des Neugeborenen und der Eltern auch Interessen sonstiger Dritter (etwa der Gesellschaft oder der Familie) in die Entscheidung über Leben und Tod eingehen können. Dies wird teilweise auf dem Gebiet des Art. 149 KK (Kindestötung) bei der Auslegung des Merkmals „unter Einfluss der Geburt“ diskutiert. Die (ältere) Rechtsprechung nahm an, dass eine Kindestötung im Sinne des Art. 149 KK auf ein Bündel unterschiedlicher Faktoren zurückzuführen sei, die psychophysischer, psychologischer, physiologischer und sozialer Natur sein können.[1827] Man ging also davon aus, dass die Mutter, die ihr Kind tötet, in ihre Entscheidung Interessen Dritter, etwa des Vatters oder der Familie mit einfließen lassen dürfe. Diese Drittinteressen können dann zur Privilegierung des Art. 149 KK und zur milderen Bestrafung führen.

Die Frage, ob ein von der Mutter verschiedener Dritter ein Kind aus eigen- oder fremdnützigen Interessen töten darf, wird im Rahmen des privilegierenden Tötungstatbestandes des Art. 148 § 4 KK (Tötung im Affekt) aufgeworfen, wobei diesbezüglich keine klare Linie in der Literatur erkennbar ist. Manche Autoren befürworten diese Lösung, andere lehnen sie ab.[1828] Wenn man ersterer Ansicht folgt, kommt man zu dem Ergebnis, dass Interessen Dritter das privilegierende

---

1825 Siehe oben 2.4.1.2.

1826 Siehe oben 2.4.1.1.

1827 Vgl. das Oberste Gericht, Urteil vom 25.03.1980, III KR 68/80; Appellationsgericht Krakau, Urteil vom 24.10.2002, II AKa 256/02; a.A.: Appellationsgericht t Katowice, Urteil vom 31.03.2017, II AKa 48/17 m.w.N.

1828 Vgl. *Księżopolska-Breś*, Dzieciobójstwo, S. 92–95, 112 f.

Merkmal der Art. 148 § 4 und 149 KK ausfüllen können. Sie wirken sich aber nur auf das Strafmaß aus, ohne eine Tötung auszuschließen, zu rechtfertigen oder zu entschuldigen. Daraus lässt sich entnehmen, dass Drittinteressen das Lebensrecht des schwerstgeschädigten Neugeborenen grundsätzlich nicht beschränken können. Es gibt aber eine Ausnahme davon. Rechtlich möglich erscheint die Übertragung des Gedankens der eugenischen Indikation, wenn das Kind schwer erkrankt oder lebensbedrohlich krank und dazu noch lebensunfähig ist.[1829] Hier kann es eine Rolle spielen, ob die Mutter ein schwerstgeschädigtes Kind haben will.[1830] Im Falle der Perforation erscheint es moralisch akzeptabel zu sein, das Interesse der Mutter am eigenen Überleben zu berücksichtigen und wegen dieses Interesses das Kind aktiv zu töten.[1831] Die Tötung des Kindes durch einen Dritten zum Schutze dieses Interesses der Mutter erscheint deshalb straflos.

Teilweise wird die Ansicht vertreten, dass der Behandlungsabbruch von den Interessen anderer Patienten abhängig gemacht werden könne. Wegen der begrenzten medizinischen, technischen und personellen Kapazitäten solle der Einsatz der Mittel derart erfolgen, dass sie immer denjenigen zugutekommen, denen noch geholfen werden kann. Der Kampf um das Leben eines kaum zu rettenden Neugeborenen dürfe nicht dazu führen, dass andere, noch zu heilende Patienten dadurch vernachlässigt werden oder einen Schaden erleiden.[1832] Abgesehen von der Unklarheit der verwendeten Begriffe der „besseren Heilungschancen“ und der „kaum zu rettenden Neugeborenen“ einerseits und der Legitimation für diese Kriterien andererseits, führt diese Ansicht zur unzulässigen Lebensdifferenzierung. Es ist einzuräumen, dass eine Lebensdifferenzierung möglich ist, etwa im Rahmen der rechtfertigenden Pflichtenkollision. Es ist möglich dann auf solche Kriterien abzustellen wie bessere Rettungs- oder Überlebenschancen. Dies kann allerdings nur dann gelten, wenn zwei Handlungspflichten aufeinander treffen.[1833] Anderenfalls gerät der gesamte Lebensschutz ins Wanken, weil die Aufopferung weniger zur Rettung vieler, oder noch schlimmer: die Rettung eines Menschen durch die Tötung eines anderen Menschen, dessen Leben bereits relativ kurz vor seinem Ende angelangt ist, und die Organentnahme bei diesem Menschen erlaubt wäre.[1834] Mit anderen Worten: man könnte dann unschuldige Menschen töten, um andere, aus einem qualitativen (etwa, weil sie länger leben werden) oder quantitativen (etwa, weil sie eine zahlenmäßig größere Gruppe darstellen) Grund „bessere“ Menschen

---

1829 Siehe 2.2, 2.4.1.1 und 2.4.1.2.

1830 Siehe 2.5.1.5.

1831 Siehe 2.4.1.2.

1832 Vgl. *Hartman*, Bioetyka, S. 43 f.

1833 Siehe Kapitel 2, 2.4.3.

1834 Derzeit kann dies nur zur Entschuldigung führen, Art. 26 § 2 KK, vgl. *Kulesza*, Czasopismo Prawa Karnego i Nauk Penalnych 2009 Nr. 3, S. 22 ff.

zu retten. Dies würde auf eine Aufopferungspflicht der qualitativ schlechteren und quantitativ geringeren Menschengruppe hinauslaufen.

Diese Ansicht spricht jedoch einen wichtigen Punkt an. Zunächst muss man sich fragen, wie das Leben vom Staat geschützt wird. Nach Art. 68 der polnischen Verfassung gewährt die polnische Verfassung jedem Menschen ein Recht, angemessene Versorgung im Krankheitsfall zu erhalten. Dieses Recht wird als soziales Recht verstanden. Der Lebensschutz erfolgt daher im Krankheitsfall vor allem durch die Gewährleistung einer allgemeinen sozialen Krankenversicherung. Um einen effektiven Lebensschutz sicherzustellen, muss die Krankenversicherung leistungsfähig sein. Ihre Leistungsfähigkeit wird durch öffentliche Finanzmittel gesichert.[1835] Da diese knapp sind, muss man mit ihnen rational umgehen. Aus diesem Grunde ist Reglementierung und Limitierung der Gesundheitsleistungen zulässig.[1836] Es gibt daher bestimmte Beschränkungen in der Krankenversicherung in Polen wie etwa: Wartelisten, Unterscheidung zwischen garantierten und nicht garantierten Leistungen oder Leistungslimits oder Umgang mit Sterbenden.[1837] Daraus folgt, dass der Staat nicht alles zu leisten braucht, um das Leben zu erhalten. Seine Lebensschutzpflichten können durch finanzielle Aspekte beschränkt werden, da der Schutz im Krankheitsfall nur ein soziales Recht ist und soziale Rechte lassen finanzielle Beschränkungen zu.[1838] Damit kommen diese finanziellen Interessen als Drittinteressen bei der Früheuthanasieentscheidung durchaus in Betracht.

Ferner wird vertreten, dass der Umgang mit schwerstbehinderten und -geschädigten Neugeborenen mit den in der Medizinwelt des Landes und in der Gesellschaft akzeptierten Prinzipien vereinbar sein soll.[1839] Anzumerken ist hier, dass polnische Neonatologen ihr Tätigwerden überwiegend an dem Grundsatz der Heiligkeit des Lebens ausrichten.[1840] Indes ist diese Zielsetzung untauglich, die Wahrung des Kindeswohls zu garantieren. Sie benachteiligt Kleinkinder gegenüber äußerungsfähigen Patienten.[1841] Darüber hinaus hat das Recht eine regelnde und ordnende Funktion. Es dient nicht nur dazu, bestehende gesellschaftliche Verhältnisse oder Haltungen zu bestätigen. Es kann auch dazu benutzt werden, um sie zu ändern oder neu zu definieren. Daher kann der medizinischen Praxis in diesem Zusammenhang keine besonders hohe Bedeutung beigemessen werden.

1835 Vgl. *Jarosz-Żukowska*, Prawo do ochrony zdrowia, S. 671 ff.

1836 Vgl. Verfassungsgericht, Urteil vom 07.01.2004, K 14/03.

1837 Siehe Kapitel 4, 2.5.1.

1838 Vgl. *Jarosz-Żukowska*, Prawo do ochrony zdrowia, S. 671 ff.; *Surówka*, Przegląd Prawa Konstytucyjnego 2012 Nr. 3, S. 124 f.

1839 Vgl. *Hartman*, Bioetyka, S. 110.

1840 Vgl. *Gadzinowski/Jopek*, Nauka 2007 Nr. 3, S. 27.

1841 Siehe oben 2.2.

2.5.2 Lösungsansatz

Unstreitig wird im polnischen Straf- und Verfassungsrecht anerkannt, dass das Sterbeinteresse bzw. das Sterberecht des Einzelnen ein Wert ist, der grundsätzlich geschützt werden muss. Dieses Sterberecht (Recht auf Sterben in Frieden und Würde), das unter anderem aus Art. 20 des polnischen Gesetzes über Patientenrechte hergeleitet werden kann, wobei hier darauf hinzuweisen ist, dass dieses Recht nach dem Willen des Gesetzgebers nur Patienten im Terminalzustand (gemeint sind hier Sterbende und Schwerstkranke mit geminderter Lebenserwartung) zustehen sollte[1842], wird in der einschlägigen Literatur dem Lebensrecht gegenübergestellt. In der Literatur wird versucht,[1843] einen Ausgleich zwischen den beiden Positionen und auch anderen Gütern oder Interessen herzustellen, was begrüßenswert ist, denn nicht eine abstrakte Bewertung des Lebensrechts, sondern nur eine konkrete Abwägung der in Frage kommenden Interessen kann zu sachgerechten Ergebnissen führen. Es sei angemerkt, dass die Problematik der Früheuthanasie nicht missverstanden werden darf. Sie darf nicht darauf reduziert werden, dass das alleinige Ziel der Früheuthanasie Gründe der Eugenik sind. Das Problem darf nicht so hingestellt werden, dass das Neugeborene nur wegen seiner Behinderung und Schädigung sterben soll. Dies stellt eine Vereinfachung dar, da die Gründe für die Diskussion über das Sterbenlassen schwer behinderter und geschädigter Neugeborenen tiefer liegen als im bloßen Interesse an der Vernichtung des „lebensunwerten" Lebens, was im Übrigen zu Recht auf allgemeine Ablehnung in medizinischen, juristischen und philosophischen Kreisen stößt. Die Möglichkeiten der Neugeborenenmedizin sind derzeit enorm groß, so dass das Leben jedes schwerstmissgebildeten Neugeborenen zumindest um ein paar Minuten oder Stunden verlängert werden kann. Dies wirft zunächst die Frage auf, ob eine äußerst geringe Rettungschance den Kampf um jede Sekunde oder Minute Leben rechtfertigen kann. Die um jeden Preis angestrebte Lebensverlängerung ist oft mit massiven Eingriffen verbunden, die wiederum zu entsetzlichem Leiden des Neugeborenen führen können. Das Leiden kann aber auch allein in der betreffenden Erkrankung seine Ursache haben. Angesichts dessen macht die Forderung nach absoluter Lebenserhaltung nachdenklich. Das Sterbenlassen der von Schmerzen gepeinigten Neugeborenen erscheint dann nicht mehr als ein monströser Akt der Unbarmherzigkeit. Man sollte erkennen, dass das Neugeborene neben seinem Lebensinteresse auch ein Sterbeinteresse hat. Anderenfalls wird das Lebensinteresse zur Lebenspflicht umgewandelt. Um dies zu vermeiden, muss man sicherstellen, dass die Aufgabe der Medizin primär nicht in der absoluten (unbedingten) Lebenserhaltung, sondern in der bestmöglichen Hilfe für den Patienten liegen muss.

1842 Vgl. *Krakowska*, Prawa pacjenta, Kapitel III 14.

1843 Siehe 2.5.1.1–6.

Für die Lösung der Früheuthanasiefälle bietet im polnischen Strafrecht die Regelung zum Schwangerschaftsabbruch aus embryopathischer Indikation eine Grundlage.[1844] Nach dieser Norm darf die Schwangerschaft abgebrochen werden, wenn das Kind schwer oder lebensbedrohlich erkrankt ist. Ein Schwangerschaftsabbruch aus diesem Grund darf bis zur Erreichung der Lebensfähigkeit außerhalb des Mutterleibes durch das Kind durchgeführt werden. Im Schrifttum besteht Streit darüber, ob in diese Vorschrift weitere Voraussetzungen hineininterpretiert werden sollen, da der eugenische Indikationsgrund allein an die schwere Behinderung oder Erkrankung des Kindes anknüpft, was als ein gewisser Widerspruch zu den staatlichen Pflichten zum besonderen Schutz der Kinder und der Behinderten empfunden wird. Es wird daher vorgeschlagen, dass die schwere Behinderung oder Erkrankung des ungeborenen Kindes eine Gefahr für das Leben oder die Gesundheit der Mutter darstellen müsse oder dass das schwer behinderte oder erkrankte Kind eine erhebliche Belastung für sie sein müsse.[1845] Für solch eine Einschränkung gibt es aber keine Anhaltspunkte. Sollte die schwere Behinderung oder Erkrankung des ungeborenen Kindes zur Lebens- oder Gesundheitsgefahr der Mutter führen, so ist dieser Fall durch den medizinischen Indikationsgrund erfasst, wonach der Schwangerschaftsabbruch zulässig ist, wenn die Schwangerschaft eine Gefahr für das Leben oder die Gesundheit der Mutter darstellt. Will man hingegen annehmen, dass die schwere Behinderung oder Erkrankung des ungeborenen Kindes eine Belastung für die Mutter darstellen muss, dann rückt man in den Bereich des sozialen Indikationsgrundes.[1846] Der Schwangerschaftsabbruch aus sozialen Gründen ist aber laut der Entscheidung des polnischen Verfassungsgerichts verfassungswidrig, da er in unzulässiger Art und Weise in das Lebensrecht des ungeborenen Kindes eingreift.[1847]

Die gerichtliche Praxis hält sich an den Wortlaut des Gesetzes und nimmt keine Einschränkungen vor.[1848] Der Schwangerschaftsabbruch ist danach zulässig, wenn kumulativ zwei Voraussetzungen erfüllt sind: schwere oder lebensbedrohliche Erkrankung des Kindes und dessen Lebensunfähigkeit außerhalb des Mutterleibes. Allein aus diesen Gründen darf das ungeborene Kind getötet werden. Versteht man diese Vorschrift so, lässt sich ihr eine gesetzliche Wertung entnehmen, die folgendermaßen formuliert werden kann: das Leben eines schwer oder lebensbedrohlich kranken und lebensunfähigen Menschen ist weniger schützenswert

---

1844 Siehe Fn. 1748.

1845 Vgl. *Ciepły*, Czasopismo Prawa Karnego i Nauk Penalnych 2014 Nr. 2, S. 80.

1846 Siehe oben 2.2, 2.4.1.1.

1847 Vgl. Verfassungsgericht, Entscheidung vom 28.05.1997, K 26/96; *Ciepły*, Roczniki Nauk Prawnych XXIV/4 (2014), S. 35.

1848 Vgl. das Oberste Gericht, Urteil vom 13.10.2005, IV CK 161/05; Urteil vom 12.06.2008, III CSK 16/08; Urteil vom 06.05.2010, II CSK 580/09; *Zoll*, Komentarz, Art. 152, Ziff. 19.

als das Leben eines gesunden und lebensfähigen Menschen. Dies erscheint auf den ersten Blick als eine offene oder zumindest verdeckte Diskriminierung der ungeborenen schwerstbehinderten Menschen. Dem Anschein der Diskriminierung lässt sich aber entkommen, wenn man davon ausgeht, dass die gesetzliche Wertung einen allgemeinen Charakter hat und dass diese Wertung auch außerhalb der Schwangerschaftsabbruchsvorschriften Anwendung finden kann. Die gesetzliche Wertung ist also nicht diskriminierend, wenn sie einen allgemeinen Rechtsgedanken enthält.

Dieser Rechtsgedanke lässt sich wie folgt begründen: die gesetzliche Wertung findet zum einen auf alle Menschen unabhängig von deren Alter, also sowohl auf das ungeborene Kind als auch auf geborene Menschen Anwendung. Zum anderen wird hier nicht an die schwere Behinderung oder Erkrankung als solche angeknüpft, welche zur Rechtfertigung einer Ungleichbehandlung an sich untauglich ist, sondern an die mit ihr oft einhergehende Lebensunfähigkeit, welche zum Differenzierungskriterium gemacht wird. Erst wenn feststeht, dass der Mensch wegen seiner schweren Behinderung oder Erkrankung nicht mehr lebensfähig ist, treffen den Staat verminderte Lebensschutzpflichten ihm gegenüber. Dass der Staat das Leben nicht gleich schützen muss, besagt schon die Entscheidung des polnischen Verfassungsgerichts zum Schwangerschaftsabbruch. Dort wird ausdrücklich festgestellt, dass die Intensität des Lebensschutzes unter anderem entsprechend der Lebensphase und den Lebensumständen unterschiedlich ausgestaltet werden kann.[1849] Die „Abstufung" des Lebensschutzes ist dem polnischen Recht auch nicht völlig fremd. Das Leben wird grundsätzlich von seiner Entstehung (in Polen ist dies bereits der Zeitpunkt der Verschmelzung von Ei- und Samenzelle) bis zu seinem Tod geschützt. Der Lebensschutz ist aber abgestuft, je nach dem, in welcher Phase sich das Leben befindet. Es wird zunächst zwischen dem ungeborenen und dem geborenen Leben unterschieden, deren Schutz etwa strafrechtlich unterschiedlich ausgestaltet ist. Nach der Geburt ist der Lebensschutz eigentlich konstant gleich. Aber auch hier gibt es Ausnahmen von diesem Grundsatz. Es sei erwähnt, dass das Leben des Angreifers weniger schutzwürdig ist als das Leben des Angegriffenen oder dass Überlebenschancen zweier verschiedener, gleich gefährdeter Personen ein wichtiges Kriterium bei einer rechtfertigenden Pflichtenkollision sein kann. Derjenige, dessen Überleben wahrscheinlicher ist, soll in diesem Fall gerettet werden.[1850] Danach ist es grundsätzlich zulässig, das lebensunfähige Leben, das sich unweigerlich seinem Ende nähert und unzumutbares Leiden seines Trägers verursacht, anderes zu schützen als das lebensfähige Leben.

Das Merkmal der Lebensfähigkeit außerhalb des Mutterleibes wird in der Literatur und der Rechtsprechung eher als ein Medizinbegriff verstanden. Die Lebensfähigkeit des ungeborenen Kindes soll ab ca. der 24. Schwangerschaftswoche

---

1849 Vgl. Verfassungsgericht, Entscheidung vom 28.05.1997, K 26/96.

1850 Vgl. *Wróbel/Zoll*, Prawo karne, S. 369.

einsetzen, wobei dies von den Medizinern in jedem konkreten Fall individuell zu bestimmen ist.[1851] Rechtlich gesehen ist solch ein Verständnis gewissen Bedenken ausgesetzt. Zum einen überträgt der Staat seine Entscheidung über die Zulässigkeit einer Tötung auf einen Dritten, der dann Feststellungen über die Rechtfertigungsvoraussetzungen (schwere Behinderung oder Erkrankung und Lebensfähigkeit) trifft. Zum anderen ist es zumindest rechtlich und ethisch fraglich, ob ein schwerbehindertes Kind, das in der 24. Schwangerschaftswoche lebend zur Welt kommen kann, dessen Überlebenschancen gegen Null gehen und dessen Lebensdauer nach der Geburt auf ein paar Minuten geschätzt wird, tatsächlich als lebensfähig bezeichnet werden kann. Reicht es für die Bejahung der Lebensfähigkeit aus, dass das Kind seine Geburt nur wenige Sekunden oder gar wenige Bruchteile einer Sekunde überlebt? Oder sollen wir annehmen, dass jedes lebend geborene Kind lebensfähig sei, obwohl es nicht überlebensfähig ist. Ferner ist der allein durch die rein medizinischen Grundsätze ausgefüllte Begriff der Lebens(un-)fähigkeit unbestimmt. Unklar ist zunächst, ob das Neugeborene aus eigenen Kräften lebensfähig sein muss.[1852] Wenn ja, wie soll sich dies damit verhalten, wenn das Neugeborene zwar aus eigenen Kräften nicht überlebensfähig ist, aber seine Lebensfähigkeit ganz leicht durch einen medizinischen Eingriff hergestellt werden kann? In der polnischen Literatur wird auch vertreten, dass das Neugeborene auch dann lebensfähig sei, wenn seine Lebensprozesse durch den Einsatz intensivmedizinischer Maßnahmen dauerhaft aufrechterhalten werden.[1853] Dagegen ist jedoch einzuwenden, dass die Grenze der Überlebensfähigkeit der Frühgeborenen immer wieder nach unten korrigiert wird, was dazu führt, dass der Begriff der Lebensfähigkeit durch den Fortschritt der Medizin einem ständigen Wandel unterliegt. Es wurden auch keine einheitlichen Kriterien zur Bestimmung der Lebensfähigkeit erarbeitet. Abhängig von den gewählten Kriterien und deren Gewichtung werden unterschiedliche Auffassungen in der Medizin vertreten, was zu Unsicherheiten in der Rechtsordnung führen kann.[1854] Es fragt sich auch, ob die Lebensfähigkeit abstrakt oder einzelfallbezogen beurteilt werden sollte. Sollen hierbei auch einzelfallbezogene technische Möglichkeiten berücksichtigt werden? Es ist nicht zu leugnen, dass die Krankenhäuser von Stadt zu Stadt, von Region zu Region unterschiedlich gut ausgestattet sind, was die realen Überlebenschancen des schwerstgeschädigten Neugeborenen beeinflussen kann. Deswegen erscheint das rein medizinische Verständnis der Lebensfähigkeit in der polnischen Rechtsprechung und Literatur unzureichend. Damit stellt sich die Frage, wie der Begriff rechtlich ausgefüllt werden kann.

1851 Vgl. das Oberste Gericht, Urteil vom 12.06.2008, III CSK 16/08; Appellationsgericht Białystok, Urteil vom 31.05.2017, I Aca 1059/16; *Filar*, Aborcja, 5.5.4.

1852 Vgl. *Konarska-Wrzosek*, Ochrona dziecka, S. 20 f.

1853 Vgl. *Majewski*, Państwo i Prawo 1997 Nr. 4, S. 71; *Zoll*, Komentarz, Art. 152, Ziff. 19

1854 Vgl. System Prawa Medycznego-*Różyńska*, S. 308 ff.

Die Grenze zwischen der Lebensfähigkeit und der Lebensunfähigkeit scheint dort zu verlaufen, wo der Schutzbereich des Rechts auf Sterben in Frieden und Würde gemäß Art. 20 Abs. 2 des GPR beginnt, das den staatlichen Lebensschutz zu beschränken vermag. Bei der Bestimmung des Verhältnisses zwischen dem Lebensschutz und dem Recht auf Sterben in Würde und Frieden kann ein Rückgriff auf die Wertungen der allgemeinen Sterbehilfegrundsätze hilfreich sein, insbesondere der indirekten und passiven Sterbehilfe. Im Rahmen der indirekten Sterbehilfe wird allgemein vertreten, dass dem Patienten keine unnötigen Schmerzen zugefügt werden dürfen. Sie müssen gelindert oder beseitigt werden, und zwar unter Umständen auch dann, wenn sie eine Lebensverkürzung zur Folge haben können.[1855] Der indirekten Sterbehilfe liegt der Gedanke zugrunde, dass eine qualvolle Lebensverlängerung und ein qualvoller Tod vermieden und das Leiden sogar um den Preis einer vorsätzlichen Lebensverkürzung gelindert werden muss. Voraussetzung für die Zulässigkeit einer Lebensverkürzung zum Zwecke der Leidlinderung ist, dass der Betroffene lebensbedrohlich erkrankt ist, seine Schmerzen sich nicht anders als durch die riskante Schmerzmedikation lindern lassen und damit der qualvolle Zustand quasi permanent bis zum Tode (also lebenslang) bestehen bleiben wird.[1856] Durch die Parallelisierung zur indirekten Sterbehilfe steht damit zunächst fest, dass das aus der Erkrankung selbst herrührende Leiden ein Kriterium darstellt, das bei der Beurteilung der Lebensfähigkeit Berücksichtigung finden soll.

Im Zusammenhang mit dem Gedanken der indirekten Sterbehilfe, den Betroffenen keine unnötigen schweren Schmerzen empfinden zu lassen, stellt sich die Frage, ob ein Neugeborenes einer besonders schmerzvollen, unerträglichen Intensivbehandlung unterzogen werden soll, die lebenslang andauern und etwa nur einige Wochen schmerzfreies Leben ermöglichen wird. Konkreter gesagt: ob ein todgeweihtes Neugeborenes, das für eine gewisse Zeit (etwa 6 Monate) unter Anwendung aggressiver Behandlung lebensfähig ist (am Leben erhalten werden kann), im Hinblick auf diese Behandlung unbehandelt bleiben soll. Die Frage lautet also, ob die Behandlungsbelastung (also das durch die Behandlungsmaßnahme selbst verursachte Leiden) zur Früheuthanasie berechtigen kann. Zu berücksichtigen ist hier, dass eine sehr belastende Behandlung massive sekundäre Schäden verursachen kann. Die künstliche Beatmung kann mit vielen schweren Komplikationen verbunden sein, die ihre Ursache in der maschinellen Beatmung selbst haben: etwa irreversible Zerstörung der Lungenbläschen, Sauerstoffdefizit, was die Notwendigkeit von Bluttransfusionen zur Folge hat, fortschreitende Demineralisierung der Knochen, Hirninfarkte, Amputation der Extremitäten oder ständige Lungenentzündungen. Kurz gesagt, das Kind wird zunächst durch die Intensivbehandlung gerettet, um dann an deren Nebenwirkungen zu sterben.[1857]

1855 Siehe Kapitel 2, 2.4–5.

1856 Siehe Kapitel 2, 2.4.2.

1857 Vgl. *Merkel*, Früheuthanasie, S. 50 f., Fall I 6.

Um die vorstehende Frage zu beantworten, ist zu bedenken, dass die Medizin dem Menschen dienen soll. Es dürfte eine allgemeine Überzeugung sein, dass man bei bestimmten Patienten auf gewisse Behandlungsmaßnahmen verzichtet, da sie ihnen mehr schaden als nützen. Dies gilt auch dann, wenn sie sich grundsätzlich in gewissem Umfang lebensverlängernd auswirken können. Diese Lebensverlängerung steht aber meistens außer Verhältnis zu den Nebenwirkungen der lebensverlängernden Maßnahme, so dass im Ergebnis auf sie verzichtet werden sollte. Hier können beispielsweise Krebspatienten im weit fortgeschrittenen Stadium genannt werden. Mit Blick darauf lässt sich festhalten, dass besonders belastende medizinische Maßnahmen bei der Entscheidung über die Lebensfähigkeit berücksichtigungsfähig sein sollten.

Bei der passiven Sterbehilfe geht man überwiegend davon aus, dass dann, wenn sich der Todesbeginn abzeichnet, das Leben als unrettbar gelte und man von einer Lebenserhaltung absehen solle.[1858] Daraus lässt sich entnehmen, dass ein bestimmter Lebensabschnitt wegen seiner kurzen Dauer, die mit dem Tod endet, nicht so intensiv lebensschutztechnisch geschützt werden muss, da die Lebenserhaltung mehr schadet als nützt. Das Recht auf Sterben in Würde und Frieden steht aber nicht nur den Sterbenden zu. Es erstreckt sich auch auf die Zeit vor dem Sterbebeginn.[1859] Weiterhin stellt sich die Frage, ob ein Patient, den nur noch Stunden oder Tagen von dem Beginn des Sterbeprozesses trennen, mit allen Mitteln und mit vollem Einsatz am Leben erhalten werden soll. Wer diese Frage bejahen will, muss sich mit dem Einwand konfrontiert sehen, dass solch eine Vorgehensweise zur Manipulation des Sterbebeginns führen kann.

An dieser Stelle ist daher darauf einzugehen, ab wann eine Lebensverlängerung überhaupt als wesentlich oder unwesentlich (zu kurz) bezeichnet werden darf und ob die konkrete Lebensdauer für den Umfang des Lebensschutzes irgendeine Rolle spielen kann. Da Differenzierungen des Lebensschutzes entsprechend der Lebensphase und der Lebenssituation möglich sind.[1860] steht eigentlich dem nichts entgegen, eine unterschiedliche Ausgestaltung des Lebensschutzes am Lebensende im Vergleich zu anderen Lebensphasen vorzunehmen. Hierfür sind jedoch besonders gewichtige Gründe notwendig, um dem hohen Wert des Lebensrechts gerecht zu werden. Zunächst muss man sich vergegenwärtigen, dass etwa eine Rettungs- und Suchaktion während ihrer gesamten Dauer nicht durchgängig mit derselben Aufopferung und mit demselben Personal- und Maschineneinsatz betrieben wird. Verläuft sie ergebnislos, wird der Personal- und Maschineneinsatz allmählich eingeschränkt, obwohl man weiß, dass noch nicht alle gerettet wurden. Im Bewusstsein dessen beginnt man, die vorhandenen Ressourcen zu schonen. Man geht dabei davon aus, dass nach einer mehrere Tage dauernden und intensiven Suche die

1858 Siehe Kapitel 4, 2.5.

1859 Vgl. *Karkowska*, Komentarz, Art. 20, Rn. 4.

1860 Vgl. Verfassungsgericht, Entscheidung vom 28.05.1997, K 26/96.

Wahrscheinlichkeit, jemanden lebendig zu finden, eher gering ist. Das ungefähr Gleiche kann angenommen werden, wenn das Leben sich seinem Ende zuneigt. Stellt man fest, dass das Leben unter Ausnutzung der vorhandenen Behandlungsmöglichkeiten nur ein paar Minuten, ein paar Stunden, Tage oder Wochen verlängert werden kann, dann stellt sich die Frage nach dem Sinn der weiteren Behandlung. Zum einen sind die Medizinressourcen und finanziellen Mittel der staatlich unterstützten Krankenversicherung ziemlich knapp. Die Behandlungsmaßnahmen sind sehr kostspielig und müssen damit rationell gewährt werden. Das heißt, sie sollen dort zum Einsatz kommen, wo sie faktisch helfen können, um ein ausgewogenes Verhältnis zwischen der menschlichen Solidarität im Krankheitsfall und der Leistungsfähigkeit des Krankenversicherungssystems herzustellen.[1861] Je wahrscheinlicher es ist, dass das Leben über eine kurze, ein paar Tage oder Wochen nicht überschreitende Zeitspanne nicht verlängert werden kann, umso sinnvoller erscheint es, auf die medizinischen Bemühungen um eine Lebensverlängerung zu verzichten. Diese finanziellen Interessen spielen im Krankenversicherungsrecht eine erhebliche Rolle und können den Lebensschutz einschränken. Dies wird daran deutlich, dass der Staat nicht alles zur Lebenserhaltung zu leisten verpflichtet ist.[1862] Es gibt vielerlei Beschränkungen. Zu nennen ist, dass es laut dem polnischen Gesetz über die aus öffentlichen Mitteln finanzierten Leistungen der Gesundheitsfürsorge einen Katalog der so genannten garantierten Leistungen gibt, der den Rahmen des Lebens- und Gesundheitsschutzes absteckt. Leistungen, die über den Katalog hinausgehen, müssen nicht erbracht werden, auch dann nicht, wenn durch deren Nichtleistung das Leben verkürzt wird.[1863] Das Gleiche gilt für experimentelle Therapien. Grund hierfür ist die Gewährleistung der Leistungsfähigkeit der staatlichen Krankenversorgung.[1864] Zum anderen ist die unmittelbar dem Beginn des Todesprozesses vorausgehende Phase besonders schutzwürdig. Stellt man sich vor, dass durch eine (über-) eifrige Lebenserhaltung der Todesbeginn hinausgezögert oder der bereits begonnene Todesprozess verlängert werden kann, dann bringt das unter Umständen mehr Schaden als Nutzen, da dies das Sterben nur erschwert.[1865] Ab diesem Zeitpunkt muss der Schutzbereich des Rechts auf Sterben in Frieden und Würde eingreifen, mit der Folge, dass alles unterlassen werden soll, was das Sterben unnötig verlängert.

Der Begriff der Lebensunfähigkeit lässt sich wegen seiner Unbestimmtheit sicherlich auch noch weiter fassen. Hierfür muss allerdings auf eine andere Grundlage abgestellt werden als auf das Recht auf Sterben in Frieden und Würde, da es

1861 Vgl. Verfassungsgericht, Urteil vom 07.01.2004, K 14/03; *Jarosz-Żukowska*, Prawo do ochrony zdrowia, S. 685 f.; *Orłowski*, Zasada proporcjonalności, S. 4.

1862 Siehe Kapitel 4, 2.5.1.

1863 Siehe Kapitel 4, 2.5.1.

1864 Siehe Kapitel 4, 2.5.1.

1865 Siehe Kapitel 4, 2.5.1.

nur Sterbende und Personen „in der letzten Lebensphase“ mit geminderter Lebenserwartung umfasst.[1866] Eine noch weiter als oben aufgeführt gefasste Erweiterung des Begriffs der Lebensunfähigkeit erscheint derzeit rechtlich nicht begründbar. In Deutschland wird etwa die Meinung vertreten, dass besonders schwere Behinderungen oder Erkrankungen, die das Neugeborene auf ständige maschinelle Abhängigkeit oder Hilfe Dritter angewiesen machen, dieses lebensunfähig machen. Dies erscheint jedoch unakzeptabel, da auch Erwachsene, die etwa einen Herzschrittmacher eingepflanzt bekommen, von diesem Gerät maschinell abhängig sind.[1867] Besonders betagte oder demente Erwachsene sind nicht weniger als schwerstbehinderte Neugeborene auf die Hilfe des Pflegepersonals angewiesen. Es wird auch erwogen, Personen nicht zu behandeln, die zwar „gesund“ sind, aber in vielen Monaten oder Jahren an einer tödlich verlaufenden und besonders schmerzhaften Krankheit erkranken werden.[1868] Hier fehlt es allerdings schon an der Erforderlichkeit der Behandlungseinstellung. Eine nur latente Gefahr, die sich erst in vielen Monaten oder Jahren aktualisieren kann, zwingt nicht zum sofortigen Handeln, um das Interesse des Betroffenen vor dem qualvollen Sterben oder das finanzielle Interesse des Staates an der Leistungsfähigkeit des Krankenversicherungssystems zu schützen. Es wird auch in Deutschland diskutiert, Personen, die keine „höhere Gehirnfunktionen“ entwickeln oder kein eigenständiges und selbstbestimmtes Leben führen oder aufgrund „mittlerer kognitiver Schäden“ keine „stabile seelische Verfassung“ finden können, die medizinische Behandlung zu versagen.[1869] Hierzu ist zu sagen, dass jemand, der niemals die volle Lebensqualität genossen hat, seine Lage besser einschätzt, als derjenige, der ein qualitativ vollwertiges Leben führt.[1870] Zudem sind alle Lebensqualitätsbewertungskriterien alles andere als eindeutig und sie weisen die Tendenz dazu auf, dass der Gesundheitszustand von schwer kranken oder behinderten oder alten Patienten in der Regel schlechter bewertet wird als der aller anderen Patienten, da die Lebenserwartung von schwer kranken, behinderten und alten Menschen in der Regel geringer ist, wenn nicht sogar viel geringer, insbesondere im Vergleich zu jungen Patienten. Dies läuft aber auf eine Diskriminierung wegen des Alters, der Behinderung und des Gesundheitszustandes hinaus.[1871]

Jegliche Entscheidungen über die Behandlungseinstellung sind mit Prognoseunsicherheiten behaftet. Es stellt sich daher die Frage, wie wahrscheinlich die Annahme der Lebensunfähigkeit sein muss. Bei der Bestimmung des erforderlichen Wahrscheinlichkeitsgrades sind der in der polnischen Verfassung zum Ausdruck kommende Verhältnismäßigkeitsgrundsatz und das Abwägungsgebot der

1866 Vgl. *Karkowska*, Komentarz, Art. 20, Rn. 4.

1867 Siehe oben 1.5.2.

1868 Siehe oben 1.5.1 und 1.5.4.

1869 Siehe oben 1.5.3 und 1.5.4.

1870 Vgl. *Bobbert*, Ärztliches Urteilen, S. 336 ff., 342 f.

1871 Siehe Kapitel 4, 2.5.1.

kollidierenden Rechtsgüter zu beachten. Danach ist demjenigen Recht Vorrang einzuräumen, das nach der Abwägung in der konkreten Situation relevanter ist.[1872] Je wahrscheinlicher der baldige Todeseintritt oder die negative Nutzen- und Risikoanalyse, umso geringere Anforderungen sind an den Lebensschutz zu stellen. Es ist für die Behandlungseinstellung also nicht nötig, dass der Entscheidungsträger eine hundertprozentige Sicherheit hat (weil das aufgrund prognostischer Unsicherheiten regelmäßig nicht möglich ist). Vielmehr soll es ausreichend sein, dass eine negative Prognose aufgrund der hohen Bedeutung des Lebensrechts sehr wahrscheinlich ist. Damit ist gemeint, dass das Leben des Neugeborenen nicht vorzeitig verkürzt und dieses auch nicht zu lange mit der Behandlung gequält werden soll.

2.5.3 Entscheidungsträger

Die Bestimmung des Entscheidungsträgers ist im vorliegenden Kontext eine schwierige Frage. Dies hängt damit zusammen, dass das Neugeborene keinen Willen bekunden kann. Hier stellt sich das Problem, wie seine Interessen einerseits verwirklicht und beachtet und andererseits beschützt werden sollen. Als mögliche Personen, die für die Entscheidung anstelle des eigentlich Betroffenen zuständig sein sollen, werden in der Literatur genannt: die Eltern, Ärzte bzw. ein Ärzteteam, das Gericht und „die Gesellschaft".[1873] Die Zuständigkeit der Eltern wird in der Regel mit ihren Elternrechten begründet. Für das Entscheidungsrecht der Ärzte und des Ärzteteams spricht vor allem ihre fachliche Kompetenz.[1874]

Gegen die Zuständigkeit der Eltern wird vorgebracht, dass ihre Entscheidungen durch ihre eigenen Erwartungen bezüglich des Kindes und durch ihr emotionales Verhältnis zu ihm geprägt seien, sodass sie unvernünftig handeln würden (können). So könnten sie wegen Ablehnung eines schwerstbehinderten Kindes auf dem Behandlungsabbruch bestehen oder, um ihr Gewissen zu beschwichtigen, eine schmerzvolle Fortsetzung der Behandlung verlangen.[1875] Es wird auch darauf hingewiesen, dass der schwerstkranke Neugeborene nach der Trennung vom Körper der Mutter allein auf die Hilfe der Ärzte angewiesen sei. Sein Leben liege in deren Händen. Daher sollten die Eltern vor allem nur über den Gesundheitszustand des Kindes informiert werden und ihre Meinung solle bei der Entscheidung über die weitere Behandlung nur informatorisch mit berücksichtigt werden, ohne dass diese entscheidend sein muss.[1876] Es wird auch die Ansicht geäußert, dass Eltern insoweit zur Entscheidung befugt sein können, als sie im Interesse des Kindes handeln.

1872 Vgl. *Kalisz*, Rozwiązywanie kolizji norm, S. 8.
1873 Vgl. *Rutkowska/Szczepaniak*, Dylematy etyczne, S. 72.
1874 Vgl. *Hartman*, Bioetyka, S. 98 f.
1875 Vgl. *Rutkowska/Szczepaniak*, Dylematy etyczne, S. 72; *Dangel*, Wady letalne, S. 91.
1876 Vgl. *Rutkowska/Szczepaniak*, Dylematy etyczne, S. 62.

Stellt der Arzt fest, dass dies nicht mehr der Fall ist, dürfe er die Eltern nicht mehr über den Zustand des Kindes informieren, selbst wenn sie darauf drängen.[1877]

Die alleinige Kompetenz der Ärzte wird mit der Begründung abgelehnt, dass sie jede Krankheit als Kampf um Leben und Tod ansähen. Im Eifer des Gefechts verlören sie die Interessen des Kindes und der Eltern aus dem Blickfeld, wodurch sie nur noch deren Leiden vergrößern. Die nüchterne Betrachtung weiche in Extremfällen der Frustration darüber, den Tod nicht abwenden zu können. In diesem Zustand würden die Ärzte zu unbesonnenen Maßnahmen und Behandlungen neigen.[1878] Das Alleinentscheidungsrecht der Ärzte würde zudem zu einem Wiederaufleben des ärztlichen Paternalismus in der Medizin führen und damit auch zur Abwertung der Rolle des Patienten und seiner Vertreter.[1879]

Es wird ferner dazu aufgerufen, ein bioethisches Komitee zu errichten.[1880] Die Entscheidung über das Leben und den Tod eines Neugeborenen sei eine komplizierte und vielschichtige Entscheidung, die von Fall zu Fall unterschiedlich ausfallen könne. Solch ein Komitee erlaube es, die Frage vielseitig zu betrachten und stets einer kritischen Wertung zu unterziehen. Im Rahmen dessen könne jeder Fall unter Berücksichtigung der allgemein anerkannten Grundsätze und Werte, der Meinungen der Experten aus unterschiedlichen Fachgebieten, der technischen Möglichkeiten und des Besten des konkreten Patienten individuell und kasuistisch behandelt werden.[1881]

Abgesehen von den Postulaten *de lege ferenda* enthält das polnische Gesetz über den Arzt- und Zahnarztberuf (GAB) umfassende Regelungen hinsichtlich der Voraussetzungen und der Zuständigkeiten für die Erklärung einer (Ersatz-) Einwilligung in eine medizinische Behandlung, Art. 32 ff. des Gesetzes über den Arzt- und Zahnarztberuf (GAB). Ist der Patient minderjährig oder bewusstlos, entscheidet an seiner Stelle sein gesetzlicher Vertreter. Bei Neugeborenen sind das in der Regel die Eltern, Art. 9 § 1 des polnischen Familiengesetzbuches.[1882] Die Verweigerung der Einwilligung durch die Eltern (Widerspruch) kann durch das Familiengericht durchbrochen und bei Gefahr im Verzug vom Arzt missachtet werden, sofern die

1877 Vgl. *Hartman*, Bioetyka, S. 89; *Migalska*, Roczniki Nauk Prawnych 2010 Nr. 1, S. 145.

1878 Vgl. *Dangel*, Wady letalne, S. 91 f.

1879 Vgl. *Szewczyk*, Diametros 26 (2010), S. 122.

1880 Vgl. *Dangel*, Wady letalne, S. 101; Polskie Towarzystwo Pediatryczne, S. 118 f.

1881 Vgl. *Rutkowska/Szczepaniak*, Dylematy etyczne, S. 73 f.

1882 Neben den Eltern kommt der Vormund des Kindes als gesetzlicher Vertreter in Betracht, soweit er vom Gericht gemäß Art. 93 § 4 des polnischen Familiengesetzbuches bestellt worden ist. Seine Gewalt ist gemäß Art. 156 des polnischen Familiengesetzbuches dahingehend eingeschränkt, dass er in allen wichtigeren Angelegenheiten einer Einwilligung des Gerichtes bedarf; vgl. Kapitel 5, 2.4.3.1. Ist kein gesetzlicher Vertreter vorhanden, entscheidet das Betreuungsgericht, Art. 32 Abs. 8 GAB.

Eltern zu Ungunsten des Kindes handeln.[1883] Soweit dies nicht der Fall ist, können die Eltern fordern, indem sie Widerspruch erklären, dass die Vornahme einer Behandlung unterbleibt.[1884] Geht man davon aus, dass die Verweigerung der Einwilligung in die Vornahme einer Behandlung der Verweigerung der Fortsetzung einer bereits eingeleiteten Maßnahme gleich steht, wofür spricht, dass die medizinische Behandlung während ihrer gesamten Dauer von der Einwilligung abgedeckt sein muss, können die Eltern auch einen Behandlungsabbruch verlangen. Hiergegen wird in der Literatur eingewandt, dass die elterliche Macht nicht so weit reiche, dass die Eltern über das Leben des Kindes verfügen dürften. Die Ablehnung einer lebensnotwendigen Behandlung sei missbräuchlich.[1885] Dem kann nicht zugestimmt werden. Die gesetzlichen Vorschriften machen das Tätigwerden des Arztes von der Einwilligung der Eltern abhängig. Wäre jede Ablehnung der Einwilligung durch die Eltern als Missbrauch der elterlichen Gewalt aufzufassen, wären die Vorschriften über die Ersatzeinwilligung der Eltern überflüssig.[1886]

Zu fragen ist, ob die Behandlungseinstellung überhaupt von dem Widerspruch der Eltern gegen die medizinische Behandlung abhängig ist. Die polnische Gesellschaft für Kindermedizin ist der Auffassung, dass der elterliche Widerspruch solange die Behandlungseinstellung legitimieren könne, wie er nicht evident missbräuchlich ist. Dies sei anzunehmen, wenn die Behandlung medizinisch nicht angezeigt bzw. sinnlos ist, insbesondere dann, wenn eine persistente Therapie angewendet wird, die die Interessen oder die Würde des Patienten erheblich verletzt. Wenn aber die Behandlung medizinisch nicht angezeigt ist, dann besteht auch kein Anspruch auf medizinische Behandlung. Die Eltern können dann folgerichtig weder einwilligen noch widersprechen. Ein Nichts berechtigt weder zur Einwilligung noch zum Widerspruch. Denn die Patientenautonomie kann nur im Rahmen eines bestehenden Behandlungsanspruchs ausgeübt werden.[1887] Wäre das Kind, an dessen Stelle die Eltern über die Einwilligung oder den Widerspruch entscheiden, einwilligungsfähig, hätte es ohnehin keine Einwilligung und keinen Widerspruch erklären können, da es mangels eines Behandlungsanspruchs an einer einwilligungsfähigen oder widerspruchsfähigen medizinischen Behandlung gefehlt hätte. *Zoll* meint, dass der Widerspruch der Eltern stets gegen eine medizinische Behandlung zu berücksichtigen sei, denn der Arzt sei zur Ersatzeinwilligung nur berechtigt, niemals aber verpflichtet. Ist der Arzt mit der elterlichen Entscheidung einverstanden, könne er untätig bleiben. Es ist zuzugeben, dass der

---

1883 Vgl. Polskie Towarzystwo Pediatryczne, S. 75 ff., 103 ff.; *Dukiet-Nagórska*, Autonomia pacjenta, S. 70 f.

1884 Ebenda.

1885 Vgl. *Nesterowicz*, Prawo Medyczne, S. 101 f.; *Świderska*, Zgoda pacjenta, S. 57; *Michałek-Janiczek*, Państwo i Prawo 2009 Nr. 10, S. 64.

1886 Vgl. Polskie Towarzystwo Pediatryczne, S. 78 f.

1887 Siehe oben 2.5.1.5.

Arzt einen gewissen Ermessensspielraum hat. Sind Drittpersonen mit der Entscheidung des Arztes und der Eltern nicht einverstanden, können sie die Ersatzeinwilligung erwirken. Es ist aber unklar, wo der Ermessensspielraum des Arztes und die Grenze zur missbräuchlichen Ausübung der Elterngewalt beginnen. Aus diesem Grunde kann nicht jeder Widerspruch der Eltern einfach so, weil er nur von den Eltern erklärt wurde, von dem Arzt hingenommen werden und ihn von jeglicher Haftung freistellen. Dies verbietet der hohe Rang des Lebensrechts innerhalb der Rechtsordnung.[1888]

Ansonsten wird in der einschlägigen Literatur vertreten, dass die Eltern nicht über das Leben oder den Tod des Kindes entscheiden dürften. Sie hätten sich stets für die Lebenserhaltung des Kindes entscheiden müssen. Täten sie dies nicht, so sei dies missbräuchlich und zu durchbrechen entweder durch die Entscheidung des Gerichts oder bei Gefahr im Verzug durch den Arzt. Dagegen spricht, dass nicht jede Entscheidung der Eltern gegen die Behandlung missbräuchlich ist. Insbesondere dann, wenn kein Behandlungsanspruch besteht, handeln die Eltern nicht missbräuchlich, wenn sie die Einholung der Einsatzeinwilligung oder den Widerspruch gegen die ärztliche Entscheidung unterlassen.[1889] Nach der hier vertretenen Auffassung ist die Behandlungseinstellung oder die Behandlungsgewährung davon abhängig, ob ein entsprechender Behandlungsanspruch besteht.[1890] Besteht er nicht, worüber allein der Arzt entscheidet, dann ist keine Entscheidung der Eltern mehr erforderlich. Denn die Einwilligung oder der Widerspruch erfordert stets das Bestehen eines einwilligungs- bzw. widerspruchsfähigen Gegenstandes in Gestalt einer medizinischen Behandlung. Ist keine medizinische Behandlung zu leisten, haben die Eltern dann keine Möglichkeit, in irgendetwas einzuwilligen oder dem zu widersprechen. Nichtdestotrotz soll der Arzt sie hierüber informieren und ein persönliches Gespräch suchen. Sollten die Eltern der Meinung sein, ihr Kind sei weiter zu behandeln, obwohl kein Behandlungsanspruch besteht, können sie die Weiterbehandlung aus privaten Mitteln betreiben lassen, bis die Grenze der Sittenwidrigkeit der medizinischen Behandlung erreicht ist. Wo diese Grenze genau verläuft, muss hier nicht näher erörtert werden, denn soweit kein Behandlungsanspruch besteht, kann kein Lebensrecht verletzt werden, und damit entfällt jegliche Strafbarkeit wegen Tötung durch Unterlassen oder aktives Tun. Sollte sie überschritten werden, was anzunehmen ist, wenn die körperliche Unversehrtheit oder das körperliche Wohlbefinden gravierend verletzt würden, dann entsteht die Strafbarkeit wegen Körperverletzung.

Kommt es zu Differenzen zwischen den Eltern und dem Arzt hinsichtlich des Bestehens des Behandlungsanspruchs, ist der Arzt beim Widerspruch der Eltern oder bei fehlender Entscheidung der Eltern berechtigt, das Gericht anzurufen,

1888 Siehe oben 2.5.1.5.
1889 Siehe oben 2.5.1.5.
1890 Siehe oben 2.5.2.

Art. 32 Abs. 8, 34 Abs. 6 des Gesetzes über den Arzt- und Zahnarztberuf (GAB).[1891] Bei Gefahr im Verzug darf er ohne und sogar gegen die elterliche Entscheidung handeln (Art. 32 Abs. 9, 34 Abs. 7 des GAB), wobei er sich dann bei unberechtigter Behandlung der strafrechtlichen und zivilrechtlichen Verantwortlichkeit aussetzen kann.[1892] Soweit er das Gericht angerufen und seine Entscheidung abwarten kann, überprüft dieses seine Entscheidung auf ihre Richtigkeit hin. Sind sich die Eltern und der Arzt hinsichtlich der Nichtvornahme oder des Abbruchs einig, stellt sich die Frage, ob dies dem Gericht angezeigt werden muss. Dies wird teilweise deswegen bejaht, weil aus den gesetzlichen Vorschriften eine Pflicht des Arztes zur Anrufung des Gerichtes in jeder Situation der Lebensgefährdung herzuleiten sei.[1893] Dagegen spricht jedoch der Wortlaut des Gesetzes, der mit dem Wort „*kann*" dem Arzt einen Ermessensspielraum hinsichtlich dieser Frage überlässt.[1894] Hiergegen kann der Einwand erhoben werden, dass dies Raum für eventuellen Missbrauch eröffnet.[1895] Dem ist jedoch entgegen zu halten, dass dies niemals auszuschließen ist. Auch nach der Einschaltung des Gerichtes sind Absprachen und Abstimmungen zwischen

---

1891 Vgl. *Szeroczyńska*, Eutanazja, S. 327 f.

1892 Die polnische Gesellschaft für Kindermedizin vertritt hier die Auffassung mit Berufung auf die Entscheidung des Obersten Gerichts vom 04.04.2007, V CSK 396/06, dass eine Gefahr im Verzug nur bei unerwarteten und unvorhersehbaren Gefährdungen des Lebens vorliege, während sie bei chronisch, wenn auch lebensgefährlich kranken Patienten ausscheiden solle, vgl. Polskie Towarzystwo Pediatryczne, S. 69, 80. Soll man aber wirklich einen chronisch Kranken bei akuter Lebensgefahr nur deswegen sterben lassen, weil sein gesetzlicher Vertreter der Weiterbehandlung widersprochen hat und eine gerichtliche Ersatzeinwilligung, aus welchen Gründen auch immer nicht rechtzeitig eingeholt werden kann, obwohl feststeht, dass, hätte das Gericht seine Entscheidung rechtzeitig treffen können, es der Weiterbehandlung durch den Arzt zugestimmt und damit den Widerspruch des gesetzlichen Vertreters durchbrochen hätte? Die Vorschrift ist eher in dem Sinne zu verstehen, dass der Arzt, soweit er die Entscheidung des Gerichts wegen der unmittelbaren Lebensgefährdung nicht abwarten kann, tätig werden darf, wenn aufgrund aller ihm verfügbaren Tatsachen anzunehmen ist, dass das Gericht im Rahmen der Ersatzeinwilligung mutmaßlich der Weiterbehandlung durch den Arzt zustimmen würde. Die Unterscheidung zwischen den chronisch Kranken und nicht chronisch Kranken ist insoweit untauglich, etwas darüber auszusagen, ob der Arzt ohne oder gegen den Widerspruch des gesetzlichen Vertreters das Leben retten kann. Das Leben ist ein zu wertvolles Rechtsgut, um es bei Gefahr im Verzug allein der Disposition des gesetzlichen Vertreters zu überlassen.

1893 Vgl. *Nesterowicz*, Prawo Medyczne, S. 100; *Śliwka*, Prawa pacjenta, S. 237.

1894 Vgl. Polskie Towarzystwo Pediatryczne, S. 80.

1895 Vgl. *Świderska*, Prawo i Medycyna 2007 Nr. 2, S. 57 f. *Kulesza*, Prawo i Medycyna 2005 Nr. 19, S. 82; *derselbe*, Przegląd Sądowy 2007 Nr. 5, S. 67 f.

den Eltern und anderen in der gerichtlichen Verhandlung anzuhörenden Personen zulasten des Neugeborenen möglich. Zudem ist zu bedenken, dass der Arzt für die unberechtigte Hilfeleistung zum Sterben strafrechtlich und disziplinarisch zur Verantwortung gezogen werden kann. Es ist wenig wahrscheinlich, dass er seinen Ruf und seine Reputation riskieren wird, um einem unzulässigen Verlangen der Eltern zu entsprechen. Zuletzt stellt sich noch die Frage, wie zu verfahren ist, wenn der Arzt gegen die Behandlung ist, die Eltern hingegen die Behandlung verlangen. Wie schon aufgezeigt, sobald kein Behandlungsanspruch besteht, können weder der Patient noch seine gesetzlichen Vertreter eine medizinische Behandlung fordern, da sie eben keinen Anspruch darauf haben.[1896] Wenn sie mit der ärztlichen Entscheidung nicht einverstanden sind, können sie gemäß Art. 31 ff. des Gesetzes über Patientenrechte (GPR) einen Einspruch einlegen. Problematisch an dem Einspruchsverfahren ist, dass über den Einspruch nur ein Ärzteausschluss entscheidet und gegen dessen Entscheidung keine Rechtsmittel vorgesehen sind (Art. 31 Abs. 7 GPR).[1897] Dies beschränkt offensichtlich den Anspruch auf den gesetzlichen Richter. Um die Härte dieser Regelung abzuschwächen, kann vertreten werden, dass die Eltern neben der Einspruchseinlegung bei dem Ärzteausschuss auch das Betreuungsgericht anrufen können. Selbst wenn sie womöglich nicht zu den Verfahrensbeteiligten zählen, ist das Gericht bei Gefährdung des Kindeswohls von Amts wegen zum Tätigwerden verpflichtet (die Verweigerung der medizinischen Behandlung begründet an sich den Verdacht der Gefährdung des Kindeswohls und kann Anstoß zum gerichtlichen Verfahren geben) und kann unter Umständen einstweilige Anordnungen zur Weiterbehandlung des Kindes treffen, bis die endgültige Entscheidung im Hauptsacheverfahren feststeht.

3. Rechtsvergleich

Sowohl das deutsche als auch das polnische Strafrecht sind sich in der Frage einig, dass eine schrankenlose Tötung von schwerstbehinderten Neugeborenen allein im Interesse der Allgemeinheit („Vernichtung lebensunwerten Lebens“) verboten bleiben muss.[1898] Sie sind sich allerdings auch einig, dass die bedingungslose Lebenserhaltung von schwerstbehinderten Neugeborenen zuweilen deren Interessen oder sogar Interessen Dritter widersprechen kann.[1899] Wann dies der Fall sein kann, ist weder im deutschen noch im polnischen Strafrecht klar und eindeutig. In beiden Rechtsordnungen wurden, obwohl sie darum bemüht sind, keine sicheren rechtlichen Konstruktionen ausgearbeitet, die die Früheuthanasie überzeugend legitimieren könnten.[1900] In beiden Rechtsordnungen wird das Lebensrecht als höchstes

1896 Vgl. Polskie Towarzystwo Pediatryczne, S. 81 f. m.w.N.
1897 Ebenda, S. 82 f.
1898 Siehe oben 1.2, 1.4, 2.2 und 2.4.
1899 Siehe oben 1.2, 1.5, 2.2 und 2.5.
1900 Siehe oben 1.5 und 2.5.

bzw. überragend wichtiges Gut angesehen. Damit steht das Leben unter einem besonderen Schutz und der Staat ist verpflichtet, es wirksam zu schützen.[1901] Hinzuweisen ist hier allerdings darauf, dass im Gegensatz zum deutschen Verständnis des Lebens als rein biologisches Phänomen, das polnische Verfassungsrecht, zumindest im Hinblick auf die (mehr oder weniger eindeutige) Rechtsprechung des polnischen Verfassungsgerichts, es zulässt, das Leben nicht nur als rein körperliches Dasein aufzufassen, sondern auch als psychophysisches Dasein, was die Gewährleistung eines „psychophysisch" erträglichen Lebens impliziert.[1902] Diese Möglichkeit des Lebensverständnisses wird in der polnischen Literatur jedoch oft übersehen.

Am Grundsatz des besonderen Lebensschutzes, der allein aus dem Wert des Lebens resultiert, wird sowohl in Deutschland als auch in Polen gerüttelt. Dies ergibt sich aus der Erkenntnis, dass die Lebenserhaltung viel quälender sein kann als der Tod. Das krankheits- oder behandlungsbedingte Leiden kann mehr schaden als nützen.[1903]

Weder das deutsche noch das polnische Strafrecht zieht in Erwägung, auf die Fälle der Früheuthanasie die Vorschriften über den Schwangerschaftsabbruch entweder direkt oder analog anzuwenden. In beiden Rechtsordnungen beginnt das Menschensein im strafrechtlichen Sinne mit dem Beginn der Geburt, also in der Regel mit dem Einsetzen der Eröffnungswehen. Das Leben wird damit nicht nur ab dem Beginn der Geburt, sondern auch davor geschützt.[1904]

Beide Rechtsordnungen gehen grundsätzlich davon aus, dass das Leben weder in qualitativer noch in quantitativer Hinsicht differenzierungsfähig ist. Die vertretenen Auffassungen lassen allerdings darauf schließen, dass daran nicht durchgehend festgehalten wird. Dies wird daran deutlich, dass der Lebensschutz nicht als absolut verstanden wird, sondern abhängig von den Umständen des Einzelfalles als relativ (einschränkbar).[1905] Anders lassen sich die Auffassung in der deutschen und polnischen Literatur nicht erklären, warum schwerkranken (erwachsenen) Patienten ein Mehr an medizinischen Leistungen zu gewähren ist als Neugeborenen mit schwersten Fehlbildungen oder schwersten Stoffwechselstörungen. Obwohl dies nicht offen angesprochen wird, legen die in Deutschland und in Polen vertretenen Auffassungen nahe, dass zwar jedes menschliche Wesen das Recht auf Leben genießt und das Lebensrecht jedes menschlichen Wesens zu schützen ist, der Lebensschutz aber aufgrund seiner Relativität im Einzelfall unterschiedlich ausgestaltet werden kann. Dies eröffnet in beiden Rechtsordnungen den Weg

---

1901 Siehe oben 1.1 und 2.1.

1902 Vgl. Verfassungsgericht, Entscheidung vom 28.05.1997, K 26/96.

1903 Siehe oben 1.5 und 2.5.

1904 Siehe oben 1.1, 1.4.1–2, 2.1 und 2.4.1.

1905 Siehe oben 1.5 und 2.5.

zur Abwägung des Lebensrechts gegen andere verfassungsmäßig garantierte oder anerkannte Rechtsgüter oder Interessen.[1906]

Hinsichtlich der Gründe, die zur Früheuthanasie berechtigen sollen, ist festzustellen, dass sie sich teilweise in Deutschland und in Polen decken. Es wird insbesondere auf medizinische Gesichtspunkte abgestellt. Nach diesen Gesichtspunkten wird die Frage beantwortet, ob die medizinische Behandlung noch medizinisch angezeigt ist oder nicht mehr. Insbesondere besonders schwere Krankheiten sollen eine Behandlungseinstellung begründen. Ferner wird auf den Begriff der Lebensfähigkeit abgestellt, ohne ihn allerdings inhaltlich auszufüllen. In Deutschland wird zudem vertreten, dass die Medizin den Menschen zur selbständigen oder kommunikationsfähigen Existenz befähigen solle. In Polen wird dies hingegen nicht zu den unbedingten Zielen der Medizin gezählt. Vergleichbar sind in Deutschland und in Polen die Auffassungen, die auf die Abwägung der Lebens- und Sterbeinteressen abstellen. Hier soll durch die Abwägung widerstreitender Interessen ermittelt werden, ob die Behandlungseinstellung im objektiv wohlverstandenen Interesse des Kindes liegt.[1907]

In der rechtlichen Behandlung der Früheuthanasie lassen sich aber auch gewisse Unterschiede erkennen. In Deutschland widmet man sich dem Problem, ob die medizinische Behandlung menschenunwürdig sein könne. In Polen findet solch eine Diskussion nicht statt. In Deutschland erwägt man auch, die Grundsätze der Früheuthanasie nicht nur auf das „gegenwärtig bestehende Leiden“ anzuwenden, sondern auch auf „künftig entstehendes Leid“. Gemeint sind damit Fälle, in denen bereits im Vorfeld einer tödlichen Krankheit, die erst in einigen oder vielen Jahren ausbrechen kann, jegliche medizinische Behandlung einzustellen erwogen wird. In Polen wird dies, soweit dies angesprochen wird, insbesondere durch die Polnische Gesellschaft für Kindermedizin ohne nähere Begründung abgelehnt. In Polen wird hingegen insbesondere durch die vorgenannte Gesellschaft vertreten, dass nur eine geringe Lebenszeitspanne, die durch den Einsatz der Intensivmedizin voraussichtlich ermöglicht wird, stets zur Behandlungseinstellung berechtigen solle. In Deutschland wird die Frage nur von *Merkel* ausdrücklich berührt. Er meint jedoch, dass allein ein voraussichtlich kurzes Leben die Früheuthanasie nicht begründen könne. Ebenso findet die gern in Polen vertretene Unterscheidung zwischen gewöhnlichen und außergewöhnlichen Mitteln keinen Einzug in die deutsche Diskussion. Sie wird wegen ihrer Unbestimmtheit einhellig abgelehnt.[1908]

Zusammenfassend lässt sich sagen, dass die in Deutschland und in Polen vertretenen Auffassungen – bis auf die Ansicht *Merkels* – an einem schwerwiegenden Mangel leiden. Dieser liegt darin, dass sie nur Ergebnisse wiedergeben, ohne die Grundlagen dieser Ergebnisse offenzulegen. Es wird etwa gesagt, dass die

---

1906 Siehe oben 1.5 und 2.5.

1907 Ebenda.

1908 Ebenda.

medizinische Behandlung eines Neugeborenen mit schwersten Herzfehlern und schwerer geistiger Behinderung sinnlos sei, ohne aufzudecken, warum dies mit dem Lebensschutz unvereinbar ist, da das Leben auch solch eines Kindes zumindest um eine geringe Zeitspanne verlängbar ist.[1909]

Eine wichtige Rolle bei der Früheuthanasie spielt der bei der Entscheidungsfindung anzulegende Wahrscheinlichkeitsgrad. Die Früheuthanasie ist mit vielen Unsicherheiten verbunden. Soweit dies in Deutschland angesprochen wird, ist man sich einig, dass man von der entscheidungsbefugten Person keine einhundertprozentige Sicherheit verlangen kann. Zuweilen wird sogar verlangt, dass die Verletzung des Sterbeinteresses ebenso wahrscheinlich sein könne wie die Verletzung des Lebensinteresses. Überwiegend will man im Zweifel zugunsten der Lebenserhaltung entscheiden. In Polen fehlen jegliche wissenschaftliche Ausführungen hierzu.[1910]

Was die Rolle der Eltern oder der gesetzlichen Vertreter bei der Entscheidungsfindung im Rahmen der Früheuthanasie angeht, wird die Frage sowohl in Deutschland als auch in Polen ähnlich beantwortet. Die Antwort auf die Frage reicht von der Alleinentscheidungsmacht der Eltern, über deren Einbindung in den Entscheidungsprozess, wobei ihre Meinung nicht ausschlaggebend ist, bis hin zur Einräumung der Alleinentscheidungsmacht des behandelnden Arztes. Auffallend ist allerdings, dass viele Meinungen in Deutschland und in Polen verlangen, dass die Eltern stets zu unterrichten und aufzuklären sind. Es soll eine Einigung mit ihnen angestrebt werden.[1911]

1909 Ebenda.

1910 Ebenda.

1911 Siehe oben 1.6 und2.5.3.

Kapitel 6 Zusammenfassung mit einem Regelungsvorschlag zur deutschen Rechtslage

1.

Das deutsche StGB enthält keine Regelungen zur Sterbehilfe. Es sind zwar Tatbestände wie §§ 211 f., 216 und 13 StGB vorhanden sowie die bürgerrechtlichen Vorschriften der §§ 1901a ff. BGB, welche diese Problematik teilweise behandeln.[1912] Sie werden jedoch für eine komplexe Erfassung dieser Sachverhalte in der Praxis als unzureichend empfunden. Daraus folgt in Deutschland ein hohes Maß an Rechtsunsicherheit. Die Rechtsunsicherheit besteht sowohl für den Betroffenen selbst, da er nicht weiß, inwieweit sein Selbstbestimmungsrecht und sein Recht auf ein Sterben in Würde reicht, sowie für einen Dritten, da jede Fremdtötung und gar Fremdgefährdung die Gefahr der Strafbarkeit nach sich zieht. Deswegen werden Rufe danach laut, die Sterbehilfe zu kodifizieren.[1913] Im Folgenden werden die ausgearbeiteten Ergebnisse in Bezug auf die deutsche Rechtslage zusammengefasst.

2.

Nach der jetzigen Rechtslage ist vieles unklar. Nicht einmal als gesichert kann die Aufteilung der Sterbehilfe in aktive, indirekte und passive Sterbehilfe bezeichnet werden. Die Unterscheidung zwischen aktiver und indirekter Sterbehilfe vollzieht sich im subjektiven Element. Danach muss der Täter die Todesfolge nur billigend in Kauf nehmen oder nur voraussehen. Er darf sie nicht beabsichtigen. In echten Grenzfällen kann diese Unterscheidung erhebliche Probleme bereiten.[1914] Vom Namen her sollte die passive Sterbehilfe nur Unterlassungen erfassen. Dem ist aber nicht so. Sie kann auch sogenannte Abbruchsfälle umfassen, in denen aktiv in den Behandlungsprozess eingegriffen wird.[1915] Zur besseren Übersicht wird im Folgenden aber an der herkömmlichen Unterscheidung festgehalten.[1916]

1912 Siehe Kapitel 2, 1.1, Kapitel 4, 1.4.1.

1913 Vgl. *Schöch/Verrel*, GA 2005, 553 ff.

1914 Siehe Kapitel 3, 1.2.1, 1.2.2. Hier und in den folgenden Fußnoten dieses *Kapitels 6* umfassen die Hinweise auf die Abschnitte der betreffenden anderen Kapitel auch die dortigen Quellennachweise in den zugehörigen Fußnoten.

1915 Siehe Kapitel 4, 1.2.

1916 Siehe Kapitel 1, 3.

3.

Unter *indirekter Sterbehilfe* versteht man die Verabreichung von Mitteln zur Bekämpfung unerträglicher Schmerzen, die jedoch als unvermeidbare und nicht beabsichtigte Nebenfolge den Tod des Patienten beschleunigen.[1917] Nach fast einhelliger Meinung in der Rechtsprechung und Literatur ist eine solche schmerzlindernde Behandlung entsprechend dem erklärten oder mutmaßlichen Willen des Patienten strafrechtlich zulässig.[1918]

a)

Dieses Ergebnis wird allerdings uneinheitlich hergeleitet. Alle hierzu in der Literatur und in der Rechtsprechung vorgeschlagenen Lösungen sind dogmatisch nicht überzeugend und es lassen sich gegen sie erhebliche Einwände vorbringen.[1919] In der Literatur wird zunächst vorgeschlagen, den Schutzzweck des § 216 StGB unter dem Blickwinkel des paternalistischen Schutzes einzuschränken oder den § 216 StGB als abstraktes Gefährdungsdelikt auszulegen.[1920] Lässt man § 216 StGB aus einem dieser Gründe entfallen, so bleibt allerdings der Raum für eine Strafbarkeit aus §§ 211 f. StGB, da zumindest aus der Sicht des Bundesgerichtshofes § 216 StGB ein selbständiger Tatbestand ist, bei dessen Nichtvorliegen die §§ 211, 212 StGB eingreifen können.[1921] Die unvermeidliche Nebenfolge der Lebensverkürzung wird zuweilen ihrem sozialen Sinngehalt nach nicht als eine tatbestandliche Tötungshandlung angesehen, da die Linderung unerträglicher Schmerzen bei lebensbedrohlichen Erkrankungen rechtlich und medizinisch geboten ist.[1922] Der Schutzzweck der Tötungsdelikte besteht in der Todesverhinderung. Wird der Tod herbeigeführt, wird zwangsläufig gegen diesen Schutzzweck verstoßen, auch dann wenn die Todesherbeiführung zum Zwecke der Linderung unerträglicher Schmerzen erfolgt.[1923] Manche gehen auch davon aus, dass die Anwendung der indirekten Sterbehilfe den ärztlichen Regeln *lege artis* entspreche.[1924] Auch wenn die Schmerzlinderung von der *lex artis* gedeckt sein mag, ist schwerlich anzunehmen, dass die mit ihr verbundene Todesbeschleunigung auch der *lex artis* entspricht. Die Zulässigkeit der Lebensverkürzung ist nicht eine Frage der Regeln der ärztlichen Kunst, sondern die der Reichweite des grundgesetzlich gebotenen Lebensschutzes.[1925] Manche Literaturstimmen wollen die objektive Zurechenbarkeit

1917 Siehe Kapitel 1, 3.

1918 Vgl. *Joecks/Jäger*, vor § 211, Rn. 34, 37 ff.

1919 Vgl. MK-*Schneider*, vor §§ 211 ff., Rn. 106 ff.

1920 Siehe Kapitel 2, 1.2.1.

1921 Siehe Kapitel 2, 1.2.1; vgl. *Gössel*, ZIS 2008, 153 f.

1922 Siehe Kapitel 2, 1.2.2.

1923 Ebenda.

1924 Siehe Kapitel 2, 1.2.3.

1925 Ebenda.

der Tötung bei gleichzeitiger Schmerzlinderung verneinen, weil die medizinisch indizierte Verabreichung starker Schmerzlinderungsmittel in hoher Dosis ein sozialadäquates Verhalten bzw. ein erlaubtes Risiko darstelle.[1926] Ist es absehbar, dass aufgrund der Schmerzlinderung der Tod eintreten kann, muss man von der riskanten Handlung Abstand nehmen, da nicht mehr eine abstrakte Gefahr, sondern eine konkrete Gefahr des Todeseintritts droht. Sonst wird das bloße Risiko einer Verletzung mit dem Verletzungserfolg selbst gleichgesetzt.[1927] Es wird ferner angenommen, dass im Rahmen der indirekten Sterbehilfe sich das Opfer freiverantwortlich und in voller Kenntnis des Risikos auf eine Gefährdung einlasse und der eingetretene Todeserfolg die Folge des eingegangenen Risikos ist.[1928] Der Ausschluss des Tatbestandes aufgrund einer freiverantwortlichen Selbstgefährdung ist nach überwiegender Ansicht nur dann möglich, wenn der Sich-Gefährdende die Tatherrschaft über die Gefährdungshandlung hat. Indem der Arzt die gefährliche Schmerzmittelspritze gibt, liegt die Tatherrschaft bei ihm und nicht beim Patienten.[1929] In der Literatur wird auch versucht, den subjektiven Tatbestand des § 216 StGB auszuschließen, wenn die Tötung unabsichtlich erfolgt. Eine Tötung kann jedoch sowohl mit direktem als auch mit bedingtem Vorsatz begangen werden, weil weder § 211 StGB noch § 212 und § 216 StGB eine Begrenzung im subjektiven Tatbestand vorsehen.[1930]

Die wohl herrschende Meinung will die indirekte Sterbehilfe aufgrund des rechtfertigenden Notstandes gemäß § 34 StGB straflos lassen. § 34 StGB ist allerdings von seiner Struktur her nicht passgenau zur Lösung dieses Sachverhaltes zugeschnitten. Umstritten ist, ob der rechtfertigende Notstand die Situation von „intrapersonalen Interessenkollisionen" erfassen kann. Diese Situation ist typisch für die indirekte Sterbehilfe, da hier ausschließlich die Interessen bzw. Rechtsgüter ein und derselben Person betroffen sind und abgewogen werden. Mit der Bejahung der Anwendbarkeit des § 34 StGB auf „intrapersonale Interessenkollisionen" kann daher die Abgrenzung zur rechtfertigenden Einwilligung verdunkelt werden. Die Gegner der Rechtfertigung aus Notstand weisen darauf hin, dass nicht nachweisbar sei, dass die Schmerzlinderung gegenüber dem Lebensschutz wesentlich überwiegt. Lässt man die Abwägung gegen das Lebensrecht zu, kann dies gegen das Lebensabwägungsverbot verstoßen. Denn das durch Schmerz geplagte Leben wird damit als etwas Minderwertiges gegenüber dem gesunden Leben beurteilt.

Da die indirekte Sterbehilfe dem Willen des Betroffenen entsprechen muss, kann hier die Einwilligungssperre des § 216 StGB berührt werden. Neuerdings vertritt der Bundesgerichtshof die Auffassung, dass die indirekte Sterbehilfe aufgrund

---

1926 Siehe Kapitel 2, 1.2.4.
1927 Siehe Kapitel 2, 1.2.4.
1928 Siehe Kapitel 2, 1.2.5.
1929 Ebenda.
1930 Siehe Kapitel 2, 1.3.

einer rechtfertigenden Einwilligung erlaubt sein soll.[1931] Dagegen spricht, dass im Gegensatz zur passiven Sterbehilfe die Patientenautonomie hier kein Anknüpfungspunkt sein kann. Es mag stimmen, dass die Verabreichung einer lebensbedrohlichen schmerzlindernden Spritze die Zustimmung des Patienten voraussetzt. Das Verlangen nach der lebensbedrohlichen Schmerzmedikation ist aber nicht durch die Patientenautonomie gedeckt, da sie nur das Recht zur Verweigerung oder zum Widerruf der Zustimmung in eine medizinische Behandlung schützt. Es mag sein, dass der Bundesgerichtshof hier die allgemeine Handlungsfreiheit oder das Recht auf körperliche Unversehrtheit als Leistungsrechte heranzieht, welche jeden Patienten grundsätzlich dazu berechtigen, Schmerzmittel zu verlangen und zu bekommen. Dadurch wird jedoch zum einen die Abgrenzung zur aktiven Sterbehilfe praktisch unmöglich. Zum anderen kollidiert diese Sichtweise mit der Einwilligungssperre des § 216 StGB, es sei denn, der Bundesgerichtshof hat sie stillschweigend aufgehoben oder durchbrochen. Darüber verliert er allerdings kein Wort.[1932] Vereinzelt wird versucht, die Problematik der indirekten Sterbehilfe auf der Schuldebene zu lösen. Durch die Verneinung der Schuld bleibt aber immerhin eine teilnahmefähige rechtswidrige Tat bestehen, wodurch das Pflegepersonal dem Vorwurf der Beihilfe ausgesetzt werden könnte. Das Bestehenbleiben der Rechtswidrigkeit der Tat verleiht Drittpersonen zudem Eingriffsrechte aufgrund von Notwehr oder Notstand, sodass sie unter Umständen den Arzt an der Schmerzlinderung hindern könnten.[1933]

b)

Die Unzulänglichkeiten der in Rechtsprechung und Literatur vertretenen Lösungen rufen den Gesetzgeber zum Tätigwerden auf. Die Grundgedanken einer möglichen Regelung sollten sein:

aa)

Jedem Menschen, unabhängig von seinem Alter, seiner Entwicklungsphase, seinem Zustand und seiner Lebensdauer, steht ein Lebensrecht zu. Die Aufgabe des Staates ist es, dieses Lebensrecht zu schützen. Diese Lebensschutzpflicht gebietet, nicht nur staatliche rechtswidrige Eingriffe in das Lebensrecht, sondern auch die von Seiten Dritter zu unterbinden und zu verhindern. Die Verpflichtung besteht auch dann, wenn der Rechtsgutträger mit Hilfe eines Dritten sein Leben verkürzen will. Denn das Lebensrecht ist nicht nur ein subjektives Abwehrrecht des Einzelnen gegen den Staat, sondern es enthält zugleich einen objektiven Gehalt, der den Staat zum Schutz des Lebens als solches verpflichtet, da das Leben unabdingbare

1931 Vgl. BGH, Urteil vom 25.06.2010, 2 StR 454/09; NJW 2010, 2967.

1932 Siehe Kapitel 2, 1.4 h).

1933 Siehe Kapitel 2, 1.5.

Voraussetzung für das Funktionieren einer freiheitlichen Rechtsordnung im Sinne des Grundgesetzes ist. Ohne biologische Existenz des Einzelnen ist eine freiheitliche Rechtsordnung kaum denkbar, da keine Freiheitsbetätigung des Einzelnen mehr möglich ist (denn der Tod schließt jegliche Freiheitsbetätigung aus). *Merkel* meint etwa, dass der Schutz der Freiheitsbetätigung auch die Entscheidung, nicht leben zu wollen, umfasse. Daher könne die staatliche Lebensschutzpflicht erst dann eingreifen, wenn sie im wohlverstandenen Interesse des Einzelnen liege.[1934] Dagegen spricht allerdings, dass, sollte der Staat zulassen, dass der Einzelne die (mehr oder weniger) unbeschränkte Freiheit zur Zerstörung aller seiner Freiheiten hätte, er sich in Widerspruch zu seinem sich aus der objektiven Wertordnung des Grundgesetzes ergebenden Auftrag setzen würde, sich stets schützend und fördernd vor das Lebensrecht zu stellen. Die Schutzpflicht greift schon bei der Gefährdung des Lebensrechts ein. Dies wirkt sich auf das Verhältnis zwischen dem Lebensschutz und dem Sterbewillen auch im Einzelfall aus, da der abstrakte Wert des Lebensrechts und die sich im Einzelfall aktualisierende Pflicht des Staates zum schützenden Tätigwerden wegen der Gefährdung des Lebensrechts gegenüber dem Sterbewillen des Einzelnen stets überwiegt, da auf den (strafrechtlichen) Schutz des Lebens nur in außergewöhnlichen Fällen verzichtet werden darf. Das Bundesverfassungsgericht verlangt hierfür, dass besonders gewichtige Umstände vorliegen müssen, die den Betroffenen so schwer belasten, dass ihm der Lebensschutz nicht zugemutet werden kann, und diese Belastung über die Normalsituation hinausgeht, mit welcher jeder fertig werden muss. Dadurch muss entgegen der Meinung *Merkels* der Lebensschutz vom Grundsatz her nicht durch das wohlverstandene Interesse oder sonstige Belange legitimiert werden.[1935] Damit steht fest, dass die Sterbehilfe grundsätzlich verboten und strafrechtlich sanktioniert werden muss.

bb)

Es gibt aber Situationen, wo der unbedingte und verfassungsrechtlich gebotene Lebensschutz dem Betroffenen schweres Leiden bereiten kann, das sein (rein biologisches) Leben qualitativ erheblich mindert. Der verfassungsrechtlich gebotene Schutz des Lebens kann also zur Belastung des Betroffenen führen, die über das normalerweise mit dem Lebensschutz verbundene Maß hinausgeht und von dem Betroffenen billigerweise nicht verlangt werden kann. Eine gleichzeitige Gewährleistung des Lebensschutzes und der Minderung der mit ihm einhergehenden außergewöhnlichen Belastung ist bei der indirekten Sterbehilfe kaum möglich. Die angemessene Belastungslinderung bedeutet stets die Vernichtung des Lebens. Das Festhalten am unbedingten Schutz des Lebens bedeutet hier hingegen erhebliches Leiden des Betroffenen. Eine Befugnis, das Leben auszulöschen, ist aufgrund

---

1934 Siehe Kapitel 5, 1.5.1.
1935 Siehe Kapitel 2, 1.2.1; Kapitel 5, 1.5.1.

der hervorragenden Bedeutung des Lebensrechts nur in Ausnahmefällen möglich und setzt eine ausreichende, der Tragweite des Lebensrechts angemessene Rechtfertigung voraus. Es müssen also Umstände vorliegen, die über das hinausgehen, was jeder hinnehmen muss und für den Betroffenen das Festhalten am Leben als unzumutbar erscheinen lässt. Gerade in diesem Falle, in dem die Belastung durch den Lebensschutz dem Betroffenen nicht zuzumuten ist, erscheint die Bestrafung der indirekten Sterbehilfe als unangemessen, da das Strafrecht durch den Einsatz des äußeren Zwangs das Lebensrecht sowie den Lebensschutz faktisch zur nicht vorhandenen Lebenspflicht umwandeln würde.[1936]

Eine außergewöhnliche Belastung des Rechtsgutsträgers liegt im Rahmen der indirekten Sterbehilfe auch durchaus vor. Das schutzwürdige Interesse des Betroffenen ergibt sich daraus, dass die fehlende oder unzureichende Schmerzmedikation zur unzumutbaren Beeinträchtigung seines eigenen Rechts auf körperliche Unversehrtheit führt, das den biologisch-physiologischen und geistig-seelischen Bereich der menschlichen Existenz schützt (aus dem am Lebensende ein Recht auf würdiges Sterben herzuleiten ist). Die krankheitsbedingten Vernichtungsschmerzen beeinträchtigen alle Lebensbereiche des Betroffenen und machen jegliche Freiheitsbetätigung unmöglich. Da sie den Betroffenen bis zu seinem Tode begleiten werden und nicht anders als durch eine lebensgefährliche Medikation ausgeschlossen werden können, geht diese krankheitsbedingte Belastung weit darüber hinaus, was normalerweise von einem Patienten im Krankheitsfall abverlangt werden kann. Die Aufopferung des Rechts auf die angemessene Schmerzfreiheit am Lebensende (Recht auf würdiges Sterben) zugunsten der Lebenserhaltung kann von dem Betroffenen hier angesichts der unerträglichen und lebenslangen Vernichtungsschmerzen nicht erwartet werden, so dass auf die Mittel des Strafrechts verzichtet werden muss. Es kann dem Betroffenen nicht zugemutet werden, dass er auf den grundgesetzlich garantierten Anspruch auf die Schmerzmedikation zugunsten des Lebensschutzes verzichtet und dieses Recht zugunsten des Lebensschutzes aufopfert. Der Verzicht auf die vom Betroffenen verlangte Schmerzlinderung im Interesse der Respektierung seines Lebensrechts in dieser Situation führt dazu, dass der Betroffene gezwungen wird, sein Lebensrecht unbedingt zu respektieren und sein psychophysisches Wohlbefinden im Interesse des Lebensrechts aufzuopfern. Das Strafrecht wird hierbei dazu eingesetzt, zu erzwingen, dass der qualvoll Leidende an seinem qualvollen Leben festhält. Der Lebensschutz wird damit zum Selbstzweck. Dies alles erscheint angesichts des besonders schutzwürdigen Interesses an einer Schmerzlinderung unangemessen.[1937]

1936 Vgl. BVerfG, Urteil vom 25.02.1975, 1 BvF 1/74 u.a.; Beschluss vom 19.10.1971, 1 BvR 387/65; siehe Kapitel 2, 1.4 b).

1937 Siehe Kapitel 2, 1.4 b).

c)

Hierbei wird das allgemeine Lebensabwägungsverbot des § 34 StGB nicht berührt. Dies folgt bereits daraus, dass hier nicht das Leben des einen gegen das Leben des anderen in qualitativer und quantitativer Hinsicht abgewogen wird, sondern primär das Lebensrecht gegen das Schmerzlinderungsinteresse innerhalb der Rechtssphäre ein und desselben Rechtsgutsträgers. Zwar kann in der Vorrangeinräumung der Schmerzlinderung gegenüber dem Lebensschutz mittelbar eine qualitative und quantitative Relativierung des Lebensrechts erblickt werden. Solch eine qualitative und quantitative Relativierung des Lebensrechts wird allerdings sowohl im Strafrecht als auch im Verfassungsrecht nicht von vornherein ausgeschlossen. Sie wird auf der Rechtfertigungsebene im Rahmen der Notwehr gemäß § 32 StGB, des Notstands gemäß § 228 BGB und des Schwangerschaftsabbruchs gemäß § 218a StGB ausdrücklich anerkannt. Diese Beispiele deuten darauf hin, dass eine „Relativierung des Lebensrechts" (etwa des Angreifers und des ungeborenen Kindes) dann angenommen werden kann, wenn die Respektierung und Achtung des Lebensrechts aufgrund von Umständen erheblichen Gewichts nicht erwartet werden kann. Dem Angegriffenen oder der Schwangeren kann nicht zugemutet werden, das Lebensrecht des Angreifers oder des Kindes zu respektieren, wenn eine Gefahr für deren Leben besteht. Weder von dem Angegriffenen noch von der Schwangeren kann die Aufopferung ihrer eigenen Rechtsgüter für den Angreifer oder das ungeborene Kind erwartet werden. Bei der indirekten Sterbehilfe verhält sich dies – wie vorstehend ausgeführt[1938] – ähnlich, da die Erzwingung des Weiterlebens am Lebensende unter erheblichen Vernichtungsschmerzen zur faktischen Aufhebung des Rechts auf die körperliche Unversehrtheit und damit des Rechts auf die angemessene Schmerzfreiheit (Recht auf würdiges Sterben) führt. Von dem Betroffenen wird ein besonderes Opfer abverlangt, das weit über das normalerweise von jedermann zu erwartende Maß hinausgeht. Die Vernichtungsschmerzen machen es ihm außergewöhnlich schwer, auf die tödliche Schmerzlinderung zu verzichten und sich für den Lebensschutz zu entscheiden, so dass von ihm das letztere (Festhalten am Weiterleben) billigerweise nicht erwartet werden kann.[1939]

d)

Die Einwilligungssperre des § 216 StGB wird dabei nicht angetastet. Im Rahmen der indirekten Sterbehilfe wird von dem Patienten in die das Leben gefährdende Schmerzmedikation, also in die Tathandlung eingewilligt. Nach der Rechtsprechung des Bundesgerichtshofes entfaltet die Einwilligung in ein riskantes Verhalten grundsätzlich ihre rechtfertigende Wirkung auch gegenüber dem eingetretenen Erfolg, soweit die Grenze zur Sittenwidrigkeit nicht überschritten ist. Die

---

1938 Siehe oben 3 b) bb).
1939 Siehe Kapitel 2, 1.4 e).

Überschreitung dieser Grenze ist nach dem Bundesgerichthof grundsätzlich aufgrund der aus § 216 StGB abzuleitenden gesetzgeberischen Wertung bei konkreter Todesgefahr anzunehmen.

Zwar führt die indirekte Sterbehilfe zur konkreten Todesgefahr. Zu beachten ist hier allerdings, dass die Schmerzlinderung gegenüber dem qualvollen Leben als schützenswerter anzusehen ist.[1940] Deren Schutzwürdigkeit hebt die objektive Lebensschutzpflicht des Staates auf, so dass die Wertung des § 216 StGB (Einwilligungssperre) hier unbeachtlich ist und keine Sittenwidrigkeit der das Leben konkret gefährdenden Schmerzmedikation begründen kann. Außerdem setzt jede Nothilfe voraus, dass sie dem Willen des Betroffenen entsprechen muss.[1941] Eine lebensgefährliche Schmerzmedikation gegen den Willen des Betroffenen ist unzulässig.[1942]

e)

Die indirekte Sterbehilfe muss stets dem Willen des Betroffenen entsprechen. Abzustellen ist hierbei nicht nur auf den aktuell (d.h. unmittelbar vor der Schmerzlinderung) erklärten Willen, sondern auch auf den früher kundgegebenen Willen hinsichtlich der Behandlungswünsche (etwa durch Patientenverfügung gemäß § 1901a Abs. 1 BGB) sowie auf den mutmaßlichen Willen. Der mutmaßliche Wille ist vor allem anhand von vorhandenen Indizien für den ureigenen Willen des Betroffenen zu ermitteln. Maßgeblich sind dabei insbesondere die in § 1901a Absatz 2 Satz 3 BGB genannten Kriterien: frühere mündliche oder schriftliche Äußerungen, ethische oder religiöse Überzeugungen und sonstige persönliche Wertvorstellungen des Patienten.[1943]

Bei deren Ermangelung ist anhand objektiver Kriterien festzustellen, was gemeinhin als vernünftig und normal angesehen wird[1944], also was im wohlverstandenen Interesse eines vernünftigen Dritten liegt. Hierbei ist davon auszugehen, dass eine riskante Schmerzmedikation dann als vernünftig und normal anzusehen ist, wenn sich der einwilligungsunfähige Betroffene objektiv in einem Zustand von dauernden, nicht zu lindernden Schmerzen befindet, eine leidensfreie Lebenszeitspanne oder die Schmerzreduzierung auf ein erträgliches Maß bis zum Eintritt des natürlichen Todes nicht zu erreichen ist und die lebensgefährliche Schmerzmedikation mangels Handlungsalternativen dazu dient, das Leiden zu beenden.[1945] Grund hierfür ist, dass das Durchleben eines Lebens unter nicht vermeidbaren Vernichtungsschmerzen dem vernünftigen Dritten nicht zuzumuten ist.[1946] Die

1940 Siehe oben 3 b) bb).

1941 Siehe Kapitel 2, 1.4 f).

1942 Siehe unten 3 f).

1943 Siehe Kapitel 2, 1.6 und Kapitel 4, 1.4.1.

1944 Vgl. BGH, Urteil vom 25.03.1988, 2 StR 93/88.

1945 Siehe Kapitel 2, 1.6.

1946 Siehe oben, 3 b) bb).

unzumutbare Schmerzbelastung kann durch die Schmerzmessung ermittelt werden. Zwar gibt es zurzeit keine sichere objektive Methode zur Schmerzmessung (man ist dabei stets auf die Mitwirkung des Patienten angewiesen), dies kann aber nicht dazu führen, dass die lebensgefährliche Schmerzmedikation in aller Regel unterbleibt. Sonst würde dies zur Diskriminierung von äußerungsunfähigen Personen am Lebensende dadurch führen, dass ihnen im Vergleich zu äußerungsfähigen Personen und Personen, deren Wille anhand des mutmaßlichen Willens ermittelbar ist, das Recht zur Schmerzlinderung gänzlich abgesprochen werden würde.[1947]

Der Arzt hat pflichtgemäß zu prüfen, ob aus objektiver Sicht erhebliche und durch den Betroffenen als unerträglich empfundene Schmerzen vorliegen. Sollte sich die Entscheidung des Arztes im Nachhinein als falsch erweisen, so macht er sich nur dann strafbar, wenn er die gegen das Unterlassen der Schmerzmedikation oder gegen das Vornehmen der Schmerzmedikation sprechenden Umstände bei pflichtgemäßer Prüfung hätte erkennen können.[1948]

In subjektiver Hinsicht muss der Behandelnde im Interesse (also zum Zwecke der Schmerzlinderung) und entsprechend dem Willen des Patienten vorgehen.

f)

Die Todesherbeiführung gegen den Willen des Betroffenen oder ohne seinen Willen (also wenn die Tötung weder dem ausdrücklichen noch dem mutmaßlichen Willen entspricht) ist nicht erlaubt und stellt auch keine indirekte Sterbehilfe dar. Das folgt schon daraus, dass der Patient Patientenautonomie besitzt. Bei deren Ausübung kann er die ihm angebotene medizinische Leistung (hier: die riskante Schmerzmittelgabe) ablehnen. Der Behandelnde kann sich auch nicht auf den rechtfertigenden Notstand aus § 34 StGB berufen, weil er zum vermeintlichen Besten des Betroffenen handeln wollte. Denn für das Selbstbestimmungsrecht des Patienten besteht im Rahmen der Güterabwägung ein Abwägungsverbot. Ferner darf niemand selbstherrlich nach eigenen Wertmaßstäben darüber bestimmen, wen und wann er durch eine nicht erbetene lebensverkürzende Schmerzmedikation von dessen Leiden befreien will.[1949]

g)

Nach alledem sollte die indirekte Sterbehilfe unter folgenden Voraussetzungen erlaubt sein:

– wenn der Betroffene schwer und unheilbar krank ist[1950],

1947 Siehe Kapitel 2, 1.6.
1948 Ebenda.
1949 Siehe Kapitel 2, 1.7.
1950 Siehe oben 3 b) bb).

– seine Erkrankung mit schwerwiegenden Leiden, insbesondere starken Schmerzen verbunden ist[1951],
– das Leiden nicht ausreichend gelindert werden kann[1952],
– keine andere zumutbare Möglichkeit zur Linderung als eine lebensgefährliche Schmerzmedikation zur Verfügung steht, welche den Tod des Betroffenen verursachen kann[1953] und
– dies dem ausdrücklichen oder mutmaßlichen Willen des Betroffenen entspricht[1954].

4.

Die *aktive Sterbehilfe* meint die gezielte Tötung eines schwerkranken Menschen durch aktives Tun. Nach der derzeitigen Rechtslage ist sie nach § 216 oder §§ 211 f. StGB strafbar. Das Verbot der aktiven Sterbehilfe wird mit dem allgemeinen Tötungsverbot, der Einwilligungssperre des § 216 StGB sowie mit der Unabwägbarkeit menschlichen Lebens begründet.[1955]

Das Verbot der aktiven Sterbehilfe wird auch auf das Dammbruchargument gestützt. Es besagt, dass es bei der Legalisierung der aktiven Sterbehilfe nicht nur bei einigen wenigen Ausnahmen vom allgemeinen Fremdtötungsverbot bleibt, sondern Forderungen nach weiteren Ausnahmen gestellt oder die bestehenden Ausnahmen immer extensiver ausgelegt werden. Es wird deshalb befürchtet, dass sie bei deren Legalisierung immer mehr durch die Interessen der Gesellschaft und der Verwandten geprägt werden, um die Gesellschaft von der finanziellen Behandlungsbelastung durch langwierig und unheilbar kranke Patienten und deren Verwandten von der psychischen Belastung, weil sie das Leiden des Betroffenen mit ansehen müssen, zu befreien („billige Lösung der Sterbehilfe"). Es bestünde die Gefahr, dass in der Gesellschaft „das sozialverträgliche Frühableben" gefordert wird, wodurch die Leidenden unter Druck gesetzt werden, die aktive Sterbehilfe in Anspruch zu nehmen. Stattdessen sollte eine verbesserte Palliativmedizin angeboten werden.[1956]

Dieses Argument kann jedoch nicht überzeugen. Zum einen werden abstrakte und nicht hinreichend wissenschaftlich belegte Missbrauchsgefahren bei der indirekten Sterbehilfe oder bei der Bestimmung des mutmaßlichen Willens des Betroffenen im Rahmen der passiven Sterbehilfe überwiegend als ein nicht ins Gewicht

1951 Siehe oben 3 b) bb)
1952 Siehe oben 3 b) bb), c).
1953 Siehe oben 3 b) bb)
1954 Siehe oben 3 d), e), f).
1955 Siehe Kapitel 3, 1.2.2; dazu, dass ein absolutes Verbot nicht überzeugt, siehe Kapitel 3, 1.2.3.
1956 Siehe Kapitel 3, 1.2.2.

fallendes Argument angesehen. Zum anderen können abstrakte Gefahren nicht höher gewichtet werden als ein individuell-konkretes Extremleiden einer Person. Ferner ist darauf hinzuweisen, dass es auch durch die Straflosigkeit der Anstiftung und der Beihilfe zur Selbsttötung nicht dazu gekommen ist, dass den Schwerstkranken von der Ärzteschaft oder von den Verwandten angeraten wird, ihrem Leben ein Ende zu setzen.[1957]

a)

In der Literatur wird erwogen, bestimmte Fälle der aktiven Sterbehilfe straffrei zu lassen, weil sie nicht in den Schutzbereich eines Tötungsdeliktes fallen sollen. Dies soll etwa dann so sein, wenn der Todeswunsch „vernünftig" sei, weil die Zwecke des allgemeinen Tötungsverbotes nicht verletzt werden. Gegen diesen Ansatz spricht jedoch, dass dadurch die Tötungsdelikte zumindest teilweise in Gefährdungsdelikte umgedeutet werden, da dann bereits die reine Gefährdung der „Ziele des allgemeinen Tötungsverbotes" für die Strafbarkeit ausreichen wird. Der Schutz des Lebensrechts wird dann ferner davon abhängen, ob dessen Träger oder die Gesellschaft dieses für schützenswert ansehen werden. Ferner besagt der Ausschluss des Tatbestandes nicht, ob die aus dessen Schutzbereich herausgenommene Verletzungshandlung an sich erlaubt (gerechtfertigt) ist. Dies kann zur Folge haben, dass in anderen Rechtsbereichen die straffreie aktive Sterbehilfe für rechtswidrig gehalten wird.[1958]

Eine starke Meinungsgruppe will zur Rechtfertigung der aktiven Sterbehilfe das Menschenwürdeargument heranziehen. Die jetzige Gesetzeslage solle insbesondere dann der Rechtfertigung nicht entgegenstehen, wenn eine weitere wirksame Schmerzlinderung nicht möglich ist, die Tötung dazu dient, das Leiden endgültig zu beenden und der Tod des Betroffenen unmittelbar bevorsteht.[1959] Dies erscheint problematisch, da zum einen die Verletzung der Menschenwürde nur in äußersten Extremsituationen in Betracht kommt und es zum anderen widersprüchlich ist, die rechtliche Zulässigkeit der Vernichtung der „vitalen Basis" der Menschenwürde (also des Lebens) auf das Menschenwürdeargument zu stützen.[1960] Eine andere Ansicht will die aktive Sterbehilfe aufgrund einer notstandsrechtlichen Abwägung zwischen den Sterbeinteressen und dem Lebensrecht rechtfertigen. Der Schutz des Lebens müsse dort enden, wo er gegen die fundamentalen Interessen des Sterbewilligen verstößt. Dies sei insbesondere dann anzunehmen, wenn der Betroffene objektiv unter unerträglichen, nicht anders als durch die Tötung zu vermeidenden Schmerzen leidet.[1961] Problematisch ist an diesem Ansatz vor allem, ob der

1957 Siehe Kapitel 3, 1.2.3.
1958 Siehe Kapitel 3, 1.1.
1959 Siehe Kapitel 3, 1.2.1.
1960 Siehe Kapitel 3, 1.2.1.
1961 Siehe Kapitel 3, 1.2.1.

rechtfertigende Notstand eine intrapersonale Abwägung zulässt, ob die Abwägung der Lebens- und Sterbeinteressen nicht zu einer unzulässigen Abwägung von menschlichen Leben führt und ob hier nicht die Einwilligungssperre des § 216 StGB angetastet wird.[1962]

Es wird auch erwogen, die aktive Sterbehilfe in den Fällen des unvermeidbaren Extremleidens über § 35 StGB[1963] oder über den übergesetzlichen Notstand[1964] zu entschuldigen. Diese Lösung kann schon deswegen nicht überzeugen, da die tödlich wirkende Schmerzlinderungshandlung an sich rechtswidrig bleibt und damit im Widerspruch zur Rechtsordnung steht. Zugleich läge dann ein rechtswidriger Angriff auf das Leben des Opfers vor, der Dritten ein Nothilfe- oder Notstandsrecht aus §§ 32, 34 StGB geben kann.[1965]

b)

Die Grundgedanken der Regelung zur aktiven Sterbehilfe sollten sein:

aa)

Allen Menschen steht ein Recht auf Leben zu. Dies gilt auch im Rahmen der aktiven Sterbehilfe.[1966]

bb)[1967]

Sowohl bei der aktiven als auch bei der indirekten Sterbehilfe wird durch eine aktive Handlung der Tod des Opfers verursacht. Bei der letzteren wird jedoch angenommen, dass die Herstellung der Schmerzfreiheit bei erheblichen, nicht anders als durch die Gefährdung des Lebens abwendbaren Schmerzen (wesentlich) höher einzustufen ist als die Lebenserhaltung unter den Vernichtungsschmerzen.[1968] Die schweren, nicht anders als durch Lebensverkürzung zu vermeidenden Schmerzen in unmittelbarer Todesnähe ist der Anknüpfungspunkt für die Zulässigkeit der indirekten Sterbehilfe. Dies verlangt, dass alles, sogar auf Kosten der Lebensverkürzung, zur Unterdrückung des unerträglichen Leidens objektiv Erforderliche unternommen werden muss. Eine ähnliche Situation kann aber auch im Falle der aktiven Sterbehilfe vorliegen. Allgemein gesagt, ist dies dann anzunehmen, wenn der Sterbewillige an unerträglichen Schmerzen leidet, denen nur durch

1962 Siehe oben, 3 a).
1963 Siehe Kapitel 3, 1.3.1.
1964 Siehe Kapitel 3, 1.3.2.
1965 Siehe Kapitel 3, 1.3 ff.
1966 Siehe oben 3 b) aa).
1967 Siehe auch oben 3 b) bb).
1968 Siehe oben 3 a), Kapitel 2, 1.4 a).

seine Tötung ein Ende gesetzt werden kann, da andere Möglichkeiten objektiv nicht vorhanden sind oder angesichts außergewöhnlicher Umstände nicht rechtzeitig zu erlangen sind und dass der nicht zu vermeidende Leidenszustand ohne Tötungshandlung bis zum natürlichen Tode andauern wird. Der schwer leidende, kurz vor dem Tod stehende Mensch befindet sich in einer extremen Notsituation, aus der er sich selbst nicht befreien kann und die keinen anderen Ausweg als eine gezielte Tötung zulässt. Der dem Schicksal hilflos ausgelieferte Mensch darf nicht sich selbst überlassen werden. Die Tötungshandlung ist hier damit die einzige, zur Schmerzlinderung erforderliche und objektiv bestehende Rettungsmöglichkeit wie dies bei der indirekten Sterbehilfe der Fall ist.[1969] An dieser Schnittstelle ähneln sich die indirekte und die aktive Sterbehilfe.

In der Literatur wird diese Ähnlichkeit zu Unrecht bestritten, mit dem Argument, dass die beiden Formen der Sterbehilfe sich einfach auseinanderhalten lassen. Als Abgrenzungskriterien werden in der Literatur einerseits die Motivation des Täters und andererseits die Einhaltung der Regeln der medizinischen *lex artis* genannt. Sie sind in echten Grenzfällen allerdings völlig untauglich. Ob der Handelnde primär die Todesfolge oder die Schmerzlinderung anstrebt, ist anhand objektiver Tatsachen schwer feststellbar, auch dann wenn die Schmerzmedikation sorgfaltsgemäß erfolgt. Selbst wenn es vereinheitlichte ärztliche Regeln der sorgfaltsgemäßen Schmerzlinderung in Gestalt von Leit- und Richtlinien gäbe, haben sie keinen absoluten Charakter, sondern sie sind bloß Anwendungshilfen für den Regelfall. Sie entbinden den handelnden Arzt nicht davon, die Besonderheiten des jeweiligen Falles zu beachten und seine Handlungsweise daran anzupassen. Das bedeutet, dass die ärztlichen Regeln der Schmerzlinderung die Feststellung des allgemeinen medizinischen Standards erleichtern, im Einzelfall allerdings Abweichungen und Modifikationen zulassen. Sie können also nicht schematisch angewendet werden, was im Einzelfall zu Beurteilungsunsicherheiten führt. Es sei hier auf die widersprüchlichen Gutachterstellungnahmen im Kemptener Fall (BGH, Urteil vom 15.11.1996, 3 StR 79/96) verwiesen.[1970]

Aufgrund der vorgenannten Ähnlichkeit der aktiven Sterbehilfe mit der indirekten Sterbehilfe ist eine Verletzung des Lebensabwägungsverbotes und der Einwilligungssperre ausgeschlossen.[1971]

c)

Die aktive Sterbehilfe darf nicht gegen oder ohne den Willen des Betroffenen geleistet werden. Fehlt der aktuelle Wille des Betroffenen, so ist auf seine früheren Erklärungen (so genannte Patientenverfügungen gemäß § 1901a Abs. 1 BGB), bei deren Nichtvorliegen auf den individuellen (subjektiven) mutmaßlichen Willen

1969 Siehe Kapitel 3, 1.2.3.

1970 Siehe Kapitel 3, 1.2.3.

1971 Siehe Kapitel 3, 1.2.3 und oben 3 c), d).

abzustellen, der entsprechend § 1901a BGB aufgrund konkreter Anhaltspunkte zu ermitteln ist. Zu berücksichtigen sind insbesondere frühere mündliche oder schriftliche Äußerungen, ethische oder religiöse Überzeugungen und sonstige persönliche Wertvorstellungen. Wenn der subjektive mutmaßliche Wille nicht vorliegt oder nicht feststellbar ist, ist auf den objektiv bestimmten mutmaßlichen Willen abzustellen, der sich danach richtet, was gemeinhin als vernünftig und normal angesehen wird (was im wohlverstandenen Interesse des Betroffenen liegt). Als vernünftig und normal wird eine aktive Tötungshandlung angesehen, wenn sich der Betroffene in einem Zustand von dauernden, nicht zu lindernden Qualen befindet, eine weitere Schmerzlinderung oder eine Schmerzbeseitigung nicht möglich ist, die Tötung mangels Handlungsalternativen dazu dient, das Leiden endgültig zu beenden und eine leidensfreie Lebenszeitspanne oder die Schmerzreduzierung auf ein erträgliches Maß bis zum Eintritt des natürlichen Todes nicht zu erreichen ist. In diesem Falle ist davon auszugehen, dass die Leidenslinderung durch die Tötung im wohlverstandenen Interesse des Betroffenen liegt.[1972]

Bei äußerungsunfähigen Personen bereiten die Schmerzerfassung und die Bestimmung der individuell zumutbaren Schmerzgrenzen gewisse Schwierigkeiten, da der Patient bei der Schmerzmessung grundsätzlich aktiv mitwirken muss. Hier ist man deswegen darauf angewiesen, das Verhalten des Betroffenen während und außerhalb der Pflege und bei den sonstigen Aktivitäten zu beobachten und aus diese Beobachtungen Rückschlüsse auf das Schmerzempfinden und die Wirksamkeit der Schmerztherapie zu ziehen.[1973]

Die aktive Tötung muss die einzige zumutbare Möglichkeit sein, das schwere Leiden des Betroffenen zu beenden. Dies setzt voraus, dass die starken Schmerzen nicht anders als durch die aktive Lebensverkürzung vermieden werden können. Eine anderweitige zumutbare Möglichkeit zur Leidenslinderung kann insbesondere dann vorliegen, wenn die Schmerzen durch eine riskante Schmerzmedikation auf ein erträgliches Maß reduziert werden können oder wenn durch Behandlungseinstellung das Leiden beendet wird und bald der Tod eintritt oder wenn eine ärztlich assistierte Suizidbeihilfe möglich ist.[1974]

d)

Eine durch Mitleid für den Betroffenen bestimmte Tötungshandlung,[1975] eine Tötungshandlung ohne Willen des Betroffenen (also wenn die Tötung weder

---

1972 Siehe Kapitel 3, 1.5.

1973 Siehe Kapitel 3, 1.5; siehe auch oben 3 e).

1974 Siehe Kapitel 3, 1.5.

1975 Die sogenannte Mitleidstötung ist eine gezielte Tötung bei aussichtsloser Krankheitsprognose, um dem Opfer ein weiteres Leiden zu ersparen. Sie unterscheidet sich von der aktiven Sterbehilfe dadurch, dass das Leiden des Opfers entweder nicht unerträglich (da das Leiden auf ein erträgliches Maß gelindert werden kann)

seinem ausdrücklichen noch seinem mutmaßlichen Willen entspricht) sowie eine Tötungshandlung gegen den Willen des Betroffenen ist ein Totschlag oder ein Mord nach §§ 211, 212 StGB.[1976]

e)

Nach alledem sollte die aktive Sterbehilfe unter folgenden Voraussetzungen erlaubt sein:

- wenn der tödlich bedrohte Betroffene gravierend leidet[1977],
- sein Leiden nicht ausreichend gelindert werden kann[1978],
- es keine andere zumutbare Möglichkeit zur Leidenslinderung gibt als die sofortige und gezielte Todesherbeiführung[1979] und
- diese dem ausdrücklichen oder mutmaßlichen Willen des Betroffenen entspricht[1980].

5.

Bei der *passiven Sterbehilfe* wird der Tod des Patienten durch Nichtdurchführen oder Nichtfortführen lebenserhaltender Maßnahmen herbeigeführt. Sie erfasst nach herrschender Meinung sowohl das Unterlassen als auch das Abbrechen medizinischer Behandlungsmaßnahmen (aktives Tun).

a)

Die in der Rechtsprechung und Literatur vertretenen Lösungsansätze zur Begründung der Straffreiheit der passiven Sterbehilfe sind grundsätzlich unzureichend. Die vereinzelt vorgeschlagene teleologische Reduktion der Tötungsdelikte trägt zur Lösung des Problems nicht bei, da sie auf eine Gefährdungshaftung hinausläuft.[1981] Nicht überzeugend ist auch die Ansicht, wonach die medizinische Sinnlosigkeit (Aussichtslosigkeit bzw. Unmöglichkeit) über das Unterlassen oder das Abbrechen einer medizinischen Behandlung entscheidet. Es kann nicht sein, dass die Medizin über die juristischen Grenzen des Lebensschutzes entscheidet.[1982]

---

oder nicht alternativlos (da es andere wirksame Möglichkeiten zur Leidenslinderung als eine aktive Tötung gibt) ist; siehe Kapitel 3, 1.6.

1976 Siehe Kapitel 3, 1.6, 1.7.

1977 Siehe oben 4 a) bb).

1978 Siehe oben 4 a) bb).

1979 Siehe oben 4 c).

1980 Siehe oben 4 c).

1981 Siehe Kapitel 4, 1.1.2.

1982 Siehe Kapitel 4, 1.1.3.

Problematisch ist auch, die passive Sterbehilfe aufgrund der fehlenden objektiven Zurechnung aus dem Tatbestand der Tötungsdelikte herauszunehmen, da sonst die Abgrenzung zur Fremdgefährdung erheblich erschwert wird, insbesondere bei einem aktiven Behandlungsabbruch.[1983] Die Berufung auf die Unzumutbarkeit des normgemäßen Verhaltens führt ebenfalls nicht zu zufriedenstellenden Ergebnissen, da sie eine erhebliche Beeinträchtigung der Interessen des Unterlassenden voraussetzt, was schwerlich bei der passiven Sterbehilfe akzeptabel ist.[1984] Dogmatisch gut begründbar ist der Ausschluss der Garantenstellung des behandelnden Arztes, wenn der Patient in eine medizinische Behandlung nicht eingewilligt hat. Dann entfällt die Erfolgsabwendungspflicht. Dies löst jedoch nicht umfassend die Probleme der passiven Sterbehilfe, da hier nur die Unterlassungsfälle erfasst werden.[1985]

Außer Tatbestandslösungen werden auch Rechtfertigungslösungen vertreten. Der Bundesgerichtshof will die passive Sterbehilfe über eine rechtfertigende Einwilligung rechtfertigen.[1986] Die passive Sterbehilfe bleibe straffrei, soweit der Patient in das Unterlassen oder das Abbrechen einer medizinischen Behandlung eingewilligt hat. Dem wird in der Literatur zu Recht entgegengesetzt, dass hier der rechtliche Anknüpfungspunkt nicht der Umstand sein soll, ob das Unterlassen oder der Abbruch einer medizinischen Maßnahme gewollt ist, sondern ob deren Durchführung dem Willen des Patienten entspricht. Erklärt wird dies damit, dass bereits die Vornahme des Eingriffs in die körperliche Unversehrtheit von dem Patientenwillen legitimiert sein müsse und nicht die Beendigung dieses Eingriffs. Denn die Einwilligung entfalte nur ihre rechtfertigende Wirkung, wenn sie erteilt wurde und solange, wie sie fortbesteht und nicht widerrufen wurde. Die Patientenautonomie wird stets negativ ausgeübt, da sie ausschließlich ein Abwehrrecht ist, das zur Behandlungsablehnung berechtigt. Rechtfertigend kann hier also nur das Vorliegen einer „Nichteinwilligung" wirken. Die fehlende Einwilligung ist der Grund für das Sterbenlassen des Patienten. Darauf muss sich die Rechtfertigung beziehen.[1987] Es wird weiterhin vorgeschlagen, die passive Sterbehilfe aufgrund des § 34 StGB zu rechtfertigen. Diese Ansicht ist nicht unproblematisch. Zunächst stellt sich die Frage, ob der rechtfertigende Notstand zur Lösung von intrapersonalen Konflikten überhaupt geeignet ist. Ferner will der rechtfertigende Notstand gem. § 34 StGB jeden Interessenkonflikt „objektiv" schlichten, was befürchten lässt, dass der individuelle Patientenwille auf der Strecke bleiben kann. Dies kann dann zu einer Beurteilung der Vernünftigkeit des individuellen Willens des Patienten

1983 Siehe Kapitel 4, 1.1.4.
1984 Siehe Kapitel 4, 1.1.6.
1985 Siehe Kapitel 4, 1.1.5.
1986 Siehe Kapitel 4, 1.3 a) bis c).
1987 Siehe Kapitel 4, 1.3 a).

führen, was im Hinblick auf die Patientenautonomie und die „Freiheit zur Krankheit“[1988] unzulässig ist.[1989]

b)

Die Grundgedanken der Regelung zur passiven Sterbehilfe sollten sein:

aa)

Allen Menschen steht ein Recht auf Leben zu. Die gilt auch im Rahmen der passiven Sterbehilfe.[1990]

bb)

Der Grund für die Straffreiheit der passiven Sterbehilfe ist in der Patientenautonomie zu verorten, die eine Konkretisierung des allgemeinen Selbstbestimmungsrechts darstellt und zugleich Ausfluss der Menschenwürde ist. Dem Dritten darf dann kein Strafvorwurf gemacht werden, dass er aus Respekt vor dem Patientenwillen lebensnotwendige Maßnahmen unterlassen oder abgebrochen hat.

Die Patientenautonomie verleiht jedem Einzelnen ein subjektives Recht, darüber zu bestimmen, ob er sich einer medizinischen Behandlung unterziehen will. Dieses Recht ist ein Abwehrrecht. Der Betroffene kann eine unerwünschte ärztliche Maßnahme jederzeit ablehnen oder ihrer Fortsetzung widersprechen. Dabei ist unerheblich, ob der Patient tödlich erkrankt ist oder nicht, weil die Patientenautonomie jedem, unabhängig von seinem Gesundheitszustand, zusteht. Jede medizinische Behandlung muss also vom Willen des Betroffenen getragen werden, was impliziert, dass sie einwilligungsbedürftig ist. Dies hat zweierlei Konsequenzen:

1. die medizinische Behandlung muss ohne Einwilligung des Betroffenen unterlassen werden;
2. die Einwilligung in eine medizinische Behandlung muss während deren Dauer von ihr gedeckt sein. Wird die Einwilligung widerrufen, müssen alle noch andauernden medizinischen Maßnahmen eingestellt werden, sei es durch Unterlassen, sei es durch aktives Tun.

Aus der Abwehrfunktion der Patientenautonomie folgt demnach ein Anspruch auf Unterlassung und Beseitigung jeglicher Störung der von der Patientenautonomie gewährleisteten Entscheidungsfreiheit jedes Patienten. Im Rahmen dieses Beseitigungs- und Unterlassungsanspruchs ist entsprechend der zivilrechtlichen Rechtsprechung zu § 1004 BGB jede Beeinträchtigung dieser Entscheidungsfreiheit für

1988 Vgl. BVerfG, Beschluss vom 26.07.2016, 1 BvL 8/15 m.w.N.
1989 Siehe Kapitel 4, 1.3 g).
1990 Siehe oben 3 b) aa).

die Zukunft abzustellen. Eine Beeinträchtigung der Patientenautonomie kann nur vorliegen, soweit die zu unterlassende oder abzubrechende Maßnahme noch bis zur Ablehnung oder zum Widerruf der Einwilligung geleistet wird, also noch fortdauert. Ist die medizinische Behandlung zum Zeitpunkt ihrer Ablehnung oder des Widerrufs der Einwilligung in diese bereits abgeschlossen, scheidet der Beseitigungs- und Unterlassungsanspruch aus. Es können unter Umständen nur Schadensersatzansprüche in Betracht kommen. Eine medizinische Behandlung dauert an und ist damit nicht abgeschlossen, solange die zur Durchführung einer konkreten medizinischen Maßnahme eingesetzten Gegenstände und Mittel noch nicht in der Weise mit dem Körper verbunden, vermischt oder vermengt sind, dass sie rechtlich wie natürliche Teile des menschlichen Körpers behandelt werden. Dies setzt voraus, dass sie ihre Sachqualität gemäß § 947 BGB analog noch nicht verloren haben. Verlieren sie hingegen ihre Sachqualität und werden damit zu natürlichen Teilen des menschlichen Körpers, was bei einer untrennbaren Verbindung, Vermischung oder Vermengung mit dem menschlichen Körper anzunehmen ist, ist die ihrer Anwendung zugrunde liegende medizinische Behandlung bereits abgeschlossen. Eine untrennbare Verbindung, Vermischung oder Vermengung mit dem menschlichen Körper liegt vor, wenn die Entfernung der mit dem Körper verbundenen, vermischten oder vermengten Gegenstände einen Eingriff in gesunde Körpersubstanz erfordert. Solch ein Eingriff ist mit den staatlichen Lebens- und Gesundheitspflichten, die näher im gesetzlichen Krankenversicherungsrecht konkretisiert sind, nicht vereinbar, da sie dem Träger der Patientenautonomie keinen (Behandlungs-) Anspruch auf Herbeiführung eines pathologischen Gesundheitszustandes verleihen. Eine gezielte Verletzung gesunder Körpersubstanz mit der Herbeiführung eines pathologischen oder regelwidrigen Körperzustandes gehört nicht zu dem gesetzlichen Leistungskatalog. Auch die Patientenautonomie berechtigt nicht zu solch einem Eingriff, da von ihr nur im Rahmen des vom Leistungskatalog der gesetzlichen Krankenversicherung definierten Behandlungsanspruchs Gebrauch gemacht werden. Besteht kein Behandlungsanspruch, so kann vom Gebrauchmachen von der Patientenautonomie keine Rede sein. Die Patientenautonomie kann nur im Rahmen eines bestehenden Behandlungsanspruchs ausgeübt werden. Danach sind jegliche fest mit dem menschlichen Körper verbundenen Implantate oder fest vermischten Gegenstände wie natürliche Teile des menschlichen Körpers zu behandeln und dürfen nicht mehr herausoperiert werden.[1991]

c)

Die passive Sterbehilfe kann sowohl durch Unterlassen als auch durch aktives Tun begangen werden. Die Abgrenzung zur aktiven Sterbehilfe richtet sich danach, ob der Betroffene von seiner Patientenautonomie Gebrauch macht. Die Ausübung der Patientenautonomie umfasst sowohl aktive als auch passive Handlungen, da

---

1991 Siehe Kapitel 4, 1.2.2.

sie erlaubt, die Durchführung und die Fortsetzung einer medizinischen Behandlung jederzeit abzulehnen. Deswegen kommt es bei der passiven Sterbehilfe nicht (mehr) darauf an, ob der Abbruch ein Unterlassen oder ein aktives Tun darstellt. Er kann die beiden Begehungsformen umfassen. Denn im Rahmen eines aus der Patientenautonomie als Abwehrrecht abgeleiteten Unterlassungs- und Beseitigungsanspruchs wird nicht nur eine Untätigkeit zum Schutze der Entscheidungsfreiheit jedes Patienten geschuldet, sondern auch ein aktives Verhalten. Dementsprechend ist eine straffreie passive Sterbehilfe anzunehmen, wenn der Patient die Einleitung einer ärztlichen Behandlung nicht wünscht. Das ist auch dann der Fall, wenn der Patient sich wünscht, dass eine bereits eingeleitete und andauernde Behandlung abgebrochen wird. Er hat einen verfassungsrechtlich gesicherten Anspruch etwa auf die Abschaltung eines Beatmungsgerätes, weil diese Behandlung noch andauert und noch nicht abgeschlossen ist. Er hat hingegen keinen Anspruch auf Entfernung einer bereits eingepflanzten künstlichen Niere, weil der Eingriff, mit dem diese in den Körper eingefügt wurde, bereits abgeschlossen ist (deren Entfernung erfordert einen Eingriff in eine gesunde Körpersubstanz und damit die Verursachung eines pathologischen Zustandes, was mit den staatlichen Lebens- und Gesundheitspflichten unvereinbar ist). Er hat auch keinen aus der Patientenautonomie ableitbaren Anspruch auf die Durchführung einer bestimmten medizinischen Behandlung. Denn in den beiden letzteren Fällen begehrt er eine Leistung, die von der als reines Abwehrrecht konzipierten Patientenautonomie nicht gedeckt ist.[1992]

d)

Die passive Sterbehilfe berührt nicht die Einwilligungssperre des § 216 StGB. Die Grundlage der passiven Sterbehilfe ist die Patientenautonomie, die Ausdruck freier Entfaltung der Persönlichkeit ist. Sie garantiert dem Menschen, frei über Eingriffe in seine körperliche Integrität zu entscheiden und mit seiner Gesundheit nach eigenem Gutdünken zu verfahren. Sie umfasst auch die „Freiheit zur Krankheit“ und das Recht, medizinisch dringend angezeigte, lebensnotwendige Heileingriffe abzulehnen. Auch eine „unvernünftige Behandlungsablehnung“ berechtigt den Staat nicht dazu, den Willen des Betroffenen für unbeachtlich zu erklären. Der Staat besitzt insoweit keine „Vernunfthoheit“. Es ist daher davon auszugehen, dass die Einwilligungssperre keine Anwendung finden kann, wenn sich der Patient mit freiem Willen gegen eine medizinische Behandlung entscheidet, da der Staat gehalten ist, die Entscheidung des einsichts- und urteilsfähigen Patienten zu respektieren. Angesichts dessen erscheint die Bestrafung des Arztes oder eines Dritten, die aus Achtung vor der durch die freie Selbstbestimmung geschützten Patientenentscheidung handeln, als nicht angemessen. Insoweit tritt die staatliche Lebensschutzpflicht hinter die Patientenautonomie zurück. Die Patientenautonomie

---

1992 Siehe Kapitel 4, 1.2.2.

„durchbricht" die Einwilligungssperre. Denn eine Zwangsbehandlung zur Lebenserhaltung ist (grundsätzlich)[1993] unzulässig.[1994]

e)

Die passive Sterbehilfe muss entweder dem aktuellen Willen oder dem individuellen mutmaßlichen Willen oder dem objektiv bestimmten mutmaßlichen Willen des Patienten entsprechen.[1995] Die Grundsätze zur Ermittlung des individuellen mutmaßlichen Willens sind nunmehr in § 1901a BGB geregelt. Danach ist in erster Linie auf die früheren schriftlichen Behandlungswünsche, sog. Patientenverfügungen, abzustellen. Sind diese nicht vorhanden oder treffen ihre Anordnungen auf die aktuelle Lebens- und Behandlungssituation nicht zu, sind frühere mündliche oder schriftliche Äußerungen, ethische oder religiöse Überzeugungen und sonstige persönliche Wertvorstellungen des Betroffenen maßgeblich.[1996] Die Vorschriften des Bürgerlichen Gesetzbuches strahlen Wirkung auch auf das Strafrecht aus, indem sie als Orientierungshilfe herangezogen werden können. Die Strafgerichte beurteilen jedoch die Verletzung der Tötungsdelikte nach rein strafrechtlichen Kriterien. Die Einhaltung oder Nichteinhaltung der zivilgerichtlichen Vorschriften über die Ermittlung des Patientenwillens entscheidet nicht über die Strafbarkeit.[1997]

Zu beachten ist stets, dass der Patientenwillen nur insoweit Berücksichtigung finden kann, als objektiv ein Behandlungsanspruch besteht. Der Grund für die Zulässigkeit oder Unzulässigkeit der passiven Sterbehilfe liegt in der Patientenautonomie. Die Patientenautonomie kann aber nur im Rahmen eines objektiv bestehenden sozialrechtlichen Behandlungsanspruchs ausgeübt werden. Besteht kein Anspruch auf eine medizinische Behandlung, besteht kein Raum für die Beachtung des Patientenwillens. Man muss sich dann nach rein objektiven Kriterien richten, und zwar danach, ob mit der Lebenserhaltung eine spürbare und positive Einwirkung auf den Krankheitsverlauf erzielt werden kann. Ist dies nicht der Fall, dann besteht kein Behandlungsanspruch des Einzelnen und zugleich entfällt die Pflicht zur Behandlung.[1998] Daran ändert es nichts, dass womöglich dadurch das allgemeine Selbstbestimmungsrecht oder die allgemeine Handlungsfreiheit des Betroffen hinsichtlich seiner individuellen Vorstellungen über das Leben und das Sterben verletzt werde. Der Eingriff in diese Rechtsposition ist dadurch gerechtfertigt, dass die individuellen Anschauungen oder Vorstellungen des Einzelnen nicht im Rahmen der gesetzlichen Krankenversicherung auf Kosten der Krankenversicherungsbeitragspflichtigen verwirklicht werden dürfen. Immerhin kann der Einzelne dies

---

1993 Vgl. BVerfG, Beschluss vom 19.07.2017, 2 BvR 2003/14 m.w.N.

1994 Siehe Kapitel 4, 1.1.5, 1.3 e).

1995 Siehe Kapitel 4, 1.3 b).

1996 Siehe Kapitel 4, 1.4.1.

1997 Siehe Kapitel 4, 1.4.2.

1998 Siehe Kapitel 4, 1.5 ff.

auf eigene Kosten im Rahmen der privaten Krankenversicherung tun. Dadurch wird er nicht wie „ein Objekt" behandelt, so dass seine Menschenwürde nicht verletzt werden kann.[1999]

Trotz des Nichtbestehens eines sozialrechtlichen Behandlungsanspruchs muss stets ermittelt und festgestellt werden, ob der Betroffene die Durchführung weiterer lebenserhaltender medizinischer Maßnahmen, die an sich für eine spürbare und positive Einwirkung auf den weiteren Krankheitsverlauf im Einzelfall nicht geeignet oder notwendig sind, auf eigene Kosten wünscht.[2000] Ist der Betroffene nicht äußerungsfähig und liegen keine Anhaltspunkte für seinen Willen vor, ist davon auszugehen, dass ein vernünftiger Patient medizinische Maßnahmen, die keine spürbare und positive Einwirkung auf seinen Zustand erwarten lassen, privat nicht bezahlten will und damit ablehnt.[2001] Insoweit ist dies bei der Ermittlung des objektiv bestimmten mutmaßlichen Willens des Betroffenen zu berücksichtigen.

f)

Soweit kein Behandlungsanspruch besteht und der Betroffene keine lebensverlängernden medizinischen Maßnahmen auf eigene Kosten wünscht, entfallen einerseits die staatlichen Lebensschutzpflichten und andererseits die Strafbarkeit wegen Unterlassens oder Abbrechens lebenserhaltender medizinischer Maßnahmen. Denn die staatlichen Lebensschutzpflichten sind nicht unbegrenzt. Bereits im Bereich des Sozialrechts wird vom Bundesverfassungsgericht vertreten, dass nicht alles geleistet werden muss, was zur Lebenserhaltung notwendig ist. Wenn also nach dem Sozialrecht das Leben nicht umfassend geschützt werden muss, muss dies erst recht für das repressivste aller staatlichen Mittel gelten, wie es das Strafrecht ist. Was nach dem Sozialrecht erlaubt ist, muss auch im Strafrecht erlaubt sein.[2002]

Das gesetzliche Krankenversicherungsrecht ist durch das Spannungsverhältnis zwischen der Gewährleistung des verfassungsmäßig vorgeschriebenen zur Gesundheits- und Lebenserhaltung notwendigen Minimums und der Gewährleistung der finanziellen Leistungsfähigkeit des gesamten Gesundheitssystems gekennzeichnet. Um das Gesundheitssystem finanziell nicht zu überfordern und dessen Zusammenbruch vorzubeugen, hat der Gesetzgeber in einer verfassungsrechtlich zulässigen Weise einen generell-abstrakten Leistungskatalog eingeführt. Danach hat jeder grundsätzlich einen Anspruch auf Behandlung im Krankheitsfall. Dieser Anspruch ist jedoch begrenzt nur auf solche Leistungen, die generell als wirksame und notwendige Leistungen zur Heilung von Krankheiten, Verhinderung

---

1999 Siehe Kapitel 4, 1.5.1 d).

2000 Wünscht der Patient solche Maßnahmen und will sie privat bezahlen, so ist sein Wille zu respektieren.

2001 Siehe Kapitel 4, 1.5.1 d).

2002 Siehe Kapitel 4, 1.5.1 c).

ihrer Verschlimmerung und Linderung von Krankheitsbeschwerden anerkannt sind und den geringstmöglichen Kostenaufwand verursachen („keine Wunschmedizin"). Erfüllt eine konkrete Gesundheitsleistung diese Voraussetzungen nicht, darf sie nicht auf Kosten des Gesundheitssystems geleistet werden. Damit entfällt grundsätzlich die staatliche Pflicht zum Lebens- und Gesundheitsschutz.

Mit dem so genannten *Nikolaus*-Beschluss hat das Bundesverfassungsgericht festgestellt, dass die Grenzen der vom Gesetzgeber vorgenommenen generell-abstrakten Leistungsbeschränkungen im konkret-individuellen Einzelfall durchbrochen werden müssen. Dies ist im Hinblick auf Art. 2 Abs. 2 Satz 1, Abs. 1 GG verfassungsrechtlich geboten, wenn eine lebensbedrohliche oder regelmäßig tödlich verlaufende Krankheit vorliegt, für die eine generell wirksame Behandlungsmethode nicht in Betracht kommt und für die eine auf konkret-individuellen Indizien beruhende, nicht ganz fern liegende Aussicht auf Heilung oder wenigstens auf spürbare positive Einwirkung auf den Krankheitsverlauf besteht. Die Äußerung des Bundesverfassungsgerichts ist als absolute Grenze der Leistungsbeschränkungen im Gesundheitswesen zu werten. Das Bundesverfassungsgericht befasst sich in seiner Entscheidung primär mit der Durchbrechung der generell-abstrakten Leistungsbeschränkungen. Zur Ermittlung ihrer zulässigen Durchbrechung greift es allerdings auf konkret-individuellen Umstände des Einzelfalles zurück, und zwar auf konkret-individuelle Indizien, die eine nicht ganz fern liegende Aussicht auf Heilung oder wenigstens auf spürbare positive Einwirkung auf den Krankheitsverlauf erwarten lassen. Dies erlaubt anzunehmen, dass die absolute Grenze der Leistungsbeschränkung sich nicht nur auf die abstrakt-generelle Ebene, sondern auch auf die konkret-individuelle Ebene bezieht.

Die Leistungsgewährung im Gesundheitswesen ist daher zweistufig ausgestaltet. Auf der ersten, generell-abstrakten Ebene ist zu ermitteln, ob die anzuwendende Gesundheitsleistung als generell wirksam anerkannt ist und damit zum gesetzlichen Leistungskatlog gehört. Ist dies der Fall, ist vom Arzt auf der zweiten, individuell-konkreten Ebene zu ermitteln, ob die generell wirksame Gesundheitsleistung im konkreten Einzelfall zur Anwendung kommen darf, also ob sie im konkreten Einzelfall ohne medizinisch unvertretbare Risiken tatsächlich wirksam ist (der sogenannte Arztvorbehalt). Sowohl auf der abstrakt-generellen als auch auf der konkret-individuellen Ebene müssen die Gesundheitsleistungen ausreichend, zweckmäßig und wirtschaftlich im Sinne der §§ 11 Abs. 1, 27 Abs. 1, 12 Abs. 1, 2 Abs. 1 SGB V sein. Wenn für sie die gleichen Grundsätze gelten, muss auch für die dem Arztvorbehalt unterliegende, konkret-individuelle Ebene die vom Bundesverfassungsgericht ausgearbeitete absolute Grenze jeglicher Leistungsbeschränkungen auf der abstrakt-generellen Ebene gelten. Das Bundesverfassungsgericht hat den individuellen Wirkungsnachweis, der eine nicht fern liegende Erfolgsaussicht im Einzelfall mit sich bringen muss, zur Voraussetzung für eine objektive Schutzpflicht des Staates erhoben. Das heißt, dass der Staat zum Handeln verpflichtet ist, wenn in der Situation einer krankheitsbedingten Lebensgefahr eine nicht fernliegende Aussicht auf eine spürbare positive Einwirkung im Einzelfall besteht. Das deutet darauf hin, dass dann, wenn diese Aussicht im Einzelfall nicht besteht, dem Staat die objektive Pflicht, sich schützend und fördernd vor das Lebensrecht zu stellen, nicht obliegt. Im Einzelfall dürfen also keine Gesundheitsleistungen erbracht werden, die nur eine ganz fern liegende Aussicht wenigstens auf spürbare positive Einwirkungen auf den Krankheitsverlauf mit sich bringen, gleich ob sie generell wirksam oder unwirksam sind. Es wäre schließlich widersprüchlich, eine an sich generell wirksame Behandlungsmethode anzuwenden, die sich im Einzelfall nicht spürbar positiv auswirken würde und unter Umständen mehr schaden als nutzen würde.[2003]

Nach dem Vorstehenden muss jede Behandlungsmethode im Falle einer lebensbedrohlichen oder regelmäßig tödlich verlaufenden Krankheit konkret-individuell *spürbar* und *positiv* sein. Eine lebensbedrohliche oder regelmäßig tödlich verlaufende Krankheit liegt vor, wenn die Gefahr eines tödlichen Krankheitsverlaufs droht, die sich nach den konkreten Umständen innerhalb eines kurzen, überschaubaren Zeitraums oder auch erst in einigen Jahren mit großer Wahrscheinlichkeit verwirklicht.[2004] *Spürbar* ist eine medizinische Behandlung, wenn sie eine wesentliche Lebensverlängerung erreichen kann. Die „Spürbarkeit" ist zu verneinen, wenn das Leben des Betroffenen, auch unter Berücksichtigung aller vorhandenen therapeutischen Möglichkeiten, nur um wenige Stunden oder „wenige Tage oder wenige Wochen" verlängert werden kann. Positiv ist eine medizinische Behandlungsmethode, wenn sie für den Patienten verträglich ist, also ihm nach Durchführung einer konkret-individuellen Chancen-Risiko-Abwägung mehr nützt als schadet. Es ist hier eine Risiko-Nutzen-Abwägung vorzunehmen.[2005] Aus diesen zwei Kriterien lässt sich das Recht auf würdiges Sterben ableiten, dass einerseits vor unnötiger kurzfristiger Lebensverlängerung und andererseits vor unzumutbaren krankheits- und behandlungsbedingten Belastungen schützt.[2006]

aa)

Vor diesem Hintergrund haben Sterbende grundsätzlich keinen Behandlungsanspruch, der auf eine Lebensverlängerung nach dem Einsetzen des Sterbeprozesses gerichtet ist. Jegliche Lebensverlängerung in der Sterbephase ist weder *spürbar* noch *positiv*. Der Behandlungsanspruch der Sterbenden beschränkt sich nur auf Linderung der mit dem Sterben einhergehenden Beschwerden.[2007]

Sterbender ist ein Kranker mit irreversiblem Versagen einer oder mehrerer vitaler Funktionen, bei dem der Eintritt des Todes innerhalb der nächsten Stunden oder Tage zu erwarten ist.[2008] Eine Heilung der dem Sterbevorgang zugrunde liegenden

2003 Siehe Kapitel 4, 1.5.1 c).
2004 Siehe Kapitel 4, 1.5.1 c) cc).
2005 Siehe Kapitel 4, 1.5.1 c) cc), Kapitel 5, 1.5.4 und unten 6 a).
2006 Ebenda.
2007 Siehe Kapitel 4, 1.5.1 c) cc).
2008 Siehe Kapitel 4, 1.5.1 b).

Krankheit kommt bei ihm nicht in Betracht, da der Sterbeprozess einer kurativen Behandlung nicht zugänglich ist. Jede medizinische Behandlung, die darauf gerichtet ist, ist weder geeignet noch notwendig noch wirtschaftlich.[2009] Durch den Einsatz der Intensivmedizin kann jedoch der Sterbeprozess um einige Zeit aufgehalten und damit das Leben verlängert werden. Dabei ist zu beachten, dass nach dem *Nikolaus*-Beschluss des Bundesverfassungsgerichts nicht irgendeine Auswirkung der medizinischen lebensverlängernden Maßnahmen auf eine lebensbedrohliche Krankheit und damit auf den irreversiblen Sterbeprozess ausreichend ist. Sie muss *spürbar* und *positiv* sein. Die „Spürbarkeit" der Auswirkung ist dann zu verneinen, wenn das Leben, auch unter Berücksichtigung aller vorhandenen therapeutischen Möglichkeiten, nur um wenige Stunden oder „wenige Tage oder wenige Wochen" verlängert werden kann. Bei dem Sterbenden, dessen Lebenszeitspanne auch beim Einsatz aller möglichen medizinischen Maßnahmen „nur" auf wenige Stunden, höchstens auf wenige Tage geschätzt wird, ist dies nicht der Fall.[2010] Eine medizinische Behandlung ist positiv, wenn deren Nutzen gegenüber dem Risiko überwiegt. Im Umkehrschluss heißt dies, dass sie sich dann nicht positiv auswirkt, wenn sie den Betroffenen unzumutbar belastet. Hierbei ist eine Risiko-Nutzen-Abwägung vorzunehmen. In deren Rahmen sind insbesondere die Besonderheiten des irreversiblen Sterbeprozesses zu berücksichtigen. In der Palliativmedizin wird heutzutage beim Eintritt der „Appetitlosigkeit" des Sterbenden auf die künstliche Ernährung verzichtet, da diese als für den Sterbenden belastend angesehen wird. Ebenso wird wegen der besonderen Belastung kein Wasser mehr gegeben. Aus den Atemwegen wird der Schleim nicht beseitigt. Das „Röcheln" ist für ein sanftes Sterben hilfreich. Der Sterbende wird grundsätzlich nur mit Schmerz- und Beruhigungsmitteln behandelt. Wenn nach den Erkenntnissen der Palliativmedizin so wenig invasive Maßnahmen wie künstliche Ernährung, Wasserzufuhr oder Schleimentfernung für besonders belastend angesehen werden, muss dies erst recht für die Mittel der Intensivmedizin gelten. Damit ist es davon auszugehen, dass in der Situation des unumkehrbaren Sterbens grundsätzlich alle lebensverlängernden oder lebenserhaltenden medizinischen Maßnahmen zu unterbleiben haben, die auf die Behandlung der Grundkrankheit und der Begleiterkrankungen (einer interkurrenten Krankheit) gerichtet sind, soweit sie für den Sterbenden belastend sind. Zulässig sind nur Maßnahmen zur Linderung der Beschwerden und Begleitumstände des irreversiblen Sterbeprozesses, etwa die Verabreichung von Schmerz- und Beruhigungsmitteln.[2011]

2009 Siehe Kapitel 4, 1.5.1 c) bb).
2010 Siehe Kapitel 4, 1.5.1 c) cc).
2011 Kapitel 4, 1.5.1 c) cc)

bb)

Der Anspruch auf Verhütung der Krankheit kann auch bei Patienten mit irreversiblem Bewusstseinsverlust entfallen. Dies ist insbesondere bei Demenzpatienten in weit fortgeschrittenem Stadium anzunehmen, die wegen erheblicher zerebraler Schädigungen schluckunfähig geworden sind. Diesen Personen kann zur Lebenserhaltung eine Nasen- oder Magensonde angelegt werden, um ihren „Hungertod" abzuwenden. Nach den medizinischen Erkenntnissen führt das Anlegen einer Sonde zwar dazu, dass der Beginn des Sterbeprozesses bei diesen Personen hinausgeschoben werden kann, das Überleben wird allerdings nur um ein paar Monate verlängert. Bereits in über 80 % aller Fälle sterben die Patienten schon innerhalb von 6 Monaten nach dem Beginn der künstlichen Ernährung. Vor diesem Hintergrund erscheint die künstliche Ernährung von Demenzpatienten in weit fortgeschrittenem Stadium als nicht *spürbar*, da die künstliche Ernährung das Überleben der Patienten nur unwesentlich verlängert, da der Tod innerhalb der geforderten „wenigen Tagen oder Wochen" trotz der Ausschöpfung aller zur Verfügung stehenden Maßnahmen (auf die ein Behandlungsanspruch besteht) eintritt. Soweit die Demenzpatienten keinen Anspruch mehr auf künstliche Ernährung haben, muss dies auch die Einstellung anderer Maßnahmen zur Folge haben, auf die eigentlich ein Behandlungsanspruch besteht. Dies rechtfertigt sich aus der Überlegung, dass durch die Einstellung der Sondenernährung in kurzer Zeit der Tod eintreten wird. Damit können die anderen lebenserhaltenden Maßnahmen nicht mehr *spürbar* auf den Krankheitsverlauf einwirken, da durch die Einstellung der künstlichen Ernährung das Leben auch unter Ausschöpfung der an sich vom Behandlungsanspruch erfassten ärztlichen Maßnahmen nur unwesentlich (weil nur um wenige Tage) verlängert wird.[2012]

Der Behandlungsanspruch kann auch bei Patienten mit apallischem Syndrom entfallen, sofern der Beginn des Sterbeprozesses begonnen hat oder die medizinische Behandlung nur eine unwesentliche, also nur wenige Tagen oder wenige Wochen umfassende Lebenszeitspanne ermöglichen kann. Eine Erweiterung der Sterbehilfe gegenüber den Apallikern, wie dies in der Literatur mit Hinweis auf deren absolute Kommunikationsunfähigkeit gefordert wird[2013], ist abzulehnen. Zum einen ist die Aufgabe des Staates, das Leben und die Gesundheit nicht nur im psychischen Sinne, sondern auch im biologisch-physischen Sinne zu schützen, und zum anderen können die apallischen Patienten über viele Jahre hinweg am Leben erhalten werden und diese Lebenserhaltung ist für sie (insbesondere aufgrund der bestehenden Schmerzunempfindlichkeit) nicht unzumutbar belastend. Damit ist die mit der medizinischen Behandlung erreichbare Lebenszeitspanne als wesentlich und damit *spürbar* einerseits und wegen fehlender Risiken und Nachteilen medizinischer Behandlung als *positiv* anzusehen.[2014]

2012 Siehe Kapitel 4, 1.5.2 b).

2013 Siehe Kapitel 4, 1.3 c).

2014 Siehe Kapitel 4, 1.5.2 a).

Das Krankenversicherungssystem ist durch die Kostenfragen beeinflusst. Von Verfassungs wegen ist es insoweit nicht zu beanstanden, Kostenüberlegungen anzustellen, wenn es um den Schutz des menschlichen Lebens geht. Der Schutz des Menschenlebens darf nicht ohne Rücksicht auf den finanziellen Aufwand betrachtet werden. Er muss in einem angemessenen Verhältnis zu den damit verbunden Kosten und dem damit verbundenen Nutzen stehen.[2015] Hierzu werden diverse Kosten-Nutzen-Erwägungen angestellt wie etwa die QALY-Konzepte, die den zulässigen finanziellen Aufwand im Verhältnis zur Lebenserwartung und der krankheits- und behandlungsbedingten Lebensqualität bemessen. Diese Konzepte laufen allerdings auf eine Diskriminierung bestimmter Personengruppen, insbesondere der alten, schwerkranken und -behinderten Menschen, hinaus.[2016] Abzulehnen sind auch Konzepte, wonach jedem so viel an medizinischen Behandlungen und so hohe Leistungen zu gewähren seien, wie allen anderen in einer vergleichbaren Situation gewährt werden könnten. Diese Betrachtungsweise führt dazu, dass dadurch, dass man alle in einen Topf wirft, die Lebens-, Entwicklungs- und Berufschancen eines konkreten Menschen erheblich beeinträchtigt werden können. Im Übrigen sind die persönlich empfundenen Krankheiten, die persönlichen Lebensumstände und die persönliche „biologische Grundausstattung" ungleich, was es durchaus erlaubt, das Ungleiche auch ungleich zu behandeln.[2017]

g)

In subjektiver Hinsicht muss der Handelnde entsprechend dem erklärten oder mutmaßlichen Patientenwillen zur Wahrung der Patientenautonomie handeln wollen. Als Täter kommt grundsätzlich jedermann in Frage, der den wahren Patientenwillen durchsetzen will. Das können etwa der Arzt, das Pflegepersonal oder ein Angehöriger sein. Für die Rechtfertigung des Täters ist entscheidend, ob er mit der Nichtdurchführung oder der Beendigung medizinischer Behandlung die Patientenautonomie des Betroffenen nach sorgfältiger Prüfung der medizinischen Grundlagen und des Patientenwillens zu respektieren beabsichtigt.[2018] Beim einseitigen Behandlungsanspruch ist zu beachten, dass, sollten seine Voraussetzungen vorliegen, kein Behandlungsanspruch besteht. Der Arzt hat dann sorgfältig zu prüfen, ob dies der Fall ist, und die Lage mit dem Betreuer bzw. dem Patientenvertreter zu erörtern. Der Betreuer bzw. der Patientenvertreter entscheidet dann, ob die Entscheidung des Arztes rechtlich angegriffen wird (z. B. durch Widerspruch oder Einlegung von Rechtsschutzmitteln) oder ob die nicht medizinisch indizierte lebensverlängernde Maßnahme privat bezahlt wird, falls tatsächlich kein

---

2015 Siehe Kapitel 4, 1.5.1 c) cc).

2016 Siehe Kapitel 4, 1.5.2 a).

2017 Ebenda.

2018 Siehe Kapitel 4, 1.3 h), 1.4.2.

Behandlungsanspruch besteht.[2019] Auch hier kann aus Gründen der materiellen Gerechtigkeit jedermann die Behandlung beenden, sofern er nach sorgfältiger Prüfung davon ausgeht, dass kein Behandlungsanspruch gegeben ist. In der Regel wird das der Arzt oder der Betreuer sein.

Die Möglichkeit der privat finanzierten Behandlung besteht bis zur Grenze der Sittenwidrigkeit (§ 228 StGB). Diese ist dann anzunehmen, wenn die medizinische Behandlung eine menschenunwürdige Form angenommen hat. Wann dies genau der Fall ist, braucht hier nicht entschieden zu werden, da bereits mit der Verneinung des Behandlungsanspruchs die Verletzung der Tötungsdelikte ausscheidet. Die Tötungsdelikte beabsichtigen den Lebensmindestschutz. Die Grenze des Lebensmindestschutzes markiert der Behandlungsanspruch. Besteht dieser nicht mehr, dann kann das Lebensrecht nicht mehr verletzt werden, da alles, was unterhalb dieser Grenze liegt, als gerechtfertigte Verletzung des Lebensrechts gilt.[2020] Hier können ausschließlich Körperverletzungsdelikte in Betracht kommen.

Bestehen Zweifel hinsichtlich des erklärten Patientenwillens, der Bestimmungen der Patientenverfügung, des mutmaßlichen Patientenwillens oder des Vorliegens der Voraussetzungen für den einseitigen Behandlungsabbruch (Zweifel an dem Beginn des Sterbeprozesses, der verbleibenden Lebenszeitspanne unter Ausschöpfung aller medizinischen, dem Patienten rechtlich zustehenden Gesundheitsleistungen oder an der Unzumutbarkeit der medizinischen Behandlung[2021]), so ist der Betroffene medizinisch weiter zu behandeln. Insoweit ist hier eine Entscheidung *pro vita* zu treffen. Dies gilt nicht nur für die unaufschiebbaren ärztlichen Maßnahmen oder die Akutreanimation (was weitgehend unumstritten ist), sondern auch für alle sonstigen Fälle. Dies rechtfertigt sich daraus, dass das Lebensrecht auf der generell-abstrakten Ebene ein besonders wertvolles Rechtsgut ist, das nicht vorschnell aufgegeben werden darf, und daraus, dass einwilligungsunfähige Patienten schutzlos und daher besonders hilfsbedürftig sind. Deswegen dürfen sie nicht sich selbst überlassen oder der Fremdbestimmung ausgesetzt werden. Um dies zu verhindern, verpflichten die objektiven Lebensschutzpflichten den Staat zum Tätigwerden im Einzelfall. Aus ihrer Hilfsbedürftigkeit ergibt sich eine konkrete Pflicht des Staates zum Lebensschutz, die zum medizinischen Tätigwerden verpflichtet.[2022] Diese Pflicht kann nur dann entfallen, wenn besonders gewichtige objektive Gründe gegen die Durchführung medizinischer Behandlung und damit für die Verletzung des Lebensrechts sprechen.[2023] Bei Zweifeln über das Vorliegen

---

2019 Siehe Kapitel 4, 1.5.4.

2020 Siehe oben 5 e) und f).

2021 Jede klinische Prognose ist mit Zweifeln (Unsicherheiten) behaftet. Die Zweifel sind insoweit dann „unbeachtlich", wenn die Möglichkeit des Beginns des Sterbeprozesses, der „nicht spürbaren" Lebensverlängerung oder der „nicht positiven" Behandlung einen hohen Wahrscheinlichkeitsgrad erreicht hat, siehe unten 6 d).

2022 BVerfG, Beschluss vom 26.07.2016, 1 BvL 8/15 m.w.N.

2023 Vgl. BVerfG, Urteil vom 25.02.1975, 1 BvF 1/74 u.a.

der besonders gewichtigen objektiven Gründe können die staatlichen objektiven Lebensschutzpflichten grundsätzlich nicht ausgeschlossen werden, da die zweifelhaften besonders gewichtigen objektiven Gründe sie nicht überwiegen können. Für dieses Ergebnis sprechen auch praktische Erwägungen. Wird in einem echten Zweifelsfall die medizinische Behandlung durchgeführt, so kann sie jederzeit abgebrochen werden, wenn sich herausstellt, dass sie die Patienteninteressen in unzumutbarer Weise beeinträchtigt. Der Risikofehler kann hier noch behoben werden. Lässt man hingegen den Patienten in einem echten Zweifelsfall sterben, so ist der Risikofehler nicht mehr reparabel.[2024]

h)

Nach alledem sollte die passive Sterbehilfe unter folgenden Voraussetzungen erlaubt sein:

- wenn die Beendigung, Begrenzung oder Unterlassung lebenserhaltender medizinischer Maßnahmen[2025] dem ausdrücklichen Willen des Betroffenen entspricht[2026] oder
- wenn die Beendigung, Begrenzung oder Unterlassung lebenserhaltender medizinischer Maßnahmen[2027] dem mutmaßlichen Willen des Betroffenen entspricht[2028] oder
- wenn die Beendigung, Begrenzung oder Unterlassung lebenserhaltender medizinischer Maßnahmen[2029] deshalb erfolgt, weil bei dem Betroffenen der unumkehrbare Sterbeprozess begonnen hat[2030].

6.

Mit der Problematik des einseitigen Behandlungsabbruchs ist das Problem der *Früheuthanasie*, die sich mit dem Sterbenlassen von schwerstgeschädigten und unreifen Neugeborenen beschäftigt, nah verwandt. In beiden Fallkonstellationen geht es nicht um die individuelle Sterbehilfe, in der der Betroffene selbst entscheidet, ob, wie und wann er aktuell oder erst in Zukunft Gebrauch von seiner Patientenautonomie machen will, sondern darum, wie eine medizinische Behandlung auch ohne oder gar gegen den Willen des Betroffenen nicht durchgeführt oder eingestellt werden kann.

2024 Siehe Kapitel 4, 1.3 f).
2025 Siehe oben 5 c).
2026 Siehe oben 5 b bb), e), g)
2027 Siehe oben 5 c).
2028 Siehe oben 5 b) bb), e)
2029 Siehe oben 5 c)
2030 Siehe oben 5 c), e), f), f) aa), g).

a)

Die Grundgedanken der Regelung zur Früheuthanasie sollten sein:

aa)

Allen Menschen steht ein Recht auf Leben zu. Die gilt auch für schwerstgeschädigte und schwerstbehinderte Neugeborene im Rahmen der Früheuthanasie.[2031]

bb)

Ausgangspunkt für die Zulässigkeit der Früheuthanasie und der Behandlungseinstellung ohne den Willen des Betroffenen ist, dass entsprechend der sozialrechtlichen (und wohlgemerkt verfassungskonformen) Vorschriften zum Lebens- und Gesundheitsschutz der Staat nicht alles leisten muss, was zur Lebenserhaltung und -verlängerung notwendig ist. Dies wird daran deutlich, dass der Staat grundsätzlich keine experimentellen Therapien, keine wissenschaftlich ungesicherten Behandlungsmethoden oder keine unwirtschaftlichen medizinischen Maßnahmen zur Verfügung stellen und finanzieren muss, die nur eine geringe Chance auf die Lebensverlängerung bieten und damit im Einzelfall nicht *spürbar* sind. Soweit dies der Fall ist, besteht kein Anspruch auf medizinische Behandlung, auch dann, wenn die Behandlungsversagung unmittelbar zum Tod des Betroffenen führt.[2032]

Die inhaltliche Ausfüllung des Begriffes der *Spürbarkeit* orientiert sich am Schutzumfang des Rechts auf würdiges Sterben, das den Schutz vor unnötiger kurzfristiger Lebensverlängerung am Lebensende gebietet.[2033] Das Recht greift insbesondere ab Beginn des Sterbeprozesses ein. Das Problem der Beeinträchtigung des Rechts auf würdiges Sterben stellt jedoch sich nicht nur im Zusammenhang mit dem Beginn des Sterbeprozesses. Es kann bereits im Vorfeld seines Einsetzens vorkommen. Zu denken ist hier vor allem daran, dass der Sterbebeginn nicht genau bestimmbar ist und dadurch dessen Feststellung gewissen Manipulationen ausgesetzt werden kann. Unter diesem Blickwinkel erscheint die Erstreckung des Schutzes des Patienten nicht nur auf die Phase des Beginns des Sterbeprozesses denkbar, sondern auch auf die ihr unmittelbar vorausgehende Phase. Denn der Sterbebeginn markiert die Linie, wo die Lebenserhaltungspflichten eingeschränkt werden müssen, damit der schnelle und qualfreie Tod eintreten kann.[2034]

Inwieweit das Recht auf würdiges Sterben vor die Phase des Sterbebeginns reicht, hängt davon ab, welcher Grad der Gefahr droht. Man muss allerdings beachten, dass der Schutzbereich immer stärker sein muss, je näher der Zeitpunkt des

2031 Siehe oben 3 b) aa).
2032 Siehe Kapitel 4, 1.5.1 c) und Kapitel 5, 1.5.4 b) aa).
2033 Siehe Kapitel 4, 1.5.1 c) cc).
2034 Siehe Kapitel 4, 1.5.1 c) cc) und Kapitel 5. 1.5.4 b) aa).

Sterbebeginns liegen wird, da der Beginn des Sterbeprozesses das Recht zum Einsatz jeglicher lebensverlängernder medizinischer Maßnahmen entfallen lässt.[2035] Andererseits darf der Schutzbereich nicht allzu weit vorverlagert werden, da sonst das Lebensrecht in unzulässiger Weise beeinträchtigt werden kann. Deswegen ist es hier notwendig, zeitliche Grenzen zu ziehen, die diesen Vorgaben gerecht werden. Diese Grenzen sind anhand der unterschiedlichen Grade der Gefahr für das Recht auf würdiges Sterben festzulegen.[2036]

Hinsichtlich des Gefahrgrades kann dies zunächst eine akute Gefahr sein, die anzunehmen ist, wenn der unwiderrufliche Sterbeprozess unter Ausschöpfung aller verfügbaren Behandlungsmethoden (auf die ein Behandlungsanspruch besteht) unmittelbar einzusetzen droht und er nicht mehr aufgehalten werden kann. Damit erfasst das Recht die kürzeste überschaubare Zeitspanne, die unmittelbar dem Beginn des Sterbeprozesses vorausgeht.[2037]

Es kann sich auch um eine Dauergefahr handeln, wenn unter Ausschöpfung aller verfügbaren Behandlungsmethoden (auf die ein Behandlungsanspruch besteht) der Beginn des unwiderruflichen Sterbeprozesses noch eine gewisse Zeitspanne auf sich warten lässt oder für eine Weile aufgehalten werden kann, mit seinem Eintritt jedoch mangels der Möglichkeit zur dauerhaften Stabilisierung des Zustands des Neugeborenen jederzeit zu rechnen ist. Hier hängt es nur noch vom Zufall ab, wann der Sterbeprozess einsetzt, da mit ihm jederzeit zu rechnen ist.[2038]

Eine Gefahr für das Recht auf würdiges Sterben kann auch dann vorliegen, wenn unter Ausschöpfung aller verfügbaren Behandlungsmethoden (auf die ein Behandlungsanspruch besteht) der Sterbebeginn erst in einiger Zukunft zu erwarten ist, aber ein sofortiges Handeln angezeigt ist, um die Gefahr einer unnötigen Hinauszögerung des Todes auszuschließen. Dies ist dann anzunehmen, wenn die vitalen Funktionen des Organismus so schwer beeinträchtigt sind, dass der fortschreitende Verfall letztlich nicht mehr aufgehalten werden kann. Danach muss der Zustand des Neugeborenen derart labil sein, dass voraussichtlich in absehbarer Zeit (quantitatives Element) bei sich ständig verschlechterndem Zustand (qualitatives Element) der Sterbebeginn einsetzen wird. Die Absehbarkeit des Sterbebeginns ist insoweit zu verstehen, dass das Leben nur noch um wenige Tage oder wenige Wochen verlängert werden kann.[2039] Liegt solche eine „unwesentliche" Lebensverlängerung vor, so ist die konkret-individuelle Wirksamkeit der lebensverlängernden Maßnahmen zu verneinen. Dies aus dem Grunde, dass allein die Hoffnung einer geringen Chance auf nicht nur wenige Tage oder Wochen umfassende Lebensverlängerung angesichts des Beginns des irreversiblen Sterbeprozesses es

2035 Siehe Kapitel 4, 1.5.1 c) cc) und oben 5 f) aa).

2036 Siehe Kapitel 5, 1.5.4 b) aa).

2037 Ebenda.

2038 Ebenda.

2039 BSG Urteil vom 13.10.2010, B 6 KA 48/09 R; siehe Kapitel 5, 1.5.4 b) aa).

verbietet, jede mögliche das Leben in unerheblicher Weise verlängernde Behandlung auf Kosten der Krankenversicherung zu erhalten.[2040]

Abzulehnen ist allerdings eine Gefahr für das Recht auf würdiges Sterben, wenn die Gefahr sich erst in der Zukunft realisieren wird und sie derzeit noch nicht abgewendet werden muss, da dies auch später ebenso wirksam erfolgen kann. In diesem Fall liegt zwar zumindest eine abstrakte Gefahr vor, ein sofortiges Handeln zu ihrer Abwendung ist allerdings noch nicht erforderlich. Aus diesem Grunde ist in den Fällen, in denen sich ein Neugeborenes zunächst mehrere Monate oder Jahre normal entwickeln kann und ein qualvoller Tod ihm erst nach mehreren Monaten oder Jahren bevorsteht, die Einstellung medizinisch notwendiger Behandlungen unzulässig. Erst wenn ein „sofortiges Handeln" im vorstehenden Sinne erforderlich wird, darf die Behandlung eingestellt werden.[2041]

Soweit kein Behandlungsanspruch gegeben ist, weil in absehbarer Zeit unter sich ständig verschlechterndem Gesundheitszustand der Sterbeprozess einsetzen wird, darf auf alle anderen medizinischen Maßnahmen verzichtet werden, auch auf solche, die etwa interkurrente Krankheiten (meistens Lungenentzündungen, die zusammen mit der künstlichen Beatmung auftreten) behandeln, und zwar auch dann, wenn dies den Beginn des Sterbeprozesses und den Tod beschleunigen wird. Dies rechtfertigt sich aus folgender Überlegung: Ist die medizinische Behandlung unter Berücksichtigung aller möglichen Behandlungsmethoden als nicht spürbar anzusehen, dann kann die Behandlung etwa der Begleiterkrankungen nichts an der fehlenden Spürbarkeit ändern. Wird der Sterbeprozess etwa innerhalb weniger Wochen einsetzen, dann hat die Behandlung der Begleiterkrankungen keinen Einfluss auf die Verlängerung dieser „rechtlich unwesentlichen" Zeitspanne, da auch bei der Behandlung der Begleiterkrankungen der Sterbeprozess ohnehin innerhalb weniger Wochen beginnen würde. Behandlungen zur Beschwerdelinderung, die das Sterben erleichtern, sind jedoch beizubehalten.[2042]

cc)

Ferner muss jede medizinische Behandlung mehr nützen als schaden, mithin für den Betroffenen nicht unzumutbar sein. Deren Risiken dürfen nicht außer Verhältnis zum Nutzen stehen. Dies gebietet das Recht auf würdiges Sterben als besondere Ausprägung des Rechts auf körperliche Unversehrtheit, das den Schutz vor jeglicher Schmerzzufügung am Lebensende beabsichtigt. Daraus ergibt sich, dass während jeder medizinischen Behandlung das Wohlbefinden des Patienten nicht außer Acht gelassen werden darf, insbesondere dann, wenn der Nutzen gering ist.[2043]

2040 Ebenda.

2041 Siehe Kapitel 5, 1.5.4 b) aa).

2042 Ebenda.

2043 Siehe Kapitel 5, 1.5.4 b) bb).

Das Verhältnis zwischen dem Nutzen und den Risiken gerät vor allem dann ins Wanken, wenn der Sterbeprozess begonnen hat. Jede in dieser Lebensphase auf die Lebensverlängerung gerichtete medizinische Maßnahme belastet den sterbenden Patienten in unzumutbarer Weise. Deswegen sind ab diesem Zeitpunkt jegliche lebensverlängernden Maßnahmen zu unterlassen bzw. einzustellen. Das Problem der Unverhältnismäßigkeit/Unzumutbarkeit kann sich allerdings bereits vor dem Beginn des Sterbeprozesses stellen. Auch hier müssen die Behandlungsmethoden für den Betroffenen verträglich sein und ihm im Einzelfall mehr nutzen als schaden. Es ist daher eine konkret-individuelle Chancen-Risiko-Abwägung einer medizinischen Behandlung vorzunehmen.[2044]

Bei der Einschätzung des Nutzens einer medizinischen Behandlung ist vor allem zu berücksichtigen, wie sich die Behandlung auf den Zustand des konkreten Patienten auswirkt und auswirken kann. Maßgeblich sind insbesondere die Besonderheiten des körperlichen Zustandes des Betroffenen, die Ausprägung seiner Schädigungen, die Diagnose und die prognostische Einschätzung eventueller lebenserhaltender Maßnahmen. Bei der Beurteilung der Risiken sind insbesondere zu berücksichtigen: individuelle Belastbarkeit, Schwächung des Gesundheitszustandes, Art und Ausmaß der schweren (irreparablen) Dauerschäden im Falle der möglichen Lebensverlängerung, Überlebenschancen einer Operation, ein erhöhtes Risiko für Begleit- und Folgeerkrankungen, schwerwiegende Nebenwirkungen der Behandlung, Notwendigkeit der mittelbaren Behandlungen und deren Folgekosten und etwa Schädlichkeit der Eingriffe und der Folgeeingriffe. Bei den Frühgeborenen ist zu beachten, dass bei diesen falsche aktive lebensrettende Maßnahmen mehr schädigen können, als das Unterlassen von Maßnahmen. Dabei sollte man auf die Wahrscheinlichkeit schwerer Spätschäden achten.[2045]

b)

Die vorstehenden Grundsätze unter 6 a) bb) und a) cc) betreffen die rechtliche Behandlung der Früheuthanasie. Sie können jedoch nicht nur gegenüber Neugeborenen, sondern auch gegenüber älteren Kindern und sogar Erwachsenen Anwendung finden. Sie sind als Leistungsausschlüsse im Gesundheitswesen anzusehen. Sie haben zur Folge, dass der Behandlungsanspruch ausgeschlossen wird. Aus Gründen der Rechtsgleichheit und zur Vermeidung von Diskriminierung müssen sie auf alle Patientengruppen erstreckt werden und nicht nur gegenüber den schwerkranken und -behinderten Neugeborenen zur Anwendung kommen. Es kann nicht gerecht sein, nur gegenüber den schwerkranken und -behinderten Neugeborenen den Anspruch auf medizinische Behandlung auszuschließen, weil diese sich weder spürbar noch positiv auf sie auswirkt, bei den älteren Kindern oder den Erwachsenen den Anspruch aber bestehen zu lassen, obwohl die

2044 Ebenda.
2045 Ebenda.

medizinische Behandlung sich auf ihren Krankheitsverlauf weder spürbar noch positiv auswirkt.[2046]

Dass auch bei Erwachsenen nicht jede medizinische Maßnahme eine spürbare positive Einwirkung hat, wird etwa am Beispiel der terminalkranken Patienten deutlich. Hierbei handelt es sich um Personen, die noch nicht sterbend sind, sie leiden aber an einer unheilbaren tödlichen Krankheit, die die Aktivität des Betroffenen schwer beeinträchtigt und in einigen Wochen oder Monaten in die Sterbephase mündet (Terminalphase[2047]). Da sie unheilbar und tödlich erkrankt sind, ist bei ihnen keine spürbare positive Einwirkung auf den Krankheitsverlauf mehr möglich. Sie haben dann nur Anspruch auf Maßnahmen zur Linderung der Krankheitsbeschwerden.[2048] Als ein weiteres Beispiel kann der *Witting*-Fall genannt werden, in dem aufgrund schwerwiegender Körperschädigungen der Patientin die Risiko-Nutzen-Abwägung dazu geführt hat, dass die lebensverlängernden Maßnahmen unterbleiben durften.[2049]

c)

Nach dem *Nikolaus*-Beschluss des Bundesverfassungsgerichts[2050] muss die Aussicht auf eine *spürbare positive* Einwirkung[2051] aufgrund der hervorragenden Bedeutung des Lebensrechts grundsätzlich nicht ganz fern liegen, um die medizinische Behandlung im Einzelfall durchführen zu können. Bereits eine unter Umständen (sehr) geringe Wahrscheinlichkeit der Lebensverlängerung im Einzelfall spricht gegen eine Behandlungseinstellung und den Ausschluss des Behandlungsanspruchs. Im Umkehrschluss bedeutet dies, dass nur eine ganz fern liegende Wahrscheinlichkeit auf eine spürbare positive Einwirkung den Behandlungsanspruch im Einzelfall ausschließen kann.

Daraus wird ersichtlich, dass hohe Anforderungen an die Zulässigkeit der Lebensbeendigung zu stellen sind, da das Lebensrecht in abstrakter Hinsicht jeglichem Interesse an der Behandlungseinstellung vorgeht. Diese Anforderungen können aber im Einzelfall durch die hohe Wahrscheinlichkeit der *nicht spürbaren* und *positiven* Einwirkung auf den Krankheitsverlauf herabgesetzt werden. Je wahrscheinlicher im konkret-individuellen Behandlungsfall dies ist, umso eher ist anzunehmen, dass das Lebensrecht durch die Behandlungseinstellung einzuschränken ist. Es sind daher die konkreten Risiken und deren Eintrittswahrscheinlichkeiten den Vorteilen der Lebenserhaltung und deren Eintrittswahrscheinlichkeiten gegenüberzustellen und zu vergleichen. Diese Gegenüberstellung muss ergeben, dass der

2046 Siehe Kapitel 4, 1.5.2 a); 5, 1.5.1 d).
2047 Vgl. Definitionen der Deutschen Gesellschaft für Palliativmedizin, S. 7.
2048 Siehe Kapitel 4, 1.5.3.
2049 Ebenda.
2050 BVerfG, Beschluss vom 06.12.2005, 1 BvR 347/98.
2051 Siehe 6 a) bb), cc).

Allgemeinzustand des Patienten nach prognostischer, den medizinischen Erkenntnissen entsprechender Einschätzung so beschaffen ist, dass mit hoher Wahrscheinlichkeit davon auszugehen ist, dass in einer nur wenige Tage oder Wochen umfassenden Zeit der Sterbeprozess einsetzen oder die beabsichtigte medizinische Behandlung eine aus medizinischer Sicht unvertretbare (unzumutbare) Belastung für den konkret-individuellen Patienten darstellen wird. Das Recht auf würdiges Sterben wäre ungenügend geschützt, wenn eine mit hoher Wahrscheinlichkeit zu befürchtende Gefahr für dieses Recht erforderlichenfalls nicht durch unmittelbare Einschränkung des Lebensrechts in Gestalt der Behandlungseinstellung verhindert werden dürfte. Bei Zweifeln ist eine Entscheidung *pro vita* zu treffen und die medizinische Behandlung fortzusetzen.[2052]

d)

Über das Vorliegen der Voraussetzungen der Früheuthanasie entscheidet der Arzt. Liegen sie vor, so besteht kein Behandlungsanspruch. Die Eltern, die zwar nach Art. 6 Abs. 2 GG das absolut geschützte Elternrecht besitzen, können dann mangels eines einwilligungsfähigen Gegenstandes weder ihre Einwilligung erklären noch der Behandlungseinstellung widersprechen. Es besteht dann kein Raum für die stellvertretende Ausübung der Patientenautonomie des Neugeborenen, da von ihr nur im Rahmen eines bestehenden Behandlungsanspruchs Gebrauch gemacht werden kann. Der Arzt soll allerdings den Eltern mitteilen, dass kein Behandlungsanspruch besteht und die Situation mit ihnen erörtern. Sind die Meinungen der Eltern und des Arztes übereinstimmend, darf die Behandlungseinstellung vorgenommen werden. Gehen die Meinungen auseinander, so haben die Eltern die Möglichkeit, für die Kosten der über den allgemeinen Behandlungsanspruch hinausgehenden ärztlichen Maßnahmen selbst aufzukommen. Die Behandlungsfortsetzung ist dann bis zur Grenze der Sittenwidrigkeit möglich.[2053] Wollen sie dies nicht und sind sie der Meinung, dass das Neugeborene behandelt werden müsse, dann können sie gegen den Arzt rechtlich vorgehen, etwa dadurch, dass sie das Familiengericht anrufen. Bis zur rechtskräftigen Entscheidung des Gerichtes darf die Behandlung nicht eingestellt werden. Ist der Arzt der Meinung, dass die Voraussetzungen der passiven Früheuthanasie nicht vorliegen und damit die Behandlung medizinisch angezeigt ist, während die Eltern auf die Behandlungseinstellung drängen, hat er wegen der Gefährdung des Kinderwohls das Familiengericht anzurufen.[2054]

Als Täter kommt grundsätzlich jedermann in Frage, der subjektiv nach sorgfältiger Prüfung der Voraussetzungen der zulässigen Früheuthanasie und in Kenntnis

2052 Siehe Kapitel 5, 1.5.4 c), Kapitel 4, 1.5.3 und oben 5 g).

2053 Siehe oben 5. g).

2054 Siehe Kapitel 5, 1.6.2, 1.6.5.

des fehlenden Behandlungsanspruchs handelt.[2055] Das werden in der Regel nur der Arzt oder die Eltern sein.

e)

Nach alledem sollte die Früheuthanasie unter folgenden Voraussetzungen erlaubt sein:

- die Unterlassung oder der Abbruch medizinischer Behandlungen ist nicht rechtswidrig, wenn bei dem tödlich kranken Patienten der unumkehrbare Sterbeprozess in absehbarer Zeit zu beginnen droht[2056] oder
- die Unterlassung oder der Abbruch medizinischer Behandlungen ist nicht rechtswidrig, wenn die medizinischen Behandlungen bei dem tödlich kranken Patienten mit unzumutbaren Nachteilen im Vergleich zu ihrem Nutzen verbunden sind.[2057]

2055 Ebenda.

2056 Dazu oben 6 a) bb), c), d) und 5 f) bb); dies gilt grundsätzlich auch für Erwachsene siehe oben 6 b).

2057 Dazu oben 6 a) cc), c) und d); dies gilt grundsätzlich auch für Erwachsene siehe oben 6 b).

Literaturverzeichnis

Achenbach Hans, Beteiligung am Suizid und Sterbehilfe – Strukturen eines unübersichtlichen Problemfeldes, Jura 2002, 542 ff.

Apaglesion-Elisabethenstift, Palliative Betreuung am Lebensende (Online-Artikel), auf http://www.agaplesion-elisabethenstift.de/fileadmin/EKE_Darmstadt/PDF/AGAPLESION_E-STIFT_Palliativ_Betreuung_am_Lebensende.pdf, abgerufen am 01.01.2015.

Banaszak Bogusław, Konstytucja RP. Komentarz, 2. Auflage, Warszawa 2012 (zitiert: Banaszak)

Barczak-Oplustil Agnieszka, Sprzeciw wobec podjęcia działań ratujących życie wyrażony względem gwaranta niebędącego lekarzem. Zarys problemu, Czasopismo Prawa Karnego i Nauk Penalnych, 2011 Nr. 4, S. 59 ff.

Baroke Uta, Grenzenlose Vorverlagerung des Strafrechtsschutzes durch Gefährdungsdelikte, in: Sinn Arndt, Gropp Walter, Nagy Fernc (Hrsg.), Grenzen der Vorverlagerung in einem Tatstrafrecht. Eine rechtsvergleichende Analyse am Beispiel des deutschen und ungarischen Strafrechts, Göttingen 2011, S. 247 ff. (zitiert: Baroke, Gefährdungsdelikte).

Bartoszek, Antoni, Uporczywa terapia przeciwnowotworowa – aspekty etyczne, Hermatologia 3 Nr. 2 (2012), 136 ff.

Bayer Johanna, Biologie des Todes. Sterben – das letzte Programm (Online-Artikel), auf https://www.swr.de/odysso/biologie-des-todes/-/id=1046894/did=20440940/nid=1046894/1yztlob/index.html, abgerufen am 20.07.2019.

Becker Christian, Herrschaft durch Nichtstun? Zur Beteiligung durch Unterlassen. Zugleich Anmerkung zum BGH Urt. v. 12.02.2009 – 4 StR 488/08, HRRS 2009, 242 ff.

Beckert Frauke, Strafrechtliche Probleme um Suizidbeteiligung und Sterbehilfe unter besonderer Berücksichtigung historischer und ethischer Aspekte, 1996 (zitiert: Beckert, Suizidbeteiligung und Sterbehilfe).

Bernatek-Zaguła Izabela, Konstytucyjna zasada równości wobec prawa w świetle ustawy o udostępnianiu informacji gospodarczych, Przegląd prawa konstytucyjnego 2012 Nr. 3, S. 73 ff.

Bobbert Monika, Ärztliches Urteilen bei entscheidungsunfähigen Schwerkranken. Geschichte – Theorie – Ethik, Münster 2012 (zitiert: Bobbert, Ärztliches Urteilen).

Boć Jan, Konstytucje Rzeczpospolitej oraz komentarz do Konstytucji RP z 1997 roku, Wrocław 1998 (zitiert: Boć, Komentarz).

Bołoz, Wojciech / Krajnik, Małgorzata, Definicja Uporczywej Terapii. Konsensus Polskiej Grupy Roboczej ds. Problemów Etycznych Końca Życia, Medycyna Paliatywna w Praktyce 2 Nr. 3 (2008), S. 77.

Boratyńska Maria, Niektóre aspekty świadomej zgody pacjenta na leczenie na tle orzecznictwa Sądu Najwyższego. Część 1: Sprzeciw pro futuro, Prawo i Medycyna 2007 Nr. 3, S. 23 ff.

Bosch Nikolaus, Rechtfertigung von Sterbehilfe (§§ 212, 216, 13 StGB, §§ 1901a ff. BGB), JA 2010, 908 ff.

Bottke Wilfried, Anmerkung zum Urteil des BayObLG vom 18.11.1988 – Rreg. 1 St 186/88, JR 1989, 475 f.

Bottke Wilfried, Strafrechtliche Probleme am Lebensbeginn und am Lebensende: Bestimmungsrecht versus Lebenserhaltung? – In: Deutsche Sektion der Internationalen Juristen-Kommission, Lebensverlängerung aus medizinischer, ethischer und rechtlicher Sicht, Heidelberg 1995, S. 35 ff. (zitiert: Bottke, Probleme am Lebensbeginn und am Lebensende).

Breczko Anetta, Podmiotowość prawna człowieka w warunkach postepu biotechnomedzcznego, Białystok 2011 (zitiert: Breczko, Podmiotowść prawna człowieka).

Breyer Friedrich, Zweifel Peter, Kifmann Mathias, Gesundheitsökonomik, 6. Auflage, 2012 (zitiert: Breyer/Zweifel/Kifmann, Gesundheitsökonomik).

Brunhöber Beatrice, Sterbehilfe aus strafrechtlicher und rechtsphilosophischer Sicht, JuS 2011, 401 ff.

Brüning Janique, Entscheidungsbesprechung. Totschlag durch Unterlassen – Zu den Voraussetzungen einer Rettungspflicht gegenüber einer spontan Drogen konsumierenden Person, ZJS 2012, 691 ff.

Bujny Jedrzej, Prawa pacjenta miedzy autonomia a paternalizmem, Warszawa 2007 (zitiert: Bujny, Prawa pacjenta).

Bundesärztekammer, Richtlinien der Bundesärztekammer für die Sterbehilfe, MedR 1985, 38 ff.

Bundesärztekammer, Grundsätze der Bundesärztekammer zur ärztlichen Sterbebegleitung vom 11.09.1998, NJW 1998, 3406 ff.

Bundesärztekammer, Erklärung zum Schwangerschaftsabbruch nach Pränataldiagnostik, MedR 1999, 31 ff.

Bundesärztekammer, Grundsätze der Bundeärztekammer zur ärztlichen Sterbebegleitung vom 21.01.2011, Deutsches Ärzteblatt 108 (2011), A 34g ff.

Bundestag-Drucksache 16/8442, auf http://dip21.bundestag.de/dip21/btd/16/084/1608442.pdf., abgerufen am 14.12.2014.

Chańska Weronika, Pacjenci niezdolni do wyrażenia zgody, in: Różyńska Joanna / Chańska Weronika, Bioetyka, Warszawa 2013, S. 96 ff. (zitiert: Chańska, Pacjenci).

Chatzikostas Konstantinos, Die Disponibilität des Rechtsgutes Leben in ihrer Bedeutung für die Probleme von Suizid und Euthanasie, 2001 (zitiert: Chatzikostas, Suizid und Euthanasie).

Chudzik Joanna / Jakowczyk Michał / Kowalski Kaja / Krajewski Andreas / Matthies Kamila, Strafgesetzbuch und Übertretungsgesetzbuch – kodeks karny i kodeks wykroczeń, Warszawa 2012 (zitiert: Chudzik et al., Strafgesetzbuch und Übertretungsgesetzbuch).

Chyrowicz Barbara, Eutanazja i spór o argumenty, in: Chyrowicz Barbara (Hrsg.), Eutanazja: prawo do życia, prawo do wolności, Lublin 2005, S. 143 ff. (zitiert: Chyrowicz, Eutanazja).

Ciepły Filip, Aborcja eugeniczna a dyskryminacja osób niepełnosprawnych, Czasopismo Prawa Karnego i Nauk Penalnych 2014 Nr. 2, S. 71 ff.

Ciepły Filip, Status prawny płodu upośledzonego, Roczniki Nauk Prawnych XXIV/ 4 (2014), S. 21 ff.

Ciszewski Jan, Prawa pacjenta w aspekcie odpowiedzialności lekarza za niektóre szkody medyczne, Gdańsk, 2002 (zitiert: Ciszewski, Prawa pacjenta).

Citowicz Rafał, Prawnokarne aspekty ochrony życia człowieka a prawo do godnej śmierci, Warszawa 2006 (zitiert: Citowicz, Aspekty ochrony życia).

Citowicz Rafał, Spory wokół testamentu życia, Państwo i Prawo 2007 Nr. 1, S. 32 ff.

Classen Claus Dieter, Die Menschenwürde ist – und bleibt – unantastbar, DÖV 2009, 689 ff.

Coeppicus Ralf, Behandlungsabbruch, mutmaßlicher Wille und Betreuungsrecht, NJW 1998, 3381 ff.

Coeppicus Rolf, Offene Fragen zum „Patientenverfügungsgesetz", NJW 2011, 2085 ff.

Cohen-Almagor, Raphael, Patients'Right to Die in Dignity and the Role of Their Beloved People, in: Byrd, B. Sharon / Hruschka, Joachim / Joerden, Jan C. (Hg.), Jahrbuch für Recht und Ethik, Band 4 (1996), Berlin 1996, S. 213 ff. (zitiert Cohen-Almagor, JRE, Band 4 (1996).

Czerner Frank, Aktive Sterbehilfe auch gegenüber Kindern? Zur Übertragbarkeit der aktuellen Diskussion in den Niederlanden auf die Bundesrepublik Deutschland unter verfassungsrechtlichen Gesichtspunkten, MedR 2001, 354 ff.

Dąbrowska Anna / Jarnutowska Katarzyna, Wybrane problemy związane z wprowadzeniem do ustawodawstwa polskiego regulacji prawnych dotyczących tzw. testamentów życia, in: Białostockie Studia Prawnicze 2017 Nr. 2, S. 85 ff.

Dangel Tomasz, Wady letalne u płodów i noworodków. Opieka paliatywna jako alternatywa wobec eugenicznej aborcji, eugenicznego dzieciobójstwa i uporczywej terapii, in: Chańska Weronika/ Hartman Jan, Bioetyka w zawodzie lekarza, Warszawa 2010, S. 81 ff. (zitiert: Dangel, Wady letalne)

Dangel Tomasz, Potrafimy to cierpienie opanować, Interview mit Marta Brzezińska-Waleszczyk, S. 68 ff., auf http://perinatalne.pl/pliki/Artykul/1037_hospicjum-perinatalne-materialy-informacyjne.pdf, abgerufen am 06.06.2017. (zitiert: Dangel, Interview).

Daszkiewicz Krystyna, Przestępstwa przeciwko życiu i zdrowiu. Rozdział XIX kodeksu karnego. Komentarz, Warszawa 2000 (zitiert: Daszkiewicz, Komentarz).

de Ridder, Michael, Sondenernährung steigert nur selten die Lebensqualität, Deutsche Ärzteblatt 2008, S. A 449 ff.

Definitionen der Deutschen Gesellschaft für Palliativmedizin (Stand: 31.10.2003), auf www.dgpalliativmedizin.de/category/11-2003.html?download=82, abgerufen am 12.02.2015.

Detering Jutta, Forum: § 216 StGB und die aktuelle Diskussion um die Sterbehilfe, JuS 1983, 418 ff.

Deutsch Erwin / Spickhoff Andreas, Medizinrecht, Arztrecht, Arzneimittelrecht, Medizinprodukterecht und Transfusionsrecht, 7. Auflage, 2014 (zitiert: Deutsch/Spickhoff, Medizinrecht).

Di Fabio Udo, Grundrechte als Werteordnung, JZ 2004, 1 ff.

Dölling Dieter, Zulässigkeit und Grenzen der Sterbehilfe, MedR 1987, 6 ff.

Dölling Dieter, Gerechtfertigter Behandlungsabbruch und Abgrenzung von Tun und Unterlassen. Zu BGH, Urt. v. 25.06.2010 – 2 StR 454/09, ZIS 2011, 345 ff.

Dreier Horst, Subjektiv-rechtliche und objektiv-rechtliche Grundrechtsgehalte, Jura 1994, 505 ff.

Dreier Horst, Grenzen des Tötungsverbotes – Teil 2, JZ 2007, 317 ff.

Dreier Horst (Hrsg.), Grundgesetz Kommentar, Band I Präambel, Artikel 1–19, 3. Auflage, 2013 (zietiert: Dreier-Bearbeiter).

Droszewski Witold, Słownik języka polskiego, Band X, Warszawa 1958–1969 (zitiert: Doroszewski, Słownik języka polskiego, Band IX/X).

Drozdowska Urszula, Cywilnoprawna ochrona praw pacjenta, Warszawa 2007 (zitiert: Drozdowska, Cywilnoprawna ochrona praw pacjenta).

Dubisz Stanisław, Uniwersalny słownik języka polskiego, Warszawa 2003 (zitiert: Dubisz, Słownik języka polskiego).

Dukiet-Nagórska Teresa, Autonomia pacjenta a polskie prawo karne, Warszawa 2008 (zitiert: Dukiet-Nagórska, Autonomia pacjenta).

Dukiet-Nagórska Teresa, O potrzebie wypracowania standardów postępowania dotyczących niepodjęcia terapii i jej zaprzestania, Prawo i Medycyna 2008 Nr. 2, S. 17 ff.

Duttge Gunnar, Anmerkungen zum Urteil des BGH vom 25.06.2010 – 2 StR 454/09 – Zulässigkeit der Sterbehilfe durch Behandlungsabbruch, MedR 2011, 36 ff.

Engländer Armin, Die Anwendbarkeit von § 34 StGB auf interapersonale Interessenkollisionen, GA 2010, 15 ff.

Engländer Armin, Von der passiven Sterbehilfe zum Behandlungsabbruch. Zur Revision der Sterbehilfedogmatik durch den 2. Strafsenat des BGH im Fuldaer Fall, JZ 2011, 513 ff.

Epping Volker, Grundrechte, 9. Auflage, Berlin 2021 (zitiert: Epping, Grundrechte)

Erbguth Frank / Dietrich W., Gibt es bewusste Wahrnehmung beim apallischen Syndrom?, Akt Neurol 2013; 40: 424 ff., auf https://www.thieme.de/statics/bilder/thieme/final/de/bilder/tw_neurologie/Wahrnehmung.pdf, abgerufen am 21.01.2015.

Eser Albin, Lebenserhaltungspflicht und Behandlungsabbruch in rechtlicher Sicht, in: Auer Alfons / Menzel Hartmut /Eser Albin, Zwischen Heilauftrag und Sterbehilfe: zum Behandlungsabbruch aus ethischer, medizinischer und rechtlicher Sicht, Köln 1977, S. 75 ff. (zitiert: Eser, Lebenserhaltungspflicht).

Eser Albin, Sterbehilfe und Euthanasie in rechtlicher Sicht, in: Eid Volker, Euthanasie oder Soll man auf Verlangen töten?, 2. Auflage, Mainz 1985, S. 45 ff. (zitiert: Eser, Sterbehilfe und Euthanasie).

Eser Albin, Ziel und Grenzen der Intensivpädiatrie aus rechtlicher Sicht, in: Kramps Hans (Hrsg.), Arzt- und Kassenarztrecht im Wandel. Festschrift für Prof. Dr. iur. Helmut Narr zum 60. Geburtstag, Berlin 1988, S. 47 ff. (zitiert: Eser, FS Narr).

Eser Albin / Koch Hans-Georg (Hrsg.), Materialien zur Sterbehilfe: Eine internationale Dokumentation, Freiburg i.B. 1991 (zitiert: Eser/Koch, Materialien zur Sterbehilfe).

Everschor Monika, Probleme der Neugeboreneneuthanasie und der Behandlungsgrenzen bei schwerstgeschädigten Kindern und ultrakleinen Frühgeborenen aus rechtlicher und ethischer Sicht, Frankfurt a.M. 2001 (zitiert: Everschor, Neugeboreneneuthanasie).

Ewerbeck, Krankheitsbilder schwerstgeschädigter Neugeborener, in Hiersche, Hans-Dieter / Hirsch, Günter / Graf-Baumann, Toni (Hrsg.), Grenzen ärztlicher Behandlungspflicht bei schwerstgeschädigten Neugeborenen, 1. Einbecker Workshop der Deutschen Gesellschaft für Medizinrecht, 27.–29. Juni 1986, 1987, S. 17 ff. (zitiert: Ewerbeck, Krankheitsbilder).

Fateh-Moghadam Bijan /Kohake Marina, Übungsfall: Selbstjustiz auf der Intensivstation, ZJS 2012, 98 ff.

Filar Marian, Lekarskie prawo karne, Kraków 2000 (zitiert: Filar, Lekarskie prawo karne).

Filar Marian, Kodeks karny. Komentarz, 5. Auflage, Warszawa 2016 (zitiert: Filar-Bearbeiter, Komentarz)

Filar Marian, Odpowiedzialność karna lekarza, Aborcja, in: Filar, Marian / Krześ, Sławomir / Marszałkowska-Krześ, Elwira / Zaborowski, Piotr, Odpowiedzialność lekarzy i zakładów opieki zdrowotnej, Wydawnictwo Prawnicze LexisNexis, Online-Veröffentlichung, auf https://sip.lex.pl/#/monografia/369144492/60, abgerufen am 08.09.2017 (zitiert: Filar, Aborcja).

Fischer Thomas, Direkte Sterbehilfe / Anmerkung zur Privatisierung des Lebensschutzes, in: Heinrich Manfred, Jäger Christian, Achenbach Hans, Amelung Knut, Bottke Wilfried, Haffke Bernhard, Schünemann Bernd, Wolter Jürgen, Strafrecht als Scientia Universalis. Festschrift für Claus Roxin zum 80. Geburtstag am 15. Mai 2011, Band 1, Berlin 2011, S. 557 ff. (zitiert: Fischer, FS Roxin).

Fischer Thomas, Strafgesetzbuch mit Nebengesetzen, 68. Auflage, 2021 (zitiert: Fischer).

Fiutak Agnieszka, Odpowiedzialność karna za wykonanie zabiegu leczniczego bez zgody pacjenta, 2016 auf https://sip.lex.pl/#/monograph/369398578/33, abgerufen am 17.10.2017 (zitiert: Fiutak, Odpowiedzialność karna).

Fritsche Paul, Der Arzt und seine Verpflichtung zur Sterbehilfe, MedR 1993, 126 ff.

Fröschle Tobias, Maximen des Betreuerhandelns und die Beendigung lebenserhaltender Eingriffe, JZ 2000, 72 ff.

Gadzinowski Janusz / Jopek Aleksandra, Neonatologia – miedzy etyka a pragmatyzmem, Nauka 2007 Nr. 3, S. 21 ff.

Gaede Karsten, Durchbruch ohne Dammbruch – Rechtssichere Neuvermessung der Grenzen strafloser Sterbehilfe, NJW 2010, 2925 ff.

Gałęska-Śliwka Aneta / Śliwka Marcin, Stan wegetatywny, eutanazja, zaniechanie uporczywej terapii, Państwo i Prawo 2009 Nr. 11, S. 17 ff.

Galewicz Włodzimierz, Decyzje o zakończeniu życia, in: Galewicz Włodzimierz (Hrsg.), Antologia Bioetyki Tom 1 Wokół śmierci i umierania, Kraków 2009, S. 7 ff. (zitiert: Galewicz, Decyzje).

Gardocka Teresa / Kowalski Paweł, Prawna ochrona życia w Konstytucji RP. Czy wprowadzenie dopuszczalności eutanazji w Polsce byłoby zgodne z Konsztucją?, Medyczna Wokanda 2018, Nr. 10, S. 9 ff., auf https://wil.org.pl/wp-content/uploads/MW-2018-10_wnetrze.pdf, abgerufen am 03.10.2020.

Gardocki Lech, Prawo karne, 22. Auflage, Warszawa 2021 (zitiert: Gardocki, Prawo karne).

Garlicki Leszek / Zubik Marek, Konstytucja Rzeczpospolitej Polskiej. Komentarz II, Warszawa 2016 (zitiert: Garlicki/(Mit-) Bearbeiter, Komentarz).

Giezek Jacek, Kodeks karny. Część szczególna. Komentarz, Warszawa 2021 (zitiert: Giezek-Bearbeiter, Kodeks karny).

Glöckner Markus, Ärztliche Handlungen bei extrem unreifen Frühgeborenen. Rechtliche und ethische Aspekte, 2007 (zitiert: Glöckner, Frühgeborene).

Glöckner Markus, Die medizinische Behandlung des extrem unreifen Frühgeborenen, VuR 2008, 458 ff.

Gössel, Karl Heinz, Empfiehlt sich eine Änderung der Rechtsprechung zum Verhältnis der Tatbestände der vorsätzlichen Tötungsdelikte (§§ 211 ff. StGB) zueinander?, ZIS 2008, 153 ff.

Góralski Piotr, Prawne i społeczne aspekty eutanazji, Kraków 2008 (zitiert: Góralski, Prawne i społeczne aspekty eutanazji).

Gropp Walter, Embryo als Mensch. Überlegungen zum pränatalen Schutz des Lebens und der körperlichen Unversehrtheit, GA 2000, 1 ff.

Groß Dominik / Kreucher Sabrina / Grande Jasmin, Zwischen biologischer Erkenntnis und kultureller Setzung: Der Prozess des Sterbens und das Bild des Sterbens, in: Rosentreter Michael, Groß Dominik, Kaiser Stephanie (Hrsg.), Sterbeprozesse – Annäherungen an den Tod, Kassel 2010, S. 17 ff. (zitiert: Groß/Kreucher/Grande, Der Prozess des Sterbens).

Grüneberg, Bürgerliches Besetzbuch mit Nebengesetzen, Kommentar, 81. Auflage, München 2022 (zitiert: Grüneberg-Bearbeiter).

Grzegorczyk Tomasz / Tylman Janusz, Polskie postępowanie Karne, 9. Auflage, Warszawa 2014 (zitiert: Grzegorczyk/Tylman, Postępowanie karne).

Grześkowiak Alicja / Wiak Krzysztof, Kodeks karny, Komentarz, 7. Auflage, Warszawa 2021 (zitiert: Grześkowiak/Wiak-Bearbeiter).

Haas Volker, Die Beteiligung durch Unterlassen, ZIS 2011, 392 ff.

Haberko Joanna, Realizacja standardów bioetycznych w prawie polskim w zakresie oświadczeń pro futuro, in: Kondratiiewa-Bryzik Jelena, Sękowska-Kozłowska Katarzyna (Hrsg.),Prawa człowieka wobec rozwoju biotechnologii, Online-Version LEX, 2017.07.15 03:33 auf: https://sip.lex.pl/#/monografia/369268766/44, abgerufen am 06.10.2017.

Hanack Ernst-Walter, Grenzen ärztlicher Behandlungspflicht bei schwerstgeschädigten Neugeborenen aus juristischer Sicht, MedR 1985, 33 ff.

Hartman Jan, Bioetyka dla lekarzy, Warszawa 2009 (zitiert: Hartman, Bioetyka).

v. Heintschel-Heinegg Bernd (Hrsg.), Strafgesetzbuch. Kommentar, 4. Auflage, München 2021 (zitiert: Heintschel-Heinegg-Bearbeiter).

Herzberg Rolf Dietrich, „Beteiligung an einer Selbsttötung oder tödlichen Selbstgefährdung als Tötungsdelikt – Teil 2“, in JA 1985, 177 ff.

Herzberg Rolf Dietrich, Straffreie Beteiligung am Suizid und gerechtfertigte Tötung auf Verlangen, JZ 1988, 182 ff.

Herzberg Rolf Dietrich, Sterbehilfe als gerechtfertigte Tötung im Notstand?, NJW 1996, 3043 ff.

Herzberg Rolf Dietrich / Herzberg Annika I., Der Beginn des Menschseins im Strafrecht: Die Vollendung der Geburt, JZ 2001, 1106 ff.

Hiersche Hans Dieter, Schwangerschaftsabbruch und Anenzephalus, MedR 1984, 215 f.

Hiersche Hans Dieter / Jähnke Burkhard, Der todkranke Foetus – Probleme des Schwangerschaftsabbruchs aus sog. kindlicher Indikation, MDR 1986, 1 ff.

Hiersche Hans Dieter, Perinatologie und Geburtshilfe unter medizinrechtlichen Gesichtspunkten, MedR 1990, 309 ff.

HILDE, Heidelberger Instrument zur Lebensqualität Demenzkranker, Projekt „Identifizierung bzw. Entwicklung von Instrumenten zur Erfassung von Lebensqualität gerontopsychiatrisch erkrankter Menschen in stationären Einrichtungen der Altenhilfe", Abschlussbericht Juni 2006 auf http://www.gero.uni-heidelberg.de/imperia/md/content/fakultaeten/vekw/ifg/forschung/hildekongress/hilde_abschlussbericht_erste_foerderphase.pdf, abgerufen am 14.03.2018 (zitiert: HILDE, Abschlussbericht 2006).

Hirsch Hans Joachim, Behandlungsabbruch und Sterbehilfe, in: Küper Wilfried (Hrsg.), Festschrift für Karl Lackner zum 70. Geburtstag am 18. Februar 1987, Berlin 1987, S. 597 ff. (zitiert: Hirsch, FS Lackner).

Hirsch Hans Joachim, Anmerkungen zu einer Entscheidung des BGH, Urteil vom 25.06.2010 (2 StR 454/09; JR 2011, 32) – Zur Strafbarkeit der Sterbehilfe durch aktives Tun und deren Abgrenzung zur passiven Sterbehilfe, JR 2011, 37 ff.

Höfling Wolfram, Die Unantastbarkeit der Menschenwürde, JuS 1995, S. 857 ff.

Höfling Wolfram, Forum: „Sterbehilfe" zwischen Selbstbestimmung und Integritätsschutz, JuS 2000, 111 ff.

Höfling Wolfram, Das neue Patientenverfügungsgesetz, NJW 2009, 2849 ff.

Hohenstein Anne, Die Einführung der aktiven Sterbehilfe in der Bundesrepublik Deutschland. Lässt sich das Recht auf den eigenen Tod verfassungsrechtlich begründen?, Berlin 2003 (zitiert: Hohenstein, Sterbehilfe).

Hömig Dieter / Wolff Heinrich Amadeus (Hrsg.), Grundgesetz für die Bundesrepublik Deutschland. Handkommentar, 12. Auflage, Baden-Baden 2018 (zitiert: Hömig/Wolff-Bearbeiter).

Hruschka Joachim, Rettungspflichten in Notstandssituationen, JuS 1979, 385 ff.

Hruschka Joachim, Utilitarismus in der Variante von Peter Singer, JZ 2001, 261 ff.

Hufen Friedhelm, In dubio pro dignitate – Selbstbestimmung und Grundrechtsschutz am Ende des Lebens, NJW 2001, 849 ff.

Hufen Friedhelm, Staatsrecht II – Grundrechte, 9. Auflage, München 2021 (zitiert: Hufen, Staatsrecht II).

Ignaczewski Jacek, Zgoda pacjenta na leczenie, Warszawa 2003 (zitiert: Ignaczewski, Zgoda pacjenta).

Ingelfinger Ralph, Die Körperverletzung mit Todesfolge durch Unterlassen und die Entsprechungsklausel des § 13 Abs. 1 Halbsatz 2 StGB, GA 1997, 573 ff.

Ingelfinger Ralph, Patientenautonomie und Strafrecht bei der Sterbebegleitung, JZ 2006, 821 ff.

Ipsen Jörn, Staatsrecht II Grundrechte, 24. Auflage, München 2021 (zitiert: Ipsen, Staatsrecht II).

Isemer Friedrich-Eckart / Lilie Hans, Rechtsprobleme bei Anencephalen, MedR 1988, 66 ff.

Jacek Anna / Ożóg Katarzyna, Przestrzeganie praw pacjenta przez personel medyczny, Hygeia Public Health 2012 Nr. 3, S. 264 ff.

Jacek Anna, Pomoc chorym w stanach terminalnych. Komentarz do art. 30–32 Kodeksu etyki lekarskiej, Wokanda Medyczna 2014 Nr. 6, S. 21 ff.

Jachnik Eliza, Testament życia w świetle Europejskiej Konwencji Bioetycznej a możliwość składania oświadczeń pro futuro w prawie polskim, Zeszyt studencki Kół Naukowych Wydziału Prawa i Administracji UAM 2014 Nr. 4, S. 133 ff.

Jäger Christian, Die Abwägbarkeit menschlichen Lebens im Spannungsfeld von Strafrechtsdogmatik und Rechtsphilosophie, ZStW 115 (2003), 765 ff.

Jahn, Sozialgesetzbuch für die Praxis, Fünftes Buch (V): Krankenversicherung, Kommentierung §§ 1–140h – Kommentierung, Stand: Juli 2021 (Loseblatt) (zitiert: Jahn-Bearbeiter).

Jähnke Burkhard, Grenzen ärztlicher Behandlungspflicht bei schwerst geschädigten Neugeborenen aus juristischer Sicht, in: Hiersche Hans Dieter/Hirsch Günter /Graf-Baumann Toni (Hrsg.), „Grenzen der ärztlichen Behandlungspflicht bei schwerstgeschädigten Neugeborenen, 1. Einbecker Workshop der Deutschen Gesellschaft für Medizinrecht, 27.–29. Juni 1986, 1987, S. 99 ff. (zitiert: Jähnke, Behandlungspflicht).

Jähnke Burkhard, Vorbemerkungen zu den Tötungsdelikten, in: Leipziger Kommentar, Strafgesetzbuch Großkommentar, Jähnke Burkhard, Laufhütte Heinrich Wilhelm, Odersky Walter (Hrsg.), Band 5: §§ 146 bis 222, 111. Auflage, Berlin 2005 (zitiert: Jähnke).

Jakobs Günther, Strafrecht. Allgemeiner Teil, 2. Auflage, Berlin 1993 (zitiert: Jakobs, Allgemeiner Teil).

Janiszewska Beata, Dobro pacjenta czy wola pacjenta – dylematy prawa i medycyny (uwagi o odmowie zgody na leczenie oraz o dopuszczalności oświadczeń pro futuro), Prawo i Medycyna 2007 Nr. 2, S. 33 ff.

Janiszewska, Beata, Zgoda na udzielenie świadczenia zdrowotnego. Ujęcie wewnątrzsystemowe, Warszawa 2013 (zitiert: Janiszewska, Zgoda).

Janiszewski Bogusław, Überlegungen über die Sterbehilfe aus der Perspektive des polnischen Strafrechts, in: Szwarc Andrzej J., Wąsek Andrzej (Hrsg.), Das erste deutsch-japanisch-polnische Strafrechtskolloquium der Stipendiaten der Alexander von Humbold-Stieftung, Poznan 1998, S. 63 ff. (zitiert: Janiszewski, Sterbehilfe).

Jarass Hans D. / Pieroth Bodo, Grundgesetz für die Bundesrepublik Deutschland – Kommentar, 16. Auflage, 2020 (zitiert: Jarass/Pieroth-Bearbeiter).

Jarosz-Żukowska Sylwia, Prawo do ochrony zdrowia i dostępu do świadczeń opieki zdrowotnej, In: Jabłoński Mariusz (Hrsg.), Realizacja i ochrona konstytucyjnych wolności i praw jednostki w polskim porządku prawnym, Wrocław 2014, S. 659 ff., auf http://www.bibliotekacyfrowa.pl/Content/52906/Realizacja_i_ochrona_konstytucyjnych_praw.pdf, abgerufen am 24.05.2017 (zitiert: Jarosz-Żukowska, Prawo do ochrony zdrowia).

Jastrzębski, Trwły stan wegetatywny – prawo do prywatności czy prawo do życia, Online-Version auf http://www.prawoimedycyna.pl/?str=artykul&id=1069, abgerufen am 12.03.2015 (zitiert: Jastrzębski, Trwały stan wegetatywny).

Jędrejek Grzegorz, Kodeks rodzinny i opiekuńczy. Komentarz, 2. Auflage, Warszawa 2017 (zitiert: Jędrejek, Komentarz).

Jehle Roswitha, Czeschik Johanna Christina, Freund Torsten, Wellnhofer Ernst (Hrsg.), Medizinische Informatik kompakt. Ein Kompendium für Mediziner, Informatiker, Qualitätsmanager und Epidemiologien, Berlin/München/Boston 2015 (zitiert: Jehle/Czeschik/Freund/Wellnhofer, Medizinische Informatik).

Jetter Andreas, Das Vormundschaftsgericht und die Entscheidung über passive Sterbehilfe de lege lata und de lege ferenda, Augsburg 2004 (zitiert: Jetter, Vormundschaftsgericht).

Joecks Wolfgang / Jäger Wolfgang, Studienkommentar StGB, 13. Auflage, München 2021 (zitiert: Joecks/Jäger).

Joerden Jan C., Anmerkung zum Urteil des BGH vom 28.08.1996 – 3 StR 180/97. Zur „Gegenwärtigkeit" der angedrohten Gefahr bei der räuberischen Erpressung, JR 1999, 120 ff.

Joerden Jan C., Menschenleben. Ethische Grund- und Grenzfragen des Medizinrechts, Stuttgart 2003, (zitiert: Joerden, Menschenleben).

Joerden Jan C., Sterben am Beginn des Lebens – juristische Schwierigkeiten, in: Rosentreter Michael / Groß Dominik / Kaiser Stephanie (Hrsg.), Sterbeprozesse – Annäherungen an den Tod, Studien des Aachener Kompetenzzentrums für Wissenschaftsgeschichte, Band 9, Kassel 2010, S. 217 ff. (zitiert: Joerden, Sterben am Beginn des Lebens).

Joerden Jan C., Die neue Rechtsprechung des Bundesgerichtshofs zur Sterbehilfe und der Knobe-Effekt, in: Heinrich Manfred, Jäger Christian, Achenbach Hans, Amelung Knut, Bottke Wilfried, Haffke Bernhard, Schünemann Bernd, Wolter Jürgen, Strafrecht als Scientia Universalis. Festschrift für Claus Roxin zum 80. Geburtstag am 15. Mai 2011, Band 1, Berlin 2011, S. 593 ff. (zitiert: Joerden, FS Roxin).

Joerden Jan C, Menschenwürde als juridischer Begriff, in: Joerden Jan C., Hilgendorf Eric, Thiele Felix (Hrsg.), Menschenwürde und Medizin. Ein interdisziplinäres Handbuch, Berlin 2013, S. 217 ff. (zitiert: Joerden, Menschenwürde).

Jox, Ralf J., Der „natürliche Wille" als Entscheidungskriterium: rechtliche, handlungstheoretische und ethische Aspekte, in: Schildmann Jan, Fahr Uwe,

Vollmann Jochen (Hrsg.): Entscheidungen am Lebensende in der modernen Medizin: Ethik, Recht, Ökonomie und Klinik, Berlin 2006, S. 69 ff. (zitiert: Jox, Der natürliche Wille als Entscheidungskriterium).

Jox, Ralf J., Der natürliche Wille bei Kindern und Demenzkranken, in: Wiesemann Claudia / Simon Alfred (Hrsg.), Patientenautonomie. Theoretische Grundlagen. Praktische Anwendungen, Münster 2013, S. 329 ff. (zitiert: Jox, Der natürliche Wille bei Kindern und Demenzkranken).

Jox, Ralf J./ Ach, Johann S. /Schöne-Seifert, Bettina, Der „natürliche Wille" und seine ethische Einordnung, Deutsches Ärzteblatt 2014; 111 (10): A 394 ff.

Kalisz Anna, Rozwiązywanie kolizji norm i zasad w kontekście praw człowieka. Uwagi teoretycznoprawne, in: Biłgorajski Artur (Hrsg.), Wolność wypowiedzi versus wolność religijna. Studium z zakresu prawa konstytucyjnego, karnego i cywilnego, Warszawa 2015, S. 3 ff. (zitiert: Kalisz, Rozwiązywanie kolizji norm).

Karcz Robert, Zgoda pacjenta na zastosowanie metody leczenia; status procesowy zakładu opieki zdrowotnej w postępowaniu sądowym z urzędu. Glosa do postanowienia s. okręg. z dnia 23 stycznia, VI Ca 582/07, Państwo i Prawo 2008 Nr. 11, S. 143 ff.

Kardas Piotr, Zgoda pacjenta na zabieg leczniczy a problem odpowiedzialności karnej lekarza za niewypełnienie obowiązku zapobiegania skutkowi, Przegląd Sądowy 2005 Nr. 10, S. 55 ff.

Karkowska Dorota, Debata: Czym jest uporczywa terapia? 22.01.–01.02.2009. Kilka wstępnych uwag o postępowaniu w stanach terminalnych, auf http://www.ptb.org.pl/pdf/karkowska_uporczywa_terapia_1.pdf, abgerufen am 30.10.2017 (zitiert: Karkowska, Kilka wstępnych uwag).

Karkowska Dorota, Ustawa o prawach pacjenta i Rzeczniku Praw Pacjenta. Komentarz, 3. Auflage, Warszawa 2016, (zitiert: Karkowska, Komentarz).

Kaufmann Arthur, Zur ethischen und strafrechtlichen Beurteilung der so genannten Früheuthanasie, JZ 1982, 481 ff.

Kędziora Renata, Odpowiedzialność karna lekarza w związku z wykonywaniem czynności medycznych, Warszawa 2009 (zitiert: Kędziora, Odpowiedzialność karna lekarza).

Kindl Johann, Eigentumsvorbehalt und Anwartschaftsrecht, ZJS 2008, 477 ff.

Kingreen Thorsten / Poscher Ralf, Grundrechte-Staatsrechte II, 36. Auflage, Heidelberg 2020 (zitiert: Kingreen/Poscher, Grundrechte).

Kloth Karsten, Anenzephale als Organspender – Eine rechtsvergleichende Betrachtung, MedR 1994, 180 ff.

Kobińska Anna, Zakres autonomii pacjenta na przykładzie niewyrażenia zgody na zastosowanie preparatu krwi podczas ewentualnej interwencji medycznej w bliżej nieokreślonej przyszłości, Transformacje Prawa Prywatnego 3–4/2006, S. 35 ff.

Koch Arnd, Der „Spanner-Fall“, JA 2006, 806 ff.

Koch Klaus / Gerber Andreas, QALYs in der Kosten-Nutzen-Bewertung. Rechnen in drei Dimensionen“, in BARMER GEK Gesundheitswesen aktuell 2010, S. 32 ff. auf https://www.barmer.de/blob/71070/06873e0cafacb1092caa3e51c7dda d8d/data/qalys-in-der-kosten-nutzen-bewertung.pdf, abgerufen am 30.11.2018 (zitiert: Koch/Gerber, QALYs).

Konarska-Wrzosek Violetta, Ochrona dziecka w polskim prawie karnym, Toruń 1999 (zitiert: Konarska-Wrzosek, Ochrona dziecka).

Konarska-Wrzosek Violetta (Hrsg.), Kodeks karny. Komentarz, LEX 2016, Online-Kommentar auf https://sip.lex.pl/#/commentary/587715791/513231, abgerufen am 24.03.2018 (zitiert: Konarska-Wrzosek/Bearbeiter, Komentarz).

Konieczniak Przemysław, W sprawie eutanatycznej pomocy do samobójstwa, Państwo i Prawo 1999 Nr. 5, S. 75 f.

Kowalczyk Magdalena, Opieka paliatywna jako jedna z form opieki nad pacjentem terminalnie chorym, Państwo i Społeczeństwo 2012 Nr. 2, S. 73 f. auf http://pis.ka.edu.pl/numery/2012-2-Kowalczyk.pdf, abgerufen am 10.04.2015.

Kowalska Dorota, Eutanazja w polskim prawie karnym a granice dopuszczalności interwencji lekarskiej, Prokuratura i Prawo 2002 Nr. 1, S. 86 ff.

Kozielewicz Wiesław, Zabójstwo eutanatyczne w polskiej legislacji i orzecznictwie Sądu Najwyższego, in: Mozgawa Marek (Hrsg.), Eutanazja, S. 106 ff. (zitiert: Kozielewicz, Zabójstwo eutanatyczne).

Krajewski Radosław, Prawne kontrowersje ochrony życia człowieka. Studium z prawa polskiego i prawa kanonicznego, Płock 2004 (zitiert: Krajewski, Kontrowersje ochrony życia).

Krajewski Radosław, Przestępstwo eutanazji w kodeksie karnym z 1997 r., Prokuratura i Prawo 2005 Nr. 2, S. 65 ff.

Krajewski Romuald, Debata: Czym jest uporczywa terapia? 22.01.–01.02.2009. Czy powinno się mówić o „terapii uporczywej“?, auf http://www.ptb.org.pl/pdf/Krajewski_uporczywa_terapia_1.pdf, abgerufen 30.10.2017 (zitiert: Krajewski, Czy powinno się mówić).

Królikowski Michał, Okoliczności wyłączające bezprawność jako konstrukcja sprawiedliwości korygującej, Czasopismo Prawa Karnego i Nauk Penalnych 2010 Nr. 2, S. 5 ff.

Królikowski Michał / Zawłocki Robert, Kodeks karny. Część szczególna, Tom I, Komentarz, Art. 117–221, 4. Auflage, Warszawa 2017 (zitiert Królikowski/Zawłocki-Bearbeiter).

Księżopolska-Breś Agnieszka, Odpowiedzialność karna za dzieciobójstwo w prawie polskim, Warszawa 2010 (zitiert: Księżopolska-Breś, Dzieciobójstwo).

Kubiak Rafał, Prawo medyczne, 3. Auflage, Warszawa 2017 (zitiert: Kubiak, Prawo medyczne).

Kubiciel Michael, Tötung auf Verlangen und assistierter Suizid als selbstbestimmtes Sterben?, JZ 2009, 600 ff.

Kubiciel Michael, Entscheidungsbesprechung, Zur Strafbarkeit des Abbruchs künstlicher Ernährung, ZJS 2010, 656 ff.

Kubiciel Michael, Tötung auf Verlangen – Ein Verbot und seine Ausnahmen, Ad Legendum 2011, 361 ff.

Kubicki Leszek, Unterlassungsdelikte im neuen polnischen Strafgesetzbuch, in: Wolf Gerhard (Hrsg.), Kriminalität im Grenzgebiet Band 5/6: Das neue polnische Strafgesetzbuch (Kodeks karny), S. 105 ff. (zitiert: Kubicki, Unterlassungsdelikte).

Kuczma Paweł, Prawna ochrona życia, in: Jabłoński Mariusz (Hrsg.) Realizacja i ochrona konstytucyjnych wolności i praw jednostki w polskim porządku prawnym, Wrocław 2014, S. 29 ff., auf http://www.bibliotekacyfrowa.pl/Content/52906/Realizacja_i_ochrona_konstytucyjnych_praw.pdf, abgerufen am 24.05.2017 (zitiert: Kuczma, Prawna ochrona życia).

Kühl Kristian, Rechtfertigung vorsätzlicher Tötungen im Allgemeinen und speziell bei Sterbehilfe, Jura 2009, 881 ff.

Kulesza Jan, Brak zgody pacjenta na zabieg leczniczy a lekarski obowiązek udzielenia pomocy, Prawo i Medycyna 2005 Nr. 19, S. 74 ff.

Kulesza Jan, Zgoda pacjenta na zabieg leczniczy a odpowiedzialność karna za nieudzielenie pomocy (art. 162 k.k.), Przegląd Sądowy 2007 Nr. 5, S. 59 ff.

Kulesza Jan, Czy państwo może mordować własnych obywateli? Zestrzelenie samolotu typu renegade w świetle prawa karnego – zarys problemu, Czasopismo Prawa Karnego i Nauk Penalnych 2009 Nr. 3, S. 5 ff.

Kutzer Klaus, Strafrechtliche Grenzen der Sterbehilfe, NStZ 1994, 110 ff.

Kutzer Klaus, Sterbehilfeproblematik in Deutschland: Rechtsprechung und Folgen f[r die klinische Praxis, MedR 2001, 77 ff.

Kutzer Klaus, Die Auseinandersetzung mit der aktiven Sterbehilfe – Ein spezifisches Problem der Deutschen, ZRP 2003, 209 ff.

Kutzer Klaus, Der Gesetzgeber muss die Sterbebegleitung regeln: Die Patientenverfügung sollte stets verbindlich sein, ZRP 2005, 278 f.

Kutzer Klaus, Die gegenwärtige Rechtslage der Behandlung Schwerstkranker bei irreversiblen Schäden, in: Thiele Felix (Hrsg.), Aktive und Passive Sterbehilfe – medizinische, rechtswissenschaftliche und philosophische Aspekte, 2. Auflage München 2010, S. 69 ff. S. (zitiert: Kutzer, Behandlung Schwerstkranker).

Kutzer Klaus, Vorausverfügter Verzicht auf lebenserhaltende Maßnahmen und das Verbot der Tötung auf Verlangen, in: Fischer Thomas / Bernsmann Klaus (Hrsg.), Festschrift für Ruth Rissing-van Saan zum 65. Geburtstag am 25.11.2011, Berlin 2011, S. 337 ff. (zitiert: Kutzer, FS Rissing-van Saan).

Laber Jörg, Die rechtlichen Probleme der Früheuthanasie, MedR 1990, 182 ff.

Lackner Karl / Kühl Kristian, Strafgesetzbuch – Kommentar, 29. Auflage, München 2018 (zitiert: Lackner/Kühl).

Lang Wiesław, Prawne problemy prokreacji, Toruń 2000 (zitiert: Lang, Prawne problemy).

Lanzrath Sascha / große Deters Folke, Nothilfe durch Eingriff in Rechtsgüter des Angegriffenen? Zugleich Anm. zu BGH, Urteil vom 15.06.2010, 2 StR 454/09, HRRS 2011, 161 ff.

Lasson Maximilian, Eigenverantwortliche Selbstgefährdung und einverständliche Fremdgefährdung. Überblick über einen nach wie vor aktuellen Streit in der Strafrechtsdogmatik, ZJS 2009, 359 ff.

Laufs Adolf, Pränatale Diagnostik und Lebensschutz aus arztrechtlicher Sicht, MedR 1990, 231 ff.

Leibholz Gerhard / Rinck Hans-Justus, Grundgesetz. Rechtsprechung des BVerfG. Kommentar, Stand: November 2020 (zitiert: Leibholz/Rinck).

Leipziger Kommentar, Strafgesetzbuch Großkommentar, Laufhütte Heinrich Wilhelm, Rissing-van Saan Ruth, Tiedemann Klaus (Hrsg.), Band 1: §§ 1–31 StGB, 12. Auflage, Berlin 2007 (zitiert: LK-Bearbeiter).

Leipziger Kommentar, Strafgesetzbuch Großkommentar, Laufhütte Hinrich Wilhelm, Rissing-van Saan Ruth, Tiedemann Klaus (Hrsg.), Band 2: §§ 32 bis 55, 12. Auflage, Berlin 2006 (zitiert: LK-Bearbeiter).

Leipziger Kommentar, Strafgesetzbuch Großkommentar, Laufhütte Heinrich Wilhelm, Rissing-van Sann Ruth, Tedemann Klaus (Hrsg.), Band 7, 1. Teilband: §§ 211 bis 231, 12. Auflage, Berlin 2019 (zitiert: LK-Bearbeiter).

Leitfaden des Bayerischen Landespflegeausschusses, Dezember 2008, Künstliche Ernährung und Flüssigkeitsversorgung, auf https://www.unimedizin-mainz.de/fileadmin/kliniken/palliativ/Dokumente/Bayern_Leitfaden_2008.pdf, abgerufen am 25.05.2018 (zitiert: Leitfaden-Künstliche Ernährung).

Lindner Josef Franz, Grundrechtsfragen aktiver Sterbehilfe, JZ 2006, 373 ff.

Lindner Josef Franz, Verfassungswidrigkeit des – kategorischen – Verbots ärztlicher Suizidassistenz, NJW 2013, 136 ff.

Linke Tobias, Grundrechtliche Spannungslagen am Lebensende. Zur Bedeutung der grundrechtlichen Abwehrrechte, Schutzpflichten und Leistungsaspekte für die Sterbehilfe, 2004 (zitiert: Linke, Spannungslagen am Lebensende).

Liszewska Agnieszka, Odpowiedzialność karna za wykonanie zabiegu leczniczego bez zgody pacjenta (wybrane aspekty), Acta Universitatis Lodziensis 74 (2015), S. 71 ff.

v. Loewenich Volker, Grenzen der ärztlichen Behandlungspflicht bei schwerstgeschädigten Neugeborenen aus ärztlicher Sicht, MedR 1985, 30 ff.

v. Loewenich Volker, Therapiemöglichkeiten und ihre Bewertung bei schwerstgeschädigten Neugeborenen aus ärztlicher Sicht, in: Hirsche Hans Dieter/

Hirsch Günter/Graf-Baumann Toni (Hrsg.), Grenzen ärztlicher Behandlungspflicht bei schwerstgeschädigten Neugeborenen, 1. Einbecker Workshop der Deutschen Gesellschaft für Medizinrecht, 27–29. Juni 1986, Berlin 1987, S. 41 ff. (zitiert: v. Loewenisch, Therapiemöglichkeiten).

Machinek Marian, Debata: Czym jest uporczywa terapia? 22.01.–01.02.2009. Rezygnacja z terapii uporczywej oraz tzw. testament życia. Kilka uwag teologa na kanwie projektu „Ustawy o ochronie genomu ludzkiego i embrionu ludzkiego oraz Polskiej Radzie Bioetycznej i zmianie inny ustaw", auf http://www.ptb.org.pl/pdf/machinek_uporczywa_terapia_1.pdf, abgerufen am 21.01.2015 (zitiert: Machinek, Rezygnacja z terapii uporczywej).

Machinek Marian, Debata: Wokół testamentu życia 23.11–30.11.2009. Etyczna problematyka testamentu życia i innych oświadczeń pro futuro. Głos w dyskusji, auf http://www.ptb.org.pl/pdf/machinek_testament_1.pdf, abgerufen am 11.01.2015 (zitiert: Machinek, Problematyka testamentu życia).

Machinek Marian, Konflikty etyczne u kresu życia w relacji lekarz-pacjent. Refleksja w kontekście projektu powołania szpitalnych komisji etycznych, Diametros 22 (2009), S. 64 ff.

Majewski Jarosław, Karalność aborcji w Polsce w świetle ostatnich zmian legislacyjnych, Państwo i Prawo 1997 Nr. 4, S. 65 ff.

Malczewski Jacek, Kłopoty z prawną kwalifikacją lekarskiej pomocy do samobójstwa (art. 151 k.k.), Prokuratura i Prawo 2008 Nr. 11, S. 20 ff.

Malczewski Jacek, Eutanazja. Gdy etyka zderza się z prawem, 2012, Online-Version, auf https://sip.lex.pl/#/monografia/369255783/21, abgerufen am 06.10.2017 (zitiert: Malczewski, Eutanazja).

Marcinkowski Tadeusz, Medycyna sądowa dla prawników, Warszawa 1993 (zitiert: Macinkowski, Medycyna sądowa).

Marckmann Georg, PEG-Sondenernährung: Ethische Grundlagen der Entscheidungsfindung, in: Ärzteblatt Baden-Württemberg 01/2007, S. 23 ff., auf https://www.aerztekammer-bw.de/aerzteblatt/aebw-archiv/2007/Aerzteblatt_Baden-Wuerttemberg_01-2007.pdf, abgerufen am 25.05.2018.

Marek Andrzej / Konarska-Wrzosek, Violetta Prawo karne, 12. Auflage, Warszawa 2019 (zitiert: Marek/Konarska-Wrzosek).

Mathwig Frank, Gerechtfertigte Ungleichbehandlung. Ethische Anmerkungen zur Diskussion über die Zwei-Klassen-Medizin, auf https://www.kirchenbund.ch/sites/default/files/media/pdf/mitarbeiter/Mathwig/Mathwig-Gerechtfertigte-Ungleichbehandlung-IIx.pdf, abgerufen am 15.02.2019.

Maunz Theodor / Dürig Günter, Grundgesetz – Kommentar, Band I, Art. 1–5, Stand: August 2020 (zitiert: Maunz/Dürig-Bearbeiter).

Maurach Reinhart / Gössel Karl Heinz / Zipf Heinz, Strafrecht Allgemeiner Teil. Teilband 2 Erscheinungsformen des Verbrechens und Rechtsfolgen der Tat,

8. Auflage, 2014 (zitiert: Maurach/Gössel/Zipf-Bearbeiter, Allgemeiner Teil Teilband 2).

Maurach Reinhard / Schroeder Friedrich-Christian / Maiwald Manfred, Strafrecht. Besonderer Teil. Teilband 1 Straftaten gegen Persönlichkeits- und Vermögenswerte", 11. Aufl., 2019 (zitiert: Maurach/Schroeder/Maiwald, Besonderer Teil Teilband 1).

Mazur Grzegorz, Czy odstąpienie od ratowania życia jest etycznie usprawiedliwione?, Medycyna Paliatywna 2013 Nr. 1, S. 6 ff.

Mendling Werner, Ethische Probleme in der modernen Geburtsmedizin, in: Joerden Jan C. (Hrsg.), Der Mensch und seine Behandlung in der Medizin. Bloß ein Mittel zum Zweck?, Berlin 1999, S. 143 ff. (zitiert: Mendling, Geburtsmedizin).

Merkel Reinhard, Ärztliche Entscheidungen über Leben und Tod in der Perinatalmedizin – Ethische und rechtliche Probleme, Aufklärung und Kritik 1995, S. 49 ff., auf http://www.gkpn.de/A&K_SoHeft95_PeterSinger.pdf, abgerufen am 04.10.2020.

Merkel Reinhard, Tödlicher Behandlungsabbruch und mutmaßliche Einwilligung bei Patienten im apallischen Syndrom, ZStW 107 (1995), 545 ff.

Merkel Reinhard, Ärztliche Entscheidung über Leben und Tod in der Neontalmedizin, JZ 1996, 1145 ff.

Merkel Reinhard, Die chirurgische Trennung sogenannter siamesischer Zwillinge. Ethische und strafrechtliche Probleme, in: Joerden Jan C. (Hrsg.), Der Mensch und seine Behandlung in der Medizin. Bloß ein Mittel zum Zweck?, Berlin Heidelberg 1999 (zitiert: Merkel, Trennung siamesischer Zwillinge.

Merkel Reinhard, Früheuthanasie: rechtsethische und strafrechtliche Grundlagen ärztlicher Entscheidungen über Leben und Tod in der Neonatalmedizin, 2001 (zitiert: Merkel, Früheuthanasie).

Merkel Reinhard, Contra Speziesargument: Zum normativen Status des Embryos und zum Schutz der Ethik gegen ihre biologistische Degradierung, in: Damschen Gregor / Schönecker Dieter, Der moralische Status menschlicher Embryonen. Pro und contra Spezies-, Kontinuums- Identitäts- und Potentialitätsargument, Berlin 2003, S. 35 ff. (zitiert: Merkel, Contra Speziesargument).

Merkel Reinhard, Aktive Sterbehilfe – Anmerkungen zum Stand der Diskussion und zum Gesetzgebungsvorschlag des „Alternativ-Entwurfs Sterbebegleitung", in: Hoyer Andreas, Müller Henning Ernst, Pawlik Michael, Wolter Jürgen (Hrsg.), Festschrift für Friedrich-Christian Schroeder zum 70. Geburtstag, Heidelberg 2006, S. 297 ff. (zitiert: Merkel, FS Schroeder).

Merkel Christian, „Tod den Idioten" – Eugenik und Euthanasie in juristischer Rezeption vom Kaiserreich zur Hitlerzeit, Berlin 2007 (zitiert: Merkel, Eugenik und Euthanasie).

Michałek-Janiczek Iwona, Autonomia małoletniego w zakresie leczenia, Państwo i Prawo 2009 Nr. 10, S. 57 ff.

Michalska-Warias Aneta, Ustawowe znamiona zabójstwa eutanatycznego, in: Mozgawa Marek (Hrsg.), Eutanazja, Warszawa 2015, S. 121 ff. (zitiert: Michalska-Warias, Ustawowe znamiona).

Migalska Marta, Zgoda pacjenta na zabieg leczniczy. Elementy prawne, Roczniki Nauk Prawnych 2010 Nr. 1, S. 141 ff.

Misior Ewa, Verfassung der Republik Polen [Übersetzung ins Deutsche], Warszawa 2010.

Möllering Jürgen, Schutz des Lebens, Recht auf Sterben. Zur rechtlichen Problematik der Euthanasie, 1982 (zitiert: Möllering, Schutz des Lebens).

Mozgawa Marek, Kodeks karny. Komentarz, 10. Auflage, Warszawa 2021, (zitiert: Mozgawa/Bearbeiter, Komentarz).

Müller Gerhard / Knöbl Jan, Der ärztliche Behandlungsabbruch Änderung der Therapieziele am Lebensende – Rechtssicherheit für den Arzt?, in Ahrens Hans-Jürgen, von Bar Christian, Fischer Gerfried, Spickhoff Andreas, Taupitz Jochen (Hrsg.), Medizin und Haftung. Festschrift für Erwin Deutsch zum 80. Geburtstag, Berlin Heidelberg 2009, S. 371 ff. (zitiert: Müller/Knöbl, FS Deutsch).

v. Münch Ingo, Das Baby von Erlangen, JuS 1997, 248 ff.

v. Münch Ingo / Kunig Philip, Grundgesetz Kommentar, Band 1 Präambel Art. 1–69, 6. Auflage, 2012 (zitiert: Münch/Kunig-Bearbeiter).

Münchener Kommentar zum Strafgesetzbuch, Band 4: §§ 185–262 StGB, Bandredakteur: Günther M. Sander, 3. Auflage, 2017 (zitiert: MK-Bearbeiter).

Münchner Kommentar zum Bürgerlichen Gesetzbuch, Band 10, Familienrecht II §§ 1589–1921 SGB VIII, Redakteur: Dieter Schwab, 8. Auflage, München 2020 (zitiert: MüKo-Schwab/Bearbeiter).

Nacimiento Wilhelm, Das apallische Syndrom: Diagnose, Prognose und ethische Probleme, Dt. Ärztebl. (94) 1997, A-661 ff. auf http://www.aerzteblatt.de/archiv/5529/Das-apallische-Syndrom-Diagnose-Prognose-und-ethische-Probleme, abgerufen am 28.12.2014.

Nesterowicz Mirosław, Wyrok Copr. Administrative d'Appel de Paris z 9.06.1998 (D.1999.J.277), Prawo i Medycyna 2000 Nr. 5, S. 153.

Nesterowicz Mirosław, Prawo Medyczne, Warszawa 2017, (zitiert: Nesterowicz, Prawo Medyczne).

Neumann Ulfrid / Saliger Frank, Sterbehilfe zwischen Selbstbestimmung und Fremdbestimmung – Kritische Anmerkungen zur aktuellen Sterbehilfedebatte, HRRS 2006, 280 ff.

Neumann Ulfrid, Sterbehilfe im rechtfertigenden Notstand (§ 34 StGB), in: Putzke Holm, Hardtung Bernhard, Hörnle Tatjana, Merkel Reinhard, Scheinfeld Jörg, Schlehofer Horst, Seier Jürgen, Strafrecht zwischen System und Telos. Festschrift für Rolf Dietrich Herzberg zum siebzigsten Geburtstag am 14. Februar 2008, Tübingen 2008, S. 575 ff. (zitiert: Neumann, FS Herzberg).

Nunez Paz Miguel Angel, Zur Straferheblichkeit des Abbruchs der ärztlichen Behandlung in irreversiblen vegetativen Stadien, in: Heinrich Manfred, Jäger Christian, Achenbach Hans, Amelung Knut, Bottke Wilfried, Haffke Bernhard, Schünemann Bernd, Wolter Jürgen, Strafrecht als Scientia Universalis. Festschrift für Claus Roxin zum 80. Geburtstag am 15. Mai 2011, Band 1, Berlin 2011, S. 609 ff. (zitiert: Nunez Paz, FS Roxin).

Obladen Michael, Neugeborenenintensivpflege. Grundlagen, 6. Auflage, Berlin 2002 (zitiert: Oblagen, Neugeborenenintensivpflege).

Opderbecke Hans Wolfgang, Grenzen der Intensivmedizin, MedR 1985, 23 ff.

Opderbecke Hans Wolfgang / Weissauer Walther, Ein Vorschlag für Leitliniengrenzen der intensivmedizinischen Behandlungspflicht, MedR 1998, 395 ff.

Orłowski Tomasz, Zasada proporcjonalności a problem uporczywej terapii, 2009, Debata: Czym jest uporczywa terapia? 22.01.–01.02.2009, auf http://www.ptb.org.pl/pdf/Orlowski_uporczywa_terapia_1.pdf, abgerufen 11.01.2015 (zitiert: Orłowski, Zasada proporcjonalności).

Orłowski Tomasz, Debata: Wokół testamentu życia 23.11–30.11.2009. Testament biologiczny: obiecuje więcej niż jest w stanie zrealizować, auf http://www.ptb.org.pl/pdf/orlowski_testament_1.pdf, abgerufen am 11.01.2015 (zitiert: Orłowski, Testament biologiczny).

Otto Harro, Die strafrechtliche Problematik der Sterbehilfe, Jura 1999, 434 ff.

Otto Harro, Patientenautonomie und Strafrecht bei der Sterbebegleitung, NJW 2006, 2217 ff.

Pacian Jolanta, Oświadczenia pro futuro – dylematy prawne, Zeszyty Prawnicze 14.4 / 2014, S. 171 ff. auf https://czasopisma.uksw.edu.pl/index.php/zp/article/view/717, abgerufen am 17.03.2018.

Pawelczyk Bartosz, Pomoc chorym w stanach terminalnych (komentarz do art. 30, art. 31 i art. 32 Kodeksu etyki lekarskiej), Medyczna Wokanda 2015 Nr. 7, S. 65 ff.

Pawlik Michael, Der rechtfertigende Notstand. Zugleich ein Beitrag zum Problem strafrechtlicher Solidaritätspflichten, Berlin 2002 (zitiert: Pawlik, Notstand).

Pelzl Stephan, An der Grenze von Leben und Tod Euthanasie und Strafrecht, KJ 1994, 179 ff.

Pietrzak Helena, Prawo do życia, jego nienaruszalność i nierozporządzalność. Aspekty prawno-karne, Prawo Kanoniczne 56/2 (2013), S. 145 ff.

Pietrzykowski Krzysykof (Hrsg.), Kodeks rodzinny i opiekuńczy, Komentarz, 7. Auflage, Warszawa 2021 (zitiert: Pietrzykowski-Bearbeiter).

Pietrzykowski Tomasz, Spór o eutanazję, Katowice 2007 (zitiert: Pietrzykowski, Spór o eutanazję).

Płachta Michał, Prawo do umierania? Z problematyki regulacji autonomii jednostki w sprawach śmierci i umierania, Państwo i Prawo 1997 Nr. 3, S. 53 ff.

Poklewski-Koziełł Krzysztof, Obowiązek ochrony życia pacjenta a prawo człowieka do godnej śmierci (głos w dyskusji), Prawo i Medycyna 1999 Nr. 1, S. 105 ff.

Poklewski-Koziełł Krzysztof, Oświadczenie woli pro futuro pacjenta jako instytucja prawna, Państwo i Prawo 2000 Nr. 3, S. 4 ff.

Poklewski-Koziełł Krzysztof, Lekarz wobec oświadczeń woli pacjenta antycypującego swój stan terminalny (na tle rozwiązań przyjętych w Szwajcarii), Prawo i medycyna 2001 Nr. 9, S. 45 ff.

Polnische Wirtschaftsgesetze, Aktuelle Gesetzestexte in deutscher Übersetzung, 8. Auflage, Warszawa 2010 (zitiert: Polnische Wirtschaftsgesetze)

Polska Grupa Robocza ds. Problemów Końca Życia, Bołoź Wojciech, Krajnik Małgorzata, Grodzicki Tomasz, Adamczyk Anna, Aszyk Piotr, Barczak-Oplustil Agnieszka, Filipczak-Bryniarska Iwona, Czarkowski Marek, Gaciong Zbigniew, Janowiak Piotr, Jassem Ewa, Krajewski Romuald, Kobyliński Andrzej, Kuć Dariusz, Niemierko-Lichodziejewska Monika, Orońska Anna, Pawłowski Tomasz, Smoderek Karolina, Sobański Piotr, Szeroczyńska Małgorzata, Wordliczek Jerzy, Istytucja pełnomocnika medycznego w Polsce – stanowisko Polskiej Grupy Roboczej ds. Problemów Etycznych Końca Życia, Medycyna Praktyczna 2016 Nr. 5, S. 102 ff.

Polskie Towarzystwo Pediatryczne (Polnische Gesellschaft für Pädiatrie), Zaniechanie i wycofanie się z uporczywego leczenia podtrzymującego życie u dzieci. Wytyczne dla lekarzy, Warszawa 2011 auf http://www.racjonalista.pl/xpliki/wytyczne.przerwanie.leczenia.dziecka.pdf, abgerufen am 20.04.2017 (zitiert: Polskie Towarzystwo Pediatryczne).

Przyłuska-Fiszer Alicja, Aspekty etyczne sporu o przerwanie ciąży, Warszawa 1997 (zitiert: Przyłuska-Fiszer, Aspekty etyczne).

Radwański Zbigniew / Olejniczak Adam, Prawo cywilne – cześć ogólna, 16. Auflage, Warszawa 2021 (zitiert: Radwański/Olejniczak, Część ogólna).

Raszeja Stefan / Nasiołowski Władysław / Markiewicz Jan, Medycyna sądowa – Podręcznik dla studentów, 1993 (zitiert: Raszeja/Nasiołkowski/Markiewicz).

Rejman Genowefa, Odpowiedzialność karna lekarza, Warszawa 1991 (zitiert: Rejman, Odpowiedzialność karna lekarza).

Rengier Rudolf, Strafrecht Allgemeiner Teil, 13. Auflage, München 2021 (zitiert: Rengier, Allgemeiner Teil).

Richtlinie des Gemeinsamen Bundesausschusses zur Verordnung von spezialisierter ambulanter Palliativversorgung (SAPV-RL) auf https://www.g-ba.de/downloads/62-492-437/SAPV-RL_2010-04-15.pdf, abgerufen am 28.12.2014.

2. Rissing-van Saan Ruth, Strafrechtliche Aspekte der aktiven Sterbehilfe nach dem Urteil des Strafsenats des BGH v. 25.06.2010 – 2 StR 454/09, ZIS 2011, 544 ff.

Rixen Stephan, Beginn des Sterbens aus (gesundheits)sozialrechtlicher Sicht, in: Anderheiden Michael, Eckart Wolfgang Uwe, Berlin 2012, S. 93 ff. (zitiert: Rixen, Beginn des Sterbens).

Rönnau Thomas, Anmerkung zu BGH v. 13.09.1994 – 1 StR 357/94, JA 1996, 108 ff.

Rosenau Henning, Aktive Sterbehilfe, in: Heinrich Manfred, Jäger Christian, Achenbach Hans, Amelung Knut, Bottke Wilfried, Haffke Bernhard, Schünemann Bernd, Wolter Jürgen, Strafrecht als Scientia Universalis. Festschrift für Claus Roxin zum 80. Geburtstag am 15. Mai 2011, Band 1, Berlin 2011, S. 577 ff. (zitiert: Rosenau, FS Roxin).

Rosenau Henning, Die Neuausrichtung der passiven Sterbehilfe – Der Fall Putz im Urteil des BGH vom 25.06.2010 – 2 StR 454/09, in: Fischer Thomas / Bernsmann Klaus (Hrsg.), Festschrift für Ruth Rissing-van Saan zum 65. Geburtstag am 25.11.2011, Berlin 2011 (zitiert: Rosenau, FS Rissing van Saan).

Roxin Claus, An der Grenze von Begehung und Unterlassung, in: Bockelmann Paul, Kaufmann Arthur und Klug Ulrich (Hrsg.), Festschrift für Karl Engisch zum 70. Geburtstag, Frankfurt am Main 1969, S. 395 ff. (zitiert: Roxin, FS Engisch).

Roxin Claus, Anmerkung zum BGH Urt. v. 14.02.1984 1 StR 808/83, NStZ 1984, 411 f.

Roxin Claus, Der durch Menschen ausgelöste Defensivnotstand, in: Vogler Theo / Herrmann Joachim / Krümpelmann Justus / Moos Reinhard / Triffterer Otto / Leibinger Rudolf / Schlaffmeister Dieter /Meyer Jürgen / Hünde Peter, Festschrift für Hans-Heinrich Jescheck zum 70. Geburtstag, 1. Halbband, Berlin 1985, S. 457 ff. (zitiert: Roxin, FS Jescheck).

Roxin Claus, Die Sterbehilfe im Spannungsfeld von Suizidteilnahme, erlaubtem Behandlungsabbruch und Tötung auf Verlangen, NStZ 1987, 345 ff.

Roxin Claus, Der entschuldigende Notstand nach § 35 StGB – Teil 1, JA 1990, 97 ff.

Roxin Claus / Schroth Ulrich, Handbuch des Medizinstrafrechts, 4. Auflage, München 2010 (zitiert: Roxin/Schroth-Bearbeiter).

Roxin Claus, Der Abschuss gekaperter Flugzeuge zur Rettung von Menschenleben, ZIS 2011, 552 ff.

Roxin Claus, Täterschaft und Tatherrschaft, 10. Auflage, Berlin 2019 (zitiert: Roxin, Täterschaft).

Roxin Claus / Greco Luís, Strafrecht Allgemeiner Teil Band I. Grundlagen – Der Aufbau der Verbrechenslehre, 5. Auflage, München 2020 (zitiert: Roxin/Greco, Allgemeiner Teil 1).

Różański Mieczysław, Prawo do życia w Konstytucji Rzeczpospolitej Polskiej z 1997 roku, Polski Rocznik Praw Człowieka i Prawa humanitarnego 6 (2015), S. 257 ff.

Rudolphi Hans-Joachim, Examensklausur Strafrecht, Jura 1979, 39 ff.

Rusznica Aneta, Kieca Michalina, Kleska Łukasz, Eutanazja i samobójstwo. Filozoficzno-prawne refleksje nad śmiercią z wyboru, Rzeszów 2016 (zitiert: Rusznica/Kieca/Kleska, Eutanazja i samobójstwo).

Rutkowska Magdalena / Szczepaniak Sławomir, Dylematy etyczne początków życia: noworodki skrajnie niedojrzale, in: Chańska Weronika / Hartman Jan, Bioetyka w zawodzie lekarza, Warszawa 2010 (zitiert: Rutkowska/Szczepaniak, Dylematy etyczne).

Sachs Michael (Hrsg.), Grundgesetz Kommentar, 9. Auflage München 2021 (zitiert: Sachs-Bearbeiter).

Safjan Marek, Prawo i medycyna, Warszawa 1998 (zitiert: Safjan, Prawo i medycyna).

Safjan Marek, Eutanazja a autonomia pacjenta – granice ochrony prawnej, in: Łopatka Adam, Kunicka-Michalska Barbara, Kiewlicz Stefan (Hrsg.) Prawo. Społeczeństwo. Jednostka. Księga jubileuszowa dedykowana Profesorowi Leszkowi Kubickiemu, Warszawa 2003, S. 251 ff. (zitiert: Safjan, Eutanazja).

Safjan Marek (Hrsg.), Prawo wobec medycyny i biotechnologii. Zbiór orzeczeń, Warszawa 2011 (zitiert: Safjan-Bearbeiter, Zbiór orzeczeń).

Safjan Marek / Bosek Leszek, Konstytucja RP, Tom I, Komentarz, Art. 1–86, Warszawa 2016 (zitiert: Safjan/Bosek-Bearbeiter).

Saskowicz Andrzej, Prawnokarne gwarancje prywatności, Zakamycze 2006 (zitiert: Saskowicz, Prawnokarne gwarancje prywatności).

Schaeffer Andrea, Menschenwürdiges Sterben – Funktional differenzierte Todesbilder. Vergleichende Diskursanalyse zu den Bedingungen einer neuen Kultur des Sterbens, Berlin 2008 (zitiert: Schaeffer, Menschenwürdiges Sterben).

Scheffler Uwe, Sterbehilfe mit System?, in: Joerden Jan C. (Hrsg.), Der Mensch und seine Behandlung in der Medizin. Bloß ein Mittel zum Zweck?, Berlin 1999, S. 249 ff. (zitiert: Scheffler, Sterbehilfe).

Scheffler Uwe, Wozu eigentlich Medizinethik, in: Joerden Jan C. (Hrsg.), Der Mensch und seine Behandlung in der Medizin. Bloß ein Mittel zum Zweck?, 1999, S. 67 ff. (zitiert: Scheffler, Medizinethik).

Scheffler Uwe, Aktive Sterbehilfe ist erlaubt!, in: Joerden, Jan C. / Neumann Josef N. (Hrsg.), Medizinethik 2, Studien zur Ethik in Ostmitteleuropa, Band 2, Frankfurt/Main 2001, S. 45 ff. (zitiert: Scheffler, Aktive Sterbehilfe).

Scheffler Uwe / Matthies Kamila, Die vorsätzlichen Tötungsdelikte im polnischen und deutschen Strafrecht, in: Wolf Gerhard (Hrsg.), Kriminalität im Grenzgebiet, Band 5/6: Das neue polnische Strafgesetzbuch (Kodeks Karny), 2002, S. 243 ff. (zitiert: Scheffler/Matthies, Tötungsdelikte)

Schlüter Julia, Schutzkonzepte für menschliche Keimbahnzellen in der Fortpflanzungsmedizin, Berlin 2008 (zitiert: Schlüter, Schutzkonzepte).

Schmitt Rudolf, Euthanasie aus der Sicht des Juristen, JZ 1979, 462 ff.

Schöch Heinz, Beendigung lebenserhaltender Maßnahmen, NStZ 1995, 153 ff.

Schöch Heinz, Die erste Entscheidung des BGH zur sog. indirekten Sterbehilfe – Zum Urteil des BGH vom 15.11.1996 – 3 StR 79/96, NStZ 1997, 409 ff.

Schöch Heinz, Offene Fragen zur Begrenzung lebensverlängernder Maßnahmen, in: Weigend Thomas, Küpper Georg (Hrsg.), Festschrift für Hans Joachim Hirsch zum 70. Geburtstag am 11. April 1999, Berlin 1999, S. 693 ff. (zitiert: Schöch, FS Hirsch).

Schöch Heinz / Verrel Torsten, Alternativ-Entwurf Sterbebegleitung, GA 2005, 553 ff.

Schockenhoff Eberhard, Pro Speziesargument: Zum moralischen und ontologischen Status des Embryos, in: Damschen Gregor / Schönecker Dieter (Hrsg.), Der moralische Status menschlicher Embryonen: pro und contra Spezies-, Kontinuums-, Identitäts- und Potentialitätsargument, Berlin 2003, S. 11 ff. (zitiert: Schockenhoff, Pro Speziesargument).

Schönke Adolf / Schröder Horst, Strafgesetzbuch – Kommentar, 30. Auflage, München 2019 (zitiert: Sch/Sch-Bearbeiter).

Schramm Edward, Ehe und Familie im Strafrecht. Eine strafrechtsdogmatische Untersuchung, Tübingen 2011 (zitiert: Schramm, Ehe und Familie).

Schreiber Hans-Ludwig, Das Recht auf den eigenen Tod – zur gesetzlichen Neuregelung der Sterbehilfe, NStZ 1986, 337 ff.

Schroth Ulrich, Die berechtigte Geschäftsführung ohne Auftrag als Rechtfertigungsgrund im Strafrecht, JuS 1992, 478.

Schroth Ulrich, Sterbehilfe als strafrechtliches Problem – Selbstbestimmung und Schutzwürdigkeit des tödlich Kranken, GA 2006, 563 ff.

Schwab Dieter, Familienrecht, 25. Auflage, München 2017 (zitiert: Schwab, Familienrecht)

Sieńko Agnieszka, Debata: Wokół testamentu życia 23.11.–30.11.2009, Testament życia i inne oświadczenia pro futuro – głos w dyskusji, auf https://www.ptb.org.pl/pdf/sienko_testament_1.pdf, abgerufen am 15.02.2015 (zitiert: Sieńko, Testament życia).

Ślipko Tadeusz, Granice życia. Dylematy współczesnej bioetyki, Kraków 1994 (zitiert: Ślipko, Granice życia).

Śliwka Marcin, Prawa pacjenta w prawie polskim na tle prawnoporownawczym, Toruń 2008 (zitiert: Śliwka, Prawa pacjenta).

Śliwka Marcin, Debata: Wokół testamentu życia 23.11–30.11.2009. Testament życia i inne oświadczenia pro futuro / przyczynek do dyskusji, auf http://www.ptb.org.pl/pdf/sliwka_testament_1.pdf, abgerufen am 15.01.2015 (zitiert: Śliwka, Testament życia).

Śliwka Marcin, Wokół testamentu życia – podsumowanie debary, Diametros 22 (2009), S. 227.

Smyczyński Tadeusz / Andrzejewski Marek, Prawo rodzinne i opiekuncze, 10. Auflage, Warszawa 2020 (zitiert: Smyczyński, Prawo rodzinne).

Sobański Piotr, Debata: Czym jest uporczywa terapia? 22.01.–01.02.2009. Czym jest uporczywa terapia?, auf http://www.ptb.org.pl/pdf/Sobanski_uporczywa_terapia_1.pdf, abgerufen am 11.05.2015 (zitiert: Sobański, Czym jest uporczywa terapia).

Sobczak Jacek, Znamię współczucia dla ofiary jako przesłanka eutanazji, in: Mozgawa Marek (Hrsg.) Eutanazja, Warszawa 2015, S. 156 ff. (zitiert: Sobczak, Znamię współczucia)

Sobolewski Zbigniew, Życie niewarte cierpienia, Palestra 1974 Nr. 7, S. 69 ff.

Sonnen Bernd-Rüdeger, Zwangsernährung bei Hungerstreik von Gefangenen, JA 1977, 483 f.

Sowada Christoph, Der strafrechtliche Schutz am Beginn des Lebens, GA 2011, 398 ff.

Spickhoff Andreas, Rechtssicherheit kraft Gesetzes durch sog. Patientenverfügungen?, FamRZ 2009, 1949 ff.

Sprenger, Gerhard, Allgemeine Wertvorstellungen als Entscheidungskriterium. Überlegungen zu einem Urteil des Bundesgerichtshofs, in: Joerden, Jan C. / Neumann Josef N. (Hrsg.), Studien zur Ethik in Ostmitteleuropa, Band 2, Medizinethik 2, Frankfurt/Main 2001, S. 21 ff. (zitiert: Sprenger, Allgemeine Wertvorstellungen).

Staatsanwaltschaft (StA) München, Verfügung vom 30.07.2010 – 125 Js 11736/09, NJW 2011, 345 ff.

Steenbreker Thomas, Zivilrechtliche Unbeachtlichkeit eines „natürlichen Willens" für den Widerruf der Patientenverfügung, NJW 2012, 3207 ff.

Sternberg-Lieben Detlev, Gesetzliche Regelung der Patientenverfügung – wie viel gesetzgeberischen Paternalismus verträgt die Patientenautonomie?, in: Byrd, Sharon B./ Hruschka, Joachim / Joerden, Jan C., Jahrbuch für Recht und Ethik, Band 15 (2007), Berlin 2007, S. 307 ff. (zitiert: Sternberg-Lieben, JRE, Band 15 (2007).

Sternberg-Lieben Detlev, Rechtliche Grenzen einer Patientenverfügung, in: Schneider Hendrik, Kahlo Michael, Kleszewski, Schumann Heribert (Hrsg.), Festschrift für Manfred Seebode zum 70. Geburtstag am 15. September 2008, Berlin 2008, S. 401 ff. (zitiert: Sternberg-Lieben, FS Seebode).

Sternberg-Lieben Detlev, Gesetzliche Anerkennung der Patientenverfügung: offene Fragen im Strafrecht, insbesondere bei Verstoß gegen die prozeduralen Vorschriften der §§ 1901a ff. BGB, in: Heinrich Manfred, Jäger Christian, Achenbach Hans, Amelung Knut, Bottke Wilfried, Haffke Bernhard, Schünemann Bernd, Wolter Jürgen, Strafrecht als Scientia Universalis. Festschrift für Claus Roxin zum 80. Geburtstag am 15. Mai 2011, Band 1, Berlin 2011, S. 537 ff. (zitiert: Sternberg-Lieben, FS Roxin).

Stoffers Kristian F., Sterbehilfe: Rechtsentwicklungen bei der Reanimatorproblematik, MDR 1992, 621 ff.

Student Christoph, Problem des Austrocknens von sterbenden Menschen (Online-Artikel), auf http://christoph-student.homepage.t-online.de/Downloads/Stell_zum_Probl_des_Austrockn.pdf?foo=0.6775424661484334, abgerufen am 23.01.2015.

Surówka Anna, Miejsce konstytucyjnego prawa do ochrony zdrowia w systemie praw i wolności człowieka i obywatela, Przegląd Prawa Konstytucyjnego 2012 Nr. 3, S. 91 ff.

Świderska Małgorzata, Forma zgody na zabieg medyczny, Prawo i Medycyna 2007 Nr. 2, S. 52 ff.

Świderska Małgorzata, Zgoda pacjenta na zabieg medyczny, Toruń 2007 (zitiert: Świderska, Zgoda pacjenta).

Synofzik Matthis / Marckmann Georg, Persistent vegetative state. Verdursten lassen oder sterben dürfen?, Deutsches Ärzteblatt 102 (2005), A 2079 ff., auf http://www.egt.med.uni-muenchen.de/personen/leitung/marckmann/materialien/publikationen/pvs.pdf., abgerufen am 04.01.2015 (zitiert: Synofzik/Marckmann, Deutsches Ärzteblatt 102 (2005).

Syska Maciej, Medyczne oświadczenie pro futuro na tle prawnoporównawczym, Warszawa 2013 (zitiert: Syska, Medyczne oświadczenie pro futuro).

System Prawa Karnego, Warylewski Jarosław (Hrsg), Tom 10 (Band 10): Przestępstwa przeciwko dobrom indywidualnym, 2. Auflage, Warszawa 2016, (zitiert: System Prawa Karnego-Bearbeiter).

System Prawa Medycznego. Regulacja prawna czynności medycznych. Tom II Część 2 (Band II, Teil 2), Hrsg.: Zielińska Eleonora, Warszawa 2019 (zitiert: System Prawa Medycznego-Bearbeiter).

Systematischer Kommentar zum Strafgesetzbuch, Wolter Jürgen (Hrsg.), Band I: §§ 1–37 StGB, 9. Auflage, Köln 2017 (zitiert: SK-Bearbeiter).

Systematischer Kommentar zum Strafgesetzbuch, Wolter Jürgen (Hrsg.), Band IV: §§ 174–241a StGB, 9. Auflage, Köln 2017 (zitiert: SK-Bearbeiter).

Szeroczyńska Małgorzata, Eutanazja i wspomagane samobójstwo na swiecie, Kraków 2004 (zitiert: Szeroczyńska, Eutanazja).

Szeroczyńska Małgorzata, Dopuszczalność uprzednich oświadczeń pacjenta i pełnomocnictwa medycznego de lege lata i de lege ferenda, in: Kübler Andrzej, Chęciński Igor (Hrsg.), Dylematy medyczne i prawne. Intensywna terapia bezpieczna dla lekarza i pacjenta, Wrocław 2013, S. 77 ff. (zitiert: Szeroczyńska, Dopuszczalność uprzednich oświadczeń pacjenta).

Szeroczyńska Małgorzata, Odstąpienie od uporczywej terapii del lege lata i de lege ferenda, Medycyna Paliatywna 2013 Nr. 2, S. 31 ff.

Szewczyk Kazimierz, Etyka i deontologia lekarska, Kraków 1994 (zitiert: Szewczyk, Etyka).

Szewczyk Kazimierz, Bioetyka. Medycyna na granicach życia, Warszawa 2009 (zitiert: Szewczyk, Bioetyka).

Szewczyk Kazimierz, Decyzje krytyczne w neonatologii i standardy ich podejmowania, Diametros 26 (2010), S. 96 ff.

Szkotnicki Witold / Kaczor Agnieszka, Eutanazja – aspekty społecznoprawne, Prokuratura i Prawo 1997 Nr. 2, S. 53 ff.

Szkotnicki Witold, Za i przeciw legalizacji eutanazji, Palestra 1997, Nr. 5–6, S. 15 ff.

Tag Brigitte, Der Körperverletzungstatbestand im Spannungsverhältnis zwischen Patientenautonomie und Lex artis, Berlin 2000 (zitiert: Tag, Körperverletzungstatbestand).

Thiele Felix, Aktive Sterbehilfe. Eine Einführung in die Diskussion, in: Thile Felix (Hrsg.), Aktive und passive Sterbehilfe, medizinische, rechtswissenschaftliche und philosophische Aspekte, 2005, S. 9 ff. (zitiert: Thiele, Aktive Sterbehilfe).

Tokarczyk Roman, Normatywne ujęcia antyprokreacji, Roczniki Socjologii Rodziny XII 2000, S. 213 ff.

Tokarczyk Roman, Prawa narodzin, życia i śmierci, Krakow 2006 (zitiert: Tokarczyk, Prawa narodzin).

Tolmein, Tödliches Mitleid – Kritische Anmerkung zum Urteil des BGH im „Kemptener Fall“, KJ 1996, 510 ff.

Tröndle Herbert, Warum ist die Sterbehilfe ein rechtliches Problem?, ZStW 99 (1987), 25 ff.

Tröndle Herbert, Liegenlassen eines Frühgeborenen, NStZ 1999, 461 ff.

Truszczyński Marek, Eutanazja: między zabójstwem z litości a aktem samobójstwa, Zeszyty Naukowe Ostrołęckiego Towarzystwa Naukowego 27 (2013), S. 504 ff.

Tymiński Radosław, Glosa do postanowienia z dnia 27 października 2005r. (III CK 155/05), Przegląd Sądowy 2008 Nr. 3, S. 116 ff.

Uhlig Carola/Joerden Jan C., Die Systematik der Sterbehilfearten im Lichte des BGH-Urteils vom 25. Juni 2010 („Fall Putz“), Ad Legendum 2011, 369 ff.

Ulsenheimer Klaus, Therapieabbruch beim schwerstgeschädigten Neugeborenen, MedR 1994, 425 ff.

Ulsenheimer Klaus / Gaede Karsten, Arztstrafrecht in der Praxis, 6. Auflage, Heidelberg 2021 (zitiert: Ulsenheimer/Gaede, Arztstrafrecht)

Verrel Torsten, Selbstbestimmungsrecht contra Lebensschutz, JZ 1996, 224 ff.

Verrel Torsten, Der BGH legt nach – Zulässigkeit der indirekten Sterbehilfe, MedR 1997, 248 ff.

Verrel Torsten, Ein Grundsatzurteil? Jedenfalls bitter nötig! – Besprechung der Sterbehilfeentscheidung des BGH vom 25.06.2010 – 2 StR 454/09 (Fall Fulda), NStZ 2010, 671 ff.

Vitzthum Wolfgang Graf, Die Menschenwürde als Verfassungsbegriff, JZ 1985, 201 ff.

von Loewenich Volker, Grenzen der ärztlichen Behandlungspflicht bei schwerstgeschädigten Neugeborenen aus ärztlicher Sicht, MedR 1985, 30 ff.

Wach Bogna, Próba oceny sytuacji granicznych związanych z choroba i umieraniem, Etyka Praktyczna 2012 Nr. 3, S. 41 ff., auf http://etykapraktyczna.pl/pismo/numer-3/sytuacja-graniczna-choroba-umieranie, abgerufen am 20.11.2017.

Walter Tonio, Sterbehilfe: Teleologische Reduktion des § 216 StGB statt Einwilligung! Oder Vom Nutzen der Dogmatik. Zugleich Besprechung von BGH, Urt. v. 25.06.2010 – 2 StR 454/09, ZIS 2011, 76 ff.

Warylewski Jarosław, W sprawie prawnokarnego postrzegania eutanazji, Państwo i Prawo 1999 Nr. 3, S. 75 ff.

Warylewski Jarosław, Prawo karne. Cześć ogólna, 8. Auflage, Warszawa 2020 (zitiert: Warylewski, Część ogólna).

Wąsek Andrzej, Prawnokarna problematyka samobójstwa, Warszawa 1982 (zitiert: Wąsek, Problematyka samobójstwa).

Wąsek Andrzej, Die Problematik des Selbstmordes im polnischen Strafrecht“, ZStW 95 (1983), 775 ff.

Wąsek Andrzej / Zawłocki Robert, Kodeks karny. Część szczególna. Tom I, Komentarz do art. 117–221, 4. Auflage, Warszawa 2010 (zitiert: Wąsek/Zawłocki-Bearbeiter).

Weigend Ewa, Das neue polnische StGB vom 6. Juni 1997, in: Wolf Gerhard (Hrsg.) Kriminalität im Grenzgebiet, Band 5/6: Das neue polnische Strafgesetzbuch (Kodeks Karny), 2002, S. 1 ff. (zitiert: Weigend, Das neue polnische StGB).

Weißer Bettina, Entscheidungsanmerkung EGMR (Große Kammer), Urt. v. 05.06.2015 – 46043/14 (Lambert u.a. v. Frankreich), ZJS 2015, 442 ff.

Wernstedt Thela, Behandlung von Schwerkranken und Sterbenden und Entscheidungen am Lebensende aus medizinischer Sicht, Ad Legendum 2011, 376 ff.

Wessels Johannes / Beulke Werner / Satzger Helmut, Strafrecht Allgemeiner Teil, 51. Auflage, Heidelberg 2021 (zitiert: Wessels/Beulke/Satzger, Allgemeiner Teil).

Wessels Johannes / Hettinger Michael / Engländer Armin, Strafrecht Besonderer Teil 1, Straftaten gegen Persönlichkeits- und Gemeinschaftswerte, 45. Auflage, Heidelberg 2021 (zitiert: Wessels/Hettinger/Engländer, Besonderer Teil 1).

Wichrowski Marek, Wnioskowanie „równi pochyłej“ a etyka medyczna, Etyka 1994 Nr. 27, S. 119 ff.

Wienbracke Mike, Der Verhältnismäßigkeitsgrundsatz, ZJS 2013, 148 ff.

Wilkening Karin /Kunz Roland, Sterben im Pflegeheim. Perspektiven und Praxis einer neuen Abschiedskultur, 2003 (zitiert: Wilkening/Kunz, Sterben im Pflegeheim).

Witkiewicz Monika, Rozważania wokół art. 30 Konstytucji Rzeczpospolitej Polskiej (aspekt medyczny konstytucyjnej zasady godności człowieka), Przegląd Sejmowy 2001 Nr. 6, S. 19 ff.

Wittreck Fabian, Menschenwürde und Folterverbot – Zum Dogma von der ausnahmslosen Unabwägbarkeit des Art. 1 Abs. 1 GG, DÖV 2003, 873 ff.

Wojciechowski Janusz, Kodeks Karny – Komentarz Orzecznictwo, Warszawa 2002 (zitiert: Wojciechowski, Komentarz).

Wolf Gerhard/ Zboralska Grazyna, Die Grundstruktur der polnischen und der deutschen Täterschaftslehre (Art. 18 § 1 k.k., § 25 StGB), in: Wolf Gerhard (Hrsg.), „Kriminalität im Grenzgebiet 5/6. Das neue polnische Strafgesetzbuch (Kodeks karny), 2002, S. 121 ff. (zitiert: Wolf/Zboralska).

Wróbel Włodzimierz / Zoll Andrzej, Polskie Prawo Karne – Część ogólna, Kraków 2014 (zitiert: Wróbel/Zoll, Prawo karne).

Wroniecki Jacek, Katolicka etyka wychowawcza, Tom II/2, Lublin 1995 (zitiert: Wroniecki, Etyka).

Zawadka Janusz / Balicki Ryszard, Eutanazja – „prawem do śmierci"? (Euthanasie – the „right to die"?), Przegląd Prawa Konstytucyjnego, 2015 Nr. 1, S. 135 ff., auf https://czasopisma.marszalek.com.pl/images/pliki/ppk/23/ppk2307.pdf, abgerufen am 03.10.2020.

Zielińska Eleonora, Powinności lekarza w przypadku braku zgody na leczenie oraz wobec pacjenta w stanie terminalnym, Prawo i Medycyna 2000 Nr. 5, S. 73 ff.

Zielińska Eleonora, Odpowiedzialność zawodowa lekarza i jej stosunek do odpowiedzialności karnej, Warszawa 2001 (zitiert: Zielińska, Odpowiedzialność zawodowa lekarza).

Zoll Andrzej, Okoliczności wyłączające bezprawność czynu. Zagadnienia ogólne, Warszawa 1982.

Zoll Andrzej, Odpowiedzialność karna lekarza za niepowodzenie w leczeniu, Warszawa 1988 (zitiert: Zoll, Odpowiedzialność karna lekarza).

Zoll Andrzej, Zaniechanie leczenia – aspekty prawne, Prawo i Medycyna 2000 Nr. 5, S. 31 ff.

Zoll Andrzej, Theoretische Fragen des Verbrechensaufbaus – Die Grundlage der Regelungen im neuen polnischen Strafgesetzbuch, in: Wolf Gerhard (Hrsg.) Kriminalität im Grenzgebiet, Band 5/6: Das neue polnische Strafgesetzbuch (Kodeks Karny), 2002, S. 19 ff. (zitiert: Zoll, Fragen des Verbrechensaufbaus).

Zoll Andrzej / Wróbel Włodzimierz, Kodeks karny Cześć szczególna Komentarz Tom II art. 117–211a k.k., 5. Auflage, Warszawa 2017 (zitiert: Zoll, Komentarz).

Übersetzung der verwendeten polnischen Rechtstexte[2058]

1.Konstytucja Rzeczpospolitej Polskiej – die Verfassung der Republik Polen (KRP)

Art. 30 KRP

Przyrodzona i niezbywalna godność człowieka stanowi źródło wolności i praw człowieka i obywatela. Jest ona nienaruszalna, a jej poszanowanie i ochrona jest obowiązkiem władz publicznych.

„Die Würde des Menschen ist ihm angeboren und unveräußerlich. Sie bildet die Quelle der Freiheiten und Rechte des Menschen und des Staatsbürgers. Sie ist unverletzlich, ihre Beachtung und ihr Schutz sind Verpflichtung der öffentlichen Gewalt"[2059].

Art. 31 KRP

1.Wolność człowieka podlega ochronie prawnej.
2. Każdy jest obowiązany szanować wolności i prawa innych. Nikogo nie wolno zmuszać do czynienia tego, czego prawo mu nie nakazuje.

„1. Die Freiheit des Menschen steht unter dem Schutz des Rechtes.
2. Jedermann ist verpflichtet, die Freiheiten und Rechte der anderen zu beachten. Niemand darf zu etwas gezwungen werden, was ihm nicht durch das Recht geboten ist".[2060]

Art. 32 KRP

1. Wszyscy są wobec prawa równi. Wszyscy mają prawo do równego traktowania przez władze publiczne.
2. Nikt nie może być dyskryminowany w życiu politycznym, społecznym lub gospodarczym z jakiejkolwiek przyczyny.

1. Jeder ist vor dem Gesetz gleich. Jeder hat das Recht auf die Gleichbehandlung durch die öffentliche Gewalt.

2058 Soweit nicht besonders gekennzeichnet, stammen die Übersetzungen vom Verfasser.

2059 *Misior*, Verfassung der Republik Polen, S. 12.

2060 *Misior*, Verfassung der Republik Polen, S. 12.

2. Niemand darf aus irgendeinem Grund im politischen, sozialen oder wirtschaftlichen Leben diskriminiert werden.

Art. 38 KRP

Rzeczpospolita Polska zapewnia każdemu człowiekowi prawną ochronę życia.

„Die Republik Polen gewährleistet jedem Menschen rechtlichen Schutz des Lebens“[2061].

Art. 40 Satz 1 KRP

Nikt nie może być poddany torturom ani okrutnemu, nieludzkiemu lub poniżającemu traktowaniu i karaniu. Zakazuje się stosowania kar cielesnych.

„Niemand darf der Folter oder einer grausamen, unmenschlichen oder demütigenden Behandlung oder Bestrafung unterworfen werden.“[2062] Körperstrafe ist verboten.

Art. 47 KRP

Każdy ma prawo do ochrony prawnej życia prywatnego, rodzinnego, czci i dobrego imienia oraz do decydowania o swoim życiu osobistym.

„Jedermann hat das Recht auf rechtlichen Schutz des Privat- und Familienlebens, der Ehre und des guten Rufes sowie das Recht, über sein persönliches Leben zu entscheiden“.[2063]

Art. 68 KRP

1. Każdy ma prawo do ochrony zdrowia.
2. Obywatelom, niezależnie od ich sytuacji materialnej, władze publiczne zapewniają równy dostęp do świadczeń opieki zdrowotnej finansowanej ze środków publicznych. Warunki i zakres udzielania świadczeń określa ustawa.
3. Władze publiczne są obowiązane do zapewnienia szczególnej opieki zdrowotnej dzieciom, kobietom ciężarnym, osobom niepełnosprawnym i osobom w podeszłym wieku.
4. Władze publiczne są obowiązane do zwalczania chorób epidemicznych i zapobiegania negatywnym dla zdrowia skutkom degradacji środowiska.
5. Władze publiczne popierają rozwój kultury fizycznej, zwłaszcza wśród dzieci i młodzieży.

1. Jeder hat das Recht auf Gesundheitsschutz.

2061 *Misior*, Verfassung der Republik Polen, S. 14.
2062 *Misior*, Verfassung der Republik Polen, S. 14.
2063 *Misior*, Verfassung der Republik Polen, S. 17.

2. Die öffentliche Gewalt gewährleistet den Bürgern, unabhängig von ihrer finanziellen Situation, den gleichberechtigten Zugang zu Gesundheitsleistungen, die aus öffentlichen Mitteln finanziert werden. Die Voraussetzungen und der Umfang der Leistungserbringung werden im Gesetz festgelegt.
3. Die öffentliche Gewalt ist verpflichtet, Kindern, schwangeren Frauen, Menschen mit Behinderungen und älteren Menschen eine besondere Gesundheitsversorgung sicherzustellen.
4. Die öffentliche Gewalt ist verpflichtet, epidemisch auftretende Krankheiten zu bekämpfen und für die Gesundheit negative Auswirkungen der Umweltzerstörung zu verhindern.
5. Die öffentliche Gewalt unterstützt die Entwicklung der Körperkultur, insbesondere bei Kindern und Jugendlichen.

Art. 72 KRP

1. Rzeczpospolita Polska zapewnia ochronę praw dziecka. Każdy ma prawo żądać od organów władzy publicznej ochrony dziecka przed przemocą, okrucieństwem, wyzyskiem i demoralizacją.
2. Dziecko pozbawione opieki rodzicielskiej ma prawo do opieki i pomocy władz publicznych.
3. W toku ustalania praw dziecka organy władzy publicznej oraz osoby odpowiedzialne za dziecko są obowiązane do wysłuchania i w miarę możliwości uwzględnienia zdania dziecka.
4. Ustawa określa kompetencje i sposób powoływania Rzecznika Praw Dziecka.

1. Die Republik Polen gewährleistet den Schutz der Kinderrechte. Jeder hat das Recht, von der öffentlichen Gewalt den Schutz des Kindes vor Gewalt, Grausamkeit, Ausbeutung und Demoralisierung zu verlangen.
2. Das Kind, das der Elterngewalt nicht untersteht, hat das Recht auf die Fürsorge und Unterstützung durch die öffentliche Gewalt.
3. Bei der Bestimmung der Rechte des Kindes sind die Behörden und die für das Kind verantwortlichen Personen verpflichtet, es anzuhören und nach Möglichkeit die Meinung des Kindes zu berücksichtigen.
4. Das Gesetz bestimmt die Zuständigkeiten und die Art und Weise der Ernennung des Beauftragten für Kinderrechte.

2.Kodeks karny – das polnische Strafgesetzbuch (KK)

Art. 1 KK

§ 1. Odpowiedzialności karnej podlega ten tylko, kto popełnia czyn zabroniony pod groźbą kary przez ustawę obowiązującą w czasie jego popełnienia.
§ 2. Nie stanowi przestępstwa czyn zabroniony, którego społeczna szkodliwość jest znikoma.
§ 3. Nie popełnia przestępstwa sprawca czynu zabronionego, jeżeli nie można mu przypisać winy w czasie czynu.

„§ 1. Der strafrechtlichen Verantwortlichkeit unterliegt nur derjenige, der eine verbotene Tat begeht, die zum Zeitpunkt ihrer Begehung unter Strafe nach geltendem Recht steht.
§ 2. Eine verbotene Tat ist keine Straftat, wenn ihre soziale Schädlichkeit gering ist".[2064]
§ 3. Es begeht keine Straftat, wem die Schuld zum Zeitpunkt ihrer Begehung nicht zugeschrieben werden kann.

Art. 6 § 1 KK

Czyn zabroniony uważa się za popełniony w czasie, w którym sprawca działał lub zaniechał działania, do którego był obowiązany.

Eine verbotene Tat gilt zu dem Zeitpunkt als begangen, in dem der Täter gehandelt oder die Handlung unterlassen hat, zu der er verpflichtet war.

Art. 9 § 1 KK

Czyn zabroniony popełniony jest umyślnie, jeżeli sprawca ma zamiar jego popełnienia, to jest chce go popełnić albo przewidując możliwość jego popełnienia, na to się godzi.

„Eine verbotene Tat ist vorsätzlich begangen, wenn der Täter in der Absicht handelt, diese zu begehen, das heißt, (dass) er den Willen hat, die Tat zu begehen oder aber die Möglichkeit der Tatbegehung voraussieht und sich damit einverstanden erklärt".[2065]

Art. 25 KK

§ 1. Nie popełnia przestępstwa, kto w obronie koniecznej odpiera bezpośredni, bezprawny zamach na jakiekolwiek dobro chronione prawem.
§ 2. W razie przekroczenia granic obrony koniecznej, w szczególności gdy sprawca zastosował sposób obrony niewspółmierny do niebezpieczeństwa zamachu, sąd może zastosować nadzwyczajne złagodzenie kary, a nawet odstąpić od jej wymierzenia.
§ 2a. Nie podlega karze, kto przekracza granice obrony koniecznej, odpierając zamach polegający na wdarciu się do mieszkania, lokalu, domu albo na przylegający do nich ogrodzony teren lub odpierając zamach poprzedzony wdarciem się do tych miejsc, chyba że przekroczenie granic obrony koniecznej było rażące.
§ 3. Nie podlega karze, kto przekracza granice obrony koniecznej pod wpływem strachu lub wzburzenia usprawiedliwionych okolicznościami zamachu.
§ 4. (uchylony)
§ 5. (uchylony)

2064 *Chudzik et al.*, Strafgesetzbuch und Übertretungsgesetzbuch, S. 9.
2065 *Chudzik et al.*, Strafgesetzbuch und Übertretungsgesetzbuch, S. 11.

§ 1. Es begeht keine Straftat, wer in Notwehr einen unmittelbaren, rechtswidrigen Angriff auf ein rechtlich geschütztes Gut abwendet.
§ 2. Im Falle des Überschreitens der Grenzen der Notwehr, insbesondere wenn der Täter eine gegenüber der Verletzungsgefahr unverhältnismäßige Verteidigungshandlung angewendet hat, kann das Gericht eine außerordentliche Strafmilderung anwenden oder sogar von der Strafe absehen.
§ 2a. Es wird nicht bestraft, wer die Grenzen der Notwehr überschreitet, indem er einen Angriff abwendet, der in dem Einbruch in die Wohnung, das Lokal, das Haus oder das an sie angrenzende umzäunte Grundstück besteht oder indem er einen Angriff abwendet, dem der Einbruch in diese Räumlichkeiten vorausgegangen ist, es sei denn, das Überschreiten der Grenzen der Notwehr war grob unverhältnismäßig.
§ 3. Es wird nicht bestraft, wer die Grenzen der Notwehr unter dem Einfluss von Angst oder Aufregung, die durch die Umstände des Angriffs gerechtfertigt ist, überschreitet.
§ 4. (aufgehoben)
§ 5. (aufgehoben)

Art. 26 KK

§ 1. Nie popełnia przestępstwa, kto działa w celu uchylenia bezpośredniego niebezpieczeństwa grożącego jakiemukolwiek dobru chronionemu prawem, jeżeli niebezpieczeństwa nie można inaczej uniknąć, a dobro poświęcone przedstawia wartość niższą od dobra ratowanego.
§ 2. Nie popełnia przestępstwa także ten, kto, ratując dobro chronione prawem w warunkach określonych w § 1, poświęca dobro, które nie przedstawia wartości oczywiście wyższej od dobra ratowanego.
§ 3. W razie przekroczenia granic stanu wyższej konieczności, sąd może zastosować nadzwyczajne złagodzenie kary, a nawet odstąpić od jej wymierzenia.
§ 4. Przepisu § 2 nie stosuje się, jeżeli sprawca poświęca dobro, które ma szczególny obowiązek chronić nawet z narażeniem się na niebezpieczeństwo osobiste.
§ 5. Przepisy § 1–3 stosuje się odpowiednio w wypadku, gdy z ciążących na sprawcy obowiązków tylko jeden może być spełniony.

§ 1. Es begeht keine Straftat, wer zu dem Zweck handelt, eine unmittelbare Gefahr für ein rechtlich geschütztes Gut abzuwenden, die nicht anders abgewendet werden kann, und wenn das geopferte Gut gegenüber dem geschützten Gut weniger wertvoll ist.
§ 2. Es begeht auch keine Straftat, wer unter den in § 1 genannten Voraussetzungen ein rechtlich geschütztes Gut rettet und dabei ein Gut opfert, das nicht offensichtlich wertvoller ist als das gerettete Gut.
§ 3. Im Falle des Überschreitens der Grenzen des Notstandes kann das Gericht eine außerordentliche Strafmilderung anwenden oder von der Strafe absehen.
§ 4. Die Bestimmung des § 2 ist nicht anzuwenden, wenn der Täter ein Gut opfert, das er besonders zu schützen verpflichtet ist, auch unter Einsatz eigenen Lebens.

§ 5. Die Bestimmungen der § 1–3 gelten entsprechend, wenn nur eine der dem Täter obliegenden Pflichten erfüllt werden kann.

Art. 28 § 2 KK

Odpowiada na podstawie przepisu przewidującego łagodniejszą odpowiedzialność sprawca, który dopuszcza się czynu w usprawiedliwionym błędnym przekonaniu, że zachodzi okoliczność stanowiąca znamię czynu zabronionego, od której taka łagodniejsza odpowiedzialność zależy.

Nach der Vorschrift, die die mildere Bestrafung des Täters vorsieht, wird bestraft, wer eine Straftat in einem entschuldigten Irrtum begeht, dass ein Tatbestandsmerkmal vorliegt, das die mildere Bestrafung begründet.

Art. 18 § 3 KK

Odpowiada za pomocnictwo, kto w zamiarze, aby inna osoba dokonała czynu zabronionego, swoim zachowaniem ułatwia jego popełnienie, w szczególności dostarczając narzędzie, środek przewozu, udzielając rady lub informacji; odpowiada za pomocnictwo także ten, kto wbrew prawnemu, szczególnemu obowiązkowi niedopuszczenia do popełnienia czynu zabronionego swoim zaniechaniem ułatwia innej osobie jego popełnienie.

„Wegen Beihilfe wird bestraft, wer in der Absicht, dass eine andere Person eine verbotene Tat begeht, mit seinem Verhalten die Begehung dieser Tat begünstigt, insbesondere durch Bereitstellen des Tatwerkzeugs, des Transportmittels, durch Erteilung von Ratschlägen oder Informationen; wegen Beihilfe wird auch derjenige bestraft, wer entgegen der besonderen Rechtspflicht zur Nichtzulassung der Begehung einer verbotenen Tat durch sein Unterlassen ihre Begehung durch eine andere Person begünstigt“.[2066]

Art. 53 § 1 KK

Sąd wymierza karę według swojego uznania, w granicach przewidzianych przez ustawę, bacząc, by jej dolegliwość nie przekraczała stopnia winy, uwzględniając stopień społecznej szkodliwości czynu oraz biorąc pod uwagę cele zapobiegawcze i wychowawcze, które ma osiągnąć w stosunku do skazanego, a także potrzeby w zakresie kształtowania świadomości prawnej społeczeństwa.

Das Gericht verhängt die Strafe nach eigenem Ermessen im Rahmen des Gesetzes, wobei es darauf achtet, dass ihre Schwere unter Berücksichtigung des Grades der sozialen Schädlichkeit und unter Berücksichtigung der präventiven und erzieherischen Ziele den Grad der Schuld nicht überschreitet, die in Beziehung zum

---

2066 *Chudzik et al.*, Strafgesetzbuch und Übertretungsgesetzbuch, S. 17

Täter zu erreichen sind, sowie auch der Bedürfnisse im Bereich der Gestaltung des Rechtsbewusstseins in der Gesellschaft.

Art. 66 § 3 KK

W wypadku, gdy pokrzywdzony pojednał się ze sprawcą, sprawca naprawił szkodę lub pokrzywdzony i sprawca uzgodnili sposób naprawienia szkody, warunkowe umorzenie może być zastosowane do sprawcy przestępstwa zagrożonego karą nie przekraczającą 5 lat pozbawienia wolności.

Für den Fall, dass sich der Verletzte mit dem Täter versöhnt hat, der Täter den Schaden wiedergutgemacht hat oder der Täter und das Opfer die Art und Weise der Schadenswiedergutmachung vereinbart haben, kann auf den Täter eine Einstellung unter Auflagen angewendet werden, wenn die Straftat mit einer Strafe bis zu 5 Jahren Freiheitsstrafe bedroht ist.

Art. 115 § 2 KK

Przy ocenie stopnia społecznej szkodliwości czynu sąd bierze pod uwagę rodzaj i charakter naruszonego dobra, rozmiary wyrządzonej lub grożącej szkody, sposób i okoliczności popełnienia czynu, wagę naruszonych przez sprawcę obowiązków, jak również postać zamiaru, motywację sprawcy, rodzaj naruszonych reguł ostrożności i stopień ich naruszenia.

Bei der Beurteilung des Grades der sozialen Schädlichkeit einer Tat berücksichtigt das Gericht Art und Charakter des verletzten Gutes, das Ausmaß des verursachten oder drohenden Schadens, die Art und Weise sowie die Umstände der Tatbegehung, das Gewicht der vom Täter verletzten Pflichten, die Form des Vorsatzes, die Art der verletzten Vorsichtsregeln und den Grad ihrer Verletzung.

Art. 148 KK

§ 1. Kto zabija człowieka, podlega karze pozbawienia wolności na czas nie krótszy od lat 8, karze 25 lat pozbawienia wolności albo karze dożywotniego pozbawienia wolności.
§ 2. Kto zabija człowieka:
1) ze szczególnym okrucieństwem,
2) w związku z wzięciem zakładnika, zgwałceniem albo rozbojem,
3) w wyniku motywacji zasługującej na szczególne potępienie,
4) z użyciem materiałów wybuchowych,
podlega karze pozbawienia wolności na czas nie krótszy od lat 12, karze 25 lat pozbawienia wolności albo karze dożywotniego pozbawienia wolności.
§ 3. Karze określonej w § 2 podlega, kto jednym czynem zabija więcej niż jedną osobę lub był wcześniej prawomocnie skazany za zabójstwo oraz sprawca zabójstwa funkcjonariusza publicznego popełnionego podczas lub w związku z pełnieniem przez niego obowiązków służbowych związanych z ochroną bezpieczeństwa ludzi lub ochroną bezpieczeństwa lub porządku publicznego.

§ 4. Kto zabija człowieka pod wpływem silnego wzburzenia usprawiedliwionego okolicznościami, podlega karze pozbawienia wolności od roku do lat 10.

§ 1. Wer einen Menschen tötet, wird mit Freiheitsstrafe von mindestens 8 Jahren, Freiheitsstrafe von 25 Jahren oder mit lebenslanger Freiheitsstrafe bestraft.
§ 2. Wer einen Menschen tötet:
1) besonders grausam,
2) im Zusammenhang mit einer Geiselnahme, einer Vergewaltigung oder einem Raub,
3) aus besonders verwerflichen Beweggründen,
4) unter Verwendung von Sprengstoffen,
wird mit Freiheitsstrafe von mindestens 12 Jahren, Freiheitsstrafe von 25 Jahren oder mit lebenslanger Freiheitsstrafe bestraft.
§ 3. Der Strafe nach § 2 unterliegt, wer mit einer Handlung mehr als einen Menschen tötet oder wer bereits wegen einer Tötung rechtskräftig verurteilt war oder wer einen öffentlichen Amtsträger während oder im Zusammenhang mit der Ausübung seines Amtes verbunden mit dem Schutz der menschlichen Sicherheit oder dem Schutz der öffentlichen Sicherheit oder Ordnung tötet.
§ 4. Wer einen Mann unter dem Einfluss starker Erregung tötet, die durch die Umstände gerechtfertigt ist, wird mit Freiheitsstrafe bis zu 10 Jahren bestraft.

Art. 149 KK

Matka, która zabija dziecko w okresie porodu pod wpływem jego przebiegu, podlega karze pozbawienia wolności od 3 miesięcy do lat 5.

Die Mutter, die das Kind während der Geburt unter dem Einfluss ihres Verlaufs tötet, wird mit Freiheitsstrafe von 3 Monaten bis 5 Jahren bestraft.

Art. 150 KK

§ 1. Kto zabija człowieka na jego żądanie i pod wpływem współczucia dla niego, podlega karze pozbawienia wolności od 3 miesięcy do lat 5.
§ 2. W wyjątkowych wypadkach sąd może zastosować nadzwyczajne złagodzenie kary, a nawet odstąpić od jej wymierzenia.

„§ 1. Wer einen Menschen auf dessen Verlangen und aus Mitleid mit diesem tötet, wird mit Freiheitsstrafe von 3 Monaten bis 5 Jahren bestraft“.[2067]
§ 2. In Ausnahmefällen kann das Gericht die Strafe außerordentlich mildern oder sogar von ihr absehen.

2067 *Chudzik et al.*, Strafgesetzbuch und Übertretungsgesetzbuch, S. 123.

Art. 151 KK

Kto namową lub przez udzielenie pomocy doprowadza człowieka do targnięcia się na własne życie, podlega karze pozbawienia wolności od 3 miesięcy do lat 5.

„Wer durch Überredung oder Hilfeleistung einen Menschen dazu bringt, die Hand an sich zu legen, wird mit Freiheitsstrafe von 3 Monaten bis zu 5 Jahren bestraft“.[2068]

Art. 152 KK

§ 1. Kto za zgodą kobiety przerywa jej ciążę z naruszeniem przepisów ustawy, podlega karze pozbawienia wolności do lat 3.
§ 2. Tej samej karze podlega, kto udziela kobiecie ciężarnej pomocy w przerwaniu ciąży z naruszeniem przepisów ustawy lub ją do tego nakłania.
§ 3. Kto dopuszcza się czynu określonego w § 1 lub 2, gdy dziecko poczęte osiągnęło zdolność do samodzielnego życia poza organizmem kobiety ciężarnej, podlega karze pozbawienia wolności od 6 miesięcy do lat 8.

§ 1. Wer mit Zustimmung der Frau die Schwangerschaft unter Verletzung der Bestimmungen des Gesetzes abbricht, wird mit Freiheitsstrafe bis zu 3 Jahren bestraft.
§ 2. Mit derselben Strafe wird bestraft, wer der schwangeren Frau Hilfe zum Schwangerschaftsabbruch unter Verletzung der Bestimmungen des Gesetzes leistet oder sie dazu überredet.
§ 3. Wer eine in § 1 oder § 2 genannte Tat begeht, wenn das ungeboren Kind die Fähigkeit zum selbstständigen Leben außerhalb des Körpers der Schwangeren erlangt hat, wird mit Freiheitsstrafe von sechs Monaten bis zu acht Jahren bestraft.

Art. 192 KK

§ 1. Kto wykonuje zabieg leczniczy bez zgody pacjenta, podlega grzywnie, karze ograniczenia wolności albo pozbawienia wolności do lat 2.
§ 2. Ściganie następuje na wniosek pokrzywdzonego.

§ 1. Wer eine Heilbehandlung ohne Zustimmung des Patienten durchführt, wird mit Geldstrafe, mit Freiheitsbeschränkungsstrafe oder Freiheitsstrafe bis zu 2 Jahren bestraft.
§ 2. Die Strafverfolgung erfolgt auf Antrag des Verletzten.

2068 *Chudzik et al.*, Strafgesetzbuch und Übertretungsgesetzbuch, S. 123

3.Kodekscywilny – das polnische Zivilgesetzbuch

Art. 95 des polnischen Zivilgesetzbuchs

§ 1. Z zastrzeżeniem wyjątków w ustawie przewidzianych albo wynikających z właściwości czynności prawnej, można dokonać czynności prawnej przez przedstawiciela.
§ 2. Czynność prawna dokonana przez przedstawiciela w granicach umocowania pociąga za sobą skutki bezpośrednio dla reprezentowanego.

„§ 1. Mit Ausnahme der gesetzlich vorgesehenen sowie der sich aus den Besonderheiten eines Rechtsgeschäfts ergebenden Fälle kann ein Rechtsgeschäft durch einen Vertreter vorgenommen werden".[2069]
„§ 2. Ein durch einen Vertreter im Rahmen seiner Vollmacht vorgenommenes Rechtsgeschäft wirkt unmittelbar gegenüber dem Vertretenen".[2070]

Art. 101 § 1 des polnischen Zivilgesetzbuches

Pełnomocnictwo może być w każdym czasie odwołane, chyba że mocodawca zrzekł się odwołania pełnomocnictwa z przyczyn uzasadnionych treścią stosunku prawnego będącego podstawą pełnomocnictwa.

„Die Vollmacht kann jederzeit widerrufen werden, es sei denn, dass der Vollmachtgeber auf den Widerruf der Vollmacht aus Gründen verzichtet hat, die auf dem Inhalt des Rechtsverhältnisses beruhen, das Grundlage der Vollmacht ist".[2071]

4.Kodeks rodzinny i opiekuńczy – das polnische Familien- und Betreuungsgesetzbuch (das polnische Familiengesetzbuch)

Art. 95 des polnischen Familiengesetzbuches

§ 1. Władza rodzicielska obejmuje w szczególności obowiązek i prawo rodziców do wykonywania pieczy nad osobą i majątkiem dziecka oraz do wychowania dziecka, z poszanowaniem jego godności i praw.
§ 2. Dziecko pozostające pod władzą rodzicielską winno rodzicom posłuszeństwo, a w sprawach, w których może samodzielnie podejmować decyzje i składać oświadczenia woli, powinno wysłuchać opinii i zaleceń rodziców formułowanych dla jego dobra.
§ 3. Władza rodzicielska powinna być wykonywana tak, jak tego wymaga dobro dziecka i interes społeczny.

2069 Polnische Wirtschaftsgesetze. S. 29.
2070 Polnische Wirtschaftsgesetze. S. 29.
2071 Polnische Wirtschaftsgesetze. S. 30.

§ 4. Rodzice przed powzięciem decyzji w ważniejszych sprawach dotyczących osoby lub majątku dziecka powinni je wysłuchać, jeżeli rozwój umysłowy, stan zdrowia i stopień dojrzałości dziecka na to pozwala, oraz uwzględnić w miarę możliwości jego rozsądne życzenia.

§ 1. Die Elterngewalt umfasst insbesondere die Verpflichtung und das Recht der Eltern, das Sorgerecht für die Person und das Vermögen des Kindes auszuüben und das Kind unter Wahrung seiner Würde und Rechte zu erziehen.
§ 2. Das Kind, das unter der Elterngewalt steht, muss seinen Eltern gehorchen und in Angelegenheiten, in denen es selbstständig Entscheidungen treffen und Willenserklärungen abgeben kann, soll es die Meinung und Empfehlungen der Eltern, die zu seinem eigenen Wohl formuliertet werden, anhören.
§ 3. Die Elterngewalt sollte entsprechend dem Wohl des Kindes und den öffentlichen Interessen ausgeübt werden.
§ 4. Die Eltern sollten, bevor sie Entscheidungen über wichtigere Angelegenheiten in Bezug auf die Person oder das Vermögen des Kindes treffen, es anhören, wenn die geistige Entwicklung, der Gesundheitszustand und der Reifegrad des Kindes dies zulassen, und nach Möglichkeit seine vernünftigen Wünsche berücksichtigen.

Art. 109 § 1 des polnischen Familiengesetzbuches

Jeżeli dobro dziecka jest zagrożone, sąd opiekuńczy wyda odpowiednie zarządzenia.

Wenn das Wohl des Kindes gefährdet ist, erlässt das Betreuungsgericht entsprechende Anordnungen.

Art. 154 des polnischen Familiengesetzbuches

Opiekun obowiązany jest wykonywać swe czynności z należytą starannością, jak tego wymaga dobro pozostającego pod opieką i interes społeczny.

Der Vormund ist verpflichtet, seine Pflichten mit der gebotenen Sorgfalt zu erfüllen, wie dies das Wohl des unter Vormundschaft Gestellten und die öffentlichen Interessen erfordern.

Art. 155 § 2 des polnischen Familiengesetzbuches

Do sprawowania opieki stosuje się odpowiednio przepisy o władzy rodzicielskiej z zachowaniem przepisów poniższych.

Auf die Vormundschaft finden die Bestimmungen über die Elterngewalt entsprechende Anwendung vorbehaltlich nachstehender Bestimmungen.

Art. 156 des polnischen Familiengesetzbuches

Opiekun powinien uzyskiwać zezwolenie sądu opiekuńczego we wszelkich ważniejszych sprawach, które dotyczą osoby lub majątku małoletniego.

Der Vormund soll die Einwilligung des Betreuungsgerichts in allen wichtigeren Angelegenheiten einholen, die die Person oder das Vermögen des Minderjährigen betreffen.

178 § 2 des polnischen Familiengesetzbuches

W zakresie nie uregulowanym przez przepisy, które przewidują ustanowienie kuratora, stosuje się odpowiednio do kurateli przepisy o opiece z zachowaniem przepisów poniższych.

In dem Bereich, der nicht durch die Bestimmungen geregelt ist, die die Ernennung eines Kurators vorsehen, gelten für die Kuratel die Vorschriften über die Vormundschaft entsprechend, vorbehaltlich der nachfolgenden Bestimmungen.

5.Kodeks postępowania karnego – die polnische StPO

Art. 414 § 1 Satz 1 der polnischen StPO

W razie stwierdzenia po rozpoczęciu przewodu sądowego okoliczności wyłączającej ściganie lub danych przemawiających za warunkowym umorzeniem postępowania, sąd wyrokiem umarza postępowanie albo umarza je warunkowo.

Werden nach der Einleitung des Gerichtsverfahrens Umstände festgestellt, die die Strafverfolgung ausschließen oder die für eine Einstellung unter Auflagen sprechen, stellt das Gericht das Verfahren im Wege eines Urteils ein oder stellt es vorläufig ein.

6.Kodeks postępowania cywilnego – die polnische ZPO

Art. 570 der polnischen ZPO

Sąd opiekuńczy może wszcząć postępowanie z urzędu.

Das Betreuungsgericht kann ein Verfahren von Amts wegen einleiten.

7.Ustawa o planowaniu rodziny, ochronie płodu ludzkiego i warunkach dopuszczalności przerywania ciąży – Gesetz über die Familienplanung, den Schutz der menschlichen Fötus und die Voraussetzungen für die Zulässigkeit des Schwangerschaftsabbruchs.

Art. 4a. Abs. 1 und 2 des Gesetzes über die Familienplanung, den Schutz der menschlichen Fötus und die Voraussetzungen für die Zulässigkeit des Schwangerschaftsabbruchs

Przerwanie ciąży może być dokonane wyłącznie przez lekarza, w przypadku gdy:
1) ciąża stanowi zagrożenie dla życia lub zdrowia kobiety ciężarnej,

2) badania prenatalne lub inne przesłanki medyczne wskazują na duże prawdopodobieństwo ciężkiego i nieodwracalnego upośledzenia płodu albo nieuleczalnej choroby zagrażającej jego życiu,
3) zachodzi uzasadnione podejrzenie, że ciąża powstała w wyniku czynu zabronionego,
4) (utracił moc).
2. W przypadkach określonych w ust. 1 pkt 2 przerwanie ciąży jest dopuszczalne do chwili osiągnięcia przez płód zdolności do samodzielnego życia poza organizmem kobiety ciężarnej; w przypadku określonym w ust. 1 pkt 3 lub 4, jeżeli od początku ciąży nie upłynęło więcej niż 12 tygodni.

1. Ein Schwangerschaftsabbruch darf nur von einem Arzt vorgenommen werden, wenn
1) Schwangerschaft eine Gefahr für das Leben oder die Gesundheit der schwangeren Frau darstellt,
2) Pränataldiagnostik oder andere medizinische Indikationen auf eine hohe Wahrscheinlichkeit der schweren und irreversiblen Beeinträchtigung des Fötus oder einer unheilbaren Krankheit hinweisen, die sein Leben gefährdet,
3) ein begründeter Verdacht besteht, dass die Schwangerschaft durch eine verbotene Handlung entstanden ist,
4) (außer Kraft getreten).
2. In den Fällen nach Absatz 1 Punkt 2 ist ein Schwangerschaftsabbruch solange erlaubt, bis der Fötus selbständig außerhalb des Körpers der schwangeren Frau leben kann; in den Fällen nach Absatz 1 Punkt 3 oder 4, solange seit dem Beginn der Schwangerschaft nicht mehr als 12 Wochen vergangen sind.

8.Ustawa o prawach pacjenta i rzeczniku praw pacjenta – Gesetz über Patientenrechte und den Beauftragten für Patientenrechte (GPR)

Art. 9 GPR

1. Pacjent ma prawo do informacji o swoim stanie zdrowia.
2. Pacjent, w tym małoletni, który ukończył 16 lat, lub jego przedstawiciel ustawowy mają prawo do uzyskania od osoby wykonującej zawód medyczny przystępnej informacji o stanie zdrowia pacjenta, rozpoznaniu, proponowanych oraz możliwych metodach diagnostycznych i leczniczych, dających się przewidzieć następstwach ich zastosowania albo zaniechania, wynikach leczenia oraz rokowaniu, w zakresie udzielanych przez tę osobę świadczeń zdrowotnych oraz zgodnie z posiadanymi przez nią uprawnieniami.
3. Pacjent lub jego ustawowy przedstawiciel mają prawo do wyrażenia zgody na udzielenie informacji wymienionych w ust. 2 innym osobom.
4. Pacjent ma prawo żądać, aby osoba wykonująca zawód medyczny nie udzielała mu informacji, o której mowa w ust. 2.
5. Po uzyskaniu informacji, o której mowa w ust. 2, pacjent ma prawo przedstawić osobie wykonującej zawód medyczny swoje zdanie w tym zakresie.

6. W przypadku określonym w art. 31 ust. 4 ustawy z dnia 5 grudnia 1996 r. o zawodach lekarza i lekarza dentysty (Dz. U. z 2017 r. poz. 125 i 767), pacjent ma prawo żądać, aby lekarz udzielił mu informacji, o której mowa w ust. 2, w pełnym zakresie.
7. Pacjent małoletni, który nie ukończył 16 lat, ma prawo do uzyskania od osoby wykonującej zawód medyczny informacji, o której mowa w ust. 2, w zakresie i formie potrzebnej do prawidłowego przebiegu procesu diagnostycznego lub terapeutycznego.

1. Der Patient hat das Recht, über seinen Gesundheitszustand informiert zu werden.
2. Der Patient, darunter auch ein Minderjähriger, der das 16. Lebensjahr vollendet hat, oder sein gesetzlicher Vertreter, hat das Recht, von der den medizinischen Beruf ausübenden Person im Rahmen der von dieser Person erbrachten Gesundheitsleistungen und in Übereinstimmung mit ihren Qualifikationen Informationen über den Gesundheitszustand des Patienten, die Diagnose, vorgeschlagene und mögliche Diagnostik- und Heilmaßnahmen, vorhersehbare Folgen deren Anwendung oder Unterlassung, Behandlungsergebnisse und Prognose zu erhalten.
3. Der Patient oder sein gesetzlicher Vertreter hat das Recht, der Weitergabe der in Abs. 2 genannten Informationen an andere Personen zuzustimmen.
4. Der Patient hat das Recht zu verlangen, dass die Person, die den medizinischen Beruf ausübt, ihm die in Abs. 1 genannten Informationen nicht erteilt.
5. Nach Erhalt der in Abs. 2 genannten Informationen hat der Patient das Recht, seine Meinung der den medizinischen Beruf ausübenden Person mitzuteilen.
6. In dem in Art. 31 Abs. 4 des Gesetzes vom 5. Dezember 1996 über den Arzt- und Zahnarztberuf (Gesetzblatt aus 2017, Position 125 und 767) beschriebenen Fall hat der Patient das Recht, vom Arzt die in Absatz 2 genannten Informationen in vollem Umfang zu verlangen.
7. Der minderjährige Patient, der das 16. Lebensjahr noch nicht vollendet hat, hat das Recht, von der Person, die den medizinischen Beruf ausübt, die in Abs. 2 genannten Informationen in dem Umfang und der Form zu erhalten, die für den ordnungsgemäßen Ablauf des diagnostischen oder therapeutischen Prozesses erforderlich sind.

Art. 16 GPR

Pacjent ma prawo do wyrażenia zgody na udzielenie określonych świadczeń zdrowotnych lub odmowy takiej zgody, po uzyskaniu informacji w zakresie określonym w art. 9.

Der Patient hat das Recht, der Erbringung bestimmter Gesundheitsleistungen zuzustimmen oder eine solche Zustimmung zu verweigern, nachdem er Informationen in dem in Art. 9 festgelegten Umfang erhalten hat.

Art. 17 GPR

1. Pacjent, w tym małoletni, który ukończył 16 lat, ma prawo do wyrażenia zgody na przeprowadzenie badania lub udzielenie innych świadczeń zdrowotnych.
2. Przedstawiciel ustawowy pacjenta małoletniego, całkowicie ubezwłasnowolnionego lub niezdolnego do świadomego wyrażenia zgody, ma prawo do wyrażenia zgody, o której mowa w ust. 1. W przypadku braku przedstawiciela ustawowego prawo to, w odniesieniu do badania, może wykonać opiekun faktyczny.
3. Pacjent małoletni, który ukończył 16 lat, osoba ubezwłasnowolniona albo pacjent chory psychicznie lub upośledzony umysłowo, lecz dysponujący dostatecznym rozeznaniem, ma prawo do wyrażenia sprzeciwu co do udzielenia świadczenia zdrowotnego, pomimo zgody przedstawiciela ustawowego lub opiekuna faktycznego. W takim przypadku wymagane jest zezwolenie sądu opiekuńczego.
4. Zgoda oraz sprzeciw, o których mowa w ust. 1–3, mogą być wyrażone ustnie albo przez takie zachowanie się osób wymienionych w tych przepisach, które w sposób niebudzący wątpliwości wskazuje na wolę poddania się czynnościom proponowanym przez osobę wykonującą zawód medyczny albo brak takiej woli.

1. Der Patient, darunter auch der Minderjährige, der das 16. Lebensjahr vollendet hat, hat das Recht zur Erklärung einer Zustimmung zur Durchführung einer medizinischen Untersuchung oder zur Erbringung anderer Gesundheitsleistungen.
2. Der gesetzliche Vertreter eines minderjährigen Patienten, eines voll Entmündigten oder eines nicht Einwilligungsfähigen, hat das Recht, die in Abs. 1 genannte Zustimmung zu erteilen. Beim Fehlen des gesetzlichen Vertreters kann dieses Recht vom tatsächlichen Betreuer in Bezug auf die medizinische Untersuchung ausgeübt werden.
3. Der minderjährige Patienten, der das 16. Lebensjahr vollendet hat, der Entmündigte oder der psychisch oder geistig Kranke, der über eine ausreichende Einsicht verfügt, hat das Recht zur Erklärung eines Widerspruchs gegen die Zustimmung des gesetzlichen Vertreters oder des tatsächlichen Betreuers zur Erbringung einer Gesundheitsleistung. In diesem Fall ist die Genehmigung des Betreuungsgerichts erforderlich.
4. Die Zustimmung und der Widerspruch nach Abs. 1–3 kann mündlich oder durch ein solches Verhalten der in diesen Bestimmungen genannten Personen erklärt werden, das zweifelsfrei den Willen zum Ausdruck bringt, sich den von einer Person, die den medizinischen Beruf ausübt, vorgeschlagenen medizinischen Maßnahmen zu unterziehen oder nicht.

Art. 18 GPR

1. W przypadku zabiegu operacyjnego albo zastosowania metody leczenia lub diagnostyki stwarzających podwyższone ryzyko dla pacjenta, zgodę, o której mowa w art. 17 ust. 1, wyraża się w formie pisemnej. Do wyrażania zgody oraz sprzeciwu stosuje się art. 17 ust. 2 i 3.

1a. W przypadku wyrażenia zgody na zabieg operacyjny albo zastosowanie metody leczenia lub diagnostyki stwarzających podwyższone ryzyko dla pacjenta za pośrednictwem Internetowego Konta Pacjenta, o którym mowa w art. 2 pkt 19 ustawy z dnia 28 kwietnia 2011 r. o systemie informacji w ochronie zdrowia (Dz. U. z 2017 r. poz. 1845 oraz z 2018 r. poz. 697 i 1515), wymagana jest forma dokumentowa.
2. Przed wyrażeniem zgody w sposób określony w ust. 1 i 1a pacjent ma prawo do uzyskania informacji, o której mowa w art. 9 ust. 2.
3. Przepisy art. 17 ust. 2–4 stosuje się odpowiednio.

1. Im Falle eines operativen Eingriffs oder der Anwendung einer Heil- oder Diagnostikmethode, die ein erhöhtes Risiko für den Patienten darstellt, ist die Zustimmung im Sinne des Art. 17 Abs. 1 schriftlich zu erklären. Auf die Erklärung der Zustimmung und des Widerspruchs ist Art. 17 Abs. 2 und 3 anzuwenden.
1a. Im Falle der Zustimmung zur Operation oder der Anwendung einer Heil- oder Diagnosemethode, die ein erhöhtes Risiko für den Patienten darstellt, über das in Art. 2 Punkt 19 des Gesetzes vom 28. April 2011 über das Informationssystem im Gesundheitswesen (Gesetzesblatt aus 2017, Position 1845 und aus 2018, Position 697 und 1515) genannte Online-Patientenkonto ist eine Dokumentenform einzuhalten.
2. Vor der Erteilung der Zustimmung nach Abs. 1 und 1a hat der Patient das Recht, die in Art. 9 Abs. 2 genannten Informationen zu erhalten.
3. Die Bestimmungen der Art. 17 Abs. 2–4 gelten entsprechend.

Art. 20 GPR

1. Pacjent ma prawo do poszanowania intymności i godności, w szczególności w czasie udzielania mu świadczeń zdrowotnych.
2. Prawo do poszanowania godności obejmuje także prawo do umierania w spokoju i godności.

1. Der Patient hat das Recht auf Achtung der Intimität und Würde, insbesondere bei der Erbringung von Gesundheitsleistungen.
2. Das Recht auf Achtung der Würde beinhaltet auch das Recht auf Sterben in Frieden und Würde.

Art. 20a GPR

1. Pacjent ma prawo do leczenia bólu.
2. Podmiot udzielający świadczeń zdrowotnych jest obowiązany podejmować działania polegające na określeniu stopnia natężenia bólu, leczeniu bólu oraz monitorowaniu skuteczności tego leczenia.

1. Der Patient hat das Recht auf Schmerzbehandlung.
2. Die Einrichtung, die Gesundheitsleistungen erbringt, ist verpflichtet, Maßnahmen zu ergreifen, die darin bestehen, den Grad der Schmerzintensität zu

bestimmen, die Schmerzbehandlung durchzuführen und die Wirksamkeit dieser Behandlung zu überwachen.

Art. 31 GPR

1. Pacjent lub jego przedstawiciel ustawowy mogą wnieść sprzeciw wobec opinii albo orzeczenia określonych w art. 2 ust. 1 ustawy z dnia 5 grudnia 1996 r. o zawodach lekarza i lekarza dentysty, jeżeli opinia albo orzeczenie ma wpływ na prawa lub obowiązki pacjenta wynikające z przepisów prawa.
2. Sprzeciw wnosi się do Komisji Lekarskiej działającej przy Rzeczniku Praw Pacjenta, za pośrednictwem Rzecznika Praw Pacjenta, w terminie 30 dni od dnia wydania opinii albo orzeczenia przez lekarza orzekającego o stanie zdrowia pacjenta.
3. Sprzeciw wymaga uzasadnienia, w tym wskazania przepisu prawa, z którego wynikają prawa lub obowiązki, o których mowa w ust. 1.
4. W przypadku niespełnienia wymagań określonych w ust. 3 sprzeciw jest zwracany osobie, która go wniosła.
5. Komisja Lekarska na podstawie dokumentacji medycznej oraz, w miarę potrzeby, po przeprowadzeniu badania pacjenta, wydaje orzeczenie niezwłocznie, nie później niż w terminie 30 dni od dnia wniesienia sprzeciwu.
6. Komisja Lekarska wydaje orzeczenie bezwzględną większością głosów w obecności pełnego składu tej komisji.
7. Od rozstrzygnięcia Komisji Lekarskiej nie przysługuje odwołanie.
8. Do postępowania przed Komisją Lekarską nie stosuje się przepisów Kodeksu postępowania administracyjnego.
9. Przepisów ust. 1–8 nie stosuje się w przypadku postępowania odwoławczego w odniesieniu do opinii i orzeczeń, uregulowanego w odrębnych przepisach.

1. Der Patient oder sein gesetzlicher Vertreter kann Einspruch gegen die in Art. 2 Abs. 1 des Gesetzes vom 5. Dezember 1996 über Arzt- und Zahnarztberuf genannten ärztlichen Beurteilungen oder ärztlichen Zeugnisse einlegen, sofern der Befund oder das Gutachten die sich aus den Rechtsvorschriften ergebenden Rechte oder Pflichten des Patienten berührt.
(2) Der Einspruch ist bei der beim Beauftragten für Patientenrechte tätigen Ärztekommission unter Vermittlung des Beauftragten für Patientenrechte innerhalb von 30 Tagen ab der Erstellung des ärztlichen Befundes oder des ärztlichen Gutachtens über den Gesundheitszustand des Patienten einzureichen.
3. Der Einspruch bedarf einer Begründung, einschließlich der Angabe des Gesetzes, aus dem sich die in Absatz 1 genannten Rechte oder Pflichten ergeben.
4. Bei Nichterfüllung der Anforderungen gemäß Absatz 3 ist der Einspruch an die Person zurückzugeben, die ihn eingelegt hat.
5. Die Ärztekommission erlässt auf der Grundlage von Krankenakten und gegebenenfalls nach Durchführung einer Patientenuntersuchung unverzüglich eine Entscheidung, spätestens jedoch innerhalb von 30 Tagen nach Einlegung des Einspruchs.

6. Die Ärztekommission erlässt ihre Entscheidung mit absoluter Stimmenmehrheit bei vollständiger Zusammensetzung dieser Kommission.
7. Gegen die Entscheidung der Ärztekommission kann kein Rechtsbehelf eingelegt werden.
8. Auf das Verfahren vor der Ärztekommission finden die Bestimmungen des (polnischen) Verwaltungsverfahrensgesetzes keine Anwendung.
9. Die Bestimmungen der Absätze 1–8 finden keine Anwendung auf Beschwerdeverfahren im Zusammenhang mit ärztlichen Befunden und ärztlichen Gutachten, die in besonderen Vorschriften geregelt sind.

Art. 32 GPR

1. W skład Komisji Lekarskiej wchodzi trzech lekarzy powołanych przez Rzecznika Praw Pacjenta z listy, o której mowa w ust. 2, w tym dwóch tej samej specjalności, co lekarz, który wydał opinię albo orzeczenie, o których mowa w art. 31 ust. 1.
2. Konsultanci krajowi, w porozumieniu z właściwymi konsultantami wojewódzkimi, opracowują raz w roku w terminie do dnia 30 marca, listę lekarzy w danej dziedzinie medycyny, którzy mogą być członkami Komisji Lekarskiej. Lista zawiera imiona i nazwiska lekarzy, ich numery telefonów i adresy korespondencyjne oraz adresy poczty elektronicznej, jeżeli je posiadają.
2a. Wpisanie lekarza na listę, o której mowa w ust. 2, wymaga uzyskania jego uprzedniej pisemnej zgody.
2b. Lekarz może odmówić udziału w Komisji Lekarskiej z ważnych powodów. Uporczywe uchylanie się od udziału w Komisji Lekarskiej albo od wydania opinii, o której mowa w art. 67i ust. 7, powoduje skreślenie z listy, o której mowa w ust. 2.
3. Z tytułu uczestnictwa w Komisji Lekarskiej lekarzowi przysługuje wynagrodzenie, które ustala Rzecznik Praw Pacjenta.
3a. Członkom Komisji Lekarskiej przysługuje zwolnienie od pracy w dniu jej posiedzenia, bez zachowania prawa do wynagrodzenia.
4. Koszty działania Komisji Lekarskiej są finansowane z budżetu państwa, z części będącej w dyspozycji Rzecznika Praw Pacjenta.
5. Minister właściwy do spraw zdrowia, po zasięgnięciu opinii Naczelnej Rady Lekarskiej, określi, w drodze rozporządzenia, sposób działania Komisji Lekarskiej uwzględniając efektywność realizacji praw pacjenta.

1. Die Ärztekommission besteht aus drei Ärzten, die vom Beauftragten für Patientenrechte aus der in Absatz 2 genannten Liste ernannt werden, darunter aus zwei der gleichen Fachrichtung wie der Arzt, der den ärztlichen Befund oder das ärztliche Gutachten gemäß Art. 31 Abs. 1 erstellt hat.
2. Nationale Berater erstellen in Absprache mit den zuständigen Beratern der Woiwodschaft einmal jährlich bis zum 30. März eine Liste von Ärzten auf einem bestimmten Gebiet der Medizin, die Mitglieder der Ärztekommission sein können. Die Liste enthält die Namen der Ärzte, ihre Telefonnummern sowie die Korrespondenz- und E-Mail-Adressen, sofern verfügbar.

2a. Die Eintragung eines Arztes in die in Absatz 2 genannte Liste bedarf der vorherigen schriftlichen Zustimmung.
2b. Der Arzt kann aus wichtigen Gründen die Teilnahme an der Ärztekommission verweigern. Die hartnäckige Ablehnung der Teilnahme an der Ärztekommission oder der Abgabe eines Gutachtens im Sinne von Art. 67i Absatz 7, bewirkt die Löschung aus der Liste nach Absatz 2.
3. Aufgrund der Teilnahme an der Ärztekommission hat der Arzt Anspruch auf die vom Beauftragten für Patientenrechte festgelegte Vergütung.
3a. Die Mitglieder der Ärztekommission haben das Recht, am Tag ihrer Sitzung von der Arbeit freigestellt zu werden, jedoch ohne das Recht auf Fortzahlung der Vergütung zu behalten.
4. Die Kosten für die Tätigkeit der Ärztekommission werden aus dem Staatshaushalt finanziert, und zwar aus dem Teil, der dem Beauftragten für Patientenrechte zur Verfügung steht.
5. Der für Gesundheitsfragen zuständige Minister legt nach Anhörung des Obersten Medizinischen Rates durch Verordnung die Arbeitsweise der Ärztlichen Kommission unter Berücksichtigung des effektiven Schutzes der Patientenrechte fest.

9.Ustawa o zawodzie lekarza i lekarz dentysty – Gesetz über Arzt- und Zahnarztberuf (GAB)

Art. 4 GAB

Lekarz ma obowiązek wykonywać zawód, zgodnie ze wskazaniami aktualnej wiedzy medycznej, dostępnymi mu metodami i środkami zapobiegania, rozpoznawania i leczenia chorób, zgodnie z zasadami etyki zawodowej oraz z należytą starannością.

Der Arzt hat seinen Beruf unter Beachtung des aktuellen medizinischen Wissens, der verfügbaren Methoden und Mittel zur Vorbeugung, Erkennung und Behandlung von Krankheiten, entsprechend den Grundsätzen der Berufsethik und mit der gebotenen Sorgfalt auszuüben.

Art. 30 GAB

Lekarz ma obowiązek udzielać pomocy lekarskiej w każdym przypadku, gdy zwłoka w jej udzieleniu mogłaby spowodować niebezpieczeństwo utraty życia, ciężkiego uszkodzenia ciała lub ciężkiego rozstroju zdrowia, oraz w innych przypadkach niecierpiących zwłoki.

Der Arzt ist verpflichtet, ärztliche Hilfe in jedem Fall zu leisten, in dem die Verzögerung seiner Gewährung die Gefahr des Todes, schwerer Körperverletzung oder schwerer Gesundheitszerrüttung zur Folge haben kann sowie in anderen dringenden Fällen.

Art. 31 GAB

1. Lekarz ma obowiązek udzielać pacjentowi lub jego ustawowemu przedstawicielowi przystępnej informacji o jego stanie zdrowia, rozpoznaniu, proponowanych oraz możliwych metodach diagnostycznych, leczniczych, dających się przewidzieć następstwach ich zastosowania albo zaniechania, wynikach leczenia oraz rokowaniu.
2. Lekarz może udzielić informacji, o której mowa w ust. 1, innym osobom za zgodą pacjenta lub jego przedstawiciela ustawowego.
3. Na żądanie pacjenta lekarz nie ma obowiązku udzielać pacjentowi informacji, o której mowa w ust. 1.
4. W sytuacjach wyjątkowych, jeżeli rokowanie jest niepomyślne dla pacjenta, lekarz może ograniczyć informację o stanie zdrowia i o rokowaniu, jeżeli według oceny lekarza przemawia za tym dobro pacjenta. W takich przypadkach lekarz informuje przedstawiciela ustawowego pacjenta lub osobę upoważnioną przez pacjenta. Na żądanie pacjenta lekarz ma jednak obowiązek udzielić mu żądanej informacji.
5. Obowiązek lekarza, określony w ust. 1, dotyczy także pacjentów, którzy ukończyli 16 lat.
6. Jeżeli pacjent nie ukończył 16 lat lub jest nieprzytomny bądź niezdolny do zrozumienia znaczenia informacji, lekarz udziela informacji osobie bliskiej w rozumieniu art. 3 ust. 1 pkt 2 ustawy z dnia 6 listopada 2008 r. o prawach pacjenta i Rzeczniku Praw Pacjenta (Dz. U. z 2017 r. poz. 1318 i 1524).
7. Pacjentowi, który nie ukończył 16 lat, lekarz udziela informacji w zakresie i formie potrzebnej do prawidłowego przebiegu procesu diagnostycznego lub terapeutycznego i wysłuchuje jego zdania.
8. Ilekroć w przepisach ustawy jest mowa o opiekunie faktycznym, należy przez to rozumieć opiekuna faktycznego w rozumieniu art. 3 ust. 1 pkt 1 ustawy z dnia 6 listopada 2008 r. o prawach pacjenta i Rzeczniku Praw Pacjenta.

1. Der Arzt ist verpflichtet, dem Patienten oder seinem gesetzlichen Vertreter zugängliche Informationen über seinen Gesundheitszustand, die Diagnose, die vorgeschlagenen und möglichen Heil- oder Diagnostikmethoden, die vorhersehbaren Folgen ihrer Anwendung oder Unterlassung, die Behandlungsergebnisse und die Behandlungsprognose zu geben.
2. Der Arzt darf anderen Personen die in Absatz 1 genannten Informationen nur mit Zustimmung des Patienten oder seines gesetzlichen Vertreters erteilen.
3. Auf Verlangen des Patienten ist der Arzt nicht verpflichtet, dem Patienten die in Absatz 1 genannten Informationen zu erteilen.
4. In Ausnahmesituationen, wenn die Prognose für den Patienten ungünstig ist, kann der Arzt die Informationen über den Gesundheitszustand und die Prognose einschränken, wenn nach Einschätzung des Arztes das Wohl des Patienten dies erfordert. In solchen Fällen informiert der Arzt den gesetzlichen Vertreter des Patienten oder eine vom Patienten benannte Person. Auf Verlangen des Patienten ist der Arzt jedoch verpflichtet, ihm die angeforderten Informationen zu erteilen.

5. Die Pflicht des Arztes gemäß Absatz 1 gilt für Patienten, die das 16. Lebensjahr vollendet haben.
6. Hat der Patient das 16. Lebensjahr noch nicht vollendet oder ist er bewusstlos oder nicht in der Lage, die Bedeutung der Informationen zu verstehen, erteilt der Arzt die Informationen den nahe stehenden Personen im Sinne des Art. 3 Abs. 1 Punkt 2 des Gesetzes vom 6. November 2008 über Patientenrechte und den Beauftragten für Patientenrechte (Gesetzesblatt aus 2017, Punkte 1318 und 1524).
7. Bei einem Patienten, der das 16-Lebensjahr noch nicht vollendet hat, informiert der Arzt ihn in Umfang und Form, wie sie für den ordnungsgemäßen Ablauf des diagnostischen oder therapeutischen Prozesses erforderlich sind, und hört ihn an.
8. Wann immer das Gesetz vom tatsächlichen Betreuer spricht, ist darunter der tatsächliche Betreuer im Sinne des Art. 3 Abs. 1 Punkt 1 des Gesetzes vom 6. November 2008 über Patientenrechte und den Beauftragten für Patientenrechte zu verstehen.

Art. 32 GAB

1. Lekarz może przeprowadzić badanie lub udzielić innych świadczeń zdrowotnych, z zastrzeżeniem wyjątków przewidzianych w ustawie, po wyrażeniu zgody przez pacjenta.
2. Jeżeli pacjent jest małoletni lub niezdolny do świadomego wyrażenia zgody, wymagana jest zgoda jego przedstawiciela ustawowego, a gdy pacjent nie ma przedstawiciela ustawowego lub porozumienie się z nim jest niemożliwe-zezwolenie sądu opiekuńczego.
3. Jeżeli zachodzi potrzeba przeprowadzenia badania osoby, o której mowa w ust. 2, zgodę na przeprowadzenie badania może wyrazić także opiekun faktyczny.
4. W przypadku osoby całkowicie ubezwłasnowolnionej zgodę wyraża przedstawiciel ustawowy tej osoby. Jeżeli osoba taka jest w stanie z rozeznaniem wypowiedzieć opinię w sprawie badania, konieczne jest ponadto uzyskanie zgody tej osoby.
5. Jeżeli pacjent ukończył 16 lat, wymagana jest także jego zgoda.
6. Jeżeli jednak małoletni, który ukończył 16 lat, osoba ubezwłasnowolniona albo pacjent chory psychicznie lub upośledzony umysłowo, lecz dysponujący dostatecznym rozeznaniem, sprzeciwia się czynnościom medycznym, poza zgodą jego przedstawiciela ustawowego lub opiekuna faktycznego albo w przypadku niewyrażenia przez nich zgody wymagane jest zezwolenie sądu opiekuńczego.
7. Jeżeli ustawa nie stanowi inaczej, zgoda osób wymienionych w ust. 1, 2 i 4 może być wyrażona ustnie albo nawet poprzez takie ich zachowanie, które w sposób niebudzący wątpliwości wskazuje na wolę poddania się proponowanym przez lekarza czynnościom medycznym.
8. Jeżeli pacjent, o którym mowa w ust. 2, nie ma przedstawiciela ustawowego ani opiekuna faktycznego albo porozumienie się z tymi osobami jest niemożliwe, lekarz po przeprowadzeniu badania może przystąpić do udzielania dalszych świadczeń zdrowotnych dopiero po uzyskaniu zgody sądu opiekuńczego, chyba że co innego wynika z przepisów ustawy.

9. Do czynności, o których mowa w ust. 1, stosuje się odpowiednio przepis art. 34 ust. 7.
10. Sądem opiekuńczym właściwym miejscowo dla udzielania zgody na wykonywanie czynności medycznych jest sąd, w którego okręgu czynności te mają być wykonane.

1. Der Arzt darf eine medizinische Untersuchung durchführen oder andere Gesundheitsleistungen, vorbehaltlich der im Gesetz vorgesehenen Ausnahmen, erst nach Erteilung der Zustimmung durch den Patienten erbringen.
2. Wenn der Patient minderjährig oder nicht in der Lage ist, eine bewusste Zustimmung zu erteilen, bedarf es der Zustimmung seines gesetzlichen Vertreters und, wenn der Patient keinen gesetzlichen Vertreter hat oder dieser nicht erreichbar ist, der des Betreuungsgerichts.
3. Wenn es erforderlich ist, eine medizinische Untersuchung der in Absatz 2 genannten Person durchzuführen, kann auch der tatsächliche Betreuer zustimmen.
4. Bei voll Entmündigten erteilt die Zustimmung der gesetzliche Vertreter dieser Person. Wenn diese Person in der Lage ist, einsichtig ihre Meinung zu äußern, bedarf es darüber hinaus der Einholung ihrer Zustimmung.
5. Wenn der Patient das 16. Lebensjahr vollendet hat, ist auch seine Zustimmung erforderlich.
6. Wenn der Minderjährige, der das 16. Lebensjahr noch nicht vollendet hat, der voll Entmündigte oder der psychisch Kranke oder geistig Behinderte, der über die ausreichende Einsicht verfügt, den medizinischen Maßnahmen widersprochen hat, bedarf es neben der Zustimmung seines gesetzlichen Vertreters oder tatsächlichen Betreuers auch der Genehmigung des Betreuungsgerichts und bei Nichterteilung der Zustimmung durch diese nur der Genehmigung des Betreuungsgerichts.
7. Sofern das Gesetz nichts anderes bestimmt, kann die Zustimmung der in Abs. 1, 2 und 4 genannten Personen mündlich oder auch durch ein Verhalten erklärt werden, das eindeutig den Willen zum Ausdruck bringt, sich den vom Arzt vorgeschlagenen medizinischen Maßnahmen zu unterwerfen.
8. Wenn der in Abs. 2 bezeichnete Patient keinen gesetzlichen Vertreter und keinen tatsächlichen Betreuer hat oder diese nicht zu erreichen sind, darf der Arzt nach der Durchführung der medizinischen Untersuchung weitere Gesundheitsleistungen erst nach Einholung der Zustimmung des Betreuungsgerichts erbringen, es sei denn, es ergibt sich etwas anderes aus Bestimmungen des Gesetzes.
9. Für Leistungen nach Abs. 1 gelten die Bestimmungen des Art. 34 Abs. 7 entsprechend.
10. Das für die Erteilung der Zustimmung zur Durchführung medizinischer Maßnahmen örtlich zuständige Betreuungsgericht ist das Gericht, in dessen Bezirk diese Maßnahmen auszuführen sind.

Art. 34 GAB

1. Lekarz może wykonać zabieg operacyjny albo zastosować metodę leczenia lub diagnostyki stwarzającą podwyższone ryzyko dla pacjenta, po uzyskaniu jego pisemnej zgody.
2. Przed wyrażeniem zgody przez pacjenta w sytuacji, o której mowa w ust. 1, lekarz ma obowiązek udzielenia mu informacji zgodnie z art. 31.
3. Lekarz może wykonać zabieg lub zastosować metodę, o której mowa w ust. 1, wobec pacjenta małoletniego, ubezwłasnowolnionego bądź niezdolnego do świadomego wyrażenia pisemnej zgody, po uzyskaniu zgody jego przedstawiciela ustawowego, a gdy pacjent nie ma przedstawiciela lub gdy porozumienie się z nim jest niemożliwe – po uzyskaniu zezwolenia sądu opiekuńczego.
4. Jeżeli pacjent ukończył 16 lat, wymagana jest także jego pisemna zgoda.
5. W sytuacji, o której mowa w ust. 1, stosuje się odpowiednio przepis art. 32 ust. 6.
6. Jeżeli przedstawiciel ustawowy pacjenta małoletniego, ubezwłasnowolnionego bądź niezdolnego do świadomego wyrażenia zgody nie zgadza się na wykonanie przez lekarza czynności wymienionych w ust. 1, a niezbędnych dla usunięcia niebezpieczeństwa utraty przez pacjenta życia lub ciężkiego uszkodzenia ciała bądź ciężkiego rozstroju zdrowia, lekarz może wykonać takie czynności po uzyskaniu zgody sądu opiekuńczego.
7. Lekarz może wykonać czynności, o których mowa w ust. 1, bez zgody przedstawiciela ustawowego pacjenta bądź zgody właściwego sądu opiekuńczego, gdy zwłoka spowodowana postępowaniem w sprawie uzyskania zgody groziłaby pacjentowi niebezpieczeństwem utraty życia, ciężkiego uszkodzenia ciała lub ciężkiego rozstroju zdrowia. W takim przypadku lekarz ma obowiązek, o ile jest to możliwe, zasięgnąć opinii drugiego lekarza, w miarę możliwości tej samej specjalności. O wykonywanych czynnościach lekarz niezwłocznie zawiadamia przedstawiciela ustawowego, opiekuna faktycznego lub sąd opiekuńczy.
8. O okolicznościach, o których mowa w ust. 3–7, lekarz informuje pacjenta oraz jego przedstawiciela ustawowego lub opiekuna faktycznego albo sąd opiekuńczy, a także dokonuje odpowiedniej adnotacji wraz z uzasadnieniem w dokumentacji medycznej.

1. Der Arzt darf einen operativen Eingriff oder eine Heil- oder Diagnostikmethode, die ein erhöhtes Risiko für den Patienten darstellt, erst nach der Einholung seiner schriftlichen Einwilligung anwenden.
2. Vor der Erteilung der Zustimmung durch den Patienten in der in Abs. 1 genannten Situation ist der Arzt verpflichtet, ihm die Informationen nach Art. 31 zu erteilen.
3. Der Arzt darf den Heileingriff oder die in Abs. 1 genannte Methode gegenüber einem minderjährigen, voll entmündigten oder zur bewussten Erklärung der schriftlichen Zustimmung unfähigen Patienten erst nach Einholung der Zustimmung seines gesetzlichen Vertreters durchführen, und, wenn der Patient keinen gesetzlichen Vertreter hat oder dieser nicht erreichbar ist, erst nach Einholung der Genehmigung des Betreuungsgerichts.

4. Wenn der Patient das 16. Lebensjahr vollendet hat, ist auch seine schriftliche Zustimmung erforderlich.
5. In der in Abs. 1 genannten Situation ist die Bestimmung des Art. 32 Abs. 6 entsprechend anzuwenden.
6. Wenn der gesetzliche Vertreter eines minderjährigen, entmündigten oder zur bewussten Erklärung der Zustimmung unfähigen Patienten der Durchführung der in Abs. 1 genannten, zur Abwendung einer Lebensgefahr, einer schweren Körperverletzung oder einer schweren Gesundheitszerrüttung notwendigen Maßnahme durch den Arzt nicht zustimmt, darf der Arzt diese Maßnahme erst nach Einholung der Zustimmung des Betreuungsgerichts ausführen.
7. Der Arzt darf die in Abs. 1 genannten Maßnahmen ohne die Zustimmung des gesetzlichen Vertreters des Patienten oder die Zustimmung des zuständigen Betreuungsgerichts ausführen, wenn die Verzögerungen des Zustimmungsverfahrens für den Patienten die Gefahr des Lebensverlustes, der schweren Körperverletzung oder der schweren Gesundheitszerrüttung darstellen. In diesem Fall ist der Arzt verpflichtet, soweit dies möglich ist, einen zweiten Arzt zu konsultieren, nach Möglichkeiten desselben Fachgebiets. Der Arzt informiert den gesetzlichen Vertreter, den faktischen Betreuer oder das Betreuungsgericht unverzüglich über die durchgeführten Maßnahmen.
8. Über die in Abs. 3–7 genannten Umständen informiert der Arzt den Patienten und seinen gesetzlichen Vertreter oder tatsächlichen Betreuer oder das Betreuungsgericht und macht auch entsprechende Anmerkungen mit Begründung in der medizinischen Dokumentation.

Art. 36 Abs. 1 GAB

Lekarz podczas udzielania świadczeń zdrowotnych ma obowiązek poszanowania intymności i godności osobistej pacjenta.

Der Arzt ist bei der Erbringung der Leistungen der Gesundheitsfürsorge verpflichtet, die Intimität und die persönliche Würde des Patienten zu achten.

Art. 38 GAB

1. Lekarz może nie podjąć lub odstąpić od leczenia pacjenta, o ile nie zachodzi przypadek, o którym mowa w art. 30, z zastrzeżeniem ust. 3.
2. W przypadku odstąpienia od leczenia, lekarz ma obowiązek dostatecznie wcześnie uprzedzić o tym pacjenta lub jego przedstawiciela ustawowego bądź opiekuna faktycznego i wskazać realne możliwości uzyskania tego świadczenia u innego lekarza lub w podmiocie leczniczym.
3. Jeżeli lekarz wykonuje swój zawód na podstawie stosunku pracy lub w ramach służby, może nie podjąć lub odstąpić od leczenia, jeżeli istnieją poważne ku temu powody, po uzyskaniu zgody swojego przełożonego.
4. W przypadku odstąpienia od leczenia lekarz ma obowiązek uzasadnić i odnotować ten fakt w dokumentacji medycznej.

1. Der Arzt darf vorbehaltlich des Absatzes 3 eine Behandlung des Patienten nicht vornehmen oder von ihr zurücktreten, soweit der in Art. 30 beschriebene Fall nicht vorliegt.
2. Im Falle des Rücktritts von der Behandlung ist der Arzt verpflichtet, den Patienten oder seinen gesetzlichen Vertreter oder tatsächlichen Betreuers darüber rechtzeitig zu informieren und die tatsächliche Möglichkeit aufzuzeigen, diese Leistung von einem anderen Arzt oder einer anderen medizinischen Einrichtung zu erhalten.
3. Wenn ein Arzt seinen Beruf auf der Grundlage eines Arbeitsverhältnisses oder im Rahmen einer Dienstleistung ausübt, darf er die Behandlung unterlassen oder von ihr zurücktreten, soweit dafür schwerwiegende Gründe bestehen, und nach Einholung der Zustimmung seines Vorgesetzten.
4. Im Falle des Rücktritts von der Behandlung ist der Arzt verpflichtet, diesen Sachverhalt zu begründen und in der medizinischen Dokumentation festzuhalten.

10.Ustawa o świadczeniach opieki zdrowotnej finansowanych ze środków publicznych – Gesetz über die aus öffentlichen Mitteln finanzierten Leistungen der Gesundheitsfürsorge

Art. 5 Nr. 40 des Gesetzes über die aus öffentlichen Mitteln finanzierten Leistungen der Gesundheitsfürsorge

Użyte w ustawie określenia oznaczają:
40) świadczenie zdrowotne – działanie służące profilaktyce, zachowaniu, ratowaniu, przywracaniu lub poprawie zdrowia oraz inne działanie medyczne wynikające z procesu leczenia lub przepisów odrębnych regulujących zasady ich udzielania.

Die im Gesetz verwendeten Begriffe bedeuten:
40) Gesundheitsleistungen – eine Tätigkeit zur Vorbeugung, Erhaltung, Rettung, Wiederherstellung oder Verbesserung der Gesundheit und andere medizinische Tätigkeiten, die sich aus dem Behandlungsprozess ergeben oder aus gesonderten Bestimmungen, die die Grundsätze ihrer Bereitstellung regeln.

Art. 15 des Gesetzes über die aus öffentlichen Mitteln finanzierten Leistungen der Gesundheitsfürsorge

1. Świadczeniobiorcy mają, na zasadach określonych w ustawie, prawo do świadczeń opieki zdrowotnej, których celem jest zachowanie zdrowia, zapobieganie chorobom i urazom, wczesne wykrywanie chorób, leczenie, pielęgnacja oraz zapobieganie niepełnosprawności i jej ograniczanie.
2. Świadczeniobiorcy przysługują świadczenia gwarantowane z zakresu:
1) podstawowej opieki zdrowotnej;
2) ambulatoryjnej opieki specjalistycznej;
3) leczenia szpitalnego;
4) opieki psychiatrycznej i leczenia uzależnień;
5) rehabilitacji leczniczej;
6) świadczeń pielęgnacyjnych i opiekuńczych w ramach opieki długoterminowej;

7) leczenia stomatologicznego;
8) lecznictwa uzdrowiskowego;
9) zaopatrzenia w wyroby medyczne, na zlecenie osoby uprawnionej, oraz ich naprawy, o których mowa w ustawie o refundacji;
10) ratownictwa medycznego;
11) opieki paliatywnej i hospicyjnej;
12) świadczeń wysokospecjalistycznych;
13) programów zdrowotnych;
14) leków, środków spożywczych specjalnego przeznaczenia żywieniowego oraz wyrobów medycznych dostępnych w aptece na receptę;
15) programów lekowych określonych w przepisach ustawy o refundacji;
16) leków stosowanych w chemioterapii określonych w przepisach ustawy o refundacji;
17) leków nieposiadających pozwolenia na dopuszczenie do obrotu na terytorium Rzeczypospolitej Polskiej, sprowadzanych z zagranicy na warunkach i w trybie określonym w art. 4 ustawy z dnia 6 września 2001 r. – Prawo farmaceutyczne, pod warunkiem że w stosunku do tych leków wydano decyzję o objęciu refundacją na podstawie ustawy o refundacji;
17a) ratunkowego dostępu do technologii lekowych;
18) środków spożywczych specjalnego przeznaczenia żywieniowego, sprowadzonych z zagranicy na warunkach i w trybie określonym w art. 29a ustawy z dnia 25 sierpnia 2006 r. o bezpieczeństwie żywności i żywienia (Dz. U. z 2018 r. poz. 1541, z późn. zm.), pod warunkiem, że w stosunku do tych środków wydano decyzję o objęciu refundacją na podstawie ustawy o refundacji.
3. (uchylony)

1. Die Begünstigten haben gemäß den Bestimmungen des Gesetzes das Recht auf Gesundheitsleistungen, die auf Erhaltung der Gesundheit, Verhütung von Krankheiten und Verletzungen, Früherkennung von Krankheiten, Heilung, Pflege und Verhinderung von Behinderungen und deren Einschränkung abzielen.
2. Die Begünstigten haben Anspruch auf garantierte Leistungen in folgenden Bereichen:
1) Grundversorgung;
2) ambulante fachärztliche Betreuung;
3) Krankenhausbehandlung;
4) psychiatrische Betreuung und Suchtbehandlung;
5) therapeutische Rehabilitation;
6) Pflege- und Betreuungsleistungen im Rahmen der Langzeitpflege;
7) Zahnbehandlung;
8) Kurbehandlung;
9) Versorgung mit Medizinprodukten auf Anordnung der befugten Person und deren Reparaturen gemäß dem Erstattungsgesetz;
10) Rettungsdienst;
11) Palliativ- und Hospizpflege;

12) hochspezialisierte Dienstleistungen;
13) Gesundheitsprogramme;
14) Arzneimittel, Lebensmittel für besondere Ernährungszwecke und Medizinprodukte, die verschreibungspflichtig sind und in der Apotheke erhältlich sind;
15) Arzneimittelprogramme gemäß den Bestimmungen des Erstattungsgesetzes;
16) Arzneimittel, die in der Chemotherapie gemäß den Bestimmungen des Erstattungsgesetzes angewendet werden;
17) Arzneimittel, für die im Hoheitsgebiet der Republik Polen keine Genehmigung für das Inverkehrbringen erteilt wurde, die unter den Bedingungen und nach dem in Artikel 4 Arzneimittelgesetz vom 6. September 2001 genannten Verfahren aus dem Ausland eingeführt wurden, sofern für diese Arzneimittel eine Erstattungsentscheidung nach dem Erstattungsgesetz erlassen wurde;
17a) Notfallzugang zu Arzneimitteltechnologien;
18) Lebensmittel für besondere Ernährungszwecke, die aus dem Ausland unter den Bedingungen und in der in Art. 29a d des Gesetzes vom 25. August 2006 über die Lebensmittel- und Ernährungssicherheit (Gesetzblatt 2018 Punkt 1541 in der jeweils gültigen Fassung) genannten Weise eingeführt werden, sofern für diese Mittel eine Erstattungsentscheidung nach dem Erstattungsgesetz erlassen wurde.
3. (aufgehoben)

11.Ustawa o zakładach opieki zdrowotnej – Gesetz über Einrichtungen der Gesundheitsfürsorge

Art. 19 Abs. 1 des Gesetzes über Einrichtungen der Gesundheitsfürsorge

1. Pacjent ma prawo do:
1) świadczeń zdrowotnych odpowiadających wymaganiom wiedzy medycznej, a w sytuacji ograniczonych możliwości udzielenia odpowiednich świadczeń – do korzystania z rzetelnej, opartej na kryteriach medycznych procedury ustalającej kolejność dostępu do tych świadczeń;
2) informacji o swoim stanie zdrowia;
3) wyrażenia zgody na udzielenie określonych świadczeń zdrowotnych lub ich odmowy, po uzyskaniu odpowiedniej informacji;
4) intymności i poszanowania godności w czasie udzielania świadczeń zdrowotnych;
5) umierania w spokoju i godności.

1. Der Patient hat das Recht auf:
1) Gesundheitsleistungen, die den Anforderungen des medizinischen Wissens entsprechen, und in der Situation begrenzter Möglichkeiten, geeignete Leistungen bereitzustellen, auf Anwendung eines zuverlässiges medizinischen Verfahrens, das die Reihenfolge des Zugangs zu diesen Leistungen festlegt;
2) Informationen über seinen Gesundheitszustand;
3) Erklärung der Zustimmung zur Erbringung bestimmter Gesundheitsleistungen oder deren Ablehnung nach Einholung einschlägiger Informationen;
4) Intimität und Achtung der Würde bei der Erbringung von Gesundheitsleistungen;

5) Sterben in Frieden und Würde.

12.Kodeks etyki lekarskiej – Kodexes über die ärztliche Ethik (KEL)

Art. 2 KEL

1. Powołaniem lekarza jest ochrona życia i zdrowia ludzkiego, zapobieganie chorobom, leczenie chorych oraz niesienie ulgi w cierpieniu; lekarz nie może posługiwać się wiedzą i umiejętnością lekarską w działaniach sprzecznych z tym powołaniem.
2. Najwyższym nakazem etycznym lekarza jest dobro chorego – salus aegroti suprema lex esto. Mechanizmy rynkowe, naciski społeczne i wymagania administracyjne nie zwalniają lekarza z przestrzegania tej zasady.

1. Der Arzt ist dazu berufen, das Leben und die Gesundheit des Menschen zu schützen, Krankheiten vorzubeugen, Patienten zu behandeln und das Leiden zu lindern; der Arzt darf seine Kenntnisse und medizinischen Fähigkeiten nicht in einer Art und Weise einsetzen, die dieser Berufung zuwiderlaufen.
2. Das höchste ethische Gebot des Arztes ist das Wohl des Patienten – Salus aegroti suprema lex esto. Marktmechanismen, sozialer Druck und administrative Anforderungen entbinden den Arzt nicht von der Einhaltung dieses Grundsatzes.

Art. 6 KEL

Lekarz ma swobodę wyboru w zakresie metod postępowania, które uzna za najskuteczniejsze. Powinien jednak ograniczyć czynności medyczne do rzeczywiście potrzebnych choremu zgodnie z aktualnym stanem wiedzy.

Dem Arzt ist frei in der Wahl der Behandlungsmethoden, die er am effektivsten findet. Er sollte jedoch die medizinischen Tätigkeiten auf diejenigen beschränken, die der Patient nach aktuellem Wissenschaftsstand tatsächlich benötigt.

Art. 30 KEL

Lekarz powinien dołożyć wszelkich starań, aby zapewnić choremu humanitarną opiekę terminalną i godne warunki umierania. Lekarz winien do końca łagodzić cierpienia chorych w stanach terminalnych i utrzymywać, w miarę możliwości, jakość kończącego się życia.

Der Arzt soll bemüht sein, dem Kranken eine humanitäre Terminalpflege und würdige Sterbeverhältnisse sicherzustellen. Der Arzt soll bis zum Ende das Leiden der Kranken im Terminalzustand lindern und die Qualität des sich dem Ende zu neigenden Lebens erhalten.

Art. 31 KEL

Lekarzowi nie wolno stosować eutanazji, ani pomagać choremu w popełnieniu samobójstwa.

Der Arzt darf keine Sterbehilfe anwenden oder dem Patienten dabei helfen, eine Selbsttötung zu begehen.

Art. 32 KEL

1. W stanach terminalnych lekarz nie ma obowiązku podejmowania i prowadzenia reanimacji lub uporczywej terapii i stosowania środków nadzwyczajnych.
2. Decyzja o zaprzestaniu reanimacji należy do lekarza i jest związana z oceną szans leczniczych.

1. Im Terminalstadium ist der Arzt nicht verpflichtet, Wiederbelebungsmaßnahmen oder eine persistente Therapie vorzunehmen und durchzuführen und außergewöhnliche Mittel anzuwenden.
2. Die Entscheidung, die Wiederbelebungsmaßnahmen zu beenden, liegt beim Arzt und hängt von der Einschätzung der Behandlungschancen ab.

Art. 57 KEL

1. Lekarzowi nie wolno posługiwać się metodami uznanymi przez naukę za szkodliwe, bezwartościowe lub nie zweryfikowanymi naukowo. Nie wolno mu także współdziałać z osobami zajmującymi się leczeniem, a nie posiadającymi do tego uprawnień.
2. Wybierając formę diagnostyki lub terapii lekarz ma obowiązek kierować się przede wszystkim kryterium skuteczności i bezpieczeństwa chorego oraz nie narażać go na nieuzasadnione koszty.
3. Lekarz nie powinien dokonywać wyboru i rekomendacji ośrodka leczniczego oraz metody diagnostyki ze względu na własne korzyści.

1. Der Arzt darf keine Methoden anwenden, die von der Wissenschaft als schädlich oder wertlos angesehen oder wissenschaftlich nicht verifiziert sind. Er darf auch nicht mit Personen zusammenarbeiten, die sich mit der Behandlung befassen und denen dies rechtlich nicht erlaubt ist.
2. Bei der Wahl einer Diagnose- oder Therapieform ist der Arzt verpflichtet, zunächst die Kriterien der Wirksamkeit und Sicherheit für den Patienten zu beachten und ihn keinen unangemessenen Kosten auszusetzen.
3. Der Arzt soll die Entscheidung über die Wahl und Empfehlung der Behandlungseinrichtung und der Diagnosemethoden nicht aus Gründen des eigenen Nutzens treffen.

www.ingramcontent.com/pod-product-compliance
Ingram Content Group UK Ltd.
Pitfield, Milton Keynes, MK11 3LW, UK
UKHW021923290926
8980IPUK00016B/1429

9 783631 887585